中国农垦农场志丛

山 东
南阳湖农场志

中国农垦农场志丛编纂委员会 组编

山东南阳湖农场志编纂委员会 主编

中国农业出版社

北 京

图书在版编目（CIP）数据

山东南阳湖农场志/中国农垦农场志丛编纂委员会
组编；山东南阳湖农场志编纂委员会主编. —北京：
中国农业出版社，2021.9
（中国农垦农场志丛）
ISBN 978-7-109-22593-0

Ⅰ.①山… Ⅱ.①中…②山… Ⅲ.①国营农场－概
况－微山县 Ⅳ.①F324.1

中国版本图书馆CIP数据核字(2021)第139120号

出 版 人：陈邦勋
出版策划：刘爱芳
丛书统筹：王庆宁
审 稿 组：干锦春 薛 波
编 辑 组：闫保荣 王庆宁 黄 曦 李 梅 吕 睿 刘昊阳 赵世元
　　　　　王秀田 司雪飞 张楚翘 何 玮
设 计 组：姜 欣 杜 然 关晓迪
工 艺 组：王 凯 王 宏 吴丽婷
发行宣传：毛志强 郑 静 曹建丽

山东南阳湖农场志
Shandong Nanyanghu Nongchangzhi

中国农业出版社出版
地址：北京市朝阳区麦子店街18号楼
邮编：100125
责任编辑：王秀田 司雪飞 张楚翘
责任校对：周丽芳 责任印制：王 宏
印刷：北京通州皇家印刷厂
版次：2021年9月第1版
印次：2021年9月北京第1次印刷
发行：新华书店北京发行所
开本：787mm×1092mm 1/16
印张：31.75 插页：4
字数：570千字
定价：198.00元

ISBN 978-7-109-22593-0

2014 年 1 月 21 日 农业部常务副部长余欣荣、山东省副省长赵润田到南阳湖农场视察农产品安全工作

2015 年 7 月 2 日 国土资源部副部长汪民到南阳湖农场视察采煤塌陷地综合治理工作

2020 年 3 月 30 日 山东济宁南阳湖农场有限公司八届职工代表大会第五次会议召开

2021 年 2 月 7 日山东济宁南阳湖农场有限公司八届职工代表大会第六次会议召开

南阳湖农场良种基地

南阳湖农场千亩桃园

南阳湖农场蔬菜采摘园

南阳湖农场机械收麦现场

南阳湖农场自然养猪法

南阳湖农场林下养鹅

南阳湖农场 308 旧排灌站闸门

南阳湖农场 308 新排灌站外景

南阳湖农场水质净化工程

全国科普教育基地

全国绿色食品示范企业

全国青少年儿童食品安全科技创新实验示范基地

全国青少年农业科普示范基地

全国青少年儿童食品安全（山东济宁）科技创新
实验示范基地

全国休闲农业与乡村旅游示范点

全国休闲农业与乡村旅游五星级企业

全国休闲渔业示范基地

全国最佳乡村休闲旅游目的地

中国少年报小记者素质教育体验基地

中国农垦农场志丛编纂委员会

主 任

张桃林

副主任

左常升　邓庆海　李尚兰　陈邦勋　彭剑良　程景民　王润雷

成 员（按垦区排序）

马　辉　张庆东　张保强　薛志省　赵永华　李德海　麦　朝

王守聪　许如庆　胡兆辉　孙飞翔　王良贵　李岱一　赖金生

于永德　陈金剑　李胜强　唐道明　支光南　张安明　张志坚

陈孟坤　田李文　步　涛　余　繁　林　木　王　韬　魏国斌

巩爱岐　段志强　聂　新　高　宁　周云江　朱云生　常　芳

中国农垦农场志丛编纂委员会办公室

主 任

王润雷

副主任

陈忠毅　刘爱芳　武新宇　明　星

成 员

胡从九　李红梅　刘琢琬　闫保荣　王庆宁

— 1 —

中国农垦农场志丛

山东南阳湖农场志编纂委员会

一、编纂委员会

主　　任：樊培涛

副 主 任：孟立明　朱志燕　门　栋

委　　员：王新华　赵德华　张贞华　何庆娴　赵崇魁　马祝伟

二、编委办公室

主　　任：马祝伟

副 主 任：刘　强

三、编审人员

主　　审：樊培涛

副 主 审：许厚营

主　　编：马祝伟

执行主编：王培礼

副 主 编：孟凡泰　贾长岭　张桂东

编　　辑：许厚营　于华跃　蔡松恒　许西河　杨　阳　谷振超
　　　　　朱志霞　刘　静　蒋志明　刘　成

资料提供：吴利英　常真真　高冠男　王东娥

顾　　问：刘广春　袁恒兴　高丕吉

总　序

中国农垦农场志丛自 2017 年开始酝酿，历经几度春秋寒暑，终于在建党 100 周年之际，陆续面世。在此，谨向所有为修此志作出贡献、付出心血的同志表示诚挚的敬意和由衷的感谢！

中国共产党领导开创的农垦事业，为中华人民共和国的诞生和发展立下汗马功劳。八十余年来，农垦事业的发展与共和国的命运紧密相连，在使命履行中，农场成长为国有农业经济的骨干和代表，成为国家在关键时刻抓得住、用得上的重要力量。

如果将农垦比作大厦，那么农场就是砖瓦，是基本单位。在全国 31 个省（自治区、直辖市，港澳台除外），分布着 1800 多个农垦农场。这些星罗棋布的农场如一颗颗玉珠，明暗随农垦的历史进程而起伏；当其融汇在一起，则又映射出农垦事业波澜壮阔的历史画卷，绽放着"艰苦奋斗、勇于开拓"的精神光芒。

（一）

"农垦"概念源于历史悠久的"屯田"。早在秦汉时期就有了移民垦荒，至汉武帝时创立军屯，用于保障军粮供应。之后，历代沿袭屯田这一做法，充实国库，供养军队。

中国共产党借鉴历代屯田经验，发动群众垦荒造田。1933 年 2 月，中华苏维埃共和国临时中央政府颁布《开垦荒地荒田办法》，规定"县区土地部、乡政府要马上调查统计本地所有荒田荒地，切实计划、发动群众去开荒"。到抗日战争时期，中国共产党大规模地发动军人进行农垦实践，肩负起支援抗战的特殊使命，农垦事业正式登上了历史舞台。

20 世纪 30 年代末至 40 年代初，抗日战争进入相持阶段，在日军扫荡和国民党军事包围、经济封锁等多重压力下，陕甘宁边区生活日益困难。"我们曾经弄到几乎没有衣穿，没有油吃，没有纸、没有菜，战士没有鞋袜，工作人员在冬天没有被盖。"毛泽东同志曾这样讲道。

面对艰难处境，中共中央决定开展"自己动手，丰衣足食"的生产自救。1939 年 2 月 2 日，毛泽东同志在延安生产动员大会上发出"自己动手"的号召。1940 年 2 月 10 日，中共中央、中央军委发出《关于开展生产运动的指示》，要求各部队"一面战斗、一面生产、一面学习"。于是，陕甘宁边区掀起了一场轰轰烈烈的大生产运动。

这个时期，抗日根据地的第一个农场——光华农场诞生了。1939 年冬，根据中共中央的决定，光华农场在延安筹办，生产牛奶、蔬菜等食物。同时，进行农业科学实验、技术推广，示范带动周边群众。这不同于古代屯田，开创了农垦示范带动的历史先河。

在大生产运动中，还有一面"旗帜"高高飘扬，让人肃然起敬，它就是举世闻名的南泥湾大生产运动。

1940 年 6—7 月，为了解陕甘宁边区自然状况、促进边区建设事业发展，在中共中央财政经济部的支持下，边区政府建设厅的农林科学家乐天宇等一行 6 人，历时 47 天，全面考察了边区的森林自然状况，并完成了《陕甘宁边区森林考察团报告书》，报告建议垦殖南泥洼（即南泥湾）。之后，朱德总司令亲自前往南泥洼考察，谋划南泥洼的开发建设。

1941 年春天，受中共中央的委托，王震将军率领三五九旅进驻南泥湾。那时，南泥湾俗称"烂泥湾","方圆百里山连山",战士们"只见梢林不见天",身边做伴的是满山窜的狼豹黄羊。在这种艰苦处境中,战士们攻坚克难,一手拿枪,一手拿镐,练兵开荒两不误,把"烂泥湾"变成了陕北的"好江南"。从1941年到1944年,仅仅几年时间,三五九旅的粮食产量由0.12万石猛增到3.7万石,上缴公粮1万石,达到了耕一余一。与此同时,工业、商业、运输业、畜牧业和建筑业也得到了迅速发展。

南泥湾大生产运动,作为中国共产党第一次大规模的军垦,被视为农垦事业的开端,南泥湾也成为农垦事业和农垦精神的发祥地。

进入解放战争时期,建立巩固的东北根据地成为中共中央全方位战略的重要组成部分。毛泽东同志在1945年12月28日为中共中央起草的《建立巩固的东北根据地》中,明确指出"我党现时在东北的任务,是建立根据地,是在东满、北满、西满建立巩固的军事政治的根据地",要求"除集中行动负有重大作战任务的野战兵团外,一切部队和机关,必须在战斗和工作之暇从事生产"。

紧接着,1947年,公营农场兴起的大幕拉开了。

这一年春天,中共中央东北局财经委员会召开会议,主持财经工作的陈云、李富春同志在分析时势后指出:东北行政委员会和各省都要"试办公营农场,进行机械化农业实验,以迎接解放后的农村建设"。

这一年夏天,在松江省政府的指导下,松江省省营第一农场(今宁安农场)创建。省政府主任秘书李在人为场长,他带领着一支18人的队伍,在今尚志市一面坡太平沟开犁生产,一身泥、一身汗地拉开了"北大荒第一犁"。

这一年冬天,原辽北军区司令部作训科科长周亚光带领人马,冒着严寒风雪,到通北县赵光区实地踏查,以日伪开拓团训练学校旧址为基础,建成了我国第一个公营机械化农场——通北机械农场。

之后,花园、永安、平阳等一批公营农场纷纷在战火的硝烟中诞生。与此同时,一部分身残志坚的荣誉军人和被解放的国民党军人,向东北荒原宣战,艰苦拓荒、艰辛创业,创建了一批荣军农场和解放团农场。

再将视线转向华北。这一时期，在河北省衡水湖的前身"千顷洼"所在地，华北人民政府农业部利用一批来自联合国善后救济总署的农业机械，建成了华北解放区第一个机械化公营农场——冀衡农场。

除了机械化农场，在那个主要靠人力耕种的年代，一些拖拉机站和机务人员培训班诞生在东北、华北大地上，推广农业机械化技术，成为新中国农机事业人才培养的"摇篮"。新中国的第一位女拖拉机手梁军正是优秀代表之一。

（二）

中华人民共和国成立后农垦事业步入了发展的"快车道"。

1949 年 10 月 1 日，新中国成立了，百废待兴。新的历史阶段提出了新课题、新任务：恢复和发展生产，医治战争创伤，安置转业官兵，巩固国防，稳定新生的人民政权。

这没有硝烟的"新战场"，更需要垦荒生产的支持。

1949 年 12 月 5 日，中央人民政府人民革命军事委员会发布《关于 1950 年军队参加生产建设工作的指示》，号召全军"除继续作战和服勤务者而外，应当负担一部分生产任务，使我人民解放军不仅是一支国防军，而且是一支生产军"。

1952 年 2 月 1 日，毛泽东主席发布《人民革命军事委员会命令》："你们现在可以把战斗的武器保存起来，拿起生产建设的武器。"批准中国人民解放军 31 个师转为建设师，其中有 15 个师参加农业生产建设。

垦荒战鼓已擂响，刚跨进和平年代的解放军官兵们，又背起行囊，扑向荒原，将"作战地图变成生产地图"，把"炮兵的瞄准仪变成建设者的水平仪"，让"战马变成耕马"，在戈壁荒漠、三江平原、南国边疆安营扎寨，攻坚克难，辛苦耕耘，创造了农垦事业的一个又一个奇迹。

1. 将戈壁荒漠变成绿洲

1950 年 1 月，王震将军向驻疆部队发布开展大生产运动的命令，动员 11 万余名官兵就地屯垦，创建军垦农场。

垦荒之战有多难，这些有着南泥湾精神的农垦战士就有多拼。

没有房子住，就搭草棚子、住地窝子；粮食不够吃，就用盐水煮麦粒；没有拖拉机和畜力，就多人拉犁开荒种地……

然而，戈壁滩缺水，缺"农业的命根子"，这是痛中之痛！

没有水，战士们就自己修渠，自伐木料，自制筐担，自搓绳索，自开块石。修渠中涌现了很多动人故事，据原新疆兵团农二师师长王德昌回忆，1951 年冬天，一名来自湖南的女战士，面对磨断的绳子，情急之下，割下心爱的辫子，接上绳子背起了石头。

在战士们全力以赴的努力下，十八团渠、红星渠、和平渠、八一胜利渠等一条条大地的"新动脉"，奔涌在戈壁滩上。

1954 年 10 月，经中共中央批准，新疆生产建设兵团成立，陶峙岳被任命为司令员，新疆维吾尔自治区党委书记王恩茂兼任第一政委，张仲瀚任第二政委。努力开荒生产的驻疆屯垦官兵终于有了正式的新身份，工作中心由武装斗争转为经济建设，新疆地区的屯垦进入了新的阶段。

之后，新疆生产建设兵团重点开发了北疆的准噶尔盆地、南疆的塔里木河流域及伊犁、博乐、塔城等边远地区。战士们鼓足干劲，兴修水利、垦荒造田、种粮种棉、修路架桥，一座座城市拔地而起，荒漠变绿洲。

2. 将荒原沼泽变成粮仓

在新疆屯垦热火朝天之时，北大荒也进入了波澜壮阔的开发阶段，三江平原成为"主战场"。

1954 年 8 月，中共中央农村工作部同意并批转了农业部党组《关于开发东北荒地的农建二师移垦东北问题的报告》，同时上报中央军委批准。9 月，第一批集体转业的"移民大军"——农建二师由山东开赴北大荒。这支 8000 多人的齐鲁官兵队伍以荒原为家，创建了二九〇、二九一和十一农场。

同年，王震将军视察黑龙江汤原后，萌发了开发北大荒的设想。领命的是第五师副师长余友清，他打头阵，率一支先遣队到密山、虎林一带踏查荒原，于1955年元旦，在虎林县（今虎林市）西岗创建了铁道兵第一个农场，以部队番号命名为"八五〇部农场"。

1955年，经中共中央同意，铁道兵9个师近两万人挺进北大荒，在密山、虎林、饶河一带开荒建场，拉开了向三江平原发起总攻的序幕，在八五〇部农场周围建起了一批八字头的农场。

1958年1月，中央军委发出《关于动员十万干部转业复员参加生产建设的指示》，要求全军复员转业官兵去开发北大荒。命令一下，十万转业官兵及家属，浩浩荡荡进军三江平原，支边青年、知识青年也前赴后继地进攻这片古老的荒原。

垦荒大军不惧苦、不畏难，鏖战多年，荒原变良田。1964年盛夏，国家副主席董必武来到北大荒视察，面对麦香千里即兴赋诗："斩棘披荆忆老兵，大荒已变大粮屯。"

3. 将荒郊野岭变成胶园

如果说农垦大军在戈壁滩、北大荒打赢了漂亮的要粮要棉战役，那么，在南国边疆，则打赢了一场在世界看来不可能胜利的翻身仗。

1950年，朝鲜战争爆发后，帝国主义对我国实行经济封锁，重要战略物资天然橡胶被禁运，我国国防和经济建设面临严重威胁。

当时世界公认天然橡胶的种植地域不能超过北纬17°，我国被国际上许多专家划为"植胶禁区"。

但命运应该掌握在自己手中，中共中央作出"一定要建立自己的橡胶基地"的战略决策。1951年8月，政务院通过《关于扩大培植橡胶树的决定》，由副总理兼财政经济委员会主任陈云亲自主持这项工作。同年11月，华南垦殖局成立，中共中央华南分局第一书记叶剑英兼任局长，开始探索橡胶种植。

1952年3月，两万名中国人民解放军临危受命，组建成林业工程第一师、第二师和一个独立团，开赴海南、湛江、合浦等地，住茅棚、战台风、斗猛兽，白手起家垦殖橡胶。

大规模垦殖橡胶，急需胶籽。"一粒胶籽，一两黄金"成为战斗口号，战士们不惜一切代价收集胶籽。有一位叫陈金照的小战士，运送胶籽时遇到山洪，被战友们找到时已没有了呼吸，而背上箩筐里的胶籽却一粒没丢……

正是有了千千万万个把橡胶看得重于生命的陈金照们，1957年春天，华南垦殖局种植的第一批橡胶树，流出了第一滴胶乳。

1960年以后，大批转业官兵加入海南岛植胶队伍，建成第一个橡胶生产基地，还大面积种植了剑麻、香茅、咖啡等多种热带作物。同时，又有数万名转业官兵和湖南移民汇聚云南边疆，用血汗浇灌出了我国第二个橡胶生产基地。

在新疆、东北和华南三大军垦战役打响之时，其他省份也开始试办农场。1952年，在政务院关于"各县在可能范围内尽量地办起和办好一两个国营农场"的要求下，全国各地农场如雨后春笋般发展起来。1956年，农垦部成立，王震将军被任命为部长，统一管理全国的军垦农场和地方农场。

随着农垦管理走向规范化，农垦事业也蓬勃发展起来。江西建成多个综合垦殖场，发展茶、果、桑、林等多种生产；北京市郊、天津市郊、上海崇明岛等地建起了主要为城市提供副食品的国营农场；陕西、安徽、河南、西藏等省区建立发展了农牧场群……

到1966年，全国建成国营农场1958个，拥有职工292.77万人，拥有耕地面积345457公顷，农垦成为我国农业战线一支引人瞩目的生力军。

（三）

前进的道路并不总是平坦的。"文化大革命"持续十年，使党、国家和各族人民遭到新中国成立以来时间最长、范围最广、损失最大的挫折，农垦系统也不能幸免。农场平均主义盛行，从1967年至1978年，农垦系统连续亏损12年。

"没有一个冬天不可逾越，没有一个春天不会来临。"1978年，党的十一届三中全会召开，如同一声春雷，唤醒了沉睡的中华大地。手握改革开放这一法宝，全党全社会朝着社会主义现代化建设方向大步前进。

在这种大形势下，农垦人深知，国营农场作为社会主义全民所有制企业，应当而且有条件走在农业现代化的前列，继续发挥带头和示范作用。

于是，农垦人自觉承担起推进实现农业现代化的重大使命，乘着改革开放的春风，开始进行一系列的上下求索。

1978 年 9 月，国务院召开了人民公社、国营农场试办农工商联合企业座谈会，决定在我国试办农工商联合企业，农垦系统积极响应。作为现代化大农业的尝试，机械化水平较高且具有一定工商业经验的农垦企业，在农工商综合经营改革中如鱼得水，打破了单一种粮的局面，开启了农垦一二三产业全面发展的大门。

农工商综合经营只是农垦改革的一部分，农垦改革的关键在于打破平均主义，调动生产积极性。

为调动企业积极性，1979 年 2 月，国务院批转了财政部、国家农垦总局《关于农垦企业实行财务包干的暂行规定》。自此，农垦开始实行财务大包干，突破了"千家花钱，一家（中央）平衡"的统收统支方式，解决了农垦企业吃国家"大锅饭"的问题。

为调动企业职工的积极性，从 1979 年根据财务包干的要求恢复"包、定、奖"生产责任制，到 1980 年后一些农场实行以"大包干"到户为主要形式的家庭联产承包责任制，再到 1983 年借鉴农村改革经验，全面兴办家庭农场，逐渐建立大农场套小农场的双层经营体制，形成"家家有场长，户户搞核算"的蓬勃发展气象。

为调动企业经营者的积极性，1984 年下半年，农垦系统在全国选择 100 多个企业试点推行场（厂）长、经理负责制，1988 年全国农垦有 60％以上的企业实行了这项改革，继而又借鉴城市国有企业改革经验，全面推行多种形式承包经营责任制，进一步明确主管部门与企业的权责利关系。

以上这些改革主要是在企业层面，以单项改革为主，虽然触及了国家、企业和职工的最直接、最根本的利益关系，但还没有完全解决传统体制下影响农垦经济发展的深层次矛盾和困难。

"历史总是在不断解决问题中前进的。"1992年，继邓小平南方谈话之后，党的十四大明确提出，要建立社会主义市场经济体制。市场经济为农垦改革进一步指明了方向，但农垦如何改革才能步入这个轨道，真正成为现代化农业的引领者？

关于国营大中型企业如何走向市场，早在1991年9月中共中央就召开工作会议，强调要转换企业经营机制。1992年7月，国务院发布《全民所有制工业企业转换经营机制条例》，明确提出企业转换经营机制的目标是："使企业适应市场的要求，成为依法自主经营、自负盈亏、自我发展、自我约束的商品生产和经营单位，成为独立享有民事权利和承担民事义务的企业法人。"

为转换农垦企业的经营机制，针对在干部制度上的"铁交椅"、用工制度上的"铁饭碗"和分配制度上的"大锅饭"问题，农垦实施了干部聘任制、全员劳动合同制以及劳动报酬与工效挂钩的三项制度改革，为农垦企业建立在用人、用工和收入分配上的竞争机制起到了重要促进作用。

1993年，十四届三中全会再次擂响战鼓，指出要进一步转换国有企业经营机制，建立适应市场经济要求，产权清晰、权责明确、政企分开、管理科学的现代企业制度。

农业部积极响应，1994年决定实施"三百工程"，即在全国农垦选择百家国有农场进行现代企业制度试点、组建发展百家企业集团、建设和做强百家良种企业，标志着农垦企业的改革开始深入到企业制度本身。

同年，针对有些农场仍为职工家庭农场，承包户垫付生产、生活费用这一问题，根据当年1月召开的全国农业工作会议要求，全国农垦系统开始实行"四到户"和"两自理"，即土地、核算、盈亏、风险到户，生产费、生活费由职工自理。这一举措彻底打破了"大锅饭"，开启了国有农场农业双层经营体制改革的新发展阶段。

然而，在推进市场经济进程中，以行政管理手段为主的垦区传统管理体制，逐渐成为束缚企业改革的桎梏。

垦区管理体制改革迫在眉睫。1995年，农业部在湖北省武汉市召开全国农垦经济体制改革工作会议，在总结各垦区实践的基础上，确立了农垦管理体制的改革思路：逐步弱化行政职能，加快实体化进程，积极向集团化、公司化过渡。以此会议为标志，垦区管理体制改革全面启动。北京、天津、黑龙江等 17 个垦区按照集团化方向推进。此时，出于实际需要，大部分垦区在推进集团化改革中仍保留了农垦管理部门牌子和部分行政管理职能。

"前途是光明的，道路是曲折的。"由于农垦自身存在的政企不分、产权不清、社会负担过重等深层次矛盾逐渐暴露，加之农产品价格低迷、激烈的市场竞争等外部因素叠加，从 1997 年开始，农垦企业开始步入长达 5 年的亏损徘徊期。

然而，农垦人不放弃、不妥协，终于在 2002 年"守得云开见月明"。这一年，中共十六大召开，农垦也在不断调整和改革中，告别"五连亏"，盈利 13 亿。

2002 年后，集团化垦区按照"产业化、集团化、股份化"的要求，加快了对集团母公司、产业化专业公司的公司制改造和资源整合，逐步将国有优质资产集中到主导产业，进一步建立健全现代企业制度，形成了一批大公司、大集团，提升了农垦企业的核心竞争力。

与此同时，国有农场也在企业化、公司化改造方面进行了积极探索，综合考虑是否具备企业经营条件、能否剥离办社会职能等因素，因地制宜、分类指导。一是办社会职能可以移交的农场，按公司制等企业组织形式进行改革；办社会职能剥离需要过渡期的农场，逐步向公司制企业过渡。如广东、云南、上海、宁夏等集团化垦区，结合农场体制改革，打破传统农场界限，组建产业化专业公司，并以此为纽带，进一步将垦区内产业关联农场由子公司改为产业公司的生产基地（或基地分公司），建立了集团与加工企业、农场生产基地间新的运行体制。二是不具备企业经营条件的农场，改为乡、镇或行政区，向政权组织过渡。如 2003 年前后，一些垦区的部分农场连年严重亏损，有的甚至濒临破产。湖南、湖北、河北等垦区经省委、省政府批准，对农场管理体制进行革新，把农场管理权下放到市县，实行属地管理，一些农场建立农场管理区，赋予必要的政府职能，给予财税优惠政策。

这些改革离不开农垦职工的默默支持，农垦的改革也不会忽视职工的生活保障。1986 年，根据《中共中央、国务院批转农牧渔业部〈关于农垦经济体制改革问题的报告〉的通知》要求，农垦系统突破职工住房由国家分配的制度，实行住房商品化，调动职工自己动手、改善住房的积极性。1992 年，农垦系统根据国务院关于企业职工养老保险制度改革的精神，开始改变职工养老保险金由企业独自承担的局面，此后逐步建立并完善国家、企业、职工三方共同承担的社会保障制度，减轻农场养老负担的同时，也减少了农场职工的后顾之忧，保障了农场改革的顺利推进。

从 1986 年至十八大前夕，从努力打破传统高度集中封闭管理的计划经济体制，到坚定社会主义市场经济体制方向；从在企业层面改革，以单项改革和放权让利为主，到深入管理体制，以制度建设为核心、多项改革综合配套协调推进为主：农垦企业一步一个脚印，走上符合自身实际的改革道路，管理体制更加适应市场经济，企业经营机制更加灵活高效。

这一阶段，农垦系统一手抓改革，一手抓开放，积极跳出"封闭"死胡同，走向开放的康庄大道。从利用外资在经营等领域涉足并深入合作，大力发展"三资"企业和"三来一补"项目；到注重"引进来"，引进资金、技术设备和管理理念等；再到积极实施"走出去"战略，与中东、东盟、日本等地区和国家进行经贸合作出口商品，甚至扎根境外建基地、办企业、搞加工、拓市场：农垦改革开放风生水起逐浪高，逐步形成"两个市场、两种资源"的对外开放格局。

（四）

党的十八大以来，以习近平同志为核心的党中央迎难而上，作出全面深化改革的决定，农垦改革也进入全面深化和进一步完善阶段。

2015 年 11 月，中共中央、国务院印发《关于进一步推进农垦改革发展的意见》（简称《意见》），吹响了新一轮农垦改革发展的号角。《意见》明确要求，新时期农垦改革发展要以推进垦区集团化、农场企业化改革为主线，努力把农垦建设成为保障国家粮食安全和重要农产品有效供给的国家队、中国特色新型农业现代化的示范区、农业对外合作的排头兵、安边固疆的稳定器。

2016 年 5 月 25 日，习近平总书记在黑龙江省考察时指出，要深化国有农垦体制改革，以垦区集团化、农场企业化为主线，推动资源资产整合、产业优化升级，建设现代农业大基地、大企业、大产业，努力形成农业领域的航母。

2018年9月25日，习近平总书记再次来到黑龙江省进行考察，他强调，要深化农垦体制改革，全面增强农垦内生动力、发展活力、整体实力，更好发挥农垦在现代农业建设中的骨干作用。

农垦从来没有像今天这样更接近中华民族伟大复兴的梦想！农垦人更加振奋了，以壮士断腕的勇气、背水一战的决心继续农垦改革发展攻坚战。

1. 取得了累累硕果

——坚持集团化改革主导方向，形成和壮大了一批具有较强竞争力的现代农业企业集团。黑龙江北大荒去行政化改革、江苏农垦农业板块上市、北京首农食品资源整合……农垦深化体制机制改革多点开花、逐步深入。以资本为纽带的母子公司管理体制不断完善，现代公司治理体系进一步健全。市县管理农场的省份区域集团化改革稳步推进，已组建区域集团和产业公司超过300家，一大批农场注册成为公司制企业，成为真正的市场主体。

——创新和完善农垦农业双层经营体制，强化大农场的统一经营服务能力，提高适度规模经营水平。截至2020年，据不完全统计，全国农垦规模化经营土地面积5500多万亩，约占农垦耕地面积的70.5%，现代农业之路越走越宽。

——改革国有农场办社会职能，让农垦企业政企分开、社企分开，彻底甩掉历史包袱。截至2020年，全国农垦有改革任务的1500多个农场完成办社会职能改革，松绑后的步伐更加矫健有力。

——推动农垦国有土地使用权确权登记发证，唤醒沉睡已久的农垦土地资源。截至2020年，土地确权登记发证率达到96.3%，使土地也能变成金子注入农垦企业，为推进农垦土地资源资产化、资本化打下坚实基础。

——积极推进对外开放，农垦农业对外合作先行者和排头兵的地位更加突出。合作领域从粮食、天然橡胶行业扩展到油料、糖业、果菜等多种产业，从单个环节向全产业链延伸，对外合作范围不断拓展。截至 2020 年，全国共有 15 个垦区在 45 个国家和地区投资设立了 84 家农业企业，累计投资超过 370 亿元。

2. 在发展中改革，在改革中发展

农垦企业不仅有改革的硕果，更以改革创新为动力，在扶贫开发、产业发展、打造农业领域航母方面交出了漂亮的成绩单。

——聚力农垦扶贫开发，打赢农垦脱贫攻坚战。从 20 世纪 90 年代起，农垦系统开始扶贫开发。"十三五"时期，农垦系统针对 304 个重点贫困农场，绘制扶贫作战图，逐个建立扶贫档案，坚持"一场一卡一评价"。坚持产业扶贫，组织开展技术培训、现场观摩、产销对接，增强贫困农场自我"造血"能力。甘肃农垦永昌农场建成高原夏菜示范园区，江西宜丰黄冈山垦殖场大力发展旅游产业，广东农垦新华农场打造绿色生态茶园……贫困农场产业发展蒸蒸日上，全部如期脱贫摘帽，相对落后农场、边境农场和生态脆弱区农场等农垦"三场"踏上全面振兴之路。

——推动产业高质量发展，现代农业产业体系、生产体系、经营体系不断完善。初步建成一批稳定可靠的大型生产基地，保障粮食、天然橡胶、牛奶、肉类等重要农产品的供给；推广一批环境友好型种养新技术、种养循环新模式，提升产品质量的同时促进节本增效；制定发布一系列生鲜乳、稻米等农产品的团体标准，守护"舌尖上的安全"；相继成立种业、乳业、节水农业等产业技术联盟，形成共商共建共享的合力；逐渐形成"以中国农垦公共品牌为核心、农垦系统品牌联合舰队为依托"的品牌矩阵，品牌美誉度、影响力进一步扩大。

——打造形成农业领域航母，向培育具有国际竞争力的现代农业企业集团迈出坚实步伐。黑龙江北大荒、北京首农、上海光明三个集团资产和营收双超千亿元，在发展中乘风破浪：黑龙江北大荒农垦集团实现机械化全覆盖，连续多年粮食产量稳定在 400 亿斤以上，推动产业高端化、智能化、绿色化，全力打造"北大荒绿色智慧厨房"；北京首农集团坚持科技和品牌双轮驱动，不断提升完善"从田间到餐桌"的全产业链条；上海光明食品集团坚持品牌化经营、国际化发展道路，加快农业

"走出去"步伐，进行国际化供应链、产业链建设，海外营收占集团总营收20%左右，极大地增强了对全世界优质资源的获取能力和配置能力。

千淘万漉虽辛苦，吹尽狂沙始到金。迈入"十四五"，农垦改革目标基本完成，正式开启了高质量发展的新篇章，正在加快建设现代农业的大基地、大企业、大产业，全力打造农业领域航母。

（五）

八十多年来，从人畜拉犁到无人机械作业，从一产独大到三产融合，从单项经营到全产业链，从垦区"小社会"到农业"集团军"，农垦发生了翻天覆地的变化。然而，无论农垦怎样变，变中都有不变。

——不变的是一路始终听党话、跟党走的绝对忠诚。从抗战和解放战争时期垦荒供应军粮，到新中国成立初期发展生产、巩固国防，再到改革开放后逐步成为现代农业建设的"排头兵"，农垦始终坚持全面贯彻党的领导。而农垦从孕育诞生到发展壮大，更离不开党的坚强领导。毫不动摇地坚持贯彻党对农垦的领导，是农垦人奋力前行的坚强保障。

——不变的是服务国家核心利益的初心和使命。肩负历史赋予的保障供给、屯垦戍边、示范引领的使命，农垦系统始终站在讲政治的高度，把完成国家战略任务放在首位。在三年困难时期、"非典"肆虐、汶川大地震、新冠肺炎疫情突发等关键时刻，农垦系统都能"调得动、顶得上、应得急"，为国家大局稳定作出突出贡献。

——不变的是"艰苦奋斗、勇于开拓"的农垦精神。从抗日战争时一手拿枪、一手拿镐的南泥湾大生产，到新中国成立后新疆、东北和华南的三大军垦战役，再到改革开放后艰难但从未退缩的改革创新、坚定且铿锵有力的发展步伐，"艰苦奋斗、勇于开拓"始终是农垦人不变的本色，始终是农垦人攻坚克难的"传家宝"。

农垦精神和文化生于农垦沃土，在红色文化、军旅文化、知青文化等文化中孕育，也在一代代人的传承下，不断被注入新的时代内涵，成为农垦事业发展的不竭动力。

"大力弘扬'艰苦奋斗、勇于开拓'的农垦精神，推进农垦文化建设，汇聚起推动农垦改革发展的强大精神力量。"中央农垦改革发展文件这样要求。在新时代、新征程中，记录、传承农垦精神，弘扬农垦文化是农垦人的职责所在。

（六）

随着垦区集团化、农场企业化改革的深入，农垦的企业属性越来越突出，加之有些农场的历史资料、文献文物不同程度遗失和损坏，不少老一辈农垦人也已年至期颐，农垦历史、人文、社会、文化等方面的保护传承需求也越来越迫切。

传承农垦历史文化，志书是十分重要的载体。然而，目前只有少数农场编写出版过农场史志类书籍。因此，为弘扬农垦精神和文化，完整记录展示农场发展改革历程，保存农垦系统重要历史资料，在农业农村部党组的坚强领导下，农垦局主动作为，牵头组织开展中国农垦农场志丛编纂工作。

工欲善其事，必先利其器。2019 年，借全国第二轮修志工作结束、第三轮修志工作启动的契机，农业农村部启动中国农垦农场志丛编纂工作，广泛收集地方志相关文献资料，实地走访调研、拜访专家、咨询座谈、征求意见等。在充足的前期准备工作基础上，制定了中国农垦农场志丛编纂工作方案，拟按照前期探索、总结经验、逐步推进的整体安排，统筹推进中国农垦农场志丛编纂工作，这一方案得到了农业农村部领导的高度认可和充分肯定。

编纂工作启动后，层层落实责任。农业农村部专门成立了中国农垦农场志丛编纂委员会，研究解决农场志编纂、出版工作中的重大事项；编纂委员会下设办公室，负责志书编纂的具体组织协调工作；各省级农垦管理部门成立农场志编纂工作机构，负责协调本区域农场志的组织编纂、质量审查等工作；参与编纂的农场成立了农场志编纂工作小组，明确专职人员，落实工作经费，建立配套机制，保证了编纂工作的顺利进行。

质量是志书的生命和价值所在。为保证志书质量，我们组织专家编写了《农场志编纂技术手册》，举办农场志编纂工作培训班，召开农场志编纂工作推进会和研讨会，到农场实地调研督导，尽全力把好志书编纂的史实关、政治关、体例关、文字关和出版关。我们本着"时间服从质量"的原则，将精品意识贯穿编纂工作始终。坚持分步实施、稳步推进，成熟一本出版一本，成熟一批出版一批。

中国农垦农场志丛是我国第一次较为系统地记录展示农场形成发展脉络、改革发展历程的志书。它是一扇窗口，让读者了解农场，理解农垦；它是一条纽带，让农垦人牢记历史，让农垦精神代代传承；它是一本教科书，为今后农垦继续深化改革开放、引领现代农业建设、服务乡村振兴战略指引道路。

修志为用。希望此志能够"尽其用"，对读者有所裨益。希望广大农垦人能够从此志汲取营养，不忘初心、牢记使命，一茬接着一茬干、一棒接着一棒跑，在新时代继续发挥农垦精神，续写农垦改革发展新辉煌，为实现中华民族伟大复兴的中国梦不懈努力！

中国农垦农场志丛编纂委员会

2021 年 7 月

山东南阳湖农场志

SHANDONG NANYANGHU NONGCHANGZHI

序言

《山东南阳湖农场志》（1955—2020 年）终于和大家见面了，这是南阳湖农场建场后第一部系统记述南阳湖农场各方面情况的重要文献，是南阳湖农场几代人艰苦创业、改革奋进的真实写照，是山东省农垦事业、济宁市文化建设的一项重要成果，是留给南阳湖农场子孙后代的一份精神财富，值得庆贺！

编纂《山东南阳湖农场志》是一次全面系统的农场历史大调查，《山东南阳湖农场志》编纂委员会、编写人员以对历史、对后人高度负责的精神，广征资料，数次座谈，反复推敲，终成其稿。将南阳湖农场走过的峥嵘岁月展现在读者面前，将人们带进改天斗地的历史画卷，让后人永远铭记前人的艰苦奋斗。

南阳湖农场的历史，是农场历届领导班子带领全场职工历尽艰辛、奋力拼搏、勇于探索、敢为人先的历史，是农场从小到大，从穷到富，从弱到强的历史。我们不会忘记，当年人迹罕至、长草不长粮的地方，在徐敏山、刘宗元等老一辈农垦战士的努力下，变成了现在的肥田沃土；历代农垦人艰苦奋斗，迎难而上，给农场创造了一个又一个新的辉煌。南阳湖农场从建场到 2020 年，坚决贯彻执行党中央的方针政策，从最初的供应国家和人民的需要，为国家和社会主义建设积累资金，到为打仗打好基础，为国家提供财富，给群众做好榜样，再到1978年后的改革开放，经济腾飞，全面发展，始终与时代同呼吸、共命运。

2020年，山东济宁南阳湖农场有限公司作为济宁孔子文化旅游集团的直属企业之一，开启了改革发展的新征程。国企改制继续深化，招商引资广开思路，压煤搬迁有序进行，安全环保一抓到底，产业体系逐步壮大，社会事业全面推进。实现营业总收入11789万元，完成利润2288万元，人均收入62000元。

南阳湖农场取得了显著成绩，为此获得了很高的荣誉。先后获得全国农垦系统思想政治工作先进单位、全国农垦系统扭亏增盈先进企业、全国农业标准化示范县（农场）、全国青少年科技创新示范基地、全国最佳乡村旅游示范区、全国绿色食品示范企业、全国农业先进集体、全国科普教育基地等荣誉称号。这些骄人的业绩，凝聚着全场职工的心血和汗水、睿智与才华。

史志存实录，资政立真言，盛世修志是中华民族的优良传统，是益于当代、惠及后世的崇高事业。《南阳湖农场志》客观、准确地记述了南阳湖农场65年的历史与现状，彰显了成功、总结了经验、点出了教训；门类齐全、资料性强、内容丰富、特色突出、文约事丰。是一部弘扬南阳湖农场精神的生动教科书，具有"资政、育人、存史"多种功能。一志在手，犹如全场在胸，它是文旅集团、南阳湖农场领导掌握场情、科学决策的"资料库"，是各界人士来南阳湖农场参观学习、旅游走访的"导游员"。

人民是历史的创造者。勤劳智慧的南阳湖农场人创造了绚丽多彩的昨天，一定会创造更加辉煌的业绩，去谱写更加灿烂的明天。

樊培泽

2021年8月

山东南阳湖农场志
SHANDONG NANYANGHU NONGCHANGZHI

凡例

一、本志以马克思列宁主义、毛泽东思想、邓小平理论、"三个代表"重要思想、科学发展观、习近平新时代中国特色社会主义思想为指导，力求做到思想性、科学性、知识性与资料性的统一，全面真实地反映南阳湖农场的历史与现状。

二、本志上限为1955年10月，下限为2020年12月，人物传部分追记至出生时间。

三、记述地域为国营南阳湖农场成立之初划定的地域，个别内容略有涉及周边属地。

四、整体结构分卷首（彩色照片、农场荣誉照片、序、凡例、目录）、概述、大事记、专志、人物、附录6部分，专志分篇、章、节、目4个层次。

五、人物坚持生不立传原则，除设人物传外另设人物简介，收录正场级领导和获得市级以上劳动模范称号人物，人物传和人物简介均按出生年月排列。

六、记事采用规范的语体文、记述体，坚持详今略古原则，充分反映南阳湖农场的特点和时代特征，寓观点于记述之中。

七、图照集中于志首，表格一律随文，数据以南阳湖农场的历年统计、报表、总结为主，个别地方来自属地有关部门，计量单位采用法定计量单位。

八、文字资料大多来源于本场档案史料，个别来源于口碑资料，并经座谈印证。

中国农垦农场志丛

目 录

总序

序言

凡例

概述 ………………………………………………………………………………… 1

大事记 ……………………………………………………………………………… 7

第一编 地 理

第一章 境域 沿革 ……………………………………………………………… 49

第一节 境域 ………………………………………………………………… 49

第二节 沿革 ………………………………………………………………… 49

第二章 自然地理 ………………………………………………………………… 51

第一节 自然环境 …………………………………………………………… 51

第二节 自然资源 …………………………………………………………… 57

第三节 自然灾害 …………………………………………………………… 59

第四节 环境状况 …………………………………………………………… 64

第二编 经 济

第一章 经济总情 ………………………………………………………………… 67

第一节 从业人员和劳动报酬 ……………………………………………… 70

第二节 固定资产投资 ……………………………………………………… 73

第三节 经济开放与合作 …………………………………………………… 76

第四节 科研课题研究 ……………………………………………………… 80

第二章 基础设施 ………………………………………………………………… 83

第一节 建设规划 …………………………………………………………… 83

第二节 农场建设 …………………………………………………………… 85

第三节 公共建设 …………………………………………………………… 90

第四节 通信仓储设施 ……………………………………………………… 96

第三章　第一产业 ……………………………………………………………… 98

　　第一节　农业综合 …………………………………………………………… 98

　　第二节　农业产业化 ………………………………………………………… 100

　　第三节　农业综合开发 ……………………………………………………… 103

　　第四节　种植业 ……………………………………………………………… 110

　　第五节　林业 ………………………………………………………………… 122

　　第六节　畜牧业 ……………………………………………………………… 126

　　第七节　渔业 ………………………………………………………………… 132

　　第八节　农林牧渔服务业 …………………………………………………… 136

第四章　第二产业 ……………………………………………………………… 141

　　第一节　工业概况 …………………………………………………………… 141

　　第二节　工业制造 …………………………………………………………… 142

　　第三节　建筑业 ……………………………………………………………… 147

第五章　第三产业 ……………………………………………………………… 151

　　第一节　道路运输 …………………………………………………………… 151

　　第二节　批发零售 …………………………………………………………… 152

　　第三节　住宿和餐饮业 ……………………………………………………… 157

　　第四节　房地产业 …………………………………………………………… 158

第三编　管　理

第一章　管理机构 ……………………………………………………………… 163

　　第一节　行政机构沿革 ……………………………………………………… 163

　　第二节　内设机构调整 ……………………………………………………… 163

　　第三节　场办社会职能移交 ………………………………………………… 168

第二章　改革 …………………………………………………………………… 172

　　第一节　垦区集团化、农场企业化改革 …………………………………… 172

　　第二节　农业经营管理体制改革 …………………………………………… 173

　　第三节　工业经济机制改革 ………………………………………………… 176

　　第四节　商业经济体制改革 ………………………………………………… 177

　　第五节　农场配套改革 ……………………………………………………… 177

　　第六节　新型劳动用工制度的构建 ………………………………………… 181

　　第七节　国有资产监管 ……………………………………………………… 183

第三章　计划财务管理 ··· 185
　　第一节　计划管理 ·· 185
　　第二节　统计管理 ·· 185
　　第三节　财务管理 ·· 186
　　第四节　审计管理 ·· 187

第四章　人力资源和劳动保障管理 ································· 188
　　第一节　人事管理 ·· 188
　　第二节　劳动社会保障管理 ·· 188

第五章　安全生产管理 ··· 190
　　第一节　安全教育 ·· 190
　　第二节　安全管理 ·· 190

第六章　土地管理 ··· 193
　　第一节　土地利用与治理 ·· 193
　　第二节　土地权属管理 ·· 196
　　第三节　土地管理与创新 ·· 199

第七章　政务管理 ··· 201
　　第一节　办公综合管理 ·· 201
　　第二节　应急管理 ·· 207
　　第三节　场务公开 ·· 208

第四编　党群组织

第一章　农场党组织 ··· 213
　　第一节　农场党组织和党员 ·· 213
　　第二节　农场党组织机构 ·· 218
　　第三节　农场党务工作 ·· 225

第二章　群众团体 ··· 231
　　第一节　农场工会 ·· 231
　　第二节　农场共青团 ··· 255

第三章　农场治安机构 ··· 259
　　第一节　农场民兵组织 ·· 259
　　第二节　农场军民共建 ·· 261

第五编　社会事业

第一章　文化品牌建设 ……………………………………………………………… 265

　第一节　质量管理认证 …………………………………………………………… 265

　第二节　诚信经营品牌 …………………………………………………………… 265

　第三节　打造生态健康有机循环农业 …………………………………………… 266

第二章　教育 ………………………………………………………………………… 269

　第一节　学前与小学教育 ………………………………………………………… 269

　第二节　初中教育 ………………………………………………………………… 270

　第三节　中等教育 ………………………………………………………………… 271

　第四节　职工教育 ………………………………………………………………… 271

第三章　卫生 ………………………………………………………………………… 273

　第一节　卫生防疫 ………………………………………………………………… 273

　第二节　医疗与护理 ……………………………………………………………… 275

　第三节　妇幼保健 ………………………………………………………………… 278

　第四节　公共卫生 ………………………………………………………………… 279

　第五节　爱国卫生运动 …………………………………………………………… 281

第四章　文化事业 …………………………………………………………………… 286

　第一节　群众文化 ………………………………………………………………… 286

　第二节　图书资料室 ……………………………………………………………… 288

　第三节　广播、电视、电影和音像 ……………………………………………… 289

第五章　体育 ………………………………………………………………………… 292

　第一节　群众体育 ………………………………………………………………… 292

　第二节　竞技体育 ………………………………………………………………… 294

　第三节　体育赛事 ………………………………………………………………… 295

第六编　人民生活

第一章　人口 ………………………………………………………………………… 299

　第一节　总量变化 ………………………………………………………………… 299

　第二节　文化构成 ………………………………………………………………… 301

　第三节　职业构成 ………………………………………………………………… 302

　第四节　民族 ……………………………………………………………………… 304

第二章　婚姻家庭 305

　　第一节　婚姻 305

　　第二节　家庭 306

第三章　居民 308

　　第一节　姓氏 308

　　第二节　生活水平 308

　　第三节　居民自治组织 311

第四章　民俗 312

　　第一节　社会生活民俗 312

　　第二节　物质生活民俗 317

　　第三节　精神生活民俗 319

第五章　社会保障 321

　　第一节　社会保险 321

　　第二节　社会救助 324

　　第三节　福利服务 329

第六章　社会主义精神文明建设 330

　　第一节　精神文明机构 331

　　第二节　精神文明活动 331

　　第三节　精神文明创建 335

　　第四节　精神文明建设成就 337

　　第五节　企业文化 337

第七章　生态文明建设 339

　　第一节　生态环境保护与修复 339

　　第二节　节能减排与资源的循环利用 342

　　第三节　田园综合体建设 344

　　第四节　美丽农场建设 345

第八章　社会治安综合治理 347

　　第一节　管理机构 347

　　第二节　治安管理 348

　　第三节　青少年教育 348

第九章　人物 351

　　第一节　人物传 351

第二节　人物简介 ··· 361

第三节　先模人物 ··· 367

附录 ··· 378

　　主要文件 ··· 378

　　重要文献 ··· 410

　　农垦文化 ··· 427

　　规章制度 ··· 435

　　南阳湖农场荣誉录 ·· 470

后记 ··· 472

概　述

　　山东济宁南阳湖农场有限公司（原国营南阳湖农场，简称南阳湖农场）位于山东省济宁市南 9 公里太白湖新区境内，西邻京杭大运河，南濒南阳湖，东接兖州矿务局济宁 2 号、3 号煤矿。东经 116°36′，北纬 35°20′。济宁历史悠久，远在 1 万年前，境内就有人类繁衍生息，文化底蕴丰厚，始祖文化、儒家文化、佛教文化、水浒文化、运河文化竞放异彩。2020 年，济宁市辖 7 县、2 市、2 区，国民生产总值 4494.31 亿元，财政收入 410 亿元。国营南阳湖农场创建于 1955 年，自建场以来，一批批农垦志士在这片土地上洒下了辛勤的汗水，孕育出丰硕的成果。

　　南阳湖农场三面河湖环绕，属滨湖最洼地带，海拔 33.75～34.75 米，南北长 5.2 公里，东西宽 2.6 公里，总面积 2 万亩*，其中耕地面积 1.5 万亩。处于泰沂山前冲积平原、鲁西南黄泛平原，在海拔 2.5～8.6 米之间存在砂层，砂层单层厚度在 1.5～3 米，最大厚度 8 米。含水层以中细砂为主，最上层埋深不大于 15 米，砂粒上层细、下层粗。农场东北角偏高，海拔 34.75 米，以 1/5000 的比例向西南倾斜，成土母质为洪积物。场区中心一条 5.2 公里的大路纵贯南北，另一条大路 2.6 公里横穿东西，将整个场区分成四个小长方形，形成一个"田"字。南阳湖农场四季分明、气候温和、阳光充足。春天气候干燥，易形成春旱。夏季炎热多雨，易形成水涝。年平均气温 14℃左右，7 月份最高，日均为 27℃左右；1 月份最低，日均为－3.5℃左右。全年阳光充足，年日照时数一般在 2290～2549 小时。年平均降水量 784.6 毫米，其特点雨量集中，年变幅较大。南阳湖农场土质以重黏土为主，土壤肥力等级为二级。土壤肥沃，保水、保肥性能好，营养丰富，微生物活跃。农作物种植以小麦水稻为主，兼种高粱、大豆、红薯、玉米等；经济作物种植棉花、西瓜、蔬菜等；林木品种有法桐、柳树、杨树等；鱼类主要有鲤鱼、鲫鱼、草鱼、泥鳅等；畜禽养殖主要饲养猪、牛、羊、鸡、鸭、鹅等。

---

　　*　亩为非法定计量单位，1 亩≈667 平方米。——编者注

一、南阳湖农场在艰难困苦中砥砺前行

1956 年 8 月建场初期，一支仅有 97 人的首批农垦战士在这里宿营扎寨。当时的南阳湖是一片荒凉的景象。农垦战士用芦苇搭起了草棚，用土堆支起了饭锅，一把铁锹一双手，开启了创业之路。当年就开荒土地 3531 亩，在淤泥里点种，收获粮食 5200 斤*。

1958 年 2 月，党中央提出国营农场的建设要坚持"边开荒、边生产、边建设、边积累、边扩大"的五边方针。农场干部职工认真贯彻执行党中央的方针政策，农场的建设和发展迈出了扎实的一步。1959 年，建场刚刚 3 年，在 2 万亩涝洼地上，开垦出 1.7 万亩农田，粮食总产达到 133 万斤，年产值 29 万元，实现利润的突破，并向社会提供肉 1.22 万斤，鱼 10 万斤。

水利是农业的命脉。山东省农业厅于 1964 年冬到 1965 年春，在国营南阳湖农场组织农田水利大会战，从全省十几处国营农场抽调 1000 多名干部职工，摆开了向农田水利进军的战场。广大农垦健儿通过努力基本完成了田间水利配套设施，达到了涝能排、旱能灌，旱涝保丰收。当年经过社会主义教育的农垦战士，提高了思想觉悟，激发了生产积极性。1966 年，粮食总产突破千万斤，比 1965 年增加了 296.5 万斤，农业总产值比 1965 年的 93.9 万元增加了 52.9 万元，增长了 56%。1956—1965 年，上交国家商品粮共 2891.84 万斤，鱼 61.1 万斤，鸡、鸭蛋 128.1 万枚，猪肉等畜产品 17.9 万斤，农业的发展呈现良好势头。

正当农场生产和建设迅速发展的时候，"文化大革命"开始了，一些规章制度被废止，农业生产遭到破坏，经济发展受到干扰。1970 年，落实"备战、备荒、为人民"的指示，国营南阳湖农场改建为山东生产建设兵团三师十一团。兵团的主要任务是为打仗打好基础，为国家提供财富，给群众做好榜样。兵团的各项建设受到"文化大革命"的干扰破坏，不过由于兵团广大干部战士的抵制和积极生产，1971 年，粮食总产量仍有 1200 万斤，上交 750 万斤，养猪 1500 头，纯利润 15 万元。1966—1976 年"文化大革命"10 年，南阳湖农场各项生产建设和事业发展缓慢，国家投资增加，仅 3 年有微薄的盈利，亏损面较大。

二、南阳湖农场在改革中飞翔

1978 年后，随着党的工作重心转移，国营南阳湖农场的生产建设也提出了新的任务

---

* 斤为非法定计量单位，1 斤＝500 克。——编者注。

和要求。农场由单一的农业生产向多种经营的定位转移。农场要农、工、商综合经营，农、林、牧、副、渔全面发展，利润不上交，扩大再生产。1981—1984 年，农场先后实行财务包干、联产计酬、分成奖惩、经济承包责任制，各项改革措施不断配套和完善，广大职工的生产积极性充分调动，促进了各项生产、经营活动的发展。在保证粮食生产的前提下，贯彻了农工商综合经营，大力发展家禽饲养和水产养殖业，同时改造和新建水泥厂等工厂，兴办第三产业。

随着经济责任制的不断完善和提高，1988 年，南阳湖农场实行场长负责制，把激励、约束、风险机制引入承包经营，建立健全以岗位责任制为中心的各项规章制度。扩大经济作物种植面积，开挖鱼池，加大投入，购置大型多功能联合收割机、挖掘机、喷灌机，增强了农业的发展后劲。1989 年，成鱼喂养由亩产 200 斤提高到 800 斤，亩利润提高到 1000 元；蛋鸡存栏 7000 只，年产蛋量 12 万斤；蛋鸭存栏 5000 只，年产蛋量 14 万斤，加工松花 80 万枚。工农业总产值达到 1100 万元，利润 210 万元。在发展生产的前提下，积极改善职工生活和集体福利，新建职工宿舍 1300 平方米，整修了卫生所和子弟学校。

20 世纪 90 年代，随着社会主义市场经济的建立，南阳湖农场适应社会主义市场经济发展要求，落实科学发展观，构建和谐垦区，进行了卓有成效的改革。以农为本，推进农业经济体制改革，在全国农垦推行集团化、公司化改革的大趋势下，农场成立四大公司，农业公司是其中之一，总场进行宏观调控，在农业生产经营上实行产、供、销一条龙，生产经营、物资供应和技术指导服务一步到位。这种体制在一定程度上调动了职工生产的积极性，但职工负赢不负亏，弊端随之显现出来，特别是 20 世纪 90 年代后期，农产品市场低迷，农场经济运行十分困难，形势迫使农场必须改革农业经营体制，从制度上彻底解决问题。

2001 年始，农场加快改革步伐，摒除"统分"结合、以统为主的农业经营体制，全面推行职工家庭承包，从而调动和激发了农业职工的积极性和责任心，自觉加大物资投入。

2006 年，职工家庭农场亩产小麦良种 495 公斤、大豆 175 公斤，人均收入 15000 元。90 年代后期，农场先后成立了工业公司、供销公司。工业方面形成了公司搞创收、企业靠挖潜为主体的多元化利益格局；第三产业形成了多种经营实体并存的商业网点，既活跃了市场，又富裕了职工。以劳动要素评价为基础，制定企业内部自主分配制度。通过向脏、苦、累、险岗位的倾斜，稳定了一线职工，激励职工钻研业务技术，从而提高了劳动生产率。通过一系列的改革，农场经济效益稳步升高。

2008 年，南阳湖农场认真贯彻党的十七大精神，落实科学发展观，紧紧依靠全体职工，依托资源、科技等优势，围绕农场增效、职工增收这个中心，以解放思想为动力，深化内部改革，创新机制体制，做活做强优势主导产业，驱动工副业发展的"轮子"，正式启动观光旅游农业区建设，加大投入，强化管理，形成了风正气顺、务实创业的良好氛围，实现农场经济又好又快发展。2008 年全年实现工农业总产值 3277 万元（其中农业 3157 万元，工业产值 120 万元），比上年增长 25％，实现经营利润 150 万元，比上年增长 20％，职均收入首次突破 20000 元，比上年增长 33％。

2009—2013 年，南阳湖农场立足自身实际，深入学习实践科学发展观，深化内部改革，调整产业结构，加快转变发展方式，全力推进现代农业示范区建设，快速扩大工业发展规模，全面打造以休闲观光为主导的现代化农场，取得了令人瞩目的成就。

2013 年，农场全年业务总收入 1.2 亿元，同比增长 17％。2014—2018 年，南阳湖农场本着进一步将现代农业做大做强的发展目标，注重强化农业基础投入和科技支撑，农场现代体系不断壮大，特别是党的十九大召开后，全场上下深入贯彻落实党的十九大精神，习近平新时代中国特色社会主义思想，更加坚定了改革创新的信心和决心，全面深化农场改革，建设发展现代农业大基地、大企业、大产业，实现了质量变革、效率变革、动力变革，一二三产业融合发展。2018 年，全场生产总值达到 2.22 亿元，同比增长 15.6％；经营利润 3825.72 万元，同比增长 126.96％。

三、南阳湖农场呈现欣欣向荣的景象

2019 年，山东济宁南阳湖农场有限公司划归济宁孔子文化旅游集团，南阳湖农场开始了改革发展的新征程，全国深化国企改革，坚持稳中求进总基调，为产业转型注入了强劲动力。面对企业改革的艰巨任务和新冠肺炎疫情的严重冲击，南阳湖农场在中共济宁市委、市政府和国资委、文旅集团的坚强领导下，公司上下保持战略定力，克服疫情带来的种种困难，努力完成各项经济指标。2020 年，实现营业总收入 11789 万元，利润 2288 万元，人均年收入 6.2 万元。

（一）国企改革全面深化

认真落实中央、省、市国企改革文件精神，全面加快国企改革，逐步建立起现代企业制度。积极推动公司"三会一层"建立，公司股东大会、董事会、监事会、经理层均已建立，增强了企业发展活力、内在动力和市场竞争力。扎实做好推进聚焦主业发展工作，实施非主业资产清理整合三年行动计划，对 18 个全资或控股公司逐一进行清理核查。认真落实济宁市政府工作报告责任分工，加快推进南阳湖农场田园综合体项目。成立公司退休

人员社会化管理工作专班，为做好退休人员社会化管理工作奠定坚实基础。

（二）产业体系逐步壮大

紧紧围绕现代高效农业体系，深入挖掘公司资源潜力，突出强化传统优势产业、战略性新兴产业和现代服务业，进一步增强核心竞争力。继续推进高质量大棚建设，绿色食品认证进展顺利；园林产业有序发展，逐步形成"苗木生产＋苗木销售＋园林绿化工程"产业化格局；养殖业克服新冠疫情等一切不利因素，通过项目带动得到创新发展。年出栏无公害生猪 2 万头，渔业养殖 500 万斤，销售小麦粮种 110 万斤，服务面积 3 万亩。工贸公司、农副产品加工，置业公司齐头并进，仅置业公司就完成销售收入 6400 万元，实现利润总额 450 万元。积极参与"春风万里，绿色有你""济宁锦鲤游济宁"野行记，"十城千人自然亲子营"等活动，不仅拓宽了绿色农产品的销售渠道，更增添了南阳湖农场的亲和力。加快提升旅游形象品味，增强旅游产品竞争实力，修建高标准旅客服务中心等各种设施，为创建国家 AAA 旅游景区打下坚实基础。

（三）压煤搬迁有序开展

受采煤塌陷影响，公司畜牧观光家庭农场、南阳湖生态养殖公司、粮库等单位出现房屋斑裂、地面沉降等问题，安全生产面临严峻挑战。面对上述情况，公司坚持顶层设计，规划先行，扎实推进压煤搬迁等各项工作，2020 年，农场已完成清零目标。聘请规划设计勘察等部门，编制了煤矿采空区场地稳定性评价报告、公司国土空间规划、采煤塌陷地综合治理等规划，统筹做好采煤塌陷后公司资产的处置和国有资产保值增值工作，确保国有资产和公司资产不流失。

（四）社会事业稳步推进

公司始终坚持以人为本、科学发展的原则，以保障和改善民生为重点，认真落实社会各项事业。在习近平新时代中国特色社会主义思想指引下，把群众利益摆在至高无上的位置，最大限度满足广大职工对美好生活的向往和要求，增强职工的幸福感和获得感。

2011 年，启动职工新住房建设工作，积极争取各种政策，想方设法排除困难，采取多种举措，2016 年，完成了职工宿舍楼建设，并顺利开通了水电暖、燃气等配套设施，当年就有 500 余户入住。在此基础上，加快生活功能区建设，建起了高规格门球场、老年活动中心等各种活动场地。2020 年，凡具备搬迁新宿舍楼条件的家庭均得到合理安置，人心思进，安居乐业。2015 年，出台《职工工资调整方案》，为全场在职职工提高卫生费和绩效工资标准，人均月工资增幅在 500 元以上。2017 年，又先后出台《关于发放职工效益工资的意见》《农场职工工资改革方案》，全场职工月均工资达到 5500 元，广大职工的幸福感、获得感显著提高。2018—2020 年，南阳湖农场克服各种不利因素，确保工资连年稳步增长。为低保人员、大病患者全部申领大病医疗救助，在此基础上，为已具备条件的低保老人申办居家养老服务。不间断地为公司子女发放升学奖励和申领教育补助，据不完全统计，仅 2010—2020 年就发放 30 万元。为困难职工和低保老人申请补助和高龄补贴，2019 年申领补助金 2 万元，高龄补贴每人每月增加 100 元。积极参加创建文明单位和创城行动，经过全场职工坚持不懈的努力，2015 年农场荣获"市级文明单位称号"。在创城工作中，农场先后投资 30 余万元，在农场公交线路的重要位置全部安装公交站牌，在显著位置全部布置了社会主义核心价值观、中国梦等具有鲜明时代特色的展板，农场面貌焕然一新。

四、南阳湖农场的明天更辉煌

纵观南阳湖农场 65 年的历史进程，每前进一步，都和祖国的命运息息相关，所走过的路径都离不开共产党的指引和领导，所取得的成绩都是全场每个职工的热血铸就。成绩只能说明昨天，明天任重而道远。形势催人奋进，机遇千载难逢。全场要切实增强加快发展的使命感和紧迫感，坚定决心，抓住机遇，发挥优势，乘势而上。以习近平新时代中国特色社会主义思想为指导，扎牢科学发展观念，实事求是，因地制宜，全面提高市场竞争力，加快推进产业化、股份化过程，切实实现企业增效，职工增收，促进农场经济社会更好、协调、可持续发展。

面向新时代，踏上新征程。公司上下将立足新阶段、贯彻新理念、构建新格局，实现大跨越。南阳湖农场职工用辛勤的劳动创造了辉煌的历史，也一定能够创造更加美好的明天。

大　事　记

● **1955 年**　10 月　山东省人民委员会决定，成立国营南阳湖农场。徐敏山任国营南阳湖农场场长。

12 月 5 日　山东省人民委员会（山东省人民政府）对山东省农业厅、山东省水利厅、山东省治淮指挥部上报的《国营南阳湖农场 1956—1958 年建场计划任务书》予以批复，同意在南阳湖缓征地建场，建场名称国营南阳湖农场，总土地面积 2 万亩，其中耕地面积 1.5 万亩。

● **1956 年**　1 月 16 日　山东省农业厅人事处调石正义等 9 人到国营南阳湖农场工作，这是第一次以工资介绍信的形式调动到农场工作的人员。

1 月 30 日　国营南阳湖农场呈报山东省农业厅招工请示，招收部分工人用于春季种地生产。

3 月 16 日，《1956 年度国营南阳湖农场生产财务计划》编制完成。这是南阳湖农场第一个场级生产财务计划。

3 月 19 日　山东省济宁专员公署下发通知，决定正式启用国营南阳湖农场印信。

4 月 5 日　刘中元等 17 名干部、工人到国营南阳湖农场工作，这是建场后第一次较大规模进人。

5 月　刘中元任国营南阳湖农场副场长。

6 月 21 日　国营南阳湖农场上报济宁市工会《关于建立工会的报告》，南阳湖农场工会组织成立。

8 月 1 日　国营南阳湖农场制定《整党建党工作计划》，党的组织建设逐步走向正轨。

● **1957 年**　1 月　国营南阳湖农场制定《基本建设计划》，这是南阳湖农场第一个基本建设计划。

2 月 5 日　国营南阳湖农场出台《物资管理制度》《财务开支制度》《请假制度》《请示报告制度》《文件管理制度》《学习制度》《会议制度》，加强人财物的管理。

3月9日　山东省水利厅公布 1957 年水利基本建设项目的通知，国营南阳湖农场水利基本建设项目投资额 42.36 万元。

9月4日　山东省农业厅拨给国营南阳湖农场马拉收割机 4 台，这是农场最早的收割机械设备。

10月22日　国营南阳湖农场遭遇百年不遇的特大涝灾，上报山东省农业厅《关于本场的水情报告》。

● **1958 年**　1月　刘中元任国营南阳湖农场党总支书记，并兼任副场长。

3月18日　中共济宁县委员会、济宁县人民委员会上报中共济宁地委、济宁行署《关于请求批准南阳湖农场农业基站投资的报告》。

3月20日　国营南阳湖农场制定《1958 年经营管理制度》（草案）。

3月27日　中共国营南阳湖农场支部、国营南阳湖农场共同下发《关于迅速掀起生产高潮的意见》。

3月30日　国营南阳湖农场向济宁县人民委员会呈报本单位《1958 年组织机构和全体职工职责范围》，从场长到每一位职工，岗位清晰，职责明确。

4月10日　山东省农业厅批复，同意国营南阳湖农场盖临时工棚 300 平方米，解决职工缺少住房的困难。这是首次集中解决职工住房问题。

8月31日　国营南阳湖农场制定《社会主义竞赛评比奖励暂行办法》，并迅速掀起劳动竞赛新高潮。

9月24日　国营南阳湖农场上报山东省农林厅《水稻丰收基本经验的报告》。

● **1959 年**　1月　国营南阳湖农场制定《一九五九年水稻生产计划》，决定在农场大面积种植水稻。

3月　李少宽任国营南阳湖农场副场长。

3月　国营南阳湖农场改建南郊人民公社。

4月2日　国营南阳湖农场向山东省农业厅呈报《关于吸收村庄扩大部分耕地面积的报告》。

6月7日　下午 3 时左右，忽然暴风骤雨约 1 小时，中间降雹子 10 分钟，造成农场小麦 1000 亩全部倒伏、5000 亩半倒伏，减产约 15 万斤。

6月11日　中共国营南阳湖农场支部委员会向济宁市委办公室、农业部粮食办公室、山东省农业厅呈报关于风雹灾情的报告。

7月13日　山东省农业厅下发《关于改变国营农场流动资金管理的通知》，国营南阳湖农场即日起执行文件精神。

8月24日　中共国营南阳湖农场支部呈请批示建立党委会和管理委员会。

12月　国营南阳湖农场当年种植水稻1287亩，亩产584斤，其中70亩高产，亩产1100斤，创历史最高纪录。

● **1960年**　1月　国营南阳湖农场制定《农业机械化规划方案》，决定在南阳湖农场加快实现农业机械化。

2月18日　《济宁市南阳湖人民公社试行章程》（草案）公布。

2月　王汝寅兼任南阳湖人民公社党委副书记。

3月　吕奇、夏贞（女）任南阳湖人民公社副社长。

5月20日　国营南阳湖农场执行山东省农业厅"对国营农牧场清仓核资工作"的精神，对农场开始清仓核资。

5月　经山东省委批准，国营南阳湖农场、南阳湖人民公社与周边的石桥、接庄2个人民公社共同组建新的南阳湖人民公社。刘中元兼任南阳湖人民公社社长、党委副书记，赵干臣、陈志荣（女）、李少宽任副社长。

10月　中共济宁市委书记石德忠兼任中共南阳湖人民公社委员会（场社合一）党委书记，李彦彬任副书记。

11月12日　国营南阳湖农场呈报山东省农业厅《关于种子普查工作的专题报告》。

● **1961年**　2月　取消南阳湖人民公社，恢复国营南阳湖农场，归属山东省农业厅农场管理处领导。李少宽任国营南阳湖农场副场长。

3月　刘中元任国营南阳湖农场场长兼党总支书记。

4月12日　山东省农业厅对国营南阳湖农场呈报的农场工人定级方案予以批复。

10月3日　中共国营南阳湖农场总支部制定《关于加强团的组织建设工作意见》《共青团南阳湖公社委员会关于加强团的组织建设工作意见》。

● **1962年**　2月17日　农垦部颁布《国营农场工作条例》（试行草案）。

8月9日　济宁市人民委员会对国营南阳湖农场附属小学定名、增设班级等问题予以批复。

8月 刘秀河任国营南阳湖农场副场长。

10月27日 山东省农业厅对国营南阳湖农场1962年基本建设工程技术设计予以批复。

11月22日 中共中央转发农垦部《国营农场领导管理体制的规定》，对国营农场管理体制进行统一规范。

12月12日 山东省农业厅颁发南阳湖农场"物资清查验收合格证"，南阳湖农场物资清查验收任务圆满完成。

12月20日 《国营南阳湖农场历年经营情况及第三个五年发展规划（国营南阳湖农场1963—1967年发展规划）》编制完成。

● **1963年** 1月5日 山东省农业厅颁布《山东省国营南阳湖农场工作条例》（草案），农场各项工作有章可循。

3月7日 国营南阳湖农场向山东省农业厅呈报《关于安置家居大中城市精减职工和青年学生的请示报告》。

3月29日 共青团国营南阳湖农场第二届第一次代表大会做出在全场青少年中开展"学雷锋教育活动"的决议。随后，在全场掀起学雷锋的热潮。

4月4日 国营南阳湖农场第一次职工代表大会召开。正式代表38名，家属代表2名，特邀代表2名，国务院农办、山东省农业厅工作组派员参加了会议。这次会议是建场7年真正依靠职工、充分发扬民主、认真研究生产的一次重要会议。

4月12日 《国营南阳湖农场第三个五年计划草案及二十年规划初步设想》编制完成。

6月28日 山东省人民委员会机关事务管理局设在济宁市新闸村的机关生产饲养场被撤销，该饲养场全部工人和全部财产移交国营南阳湖农场。

7月15日 山东省邮电局设在白山的机关养鸭场被撤销，该养鸭场部分工人和全部财产移交国营南阳湖农场。

● **1964年** 3月5日 《国营南阳湖农场工作委员会1964年工会工作意见出台》。

3月7日 山东省农业厅发布《关于南阳湖等农场机具事故的通报》，希望全省农场职工引以为戒。

5月 李宝云在稻田土方工程中，创造了日挖土方31.6立方米的记录。

全场开展"学习李宝云、赶超李宝云"的活动。

6月　国营南阳湖农场规划补课，制定《1964—1970年发展规划》。

7月13日　国营南阳湖农场向山东省农业厅农垦局呈报关于遭受风灾的报告。

7月20日　国营南阳湖农场向山东省农业厅农垦局呈报《关于全场职工实行劳动保险的报告》。

11月　国营南阳湖农场当年种植水稻5700亩，总产量260万斤，创历史新高。

1965年　3月20日　国营南阳湖农场制定《1965年基建投资计划》。

5月26日　国营南阳湖农场制定《建设稳产高产田规划纲要》（草案）。

5月31日　山东省农业厅转发第二教育厅关于建立半工半读中等农业学校的批复，决定国营南阳湖农场建立"南阳湖农场半工半读农业学校"，学制3年，招初中毕业生80名。

7月28—29日　南阳湖农场试用飞机防治稻苞虫，喷洒3100亩，效果良好。

8月25日　国营南阳湖农场呈报山东省农业厅"关于国营农场经营管理制度改革"的典型材料。

12月20日　国营南阳湖农场印发《1966年农业部工作要点》。

是年　袁恒兴被中共济宁地委宣传部评为1964—1965年度学习毛主席著作积极分子。

1966年　2月　农垦部下发《关于国营农场经营管理制度若干问题的补充规定》（征求意见稿）。国营南阳湖农场结合农场实际，制定实施细则。

3月27日　农垦部下发《关于进行改革国营农场财务制度工作的通知》。

3月　山东省农业厅下发《山东省国营农场1966年工作要点》（草案）。南阳湖农场迅速传达到党政场级领导。

5月27日　中共济宁地委《政治工作通报》转发《关于南阳湖农场加强政治思想工作大学毛主席著作》安排意见的批示。

6月　刘中元任国营南阳湖农场党委副书记，王力生兼任国营南阳湖农场场长，王庆和任国营南阳湖农场工会主席。

1967年　9月4日　山东省革委下发《关于为无产阶级掌好权用好权的几个问题》的通知，南阳湖农场造反派开始夺权。

是年　南阳湖农场个别造反头目参与济宁市造反派武斗事件，南阳湖农场生产遭到严重破坏。

1968 年 5 月 18 日　国营南阳湖农场革命委员会成立（夺权与革命干部结合），陈兆经为第一副主任，马兴常、孙玉为副主任。

8 月 1 日　国营南阳湖农场开展拥军活动。

9 月 29 日　中共国营南阳湖农场委员会上报《关于在产业工人中有步骤地发展新党员的请示报告》。

11 月 8 日　中共国营南阳湖农场委员会转发清资办公室《对当前清查资产阶级斗争中存在问题的处理意见》。

11 月 14 日　国营南阳湖农场落实侯振民、王庆余建议把"公办小学下放到生产大队办"的决定，学校教育受到严重影响。

11 月 28 日　国营南阳湖农场贯彻山东省革委《关于清理阶级队伍定性、定案执行政策的几点意见》。

12 月　国营南阳湖农场落实毛主席"知识青年到农村去"的决定，陆续把符合条件的知识青年下放到农村。

1969 年 1 月 16 日　国营南阳湖农场贯彻济宁市《关于城市改革体制、精简机构的意见》。

3 月　中共中央、国务院、中央军委下发《关于迅速掀起春耕生产新高潮的通知》，国营南阳湖农场积极响应，立即部署春耕生产工作。

5 月　财政部军管会下发《关于改革中央级国家机关、企业、事业单位工作人员出差补助标准的通知》，国营南阳湖农场迅速贯彻执行并结合实际制定本单位的财务报销制度。

8 月 14 日　中共国营南阳湖农场委员会贯彻中共济宁地区革命委员会核心领导小组的指示，筹备成立党的核心领导小组。

1970 年 1 月　刘中元任国营南阳湖农场革命委员会主任、党的核心领导小组组长，翁德新、姜波为副主任，姜波兼任党的核心领导小组副组长。

4 月　济南军区下发文件，决定组建山东生产建设兵团，兵团设一二三师，南阳湖农场为三师十一团，杨金秀任团长。

5 月 6 日　山东生产建设兵团三师十一团印发《关于开展清仓查库工作的通知》。

5 月 23 日　贯彻山东省革委"关于大力收购废钢铁"的精神，号召全团大力拾捡废钢铁。

6月 杨万祥任山东生产建设兵团三师十一团副政委。

8月 王春玉任山东生产建设兵团三师十一团政委。

11月16日 山东建设兵团三师十一团上报山东生产建设兵团《关于吸收职工子弟77人为兵团战士的报告》。

1971年 4月11日 中共山东建设兵团三师十一团委员会制定《关于开展清仓、查库节约工作的意见》。

6月3日 山东生产建设兵团三师十一团制定《一九七一年农业生产计划》。

6月9日 中共济南军区生产建设兵团三师委员会对十一团临时党委做出批复,同意由杨金秀、王春玉等16位同志组成党委会,杨金秀任书记,王春玉任副书记。

8月12日 山东生产建设兵团后勤部下发《关于分配一九七一年农用拖车的通知》,分配给三师十一团农机五吨拖拉机3辆。

9月29日 中国共产主义青年团三师十一团第一次代表大会开幕。

11月19日 山东生产建设兵团三师十一团上报山东生产建设兵团《关于战时编组的情况报告》。

11月24日 山东生产建设兵团三师十一团制定《一九七二年农业生产计划》。

1972年 4月7日 中共山东生产建设兵团三师十一团第一次党代表大会召开。正式代表66人,列席代表38人,通过了杨金秀代表团党委所作的工作报告,选举出由16人组成的新的委员会。

4月25日 山东生产建设兵团三师十一团下发《关于认真搞好一九七二年战备训练工作的通知》。

5月2日 司机蒋雨才驾车违章行驶,使汽车翻入2米深沟内,造成2人死亡、3人重伤、6人轻伤的重大伤亡事故。

5月12日 中共济南军区山东生产建设兵团委员会,对朱忠信投水自杀做出决定,朱忠信道德败坏,品质恶劣,开除党籍、开除军籍。

6月4日 山东生产建设兵团三师十一团下发《关于一九七二年内招兵团战士的通知》。

9月9日 山东生产建设兵团三师十一团决定大忙季节给予劳动补助粮,充分调动一切劳动力充实到生产第一线。

11 月 16 日　山东生产建设兵团下发《部队管理教育和冬防工作意见》。

11 月　山东生产建设兵团三师十一团制定《民兵战时编组方案》。

● **1973 年**　1 月　张升荣任山东生产建设兵团三师十一团副团长。

2 月　山东生产建设兵团三师十一团制定《经营管理制度》（试行草案）。

3 月 15 日　山东生产建设兵团三师十一团制定《一九七三年农业生产计划》。

3 月　商涛任山东生产建设兵团三师十一团副政委。

3 月　山东生产建设兵团三师十一团下发对于华跃、刘广春等受团嘉奖单位和个人的通令。

4 月 3 日　山东生产建设兵团下发《关于当前畜牧工作的几点意见》。

4 月 17 日　中共济南军区山东生产建设兵团第三师十一团委员会颁发《关于计划生育工作的意见》

6 月 26 日　山东生产建设兵团三师十一团下发《关于一九七三年招生工作意见》，师分配给团招生名额 87 名，其中大专 17 名、中专 70 名。

8 月 1 日　山东生产建设兵团三师十一团下发《关于贯彻兵团卫生防病工作会议精神的通知》。

12 月　全团全年种植水稻 1.2 万亩，亩产平均 821 斤，实现了粮食"过长江"的奋斗目标。

● **1974 年**　2 月 21 日　山东生产建设兵团三师十一团呈报山东生产建设兵团《关于追补插秧机和手扶拖拉机的报告》。

10 月 15 日　山东生产建设兵团三师十一团贯彻山东生产建设兵团指示，掀起回收上交废钢铁新高潮。

10 月 20 日　山东生产建设兵团三师十一团制定《1976—1985 年农业生产规划（草案）》。

10 月 25 日　中国人民解放军济南军区山东建设兵团转发山东省委、省革委文件精神，下乡知识青年家中确有特殊困难的可申请回城，团级单位即可办理回城手续。

12 月 28 日　山东省革委、济南军区撤销兵团交接领导小组下发《关于当前交接工作中几个问题的通知》。

12 月　撤销山东生产建设兵团三师十一团恢复国营南阳湖农场。免去杨金秀党委书记、团长职务，免去王春玉党委副书记、政委职务，免去张升荣副团长职务，免去杨万祥、商涛副政委职务。

1975 年　1 月 21 日　中共济宁地委下发《关于建立中共南阳湖农场核心领导小组的通知》，商涛任组长。

1 月 28 日　国营南阳湖农场制定《一九七五年农业生产计划》。

2 月 1 日　国营南阳糊农场呈报济宁地区农委《关于机构设置的请示报告》。

4 月 15 日　国营南阳湖农场呈报济宁地区农委《农业生产（修订）计划》。

6 月 29 日　中共济宁地委组织部下发《关于商涛等同志任职的通知》，商涛任南阳湖农场场长；张体伍、骆继文任中共南阳湖农场核心领导小组副组长、农场副场长；姜波任中共南阳湖农场核心领导小组副组长；李玉任、李卓亚任南阳湖农场副场长。

1976 年　4 月 5 日　按照中共中央组织部要求，对现有干部进行登记，国营南阳湖农场（含济宁地区水稻研究所）实有干部 85 人，其中党员干部 35 人。

6 月 3 日　国营南阳湖农场 1 次接受 400 名知识青年充实劳动第一线。

6 月　刘广春任国营南阳湖农场核心领导小组第一副组长，国营南阳湖农场第一副场长。

11 月 29 日　中共南阳湖农场核心领导小组上报中共济宁地委，第一次安排职工子女留场就业。

1977 年　1 月 27 日　国营南阳湖农场呈报济宁地区农委《关于留城青年安排问题的请示报告》。

1 月　国营南阳湖农场呈报济宁地区农委《一九七七年生产计划》。

4 月 5 日　由于国营南阳湖农场复种指数加大，化肥供应严重不足，直接影响生产，国营南阳湖农场向山东省农林局请示，急需加大化肥调拨；5 月 5 日，又向济宁地区财办请示调拨化肥。

5 月 6 日　国营南阳湖农场制定《一九七七年基本建设投资分配方案》。

7 月　邓炳章任国营南阳湖农场工会主席。

9 月　按照上级有关指示精神，国营南阳湖农场对"三种人"有牵连的人员进行隔离审查。

10 月 27 日　国营南阳湖农场下发《关于大力开展扭亏增盈工作的通知》。

● **1978 年**　5 月 20 日　国营南阳湖农场落实《关于摘掉右派分子帽子工作中几个问题的处理意见》，并对受牵连的个人和家属落实政策。

7 月 28 日　国家农垦局颁发《国营农场工作条例》（试行草案）。

8 月　中共国营南阳湖农场委员会成立，孙宪君任国营南阳湖农场党委书记。

9 月 21 日　济宁地区农业局、林业局、畜牧局联合发文，国营农、林、牧场圃试行奖励制度，调动广大职工大干社会主义的积极性。

9 月 21 日　济宁地区农委主持，国营南阳湖农场与山东省农业科学院水稻研究所达成分家协议。

9 月　刘广春任国营南阳湖农场党委副书记。

11 月　王熙玉任国营南阳湖农场场长，李玉任、李卓亚任副场长。

● **1979 年**　1 月　国营南阳湖农场制定《管理制度》和《岗位责任制》。《管理制度》设 8 项，《岗位责任制》设 71 条，农场逐步纳入科学化管理轨道。

2 月 17 日　中共南阳湖农场委员会印章开启使用。

4 月　国营南阳湖农场决定恢复赵丙玉、李龙泉 2 人的工作。

7 月 18 日　鉴于农场规模较大，中共南阳湖农场委员会请示济宁地区公安局要求设置公安派出所机构，公安局未批复设置派出所，随后成立南阳湖农场公安科。

7 月 23 日　中共南阳湖农场委员会请示济宁军分区要求成立武装民兵营，军分区予以批复，即日起南阳湖农场武装民兵营成立。

8 月 29 日　国营南阳湖农场上报济宁专署，试办农、工、商联合企业。

12 月　国营南阳湖农场全年粮食作物总播种面积 17673 亩，总产 884.5 万斤，完成计划的 110.5％。其中小麦 12796 亩，总产 724.5 万斤，创历史最高水平。

● **1980 年**　1 月 28 日　国营南阳湖农场下发《关于对计划外二胎怀孕的处理通知》，对部分强生二胎者做出不同程度的处理。

2 月 5 日　国营南阳湖农场贯彻执行《农垦经营管理十一条》方针，决定扩大企业自主权。

3 月　国营南阳湖农场制定出台《1980 年生产计划》。

3 月　国营南阳湖农场被农垦部公布为全国农垦系统 1979 年红旗单位、全国先进集体。

4月3日 国营南阳湖农场呈报济宁专署《关于试办农工商联合企业的报告》。

9月5日 山东省农业厅农垦局落实国务院"要尽快把国营农场办成农、工、商联合企业"的指示精神，决定在南阳湖农场进行试点。

12月14日 国营南阳湖农场下发《关于公布场区农业、畜牧技术干部职称的通知》，一大批有专业知识的技术干部获得相应的职称。

1981年 8月21日 卢尚文任国营南阳湖农场副场长兼农工商联合企业公司经理。

9月3日 国营南阳湖农场呈报济宁专署《关于1981年度大专毕业生需用计划报告》，随后部分毕业学生陆续充实到农场。

12月5日 中共南阳湖农场委员会决定，对71岁的退休工人刘德奎退休后继续做保卫工作，并对敢于与损害国家财产的人做斗争给予表彰，并给予一定物质奖励。

12月21日 济宁地区科学技术委员会授予李玉任、周连泗工程师技术职称，这是南阳湖农场较早的工程师职称。

1982年 3月5日 隋守民任国营南阳湖农场副场长。

3月15日 国营南阳湖农场下发《关于干部、职工和家属就诊治疗药费报销规定的通知》，部分药费可在农场报销。

3月31日 国营南阳湖农场下达《1982年生产、财务计划指标》，并要求各单位签订合同，年终按考核指标进行奖励。

4月26日 国营南阳湖农场决定自筹资金，进行基本建设（土木工程）。

8月5日 国营南阳湖农场向济宁地区农委报告，预发1982年上半年超利润分成奖金。

10月8日 中共国营南阳湖农场委员会呈报中共济宁地区农委党组，重新成立技术评定委员会。

12月27日 中共济宁地委组织部发文，同意张体伍每年增发一个半月本人离休前标准工资。

1983年 5月25日 国营南阳湖农场制定《三夏期间劳动定额及定额报酬的规定》，鼓励农场职工三夏期间尽可能多参加劳动。

6月14日 由于生产急需，国营南阳湖农场呈报济宁地区农委《关于动用建楼款的请示报告》。

7月19日　国营南阳湖农场申请呈报有关部门,把多年已经享受过城镇非农业待遇的173户558人定为非农业。

8月29日　根据劳动力不足的现实,国营南阳湖农场呈报山东省农业厅,计划在户粮关系在农场的职工子女中招收100人为新工人。

12月　袁恒兴长期坚持农业技术推广,并做出显著成绩,农牧渔业部为其颁发荣誉证书。

● **1984年**　1月　李学贵当选济宁市第十届人民代表大会代表。

4月　李学贵任国营南阳湖农场场长,隋守民任党委书记,卢尚文任工会主席,王熙玉任调研员。

12月　国营南阳湖农场制定《1985年农业生产计划》。

是年　国营南阳湖农场填报《济宁市城镇住房情况分户普查表》,南阳湖农场实有住户534户。

● **1985年**　1月2日　国营南阳湖农场制定《关于医疗费使用办法的规定》。

2月　隋守民、卢尚文任国营南阳湖农场调研员。

6月30日　国营南阳湖农场呈报济宁市农业局《关于扩建水泥厂和发展建筑业需要资金的报告》。

7月　李卓亚任国营南阳湖农场场长,李学贵任党委书记。卢叙启任国营南阳湖农场常务副场长。

8月22日　刘广春任国营南阳湖农场工会主席。

9月7日　国营南阳湖农场《水产养殖总体方案》出台,提出调整产业结构的重点是开发水产养殖业。

9月25日　国营南阳湖农场上报山东省农业厅名贵水稻"香血糯"试种成功情况的总结。

是年　国营南阳湖农场填报《济宁市市区房改职工基本情况调查登记汇总表》,南阳湖农场符合房改的有534户。

● **1986年**　4月1日　中共国营南阳湖农场委员会下发《对全场党员干部的规定》。

6月4日　国营南阳湖农场下发《关于开展评先创优活动的意见》,南阳湖农场掀起争先创优高潮。

10月17日　国营南阳湖农场呈报山东省农业厅《关于解决农垦周转金》的报告,将资金用于农业生产。

12月12日　国营南阳湖农场下发《关于干部实行职务工资的施行意

见》。

是年　济宁市政府下发《关于国营南阳湖农场部分职工家属户口历史遗留问题的批复》，多年遗留的问题得到解决。

1987 年　3 月 24 日　中共国营南阳湖农场委员会决定，鉴于共产党员薛长海长期不履行党员义务，将薛长海除名。

4 月 5 日　国营南阳湖农场下发《关于加强土地管理的规定》，并由场长办公室、保卫科、生产科组成土地管理小组落实。

4 月 7 日　济宁市郊区石桥乡政府下发《南阳湖农场职工在大路两边非法建房的处理决定》，要求在规定时间内一律拆除。

5 月　夏恒常任国营南阳湖农场场长，李卓亚任调研员。

6 月 29 日　国营南阳湖农场制定《管理人员工作制度》。

7 月 4 日　国营南阳湖农场会计舒振铎被山东省农业厅评为厅级优秀财会人员。

9 月 4 日　国营南阳湖农场下发《关于整顿完善家庭农场的意见》。

1988 年　1 月 1 日　国营南阳湖农场下发《一九八八年分场经济承包责任制试行办法》。

3 月 31 日　国营南阳湖农场制定《关于职称改革工作的方案》，有步骤地开展职称改革工作。

4 月 20 日　国营南阳湖农场呈报济宁市农业局《关于实行场长负责制的请示报告》。

5 月 29 日　由于严重干旱，13671 亩夏粮比上年减产 130 万斤；截至当日，有 2000 亩水稻未插，12000 亩大豆未播种。

6 月 29 日　国营南阳湖农场呈报济宁市农业局《关于严重旱情的情况报告》，要求农业局给予部分资金支持。

8 月　袁恒兴任国营南阳湖农场工会主席。

9 月 17 日　于华跃任国营南阳湖农场副场长。

11 月 2 日　国营南阳湖农场向济宁市郊区农行申报《关于申请黄淮海平原农业开发项目贷款的报告》。

11 月 25 日　国营南阳湖农场向市劳动局、农业局呈报《关于招收合同制工人的请示报告》。

12 月 27 日　国营南阳湖农场下发《聘任干部的通知》。

12月　夏恒常、袁恒兴、卢叙启、赵宗礼、龙文光被评为高级农艺师，李玉任被评为高级工程师，这是南阳湖农场第一批评定高级职称。

● 1989 年　3月8日　国营南阳湖农场决定支援遭受1988年特大干旱的泗水县优良绿豆种2万斤、小麦50万斤。

3月　李学贵任南阳湖农场党委书记期间，农场被评为全省农垦系统先进企业，山东省农业厅颁发其荣誉证书。

4月10日　国营南阳湖农场职工代表大会开幕。党委书记李学贵致辞，场长夏恒常做工作报告。

4月20日　中共南阳湖农场委员会制定《1989年党务工作目标》。

4月24日　国营南阳湖农场决定实行浮动工资，充分调动广大职工的生产积极性。

5月28日　国营南阳湖农场制定《关于工作人员廉洁勤政十条规定》。

6月26日　国营南阳湖农场种植西瓜1306亩，平均单产5059斤，亩产值1000元，创历史最高。

9月　蔡松恒被评为济宁市优秀思想政治工作者。

11月22日　国营南阳湖农场与司法单位签订《法律顾问协议书》。

是年　李学贵当选中共济宁市第七届人民代表大会代表。

是年　工农业总产值527万元（不变价），比1988年增加133万元，增值33.8％，增长率创历史新高。农业小麦单产、总产均创历史最高纪录。

是年　赵书俭被评为山东省农垦系统先进工作者。

● 1990 年　2月25日　国营南阳湖农场在1989年被中国农业银行济宁分行评为一级信用企业的基础上，申报特级信用企业。

2月　国营南阳湖农场被山东省农业厅评为全省农垦系统先进企业，这是继1988年、1989年连续三年被山东省农业厅评为先进企业。

4月15日　山东省国营南阳湖农场呈报农业部典型材料《抓好农业生产是发展农垦经济的根本之路》。

5月31日　国营南阳湖农场下发《关于对计划生育条例的补充规定》。

8月　国营南阳湖农场机务职工革新铁牛55牵引折叠喷雾机，经场鉴定小组鉴定，符合农业技术要求。

10月11日　国营南阳湖农场纠正不正之风领导小组成立并作出工作

安排。

12 月 26 日　国营南阳湖农场制定《分房、调房暂行办法》，评分标准严格合理，使此项工作得以顺利进行。

是年　赵书俭被评为山东省农垦系统先进工作者。

是年　粮食总产 1124.4 万斤，比 1989 年的 1090 万斤增长 3.1%。

● **1991 年**　1 月　袁恒兴被济宁市总工会评为优秀工会积极分子。

2 月 25 日　国营南阳湖农场呈报济宁市农业局等有关单位典型材料《加强农业基础地位 做好农业这篇文章》。

2 月 27 日　国营南阳湖农场呈报山东省农业厅，申请参加山东省农垦系统先进企业奖评选。

3 月　李学贵在任南阳湖农场党委书记期间，南阳湖农场被评为全省农垦系统先进企业，山东省农业厅颁发其荣誉证书。

7 月 26 日　国营南阳湖农场制定《关于做好防汛、抢险、抗灾工作的规定》。

10 月 10 日　国营南阳湖农场制定《职工民主管理工作活动制度》。

11 月 13 日　国营南阳湖农场夏恒常、卢叙启、龙文光当选山东省水稻生产科技协作会会员。

11 月 20 日　国营南阳湖农场在全省农业社会化服务经验交流会上做《增强社会化服务功能，完善农场双层承包经营责任制》的典型发言。

12 月　徐庆海任国营南阳湖农场副场长。

● **1992 年**　1 月 13 日　袁恒兴被济宁市总工会评为优秀工会工作者。

2 月 28 日　国营南阳湖农场向山东省农业厅推荐南阳湖农场一分场、种鸡场为省农垦系统二级先进单位。

4 月 25 日　高丕吉任国营南阳湖农场副场长兼农工商供销公司经理、龙文光任农场总农艺师、李欣任农场总会计师、周连泗任农场总工程师。

5 月 27 日　郭传华在排灌站地下进水涵洞闸门进行检查时，中毒晕倒，因抢救无效死亡。国营南阳湖农场要求追认其为革命烈士（未批），济宁市民政局定为因公牺牲。

6 月 1 日　中国山东省南阳湖农场夏恒常（中方代表）与阿普利斯也列面克（俄方代表）在哈尔滨天竹宾馆签订合同意向书。

6月29日　国营南阳湖农场出台《物资管理制度》。

9月12日　国营南阳湖农场下发《关于公布第二届场管委员会成员的通知》。

9月　国营南阳湖农场与济宁市农业局、济宁市财政局签订《承包经营责任制合同书》。

11月　许厚营在全省开展的"三教双学"活动中，被济宁市总工会评为"学雷锋、学铁人"积极分子。

● 1993年 1月　国营南阳湖农场公布《1993年承包经营实施方案》，对场所属经营服务、辅助、事业等单位，以承包合同的形式进行承包。

3月31日　中共国营南阳湖农场委员会印发《党务目标》《思想政治工作要点》《宣传工作意见》。

3月　袁恒兴被济宁市总工会评为优秀工会工作者，朱志燕被济宁市总工会评为济宁市先进工会女职工工作者。

4月　龙文光被中华人民共和国农业部表彰为长期坚持农技推广工作先进个人。

6月　国营南阳湖农场工会呈报济宁市总工会《胸怀党的宗旨、搞好工会工作》的典型材料。

7月9—13日　农场累计降雨212.4毫米，其中7月11日下午4小时内降大暴雨108.28毫米。地面积水深20～30厘米，13478亩秋作物普遍受灾，其中8000亩大豆、棉花、西瓜绝产，造成经济损失300多万元。

7月　徐庆海任国营南阳湖农场场长。

9月13日　国营南阳湖农场制定《干部轮训实施方案》，对场管干部进行集中轮训。

11月17日　国营南阳湖农场对轧钢生产线进行二期改造，项目总投资80万元，年增产量5000吨。

12月26日　中共济宁市委办公室《今日动态》特刊刊发《目前制约南阳湖农场发展的6个因素》，本期发至市委常委、副市长。

● 1994年 1月20日　李学贵被济宁市总工会授予九三年度荣誉工会积极分子称号。

3月18日　国营南阳湖农场下发《关于严禁乱伐树木的紧急通知》，制止乱伐树木现象。

3月23日　国营南阳湖农场二届二次职代会通过《国营南阳湖农场财务管理制度》。

4月12日　国营南阳湖农场下发文件，动员全场干部职工开发"菜篮子"工程。

4月20日　任广怀被济宁市总工会授予93年度优秀工会工作者称号，许厚营被济宁市总工会授予八五建功奖章。

5月　国营南阳湖农场重新颁布《国营南阳湖农场章程》。

7月10日　中共国营南阳湖农场委员会制定《党组织工作制度》。

7月　李学贵被中共济宁市委评为全市企业优秀党务工作者。

8月　徐庆海兼任国营南阳湖农场党委书记。

9月1日　济宁市任城区土地矿产管理局地价评估报告，国营南阳湖农场地块面积20000亩，总地价35855万元。

9月4日　济宁市国资委批复，认定国营南阳湖农场资产总额37409.74万元，其中固定资产36319.29万元、流动资产1081.90万元、无形资产8.56万元。国有资产权益36412.02万元。

12月20日　张清运任国营南阳湖农场副场长。

● **1995年**　4月18日　卢叙启任国营南阳湖农场常务副场长，许厚营、李取贤任副场长，李玉任、龙文光、周连泗、胡跃先任调研员。

5月10日　经场长提名，党委研究同意聘任卢叙启为国营南阳湖农场常务副场长，于华跃、高丕吉、张清运、许厚营、李取贤为副场长。

5月18日　根据济宁市政府的要求和国营南阳湖农场的实际，决定改造扩建济宁修理厂。

5月24日　国营南阳湖农场下发《关于试行全员劳动合同制的实施方案》；6月30日，国营南阳湖农场决定实施全员劳动合同制，破除"铁饭碗"制度。

6月18日　国营南阳湖农场工会下发《关于动员全场职工积极投入"管理效益年"活动的意见》。

6月30日　国营南阳湖农场下发《关于启用南阳湖农场党政办公室印章的通知》，同时废除中共国营南阳湖农场委员会办公室、国营南阳湖农场场长办公室两枚印章。

7月7日　国营南阳湖农场工会下发《关于在全场职工中开展"技术学习、技术练兵、技术比武"活动的意见》。

8月8日　国营南阳湖农场公布《住房制度改革意见》。

9月14日　经济宁市房改办同意，国营南阳湖农场开始实施内部住房制度改革。

12月27日　中共南阳湖农场委员会下发《关于开展社会主义思想教育和党员冬训的意见》。

12月　于华跃从事档案工作三十年，国家档案局、中央档案馆为其颁发荣誉证书。

是年　国营南阳湖农场在全省农垦工作会议上作《解放思想闯新路，规模经营迈大步》的典型发言。

● **1996 年**　2月27日　徐庆海、田盛齐、韩福常被评为全省农垦系统先进个人。

3月16日　中共国营南阳湖农场委员会下发《关于加强思想政治工作的意见》。

3月　赵崇魁被授予1995年全省农垦工作先进个人称号。

4月5日　于华跃任国营南阳湖农场工会主席。

4月12日　根据《农业部关于加强农业法制工作的通知》和《山东省农业厅农业法制年活动实施意见》精神，国营南阳湖农场确定1996年为国营南阳湖农场农业法制年。

8月　国营南阳湖农场获《全国农垦系统扭亏增盈先进企业证书》。

9月16日　国营南阳湖农场下发《关于征求企业精神、文明公约意见的通知》。

9月25日　根据济宁市城市建设综合开发办文件和1995年9月1日下发的中华人民共和国建设工程规划许可证，国营南阳湖农场呈报《新建农工商综合贸易商城建议书》。

10月2日　经国营南阳湖农场三届职代会第一次联席会议商议确定，全场实施岗位技能工资。

10月23日　国营南阳湖农场被授予 AAA 级信用企业。

11月6日　济宁市土地管理局批复，同意国营南阳湖农场《奶牛综合开发项目建设用地评价的报告》。

12月4日　中共南阳湖农场委员会对党支部达标升级活动进行检查。

● **1997 年**　3 月 18 日　济宁市广播电视局下发给国营南阳湖农场《山东省接收卫星传送的境内电视节目许可证》，接收目的为宣传教育，只接收不录制。

3 月 24 日　国营南阳湖农场制定《1997 年经济工作意见》。

3 月 27 日　经济宁高新技术管理委员会同意，允许国营南阳湖农场建设"乳制品加工"项目，该项目征地 40 亩，建筑面积 7500 平方米，总投资 5740.69 万元。

4 月 8 日　国营南阳湖农场制定《关于内设机构规格的界定意见》。

9 月 19 日　国营南阳湖农场公布《深化改革转换经营机制方案》。

11 月 11 日　国营南阳湖农场响应中共济宁市农业局委员会下发的《关于贯彻十五大精神，抓住机遇加快发展大讨论的意见》精神，在场内迅速掀起"加快发展大讨论"的热潮。

12 月 23 日　根据《中共中央、国务院有关职工医疗保障制度和医疗保险制度》的精神，国营南阳湖农场三届二次职代会第三次联席会议通过了《公费医疗管理办法》。

● **1998 年**　3 月 6 日　国营南阳湖农场制定《关于 1 万亩中低产田开发项目的说明》。

4 月 13 日　济宁市政府召开专题会议，研究国营南阳湖农场奶牛业综合开发项目问题。

5 月　赵书俭任国营南阳湖农场总会计师。

6 月 10 日　国营南阳湖农场呈报济宁市农业局等有关部门《关于拆迁原农场水泥厂建设九五种子工程项目的报告》。

6 月 19 日　济宁市市长贾万志在《市农业部门建议在国营南阳湖农场建立济宁市农作物良种繁育基地的报告》上签署意见：同意该报告并提请蔡敬钦副市长商办。

7 月 13 日　国营南阳湖农场下发《关于场级领导干部分工的通知》《关于成立精神文明办公室的通知》。

7 月　于华跃被济宁市总工会评为建制工作先进个人。

8 月 3 日　国家发展计划委员会、山东省计划委员会、济宁市计划委员会批复同意《济宁市南阳湖农场奶牛业开发项目可行性研究报告》。

8 月 11 日　国营南阳湖农场制定下发《财务管理办法》等 17 项规章制度。

12 月 5 日　国营南阳湖农场呈报济宁市农业局《1998 年度农业综合开发

项目可行性研究报告》。

是年　国营南阳湖农场公布《山东省济宁市南阳湖农场投资招商书》。

● **1999 年**　1 月 1 日　国营南阳湖农场下发《关于成立良种中心的通知》。

1 月　赵德华被济宁市总工会评为济宁市优秀工会工作者。

1 月　中共南阳湖农场委员会印发《1999 年场党务工作目标》。

2 月 10 日　国营南阳湖农场科学技术协会成立暨首届全体会员大会召开。

4 月 29 日　国营南阳湖农场三届四次职代会讨论通过《国营南阳湖农场住房制度改革意见》。

6 月　高丕吉任国营南阳湖农场常务副场长。

8 月 3 日　中共国营南阳湖农场党委下发《关于处理解决"法轮功"问题在全体党员中集中开展学习教育活动的意见》。

9 月 29 日　国营南阳湖农场三届四次职代会第一次联席会议通过《2000—2002 年经济承包责任制方案》。

10 月 31 日　国营南阳湖农场制定《南阳湖农场奶牛业综合开发项目实施意见》。

12 月 2 日　中共国营南阳湖农场委员会下发《关于公布场务公开领导小组办公室成员的通知》。

12 月　朱志燕被济宁市总工会评为济宁市先进工会女职工工作者。

● **2000 年**　1 月 3 日　王海存被聘任为南阳湖农场副场长。

1 月　王新华被济宁市人事局、济宁市农业局评为先进工作者。

2 月　国营南阳湖农场下发《关于场级行政领导分工的通知》。

3 月 2 日　国营南阳湖农场下发《国营南阳湖农场 2000 年工作要点》。

3 月 29 日　国营南阳湖农场第四届职工代表大会、第七届会员代表大会开幕。

6 月 16 日　国营南阳湖农场下发《关于加快小麦入库的紧急通知》《关于抗旱抢种的通知》。

6 月 26 日　中共国营南阳湖农场委员会制定《关于实施"党员素质工程"和开展"致富思源、富而思进"教育活动的意见》。

8 月　国营南阳湖农场下发《关于在全场范围内开展健身娱乐活动的通知》，动员全场职工开展文明健身活动。

9月25日　根据《山东省计划生育条例》，国营南阳湖农场制定《计划生育管理规定》。

10月31日　中共国营南阳湖农场委员会、农场管委集体学习《中共中央关于制定国民经济和社会发展第十个五年计划的建议》，并结合实际讨论制定本场的发展计划。

是年　赵书俭获山东省农业厅嘉奖。

2001年　1月2日　国营南阳湖农场呈报济宁市农业局《南阳湖农场农业综合开发"十五"规划》。

2月13日　国营南阳湖农场上报济宁市农业局等有关部门《关于建设生物无机有机长效复合肥厂的申请》。

2月22日　国营南阳湖农场下发《国营南阳湖农场2001年工作意见》。

3月3日　国营南阳湖农场下发《2001年植树造林工作意见》，号召广大职工积极投入植树工作中。

3月28日　国营南阳湖农场第四届二次职工代表大会、第七届二次会员代表大会开幕。

3月29日　中共国营南阳湖农场委员会、国营南阳湖农场管委做出《关于表彰2000年度先进集体、先进个人、文明家庭的决定》。

4月22日　中共国营南阳湖农场委员会下发《2001年度党务工作目标》。

5月6日　国营南阳湖农场呈报山东省农业厅《关于建设农业现代化示范场的报告》。

5月29日　国营南阳湖农场更名为山东济宁南阳湖农场。

6月19日　山东济宁南阳湖农场制定《南阳湖农场农业产业化经营发展"十五"规划》。

7月24日　山东济宁南阳湖农场下发《关于成立安全生产委员会的通知》。

8月2日　山东济宁南阳湖农场呈报济宁市农业局等有关部门《关于秋季作物遭受暴雨成灾的报告》。

8月24日　刘广春任山东济宁南阳湖农场党委书记，许厚营任副书记，高丕吉任党委委员、纪委书记；许厚营任国营南阳湖农场场长，李取贤、张清远、王海存任副场长。

8月29日　山东济宁南阳湖农场下发《关于场级领导行政分工的通知》。

9月5日 山东济宁南阳湖农场全场管理人员（干部）大会召开。

10月17日 山东济宁南阳湖农场制定《开展"三个代表"学习教育活动的实施方案》。

12月5日 山东济宁南阳湖农场从11月7日至12月5日连续以38号—45号文件申请、呈报"农网改造"。

● **2002 年**

1月19日 山东济宁南阳湖农场公布《关于进一步深化改革、调整结构、节支增效的实施方案》。

1月 蔡松恒被评为济宁市知识型先进个人。

5月10日 山东济宁南阳湖农场做出"成立山东济宁南阳湖农场园林苗木发展中心"的决定；中共山东济宁南阳湖农场委员会下发《关于公布场务公开领导小组及办公室组成人员的通知》。

7月18日 山东济宁南阳湖农场呈报山东省农业厅"扭亏增盈"情况的报告。

8月1日 山东济宁南阳湖农场下发《关于加强安全生产的通知》，要求杜绝一切安全事故。

9月16日 山东济宁南阳湖农场公布《关于印发2003—2008年各业承包实施方案的通知》。

10月13日 山东济宁南阳湖农场鉴于周边居民对农场土地开荒耕种的行为，下发《关于立即停止对农场土地侵权行为的函》。

11月8日 山东济宁南阳湖农场呈报济宁市社会保障局《关于参加市医疗保险统筹的报告》。

11月20日 中共山东济宁南阳湖农场委员会制定《关于认真学习贯彻党的十六大精神的意见》。

12月9日 山东济宁南阳湖农场公布《南阳湖农场职工住房管理办法》。

12月 山东济宁南阳湖农场签定《山东济宁南阳湖农场耕地承包（内部）经营责任书》。

● **2003 年**

2月24日 中共山东济宁南阳湖农场委员会下发文件，重新明确党费收缴新标准。

2月26日 山东济宁南阳湖农场制定《南阳湖农场2003年工作意见》。

3月26日 中共山东济宁南阳湖农场委员会制定《中共山东济宁南阳湖农场委员会2003年工作要点》。

4月29日　山东济宁南阳湖农场下发《关于做好"非典"预防工作的通知》。

5月8日　山东济宁南阳湖农场下发《关于调整预防传染性非典型肺炎领导机构的通知》。

5月8日　中共山东济宁南阳湖农场委员会制定《关于认真贯彻市委组织部和市经贸委〈关于在全市国有企业党组织中开展"双争双比"活动的意见〉的实施意见》。

5月18日　中共山东济宁南阳湖农场委员会下发《关于加强党政建设和反腐败工作的意见》。

7月18日　中共山东济宁南阳湖农场委员会制定《关于组织开展"解放思想干事创业比学赶超加快发展"大讨论活动的实施意见》。

7月19日　山东济宁南阳湖农场召开南阳湖农场观光休闲高效农业建设规划会议。

8月18日　山东济宁南阳湖农场申领国有土地使用证。

10月15日　山东济宁南阳湖农场呈报济宁市农业局《2004年农业结构调整实施意见》。

10月28日　山东济宁南阳湖农场下发《农场环境整治的通知》，营造良好的招商环境。

12月1日　山东济宁南阳湖农场向社会公布《山东济宁南阳湖农场建设生态、高效、观光、休闲农业区项目简介》。

12月20日　山东济宁南阳湖农场鉴于公车私用的状况，下发《关于公务用车有关事项的通知》。

● **2004年**　2月8日　山东济宁南阳湖农场制定《2004年经费包干及有关承包经营单位经营运行的实施意见》。

2月15日　山东济宁南阳湖农场下发《2004年植树造林工作意见》，号召承包经营单位和个人都应承担植树造林的义务。

2月26日　山东济宁南阳湖农场按照济宁市政府会议精神和山东省农业厅的要求，全面调整内部管理体制，制定《建立济宁市生态、高效、观光、休闲农业示范区的发展规划》。

2月26日　山东济宁南阳湖农场做出《关于调整农业产业结构的决定》。

3月2日　中共山东济宁南阳湖农场委员会下发关于认真组织学习《中

国共产党党内监督条例（试行）》《中国共产党纪律处分条例》的通知。

5月11日　中共山东济宁南阳湖农场委员会公布各党支部组成人员。

7月6日　王新华任济宁南阳湖农场总农艺师。

7月13日　中共山东济宁南阳湖农场委员会下发《关于调整场务公开民主管理领导小组及办公室组成人员的通知》。

8月26日　山东济宁南阳湖农场向社会发布《山东济宁南阳湖农场简介》。

9月13日　山东济宁南阳湖农场制定《山东济宁南阳湖农场2004年度农业综合开发土地治理项目实施方案》。

11月22日　山东济宁南阳湖农场下发《关于公布场务公开民主管理监督小组及场务公开民主管理办公室人员分工的通知》。

12月16日　山东济宁南阳湖农场呈报山东省农业厅《深化改革、规范管理、培育优势、加快发展的报告》。

12月　朱志燕被济宁市总工会评为济宁市先进工会女职工工作者。

● **2005年**　1月24日　山东济宁南阳湖农场下发《关于加强安全生产工作的通知》。

1月　中共山东济宁南阳湖农场委员会颁布《党委工作十三项制度》。

3月8日　山东济宁南阳湖农场下发《2005年经费包干的实施意见》。

3月16日　中共山东济宁南阳湖农场委员会、山东济宁南阳湖农场管理委员会做出《关于2004年度先进集体、先进个人、文明家庭的表彰决定》。

5月20日　山东济宁南阳湖农场申报《关于申请验收2004年度农业综合开发土地治理项目的报告》。

6月6日　山东济宁南阳湖农场制定《农场林业管理补充规定》。

7月14日　山东济宁南阳湖农场召开共产党员先进性教育活动动员大会，随后活动有计划地开展。

7月26日　山东济宁南阳湖农场决定建立劳动法律监督委员会。

8月8日　山东济宁南阳湖农场做出《关于请求解决农场办子弟学校移交问题的请示》。

9月　朱志燕被济宁市总工会评为2004年度济宁市工会统计工作先进个人。

10月12日　山东济宁南阳湖农场制定关于调整《2003—2008年各业承

包实施方案》的规定。

11月11日　山东济宁南阳湖农场申报入选《中国农垦之光》。

12月1日　山东济宁南阳湖农场呈报济宁市农业局《求真务实谋发展、开拓创新谱新篇》典型材料。

12月　何庆娴被济宁市总工会评为财会先进工作者，并授予五一巾帼奖章。

2006年　3月5日　山东济宁南阳湖农场成立南阳湖农场农业普查领导小组。

4月　王海存被表彰为济宁市第十届"十大杰出青年"提名奖，同时被授予市新长征突击手、市十佳知识性效益标兵称号；朱志燕被济宁市总工会评为济宁市"十佳"女职工工作者；蔡松恒被济宁市总工会评为济宁市工会先进工作者；惠明照被表彰为市优秀工会工作者；刘强被表彰为市优秀工会积极分子。

5月19日　山东济宁南阳湖农场呈报济宁市农业局《抓住机遇、创新思路、力促农场经济实现跨越式发展》典型材料。

5月　任广怀、王新华被山东省农业厅评为山东省农垦系统先进个人。

6月11日　济宁市国土资源局同意南阳湖农场参与煤采塌陷地治理项目申报工作。

7月　蔡松恒被中共济宁市委评为济宁市优秀共产党员。

8月16日　中共山东济宁南阳湖农场委员会下发《关于成立解放思想大讨论和"三学三创"教育活动的实施意见》。

9月27日　山东济宁南阳湖农场召开建场50周年庆祝大会，场长许厚营讲话。

9月29日　山东济宁南阳湖农场呈报济宁市政府《关于采煤塌陷区复垦治理的报告》。

10月25日　济宁市市长张振川批复同意《关于南阳湖农场采煤塌陷区土地复垦治理的请示》。

12月12日　中共山东济宁南阳湖农场委员会下发《关于认真开展党员、干部冬训工作的意见》。

2007年　1月10日　山东省人民政府压煤村庄搬迁办公室将山东济宁南阳湖农场及4个分场列入山东省2007年压煤搬迁计划。

1月16日　中共山东济宁南阳湖农场委员会、山东济宁南阳湖农场管委会对全场科级单位班子及成员全面考察。

1月　王海存被济宁市总工会授予济宁市五一劳动奖章。

3月19日　山东济宁南阳湖农场呈报济宁市教育局等部门《关于再次请求移交场办子弟学校的请示》。

4月30日　山东济宁南阳湖农场被表彰为市科协工作先进单位。

4月　许厚营被授予济宁市劳动模范荣誉称号；蔡松恒被济宁市总工会评为济宁市先进工作者。

5月11日　许厚营任山东济宁南阳湖农场党委书记，王海存任副书记，蔡松恒任纪委书记；王海存任山东济宁南阳湖农场场长。

5月30日　山东济宁南阳湖农场下发《关于场级领导行政分工的通知》。

7月3—5日　山东济宁南阳湖农场开展"慈善一日捐"活动。

9月11日　山东省财政厅核定山东济宁南阳湖农场税费改革转移支付资金115万元。

9月30日　山东济宁南阳湖农场制定《在职职工进修培训规定》。

11月5日　中共山东济宁南阳湖农场委员会下发《关于认真学习贯彻党的十七大精神的通知》。

11月20日　山东济宁南阳湖农场滨湖区林间多元化生态系统研究入选山东省科学技术发展计划项目申请书。

12月18日　山东济宁南阳湖农场申请参加农业保险。

12月24日　中共山东济宁南阳湖农场委员会制定《关于认真开展党员、干部冬训工作的意见》。

2008年　1月24日　山东济宁南阳湖农场第六届职代会第一次联席会议通过《2008年职工工资调整方案》。

2月20日　山东济宁南阳湖农场被授予全市企业教育培训先进单位称号。

3月3日　山东济宁南阳湖农场呈报济宁市农业局《山东济宁南阳湖农场领导班子述职报告》。

3月17日　经场党委联席会议研究，决定成立政策研究室、资产管理科、水利工程公司、一分场园林场等9个正科级科（室），水电站、通讯站合为水电通讯站1个正科级科（室）。

3月19日　农业部农垦总局副局长吴恩锡在山东省农垦局副局长赵贵新的陪同下，到山东济宁南阳湖农场指导工作。

3月23日　山东省畜牧兽医局副局长张洪本到山东济宁南阳湖农场调研生猪生产工作。

3月　山东济宁南阳湖农场被任城区计划生育办公室授予计划生育工作先进单位；朱志燕被济宁市总工会授予"五一"巾帼奖章。

4月15日　山东济宁南阳湖农场被山东省科协评为山东省老科协农业科技项目示范基地。

5月　蔡松恒被山东省总工会评为山东省优秀工会积极分子。

6月24日　中共山东济宁南阳湖农场委员会获先进基层党组织称号。

7月24日　为促进农场更快、更好发展，山东济宁南阳湖农场党政联席会议研究，决定恢复启动机械加工厂等单位并新组建生态养殖公司等公司（厂）。

7月26—27日　中国农垦经济发展中心、中国农村杂志社等部属媒体记者到农场改革试点单位山东济宁南阳湖农场进行工作经验采访。

8月27日　山东省农业厅循环农业调研组到山东济宁南阳湖农场调研自然养猪法发展情况。

9月28日　山东济宁南阳湖农场正式启动开发先行示范区南鱼池开发工程。

10月　朱志燕被济宁市总工会评为2007年度济宁市工会统计工作先进个人。

12月23日　山东济宁南阳湖农场正式启动大型沼气工程项目。

12月　山东济宁南阳湖农场率先引进的"自然养猪法"生态循环技术，结合大型沼气站技术，使生猪产品质量安全得到保障，经济效益大幅提升。南阳湖农场被授予"山东省引进国外智力成果示范推广基地"称号。

2009年　1月19日　山东济宁南阳湖农场场长王海存被推荐为申报济宁市最高科学技术奖。

1月　张贞华被评为济宁市职工职业道德十佳标兵、同时被授予济宁市五一劳动奖章。

2月　吴利英被济宁市总工会评为济宁市优秀工会积极分子。

3月13日　中共山东济宁南阳湖农场委员会制定《关于开展深入学习实

践科学发展观活动的实施方案》。

3月21日　中共山东济宁南阳湖农场下发《关于加快国有农场改革与发展的意见》（讨论稿）。

3月　朱志燕被山东省总工会评为山东省先进女职工工作者称号。

4月　山东济宁南阳湖农场场长王海存被评为济宁市第八届劳动模范、新长征突击手。

5月　山东济宁南阳湖农场实施采煤塌陷地复垦项目，2011年6月结束。项目总投资4685.99万元，治理塌陷地4640亩，新增耕地2334亩和大型池塘2500亩。

6月26日　中共山东济宁南阳湖农场下发《关于实施各项规章制度的通知》。

7月　山东济宁南阳湖农场入选2009年规模以上农业龙头企业。

9月9日　山东济宁南阳湖农场进行优化组合，分场合并或组建新的站（室）。

9月　吴建强获济宁市委宣传部演唱比赛优秀奖。

10月30日　马祝伟获2009年度山东省农产品展示推介先进个人称号。

10月　朱志燕被评为2008年度济宁市工会统计工作先进个人。

11月17日　山东济宁南阳湖农场下发《关于对场内无资格居住户住房收回的补偿办法》。

12月　王海存被推荐为济宁市有突出贡献的中青年专家；赵德华被济宁市总工会评为济宁市优秀工会工作者；常真真被济宁市总工会授予五一巾帼奖章。

● **2010年**

1月　任广怀被评为全市职工职业道德建设十佳标兵，同时获济宁市五一劳动奖章。

1月5日　山东济宁南阳湖农场在济宁市城区设立农副产品销售超市并成立南阳湖农场生态农副产品销售管理办公室。

1月22日　山东济宁南阳湖农场下发《关于强化内部管理的通知》《关于加强资产管理系统建设的意见》。

3月18日　山东济宁南阳湖农场呈报《关于请求支持南阳湖农场申报农业产业化省重点龙头企业的报告》。

3月　赵崇魁被济宁市总工会授予济宁市知识型职工先进个人；李宏强

获济宁市五一劳动奖章；任广怀被评为市职工职业道德建设十佳标兵、市五一劳动奖章获得者。

4月20日　山东济宁南阳湖农场呈报《关于申报山东省绿化模范单位的报告》。

4月　朱紫霞被表彰为市优秀企业思想政治工作者。

6月11日　中共山东济宁南阳湖农场委员会制定《关于加强廉政建设的规定》。

8月4日　山东济宁南阳湖农场收到南水北调济宁市截污导流工程建设管理处征迁补偿款3304.45万元，由其自主包干使用。

8月23日　按照上级有关精神，山东济宁南阳湖农场成立第六次人口普查领导小组。

9月　许西河被评为全市工会系统"五五"普法工作先进个人。

10月28日　山东济宁南阳湖农场呈报农业部《关于申报全国休闲农业示范点的报告》。

12月17日　山东济宁南阳湖农场领导班子《述职述廉报告》在农场第六届职工代表大会、第九届会员代表大会第七次会议上通过。

12月20日　山东济宁南阳湖农场呈报山东省农业厅《关于承办"万村千乡市场工程"的申请报告》。

12月31日　山东济宁南阳湖农场下发《关于场级领导行政工作分工的通知》。

12月　山东济宁南阳湖农场被授予山东省绿化模范单位称号。

2011年　1月6日　山东济宁南阳湖农场呈报济宁市政府《关于申请城市和国有工矿棚户区年度改造项目的报告》。1月20日、3月6日南阳湖农场又连续两次呈报关于棚户区改造的环评和项目立项的有关情况。

1月　孟立明被济宁市总工会评为济宁市职工职业道德建设先进个人。

2月25日　山东济宁南阳湖农场组建土地复垦治理工程指挥部。

2月　王海存、吴利英、朱紫霞获山东省三农宣传奖科普奖。

3月　李取贤、李宏强被济宁市总工会授予济宁市五一劳动奖章；朱志燕被济宁市总工会授予五一巾帼奖章、济宁市五一劳动奖章；朱紫霞被表彰为山东省女职工建功立业标兵、济宁市十佳知识型职工标兵、济宁市五一劳动奖章获得者。

4月28日　山东济宁南阳湖农场六届职工九届会员代表大会第八次会议开幕；山东济宁南阳湖农场印发《南阳湖农场招收职工子女就业意见》（草案）。

4月29日　山东济宁南阳湖农场被共青团中央授予青少年素质教育体验基地称号。

5月10日　山东济宁南阳湖农场成立拆迁领导小组。

8月29日　山东济宁南阳湖农场成立居住区搬迁宿舍楼分配领导小组。

10月10日　山东济宁南阳湖农场第六届职工代表大会第十次联席会议通过《关于部分职工转岗承包土地的规定》。

12月23日　山东济宁南阳湖农场在2011年度全市国有资产统计工作中被评为先进单位。

12月26日　山东济宁南阳湖农场制定《关于保持农业生产生活秩序稳定的规定》。

12月　山东济宁南阳湖农场被农业部授予全国农业标准化示范县（农场）称号。

12月　山东济宁南阳湖农场被授予山东大学MBA济宁教学实践基地称号。

是年　山东济宁南阳湖农场委托中国农业科学院经济研究所编制《2011—2025年总体发展规划》。

是年　山东济宁南阳湖农场成功开发建设职工新宿舍区（北湖区水运雅居生活社区），2015年竣工并顺利入住。

● **2012年**　1月　门栋被表彰为济宁市十佳知识型职工标兵，并荣获济宁市"五一"劳动奖章；常真真被济宁市总工会评为济宁市第八届职工职业道德先进个人。

2月17日　山东济宁南阳湖农场制定《关于经营管理体制改革和制定2012年度各单位生产经营指标的意见》。

3月4日　任广怀被济宁市国土资源局授予济宁市国土资源系统先进个人称号。

3月8日　中共山东济宁南阳湖农场委员会制定《关于开展"解放思想跨越发展大讨论"活动的实施方案》。

3月　王海存被表彰为2011年中国农经产业十大领导人物、2011年中国农经产业优秀人物；马祝伟被济宁市职工思想政治工作研究会授予2010—2011年度济宁市思想政治工作研究会优秀干部；张贞华被评为济宁市优秀企业思想政治工作者；任广怀被济宁市采煤塌陷治理办公室授予2011年度采煤塌陷治理先进个人荣誉称号。

4月27日　山东济宁南阳湖农场七届职工代表大会第二次会议通过《山东济宁南阳湖农场居住区搬迁住房购房方案》。

4月　杨柳复被济宁市总工会授予济宁市五一劳动奖章。

5月16日　"全国首届科学发展场长论坛"在山东济宁南阳湖农场召开。

5月20日　农业部农垦局巡视员何子阳、农业处处长王林昌到山东济宁南阳湖农场调研国有农场现代农业发展情况。

5月21日　农业部农垦局现代农业发展情况座谈会在山东济宁南阳湖农场召开。

6月18日　山东济宁南阳湖农场出台《山东济宁南阳湖农场选房意见》。

8月22日　山东济宁南阳湖农场呈报农业部《关于申报全国青少年农业科普示范基地的报告》。

9月10日　山东济宁南阳湖农场被全国休闲农业与乡村旅游星级企业（园区评审委员会）授予全国休闲农业与乡村旅游四星级企业称号。

9月　山东济宁南阳湖农场"南阳湖"牌有机韭菜获第十届中国国际农产品交易会金奖。

10月15日　山东济宁南阳湖农场获全国青少年儿童食品安全科技创新实验示范地基创建单位。

10月　山东济宁南阳湖农场被世界休闲组织中国分会、全国休闲标准化技术委员会、中国旅游协会休闲度假分会授予2012中国休闲创新奖（休闲农庄）称号。

11月17日　山东省2012年度农垦工作会议在山东济宁南阳湖农场召开。

12月20日　山东济宁南阳湖农场与山东赛德丽涂料有限公司合作组建济宁赛德丽节能科技有限公司。

12月　山东济宁南阳湖农场被农业部评为全国休闲渔业示范基地、全国休闲农业与乡村旅游示范点。

12月　何庆娴被济宁市总工会授予"五一"巾帼奖章；张贞华获《中国

农垦》杂志优秀通讯员。

是年　李取贤获济宁市劳动模范称号；山东济宁南阳湖农场生态循环和全产业链营销特色的"南阳湖"发展模式，被收入《中国行政参阅》，并被作为农产品质量安全样板在全国农垦系统大力推广。

● **2013 年**　1 月　马祝伟获济宁市 2013 年知识型职工先进个人称号；赵德华被市委宣传部等单位联合表彰为济宁市第九届职工职业道德先进个人。

2 月 26 日　山东济宁南阳湖农场场长办公扩大会议研究通过《山东济宁南阳湖农场 2013—2015 年度各单位管理意见》。

2 月　山东济宁南阳湖农场与济南品胜新材料有限公司合作，共同组建山东南阳湖新材料有限公司。

2 月　山东济宁南阳湖农场被济宁市总工会评为全市工会工作成绩显著单位。

3 月　常真真被山东省总工会授予山东省职工建功立业标兵称号。

4 月　王海存被山东省政府授予山东省劳动模范荣誉称号。

6 月 1 日　山东济宁南阳湖农场参股山东恒大肥业。

6 月 10 日　山东济宁南阳湖农场呈报山东省畜牧兽医局、山东省旅游局《关于申报山东省畜牧旅游业示范区的报告》。

6 月 11 日　赵德华、张贞华、门栋任山东济宁南阳湖农场党委委员（副场级），试用期一年；孟立明、李宏强、任广怀、朱志燕任山东济宁南阳湖农场副场长，试用期一年。

6 月　赵德华被山东省总工会评为山东省优秀工会工作者。

7 月 1 日　山东济宁南阳湖农场制定《南阳湖农场资产管理制度》（试行）。

7 月 6—7 日　国际绿色经济协会（IGEA）专家在山东济宁南阳湖农场开展农业产业规划调研。

7 月　山东济宁南阳湖农场被山东省畜牧兽医局、山东省旅游局评为山东省畜牧旅游示范区；山东济宁南阳湖农场休闲观光园获 2013 年度全国最佳乡村休闲旅游示范区。

8 月　山东济宁南阳湖农场场长王海存成为山东合作社 50 人论坛固定成员，并参加 9—11 日在济宁举行的"山东合作社 50 人论坛"夏季会议。

10 月 23 日　山东济宁南阳湖农场被全国休闲农业与乡村旅游星级企业（园区评审委员会）授予全国休闲工业与乡村旅游五星级企业称号。

11 月 13 日　山东济宁南阳湖农场呈报山东省农业厅《关于申报山东省循环经济示范单位的请示》。

11 月 21 日　山东济宁南阳湖农场被授予全国绿色食品示范企业称号。

12 月　山东济宁南阳湖农场被农业部授予全国农业先进集体称号。

●**2014 年**　1 月 1 日　山东济宁南阳湖农场行政区划由济宁市任城区改为济宁市太白湖新区。

1 月 21 日　农业部常务副部长余欣荣、副省长赵润田等部省相关领导到山东济宁南阳湖农场，调研农产品质量安全情况。

1 月　山东济宁南阳湖农场实施一二分场采煤塌陷地复垦项目，2015 年结束，项目总投资 1.3 亿元，治理塌陷地 7671 亩，新增耕地 5270 亩和大型池塘 2080 亩。

3 月 26 日　中共山东济宁南阳湖农场委员会下发关于印发《中共山东济宁南阳湖农场委员会关于深入开展党的群众路线教育实践活动的实施方案》的通知。3—10 月，山东济宁南阳湖农场按照济宁市农委教育实践活动领导小组安排部署，开展了党的群众路线教育实践活动。

4 月 22 日　山东济宁南阳湖农场制定《关于对都市农业体验园的管理意见》。

4 月　马祝伟被评为济宁市五一劳动奖章获得者；朱志燕被中华全国总工会女职工委员会评为《女职工劳动保护特别规定》知识竞赛活动优秀个人奖。

5 月 4 日　山东济宁南阳湖农场"畅游孔孟故里感受农业风情"精品线路被中国旅游协会休闲农业与乡村旅游分会授予 2014 中国休闲农业与乡村旅游十大精品线路称号。

5 月 12—13 日　山东农业生态环保学会、济宁市农委主办的"2014 山东休闲农业与乡村旅游星级企业高层联席会"在山东济宁南阳湖农场召开。

8 月 14 日　山东济宁南阳湖农场针对本单位存在的典型问题，制定《山东济宁南阳湖农场关于专项整治八个方面问题的整改方案》。

8 月 15 日　山东济宁南阳湖农场发表的论文《捡拾起被淡忘的农耕文化——山东济宁南阳湖农场农耕文化旅游资源发展模式浅议》获 2014 年山东省科协学术年会优秀论文奖，并颁发荣誉证书。

9 月 28 日　王海存参加济宁市第三期高层次人才创新创业境外专题培训

班（荷兰班）赴荷兰交流学习。

10 月 30 日　山东济宁南阳湖农场呈报农业部《关于报送 2014 年山东济宁南阳湖农场生态驯化农业示范园区建设项目申报书的报告》。

11 月 26 日　山东省 2014 年度农垦工作会议在山东济宁南阳湖农场召开。

2015 年　1 月 3 日　山东济宁南阳湖农场决定，无偿给山东济宁南阳湖农场节能建材有限公司使用土地。

2 月 10 日　山东济宁南阳湖农场印发关于《南阳湖农场 2013—2015 年度各单位管理意见》的补充意见。

3 月　山东济宁南阳湖农场开展"作风建设集中整治月"活动。

3 月　何庆娴被省工会授予山东省文明和谐职工家庭称号。

4 月 16 日　山东济宁南阳湖农场下发《关于成立场美丽乡村生态循环农业示范区项目建设领导小组的决定》。

4 月 17 日　山东济宁南阳湖农场七届职工代表大会第五次会议，通过《农场绩效考核工资发放暂行办法》《农场职工奖惩办法》。

4 月　马祝伟被济宁市政府授予济宁市劳动模范荣誉称号。

5 月　山东济宁南阳湖农场被中国科学技术协会授予 2015—2019 年全国科普教育基地称号。

5—10 月　山东济宁南阳湖农场全面开展了"三严三实"专题教育。

6 月 14 日　中国中地乳业控股有限公司董事长张建设到山东济宁南阳湖农场考察洽谈大型奶业加工项目。

6 月 17 日　济宁市人大常委会副主任商建设等一行 25 人到山东济宁南阳湖农场开展农产品质量安全调研。

6 月 22 日　山东济宁南阳湖农场承办"2015 济宁市休闲垂钓系列赛—济宁南阳湖农场站"大型活动。

7 月 1—3 日　国土资源部在济宁市召开"采煤塌陷地综合治理经验交流会"，山东济宁南阳湖农场为主会场之一。

7 月 2 日　国土资源部副部长汪民到山东济宁南阳湖农场视察采煤塌陷地综合治理工作。

7 月 10 日　山东济宁南阳湖农场制定《南阳湖农场安全生产管理制度》。

10 月 12 日　山东济宁南阳湖农场决定，成立南阳湖农场人工湿地水质净化及生态修复工程建设指挥部。

11 月　山东济宁南阳湖农场被评为 2015 年全国十佳休闲农庄。

12 月　山东济宁南阳湖农场被评为市级文明单位。

是年　山东济宁南阳湖农场被评为劳动关系和谐企业（三星级）。

是年　山东济宁南阳湖农场黄瓜、辣椒、韭菜被农业部优质农产品开发中心收入《2015 年度全国名特优新农产品名录》。

2016 年

1 月 8 日　山东济宁南阳湖农场呈报山东省农业厅《关于争做山东垦区企业化改革试点农场的请示》。

2 月 1 日　山东济宁南阳湖农场制定《关于全面深化体制机制改革的意见》《山东济宁南阳湖农场改革发展方案》，改革试点工作正式实施。

2 月 23 日　中共山东济宁南阳湖农场委员会制定《关于深入开展"作风建设教育促进月"活动的实施方案》，2—3 月，山东济宁南阳湖农场深入开展了"作风建设教育促进月"活动。

3 月　邓国荣、任广怀、魏大鹏、苏志恒、周杰、高成、邬继军被评为济宁市采煤塌陷治理先进个人。

4 月　许西河被评为 2015 年度内部审计工作先进个人。

5 月 9 日　山东济宁南阳湖农场呈报济宁市国土资源局《山东济宁南阳湖农场农垦国有土地使用权确权登记发证工作情况的报告》。

5 月　山东济宁南阳湖农场在全体党员中开展"学党章党规、学系列讲话、做合格党员"学习教育。

6 月 8 日　山东济宁南阳湖农场呈报农业部《关于报送 2016 年山东济宁南阳湖农场美丽乡村生态循环农业示范区建设项目申报书的报告》。

6 月 16 日　山东济宁南阳湖农场呈报济宁市政府《关于报送山东济宁南阳湖农场市级现代农业示范园区申报书的报告》。

10 月 8 日　山东济宁南阳湖农场呈报山东省农业厅申报《山东省生态循环农业示范储备项目》的报告。

10 月 30 日　中共山东济宁南阳湖农场委员会印发《关于强化党员干部主动担当的意见》。

11 月 16 日　山东济宁南阳湖农场呈报山东省农业厅《关于申请创建省级生态循环农业示范点的报告》。

12 月　山东济宁南阳湖农场被评为济宁市生态循环农业示范点。

12月　山东济宁南阳湖农场被评为山东省省级生态循环农业示范点、济宁市 AA 级旅游景区；于洋被评为济宁市名优食品销售功勋企业家。

是年　山东济宁南阳湖农场先后被评为济宁市市级现代农业示范园区、济宁市农业系统先进集体、济宁市书香企业、济宁市太白湖区 2016 年度旅游工作先进单位。

是年　张呈梅被评为济宁市文明和谐职工家庭；门栋、刘志伟、汤同运被评为济宁市农业系统先进个人；裴成祥获济宁市五一劳动奖章。

● **2017 年**　1月　邓国荣、任广怀、魏大鹏、邬继军被评为济宁市采煤塌陷治理先进个人。

2月8日　山东济宁南阳湖农场印发《关于山东济宁南阳湖农场生产经营及管理单位亟待搬迁的函》。

2月10日　山东济宁南阳湖农场制定《关于切实加强考勤管理的补充规定》。

3月　吴利英获济宁市"五一"巾帼奖章。

4月6日　中共山东济宁南阳湖农场委员会印发《关于成立创建省级文明单位领导小组及办公室的通知》，动员全场职工为争做省级文明单位贡献自己的力量。

4月25日　中共山东济宁南阳湖农场委员会制定《关于开展"解放思想大讨论"活动的实施方案》。4—7月，山东济宁南阳湖农场深入开展了"解放思想大讨论"活动。

4月　赵德华获济宁市五一劳动奖章。

6月12日　中共山东济宁南阳湖农场委员会下发《关于推进"两学一做"学习教育常态化制度化的实施方案》。

6月　山东济宁南阳湖农场被评为济宁市劳动关系和谐单位 AAAA 级企业。

9月4日　山东济宁南阳湖农场制定《关于农场对子公司管理的实施办法》，对子公司如何管理做了明确规定。

9月　山东济宁南阳湖农场南阳湖牌面粉、蔬菜、猪肉系列产品被评为山东省第二批知名农产品企业产品品牌。

9月　山东济宁南阳湖农场被评为第四批"山东老字号"企业。

10月10日　山东济宁南阳湖农场印发《山东济宁南阳湖农场成立包保

网络化管理工作领导小组》的通知。

12月18日　山东济宁南阳湖农场下发《关于南阳湖农场生产管理单位亟待搬迁塌陷耕地尽快修复的函》，并呈报《关于请求解决山东济宁南阳湖农场生产管理单位搬迁工作的报告》。

12月　山东济宁南阳湖农场被评为山东省省级农业标准化生产基地。

12月　吴利英被评为济宁市优秀工会工作者。

是年　山东济宁南阳湖农场加大改革力度，将60个二级生产单位重组整合成为8大子公司，子公司下设二级单位。

● **2018年**　1月　许西河被评为2017年度内部审计工作先进个人。

2月24日　山东济宁南阳湖农场成立农产品质量追溯领导小组，对农产品质量全程监管。

3月16日　山东济宁南阳湖农场出台《山东济宁南阳湖农场负责人薪酬制度改革方案》。

4月25—27日　山东济宁南阳湖农场承办山东省农业厅农垦局在济宁市召开的贯彻落实中央农垦改革发展文件集中督导交流会。

5月23日　中共山东济宁南阳湖农场委员会印发《关于深入开展"思想境界大提升、纪律作风大整治、服务环境大优化"活动的通知》。

6月　张丽丽、吴建强获济宁市总工会职工演讲比赛优秀奖。

7月23日　中共山东济宁南阳湖农场委员会制定《山东济宁南阳湖农场党风廉政建设暨二次创业工作实施意见》。

7月26—27日　中国农垦经济发展中心、中国农村杂志社等部属媒体记者就山东济宁南阳湖农场改革试点工作的经验与成绩进行采访。

8月　济宁市农业局与济宁市太白湖新区签订移交协议，将山东济宁南阳湖农场卫生所成建制整体移交太白湖新区管理。

8月18—19日　受18号台风"温比亚"影响，山东济宁南阳湖农场出现特大暴雨，降雨量209毫米，导致农作物、设施大棚、养殖场、苗木基地等大面积受灾，造成全场农业生产直接经济损失约780万元。

9月1日　中共山东济宁南阳湖农场委员会制定《中共山东济宁南阳湖农场委员会党委会议事规则》。

9月　山东济宁南阳湖农场更名为山东济宁南阳湖农场有限公司，正式移交济宁市国资委监管。

10月8日 山东济宁南阳湖农场有限公司进一步修订完善《山东济宁南阳湖农场改革发展方案》。

10月 山东济宁南阳湖农场有限公司进行"大棚房"集中清理整治行动。

11月21日 山东济宁南阳湖农场有限公司呈报济宁市政府《关于在济宁市市属国有企业公司改制中保持山东济宁南阳湖农场国有农场主体地位的请示》。

12月 山东济宁南阳湖农场有限公司被评为济宁市生态循环示范基地荣誉称号。

是年 山东济宁南阳湖农场有限公司获山东省老科协优质农产品奖；山东济宁南阳湖农场有限公司将下属生产经营单位重组整合为9大子公司，同时子公司下设二级单位，实行三级管理。

● 2019 年

1月10日 中共山东济宁南阳湖农场委员会更名为中共山东济宁南阳湖农场有限公司委员会。

1月18日 山东济宁南阳湖农场工会委员会更名为山东济宁南阳湖农场有限公司工会委员会。

1月29日 山东济宁南阳湖农场有限公司制定《山东济宁南阳湖农场有限公司公务用车管理暂行办法》。

3月18日 济宁市监察委员会决定，撤销王海存山东济宁南阳湖农场有限公司法定代表人和中共山东济宁南阳湖农场有限公司党委副书记职务。

3月19日 山东省农业农村厅二级巡视员于永德到山东济宁南阳湖农场有限公司调研"大棚房"整治整改工作情况。

3月20日 山东济宁南阳湖农场有限公司下发《关于进一步做好"学习强国"学习平台推进工作的有关要求》。

4月1日 山东济宁南阳湖农场有限公司领导班子成员进行述职述廉报告。

4月15日 济宁市国资委研究决定，许厚营主持山东济宁南阳湖农场有限公司全面工作，担任企业法定代表人。

4月29日 山东济宁南阳湖农场有限公司举行2019年职工趣味运动会，这是农场改制后第一次举行职工运动会。

4月 秦士义获济宁市五一劳动奖章。

5月22日　中共山东济宁南阳湖农场有限公司委员会印发《山东济宁南阳湖农场有限公司党委 2019 年党风廉政建设"两个责任"任务分工清单》。

6月　山东济宁南阳湖农场有限公司划归济宁孔子文化旅游集团管理，为该集团直属企业之一。

7月23日　山东济宁南阳湖农场有限公司呈报济宁市社会保障局《关于解决职工家属社会保障服务的报告》。

9月16日　中共山东济宁南阳湖农场有限公司委员会制定《"不忘初心、牢记使命"主题教育实施方案》。

9月17日　山东济宁南阳湖农场有限公司召开廉政建设工作会议。

11月25日　济宁孔子文化旅游集团党委研究决定，樊培涛主持山东济宁南阳湖农场有限公司全面工作，担任企业法人代表。

12月27日　中共山东济宁南阳湖农场有限公司委员会成立党的建设工作领导小组，同时成立意识形态工作领导小组。

● **2020 年**

1月3日　山东济宁南阳湖农场有限公司制定《山东济宁南阳湖农场有限公司公务接待管理规定》。

2月13日　中共山东济宁南阳湖农场有限公司委员会下发《关于在全公司开展党员、干部、职工"抗击疫情、爱心捐款"活动的意见》。

4月8日　山东济宁南阳湖农场有限公司制定《山东济宁南阳湖农场有限公司安全生产管理制度》。

5月13日　中共山东济宁南阳湖农场有限公司委员会印发《重大决策事项党委前置研究讨论的实施意见》。

8月3日　山东济宁南阳湖农场有限公司成立非主业清理工作领导小组。

10月22日　山东济宁南阳湖农场有限公司委托山东省鲁南地质工程勘察院编制完成《山东济宁南阳湖农场有限公司煤矿采空区场地稳定性评价报告》。

10月30日　樊培涛兼任山东济宁南阳湖农场有限公司党委书记、董事长，孟立明任党委委员、副总经理，朱志燕任党委委员、纪委书记、工会主席，门栋任党委委员、副总经理；王新华、赵德华、张贞华不再担任原山东济宁南阳湖农场有限公司党委委员职务，保留领导班子副职待遇，参与分工；何庆娴任山东济宁南阳湖农场有限公司财务总监。

11 月 11 日　山东济宁南阳湖农场有限公司与北京众成通达文化旅游开发有限公司签订战略合作协议，标志着农场湖上公园项目正式签约合作。

11 月　樊培涛被济宁市慈善总会、济宁市国资委、济宁市日报社联合表彰为爱心企业家。

第一编

地　理

　　山东济宁南阳湖农场位于济宁市南郊九公里处，南四湖东北岸。济宁市是鲁西南一座历史悠久的文化、商业名城，是历史上轩辕黄帝和孔、孟、颜、曾、子思五大圣人的故乡。济宁是蓬勃发展的工业基地，济东煤田等一批国家重点项目正在动工兴建或已经投产。济宁市交通方便，京杭大运河贯通南北，京沪、新石铁路在境内十字交叉，京九铁路从西部穿过，公路104、公路105及327国道穿越全境，济宁机场已开通济宁至北京、上海、广州、佛山、长春、长沙、重庆、成都、大连、鄂尔多斯、贵阳、杭州、海口、哈尔滨、昆明、南宁、青岛、三亚、沈阳、深圳、威海、烟台、武汉、厦门、银川等地的航班，水、陆、空立体交叉，交通发达。农场柏油路直通市区并与327国道接网，为农场经济发展，创造优越外部环境。

第一章 境域 沿革

第一节 境 域

山东济宁南阳湖农场有限公司（以下简称南阳湖农场）位于济宁市太白湖新区境内，处于济宁市城市规划中的老运河文化区中的第四区（即旅游、生态运河区），距离济宁市市政府办公大楼 6 公里，位于南四湖、太白湖、九曲湖、十里湖、四湖环抱之中。处于济宁市城市核心区绝佳地理位置。东经 116°36′、北纬 35°20′，海拔 33.75～34.75 米，处于滨湖最佳地带，平坦连片，呈长方形，南北长 5.2 公里，东西宽 2.6 公里，总面积 2 万亩，其中耕地 1.5 万亩。

第二节 沿 革

1955 年 7 月，经济宁地区行政专署批准筹建国营南阳湖农场。因地处南阳湖北岸缓征地范围内，初定名济宁专区缓征地机械化农场，9 月更名为国营南阳湖农场。同年 12 月，山东省人民委员会批准建立国营南阳湖农场。地处济宁县、嘉祥县、微山县、凫山县 4 县交界处，通过缓征地政策，征得济宁县四区，凫山县五区，微山县北区，嘉祥县九区各一部分，北起寥沟河进入洸府河处，南至南阳湖北岸，辛店村北约 1 公里处，西起洸府河边，东距黑土店村西约 400 米，南北长 5.2 公里，东西宽 2.6 公里，总面积 2 万亩。其中，耕地面积 1.5 万亩，饲料田 1000 亩，蔬菜地 500 亩，蓄水塘 1800 亩，防风林带 200 亩，场基地及道路沟渠 1 500 亩。

1956 年 3 月，凫山县马坡、张桥两个区划入济宁县，9 月嘉祥县安居区划入济宁县，1959 年 10 月，新闸、辛店、孙杨田 3 个大队划入济宁县，1960 年 3 月，南阳湖农场与济宁县的接庄公社孙道口和石桥村部分片区，安居公社的东西石佛，济宁县的辛店、辛闸、孙杨田等 27 个大队约 3000 余户、1.35 万人、8 万余亩土地，合并新建南阳湖人民公社。1963 年 3 月，南阳湖农场与南阳湖人民公社分开，南阳湖人民公社迁至石桥村。1966 年 6 月，成立济宁县石桥人民公社，南阳湖农场地域隶属石桥人民公社和许庄人民公社。

1965 年 5 月 1 日，原济宁县并入济宁市区域，恢复济宁县，辖安居、喻屯、南阳湖、许庄、接庄等 11 处人民公社。至此，南阳湖农场 2 万亩地域全部隶属济宁县。1984 年 5 月济宁县更名为济宁市郊区，1995 年 7 月，济宁市郊区撤销，成立任城区，农场地域管辖关系随之变更。2008 年，济宁市设立太白湖新区。

第二章　自然地理

农场所在地区属温带季风型大陆性气候，四季分明、气候温和、阳光充足、降水量较为充沛，土壤肥沃，保水、保肥性能好，地下水、地表水储存量大，水质较好，pH在7～8之间，矿化度0.2～0.8克/升，满足多种农作物及优质牧草和林木花卉的种植生长和高产要求。

第一节　自然环境

一、地质

南阳湖农场地处泰、沂山前冲积平原，鲁西南黄泛平原，向斜地乳之槽线两侧，山东地面尼山穹隆与鲁西沉降带的结合部，基岩为中生代晚侏罗纪花岗岩，其埋深在150～303米，地层系第四系上组松散沉积物堆积，属汶泗山麓冲积层，100米以下为巨厚的黏土物质，系湖相沉积物或山麓冲积平原前缘堆积，2.5～8.6米存在砂层，砂层单层厚度在1.5～3米，最大厚度8米，含水层以中细砂为主，最上层埋深不大于15米，砂粒上层细下层粗。

二、地貌

南阳湖农场北接蓼沟河、西靠洸府河、南濒南阳湖、东邻泗河、河湖环绕，是滨湖涝洼地；地势平坦成片，南北长5.2公里、东西宽2.6公里，呈长方形；海拔33.75～34.75米，东北角高，西南角低，从东北向西南倾斜，成土母质为洪积物。场区中心一条大路纵贯南北，长5.2公里，另一条大路横穿东西，长2.6公里，两条大路在场区中心"十"字交叉，将整个场区分成四个小长方形，与场四边界配合，将整个场区构成一个"田"字形。

三、气象

南阳湖农场地处暖湿带季风型大陆性气候，大陆度为65.8％，具有冬夏季风气候特点，四季分明，春季干旱多风，夏季炎热多雨。秋季凉爽、时有阴雨，冬季寒冷、雨雪稀少，春秋气候温和、阳光充足。

（一）季节

春季（3—5月）温度回升快，昼夜温差大，降水稀少，多偏南风，水分蒸发量大，气候干燥易形成春旱，时有偏北大风和寒潮侵袭，易出现晚霜冻害，春末夏初易出现干热风和冰雹灾害。夏季（6—8月）炎热多雨，高温高湿，常有暴雨和连阴雨，易形成水涝灾害。秋季（9—11月）气温逐渐下降，雨量骤减，易形成秋旱，10月下旬常有初霜冻害。冬季（12—2月）多西北风，气温低而寒冷，土壤冻结，河湖封冻，少雪干燥，易形成冬旱。

（二）光照

农场光照充足，光辐射强，累年平均日照时数2490.4小时，日照率56％。6月份日照257.6小时，日照时数最多；2月份平均日照169.7小时，日照时数最少。

（三）气温

农场年平均气温13.5℃。7月份最高，平均26.6℃，1月份最低，平均－1.9℃。月气温变化：4月份温度回升最快平均6.9℃；11月份降温最大，平均降低7.7℃，极端最高气温为41.6℃（1960年6月21日），极端最低气温－19.4℃（1964年2月18日）。境内温度大于35℃天数平均每年11天，最多年26天（1967年）。温度小于0℃天数平均每年104天；小于－10℃的天数平均每年13天，最多年份32天（1967—1968年）。历年日平均气温稳定在0℃以上初日一般在2月9日，终日一般在12月18日，间隔312天，平均积温5040.4℃，在5℃以上初日一般在3月6日，终日一般在11月21日，间隔260天，平均积温4869.8℃；在10℃以上初日一般在3月27日，终日一般11月7日，间隔225天，积温4528.2℃；冬季平均温度0℃，其中1月份最冷，平均气温－2.3℃，夏季7月份最热，平均气温27℃，最高气温35～37℃；春季平均气温13.9℃；秋季平均气温14.8℃。气温平均年差29.4℃，四季平均日差：冬季（1月）11.5℃，春季（4月）12.6℃，夏季（7月）18.6℃，秋季（10月）12.3℃。

（四）湿度

农场历年平均绝对湿度13毫巴，7月份最大28.6毫巴，1月份最小3.4毫巴。湿度基本上反映了季风大陆气候特征。冬季受大陆高压气团影响，盛行偏西北风，湿度最小，平均相对湿度 60.7%；夏季受太平洋低压气团的控制，盛行东南风，湿度最大，平均相对湿度 74%。全年以 3 月份最小，为 58%，8 月份最大，为 82%。

（五）地温

农场年平均地温 5 厘米深为 14.55℃，7 月份最高为 29.3℃，1 月份最低为 −3.6℃，极端最高温度 65.6℃（1967 年 5 月 29 日），极端最低温度 −26.9℃（1985 年 12 月 8 日），地面温度降低引起冻土，一般始于 11 月下旬至 12 月上旬，平均初日为 12 月 1 日，解冻一般在 2 月下旬至 3 月中旬，冻层深度一般 30 厘米，土壤冻结最大深度 55 厘米（1980 年 2 月 2 日），土壤 10 厘米冻结持续数日，平均 14～25 天。

（六）霜期

场区多年平均无霜期为 205 天，初霜期一般出现在 10 月下旬，80% 的保证率在 10 月 30 日，一般晚霜期在 4 月 2 日，80% 保证率在 4 月 5 日，最早 3 月 18 日（1958 年），最晚 4 月 21 日（1965 年）。

（七）降雨

多年平均降水量 719.3 毫米，其特点是雨量集中。多集中于 7—8 月份，占全年降水量的 62%，冬季仅占全年降水量 4.1%。春、秋季降水分别占全年降水的 14.3% 和 17.6%。年最大降水量 1186 毫米（1964 年），最小降水量 274 毫米（1988 年）。一般年份从 6 月下旬进入多雨期，8 月中旬结束，年降水平均天数 77 天，最多 113 天（1964 年），最少 62 天（1976 年），冬、春两季干旱。较长的连续无降水日多出现在冬季，年平均降雪 23.5 毫米，平均降雪 7 天，冬季最大降雪厚度为 15 厘米。

（八）蒸发量

直接关系到农作物生长及病虫害的发生，农场多年平均蒸发量为 1819.9 毫米。其中 6 月份最大，为 306.3 毫米，日最大蒸发量 28.1 毫米（1966 年 6 月 7 日）；12 月最小，为 48.2 毫米。全年蒸发量约为降水量的 2.5 倍。1960 年蒸发量最大为 2228.2 毫米，1964 年蒸发量最小是 1420.2 毫米。

（九）气压

农场历年平均气压为 1010.8 帕斯卡。年际变化不大，一般气温越高气压越低，反之温度越低气压越高。1 月份气压最高，7 月份最低。气压呈规律变化，自 2 月份逐月下降，7 月份降至最低值，随后逐月上升，至翌年 1 月升至最高值，形成对称的 V 形变化曲线。

（十）风

农场风向全年以东南风最多，频率为 12%，其次是东北风频率为 9%～11%。春季从 3 月份起，偏北风少，偏南风显著增多，频率为 15%，5 月份频率达 16%。夏季以东南风为主，6月、7月份达盛期，频率达14%～19%，8月份开始，北风开始增多，但仍以东南风为多。秋季盛行风向随之由南转北，北风频率占10%，时有寒流侵袭。冬季盛行偏北风。12月、1月份为最盛期，西北风频率为10%。2月份偏北风有所减少，东北风有所增加。年平均风速为每秒3.3米，4月份最大，为每秒4.3米，8月、9月份最小，为每秒2.6米。历年最大风速为每秒24米（1961年4月29日，其中瞬间风速为每秒35米）。年平均大风日数为17天，最多年为28天（1974年）。

四、土壤

南阳湖农场土质以重黏土为主，土壤肥力等级为二级，土壤肥沃、保水、保肥性能好，属草甸冲积土，土层深厚（1～1.7米）。据1979年冬季农场土壤普查结果有机质含量为10.6%～3.2%，全氮0.122%～0.135%，速效氮48～125毫克/千克，速效钾200毫克/千克，速效磷7～15毫克/千克，土地平坦，土壤耕层质地较好，容重1.4～1.5克/厘米^3，总孔隙度大于40%，土壤营养丰富，微生物活跃，碳氮比11：1。

农场属于鲁西南大平原中沿湖洼地区的河泛滥地，母质均属现代冲击物。从地形上看，东北高、西南低，标高为3.5～3.7米，坡度约为1：4000，低处与一般水面相齐，高处高出水面30厘米。地下水位0.36～1.18米。一年之中河水补给地下水日数约149天，地下水补给河水日数216天。

土壤分布及特性：

粉沙土：分布于农场东北部，面积118.2亩，地下水位1.18米，沙土层厚达0.79米，以下为黏土层，天然植物生长较少，以野菊、黄蒿为主。0～14厘米灰棕粉沙土，麦状构造较为疏松，有小贝壳，淋溶作用强，有机质达0.7%，强度石灰反应，pH7.8，速效钾20毫克/千克，速效氮3.5级，速效磷3级。14～31厘米黄棕沙垠土，屑粒状构造较疏松，有机质达0.5%，强石灰反应，pH7.8，速效氮2.5级，速效磷3级，速效钾40毫克/千克。37～79厘米黄色粉沙，麦状构造，分散有机质1.05%，中度石灰反应，pH7.5，速效氮3级，速效磷3级，速效钾15毫克/千克。79～103厘米棕灰垠土，豆状构造较紧密，有砂盖铁子淀积，有机质达1.07%，pH8，速效氮3级，速效磷3级，强度石灰反应，速效钾15毫克/千克。103厘米以下灰黑黏土，碎块状构造，紧实有锈斑，砂盖有机质达1.08%，无石灰反应，pH6.8，速效氮4级，速效磷5级，速效钾20毫克/千克。

本类土壤属沙性，质地较适合一般果园，经过改良后可供一般农田使用。

沙壤土：俗称粗黄土，分布于农场地势稍高的东北与正东，面积4924.8亩，地下水位1～1.12米。物理性状较好，化学性状较差，养分含量少。需大量施肥，可种棉花、红薯、花生、小麦等作物。0～28厘米灰棕沙埌，小团粒结构，疏松，有机质达1.6%，强度石灰反应，pH8，速效氮3.5级，速效磷3级，速效钾100毫克/千克。28～40厘米红棕粉沙埌，石状构造疏松，有机质达3.27%，强度石灰反应，pH7.8，速效氮5级，速效磷3.5级，速效钾100毫克/千克。40～53厘米棕红埌土，豆状构造较紧密，有机质达4.1%，中度石灰反应，pH7.7，速效氮5级，速效磷4级，速效钾120毫克/千克。

粉沙壤：俗称细黄土，分布于农场地势稍高的东南部，面积约6395.8亩，地下水位0.8～1.0米。该土壤物理性状较好，有耐旱能力，供肥力差，可种植棉花、小麦、高粱、谷子、大豆等作物。0～66厘米棕褐粉沙壤，微团粒结构疏松，有机质达3.16%，强度石灰反应，pH8，速效氮2级，速效磷3.5级，速效钾150毫克/千克。66～85厘米红棕壤土，屑粒状构造紧密，有少量胶膜，无石灰反应，pH7，速效氮3.5级，速效磷4级，速效钾150毫克/千克，有机质含2.09%。85厘米以下灰褐色黏土豆状构造，紧密，有胶膜，无石灰反应，pH7.3，速效氮3.5级，速效磷5级，速效钾150毫克/千克，有机质含2.06%。

黄碱：即粉砂质土壤，有返碱现象，其中含碱0.3%较重，碱土分布在农场东南角，面积约62.8亩。化学性状物理性状均较恶劣，需改良后才能种植粮食作物。其中0.2%轻碱地，分布于一般黄土地，地处东北角约1332.8亩。对作物危害不大，其农业特性同黄土。

壤土：俗称老土、两合土、夜潮土。该土壤物理化学性状较好，养分较多，适合种植一般作物。耐旱力较强，分布于农场地势较洼地，面积达9846.8亩，汛期来临地表不畅，地下水位0.65～0.91米。

0～17厘米棕色埌土，微团粒构造，疏松，微度石灰反应，pH7，速效氮5级，速效磷5级，有机质含4.07%，速效钾100毫克/千克。17～45厘米黑棕色埌土，层粒构造紧密，无石灰反应，pH7，速效氮4级，速效磷5级，速效钾140毫克/千克，有机质含4.08%。6厘米以下灰黑黏土块状结构坚硬，有砂盖铁锰结合，无石灰反应，pH7.5，速效氮3.5级，速效磷4级，速效钾150毫克/千克，有机质含4.2%。该土壤肥沃性较强，如水利问题解决，适合种多种作物，也可进行水旱轮作。

黏土：俗称黑土，土壤分布在低洼地区，雨季积水不易排除，形成沼泽地，地下水位0.36～0.75米，植物以芦苇为主，分布面积约21731.3亩。土壤旱时坷垃较大坚硬，雨后十分绵软，群众称"英雄坷垃，孬种泥"。

0～26 厘米暗灰黏土，软糊，植物根很多，有机质 5.8%，无石灰反应，有潜育现象，pH6.5，速效氮 5.5 毫克/千克，速效磷 6 毫克/千克，速效钾 150 毫克/千克。26～58 厘米棕灰粘埌土，块状结构竖密，含锈斑及小贝壳，微石灰反应，pH7.8，有机质 5.6%，速效氮 3 毫克/千克，速效磷 5.5 毫克/千克，速效钾 140 毫克/千克。58 厘米以下灰黄黏土，块状结构紧密，含锈斑，有机质达 5.7%，无石灰反应，pH7，速效氮 3.5 毫克/千克，速效磷 6 毫克/千克，速效钾 140 毫克/千克。此土壤养分十分丰富，唯地面较洼汛期末临积水不易排除，春旱时蒸发作用大，然毛细管作用强，能耐旱，故群众称之为"旱死怕淹"，意即能抗旱，适当深耕，掺沙，多施有机肥料，生产潜力很大，适合种稻、麦作物。

五、植被

土壤的性质决定自然植被的种类，建场初期受生产条件限制，农作物种植品种多而杂，种植面积小，主要有水稻、大豆、玉米、蓖麻、芝麻、向日葵等，经过一系列农田水利建设，改善生产条件，农作物种植以小麦、水稻为主，兼种大麦、高粱、大豆、绿豆、红薯、玉米、糁子、谷子等。

经济作物种植棉花、西瓜、苇蒲、藕、蓖麻、药材、蔬菜等。

野生草本植物中旱生植物主要有：枯姜草、稻稗子、三棱草、马齿苋、狗尾巴草、麦蒿、车前子、猪芽草、蒺藜、茅草、蒲公英、水葱、艾、天葵、萱草、马莲子、苍耳草、薄荷、益母草等几十种。水生植物主要有：莲、睡莲、菱、二仙草、满江红、金鱼藻、蒲、菰、莎草、眼子菜、稗、芦苇、茨藻、浮萍等。

林木主要分布在农场沟渠路旁、苗木花卉基地、职工家属宿舍区，主要品种有法桐、泡桐、柳树、杨树、槐树、南水梨、大叶女贞、紫叶梨、紫薇等几十个品种，果树类有桃、苹果、枣、杏等品种。

六、野生动物

（一）无脊椎类

主要有蝗蚓、蜗牛、螺、螃蟹、水蛭、蜘蛛、钳蝎、蜈蚣、地鳖、蟑螂、螳螂、稻蝗、蝗虫、蚂蚱、蟋蟀、蝼蛄、蝉、稻瞑、牛虻、黄蜂、蜜蜂、蚊蝇、蜻蜓、蝈蝈、黏虫、瓢虫、蝴蝶、地老虎、蚂蚁、造桥虫、蛾子、桃天鹅、棉铃虫、椿大象甲、小椿象、早桥虫、蚂蚁等。

（二）脊椎类

1. 两栖类：主要有大蟾蜍、花背蟾蜍、青蛙等。

2. 爬行类：主要有蜥蜴、壁虎、蛇、鳖等。

3. 哺乳类：主要有刺猬、蝙蝠、獾、草兔、大家鼠、小家鼠、田鼠等。

4. 鸟类：主要有翠鸟、斑鸠、啄木鸟、白头翁、喜鹊、麻雀、田鸡、家燕、大天鹅、赤麻鸭、夜鹰、大鸨、鸿雁、小田鸡。

5. 鱼类：主要有鲤、鲫、鲂、草鱼、胡子鲶、泥鳅、黄鳝。

第二节　自然资源

一、土地资源

建场前，农场原是一片不能种植作物涝洼草地。1955 年建场后，进行了初步治理，每年在地势较高处种植一季作物，产量低而不稳。1964 年冬开始进行大规模综合治理，1966 年全部完成规划设计，形成路成线、地成方、林成网，土地平摊连片，土壤肥沃，水源充足，周围湖泊纵横，水草繁茂，场内蓄水塘用于种植藕、蒲草养鱼，全场总面积 2 万亩，其中大田面积 1.5 万亩，饲料田 1000 亩，蔬菜地 500 亩，蓄水塘 1800 亩，防护林带 200 亩，场地、道路、沟渠 1500 亩。

1959 年人民公社时期，南阳湖农场与接庄公社、安居公社的 27 个自然村组建南阳湖人民公社，土地 80000 亩，人口 13500 人。

1963 年，南阳湖农场与南阳湖人民公社分开。农场土地面积恢复建场初期。

2003 年，因兖矿二三号井煤矿开采，造成农场土地塌陷，并且以每年 1000～1500 亩塌陷速度增加，至 2013 年农场累计塌陷土地 1.3 万亩，经过 2011 年 2 月、2015 年 4 月两期治理复垦塌陷地 12332.1 亩，已恢复耕地 5000 亩，增加水面 3000 亩，至 2020 年底，农场有 7600 余亩塌陷地尚未复垦开发。坑塘面积 300 亩，灌溉沟渠 500 亩（沟渠路已形成 40 公里的绿色通道和农业林网）非生产用地 435 亩，绿化苗圃 7000 亩，水域用地 3000 亩。

农场土地使用权证初始登记时间为 2003 年 10 月，由市原土地管理局核发，登记面积为 13327242 平方米。2004 年 10 月农场根据土地使用现状向济宁市政府申请又经市国土资源局登记，在初发使用证内分割 32 宗土地用于住宅、养殖、仓储。2020 年南阳湖农场土地情况见表 1-2-1。

表 1－2－1　2020 年南阳湖农场土地情况表

序号	坐落位置	土地使用权证号	取得年份	面积（平方米）	性质及用途
1	济宁市南郊	济中国用（2004）第 0802030412 号	2004 年	13327242	划拨农业
2	一分场晒场宗地	济中国用（2004）第 0802040593 号	2004 年	18630.76	划拨仓储
3	二分场机修厂宗地	济中国用（2004）第 0802040601 号	2004 年	7104.44	划拨工业
4	二分场晒场宗地	济中国用（2004）第 0802040598 号	2004 年	18990.13	划拨仓储
5	三分场机修厂宗地	济中国用（2001）第 0802040604 号	2004 年	4670.9	划拨工业
6	三分场晒场宗地	济中国用（2004）第 0802040606 号	2004 年	27092.17	划拨仓储
7	四分场晒场宗地	济中国用（2004）第 0802040610 号	2004 年	14421.64	划拨仓储
8	总场生活区 1 宗地	济中国用（2004）第 0802040615 号	2004 年	31705.13	划拨住宅
9	总场生活区 2 宗地	济中国用（2004）第 0802040616 号	2004 年	46607.67	划拨住宅
10	总场生活区 3 宗地	济中国用（2001）第 0802040624 号	2004 年	32616.86	划拨住宅
11	总场办公楼宗地	济中国用（2004）第 0802040619 号	2004 年	10528.9	划拨工业
12	种子加工厂宗地	济中国用（2001）第 0802040625 号	2004 年	6983.46	划拨工业
13	机械厂宗地	济中国用（2001）第 0802040627 号	2004 年	7392.12	划拨工业
14	总场晒场宗地	济中国用（2004）第 0802040614 号	2004 年	13879.09	划拨工业
15	科研站宗地	济中国用（2004）第 0802040613 号	2004 年	7264.05	划拨仓储
16	粮库宗地	济中国用（2004）第 0802040626 号	2004 年	12138.92	划拨仓储
17	设备库宗地	济中国用（2004）第 0802040628 号	2004 年	6632.18	划拨仓储
18	种子公司宗地	济中国用（2004）第 0802040623 号	2004 年	739.62	划拨商业
19	医院宗地	济中国用（2004）第 0802040620 号	2004 年	2745	划拨卫生
20	一分场鱼藕塘 1 宗地	济中国用（2004）第 0802040589 号	2004 年	2089.79	划拨养殖水面
21	一分场鱼藕塘 2 宗地	济中国用（2004）第 0802040592 号	2004 年	16498.57	划拨养殖水面
22	一分场鱼藕塘 3 宗地	济中国用（2004）第 0802040595 号	2004 年	7859	划拨养殖水面
23	二分场鱼藕塘 1 宗地	济中国用（2004）第 0802040596 号	2004 年	15434.32	划拨养殖水面
24	二分场鱼藕塘 2 宗地	济中国用（2004）第 0802040600 号	2004 年	16358.95	划拨养殖水面
25	二分场猪舍宗地	济中国用（2004）第 0802040599 号	2004 年	6233.92	划拨畜禽饲养地
26	三分场鱼藕塘 1 宗地	济中国用（2004）第 0802040603 号	2004 年	10130.07	划拨养殖水面
27	三分场鱼藕塘 2 宗地	济中国用（2004）第 0802040605 号	2004 年	13380.78	划拨养殖水面
28	四分场鱼藕塘宗地	济中国用（2004）第 0802040611 号	2004 年	70882.05	划拨养殖水面
29	四分场养殖场宗地	济中国用（2004）第 0802040607 号	2004 年	36789.06	划拨养殖水面
30	总场鱼藕塘 1 宗地	济中国用（2004）第 0802040618 号	2004 年	37338.74	划拨养殖水面
31	总场养鱼塘 1 宗地	济中国用（2004）第 0802040622 号	2004 年	64063.42	划拨养殖水面
32	总场养鱼塘宗地	济中国用（2004）第 0802040613 号	2004 年	412351.37	划拨养殖水面
33	车站西路 14 号	济中国用（2004）第 080200520 号	2001 年	1669.32	商业

注：总证包含仓储、工业、住宅、商业、养殖水面、畜禽饲养。

二、水资源

农场处于湖洼地区，地下水资源极为丰富，水资源主要是利用地下水、引河水、引湖水。

农场平均地下水资源总储量 380 万立方米。保证率为 75％时，地下水资源总储量为 300 万立方米；保证率 50％时，地下水资源总储量为 340 万立方米。地下水埋深在 5～12 米，100 米以内有三层含水层均可利用，pH 7～8，矿化度 0.2～0.8 克/升，水质较好。

农场地表水系较多，以南阳湖为主，湖面面积 60 平方公里，平均水深 1.5 米，常年蓄水 1 亿立方米。太白湖系南阳湖北端的一部分，面积约 12 平方公里，常年水面 10 平方公里，最大容蓄能力 2000 万立方米。地表径流量丰富，供水条件优越。农场多年平均引河湖水量 270 万立方米，保证率 50％时，引水量为 250 万立方米，保证率 75％时引水量为 220 万立方米。

可利用水量：南阳湖农场水资源可利用量率 50％时年可利用水量 590 万立方米，保证率 75％时年可利用量 520 万立方米。

三、矿产资源

农场地下煤炭资源极为丰富，为优质动力煤和炼焦用煤。开采规模为大中型储量，开采深度在 1000 米左右，可采储量近 5000 万吨。属兖矿集团二号井和三号井开采区域。

四、饲草资源

水生植物是南阳湖农场主要生物饲料、饲草资源。南阳湖水生植物 74 种，分别隶属 28 科、45 属。按其生活类型划分为：挺水植物 41 种，浮叶植物 12 种，浮漂植物 8 种，沉水植物 13 种。可供食用或作鱼、禽饲料，或为草编业原料，还有不少药源性水生植物。可用于牲畜总资源量折干重 25 万吨左右。其中以菰产量最高，其营养丰富、适口性好、利用广泛，是奶畜等大牲畜的优质饲料。

第三节　自然灾害

南阳湖农场历年自然灾害较为频繁，且灾害种类较多。主要的灾害有旱、涝、风、雹、干热风、病虫害、草害等。

一、涝灾

涝灾是农场境内的主要自然灾害之一。因农场地理位置靠近南阳湖，为济宁主要泄洪区域，涝灾一般发生在每年的 6 月、7 月、8 月份。1957 年、1963 年、1964 年、1979 年、1990 年、1993 年、1997 年、2003 年 8 个年份共出现 23 次洪涝灾害。其中 50～100 毫米/日的暴雨占 76%，100～200 毫米/日的大暴雨占 24%，每次暴雨造成农田淹没、坝堰冲毁，给农场经济造成损失。

1957 年 7 月 10—25 日，连降暴雨 660 毫米，加之上游客水大量汇入，泗河、洸府河决口数处，南阳湖湖水漫溢，农场耕地农作物绝产。

1963 年 5 月中旬到下旬，10 多天连续降雨达 93.2 毫米，1.2 万亩小麦全部积水。水深 5 厘米，最深处达 15 厘米。当时早麦已出穗攻粒，春麦正在抽穗期间，虽然经过排水抢救，但仍造成农场作物绝产面积 3500 亩，减产粮食 50 万斤。

1964 年汛期境内降雨 709 毫米，其中 7 月 28 日至 9 月 6 日降雨 474 毫米，上游宁阳、兖州、菏泽等县也普降大到暴雨，坡水汇集、客水流入，洸府河、泗河多处堤段决口，南阳湖水倒灌，造成坡水、河水都无法入湖，农场 1.5 万亩耕地全部受灾。

1965 年 7 月 9 日，济宁地区遭遇特大暴雨，日降雨量达 237 毫米，再加客水汇集，地面积水 50～70 厘米，农场夏稻 1125 亩造成涝害，受淹 7～9 天，严重者达半月，造成水稻减产 20%。

1976 年 8 月 12 日，农场突降暴雨，降雨强度 6 小时达 118 毫米，造成客水和地内积水汇集，小麦受灾严重。

1985 年 5 月 2—14 日，农场境内连续 3 次降雨 160 毫米，农场 1.5 万亩耕地全部受灾。

1993 年 7 月 9 日—8 月 5 日，农场境内 2 次降雨 440 毫米，致使农场及周边农田一片汪洋，客水大量涌入，地面积水深 30～50 厘米，农场历经 7 天才将水排放出去，农场秋季作物全部绝产，绝产面积约 10400 亩。大豆 12966 亩、西瓜 180 亩、红薯 144 亩、棉花 108 亩、绿豆 10 亩、花卉苗木 70 亩被淹，死亡 70% 左右，观赏作物苗圃被毁、果树被淹、鱼池漫溢，跑掉种鱼 2 万多斤，部分仓库、职工宿舍漏塌进水，供水、供电、通信线路中断，直接经济损失 257 万元。当年收入减少 600 余万元。

2003 年 8 月 23 日—9 月 4 日连续降雨，累计降雨量 420 毫米，其中 8 月 25 日降雨量

165.4毫米，农场受灾面积12000亩，绝大部分农田绝产，390亩鱼塘漫溢，550亩花卉被淹，全场受灾损失460万元。

2005年9—10月，农场遭遇大暴雨袭击，9月18日—9月21日降水量300毫米，田间积水最深达50厘米，积水时间长达一周，900亩秋作物绝产，直接经济损失300多万元。

二、旱灾

自建场以来记载的旱灾主要发生在1986—1988年，连续三年大旱，1988年全年降水274.2毫米，1～6月份仅降水72.7毫米，南阳湖水位下降到31.45厘米，河道干涸，所有的排灌站不能提水，造成播种困难，春苗作物缺苗、断垄甚至枯死。

1998年雨雪稀少，南四湖水源无水，无法灌溉，旱情严重，致使1.37万亩夏粮减产130万斤，并造成2000亩水稻无法插秧，1.2万亩大豆无法播种。

2002年秋季持续干旱，农场7～9月份降水量仅66.9毫米，创历史上降水量最小月份，洸府河几乎变成枯河，且污染严重无法使用，造成1.2万亩大豆、0.3万亩水稻受灾，大豆减产150万公斤，水稻减产20万公斤，直接经济损失322万元。

三、虫灾

农场境内农作物害虫主要有以下几种：黏虫、棉铃虫、棉蚜、红蜘蛛、玉米螟、蝼蛄、稻飞风、麦芽虫、美国白蛾、杨小舟、草履虫、蝗虫、地老虎、稻苞虫等，以地老虎、稻苞虫较为严重，2000年后美国白蛾时有发生。

建场前期农场境内时常发生蝗灾，危害严重。建场后坚持飞机灭蝗，因此对大田作物基本没形成危害。据记载，1962年农场发生蝗灾1.5万亩，用药1.8万斤，采用飞机治蝗1万亩，人工治蝗5000亩。经三次防治才消灭了蝗虫。至1966年基本达到根除蝗害标准。

稻苞虫是济宁地区水稻的主要害虫，每年发生三代，以第二代危害最重。1956—1959年连年遭受稻苞虫危害，1958年农场连续2次遭受稻苞虫袭击，虫密度达60%，作物受灾面积90%以上，造成减产42.4%。1959年农场在中国科学院昆虫工作组的协调下，在5月上旬对麦田进行了一次虫害普查，在冬小麦中发现麦蚜、麦叶蜂、臭椿象及黏虫、地老虎等害虫，其中黏虫面积较大约5000亩，虫密度较高，每平方米50头，小麦减产

25％。在棉花、玉米田中发现土蚕较为严重，造成棉花缺苗 40％，玉米缺苗 20％。

1956—1962 年农场连续 7 年发生地老虎危害，每年发生面积在 1 万亩以上，1957 年、1962 年危害严重，仅 1962 年发生 1.3 万亩以上，为害小麦 5000 亩，造成绝产。1963 年 7 月下旬至 8 月中旬，农场发生大面积稻苞虫危害，平均百墩有虫 240 头，最高百墩 720 头，受害面积 600 亩，减产水稻 4.5 万斤。1990 年农场二三分场小麦发生红蜘蛛和穗蚜 6000 亩，导致小麦减产。1992 年农场 9296 亩大豆前期发生蚜虫，中后期发生造桥虫、棉铃虫、豆荚螟、卷叶螟等虫害。农场及时进行 3 次防治，控制了虫害。

四、病害

因农场处于湖洼地区，常年种植小麦，播种面积大。自 1956 年建场到 1961 年，每年都有小麦锈病发生，造成小麦不同程度减产。据记载，1957 年小麦减产 60％，1958 年减产 80％几乎绝产，1959 年减产 30％。1960 年、1961 年、1962 年国家重视小麦锈病的防治，坚持飞机防治和人工防治相结合，小麦锈病得到有效防治，当年仅减产 5％。

1964 年，农场小麦锈病大流行，造成植株早死、籽粒干瘪，只收了 5 万斤，减产 66％。1965 年，农场 1148 亩水稻出现白叶枯病，造成水稻减产 10％。1990 年春季雨水多，土壤湿度适宜，小麦起身、拔节、抽穗、灌浆等时期都降了透雨，由于雨水过多，农场 1.3 万亩小麦普遍引发白粉病和条锈病，致使小麦减产 30％，严重地块减产 50％以上。

1972 年，济宁地区突发猪瘟，波及农场，造成农场生猪死亡 35％。

2020 年，全国爆发严峻非洲猪瘟疫情，非洲猪瘟作为一种感染家猪和各种野猪的烈性传染病，其发病过程短，感染死亡率高。针对非洲猪瘟疫情严峻，严禁肉联厂家庭农场购进农场外部生猪进行屠宰加工，严禁农场生猪产业所涉单位员工食用外来猪肉，违者将追究其相关责任；安保及维稳科切实履行好把守农场四个大门的工作职责，严禁运输畜禽产品的车辆借道进出农场，否则，将给予安保及维稳科主要负责人撤职处分、相关守门员工下岗处分。节假日期间，对公司四个大门采取关门措施，严禁一切外来车辆借道进出公司，确保农场生猪生产安全。

五、冰雹灾害

冰雹灾害多出现于春末夏初，均由西北汶上县进入场内，几乎每 2～3 年发生一次，造成严重灾害的一般 10 年以上发生一次。

1959 年 6 月 7 日下午 3 点左右突降暴雨，1 小时降雨量 70 厘米，中间加降冰雹 10 分钟左右，伴有 8 级左右大风，雹子大者如核桃、小者如卫生球，造成粮食减产 27 万斤以上。

1985 年 6 月 1 日 12 时—13 时 30 分，农场遭冰雹袭击，冰雹大者如鸡子，持续 15 分钟，同时伴有 7 级大风和暴雨，受灾面积 5000 亩，直接减产 15 万斤。

1995 年 6 月 29 日下午 3 时左右，农场遭暴风雨和冰雹袭击，持续时间 20 分钟，冰雹最大直径 1.5 厘米，受灾面积 5000 亩，直接经济损失 400 万元。

六、冻灾、雪灾

1987 年 11 月 26—27 日，受西伯利亚强冷空气南下影响，农场 48 小时内由 24℃下降至 11～13℃，出现三天 -13～-8℃ 的低温天气。由于气温急剧下降，而前期气温又普遍偏高，造成小麦严重冻害。1987 年，全场共有小麦面积 12055 亩，其中一级冻害 897 亩，二级冻害 11120 亩，三级冻害 38 亩，平均小麦冻死率 9.43％。

2001 年 3 月 27 日忽来冷空气，3 月 28 日发生严重霜冻，地面降温幅度最高达 24℃，全场受冻面积 8908 亩，占麦田总面积的 62.9％，其中特别严重的 1487 亩，直接经济损失 150 万元。

2007 年 1 月 28 日，农场遭遇雪灾，地面积雪 80 多毫米，造成 60 余栋科技大棚倒塌，大棚蔬菜全部冻死，直接经济损失 100 余万元。

七、地质灾害

南阳湖农场地处兖矿集团济宁三号煤矿北部十八采区和济宁二号煤矿南部九采区上方。随着兖矿集团二号、三号煤矿的开采，农场耕地自 2003 年开始塌陷，最大塌陷深度 3.5 米，并且以每年 1500～2000 亩的速度持续塌陷。土体坍塌对农场造成危害相当严重，表现在地面沉降造成大面积积水，地表倾斜、耕地损毁，变成废弃坑塘，耕地减少；浅层塌陷区地表凹凸不平，沟路渠及排灌系统断裂或堵塞，排灌水系紊乱，造成耕地易旱易涝，单产减少；未塌陷区和正在塌陷区地下水位上升，塌陷区地表水在农场汇集造成严重内涝，影响作物正常生长发育；农场生态环境严重恶化，人地矛盾突出，职工经济效益受损。截至 2018 年，全场塌陷土地达 1.3 万亩。

农场土壤为发育在古老的河湖畔沉积物上的砂姜黑土，砂姜黑土地下水位高、易渍易涝，春秋缺水，易受旱，土质黏重、难耕难种，速效氮辞含量低，有效锌极缺，产量低而不稳。

第四节　环境状况

南阳湖农场位于济宁市太白湖生态新城区内，处于济宁市规划中的老运河第四区（旅游、生态运河区），四周无污染性工业及其他污染企业，大气土壤容纳性大、区内植被自净能力强，大气、土壤和自然环境污染程度轻，环境状况较好。

第二编

经　济

中国农垦农场志丛

第一章　经济总情

1956年建场初期，济宁南阳湖农场一片荒芜，面对荒草湖坡涝洼地，第一代农垦人迎难而上，使用镐刨、锨挖、人抬的方式，大搞农田水利建设。1956—1957年，挖沟、筑渠，修建桥、涵、闸、排灌站，完成土方62万平方米。在2万亩涝洼地上，开垦耕地，为农场的生产发展奠定基础。

1957—1959年，粮食生产由29万斤提高到130万斤；畜牧养殖由12头牲畜增加到48头牲畜；家禽（鸭子）由1958年的3650只增加到1959年的7734只；职工人数由1957年的55人增加到1959年的363人；拖拉机由1957年的4台增加到1959年的10台；新增收割机5台。1959年建设冷冻车间，冻鸭8000只、冻鹅48只、冻兔150只；养蜂50箱；试种莲藕、菱角等水产作物。1959年生产总值达到25.85万元。其中农业生产总值12.35万元，畜牧业生产总值8.4万元，工副业生产总值5.1万元。

1960—1965年，农场贯彻落实以农业为主，农林牧副渔全面发展方针，在做好小麦、水稻等农作物种植的同时，逐步发展养鱼、养鸭、养鸡、养牛、养羊、养猪等产业。1960—1965年累计上交国家商品粮2891.84万斤，鱼61.1万斤，鸡蛋、鸭蛋128.1万枚，猪肉等畜产品17.9万斤，为支援国家建设和改善市民生活做出了贡献。

1966年，"文化大革命"开始。风暴波及了农场，造成领导机构瘫痪，管理混乱，生产受阻，粮食、畜牧、水产品产量减少，经济效益下滑。

1970年，在贯彻落实"备战、备荒、为人民"的战略方针和"要准备打仗"的政治背景下，农场与山东生产建设兵团进行资产、财务交接手续，南阳湖农场组建为山东生产建设兵团三师十一团，生产经营管理按军队要求执行。1974年4月恢复农场建制，按照农工商联合发展思路，先后成立4个农业生产队、畜牧队、水产队、农机修理厂、排灌站等单位。转变以农为主的生产方式，形成农、林、牧、副、渔全面发展。1979年，粮食总产量884.5万斤，猪肉26.1万斤，鸭蛋43.3万枚，总收入263万元。

1981年，南阳湖农工商联合企业公司成立后，把"工副业科"改为"供销分公司"，改扩建面粉加工厂，新建挂面厂、饼干厂、酿酒厂、酱油厂、水泥厂、饲料加工厂，在济宁市区开设了3处南阳湖饭店，在济宁火车站建商业店铺，占地面积1669.32平方米，建筑面积 777.85 平方米，房屋数量 25 间，开辟了农副产品深加工及产、供、销一条龙新局面。

1984 年，南阳湖农场试办家庭农场，全面推行经济承包责任制，激发了农场经济活力。1986 年工农业总产值为 402.4 万元，利润 18.9 万元，其中农业产值 265.4 万元，利润 14.9 万元。1987 年工农业总产值为 376 万元，利润 61.4 万元。

1988 年，南阳湖农场实行任期目标责任制。当年，粮食总产量 1081 万斤，超过承包指标 281 万斤；实现工农业总产值 803 万元，同比增长 51.8%；实现利润 180.3 万元，同比增长 32%；上缴税金 19.7 万元，同比增长 72.8%；产值利润率达到 32%，同比增长 36%；承包职工人均年收入 4300 元，全场职工平均年收入 2600 元，在 19 个农场中属一流水平。截至 1990 年，农场累计向社会提供商品粮 9800 万斤，猪肉 125 万斤，禽蛋 1700 万枚，鱼 270 万斤，良种 3200 万斤，培训农业技术人员 1 万余人次，参与承担试验项目和推广先进技术 40 余项，其中 15 项获奖。

1991—1995 年，南阳湖农场工农业总产值年均达 1250 万元，其中农业产值 1046 万元。实现利税 235 万元，职工年均收入 6300 元。1994 年实现工农业总产值 1200 万元，其中农业产值 960 万元，工业产值 240 万元；粮豆总产量 950 万斤，其中小麦 630 万斤，大豆 240 万斤，水稻 80 万斤；实现利润 31 万元。

1998 年 12 月，经市政府批准建立了济宁市农作物良种繁育基地，南阳湖农场与山东省农科院、山东农业大学、济宁市农科所等单位协作，繁育小麦良种，种植面积 1.4 万亩，从丹麦等国家引进具有国际先进水平的良种加工机械，建起农作物良种加工厂，年包衣加工、生产良种 1200 万斤，年增加效益 100 多万元。

1999 年，按照全党抓经济，重点抓调整要求，南阳湖全年实现工农业总产值 2105 万元，其中农业产值 1945 万元，工业产值 160 万元；粮食总产量 2135.8 万斤，其中小麦 1411.2 万斤，大豆 510 万斤，水稻 214.6 万斤。2000 年实现工农业总产值 2009 万元，其中农业产值 1799 万元，工业产值 210 万元，上缴税金 22 万元。全年粮豆总产量 1815 万斤，其中小麦 975 万斤、大豆 480 万斤、水稻 360 万斤，职工年均收入 7600 元。到 2000 年底，农场已发展到下辖 4 个农业分场以及良种中心、科研站、水产养殖场、园林场、畜牧场、机械厂、面粉加工厂等 12 个二级核算单位，建有卫生所、职工子弟小学、职工消费合作社等，总资产 3.74 亿元。

2001 年后，以"加快发展、富民强场"为主题，构建以观光农业、园林园艺、绿色蔬菜、农产品加工、生态养殖、良种繁育、工副产业等七大产业于一体的多元化现代产业体系。2001 年实现工农业总产值 1801 万元，其中农业产值 1700 万元，工业产值 101 万元。2003 年，南阳湖农场克服"非典"影响，工农业生产保持较好成绩。农场工农业总产值 1936 万元，其中农业产值 1756 万元，工业产值 180 万元；粮食总产量 1594.4 万斤，其中小麦 1216.4 万斤，大豆 338 万斤，水稻 40 万斤；实现利润 53.4 万元，职工家庭农场年收入达到 1.2 万元。

2004 年，按照"深化改革，规范管理、培育优势，加快发展"工作思路，南阳湖农场实现"一年扭亏增盈，两年上新台阶，三年经营利润翻番"的工作目标。全年实现生产总值 1067 万元，粮食总产量达 1627.6 万斤，其中小麦 1215 万斤，大豆 382.6 万斤，棉花 30 万斤。职工人均年收入 1.35 万元，家庭农场职工户均年收入 1.5 万元。

2006 年后，南阳湖农场积极实施"深化改革、调整结构、科技兴场、招资引才"战略，深化内部改革，做优做强主导产业，加快小麦良种、园林苗木、畜牧养殖等产业发展。2007 年，实现工农业总产值 2628 万元，其中农业产值 2548 万元，工业产值 80 万元；粮豆总产量 1462 万斤，其中小麦良种 1152 万斤，大豆 310 万斤；固定资产投资 325 万元，职工年收入 1.5 万元。2008 年，实现工农业总产值 3277 万元，其中农业产值 3157 万元，工业产值 120 万元；粮豆总产量 1161 万斤，其中小麦良种 855 万斤，大豆 306 万斤；能繁母猪存栏量 600 头，生猪存栏量 6000 头；固定资产投资 363 万元，实现利润 177.6 万元，职工年收入 2 万元。

2009 年，在继续保持小麦良种优势产业的同时，南阳湖农场大力推动园林园艺业（种苗）、畜牧养殖业（生猪）、观光旅游农业、绿色蔬菜及农副产品加工产业化生产和经营。实现销售收入 8324.23 万元，利润 762.89 万元，工农业总产值 3798 万元，其中农业产值 2637 万元，工业产值 1161 万元，职工年收入 2.4 万元。截至 2010 年底，形成小麦良种基地 1.3 万亩，园林（种苗）基地 3310 亩，标准化种猪养殖场 2 处，家庭畜牧养殖 530 处，高标准蔬菜大棚 500 亩，在济宁城区开设绿色蔬菜专营店 10 余家，固定资产 5210.27 万元。

2011 年后，南阳湖农场坚持科学发展、绿色发展理念，以发展休闲观光农业为重点，全面深化内部改革、实施项目带动战略、推行生态循环生产方式和全产业链营销模式，着力构建现代农业产业体系，农场科学发展、跨越发展步伐进一步加快，经济效益、社会效益和生态效益显著提升。2011 年实现国民生产总值 8937 万元；固定资产投资增长 1199.9 万元；工农业总产值 6430 万元，实现利润 381.6 万元。到 2015 年，农场基本形成集良种繁育、观光农业、园林园艺、有机蔬菜、生态养殖、建筑建材、房地产开发于一体的现代农业示范区。2015 年实现国民生产总值 1.38 亿元，经营利润 851.8 万元。

2016 年后，南阳湖农场深入贯彻落实党的十九大精神和习近平新时代中国特色社会主义思想，解放思想，更新观念，围绕"一个中心、两个突破、三个变革"（以经济效益为中心，内部管理、改革取得新突破，实现发展质量变革、效率变革、动力变革）的工作思路，坚定改革创新，推动国有农场向"大基地、大企业、大产业"迈进，实现一二三产业融合发展。2018年农场生产总值2.22亿元，经营利润3825.72万元。2019年全场经营收入9.63亿元，经营利润2097万元。

截至2020年，农场拥有土地2万亩，注册资金1.26亿元，资产总额4.4亿元，在职职工476人，下设济宁市现代农业投资股份公司、山东济宁农垦资产运营管理有限公司、山东南阳湖畜牧养殖有限公司、山东南阳湖市政园林有限公司、济宁南农商贸有限公司、山东南阳湖种子有限公司、济宁南阳湖商务酒店有限公司、济宁农得利科技有限公司、山东南阳湖工贸有限公司9大子公司，子公司下设二级单位共40个，形成农业旅游、园林园艺、绿色蔬菜、生态养殖、农产品开发、现代服务、地产开发等多元化现代产业体系。按照"农业旅游化、旅游田园化"发展定位，建成农业旅游基地1万亩，推出农家园、垂钓园、果蔬采摘园等旅游项目，年接待游客10万余人次；拥有绿色苗木基地3000亩，引进培育特色苗木品种30余个，形成"苗木生产＋苗木销售＋园林绿化工程"产业化发展格局；拥有设施蔬菜基地1000亩、露地蔬菜基地200亩，实现专业化、标准化、规模化、集约化生产，年产绿色有机蔬菜等各类蔬菜800余万斤；拥有生猪养殖基地300余亩（2处）、水产养殖基地5000余亩，年出栏无公害生猪2万余头、四大家鱼500余万斤；拥有农副产品标准化加工车间1000平方米，生产小磨香油、真空咸鸭蛋等农副产品；在济宁市区开设南阳湖农场专卖店14余处，丰富了市民菜篮子。

农场先后获得全国休闲农业与乡村旅游示范点、全国休闲渔业垂钓基地、全国绿色食品示范企业、全国农业先进集体、全国科普教育基地、山东省引进国外智力成果示范推广基地、山东省农垦系统先进单位、山东省绿化模范单位、山东省休闲农业精品园区、山东省产业化重点龙头企业、共青团中央少年报小记者素质教育基地等20余项荣誉称号，成为鲁西南地区知名的现代农业企业。

第一节　从业人员和劳动报酬

1956年底，全场共有职工84名，年平均工资313元。是年，经批准新招工人29名，其他农场调入6名。出台《国营南阳湖农场工资改革的初步意见》，实施按劳取酬分配方式，除增加标准工资外，按照晋级标准和指标，对符合条件的职工进行晋级。1958年，农场职工增加到167名。1958年4月，农场对工人职员的劳动保险费、对路费、药费、养老费等，按照费用的 50% 进行补助。

1959 年 3 月，接收赵庄、朱庄 2 个核算单位后，新增人员 880 户、3958 人，当年完成公余粮 60 万斤，群众口粮平均 426 斤（含超产奖），收入由归并前的平均每人 32 元提高到 82 元。1960 年，按照济宁地委决定，扩大 10 个核算单位，接收接庄公社 5 个、安居公社 2 个、微山鲁桥公社 3 个共 10 个村，新增劳动力 7398 人，实行供给与工资相结合的分配方式。1960 年 3 月，实行"农业生产三包一奖"计划，调动了职工积极性。到 1962 年，职工达到 436 人，年平均工资 439 元。1964 年，职工达到 417 名。

1965 年 5 月，经济宁专属劳动局同意，从在场工作的济宁市邹县微山籍的 500 名临时工中，选择 300 人作为长期临时工继续留用，通过社队签订劳动合同；其他人员于当年 5 月底前全部辞退，所需人员从其他农场调入。1966 年底，全场共有临时工 488 人，固定工 415 人。

1972 年 8 月，山东生产建设兵团三师十一团对部分工人、工作人员调整工资，重新核定级别，执行新工资标准，月增工资最低 1 元，最高 12.9 元。同年 9 月，下发《关于公布兵团战士生活待遇的通知》，明确自 10 月 1 日起，兵团战士按照每月 28 元标准，执行新的生活待遇。1973 年，全场总人口 3187 人，职工人数 2117 人。

1977 年 1 月，农场核心领导小组向地区农业局请示，要求增加职工 300 人。1977 年，全场职工 717 人，职工家属 1000 余人。工资总额 37.79 万元。

1980 年 4 月，进行职工调资升级。当时共有职工 680 人，符合调资升级条件人员 666 人，仅有升级指标 270 人。通过评比和考核，最终 272 人调资升级。

1983 年 8 月，全场共有职工 787 人，农业工人 400 余人，劳动力严重不足。为解决劳动力不足问题，经省农业厅同意，从户粮关系在场的职工子女中，招收新工人 100 人。

1986 年 12 月，按照鲁劳薪字〔1986〕第 306 号《关于地方国营企业干部实行职务工资的通知》及省政府鲁政发〔1985〕92 号文件精神，农场执行中型企业工资标准。场正职执行 8 级副，工资标准 129 元；副场级执行 10 级，工资标准 108 元；正科级执行 11 级，工资标准 94 元；副科级执行 12 级，工资标准 82 元；科员执行 13 级，工资标准 65 元。当时，全场共有干部 127 人，定为科员以上享受职务工资人员 82 人。根据政策规定，经套改晋半级 12 人，晋 1 级 12 人，晋 1.5 级 7 人，晋 2 级 22 人，已达到最低工资标准不晋级 15 人，全场实际增加职务工资人数 53 人，月增加工资总额 766 元。

1987 年，根据劳动人事部劳人薪〔1986〕97 号文件精神，对 1987 年底在册及 1979 年前参加工作的固定工及合同制工人，符合条件的进行晋级。1988 年推行分厂承包责任制，职工收入大幅提高。承包职工人均年收入 4300 元；全场职工平均年收入 2600 元。同年，招收合同制工人 90 名。其中男职工 55 名，女职工 35 名。1989 年对职工承包土地面积进行调整，体现规模效益与职工利益挂钩。承包职工年收入达到 4428 元；职工平均年收入 2800 元。1988—1990 年，职工收入平均每年增长 972 元。

1991 年 3 月，南阳湖农场出台《关于加强临时工和工资管理的意见》。同年 8 月，制定《关于加强劳动管理的规定》，经首届职代会第四次会议通过。9 月，出台《技术工人晋级方案》。1994 年农场职工 686 人，人均年收入 6700 元。

1995 年 6 月，南阳湖农场实施全员劳动合同制。1999 年职工年均收入 7696 元。2000年，职工 677 人，职工年均收入 7600 元。

2001 年 12 月，为推动农场经济可持续发展，推进内部机制改革，根据"工资与效益挂钩"有关精神，经农场领导班子研究决定，调整工资发放标准，2001 年职工年均收入 8000 元。

2004—2007 年，南阳湖农场连续 4 年给职工晋升工资。其中 2004 年调整职工档案工资，对 2003 年底已转正定级的在职职工每人晋升 1 级档案工资；增发工龄补贴，按照每年工龄补贴 0.5 元标准，按月计发，计入职工个人档案。2006 年，对 2005 年前转正定级在职职工每人晋升 1 级档案工资，工龄工资由每年 2 元提高到 3 元，将执行的 1 级浮动工资改为 1 级技能工资，计入档案工资；效益职务补贴在 2005 年基础上，正厂级每月增发 440 元，副场级每月增发 352 元，正科级每月增发 110 元，效益职务补贴随效益变化进行调整，不计入职工档案工资。自 2007 年起，工龄工资由每月 3 元增加到 6 元；提高辅助工资标准，男职工由每月 85 元调整为每月 170 元，女职工由每月 87 元调整为每月 174元。2007 年共有职工 489 人，人均年收入 1.6 万元。

2008 年，南阳湖农场工龄工资由每年 6 元提高至 10 元；技能工资每人晋升 3 级；辅助工资男职工由每月 170 元增加到 340 元，女职工由每月 74 元增加到 348 元；增设职级工资，正场级、副场级、正科级、副科级、一般职工分别增加 180 元、150 元、120 元、90 元、60 元。

2009 年，南阳湖农场每人晋升 4 级技能工资；提高职级工资标准，正场级、副场级、正科级、副科级、一般职工分别增加 180 元、150 元、120 元、90 元、60 元；增设绩效考核工资，正场级、副场级、正科级、副科级、一般职工分别为 600 元、500 元、400 元、300 元、200 元。2009 年，职工年收入达到 2.4 万元。2010 年继续调整工资，晋升标准与 2009 年相同。

2011 年，提高绩效工资标准，正场级、副场级、正科级、副科级、一般职工，分别增加 500 元、400 元、300 元、200 元、100 元；场长助理职级工资，在正科级职级工资基础上提高 50 元。同年，为解决职工子女就业问题，经场长办公会研究同意，从符合招工条件的职工子女中招收 30～40 人，作为劳动合同制职工，农场与职工签订劳动用工合同。

2012 年，南阳湖农场每人晋升 4 级技能工资；辅助工资每人增加 200 元；提高职级工资标准，正场级、副场级、正科级、副科级、一般职工分别增加 180 元、150 元、120元、90 元、60 元；每人每月增发卫生费 300 元；提高绩效工资标准，正场级、副场级、正科级、副科级、一般职工分别提高 500 元、400 元、300 元、200 元、100 元；场长助理在正科级职级工资基础上提高 50 元。

2015 年，南阳湖农场每人每月增发卫生费 300 元；提高绩效工资标准，正场级、副场级、正科级、副科级、一般职工分别提高 500 元、400 元、300 元、200 元、100 元；场长助理在正科级职级工资基础上提高 50 元。

2016 年，为进一步激励干部职工的改革创业热情，提高工作积极性、能动性，根据中央、省、市关于深化国有企业薪酬制度改革精神，参照市管企业在岗职工平均工资水平，结合农场经济效益和工资支付能力，经农场党政联席会议研究决定，为全场在职职工发放效益工资。正场级、副场级、正科级、副科级、一般职工分别按 3000 元、2000 元、1500 元、1000 元、500 元的标准发放。效益工资遵循"有效益、有支付能力就发放，无效益则不发放"的原则，不纳入职工档案工资。

2017 年，南阳湖农场大幅提高全员工资性收入。先后出台《关于发放职工效益工资的意见》《南阳湖农场职工工资调整改革方案》，全场职工年平均工资收入达到 5.7 万元，职工幸福感、获得感显著提高。

2020 年 4 月，根据市国资委《关于进一步深化开展全员业绩考核工作的指导意见》，实施"工作有标准、管理全覆盖、考核无盲区、奖惩有依据"的全员业绩考核目标任务，促进公司深化内部三项制度改革，真正建立起管理者能上能下、员工能进能出、薪酬能高能低的有效激励约束机制，出台《山东济宁南阳湖农场有限公司 2020 年工作人员绩效工资考核发放办法》。每月将考核对象绩效考核工资的 20%，依其绩效考核成绩按季度发放。

第二节　固定资产投资

1956 年南阳湖农场开始建场，当年计划基本建设投资 85 万元，场外水利投资 50 万元。固定资产投资中，建筑工程投资 4.22 万元，机械设备投资 2.2 万元，工器具的购置投资 1.01 万元。1958 年水利投资增加 30 万元。1959 年实际完成投资 18.93 万元，其中建筑安装 13.43 万元，设备及工器具购置 5.5 万元。

1963—1964 年，固定资产总投资 38.1 万元，先后完成水变电站及水泵安装工程，垫晒场 10 亩，建设水泥晒场 1000 平方米，水利工程完成土方 4.06 万立方米，建设米面加工车间 1 处、房屋 3 幢。

1965 年，南阳湖农场完成固定资产投资 31.5 万元。其中水利工程投资 26 万元，土建投资 5 万元。建设拖拉机库 200 平方米、宿舍 420 平方米、种子库 300 平方米，购置设备投资 0.5 万元。

1973 年，完成固定资产投资 30 万元。其中水利工程投资 15.39 万元，排灌设备投资 4.4 万元，电力排灌站投资 6.9 万元。安装水泵、电机 4 套，建设机房 100 平方米。

1987—1989 年，为加强农业生产，在资金紧张的情况下，南阳湖农场加大农业投入，三年累计固定资产投入 309.2 万元，其中种植业投资 166.2 万元。1990 年农业固定资产投资 36 万元，其中种植业投入 26 万元，购置东方红 80 拖拉机 2 台、玉米精点播机 2 台、玉米收割机 2 台、种子精选机 1 台、机动喷雾器 9 台，提高了机械化生产水平。新修 800 米干渠 1 条，修建桥涵 9 座；清理排水沟 31 条，总长 39 公里，完成土石方 2.88 万立方米；新打机井 5 眼，改善农田灌溉面积 3600 亩。

1988—1990 年，畜牧业累计投资 32.9 万元。其中鸡舍投资 13 万元，养鸡笼投资 15.5 万元，孵化设备投资 4.4 万元。

1991 年，投资 73.3 万元扩建鸡舍 4 排、60 间，购置鸡笼 218 个、育雏育成鸡笼 100 个、孵化器 1 台、出雏器 1 台，新建饲料库 2 排、20 间等。

1992 年，固定资产投资 800 余万元。扩建养鸡场投资 221.76 万元，其中基建投资 175.2 万元，设备投资 14.3 万元；扩建养鸭场投资 10.5 万元，其中鸭舍投资 5.7 万元，饲料库投资 1.3 万元，机井及供水系统投资 1.5 万元，其他投资 2 万元；扩建饲料厂投资 21.76 万元。

1994 年，南阳湖农场完成固定资产投资 524.6 万元。其中修路投资 35 万元，电力设施投资 156.6 万元，通信设施投资 10 万元，供水设施投资 55 万元，水利、排灌设施投资 268 万元。1994 年 8 月，经市国资委认定，全场资产总额 3.74 亿元，其中固定资产 3.63 亿元，流动资产 1081.90 万元，无形资产 8.56 万元。国有资产权益 3.64 亿元。

1997 年，农场实施中低产田改造项目。1997—1999 年，累计投资 103 万元。其中水利工程投资 30 万元，排灌设施工程维修 10 万元，电力设施投资 5 万元，喷灌设备投资 25 万元，辅助设施投资 33 万元。

1999 年，固定资产投资 179.68 万元。其中购置种子工程加工设备 93 万元、复印机

1.78万元、摄像机0.6万元、碾米机2.2万元，新建一分厂宿舍5万元，电话线更新1.8万元，在建工程投资75.3万元。

2000年，南阳湖农场投资5万元扩大程控电话机容量；投资12万元更换职工班车；投资2万元购买种子精选机；投资10万元建设机车库；投资56万元建设四分厂水泥晒场；投资2.5万元新打职工吃水井1眼。

2001—2005年，农业总投资498万元，用于建设种子产业基础配套设施，购置机械设备，配备种子检验检测仪器设备及兴修农田水利设施等。其中，投资285万元进行农田水利设施建设，扩建排灌站2处，维修闸门、涵洞68处，新建桥涵闸75处，挖沟清淤33.5千米，铺设PVC管道3000米，新打机井180眼，架设输电线路3000米，新铺设田间道路4500米；投资56万元扩建分场水泥晒场1.69万平方米；投资70万元建设种子仓库700平方米；投资60万元购置种子精选机、脱粒机12台（套），种子检测仪器18台（套）。其中2004年投资4.8万元，对1到4分厂水泥晒场进行修复，修复面积1434平方米；投资2.48万元购置排灌站变压器1台，投资7.3万元购置种子脱粒机、输送机8台；投资4万元对卫生所房屋进行修缮。2005年南阳湖农场资产总额2813万元，2006年资产总额4217万元。2007年固定资产投资325万元，其中农业投资78万元，公共设施投资247万元，年末资产总额4156万元。

2009年5月—2011年6月，南阳湖农场实施东南部采煤塌陷地复垦项目，项目总投资4685.99万元，治理塌陷地4640亩，新增耕地2334亩和大型池塘2500亩。2009年固定资产投资1230万元。2011年投资86.7万元用于沟路渠桥涵闸等基础设施建设；投资12.3万元用于疏通沟渠；投资52.5万元修建生产路4条；投资5.6万元新建桥2处；投资16.2万元修建涵洞8处、闸门10处。

2012年，农场在硬化生产经营场所路面、发展绿色蔬菜基地等基础设施方面，投入建设资金2000余万元。新建高标准阴阳两面大棚26个，实施游览观光车通行路面硬化工程，完成露地蔬菜和市民农园钢架栅栏建设工程，以及市民农园500套喷灌设备和8处电子门装置工程。

2013年，南阳湖农场农业基础设施投入3000余万元。建设高规格猪舍17间、无害化处理设施1处；实施国家级水产良种场一期工程，新建100米×15米鱼塘9个；新建占地500亩现代蔬菜产业园。

2014年1月—2015年9月，实施一二分场采煤塌陷地复垦项目，项目总投资1.3亿元，治理塌陷地7671亩，新增耕地5270亩和大型池塘2080亩。

2015年，南阳湖农场固定资产增加937.3万元。其中，管理设备及基础设施投资98

万元，肉联厂投资 58.8 万元，市民农园投资 105.8 万元，沼气站投资 45.1 万元，蔬菜产业园投资 103.2 万元，蔬菜产业园农家院投资 8.1 万元，饲料厂投资 8.7 万元，湖上公园投资 329 万元，东西智能棚投资 53.6 万元，土棚投资 127 万元。

2016—2020 年，南阳湖农场在观光农业、塌陷地复垦治理、中低产田改造等方面增加投资，5 年累计增加投资 4000 余万元。其中，2020 年投资 76 万元用于排水沟清淤 26 公里；投资 68 万元用于修建排水涵洞、闸门 30 处；投资 62 万元用于修建生产路 24 公里。

第三节　经济开放与合作

一、招商引资

自 20 世纪 90 年代起，南阳湖农场顺应国家改革开放形势，抢抓发展机遇，寻求合作契机，积极开展招商引资活动，大力发展以非农场资本控股的混合所有制经济。

1993 年初，农业部确定在南阳湖农场利用世界银行贷款实施奶牛综合开发项目建设。以此为龙头，带动周边农业经济发展，打造济宁市乃至鲁西南地区奶牛产业基地。项目涉及饲料加工、奶牛饲养、乳品加工等方面，成为农场首个招商引资项目。总投资 1600 万美元，其中利用世界银行贷款 800 万美元，国内配套资金 800 万美元。

规划建设内容及规模：建设奶牛养殖场，饲养成乳牛 1000 头，后备乳牛 600 头；奶牛养殖户 600 户，饲养成乳牛 300 头，后备乳牛 1900 头；饲料加工厂年产配方精饲料 1.35 万吨；乳品加工厂年处理鲜牛奶 2.44 万吨，年产巴氏消毒奶 6000 吨，标准超高温消毒奶 2.38 万吨；成立畜牧兽医技术服务中心，建设收奶站 4 处，完善销售网点建设；建设总公司办公及生活区。投资规模 9500 万元，2 年建成，可实现年销售收入 1.56 亿元，利税 3444 万元。

围绕项目前期筹备，在市场调查、技术准备、人才选聘、产品方案选择、销售战略等方面开展工作。1994 年，聘请上海牛奶公司专家作为项目技术总顾问。1996 年 11 月 6 日，济宁市土地管理局批复同意国营南阳湖农场"奶牛综合开发项目建设用地评价报告"。1997 年 3 月 27 日，经济宁高新技术管理委员会、产业开发区管理委员会批复同意，允许国营南阳湖农场进区建设"乳制品加工"项目，项目征地 40 亩，建筑面积 7500 平方米，总投资 5740.69 万元。1997 年，组织人员赴上海、广州、北京、济南、青岛、天津等地与客商交流，开展全方位、多层次的市场调查；组成考察组，对国内多家奶牛饲养场、乳品加工厂进行考察，对生产工艺、机械设备全面了解，与北京、黑龙江、上海等奶牛公司签订了乳牛供应合同；选聘畜牧饲养、卫生防疫、食品加工等专业大中专毕业生20余名，签订用人计划，做好人才储备。1998年6月，《南阳湖农场奶牛产业综合开发项目可行性研究报告》经国家发改委批准。1998年8月，受世界银行组织邀请，农场副场长、高级经济师随农业部考察团，赴加拿大全面考察奶牛业发展情况；同年底，农场副场长、高级畜牧师再次赴加拿大考察学习奶牛饲养等方面技术。2000年8月，因未能落实省财政厅担保问题，中国经济开发信托投资公司终止奶牛业项目世界银行贷款业务。为解决项目资金问题，同年9月，农场向市农业局提出申请，争取利用北欧政府贷款建设奶牛业综合开发项目。当月，济宁市组成奶牛业综合开发项目考察组赴北京，与中国工程能源机械进出口股份有限公司、诚奥达商务投资咨询有限公司、芬兰依莱克斯德公司北京代表处及中国经济开发信托投资公司等4家单位进行洽谈，商讨项目利用外资问题。

2004年后，按照山东省农业厅、济宁市政府安排部署，围绕农业产业结构调整，进行招商引资和股份合作，调整山东济宁南阳湖农场内部管理体制，实行多种投资经营体制。2008年实施农业观光旅游先行区项目，2008—2009年，通过招商引资，吸引中外企业签订进园协议5家，引资1000万元。2009年由农场和职工个人参股，建立山东济宁南阳湖节能建材有限公司、山东济宁南阳湖畜牧养殖有限公司2个股份制公司，完成投资1000万元，安置68名职工重新就业。截至2014年，职工累计分红210余万元。

2013年，南阳湖农场实施"以工促农、工业强场"战略。加大招商引资力度，采用技术引进、资金入股等形式，加快招商引资、合作合资项目落地建设。农场与山东赛德丽涂料有限公司合作，在梁山韩垓联合注资2000万元，成立济宁赛德丽节能科技有限公司，企业占地50亩，主要生产销售建筑外墙一体化保温板，年生产规模200万平方米，实现销售收入3亿多元；与济南品盛新材料有限公司联合注资2000万元，组建济宁南阳湖新材料有限公司，以农场秸秆加工厂为基础，生产防火门芯板、防火保温板等新型建材，设计规模为年产新型建材1万平方米。门芯板产品投向市场后，受到建筑施工单位和业主客户的好评，实现当年投产、当年创收100多万元的经营业绩；与山东恒大肥业有限公司共同注资500万元，在一分场东北部组建恒大有机肥厂，以作物秸秆和畜禽粪便为原料，生产有机肥、有机无机复混肥等产品，年产量在5万吨左右，每年可创经营利润400余万元；与中国奥德集团联合注资3000万元，成立济宁奥德南阳湖能源有限公司，开展燃气供应服务。2014年，南阳湖农场创造销售收入2.5亿元，利润2000万元。同时制定出台入股政策，鼓励职工到场内独立法人企业入股参与生产经营，形成个人与集体紧密联结的利益共同体，进一步提高干部职工的财产性收益。

2016年9月，南阳湖农场与北京哈佛摇篮幼教集团合作的水运雅居幼儿园签约仪式成功举办。北京哈佛摇篮幼教集团总裁、哈佛摇篮济宁地区总园长、太白湖新区管委会及相关部门领导、场领导及相关部门负责人出席签约仪式。让孩子就近入园，在家门口享受专业、系统、高品质的早期教育，是南阳湖农场与北京哈佛摇篮幼教集团合作的宗旨。引进北京哈佛摇篮这一知名的幼教品牌，体现了农场对职工子女教育的重视和人文关怀。

2016年10月，南阳湖农场锦鲤园项目开工建设。项目位于南阳湖农场小荷花路以北，占地168亩，总投资额5300万元，由济宁富垄农业科技有限公司投资兴建。2017年投资350万元，建成工厂化养殖车间10000平方米，包括锦鲤展示区、亲鱼培育池、产卵池、人工孵化池。

2017年1月，围绕水体世界招商引资项目，农场专门成立招商队伍，由场长担任招商团团长。1月11日至13日，招商团分别到大连海昌集团、青岛海底世界学习考察。通过学习考察，对水体世界招商引资项目的拟建内容、投资概算、招商方式、市场前景等形成初步意见。同时招商部门又邀请新西兰博亚传媒集团、开源资本香港有限公司等一些有投资意向的项目合作方，来场开展实地考察、合作洽谈。

2017年11月20日，南阳湖农场杂粮系列保健营养米加工项目签约，项目由新西兰博亚传媒集团有限公司与济宁南阳湖农场共同签署合作，总投资5亿元人民币，建设用地为200亩，主要生产杂粮系列保健营养米产品。农场以土地、资金入股，外资方以技术专利、设备、资金入股。计划利用3年时间（2017—2019年），建成年产10万吨杂粮系列保健营养米生产厂，所产保健营养米全部出口。项目实施后，可年创产值32亿元、上缴利税4500万元，带动500余人实现就业。同年，采用网络招商、广告招商等方式，策划包装了水运雅居会所楼、三四分场湖上家园、一二分场湖心岛等招商引资项目。成功出租水运雅居会所楼写字间18个，出租面积1180.7平方米，实现租赁收益90余万元。

2018年，南阳湖农场继续实施项目带动战略，推进重大项目招商引资。先后成功签约南阳湖田园综合体、水体世界2个重大农业招商项目。其中田园综合体项目，由农场与蓝城房产建设管理集团有限公司联合开发，总投资100亿元，是省、市重点督导项目，项目总规及详规，由蓝城集团编制。水体世界项目由农场与北京华中九易投资管理有限公司联合开发，总投资30亿元。

2019年，农场与中商鑫融实业发展有限公司通过洽谈达成共识，拟联手实施济宁生态农产品物流园项目。项目计划总投资28亿元，建设期限3～5年（2019年3月—2022年12月），建设地点定于农场，占地500～1000亩，计划通过三期工程，将农场打造成为集农副产品批发零售展销、农特产品展示展销、相关商品贸易及展览展示、电子结算、质量检测、加工配送、冷链物流、信息发布、电商培训、涉农创业孵化、电子商务、金融服务、特色餐饮等功能于一体的现代化大型综合服务中间商，成为立足济宁、辐射鲁西南地区的农副产品集数中心、信息中心、价格指导中心。

2020 年，农场打破惯性思维，转变招商思路，在改革创新、激发新动能上做文章，加快新旧动能转换。制作悬挂招商条幅，配置招商高炮，利用公交站牌、宣传栏等，宣传公司现状及招商项目，先后与微山湖鱼馆、北湖人家等 10 余家客商进行洽谈。按照市委、市政府确定的"一核引领、两环支撑、三带协同、四城驱动"发展规划，借助全市乡村振兴优惠政策，有效破解"瓶颈"制约难题，全力推动田园综合体等一批重点文旅招商项目，努力打造产业复合型国家现代农业科技园，三生和谐鲁西南农博园，三创三养田园综合体，全域旅游目的地。

二、经济合作

1992 年 2 月，南阳湖农场与济宁牛奶厂签订合作协议，共同经营牛奶厂，农场出地 150 亩，作为奶牛饲养厂。同年 6 月，南阳湖农场与俄罗斯哈巴罗夫斯克地区签订联合种植蔬菜意向书。8 月，应俄方邀请，农场派代表团赴俄，对俄方土壤、气候、蔬菜市场等情况进行考察，签订联合种植蔬菜和农副产品生产加工合同。

1996 年，根据合营企业有关法规，经双方协商，南阳湖农场和任城区长沟镇大堤头村村民李某某，本着互利互惠的原则，在企业性质、隶属关系、个人身份不变的前提下，合资组建南阳湖农场酿造厂。地址设在南阳湖农场原饲料加工厂，有偿占用饲料加工厂 21 间。合资生产经营黄酱、酱油、食醋等产品，总投资 60 万元，合作双方各占 50%，通过银行贷款解决。项目建成后，形成年加工黄酱 660 吨、酱油 2000 吨、食醋 1800 吨的生产规模。按照现代化管理要求设立组织机构，建立董事会，由 3 人组成，董事长由南阳湖农场场长担任，董事 2 人，由李某某和南阳湖农场委派的副厂长担任。合营企业厂长由李某某担任，实行厂长负责制，设副厂长 2 人，由南阳湖农场委派。

2013 年 11 月，南阳湖农场与济宁渔业局签订渔业合作协议，在渔业技术、渔业生产等方面进行密切合作。南阳湖农场作为国营农场，有着得天独厚的地理环境，渔业局强大的技术优势，为农场渔业养殖、饲料研发、发展渔业项目等提供技术支撑。双方合作，优势互补，达到共同促进、共同提高的目的，为济宁渔业发展做出更大贡献。

2016 年，为加快实施三四分场湖上公园开发项目，农场与济宁五彩万象城展开合作，共同成立济宁五彩南阳湖游乐有限公司，在湖面东北部边沿位置建成停靠码头 1 处，为正式运营创造良好条件。

2017 年，参加中垦"三联"行动，先后加入中垦农场联盟、中垦融资公司、中垦物流公司、中垦节水联盟，为把农场打造成为参与国际竞争的大基地、大企业、大产业，奠定良好的对外发展基础。

2020 年 11 月，农场三四分场湖上公园船屋项目与北京众城通达文化旅游开发有限公司签订战略合作协议，推进湖上船屋向社会租赁工作；与浙江米果果生态农业集团有限公司签订米果果小镇战略合作协议。

第四节　科研课题研究

农场建成后，先后建立了科研站、水稻研究所等科研机构，全面负责农场科研工作，按照国家及省市安排，参与并承担农业有关科研课题的项目。

1958 年，南阳湖农场参加稻改试验。1963 年后，先后进行农作物化学除草试验和配方施肥试验，总结出一套化学除草技术措施。实施化学除草后，水稻产量明显提高。1965 年全国北方水稻会议在南阳湖农场召开，与会专家对南阳湖农场的水稻长势给予"万亩水稻一样色"的高度评价。当时引进的"农垦 56""农垦 57"等水稻品种品质好、产量高，颇受当地群众欢迎。

1966 年，经山东省农业厅办公室批准，在国营济宁南阳湖农场设立山东省济宁水稻研究所。对外称国营济宁南阳湖农场、山东省济宁水稻研究所两个单位，对内作为农场的直属单位，由农场直接进行管理。1970 年 4 月，国营南阳湖农场改为山东生产建设兵团三师十一团，其隶属关系随之变更。1972 年，水稻研究所人员达到 55 人，累计完成水稻科研项目 8 项，进行品种试验 119 项。其中水稻新品种"鲁粳 1 号"选育试验，获省科委三等奖。1975 年 2 月，山东省济宁水稻研究所从山东生产建设兵团三师十一团脱离，直接归属济宁地区领导。

1976—1981 年，南阳湖农场承担济宁市农业局麦田套播水稻技术研究试验项目，获得成功并在当地推广。该技术可延长水稻生长期，实现水稻播种机械化，节省用工。1978 年，进行麦田套种田菁留种试验，解决夏播田菁不能留种问题，延长了作物生长时间，节省了土地，受到市科委奖励。1982 年，参加微山麻鸭小公鸭育肥试验项目，获市科委三等奖。1983 年，协作研究棉籽饼脱酚去毒试验及养猪试验，分别获省科委三等奖。1981—1984 年，参与济宁滨湖地区耕作制度的调查研究项目，获省科委三等奖。

1985 年，按照市农业局安排，南阳湖农场从江苏宜兴引进名贵水稻香血糯新品种，在科研站和3个家庭农场、3个承包户进行试种，共种植114.3亩，平均单产738.2斤，实现总产量8.44万斤。通过试种发现，该水稻品种具有植株矮、抗倒伏、产量高、收益大的特点，为特种糯稻中的优良品种，适宜大面积推广种植。

1986年，利用地膜覆盖技术，在砂浆黑土地上试种西瓜并获得成功。在开发的同时，利用小区试验进行品种对比、栽培方式、肥料种类、病虫防治等方面的研究，获得大量试验数据，总结出在砂浆黑土地上种植西瓜的可行性和优越性，得到市科委专家的好评和肯定。

1987年，根据省农业厅农垦局安排，南阳湖农场承担夏大豆高产模式研究课题。利用3年时间，完成亩产500斤高产模式研究，探索配套品种、适宜播期、群体结构、需肥规律等综合栽培技术。同年，进行优质水稻提纯复壮及繁育制度研究，以日本晴为提纯复壮及繁育对象，从山东省水稻研究所引进日本晴种子，在农场科研站试验地种植0.66亩，经过培育壮苗、单株栽培、细心管理，获得663斤稻谷种子，为下年繁育推广奠定基础。同时在选种圃中，按照日本晴种性标准和穗选方法，在水稻收割前选出稻穗1000穗，供室内进一步选择，为下年建立穗行圃提供材料。为了在三年内研究出一套适应农村以户为经营单位的良种繁育提纯复壮制度，在无单穗材料情况下，根据1986年日本晴考种资料，建立模拟穗行4个，分别获得每穗行繁育种子2.45斤、2.35斤、2.56斤、2.64斤，平均2.5斤的初步数据。

1988—1989年，南阳湖农场与畜牧局协作进行鲤鱼丰产试验、成鱼丰产试验项目，分别获市科委二等奖、三等奖。亩产成鱼由200～300斤提高到800～1000斤。1989年，承担山东省农业厅优质西瓜栽培技术丰收计划和济宁市科委优质西瓜高产开发研究课题，经省农业厅鉴定，含糖量达10％～12％。在市科委组织的西瓜鉴定会上取得96分的好成绩，被授予优质西瓜称号。

1990年，进行水稻氮磷化肥用量及最佳配比试验、农场喷施宝、增产菌试验。1993年，承担卫福200FF、林丹小麦拌种防治病虫害试验；同年8月，与咸阳市特效保健品厂、山东济宁玉米种子公司联合，承担超大穗小麦84加（79）-3-1在山东省的繁育项目。

在搞好科研工作的同时，南阳湖农场还注重科研人才培养引进。1997年底，农场拥有各类科技人员132人，其中高级职称11人，中级职称42人。2000年，全场拥有各类科技人员148人，其中高级职称14人，中级职称58人。到2006年，拥有农业技术人员40余人，其中高级农艺师3名，农艺师8名。2007年，引进农业、园艺、畜牧、经济等专业人才6名，均具有本科以上学历。截至2010年底，农场拥有各类科技人员132人，其中高级职称 17 人，中级职称 42 人。所需专业齐全，为农场工农业快速发展和科技进步提供了可靠的技术支撑。

2001—2005 年，南阳湖农场以小麦良种为主导，坚持引进、繁育、推广相结合，先后繁育推广济麦 19、济麦 20、烟农 19、太 209、邯麦 6172、新济宁 12 等小麦新品种 40 余个。依托科研站 200 亩种植基地，承担省、市肥水区域试验和 31 个小麦品种（系）的田间展示任务，为山东省小麦良种推广提供依据。

2007—2010 年，南阳湖农场承担山东省科学技术发展计划项目——滨湖区林间多元化生态系统应用研究，采用专题研究和系统有机结合方式进行，分为林木、畜牧、植保 3 个专题，进行 72 项研究。以系统平衡为出发点，以食物链为主线，深入研究系统内林木、畜禽、植物、林间动物各元素自身及相互间关系，根据生态平衡原理进行人工控制，生产出安全农产品并产业化。项目实施过程中，推广生态养殖 1.5 万亩，亩增效益 1000 元以上，形成生态养殖（鸡、鹅）生产技术体系，建立起中草药防疫治病技术体系。

2008 年，农场率先引进"自然养猪法"生态循环技术，并结合大型沼气站技术，使生猪产品质量安全得到保障，经济效益大幅提升。这一技术成功推广，农场被授予山东省引进国外智力成果示范推广基地称号。

2009 年，建立农业推广科技示范体系，实施科技入户工程。2012 年承担科技入户工程项目——小麦田 ETS 微生物菌肥推广应用试验。项目以林下土地资源和林荫空间及林下生物多样性为基础，利用鸡鹅等家禽（畜）食草食虫的习性，发展生态养殖产品及林木产品。从生态系统的角度出发，以生物链（食物链或食物网）为主线，研究林木及林间养殖业的关系与模式，集成先进适应技术，形成支撑技术体系，促进林业及畜牧业复合型生产经营和可持续性发展。项目总投资 9 万元，占用农场小麦试验种植区土地 50 亩，历时 8 个月，圆满完成试验任务。同年，山东济宁南阳湖农场生态循环和全产业链营销特色的"南阳湖"发展模式，被收入《中国行政参阅》，作为农产品质量安全样板，在全国农垦系统推广。

2018 年，南阳湖农场与上海国家级良种场松江良种场联合实施上海市科技兴农重点攻关示范项目——动植物种质创新与配套技术研究；与广州珠江水产研究所联合实施农业部草鱼嗜水气单细胞菌败血症、铜绿假单细胞赤皮病二联蜂胶灭活疫苗实验项目，成为山东省人工免疫防疫技术实验基地。

截至 2020 年，南阳湖农场累计承担国家、省、市科研项目 100 余个，引进、应用、推广新技术 50 余个，成为农业科技创新的排头兵，为济宁市农业高质量发展做出了贡献。

第二章　基础设施

第一节　建设规划

一、农场所在地的城乡规划

2017年5月，南阳湖农场及周边地区概念规划由上海经纬建筑规划设计研究院股份有限公司、上海市园林设计院有限公司、杭州园林设计院股份有限公司共同承担规划编制任务。同年7月，市城乡规划局组织召开《南阳湖农场及周边地区概念规划》方案征集专家评审会。山东建筑大学、济南市规划设计研究院、山东财经大学等专家对该规划进行评审。市国土局、市城管局、市农业局、市旅游委和济宁高新区、太白湖新区管委会及南阳湖农场等部门单位分管负责人参会。专家们听取3家规划编制单位汇报，审阅规划文本，对各方案进行逐一点评并提出建设性意见。

二、农场规划

1955年12月15日，山东省人民委员会批复建场，建场名称是国营南阳湖农场。所在地区为山东省济宁、嘉祥、微山、凫山等县交界处。位置在东经116°36′、北纬35°20′，海拔33.75～34.75米。建场面积2万亩，其中耕地1.5万亩。建场后的主要业务及发展方向是以生产水稻为主，以小麦、大豆为辅的谷物农场，相应发展畜牧、园艺、加工等产业。基本建设投资85万元，场外水利投资50万元。建场开始日期是1956年2月，计划1958年内建成。主管机关为山东省农业厅。

1963年4月，制定《国营南阳湖农场第三个五年计划（草案）及二十年规划初步设想》，涉及水利工程及土地利用规划、农业生产规划、畜牧生产规划、水产业生产规划、林业生产规划、工副业生产规划、生产机械化和电气化规划、生产组织及职工配备计划、管理制度、产品销售及利用规划、产品产值及财务利用规划、基本建设投资规划、职工文化福利生活规划。

1964 年 6 月，根据农垦部《关于做好老场规划补课的通知》（垦建肖字〔1963〕第 49 号）精神，在总结农场建场以来经营情况的基础上，制定了《1964—1970 年南阳湖农场发展规划》。规划内容包括水利规划、土地利用规划、农业生产规划、畜牧业生产规划、工副业生产规划、机械化电气化规划、产品销售规划、生产经济效益及劳动生产率规划、生产组织及干部配备规划、基本建设规划、管理制度、科学实验规划、职工文化福利生活规划、支援集体规划等，提出指导思想、工作措施及实现目标。

1974 年 10 月，制定《山东生产建设兵团 1976—1985 年农业生产规划》（草案），提出农业生产以小麦、水稻、绿肥轮作，以提高单产为主，适当提高复种指数。对农业产量、耕地面积、劳动力、施肥、农牧副渔业发展等方面，提出发展目标。

2004 年 2 月，根据市政府安排，依托国有农场 2 万亩土地资源优势，制定并实施《建立济宁市生态、高效、观光、休闲农业示范区的发展规划》。

2008 年，抓住土地复垦有利时机，按照长远与现实相结合、农场开发与当地发展相对接的原则，进行二次产业结构调整，在发展观光旅游农业上下功夫。聘请南京农业大学有关专家，制订了《2008—2020 年观光旅游农业区总体规划和先行区发展规划》。确立"以生态农业立项，把旅游观光纳入生态农业建设项目，打造以南阳湖农场为依托，以运河沿岸开发为目标的生态农业开发区"的指导思想。总体规划占地 2000 亩，分为农事休闲区、服务与管理区、会议与培训区、果林疗养区、大田观光区、生活住宅区 6 大功能区。采取分步实施的办法发展休闲农业，第一步，利用 2～3 年时间，搞好先行区建设开发，并投入试运行进行探索，积累经验和锻炼队伍；第二步，2011 年后，根据农场经济发展情况，逐步将全场纳入休闲农业区总体发展规划之中，达到规划设计运行规模，将南阳湖农场打造成全国知名的假日农场和休闲农业胜地。休闲农业观光区建设地点选在南阳湖农场水产养殖场，占地 700 余亩，其建设内容分为四部分，即主入口区、采摘体验区、观赏区及休闲健身区。项目建设基础投资约 2600 万元，以政府扶持资金、招商引资、农场自筹等方式筹集。项目进度安排在 2008—2010 年。

2011 年，为进一步优化农场产业，提升持续发展能力，绘就长远发展蓝图，借助农场优越的地理位置，得天独厚的资源条件，良好的发展基础和产业优势，按照市政府指示，由济宁市科技局牵头，积极申请建设国家级农业科技园区核心区，为农场谋求长远发展带来新机遇。下半年，农场多次派人赴北京咨询，论证国家科技园申建事宜。为加快推进国家级科技园申建，农场委托中国农业科学院经济与发展研究所编制了《南阳湖农场 2011—2025 年总体发展规划》。依据规划设计，未来 15 年内，农场将在复垦治理基础上，通过上级扶持、招商引资等多种融资渠道，建成休闲观光、特色种植、生态养殖、行政管理创业与科技服务、精深加工与物流等 5 大功能区，进一步培育农业发展体系，发挥国家科技园区示范辐射作用，带动周边地区现代农业发展，推动农业科技成果转化，提升农产品安全水平，改善地区生态环境和加快现代服务业发展。

第二节　农场建设

一、生产设施

建场之初，为满足基本生产需要，按照省农业厅下达的投资计划，进行生产设施建设。1956 年新建竹架草顶篱笆墙临时性工棚 480 平方米，砖垛草顶木架工棚 90 平方米。1957 年投资 44.36 万元，建设机器厂房 1 处、购置农业机械 5 台。1958 年新建马棚 16 间、猪舍 106 间、鸭舍 7 间、饲料室 6 间，磨坊 1 座。1959 年新建温室 164 平方米，猪舍 1000 平方米，禽舍 1440 平方米。其中育雏室 240 平方米、育肥鸭室 1200 平方米、兔舍 50 平方米，饲料室 280 平方米，临时孵化室 140 平方米。1959 年建设冷冻车间，完成冻鸭 8000 只、冻鹅 48 只、冻兔 150 只。1963—1964 年，投入生产建设资金 38.1 万元。

1972 年，全年完成生产性房屋建筑 15.57 万元。建设物料库 400 平方米，农具库 300 平方米，猪舍 300 平方米，饲料室 160 平方米，马厩 375 平方米，松花室 100 平方米，工副业厂房 300 平方米，水泥厂 200 平方米，鸡舍 200 平方米。新建浸种池 400 平方米，满足了 30 余万斤水稻浸种需要。1973 年，建设生产用房 8504 平方米。

1977 年，投资 6 万元建设猪舍 2000 平方米；投资 3 万元用于水利工程建设；同年，修建拖拉机库 400 平方米、晒场 1000 平方米。

1992 年 5 月，为加快农、工、商、贸一体化发展，南阳湖农场决定投资 600 万元，新建 10 层综合服务大楼 1 座及配套服务设施。大楼总建筑面积 8000 平方米，办公及配套设施 3800 平方米。

2000 年，投资 56 万元建设农场四分厂水泥晒场 16780 平方米；投资 10 万元，新建机车库。

2002 年 10 月，承担农业灌溉（二期）项目开发建设，精心筹建，严格标准，2003 年 4 月顺利完成 PVC 硬塑料管埋设工程及配套设施建设，发挥节水灌溉示范效应。项目建设实际完成投资 59.2 万元，比计划增加投资 20.9 万元。其中，世行贷款投资 17.1 万元，省配套资金 2.3 万元，市财政配套资金 17.7 万元，农场自筹资金 22.1 万元。新打机井 4 眼，新盖库房 4 座，修复旧机井 26 眼，埋设 PVC 管 7000 米。

截至 2010 年 3 月，农场拥有砖混结构粮食仓库建筑面积 6115.39 平方米，工副业二级生产单位车间、厂房建筑面积 7499.97 平方米，3 处排灌站泵房建筑面积 1425.72 平方米，种猪场、畜牧养殖场、东北猪圈拥有标准化猪舍 2.32 万平方米。

二、生活办公设施

1956 年，建成砖木结构瓦房 690 平方米，为农场最早的职工宿舍。1957 年 9 月 30 日，因临时房屋倒塌，经山东省农业厅批准，建设职工宿舍 18 间（兼作农场办公室等用），建筑面积 380 平方米。1958—1960 年，相继新建职工宿舍 869 平方米，办公室 242 平方米，职工食堂 368 平方米，医务室 125 平方米，小学校 135 平方米，厕所 1 座。

1971 年初，农场仅有办公室 20 间、宿舍 20 间，不能满足工作生活需要。同年 4 月，申请新建 1400 米办公楼 1 座，总投资 5.6 万元。1971 年 4 月，修建容量 20 吨、高度 20 米的水塔 1 座，供应职工生活用水。

1972 年，投资 18.3 万元修建家属宿舍 400 平方米，新建伙房 3 处，面积 375 平方米；新建厕所 6 处，面积 630 平方米。1973 年建设生活用房 22193 平方米。

1980 年，投资 7 万元，建设职工宿舍楼 1000 平方米。1989 年新建职工澡堂、理发室，建设职工宿舍 1240 平方米。1990 年为解决职工住房问题，投资 20 万元新建职工宿舍 40 间。

1999 年，投资 60 万元新建职工食堂。2004 年 9 月，投资 2100 元，由农场建筑队对科研站房屋进行修缮。2001—2005 年投资 18 万元，建设职工住房 496 平方米，改善了职工住房条件。

2006 年，投资 41.7 万元装修农场办公大楼；投资 4.8 万元购置办公计算机 8 台。2007 年，投资 26 万元装修三个分场的办公楼，投资 13 万元维修公共设施 20 处，新建下水通道 480 米，改善了办公环境。

2008 年，采用农场统一规划、职工自建的办法，为农场 300 名无住房职工划出建设用地，新建住房 3.5 万平方米；投资 242.6 万元扩建了办公大楼，修建了总场东边界、四分场北、卫生所北等道路。自 1999 年 7 月启动危旧房改造工程，到 2008 年完成危旧房改造 45 户，建筑面积 1853.55 平方米。创新住房管理办法，由过去的场建公房统一分配，变为出售公房和无偿划分宅基地职工自筹资金建房相结合，到 2008 年累计新建住房 251 户，建筑面积 4.97 万平方米。

2008 年，南阳湖农场办公楼接建及配套工程开工，由山东圣大建设集团有限公司承建。2009 年投资 7.9 万元，购置空调 20 台，提升了办公条件。

截至 2010 年底，职工住宅建筑面积 17.95 万平方米，其中瓦房建筑面积 4.63 万平方米，平顶房建筑面积 5476.38 平方米，楼房建筑面积 12.77 万平方米；办公、服务用房建筑面积 2.07 万平方米，其中一层瓦房建筑面积 9659.72 平方米，一层平顶和二层、三层办公楼建筑面积 1.10 万平方米（表 2-1-1）。

表 2-1-1　12010 年南阳湖农场职工住宅情况统计表

场别	职工住户（户）	房屋建筑面积（平方米）			
		总面积	一层砖混瓦房	一层砖混平顶	二层以上砖混楼房
一分场	147	21015	4240	79	16696
二分场	96	15440	4044	151	11245
三分场	121	16336	5091	301	10944
四分场	157	28112	3930	32	24150
南鱼池	29	4292	2809	444	1039

随着兖矿集团 2 号、3 号井的开采，造成农场职工宿舍、办公用房不同程度开裂，必须进行搬迁安置。2011 年 1 月，在北湖生态新城征地 165 亩，其中置换职工住房建设用地 75 亩、新购建设用地 90 亩，实施城市和国有工矿棚户区改造项目建设，建设高层经济适用住房，规划建设总套数 1306 户，总建筑面积 10.45 万平方米，单户面积约 80 平方米。项目总投资 4716 万元，其中国家补贴 2089 万元，其余资金农场自筹。为加快农场搬迁进度，促进新址职工住房建设，经场长办公扩大会议研究，决定有偿收回农场职工住房。场建公有住房实行内部房改的，按照房改时实际出售价格原价收回，未进行房改的无偿收回。在场统一规划内的职工自建住房，参照以往回收办法，按照主体建筑、门窗、其他建筑物等补偿标准作价收回，超建部分不予补偿。2011 年 3 月，棚户区搬迁改造项目立项。

自 2011 年起，山东济宁南阳湖置业有限公司承担农场职工住房搬迁改造项目，实施水运雅居小区开发建设。小区位于济宁市太白湖新区的中东部老运河东侧，东、南、西三面环路，分别为新规划的英华路、知音路、农场路，北邻城市主干道京杭路，是进出市区的交通要道。2016 年 5 月交房，农场职工 1000 余户入住。小区总建筑面积 34.45 万平方米，建有 15 栋高层，其中 33 层 1 栋，30 层 5 栋，18 层 9 栋。配套设施齐全，拥有幼儿园 1 所，高级会所 1 栋，物业管理用房 1 处。投资 48 万元，在小区内建设 817 平方米高规格门球场 1 处、老年活动中心 1 处、车棚 4 处，完善了职工宿舍楼生活功能区建设，为职工高品质生活创造条件。2019 年，在小区建设车辆临时停车位 1200 平方米，配备室外充电桩，方便业主停车充电，消除了安全隐患。

三、供水设施

农场职工群众居住区分为 5 个区域,即一二三四分场及总场场部,居住区供水以自备水井为主。一二分场饮水井分别建于 1994 年、1995 年,三四分场和总场场部 3 座饮水井分别建于 2002 年、2003 年、2004 年。

农场生活用水管道铺设于 20 世纪 60—70 年代。1989 年接通四个分厂的自来水,建设水塔 2 座,1990 年投资 15 万元完成 50 吨水塔建设及自来水管配套改装。

2000 年,投资 2.5 万元新打吃水井 1 眼,解决农场四分场职工生活用水问题。2003 年,实施农场职工生活用水改造工程,解决职工吃水难、水质差问题。投资 43 万元新打吃水井 3 眼,改造供水管道 1.2 万米。2004 年,投资 37.83 万元打机井 5 眼,购买变频柜 5 件、潜水泵 5 台等。

2009 年,南阳湖农场投资 129 万元,对 2008 年度新建房屋的供水管道、公用通道及配套设施进行建设,免费为职工安装水表。

四、供气设施

(一)气源

2008 年 5 月,为解决种猪场污染、改善农场职工生活用气问题,在充分调研的基础上,南阳湖农场决定实施畜牧养殖场大型沼气工程示范项目,利用农场种猪场粪便及废水生产沼气。计划建设 1000 立方米沼气池 1 处,有机肥生产厂 1 处,发电厂 1 处。项目总投资 350 万元,其中省补助资金 100 万元,地方配套资金 20 万元,农场自筹 230 万元。项目建设时间为 1 年。项目建成后,年生产沼液 1.5 万吨,生产有机肥 2000 吨,发电 30 万度。2008 年 12 月项目启动。同年实施秸秆气化集中供气站项目。总投资 270 万元,新建气化、净化设施土建工程 1450 平方米,购置有关设备、仪器等,年产沼气 23.4 万立方米,实现产值 23.4 万元。

2009 年,南阳湖农场实施南阳湖农场大中型沼气建设项目,为国家第二批扩大内需项目。计划投资 383 万元,其中中央资金 100 万元,省级配套 75 万元,市级配套 25 万元,农场自筹 183 万元。项目初设及概算批复为总投资 377.03 万元,其中中央资金 100 万元,省级配套 25 万元,市级配套 75 万元,农场自筹 177.03 万元。经公开招标,项目招标价款 358.8 万元。建设 1000 立方米沼气工程,配备发酵罐 1000 立方米、储气柜 500

立方米，实施供气工程 300 户。2009 年 9 月开工建设，组建大型沼气管理站，2010 年 6 月项目竣工验收。截至 2011 年，农场 2 处沼气站每年处理猪粪 12000 立方米，秸秆 10 万余斤，生产沼液 10 万立方米，沼渣 100 余吨。

2014 年，南阳湖农场实施农场大型沼气工程项目。投资 1830 万元，其中亚洲开发银行贷款 150 万美元，农场自筹 945 万元。主要建设容量 1500 立方米 USR 厌氧罐 1 座及配套设施，容量 5000 立方米的湿式储气罐 1 处及阻火设施，330 千瓦沼气发电机组 1 台，400 立方米沼液储存池 1 座，2000 立方米站内沼液贮存池 1 座，蔬菜大棚 20 栋，养殖场粪便污水及沼液输送管道等。项目建设期 2 年，自 2015 年 1 月至 2016 年 12 月。

（二）供气

2009 年，南阳湖农场为提高农场职工生活质量，实施户户通沼气工程。以农场大型沼气站为气源，为全场 700 户职工家庭安装了沼气管网和灶具，2010 年春节前农场职工用上了清洁能源。

五、电力设施

1960 年，投资架设南阳湖农场至济宁 35 千伏输变电线路。1963 年 4 月，经省农业厅批准，开工建设 35 千伏、10 千伏线路变电所，当年 8 月建成投入使用。1966 年 5 月，利用企业盈利的 3 万元，改建变电所。

1971 年 11 月，建设兵团与济宁供电局协商，联合架设济宁至南阳湖变电所通道，签订联合协议，约定了双方权利责任。1972 年，购置变压器 3 台，改建、新建输电线路 10 公里。1994 年，投资 130 万元，对农场照明线路进行维修。截至 1994 年 12 月底，农场变电站能力达到 5700 千伏。

1997—1999 年，实施中低产田改造项目。投资 5 万元架设输电线路 2500 米。到 2000 年底，农场拥有变压器 16 台、总容量 2330 千伏，其中投运 14 台；架设高压线路 12 千米、高压线杆 120 个，低压线路 8 千米，用电家庭达到 1000 户。

2001 年 11 月，全省农垦系统国有农场纳入第二批农村电网改造工程。2002 年，农场开始实施农场电网改造，总投资 118 万元，新架设高压线 14.1 千米，电线由 22 平方毫米更换为 50 平方毫米；更换高压线杆 220 根、低压线杆 58 根，新增变压器 13 台；重新架设 35 平方毫米的低压线路 23.5 千米，更换高压瓷瓶 660 个、高压横担 220 个、低压横担 580 个。

2005 年，经与任城区电力公司协商，将农场供电线路与小北湖电力供电线路分设。

2007年，对洸府河堤农场段10千伏高压线路进行升高改造。2008年，农场二分场变压器由50千伏更换为160千伏。

2020年7月，山东济宁南阳湖农场有限公司辖区内2条10千伏高压线路5300米（其中石桥供电所主干线3300米双回路、农场公司208排灌站干线2000米单回路）、1条10千伏高压线路2000米单回路（农场公司408排灌站分支），受济宁二号、三号煤矿采煤塌陷影响，出现高压线路随高压线杆下沉、倾斜、塌入水中，造成电杆和线路均不符合国家电网10千伏高压线路的输电要求，极易发生人员触电或者断电事故。为保证济宁供电公司农场段10千伏高压线路安全，农场致函济宁二号、三号煤矿，要求按照《电力建设施工技术规范》标准，对农场段3条高压线路进行更新改造。

截至2020年，农场电力设施齐全，35千伏高压输电专用线直通场内，配备6300伏的变电站，能够满足农场生产、新上项目用电需要。

六、园林绿化设施

1999年，南阳湖农场投资6万元整顿场容场貌，对场部花园重新进行布局。2009年，实施整体形象工程，投资70余万元对办公区、生活区进行升级改造，由南阳湖农场园林绿化工程公司承建。依托该公司园林工程乙级、绿化工程资质及专业技术人才，对总场办公楼，二级单位办公区，职工生活区，场内主要道路两侧，沟路渠堤等全方位进行设计，制定绿化改造方案。在办公楼、生产经营单位等的周边栽植绿化草坪3.99万平方米，在道路两侧、沟路渠堤栽植绿化树木12万株，种植各种名贵花卉5800株，铺设地面砖2万余块，建造亭台楼阁、石桌凳60余处，基本达到环境美化、绿化标准要求，农场环境整洁有序，面貌焕然一新。

第三节　公共建设

一、道路

建场初期，农场地势低洼，每逢阴雨积水成泽，造成道路泥泞，严重影响交通和机械作业运行。1959年，农场决定修建从场部至黑土店的拖拉机干道，以解决场内交通和防止积水淹没农田问题。该路段总长3500米，路面宽8米，分为东西两部分。东部长2900米，平均修高1米，路基宽11米；西部长600米，平均修高1.3米，路基宽11.9米，共完成土方 3.11 万立方米。1964—1965 年，农场实施水利工程建设，同时对场界进行整修，在北、东、南三面修筑了围场大路，成为农场最早的边界道路。

由于农场地处济宁南郊，距离市区较远，出行不便，影响农场发展。为解决道路制约问题，1972 年 7 月，筹备修建兵团驻地至济宁公路。路基宽 6.5 米，沥青路面宽 5 米，全长 14.3 公里，总投资 17.5 万元。所需经费由本团解决 7.5 万元、师部解决 10 万元。

1975 年 5 月，经济宁地革委生产指挥部同意，利用本场年度更新改造基金留成部分，投资修建场内公路。

1976 年，济石公路（济宁—石桥）修建完成，柏油路面。其中 15 公里从农场穿过，成为农场通往市区的主要交通线。到 1988 年，该公路因年久失修、路面损坏严重，影响交通出行，职工群众反映强烈，引起郊区政府和交通部门关注，决定从 1989 年起，重修这条公路。分两期施工：第一期先修郊区化肥厂至洸府河桥西路段，由许庄乡政府牵头施工，农场分担修路资金 10 万元。第二期洸府河桥东头至石桥村路段，由郊区交通局负责施工，采取分段负责的办法。即石桥村至农场东场界路段，由石桥乡政府负责；农场东场界至洸府河桥东路段，由农场负责。1990 年郊区政府及有关部门对市区至石佛桥、场东界至石桥乡约 16 公里路面进行维修，穿过农场路段（洸府河东堤石佛桥至农场东场界），因农场资金问题搁置，长度约 7.5 公里。1991 年 3 月，农场向公路等部门请示，筹资 25 万元对柏油路面进行维修。在原有柏油路面上，增高灰土层 18 厘米，石子、沥青层 3 厘米，当年完成修路任务。

1994 年，南阳湖农场累计投资 35 万元，对农场主干道进行维修，铺设柏油路面。1997—2000 年，修建机耕路 5 公里。2003 年投资 3 万元，修建农场通往市区洸府河堤路段、水产养殖居民区道路 3 公里。

2006 年，因煤矿开采，造成农场外环路东北角的东路和北路部分塌陷。其中东路塌陷 1600 米，北路塌陷 1250 米。当年农场致函济宁二号煤矿，要求其对农场塌陷路段进行修复。

2007 年，修建济张公路南阳湖农场段道路。道路总长 6.6 公里，其中农场至黑土店道路长 3.4 公里，宽 6 米；农场至辛店北半部道路长 3.2 公里，宽 4.5 米。共投入资金 200 万元，其中农场自筹 120 万元，财政拨款 80 万元。2007 年 3 月开工建设，2007 年 6 月竣工。同年投资 190 万元，新建场区柏油路 2800 米，新建一至四分场混凝土路面 2600 米，解决了农场职工逢雨出行难问题。

2009 年，投资 20 万元修建场区生产路 10 公里。同时配合国家南四湖修复工程，投资 30 万元新修农场通往市区道路 2.3 公里，交通更加便捷。2011 年，投资 52.6 万元修建生产路 4 条。2012 年，投资 44 万元修建场区生产路 22 公里。

2016 年 11 月，南阳湖农场在采煤塌陷地复垦治理基础上，实施全场道路修复工程。先后修复济张公路农场段、一至四分场中心路、一二分场沿湖路、市民农园路、栈桥路、都市体验园生产路等重要路段，共完成投资 1000 余万元，修复道路总长度约 11 公里，均为水泥路面，厚度 20 厘米。

截至 2020 年底，农场区域内南北向建有农垦路，连接观光园南门和北门，成为农场境内的中轴线；东西向自北向南，依次建有小荷花路、石佛路、神农路、石桥路、知青路、农丰路、观光园路，其中石佛路连接观光园东门和西门。农场东邻东外环路、西邻火炬路，机场路从农场南部穿过，形成纵横交错、设施完备的道路交通网。既方便职工群众和园区游客出行，又促进农场各产业可持续发展。

二、桥梁

1956 年，南阳湖农场大搞农田水利建设，修建桥梁 6 座。1958 年，建造东石佛漫水桥。1966 年，建设二孔拖拉机石桥 2 座、穿路涵洞 6 座。1972 年，修建团部至济宁公路时，改建石佛桥 1 座、拖拉机桥 2 座。

三、公共交通设施

1989 年 8 月，开通南阳湖农场——济宁职工班车，为职工出行提供方便。2000 年投资 12 万元，更换职工班车。2005 年 10 月，为农场老年人办理客车乘车卡，凡户籍在农场且年龄在 60～69 岁的老年人，持卡乘农场大客车半价，70 岁以上老年人持卡乘车免费。

2008 年 2 月，农场租用济宁市公交公司车辆 2 辆，作为农场职工通勤车。每周一至周五早 7：20 分，由济宁东方大厦公交站点出发，途经汽车南站、电力公司、世纪联华等公交站点，至农场场部；职工及家属由农场乘车至济宁，早 7：50 分在农场办公楼前乘车，终点站为济宁公交公司；下午 4：00 农场通勤车自公交公司始发，途经联华、二处、火车站等公交站点至农场。下班职工于下午 4：30 分在办公楼前乘车至济宁，行车路线为农场—火炬路—红星东路—建设路—火车站。职工及家属乘坐农场通勤车一律免费。

2004 年 12 月经市交通警察支队同意，在济邹公路与火炬路交叉路口、市南外环路与火炬路交叉路口、济张公路与火炬路交叉路口 3 处已有交通设施牌上，标识南阳湖农场标志。

四、水利设施

（一）农田水利设施

1955 年 12 月，南阳湖农场水利工程经山东省人民委员会批准实施。工程总投资 50 万元，建设桥梁 6 座、涵管 29 座、节制阀 36 座、翻水涵洞 1 座、渠首联合建筑物 1 处、机器厂房 1 座、小虹吸管 20 道，完成土方 40.4 万立方米，计划 1956 年底前完成。由于工程技术设计核批较晚，1956 年降雨时间提前，1957 年又遇到百年未有的特大洪水，1956、1957 两年完成筑渠土方 7.05 万立方米，排沟土方 3.17 万立方米，垫场基土方 2.11 万立方米，渠首联合建筑物 1 处，机房 1 座。1957 年，基本完成北部干支渠道和建筑物。1958 年，共完成土方 25.82 万立方米，石方 4288 立方米，修建涵闸 27 座，基本完成设计的排灌工程计划。截至 1959 年底，共完成沟渠土方 40 万立方米，排灌渠首、机房、码头各 1 座，各种桥涵建筑等 253 处；先后安装 75 马力涡轮机 3 台、400 厘米水泵 3 台，修建大小涵洞 176 处，干渠 30 条。

1964—1965 年，省农业厅农场管理处从广北、渠佃湖、支脉沟、平原等农场抽调 1000 余名职工，在南阳湖农场组织水利大会战。挖沟 84 条、总长 105 千米，完成土方 1.2 万立方米，基本完成田间水利工程配套建设，实现涝能排、旱能灌，扩大了耕地面积，奠定了农业生产基础。

1966 年，建设二孔拖拉机石桥 2 座、渡槽 6 座、灌溉闸 15 座、支渠进水闸 2 座、穿路涵洞 6 座，完成土方工程 27.39 万立方米，清淤 8.3 万立方米。

1972 年，南阳湖农场修建涵洞 27 处、渡槽 15 处、节制闸 54 处，改建拖拉机桥 2 座，配备启闭机 20 处。

1980 年，维修 208 排灌站进水涵洞，改造灌水渡槽和闸门，同时对内排水沟进行清淤。投资 5.6 万元，安装 160 千瓦发电机组，解决了农田灌溉用电问题。

1985 年，南阳湖农场水利工程投资 9.92 万元。其中，排水系统 7.5 万元，干渠维护 2.42 万元。1986 年，投资 40 万元打井 107 眼，维修配套水利设施 50 余处，新建干渠完成土方 0.8 万立方米，挖沟清淤 4 万余平方米。

1988—1990 年，清淤挖沟 148 条，维修新建水利设施 110 余处，新挖 5 华里干渠 1 条，完成土方 16 万立方米。新打机井 110 眼，购置抽水机械 60 台套、大型喷灌机 1 台，总投资 89.7 万元。

1991 年春，南阳湖农场投资 13 万元，完成沟渠清淤 72 条，新建排灌建筑物 13 处，完成土方 2.8 万立方米，改善了农作物灌溉条件。同年 9 月，投资 35.36 万元打机井 42 眼，新修干渠 2500 平方米、完成土方 2 万立方米；维修干渠 280 平方米，翻修泵站引渠 2 处，修建干渠渡槽 12 座。

1993 年，南阳湖农场投资 19.5 万元，修建排水涵洞 5 座，修建灌水渡槽 5 座。1994 年，投资 22 万元改建、扩建排水站各 1 座，新增 70 轴流泵 2 台，维修桥涵 7 处，清淤干渠 20 条、22.1 千米，完成土方 2.36 万立方米，提高了排灌能力。

1999 年，投资 5 万元开挖疏浚沟渠 2100 米，完成土石方 8000 立方米，维修桥涵闸 3 处。2000 年，开挖农场周边排水沟，主要干道清淤，先后对 301—304 灌水渠及 207、304 排水沟进行清淤。

2003 年 8 月，大雨造成农场水利设施损坏严重。投资 35 万元修复路面 2500 米，桥涵闸 10 座，清淤 5000 米。

2006 年，南阳湖农场农业水利开支 60 万元，清淤排水沟 9000 米，修建排水涵洞 22 处，修建灌水渡槽 13 处。2007 年，投资 15 万元，利用冬季农闲时节对沟渠涵闸设施维修维护。新建涵管桥 6 座，维修涵洞 91 处，农田沟渠清淤 650 米，新挖沟渠 280 米，完成土石方 505 立方米。

2007 年冬，投资 15 万元，新建涵管桥 6 座，维修涵闸 91 处，农田沟渠清淤 6250 米，完成土石方 505 立方米。

2009 年，农田水利投资 95.5 万元，清淤排水沟 12000 米，修建排水涵洞、闸门 20 处，修建灌水渡槽 15 处。

2011 年 12 月，投资 86.7 万元用于沟路渠桥涵闸等基础设施建设；投资 12.3 万元用于疏通沟渠；投资 5.6 万元新建桥 2 处；投资 16.2 万元修建涵洞 8 处、闸门 10 处。

2012 年，南阳湖农场投资 63 万元，清淤排水沟 21000 米；投资 48 万元修建排水涵洞、闸门 32 处；投资 27 万元修建灌水渡槽 18 处。

（二）防洪除涝设施

农场地处低洼盆地，常年积水不断。1956 年建场后为稳定农业生产，必须采取排灌措施，及时排除积涝和保证农业用水。1956 年第一座排灌站建成使用，拥有排灌机械 5 台，总动力 335 马力。1958 年汛期到来后，全部稻田被水淹没，农场采用了筑堰围田抽水，抢救了稻苗。在秋种中采用分片、分段抽水的办法，使 2000 亩小麦及早播种。1959 年底，农场拥有 75 马力锅驼机 3 部，其设备排水能力为 5.0 立方米/秒，灌溉能力为 3.0 立方米/秒；附属抽水设备有汽油机 1 部、煤气抽水机 3 部。1966 年、1972 年相继建成第二、第三座排灌站。到 1972 年底，3 座排灌站拥有抽水动力机械 80 台套，正常气候条件下，基本能够满足农场排灌任务。1980年投资3703元，扩建408排灌站，安装70轴流泵2台，408排灌站能力由1.8立方米/秒提高到3.8立方米/秒。

1993年秋南阳湖农场发生洪涝，由于排灌站机电设备和涵洞年久失修、销毁严重，排水不及时造成农场近1万亩农作物绝产，直接经济损失达300余万元。1993年，投资19.5万元新建小型排灌站1座，安装70轴流泵2台，修建排水涵洞5座、灌水渡槽5座。

1995年6月，南阳湖农场投资20万元，对408排灌站设施进行维修改造。新增电机水泵2台，改造排水闸2处，更换湖堤涵洞大闸板，更新500千瓦变压器2台，加固排灌站湖堤护坡2处。

2000年后，随着国家南水北调工程的实施，南阳湖水位不断增高，湖水渗透造成农场地下水位上涨，加之周边乡镇客水的涌入，农场需要经常向外排水。为解决排水动力不足问题，2003年，农场决定投资135万元，建造排水站1处，新增排水动力1000千瓦；投资50万元对原有泵站进行改造，同时向市水利局报告，申请解决建设资金185万元。2004年6月，更新改造排灌设施，投资58.12万元维修电机12台、更换变压器3台，维修70轴流泵4台、50轴流泵4台，维修进水管100米，机坑清淤、护坡9800立方米，维修机座、供电线路，更换内外闸头及引闭机等。

2005年，投资96万元用于扩建308排灌站、309排灌站，其中财政拨款35万元，农场自筹61万元。维修电机12台，更换变压器3台、水泵8台、进水管1000米，机坑清淤护坡9800立方米，维修机房等。同年，为扩建动力为600～800千瓦专用排水站，向南四湖管理局申请，要求在洸府河堤设排水口。

2006年，南阳湖农场实施308排灌站、408排灌站改造工程，对50泵房进行改建，安装70轴流泵2台、80千瓦电机2台，替换原50轴流泵、55千米电机；改建进水池、出水池及泵室，完成土方700平方米；浆砌块石400平方米，占用堤脚100平方米。工程投资63.95万元，其中农场自筹40万元，财政资金23.95万元。截至2006年底，农场3座排灌站总装机容量20台套，总排水能力18.6立方米/秒，总动力1380千瓦。其中，208排灌站配备50轴流泵4台套，总排水能力2.4立方米/秒；308排灌站配备60轴流泵7台套，总排水能力8.4立方米/秒；408排灌站配备50轴流泵5台套、40轴流泵4台套，总排水能力7.8立方米/秒。

2008年，投资38万元对208排灌站、308排灌站、408排灌站进行维修改造。

2017年5月后，因受兖州煤业股份有限公司济宁三号煤矿采煤塌陷的影响，农场308排灌站已整体下沉1.3米（最终平均下沉3.1米），塌陷造成站房斑裂、管道断裂、设备损毁，不能发挥排涝作用，如不尽快重新建站，进入汛期后可能会造成农场及周边村庄6

万亩农田被淹，危及国家、集体和个人的生命财产安全。2018 年 11 月 27 日，市国资委副主任主持召开南阳湖农场有限公司因济宁三号煤矿采煤塌陷造成 308 排灌站沉降出现重大安全隐患防控专题会议，与会水利专家通过实地考察，就排灌站重建问题提出应急处置预案。针对采煤塌陷土地尚未稳沉的建站问题，经公司与济宁三号煤矿反复协商、专家组会议充分论证，一致同意改建 308 排灌站为钢构船体浮坞泵站。根据山东省淮河流域水利管理局规划设计院编制的《济宁南阳湖农场有限公司 308 排涝泵站改建（一期）工程初步设计报告》，工程总预算为 2121.14 万元。公司与出资方兖州煤业股份有限公司（济宁三号煤矿）多次协商，完善设计报告，对工程预算进行调整，形成《济宁南阳湖农场有限公司 308 排涝泵站改建（一期）工程初步设计概算专册》，项目总投资调整为 1930 万元，由兖州煤业股份有限公司投资。2019 年 7 月，经济宁孔子文化旅游集团有限公司批准，山东南阳湖农场有限责任公司启动 308 排涝泵站改建（一期）工程，2020 年建成运行。改建后，308 浮坞泵站占地面积约 9.3 亩，泵船长 35.2 米、宽 8.7 米，船及船屋净高 10.8 米，总排水量 7.1 米/秒，装配 110 千瓦电机、90 厘米管径水泵 5 组，与原 308 排灌站排灌能力相当。

截至 2020 年，农场共有排灌站 3 处，装机 710 千瓦，总动力 965.5 马力，能够满足农场防洪除涝需要。

第四节　通信仓储设施

一、通信设施

（一）办公电话

建场初期，通信设施为 20 门总机及 21 部话机。随着农场建设和发展，1965 年后原有通信设施已不能满足工作需要，新建的水稻所、机修连、造纸厂、子弟小学等单位无法安装电话。1972 年 6 月，经山东生产建设兵团批准，购买 50 门总机 1 部、电话机 10 部、30 对分线箱 1 个，费用 101 万元。

1991 年 10 月，与电话交换机配套的中继线由 2 条增加至 4 条。1995 年，更换程控电话交换机，总机达到 60 门。1996 年，农场对通信设施进行更新，购置容量为 280 门分级的程控电话交换机，程控电话可直拨全国各地并可开通国际线路。1994 年 3 月，根据供电部门通信线路不准与高压线同杆架设的要求，对农场 408 站电话线改路。

2000 年，扩大程控电话机容量，在 1999 年 132 门的基础上，新增加 56 户。到 2001

年，农场程控电话装机容量达到 300 余门。

2001—2005 年间，投资 8 万元改造更新通信线路。建立小灵通发射基站，解决农场通信线路老化、信号不畅问题。

（二）有线电视

1996 年 12 月，经市广播电视局同意，为农场 260 户职工安装有线电视。采用美国 PBI－300 接受设备，建设五星地面接收站 2 座，可接受中央一套、中央二套及山东、浙江、四川、新疆、云南、贵州等电视台节目，丰富了职工文化生活。

2005 年 6 月，经与济宁有线电视台协商，为农场住户重新安装有线电视信号系统，可接受 30 余个电视台信号。对初装住户，农场每户补贴 100 元。

二、仓储设施

1961 年，南阳湖农场投资 1.89 万元，建设种子库 324 平方米，为农场最早的仓储设施。1972 年，建设物料库 400 平方米，农具库 300 平方米。1977 年修建拖拉机库 400 平方米、晒场 1000 平方米。2000 年，投资 56 万元，建设农场四分厂水泥晒场 1.68 万平方米；投资 10 万元新建机车库；投资 2 万元购买种子精选机。到 2004 年农场共有仓库 77 间、仓容面积 2699 平方米，晒场 1.59 万平方米。

2006 年，南阳湖农场投资 57 万元新建良种仓库 1 座，增加仓容面积 700 平方米，改变了良种仓容不足、储存管理不利局面；购置种子输送机 3 台，加快了良种入库进度。

截至 2020 年，农场拥有仓库 35 个，仓容面积 1386.24 平方米；水泥晒场 3.5 万平方米，土晒场近 5000 平方米。

第三章　第一产业

第一节　农业综合

1956 年建场时，农场土地为一片不能种植作物的涝洼草地，经过初步治理，开始在地势较高处种植一季农作物，产量低而不稳。1958 年，农场坚持边建设边生产，修建水利设施，粮食生产由 1957 年的 29 万斤提高到 1959 年的 130 万斤。

1964 年开始大面积综合治理，按照有利于排灌、有利于机械作业、有利于造林绿化的原则，实行路、渠、田、林整体规划，全面治理，初步形成路成线、地成方、林成网的格局。当年种植农作物 2 万余亩，平均亩产 425 斤，总产量 850 万斤。1965 年种植农作物 1.4 万亩，平均亩产 428.5 斤，总产量 600 万斤，总产值 60 万元。其中水稻 1 万亩，平均亩产 550 斤，总产量 550 万斤，总产值 55 万元；小麦 4000 亩，平均亩产 125 斤，总产量 50 万斤，总产值 5 万元。

1966—1969 年，农场部分职工参加"文化大革命"武装斗争，长期驻在济宁 200 余人，最多时 500 余人。1968 年 8 月全部停产，时间长达 40 余天。其间，农业生产受到较大影响，农业产值、利润明显下降。1966 年实现产值 1032 万元，实现利润 8.67 万元。1967 年实现产值 641 万元，亏损 29.38 万元。1968 年实现产值 739.9 万元，亏损 81.21 万元。1969 年实现产值 609 万元，亏损 39.77 万元。

1970—1975 年为生产建设兵团时期，农场实行军事化管理，农作物种植以小麦、水稻为主，平均亩产 300～350 斤。1972 年，种植小麦 9855 亩，平均亩产 376 斤，总产量 370.55 万斤；种植水稻 1.19 万亩，平均亩产 327 斤，总产量 389.13 万斤；同时套种绿肥 3463 亩，以改善土地肥力。1973 年，农作物播种面积 2.93 万亩，其中粮食作物 2.31 万亩，总产量 1285.2 万斤；绿肥作物 6214 亩，总产量 1.89 万斤，农业总产值达到 173.47 万元。

1976—1980 年，恢复农场建制后，以种植小麦、水稻、大豆为主，种植结构根据情况适时调整。1977 年，农作物种植面积达 2.34 万亩，平均亩产 710 斤，粮食总产量达到 163.8 万斤。1978 年，农业收入 199.8 万元，生产成本 182.7 万元，实现利润 17.1 万元。

1979 年，主要农作物为小麦、水稻，总产量达到 884.5 万斤。1980 年，粮食总产量 792 万斤，平均亩产 549.5 斤。

1981—1985 年，通过引进新品种，农作物单产有所提高。1982 年，种植小麦 1.41 万亩，平均亩产 375.4 斤，总产量 529 万斤；种植水稻 3098 亩，平均亩产 525.16 斤，总产量 162.69 万斤；种植大豆 3945 亩，平均亩产 102.9 斤，总产量 40.59 万斤；种植绿豆 1500 亩，平均亩产 80 斤，总产量 12 万斤。

1985 年后，南阳湖农场实行家庭农场承包责任制，职工有了生产自主权，农作物种植结构随之发生变化。在种植小麦、水稻、大豆等传统作物的同时，开始种植棉花、红麻、玉米、高粱、红薯、茅芋头等作物。在遭受水害的情况下，产量、效益也好于往年。1985 年，农作物种植面积 1.38 万亩，粮食总产量 361.38 万斤。其中，小麦 1.35 万亩，平均亩产 302 斤，总产量 407.7 万斤；大豆 1.08 万亩，平均亩产 161.1 斤，总产量 173.99 万斤，创历史最好水平；水稻 2805 米，平均亩产 667.5 斤，总产量 187.24 万斤，为 1974 年以来最好年份；其他 7 种作物种植 247.5 亩。其中，棉花 34 亩，亩产皮棉 160 斤，亩产值 266.5 元；红薯 48 亩，亩产 2917 斤，亩产值 116.86 元；玉米 19 亩，亩产 736.8 斤，亩产值 88.4 元；高粱 6 亩，亩产 150 斤，亩产秸秆 1250 斤，亩产值 116 元；红麻 86.6 亩，亩产 250 斤，亩产值 120 元；大田旱藕 48 亩，亩产 2500 斤，亩产值 625 元；茅芋头 6 亩，亩产 3000 斤，亩产值 600 元。1986 年工农业总产值为 402.4 万元，利润 18.9 万元。其中农业产值 265.4 万元，利润 14.9 万元。

1987 年后，南阳湖农场深化农垦经济体制改革，巩固完善场长负责制和经营承包责任制；调整农业内部结构，更加重视粮食生产。1987—1989 年，在遭受严重自然灾害情况下，粮食生产仍取得较好收成，连续三年总产超过 1000 万斤，全场的产值、利润三年迈出三大步。1987 年工农业总产值为 376 万元，利润 61 万元。到 1989 年产值达到 527 万元；利润 180 万元，成为全省农垦系统盈利最多的企业。1989 年全年交售给国家商品粮食 800 万斤、肉类 27 吨，向河南、安徽、江苏、河北、江西等省内外提供良种 110 多万斤，向社会提供西瓜 450 万斤、大白菜 250 万斤、大葱 40 万斤、鸡蛋 6.5 万斤、鸭蛋 13 万斤、松花蛋 70 万枚、鱼 12.5 万斤。在 1990 年全省农垦工作会议上，荣获省农垦系统先进企业一等奖。"七五"期间，平均每年实现产值 1000 万元，实现利税 105 万元，年产粮食 1320 余万斤。

1991 年后，调整农作物种植结构，压缩粮食作物扩大经济作物种植。小麦年种植面积由 1.4 万亩压缩至 1.2 万亩，水稻年种植面积由 2000 亩压缩至 1000 亩，大豆年种植面积保持在 700 亩，西瓜年种植面积由 460 亩增加至 1200 亩，绿豆年种植面积由 2500 亩增加至 7000 亩。1992 年农业总产值 810 万元，比 1991 年增长 13%。

1995 年后，深化内部改革，完善承包责任制，调整产业结构，粮食产量保持较高水平。1996 年，南阳湖农场被农业部确定为"九五"种子生产加工基地。1999 年，小麦亩产平均达到 480 斤，总产量达到 70.56 万斤；大豆亩产平均 225 斤，水稻平均亩产 550斤，全年粮食总产量达到 1067.9 万斤，创建场来最高水平。1999 年被济宁市人民政府确定为"济宁市农作物良种繁育基地"。2000 年，实现农业产值 1799 万元，粮豆总产量达到 1815 万斤。其中小麦 975 万斤，水稻 360 万斤，大豆 480 万斤。2001 年，粮豆总产量1735.8 万斤，其中小麦 1046 万斤、大豆 412.8 万斤、水稻 273 万斤，实现农业产值 1700万元。

2006 年，农场制定产业结构调整实施方案，将每个分场划分为良种田和经济田进行区域化种植。每名农场职工可承包良种田 20 亩，按照农作物"七统一"实施细则，种植小麦良种。每名农场职工可承包经济田 8～10 亩，种植苗木、大蒜、果树等经济作物。2007 年实现农业总产值 2000 万元，实现利润 100 万元，粮豆总产量 1500 万斤。

2008 年，调整种植结构，在三、四分场中心路以西种植水稻良种，参照小麦种子产业化经营模式，鼓励职工种植繁育水稻种子，由农场统一收购，按照高于商品粮 10% 的价格收购。

2014 年后，南阳湖农场瞄准休闲观光，挖掘农业景观和体验功能，延长农业产业链条。利用三、四分场复垦后形成的 3000 亩大水面资源，实施湖上公园建设开发项目，开挖中水水库西堤两处，投资 600 余万元建成休闲餐饮垂钓船只 104 艘。市民农园引种秋葵、紫薯等蔬菜新品种 4 个，完成认租单元 1200 份，全年游客量突破 12 万人次，创造旅游收入 1100 余万元。截至 2014 年底，种猪场、畜牧养殖有限公司销售无公害仔猪、生猪1.9 万余头，创造销售收入 2500 余万元；畜牧观光园在做好百日鸡、芦花鸡、青山羊等动物散养的同时，在原设施蔬菜基地和一分场池塘新增散养鹅 6000 只，全年实现销售林下散养羊 400 余只、鸡鹅 7 万余只、禽蛋 50 万余枚，销售收入 200 余万元。

第二节　农业产业化

自南阳湖农场建场起，一直以种植粮食为主，大部分粮食国家统购统销，少部分进入市场销售。改革开放后，农场的农业产业化逐渐发展壮大，大致经历了三个发展阶段：

第一阶段，初步发展阶段。20 世纪 80 年代初，成立南阳湖农工商总公司，实行农林牧副渔全面发展、农工商综合经营，促进了商品经济发展。但集体承包责任制效益差，没有表现出应有优势。农场发展一直没有大的起色，农业产业化受到很大制约。1987年后，农场搞集约化经营，为发展农业产业化，尝试种植西瓜、甜叶菊、棉花等经济作物。因产量小，无法形成规模，所以产业化优势不明显，最后放弃种植。从建场开始，农场一直是商品粮产区，只有小面积的小麦良种繁育，由于重视不够，生产量少，销量不大。1996年后，农场成立种子公司，承包给部分职工经营。种子公司联系种粮大户繁育小麦良种，农场的小麦良种生产才开始起步。

第二阶段，发展壮大阶段。1998年，农场争取到国家"九五"种子工程项目，获得40万元无息贷款，引进丹麦国际先进良种加工成套设备，建设高标准种子仓库，达到年加工精选种子800万公斤以上规模。成立南阳湖农场良种中心，下设农业科、销售一科、销售二科、种子加工厂等单位，共有职工20余人。农场规定，家庭农场所有承包农田秋季不得种植粮食，全部用于繁育小麦良种，所产小麦良种全部上缴到农业良种中心。为保证良种繁育的规范化、标准化，实行"七统一"配套政策。即统一品种布局，统一供应良（原）种，统一技术指导，统一质量检验，统一组织入库，统一对外销售，统一进行核算。为保证种子工程项目的进行，农场制定《农作物良种发展意见》，并与全场350户农业职工签订土地承包合同和良种繁育合同，明确权利和义务。良种中心负责考察引进小麦良种并进行良种布局，充分发挥农场耕地面积大、地块连片、机械化程度高、组织严密的优势。4个农业分场共种植10余个品种，由良种中心统一供应良种，先把麦种赊销给职工，农业科和仓库分发小麦良种，农业科指导家庭农场进行种植。小麦抽穗后，良种中心组织田间质量检查团统一检查小麦选种质量，划分质量等级。收获季节，农业科和其他科室人员组成质量检查团，机务科组成收割机械检查团，严防品种混杂。种子加工厂收购职工上缴的麦种，负责加工麦种。良种中心和场审计科等单位联合考察粮食和麦种市场价格，确定各品种销售底价，分配任务给两个销售科，制定激励措施，实施按销售数量提取工资和费用的管理办法，以此调动销售人员积极性。种子销售后，场财务科统一核算，总利润50％留总场作为发展基金和风险基金，50％留给良种中心作为奖金，农场良种中心和职工形成合理有效利益联结机制。公司和个人成为利益共享、风险共担经济共同体，形成双方共赢局面，构筑起种、工、销一体化，产、供、销一条龙产业化结构。不仅降低市场风险，减少销售成本，增加职工收入，而且农场良种中心获得稳定原料来源和良好经济效益，从而为产业化经营注入强大内在动力。良种生产基本做到布局区域化、生产专业化、管理科学化、产业规模化、运行机制市场化。"南阳湖"牌种子靠优良的质量赢得信誉，市场、效益、影响力进一步扩大，得到农民朋友认可和青睐，产品供不应求，种子远销江苏、安徽、河南等地，年均生产销售小麦良种600万公斤，增加收入200余万元。职工因加价销售良种可直接增加经济效益 100 多万元，每名职工从良种生产中获得收益 3000 余元。良种中心作为龙头企业，农场作为生产基地，总场发挥经济组织协调作用，把承包职工纳入经营链条，实现龙头企业与承包职工互补。加强龙头企业、基地、农户联系，完善合同和制度建设，加快农业产业化进程。农场与职工签订土地承包合同和良种繁育合同，制定出台了《农业承包责任制实施方案》《农作物良种发展意见》《农作物良种发展"七统一"实施细则》《机收管理规定》《种子加工质量要求及管理办法》等规章制度，确保农作物良种的规范化、制度化、科学化。

第三阶段，快速发展阶段。2003 年，参照"七统一"模式，总场成立园林苗木公司，全面负责园林花卉的品种引进、区域布局、技术服务、订单销售以及对外园林绿化工程的规划、设计与施工。职工每人承包 10 亩经济田，进行区域化、规模化、专业化种植，主要发展市场前景好、经济效益高的绿化苗木和果树苗木，共发展苗木花卉 4000 亩并取得成功。2005 年 1 月，南阳湖农场被认定为济宁市第三批农业产业化重点龙头企业。2008 年后，南阳湖农场开始发展休闲观光农业，专门聘请南京农业大学规划设计院的有关专家，制定规划方案，通过争取上级扶持、招商引资等多种融资渠道，建成占地 500 亩的农业生态观光园。园内绿树成荫、微风习习，置身其中感受清新自然的大自然风光，分别设立餐饮、垂钓、摸鱼、游泳、休闲等活动区域。在观光园南邻建立济宁市第一家市民农园，占地 260 亩，开展"开心农场、一分菜地认领"活动，全部高价出租出去。在观光园东邻建立设施蔬菜基地 300 亩，60 个冬暖式大棚和 20 个有机韭菜拱棚全部承包给职工，种植适宜采摘的蔬菜和水果。围绕"摘果蔬、赛技能、游农园、赏美景"这一主题，精心组织开展了中学生蔬菜采摘比赛、游客家庭采摘比赛、儿童采摘草莓比赛、职工蔬菜采摘加工比赛、有奖知识问答、文娱表演等多种特色活动，进一步拓展农业功能，推动农产品销售，创造良好社会效益、生态效益和经济收益。

2010 年后，针对农场以农为主、工业"短腿"、企业综合效益不高的情况，为充分利用农副产品资源丰富的有利条件，农场多渠道筹措资金，兴办扩大面粉厂、秸秆厂、饲料加工厂，养猪场等生产规模单位，以此延长产业链条，实现产品的多次转化增值。农场在蔬菜生产中采用标准化的种植模式，成功申报了番茄、黄瓜、辣椒、西葫芦的绿色认证。在济宁市区新建专卖店 16 处，专门销售农场生产的农副产品，努力培植南阳湖农场品牌，进一步开拓市场。农场生产的面粉、猪肉、蔬菜、松花蛋、咸鸭蛋等食品在济宁享有盛誉。通过两个延伸（一头向基地、农户延伸，一头向市场延伸），延长食品供应链，增加流通和销售利润。2010 年 6 月，升级为省级农业产业化重点龙头企业。2014 年按照农业部农垦局"联合联盟联营"和"国际大粮商"工作思路，参加农业部农业科技发展中心组织的"种业联盟"和市农委组织的全市统一供种行动,实现全市统一供种面积达9万亩,全年加工销售优质小麦良种356万公斤,销售收入1300余万元。

截至2020年,农场形成农作物良种繁育、设施农业、观光农业、生态养殖、园林园艺、农产品加工六大主导产业,形成"产加销一条龙、贸工农一体化"的全产业链营销模式,实现生产、加工、销售有机结合和相互促进,有力推动农场经济的稳步发展。

第三节 农业综合开发

自20世纪90年代起,农场历届领导班子高度重视农业综合开发工作,在观光休闲农业、中低产田改造、良种培育、喷灌设施建设、农业科技推广等方面实现突破。

一、观光休闲农业

2008年后,农场致力于发展现代农业,打造生态农场,着手发展观光休闲农业。邀请南京农业大学专家编制了《2008—2020年南阳湖农场休闲农业总体规划和先行区发展规划》,重点实施休闲农业先行区(观光农园)的开发建设。2009年4月,农场组建生态农业观光区筹备处。2010年4月,成立农业观光园建设指挥部。截至2010年底,累计投入资金1200余万元,开挖园区河道6000米,建设完善园区水系工程,硬化干道、步道、生产道800万米,铺设路面彩砖2万平方米,栽植法桐、白蜡、雪松、柳树等绿化树木40余个品种、近4万株,修建北大门(牌坊门)和西大门、大型超市、农家院、垂钓园、擎天一柱石、拱形桥、绿色采摘长廊、二十四孝雕塑、毛泽东塑像、人造沙滩、露天浴场、市民农园、儿童游乐场等20余处观赏与服务景点,设置了景区路标、指示牌100余个。2010年初,申报国家现代农业示范区。2011年,农场投资1200万元新建盆景园、木栈道、水生花园、美食园、游船码头、乡土文化馆、小木屋、观景亭、葡萄园、室内游泳馆、茶吧、水球运动场等15处旅游景点,其中国家建设扶持资金200万元,市财政资金200万元,农场自筹建设资金800万元。2012年6月,农场申报全国休闲农业与乡村旅游示范点。

2014年,实施湖上公园建设开发项目,开挖中水水库西堤2处,投资600余万元,建成休闲垂钓船只104艘。在2014年完成136艘水泥船建造的基础上,2015年,投资近600万元,开展船上房屋(餐饮、住宿)建造工作,建成船上房屋29排,其中6米×15米规格的20排、6米×10米规格的9排。同时开展一二分场湖上公园建设开发工作,委托青岛德嘉颐地市政景观有限公司完成工程设计。市民农园不断引进蔬菜新品种，提升服务质量，完成认租单元 1000 余份。受采煤塌陷影响，市民农园对外出租业务逐步退出。为保障后续发展能力，2015 年，在皇冠婚纱摄影基地北部复垦田内，投资 120 万元新建高标准市民农园 120 亩。农园观光园积极开展黄金梨、南水梨采摘和对外垂钓等经营活动，农业休闲内容不断丰富。同年投资 300 万元，完成都市农业体验园基础配套工程建设。铺设彩砖道路 5 条，其中南北向 2 条、东西向 3 条，共计 1.03 万平方米。架设花架长廊 2000 米，在智能温室内安装轨道移动式喷灌系统 2 套。2016 年，投资 1000 余万元，开展船上房屋（餐饮、住宿）建造工作，新建住宿船 13 排，供水主管道、沼气管道铺设至湖西堤，并进行船上房屋排污试验；同时与济宁五彩万象城合作成立济宁南阳湖游乐有限公司，共同投资 50 余万元，在湖面东北部边沿建成 75 米×27 米停靠码头 1 处。

2017 年，在顺利完成三四分场湖上公园主题工程建设的基础上，投资 600 余万元，先后实施水、电、气、排污等基础配套工程，全场旅游观光区新增规模近 3000 亩。2018 年，完成 1 艘大型餐饮船和 5 艘小型餐饮船装修，装修面积 1500 平方米；船上房屋钢丝绳和皮靠更换为不锈钢钢丝绳，购置救生圈、救生衣等救助防护设施，并制作安全标示牌。

截至 2020 年，生态农业观光区占地面积 1530 亩，形成采摘体验、观赏餐饮、休闲健身三大功能区域，包含农家院、采摘园、市民农园、垂钓园、绿色长廊、人造沙滩、林下放养等 40 多个景点，日接待游客能力 1000 人，可提供 180 个住宿床位、60 桌 600 人的餐位，是广大游客休闲观光的理想去处。观光农园基础设施配套，服务功能完善。建有一级干道 3 条、二级干道 5 条，长达 6000 米休闲区环绕湖路 1 条，长达 500 米绿色长廊 1 条，生产用道、步道 30 处，超市 4 处，农家院 16 处，科普教育基地 1 座，古式亭台楼阁及景观函桥 22 处，绿化带 4 处，100 车位的森林停车场 1 处，厕所 8 处，卫生室 1 处，值班保卫室 1 处，沿途安装 LED 路灯 1200 盏，在各个景点和道路分流处醒目位置设置路标、说明牌。采摘体验区主要包括市民农园、水生花园、烧烤美食园、四季采摘果园、接待中心、乡土文化馆、展销中心、儿童游乐场、二十四孝雕塑、停车场等，为游客提供了一个采摘和农事体验的良好场所，方便儿童认知和亲近动物。观赏餐饮区内设有儿童摸鱼池、鹅岛、采菱湾、养殖鱼池、果文化展示厅、设施瓜果园、观赏果园、荷花池，是游客观赏休闲、放松身心的理想场所。休闲健身区包括水球运动区、室内游泳馆、人造沙滩、露天浴场、银杏林、茶吧、管理中心等。农场加大基础设施建设，不断完善服务功能，努力创办富有浓郁乡村特色的现代农业观光园，绣出精彩纷呈的农业旅游美图，实现年接待游客 18 万人次、创收 2200 万元，创造了较好经济收益。

自 2008 年起，按照《2008—2020 年南阳湖农场休闲农业总体规划和先行区发展规划》，将占地 2 万亩的南阳湖农场全部开发成为观光休闲农业区，构建农事休闲区、服务与管理区、会议与培训区、果林疗养区、大田观光区、生活住宅区六大功能区，使南阳湖农场真正成为全国知名的假日农场。先后成功举办"全国农垦企业科学发展场长论坛""全省农垦工作经验交流会"等重要活动。农场先后评为"山东省休闲农业精品区""全国休闲农业和乡村旅游四星级园区""全国休闲渔业示范基地"。

二、中低产田改造

1997 年，农场实施中低产田改造项目，2000 年改造项目顺利完成。1997—2000 年，农业综合开发项目区完成投资 193 万元，累计打机井 40 眼，购置奥地利 75—250PX 型卷盘式喷灌机 2 台，架设输电线路 2500 米，修建机耕路 5 公里，改造治理中低产田 5000 亩。改造后的中低产田亩增产 160 斤以上，新增产量 80 万公斤。土地承包职工纯收入，由 1996 年的 4300 元增加至 1999 年的 6800 元。营建防护林 600 亩，项目区林木覆盖率，由开发前的 2.3% 提高到 4%。通过改造基本形成以条田为核心，沟渠路桥涵闸相配套，农田林网点、片、网结合的防护林体系。

2004 年 4 月，农场实施 2004 年度农业综合开发土地治理项目。计划投资 222 万元，在农场三分场和二分场中心路东部，改造中低产田 7000 亩。项目完成后，年新增粮食 78.45 万公斤，年净增效益 86.6 万元。2004 年，投资 226.79 万元新打机井 140 眼（含 95 座机井房），架设输变电线路 3000 米，开挖疏浚渠道 1 万米，建设桥涵闸 55 座，购置输送机 3 套，铺设机耕路 4500 米，营造防护林 400 亩，农业技术培训 400 人次，购置设备仪器 3 台，示范推广优质小麦良种 300 亩。为确保项目顺利实施，农场成立以场长为组长，分管农业副场长、总会计师为副组长，项目办、监察科、农业科、建筑队参与的项目建设工作小组，全面负责项目的组织实施。严把工程招标关，对项目水利土建等工程，严格执行招标程序，规范运作，其中桥涵闸、机耕路等重点工程建设，由中标单位济宁市诚信建筑工程有限公司、农场建筑队分别承建，签订工程施工合同书。严格工程质量建设，质量监督小组实施全过程监督，凡不符合设计质量标准的一概返工重建，保证项目工程质量。严格项目资金管理，对项目建设资金，做到专户、专账、专人管理，根据资金分配使用计划分批分期使用。严格项目整档手续，项目有关文件、工程实施方案、招标材料、建设工程合同等专人专管，及时归档。2005 年 5 月，2004 年度农业综合开发土地治理项目通过市农业综合开发办公室验收。

三、良种培育

1963年后，农场开始启动良种繁育工作，对种植表现较好的碧蚂4号、黄县大粒丰芒、泗水38等小麦品种，银坊、早白梗、农垦39等水稻品种，春玑子大麦、牛毛黄大豆等品种进行穗选和试验，确定适合湖区生长、产量稳定的品种。在二队建立种子队，设专职技术员，负责三级良种繁育工作，原种地用种必须经过穗选、粒选，繁殖种子须达到一级或二级良种标准，在试验种植的基础上再进行大面积推广。繁育良种单打单收、分级保管，严格执行国营农场良种繁育制度。

1970—1980年，依托科研站、水稻研究所等部门，专业进行农作物良种的引进、繁育和推广。1979年夏收后，从收获小麦中选留麦种50万斤。其中泰山1号25万斤，百泉（71—41）10万斤，济宁3号5万斤，早红18号5万斤，新红头5万斤。

1986—1990年，作为济宁粮食作物种子基地，南阳湖农场重点进行种子基地建设，老品种提纯复壮，新产品引进繁育推广。小麦、大豆、水稻等主要作物全部实现良种化，除满足本场需要外，5年累计向社会提供良种536万斤。其中，小麦300万斤、大豆200万斤、绿豆35万斤、水稻1万斤，盈利51万元。1988年，销售良种100.46万斤，盈利11.9万元。

1995年后，贯彻落实党中央"以经济建设为中心"方针政策，抓住国家实施"九五"种子工程契机，依托农场优势，调整产业和种植结构，发展优质高效农业，实现良种生产、加工、推广和销售一体化，打造济宁市乃至鲁西南地区良种繁育基地和加工销售中心。1996年6月，制订《南阳湖农场"九五"种子工程加工项目可行性研究报告》。1997年10月，农业部《关于1997年农业基本建设种子工程贴息贷款项目计划的通知》下发后，农场高度重视，组织召开党委扩大会，专题研究种子工程实施问题。为确保项目顺利实施，成立由分管副厂长牵头的专门领导班子，开始项目筹建和实施工作。当年11月，选派3名种子项目技术人员，参加农业部在青岛举办的种子工程加工机械培训班。1997年底至1998年初，组成由场领导和项目负责人参加的考察小组，先后赴青岛、济南、滕州、江苏兴化、东辛农场等地，参观考察良种加工设备及工艺流程等，为设备选型和土建设计奠定了基础。1998年4月，农场与中国山东国际经济技术合作公司签订设备采购委托合同，与青岛市东方种子加工机械服务中心签订种子加工成套设备设计、安装、调试及服务合同。聘请省种子管理站领导和专家来场现场指导，确定在农场水泥厂建设种子加工生产线，由青岛市东方种子加工机械服务中心进行工艺设计，济宁建筑设计研究院进行土建设计，济宁市新技术实验建筑公司承建。1998年被济宁市政府批准为"农作物良种繁育基地"。

1998年5月，承担农业部"九五"种子工程（第一期）项目。根据农业部项目建设计划，项目计划投资778.65万元，其中计划贴息贷款550万元，农场自筹228.65万元。1998年6月，投资400万元，拆除农场水泥厂设备、厂房，改建种子加工厂。建筑面积2601平方米，其中生产车间38平方米，仓库495平方米，附属建筑物1722平方米。1999年，从丹麦引进国际先进种子加工生产线1条及小型加工设备4台（套），当年6月投产，形成日加工精选小麦种子20万斤生产规模，当年加工包衣良种540万斤。1999年6月，农场被山东省人民政府确定为"济宁市农业良种繁育基地"。

为推进农作物种子引、繁、加、销产业化进程，成立了南阳湖农场良种中心，负责农作物优良品种的考察、培育、引进、试验、示范、生产、加工、销售。加快经营体制改革。引入有效竞争机制，在良种中心内部打破档案工资制，采取销售提成办法，调动营销人员开拓市场积极性，推行育繁销一体化运行模式。与全场380户农业职工（家庭农场）签订耕地承包经营责任书，推行"两费"（生产、生活）自理和"四到户"（土地、责任、核算、盈亏）的管理办法，在保证良种工程项目顺利实施的同时，农场职工收入明显增加。1999年，销售良种542.2万斤，职工家庭农场亩增加收入35元，户均收入1.5万元。

在加快科研站基础设施改造和建设同时，南阳湖农场聘请良种专家来场指导，加快农作物新品种选育进程。与山东农业大学、省农业科学院、市农业科学研究所等高等院校及科研单位，建立科技联系，相继引进鲁麦15、鲁麦22、鲁麦23，济南16、济南17、济南18、936098、济宁12、穗千1号、陕229、PH85-16等小麦新品种13个进行繁育。在良种繁育上，实行"七统一"良种培育管理办法，即统一布局、统一供种、统一技术指导、统一验质、统一入库、统一销售、统一结算，保证良种培育的规范化、标准化。良种中心严格按照《种子法》规定和要求，进行经营和管理，严把质量关，不合格种子决不出库。种子出现质量问题，逐级追究有关部门及人员责任。按照农业部农垦局"联合联盟联营"和"国际大粮商"工作思路，参加农业部农业科技发展中心组织的"种业联盟"行动和市农委组织的全市统一供种活动，重点推广济麦20、烟农19、淄麦12等新品种，积极推动良种更新换代。

2004年2月项目建成，向省农垦局申请项目验收。项目实际完成投资630.5万元，完成计划投资的80.97%，其中贴现贷款400万元，比计划减少150万元，农场自筹230.5万元，比计划增加1.85万元。建筑工程总投资278万元，其中建设厂房投资199万元，建设晒场1.975万平方米、投资79万元，购置设备投资131万元，安装调试77万元，项目开办费24.6万元，铺底流动资金120万元。2004年，农场向社会提供良种610

万公斤，其中麦种 500 万公斤，大豆种 100 万公斤，水稻种 10 万公斤，全部经过精选加工，精选加工率达 100％；其中包衣种子 30 万公斤，实现全市统一供种面积达 9 万亩。截至 2004 年底，累计销售小麦良种 2437.9 万公斤，累计实现销售收入 3258 万元，比出售商品粮多创收 749 万元、创利税 860 万元，创造了良好经济效益和社会效益。

2006 年，农场拥有农业技术人才 40 余人，其中高级农艺师 3 人，中级农艺师 8 人，生产检验员 3 人，加工技术人员 2 人，专业仓储管理人员 2 人，种子仓库 77 间，仓容面积 2699 平方米，晒场面积 1.59 万平方米，为良种培育发展提供强大技术、设施支撑。2006—2007 年，小麦良种培育了良星 99、潍麦 8 号、矮抗 58、临麦 2 号等优质小麦品种，推广适当晚播、精量播种、化学除草、节水灌溉等先进适用技术。2007 年，加工销售小麦良（原）种 458 万公斤。

2009 年 1 月，成立南阳湖农场种子有限公司，加快种子基地建设。制订出台《南阳湖农场良种加工销售运行机制及管理办法》，调动营销人员积极性。2009 年，加工销售农作物良（原）种 300 万公斤，实现销售收入 859 万元。2010 年，示范推广小麦新品种并实行标准化生产。全年加工销售良星 66、良星 99、济麦 22 等优质小麦良种 200 余万公斤，实现销售收入 500 余万元。

2014 年 3 月，成功注册"南阳湖"牌种子商标，提高"南阳湖牌"种子市场占有率，产品远销安徽、江苏、河南及山东各地，年生产销售小麦种子 600 余万斤，销售大豆、水稻、棉花、玉米种子 200 万公斤，年创社会效益 1.2 亿元。2016 年，种子公司不断拓宽经营渠道和市场空间，积极参加全省统一供种行动，全年加工销售优质小麦良种 137 万公斤，实现销售收入 430 余万元。2018 年，南阳湖农场种子公司改制为山东鲁研农业良种有限公司南阳湖分公司，积极开拓市场，再次成为济宁任城区政府、太白区政府小麦良种供应中标单位，全年实现销售收入 300 余万元，经营利润 60 余万元。

四、喷灌设施建设

1997 年，农场实施喷灌设施建设项目。为此，制订了《南阳湖农场喷灌设施建设项目可行性建议书》，经市农业局批准后，向市农业发展银行申请项目贷款 300 万元。该项目为"九五"种子工程配套项目，主要建设内容为新打机井 56 眼，配套建设机井房 56 座，购置潜水泵、电机 56 台（套），变压器 8 台（套）。项目建成后，可节水 60％以上，农作物增产 20％以上。项目计划投资 600 万元，其中申请农行贴息贷款 300 万元，占项目总投资 50％；企业自筹 180 万元，占项目总投资的 30％；劳务折资 120 万元，占项目总投资的 20％。1997 年 8 月，经场党委、管委研究决定，并经第三届职代会联席会议通过，农田节水灌溉项目资金企业自筹部分，采取场内职工募集方式解决。按照场级 6000 元、副场级 5000 元、正科级 4000 元、副科级 3000 元、一般职工 2000 元的标准，共筹集资金 185.2 万元。1997 年 9 月，中国农业发展银行济宁市分行营业部为农场发放贷款 300 万元。

2002 年 10 月，开始农业灌溉（二期）项目开发建设，2003 年 4 月，顺利完成 PVC 硬塑料管埋设工程及配套设施建设，发挥节水灌溉示范效应。项目建设实际完成投资 59.2 万元，新打机井 4 眼，新盖库房 4 座，修复旧机井 26 眼，埋设 PVC 管 7 千米。

五、农作物秸秆综合利用

2009 年，为提高农作物秸秆综合利用效率，农场开始实施农作物秸秆综合利用项目。利用农场 220 亩蔬菜大棚、300 亩果树及绿化树、260 亩大豆田所产生的秸秆，实施生物反应堆发酵技术，实现农作物提质增产。项目实施后，可实现蔬菜增产 30％以上，果树增产 20％以上，大豆增产 25％以上，年增收 100 余万元。

2009 年 6 月，农场开始实施 200 亩大棚蔬菜秸秆生物堆技术的推广应用。项目投资 77.36 万元，其中省财政专项资金 10 万元，农场自筹 67.36 万元，综合利用农作物秸秆 1000 吨，年创经济效益 108 万元。2010 年 10 月，秸秆综合利用项目竣工，申请验收。

2011 年 4 月，农场承担的 2011 年济宁市蔬菜生产秸秆生物反应堆技术推广项目开工建设，同年 12 月建设完成，整体情况良好，符合批复文件设计要求。该项目计划投资 101 万元，实际完成投资 101 万元，其中中央农业综合开发新科技推广专项资金 50 万元，省级配套 17.5 万元，市级配套 2.5 万元，农场自筹 31 万元。在项目建设中，严格落实项目法人责任制，明确场长为项目第一责任人；加强组织领导和技术指导，成立由场主要领导牵头的项目建设领导小组负责项目实施、统筹等工作，研究解决项目实施过程中的问题；加强项目质量管理，采取内部邀请方式对项目土建工程实施招标施工，对项目所需仪器设备、主要用料进行询价采购，确保工程建设质量；加强项目资金管理，实行专户管理、专款专用，严格项目开支；加强项目档案管理，工程档案妥善保管，及时归档。2011 年 12 月，申请验收。

六、农业科技推广

农场始终把农业工作中心放在依靠科技进步上，在着力抓好常规增产技术的同时，重视新技术、新成果的推广应用，取得明显成效。

（一）推广良种培育

建立以科研站为基地，以良种培育为主线，形成引进对比、提纯复壮、加速繁育、逐步推广等一整套良种培育体系。科研站负责原种，各分场均有自己的种子田，生产一级、二级良种。1990年后，小麦、水稻、大豆等主要农作物先后进行更新换代，提高了农作物产量，单产增加15％～20％。

（二）推行配方施肥

1985年前，农作物施肥量低，后逐年增加氮素化肥用量，但产量仍不理想。通过土壤肥力调查，找到影响农作物产量的主要问题，即土壤严重缺磷缺锌且氮、磷、钾比例失调。1987年后，农场在增加氮肥的同时，注重磷肥、钾肥的施用。在小麦、水稻上实行配方施肥，每年施肥面积达1.5万亩，氮、磷比例为1：0.4。改变施肥方式，人工撒施过磷酸钙改为机播磷酸铵，提高肥料利用率。大豆种植由过去不追肥，改为前期追施氮肥、中期喷施钼肥、促进大豆正常生长，每亩增产25～30公斤。同时小麦增产菌、大豆新型固氮菌新技术也在生产中广泛应用，推广面积达1.3万亩。

（三）推广地膜覆盖技术

此技术主要用于西瓜栽培，按常规农场砂姜黑土地不宜种植西瓜，主要原因是土质黏重、易干易裂、不易保墒，而且早春黏土地温度回升慢。采用地膜覆盖后，既保墒又保温，加之黑土地速效钾含量高（150毫克/千克以上），有利于提高西瓜甜度，打破黑土地不宜种植西瓜的常规。从1986年试种西瓜成功，次年发展到1300余亩，平均单产2500公斤，亩收入800元以上，亩纯利200余元。由于农场西瓜个头大、甜度高、风味好，深受消费者欢迎，成为市场畅销品。

（四）推广化学除草

农场地处湖区洼地，草害严重，常因人少地多、管理不及时，造成草荒、作业成本增加、粮食减产，复种指数不高。经过多次试验，逐步摸索出一套行之有效的化除体系，对农作物实施化学除草。实行单一与混合除草剂相结合，化除杂草与防治病虫害相结合，有效控制杂草和病虫害，节约成本，提高农作物产量。

第四节　种　植　业

种植业作为农场主导产业，其产值占到全场收入的90％以上，自1956年建场到2020年，主要从事粮食作物及蔬菜、瓜果、花卉、园艺等经济作物种植，粮食作物以种植小麦、水稻、大豆为主，部分年份曾少量种植大麦、豌豆、扁豆、谷子、高粱、玉米、棉花、红薯、蓖麻等作物。随着时间的推移和市场变化，种植结构随之调整。

建场初期，农场开始种植粮食作物。1956年、1957年因受洪水影响共收获小麦、扁豆等30万斤，1958年，试种水稻1000亩，实收22.47万斤；扁豆900亩，实收1.91万斤，大豆100亩，实收2.3万斤，全年共收粮26.68万斤。1963年，种植小麦7102万亩，其中冬小麦3856亩，春小麦3246亩；种植水稻2265亩，其中早稻1183亩，晚稻1082亩。因风涝虫灾，造成农作物大面积减产和绝产。实收小麦4702亩，总产量63万斤；水稻总产量63.5万斤，减产22.5万斤。

1964—1978年，计划经济时期。以种植小麦、水稻、大豆为主，种植面积控制在小麦0.5万～1.5万亩，水稻0.5万～1.3万亩，大豆0.5万亩左右。采用国营农场生产管理模式。

1979—1984年，农场集体承包经营阶段。以种植小麦、水稻为主，少量种植大豆，种植面积1.6万亩左右，采取集体承包、统一核算、盈亏分成的生产管理模式。

1984—1987年，家庭农场兴办阶段。以种植小麦、大豆为主，少量种植水稻，种植面积1.6万亩，采取大组承包、单独核算、盈亏自负的生产管理模式。

1988—1996年，集约化经营阶段。以种植小麦、大豆为主，少量种植水稻，种植面积1.6万亩，采取集体承包、统一核算、盈亏分成的生产管理模式。

1997—2009年，包产到户和家庭农场承包阶段。以种植小麦良种为主，少量种植水稻，种植面积1.6万亩，采取个人承包、单独核算、盈亏自负的生产管理模式。

2009—2020年，产业结构调整阶段。小麦良种种植面积减少到5000亩，蔬菜种植面积增加到2000亩，林木扩大到5000亩。采取个人承包、自负盈亏的生产模式。

一、谷物种植

农场种植的谷物主要有小麦、大麦、水稻、高粱等。

（一）小麦

1957—1962年，分季种植春小麦、冬小麦，种植面积0.2万～1.2万亩。由于农场地处涝洼地段，加之建场初期农田排灌能力不足，时常形成水涝灾害，造成小麦减产，平均亩产50～150斤。1963—1980年，随着农田水利设施完善、科学技术水平提高及良种优化，小麦种植以冬小麦为主，面积控制在0.4万～1.5万亩，单产水平有所提高。1979年，平均亩产达到535斤，创历史最高水平。

1981—1989 年，种植面积 1.2 万～1.5 万亩，其中早茬麦（旱垡地、旱高粱茬、旱玉米茬）占 46%，中茬麦（大豆茬）占 39%，晚茬麦（稻茬、晚高粱茬、晚大豆茬）占 15%。品种以京花 1 号、鲁麦 1 号为主，亩产量增加到 430～700 斤。1987 年种植小麦 1.22 万亩，平均亩产 521 斤，总产量 635.6 万斤，留种 48 万斤。1988 年种植小麦 1.2 万亩，平均亩产 650 斤，总产量 780 万斤。

1990—1995 年，先后引进晋麦 21、烟农 122 等小麦新品种，实施小麦丰产计划。1990 年，种植小麦 1.33 万亩，平均亩产 526 斤，总产量 700 万斤。1991 年，小麦获得大丰收，亩产、总产均创历史最好水平，当年种植小麦 1.37 万亩，平均亩产 657 斤，总产量 900 万斤。1993 年，种植小麦 1.3 万亩，平均亩产 484 斤，总产量 629.2 万斤。1995 年，种植小麦 1.35 万亩（含职工承包 1500 亩），平均亩产 300 公斤，总产量 405 万公斤。

1996—2000 年，承担国家良种培育工程，粮食生产采取麦豆轮作方式，夏粮以繁育小麦良种为主，小面积种植经济田。2001 年，种植小麦 1.5 万亩，受冻害影响，3500 亩几乎绝产，造成经济损失 340 万元。2004 年，种植小麦 1.3 万亩，平均亩产 500 斤，总产量达到 650 万斤。2007 年，小麦平均亩产 420 斤，总产量 500 万斤。2008 年，种植小麦良种和经济田，其中小麦良种 7700 亩，经济田 1000 亩。

主要栽培技术：

选用良种。早麦：安排济南 13 和烟 7951—25 等，豆茬、稻茬麦：除安排晚播早熟丰产品系山农 352、山农 293 外，还安排晋麦 21、烟农 122 号、鲁麦 21 号、鲁麦 23 号、烟农 15 号等。上述品种具有分蘖成穗率高、抗倒伏、抗病性好的特点，适用湖区农田栽种。

种子处理。为防止地下害虫和白粉病，采用甲基异硫磷和粉锈宁拌种，每 100 斤种子用 40% 甲基异硫磷 50 克，15% 粉锈宁 75 克，加水 4～5 斤，拌匀、晾干播种，随拌随用。

整理地块。凡是进行耕翻的地块，耕深达到 20 厘米以上，用缺口耙耙 3 遍，拥平 2 遍。用旋耕犁作业地块，旋耕后拥平。底肥一般在耕地之前，一次性机播施入。

播种方式。农场播种延续"白露早、寒露迟、秋分钟麦正当时"的种植谚语，秋种时间安排在 9 月 25 日至 10 月 15 日期间。

早茬麦：造墒播种，播期安排在 10 月 1 日前后，亩播种量 12～15 斤，保基本苗 10 万～12 万株，用靴头型播种机播种。

稻茬麦：夏稻全部套种，春稻边割边种，亩播种量一般为 30 斤左右。杜绝大耕大耙播种。

豆茬麦：播期一般安排在 9 月 25 日至 10 月 15 日，约 20 天时间。如果有雨，墒情适中，尽量采取套播抢种，亩播种量 25 斤左右。排灌条件好的地块，采取先播后灌；排灌条件差的地块，采取先造墒，后播种。霜降前亩播种量30斤，霜降后亩播种量35斤。

肥水运筹。施肥：尿素35公斤、磷酸二铵2公斤、磷肥50公斤。磷肥和60％的尿素做基肥，40％的尿素做春季追肥，磷酸二铵做种肥。浇水：正常年份浇透三次水，即越冬、返青和拔节水。

（二）水稻

水稻为农场三大作物之一，其产量占秋季作物总产量的三分之一，搞好水稻生产对全年粮食生产和经济效益至关重要。1956年，农场开始小面积试种水稻。1958年后，扩大水稻种植面积，种植面积在1600～4600亩，平均亩产280～540斤。1965—1978年，水稻种植面积逐年扩大，成为农场主要经济作物，依托水稻研究所科研支撑和水稻新品种的引进，水稻单产不断提高。1973年，种植水稻1.26万亩，平均亩产705斤，总产量888.3万斤。

1985年，农场从江苏宜兴县引进名贵水稻香血糯进行试种。购买种子870斤，分别在科研站、3个家庭农场、3个承包户进行试种，当年共种植114.3亩，平均亩产738.2斤，总产量8.44万斤。该水稻品种具有植株矮、抗倒伏、产量高、收益大的特点。1987年，种植水稻2241.1亩，平均亩产809.4斤，总产量181.4万斤。

1990年，种植水稻3000亩。1991年，种植水稻3484亩，平均亩产797斤，总产量277.7万斤。1992年，种植水稻1850亩，平均亩产900斤，总产量166万斤。1993年，种植水稻978亩，平均亩产776斤，总产量75.9万斤。由于管理跟不上，农场集体种植水稻单产水平与周边农村相比存在较大差距。

1995年后，为改变农场集体种植水稻单产低现状，1996年，农场在水稻生产管理上进行改进，试行联产责任管理到人，收到较好效果，在水稻种植面积大幅增加情况下，单产水平仍好于上年。1997年，在总结上年管理经验的基础上，制定出台《1997年水稻联产责任管理意见》，明确联产责任管理人职责，极大调动了联产责任人积极性，水稻单产水平明显提高。1997年，种植水稻1950亩，平均单产930斤。2000年后停止种植。

主要种植技术：

育秧。俗话说"秧好半年稻，壮秧产量高"，育秧是搞好水稻生产的关键环节。通过精细整地、施足基肥、降低播量、适期早播、科学管理，提高成秧率，培育适令带蘗壮苗，达到叶片宽、厚、挺、叶鞘短，叶色淡绿标准。

插秧。春稻插秧密度7厘米×3厘米，墩苗数3～5颗。夏稻行株距7厘米×3厘米，墩苗数根据品种确定，日本晴、鲁粳1号4～6株，杂交稻3～5株。

施肥。春稻、夏稻均要铺施底肥，每亩碳铵80斤，过磷酸钙80斤，硫酸锌2斤，于耙地前施入。插秧后 3～5 天每亩追施碳铵 50 斤作返青肥。水稻抽穗前施用尿素进行催穗。

除草。每亩用 1.5 斤除草醚拌 30 斤湿土撒施清除杂草，秧田必须彻底拔除杂草，严禁杂草带入大田。把秧前用氧化乐果防治稻飞虱、稻蓟马等虫害 1～2 次。

（三）大麦

1959 年，农场开始种植大麦，种植面积 3954 亩，平均亩产 60 斤。

1963 年，农场种植大麦 4306 亩。其中冬大麦 310 亩，春大麦 3996 亩，实收 4306 亩，总产量 33 万斤。1965—1986 年停止种植。

1987 年恢复大麦种植，种植面积 1836 亩，亩产 400 斤左右。1988 年，种植大麦 1656 亩，平均亩产 398 斤。1989 年后，未再种植。

（四）高粱

1956 年，农场开展高粱种植，当年种植 372 亩。1957 年，种植面积扩大到 1065 亩。1958—1976 年期间有部分年份种植，因水涝灾害和管理不善，大多年份基本绝收，部分年份有收成，产量不大。1977 年后停止种植。

二、薯类种植

1959 年，农场种植红薯 1400 亩，平均亩产 316 斤。2014 年，在市民农园，引进紫薯种植。

三、豆类种植

（一）大豆

1956 年，农场开始种植大豆。当时水利条件差，播种面积小，产量低，最高亩产 100 斤左右，遇涝失收绝产。

1970 年后，随着水利条件的改善，农场大豆种植面积逐年扩大。1977 年，种植大豆 1371 亩，平均亩产 100 斤，总产量 13.71 万斤。1979 年，种植面积扩大到 5098 亩。

1980 年后，农场引进推广大豆新品种，年均种植面积 8000 亩左右，最高年份达到 1.1 万亩，平均亩产 200 斤左右，最高亩产达 400 斤。1981 年，种植大豆 8483 亩，总产量 128.24 万斤，大豆在秋粮生产中的作用凸显，占到秋粮总收入的 60％～70％，亩利润达到 75～100 元。1988 年，大豆种植面积 8459 亩，平均亩产 250 斤，总产量达到 211

万斤。

1982 年，农场从市农科所引进大豆新品种——鲁豆 2 号原种 600 公斤，播种 124 亩，1983 年发展到 2400 亩。1984 年后，每年播种 7000～11000 亩，平均亩产量 100 公斤左右，最高亩产量 125 公斤。到 1990 年，累计种植面积 5.3 万亩，平均亩产 105.5 公斤，总产量 559 万公斤。1982—1990 年，全场累计用种 37.8 万公斤，向社会提供良种 165 万公斤，主要销往河南、安徽、江苏和山东鲁西南地区。

1991 年，种植大豆 9991 亩，平均亩产 176 斤，总产量 175.8 万斤。1992 年，种植大豆 9100 亩，平均亩产 260 斤，总产量 236.6 万斤。

1993 年，种植大豆 5000 亩左右，由于大雨灾害，造成部分豆田欠收甚至绝产，当年大豆总产量仅有 53.8 万斤。2004 年秋季，种植大豆 1.3 万亩，平均亩产 350 斤，总产达到 455 万斤。2007 年，种植大豆 1.2 万亩，平均亩产 175 公斤。2008 年，种植大豆 7700 亩。

主要栽培技术：

选用良种适时播种。根据农场气候特点和耕作制度，选用高产、早熟、抗病的优良品种。如鲁豆 2 号、科丰 6 号、豆交 44 号等。4 月下旬播种。播种前用辛硫磷、甲霜灵拌种，以防治病虫害。每 100 斤大豆用 50％辛硫磷 4 两、35％甲霜灵拌种剂 300 克干拌，拌匀后播种。

合理控制密度。根据实验和调查，大豆种植密度控制在每亩 1.3 万～2.3 万株，春播宜稀，夏播宜密。播种量根据不同的播种方式和时间早晚确定。造墒地、早播地和干播湿地每亩 8 斤，播后灌溉；晚播和抢墒播种每亩 10 斤，播种出苗前，每亩用 125 克"都尔"化除。大豆出苗后及时查苗补苗，确保苗全苗壮。做好病虫害防治，特别是苗期地老虎的防治。

适时施肥浇水。针对大豆生长特点和农田土质情况，合理施肥。

适时中耕。中耕具有疏松土质，保持水分，消灭杂草，改善土壤理化性状的作用，有利于提高大豆产量。播种时注意留好机车道，以便机械化作业。每年中耕 2 次以上为佳。

化学除草。1980 年前，大豆田间除草主要以人力、畜力、机械为主。随着化学除草剂的使用推广，化学除草逐步代替人工除草。

根据地势开好沟，保证排水通畅，除涝降渍，为大豆生产提供良好环境。

（二）扁豆（绿豆、豌豆）

1957 年，农场开始试种扁豆，当年种植 984 亩，实收 911 亩，平均亩产 38.4 斤，总产量 3.49 万斤。1958 年，种植 900 亩，实收 701 亩，平均亩产 27.3 斤，总产量 1.91 万斤。1959 年，扩大种植规模，种植 1400 亩，实收 1400 亩，平均亩产 71 斤，总产量达到 9.94 万斤。1961—1963 年，扁豆种植面积维持在 1200～1800 亩，因大雨引发洪涝灾害，全部绝产。

1980 年后，农场恢复绿豆种植。1980 年，种植绿豆 984 亩，总产量 14.76 万斤。1988—1990 年，引进绿豆 D0809，种植面积 2500 亩，亩利 300 元。1988 年，夏播绿豆 2555 亩，平均亩产 233 斤。

主要种植技术：

整地：种植地块要耙 3 遍、平 2 遍，保持土地平整。用种量：造墒播种和干播等雨每亩用种 2～2.5 斤，播后灌溉每亩用种 2.5～3 斤。为了播匀，每亩再添加 2～3 斤"假种"，播期安排在大豆后。西瓜茬绿豆，提倡套种，最迟不晚于 7 月 15 日。

四、棉花种植

棉花为高效益经济作物，发展棉花生产是调整种植结构、提高经济效益的重要途径。1959 年，农场开始试种棉花，当年种植 53 亩，平均亩产 13.2 斤，总产量 700 斤。1970 年，种植 30 亩，平均亩产 43.1 斤，当年收获棉花 1293 斤。1975 年后，停止种植。

1992 年，农场恢复棉花种植，当年种植 2785 亩。采取职工个人承包和分厂集体种植的方式，每个职工承包 10 亩，每亩交承包费 200 元。1993 年，种植棉花 3060 亩，春棉平均亩产 400 斤，夏棉平均亩产 250 斤，棉花总产量达到 120 万斤。

2004 年，农场调整农业种植结构，推进繁育棉花种子生产。出台棉花种植扶持政策，按高于市场价收购，保证职工收入，调动了职工种棉积极性。在农场一分场、二分场、三分场种植棉花 1000 亩，其中种棉 800 亩。当年，生产籽棉 30 万公斤，棉籽 14 万斤。

主要栽培技术：

适时播种。根据农场气候条件，每年 4 月份为播种适期，最佳播种时间为 4 月 20 日—4 月 25 日。地膜覆盖棉田可提前 7～10 天。

种子处理。首先进行选种、晒种，在此基础上采用浓硫酸脱绒、药剂拌种措施，防治病虫害。利用机械播种，力保一播全苗。2000 年后，开始推广稀脱绒包衣棉种。

地膜覆盖。实行地膜覆盖，有利于改善土壤理化性状，优化棉花生态环境，促进棉花健康生长，为棉花增产主要措施。

化学调控。在棉花生长过程中，主要使用助壮素（缩节胺）和乙烯利。助壮素为内吸性植物生长调节剂，施用后促使棉株节间缩短，叶片变厚，株型紧凑，茎秆粗壮。由单纯防徒发展到全程调控，整个生育期施用 3～4 次。乙烯利能促进棉桃成熟，在棉花生长后期对贪青晚熟、秋桃多棉田效果明显。施用后能够加速棉铃成熟，促进棉铃开裂吐絮，可使后期棉铃早吐絮 7～10 天，提高棉花品质。一般喷洒 1～2 次。

棉花整枝。20 世纪 80 年代前，一般采用稀整枝，费工时，增产效果不明显。后推广粗整枝，减少了用工，促进了棉花增产。

肥水管理。基肥施用一般为氮、磷、钾配合，在播种前和播种时一次性施入。生育期主要追施氮肥。蕾期、花铃期一般追肥 2～3 次，若后期出现缺氮现象，实行根外追肥。氮肥做基肥、追肥的施用比例为（3～4）∶（6～7）。一般年份浇 2 次水，即造墒和花铃期浇水。造墒一般采取冬灌，冬灌能达到熟化土壤，利于保墒播种和冬水春用。

五、其他经济作物种植

农场建立初期，先后种植高粱、玉米、蓖麻、柳条等经济作物，种植时间短，产量低。随着农场种植结构调整，逐步停止种植。

（一）蓖麻

1956 年农场开始种植蓖麻，当年种植 1700 亩，1957 年、1958 年分别种植 1918 亩和 1000 亩，因洪涝灾害，3 年颗粒无收。1959 年种植 561 亩，实收 515 亩，平均亩产 15 斤，总产量仅 7725 斤。1960—1962 年减少种植面积，年种植面积维持 100～200 亩，年产量基本为零。

（二）绿肥

1963 年，农场种植苕子 100 亩，因洪涝灾害全部绝产。1978 年，种植苕子 518 亩，平均亩产 80 斤，总产量 4.14 万斤；种植田菁 6000 余亩。1979 年，种植田菁 5098 亩。1980 年，种植绿肥田菁 8643 亩，平均亩产 2500 斤，总产量 2160.7 万斤；1987 年，种植绿肥田菁 3800 亩。

（三）池藕

1963 年，农场组织人员赴金乡学习池藕种植技术和经验。1981 年，种植莲藕 104.39 亩，收获莲藕 10.4 万斤。1982 年开始试种经济田，主要以种植池藕、薏米为主，1983 年经济田面积增加到 100 余亩。

（四）玉米

1959 年，农场开始种植玉米，当年种植 78 亩，平均亩产 40 斤，总产量 3120 斤。1990 年又开始种植玉米，种植面积 900 亩。

六、蔬菜种植

南阳湖农场成立后，开始小面积种植传统蔬菜。除解决农场职工生活用菜问题外，同时向国家提供商品蔬菜。1960年，农场种植胡萝卜81亩，亩产200斤，总产量16.2万斤。1961年，种植蔬菜60余亩。其中大蒜3亩、菠菜15亩、小白菜3亩、大葱2亩、韭菜3亩、油菜5亩、芹菜5亩、萝卜10亩、马铃薯5亩、番茄5亩、辣椒4亩，总产量达20余万斤。

1965—1980年，农场蔬菜种植面积基本维持在60亩左右，总产量保持在60万～70万斤。1980年，种植各类蔬菜59.23亩，亩产蔬菜1.2万斤，总产量63万斤。

1988—1990年，农场种植蔬菜396亩，年生产蔬菜700万～800万斤。1989年生产瓜菜780万斤，比1988年增长2.7倍。

1994年，实施菜篮子工程，投资140万元，在农场二分厂开发种植蔬菜140亩，亩产蔬菜5000公斤，实现产值6000元。

2007年，在农场科研站300亩土地上，划出土地100亩架设塑料大棚210个，进行反季节蔬菜种植，打造农业科技示范基地。当年冬季种植黄瓜、辣椒、番茄、茄子等蔬菜，2008年春节前夕，一场大雪造成60余个大棚倒塌，大棚蔬菜全部冻死，直接经济损失100余万元。

2008年后，农场摒弃原有单一粮食种植模式，挖掘区位和资源优势，重视绿色蔬菜生产，投资建设设施果蔬基地和露天蔬菜基地。培育绿色蔬菜种植农民专业合作社、设施园艺农民专业合作社等多家蔬菜种植新型经营主体，实现蔬菜产业的专业化、标准化、规模化、集约化生产。先后投资858万元，新建蔬菜大棚34栋、面积3.5万平方米，露天蔬菜基地500亩。主要生产各种小青菜、油菜、菜心苗、奶白菜、蒿子秆、韭菜、芥蓝苗、小白菜、大白菜、西兰花、圆白菜、紫甘蓝、米苋、空心菜、穿心莲、紫贝天葵、樱桃萝卜、番杏、大葱、胡萝卜、洋葱、甜玉米、草莓及生菜类、豆类、芽苗菜类等30多个品种，年产有机蔬菜约400多万斤。实施蔬菜产品认证，番茄、黄瓜、辣椒等通过绿色食品认证，韭菜通过有机食品认证。

2010年后，农场先后投资3000余万元，建成设施蔬菜基地500亩、露地蔬菜基地1500亩、果蔬基地300亩。2010年9月，出台《关于鼓励职工种植蔬菜促进产业结构调整的意见》，确立"以市场为导向，以效益为中心，以科技为支撑，扩大蔬菜种植规模，加快无公害、绿色有机蔬菜基地建设，形成特色化、规模化、绿色化蔬菜生产格局"的指导思想。鼓励农场职工在三分场 305—306 条田中心路以北种植蔬菜，以个人自愿承包、农场辅助开辟销售渠道方式进行，每名职工种植蔬菜 5 亩，职工可以自行销售，也可由场按照市场价格收购后统一销售；种植蔬菜职工不再承包良种田（经济田除外），原 30 亩地种粮补贴正常领取，保证种植蔬菜职工收入不降低，否则年底以奖代补。农场在三分场 307 条田北排水渠新建排灌站，安装 PVC 管道，解决菜地给排水问题。

2011 年，农场实施 1000 万株蔬菜设施种苗项目，同年 12 月建成验收。总投资 308 万元，其中中央财政 60 万元，省级配套 21 万元，市级配套 9 万元，农场自筹 218 万元。项目建设期 1 年。年生产蔬菜穴盘种苗 1000 万株，建设总规模 2.02 万平方米；购置精量播种机械 1 台，苗盘和苗床各 2.55 万平方米，卷帘机 16 套；新建蔬菜工厂化育苗车间 200 平方米，节能日光温室 2 万平方米。年营业总收入 400 万元，年实现利润 77.11 万元，带动全市 1250 户种植蔬菜，解决 2500 余人就业。同年，率先在全省农垦系统实施蔬菜产品质量追溯体系建设，实现产品从生产、仓储到流通领域全过程信息记录和可追溯。推行绿色生产，应用黄板、频振式杀虫灯等物理防控技术，生产中严格按照绿色食品生产规程操作，大力推广秸秆生物反应堆技术，秸秆代替化肥，疫苗代替农药，广泛施用沼液、沼渣和优质圈肥，基本上不施化肥、农药，农业废弃物综合利用水平进一步提高，蔬菜产品质量从源头上得到保障。采用的肥料主要为有机肥，农场畜禽养殖业每年产生畜禽粪便 3000 吨，种植业产生农作物秸秆 6000 余吨，通过采用自然养猪法、沼气站循环利用、林草牧立体种养等生态循环技术，畜禽粪便、秸秆、树叶、蔬菜下脚料等废弃物全部实现有机肥循环利用。在蔬菜产业整个生产经营链条中形成产加销、贸工农一体化，年销售无公害、绿色、有机等各等级蔬菜产品 500 余万公斤，实现年销售收入 2100 余万元。

2012 年，农场采用无土栽培与生物反应堆有机结合新技术，引进紫妃 1 号茄子，千丽 1 号辣椒，FA－189、FA－516 香茄等蔬菜新品种。投资 58 万元新建高标准生态、绿色无土蔬菜培植棚 2 座，占地 3 亩，年产有机蔬菜 6 万斤。

2014 年，农场投资 2000 余万元，在三分场、四分场东部区域复垦田内新建 600 亩都市农业体验园，建成高规格日光智能温室 2 栋，土棚、阴阳棚、拱棚等 196 栋。2015 年发挥智能温室生产优势，培育养心菜、明月草、水芹等特色蔬菜 6 万余株，提高了蔬菜档次。2016 年，投资 74.7 万元，在都市体验园西部区域新建春秋棚 81 个，引进中甘 21 号、实心山芹、有梗有机菜花等蔬菜新品种。2017 年，农场投资 57.12 万元，组织实施山东济宁南阳湖农场绿色蔬菜生产基地基础设施提升工程，完成 11 栋土棚基础提升和 271 栋大棚防虫网更新。2018 年，在保证绿色蔬菜、有机韭菜生产质量的同时，增加甘蓝、菜花、西葫芦、油菜等种植。截至 2020 年，农场拥有蔬菜大棚 150 个、面积 300 亩，露天蔬菜基地 1000 亩，可生产蔬菜、菌类共 20 余个品种，成为济宁乃至鲁西南中高端果蔬基地（表 2-3-1）。

表 2-3-1　南阳湖农场主要有机蔬菜种植品种及年销量

品种名称	单位	销量
小青菜	吨	200
油菜	吨	350
西兰花	吨	150
大白菜	吨	800
小白菜	吨	180
芥兰苗	吨	50
韭菜	吨	90
樱桃萝卜	吨	200
实心山芹	吨	100
有机菜花	吨	150
甘蓝	吨	50
西葫芦	吨	200
辣椒	吨	250
茄子	吨	180
草莓	吨	10
金针菇	吨	35

七、花卉的种植

20 世纪 90 年代后，农场开始种植花卉。1999 年，培育和种植花卉 4 类、18 个品种 16 万株，花卉生产得到较快发展。销往菏泽、济宁等地，创造较好经济效益。2000 年，生产销售花卉 1.6 万盆，创造产值 30 余万元。

2000 年 10 月，农场印发《关于种植中华贡菊的通知》，出台优惠政策，鼓励职工种植中华贡菊。决定在 205、305 的第一条田种植中华贡菊 100 亩。所产贡菊由农场负责收购，职工自愿承包种植，享受不再上交土地承包费优惠政策，每人承包 10~15 亩。总场负责种植设施建设，每 50 亩耕地打机井 1 眼，并配备电力、清淤、防汛等设备设施。

2000 年，农场成立园艺场，扩大花卉等园林植物种植。制定了《南阳湖农场园艺场生产经营管理办法》，对园艺场生产经营实行定成本、定奖惩的责任制管理办法，引导鼓励职工发展市场需求的花卉园艺品种。出台《关于农场职工承接绿化工程的奖励意见》，鼓励职工参与经营和销售。承接绿化工程按照工程总造价的 10% 进行奖励，销售苗木花卉按照销售收入的 10% 进行奖励。2015 年，从园艺种苗公司引进红火球、紫薇、千佛手等特色花卉 20 余个品种。

2017 年，智能家庭农场广泛筹集资金，聘请专业技术人员，加大多肉观赏植物的繁殖，引进恩西诺、劳伦斯等特色多肉观赏植物新品种 38 个，积极开展线上线下销售工作，逐步打造规模化、标准化多肉观赏植物生产基地，为农场休闲观光业增添新亮点。2018 年，投资 50 余万元，新建露天养殖区 3000 平方米，引进各种多肉植物地苗、砍头苗、产品苗 10 万余株，改良土壤基质配方，逐步打造规模化、标准化多肉观赏植物生产基地。

八、水果种植

（一）果树

1961 年，农场在鱼池埂脊上种植苹果树 253 颗，葡萄树 895 颗。1962 年，种植果树 10 亩，先后种植苹果、葡萄、梨、桃等，水果总产量逐年提高。1973 年，水果总产量 1.29 万斤。其中，苹果 3916 斤、葡萄 1493 斤、梨 102 斤、桃 7459 斤。1977 年，水果产量 2500 斤。1980 年，补种果树 180 株。

1980 年后，开始发展经济林木，相继开辟果园 2 处，栽种苹果、桃等树种。1980—2005 年，果树种植面积仍在 100 亩以下，年产量不大。

2006 年，分场每名职工划分 8～10 亩经济田，进行区域化种植。主要发展果树等经济作物，果树规模达到 600 亩。2007 年，实施绿色果品（南水梨）示范区建设项目。建设规模 1500 亩，每亩种植南水梨树 110 颗，项目总投资 2580 万元。截至 2020 年底，果树种植面积达到 800 亩。

（二）西瓜

1986 年，农场开始进行优质西瓜的开发，探索在滨湖砂浆黑土地种植西瓜的新路子。1988 年，选择试验田 10 亩，围绕西瓜主要病虫害、品种比较、肥料种类、栽培方式、种植密度等 5 个方面进行试验。到 1988 年，累计开发种植面积 649 亩，品种有新澄、郑杂 5 号、特大新红宝。平均亩产 4500 斤，总产量 292 万斤，实现产值 58.7 万元，利润 19.7 万元。其中 1988 年种植西瓜 469 亩，平均亩产 4860 斤，总产量 228 万斤，实现利润 19.7 万元。1988 年 6 月，经市科委组织专家鉴定，认为南阳湖农场在滨湖砂浆黑土地大面积种植的西瓜品质好、质量高、经济效益显著。1989 年春天，扩大西瓜种植面积，集体和个人共种植 1294 亩。农场西瓜因皮薄瓜甜，享誉济宁市区，打开周边市场，销售取得成功。但受集体经营弊端影响，形成个人种植盈利、集体种植赔钱局面。1990 年，集体种植西瓜亏损严重，只得放弃。1991年后，只有部分承包职工小面积种植西瓜。因产量低，无法形成规模，且交易费用大、效益低，最后放弃西瓜种植。

第五节 林 业

一、苗木园艺

为满足农场绿化造林需要和向社会提供苗木，自1958年起，农场开始培育树苗，当年培育押柳35亩，白杨苗5亩。1973年，培育树苗59.5亩。1980年后，按照市林业局的安排，农场相继引进杨树、国槐、合欢、刺槐等常规品种及塔松、侧柏、柳叶桃、紫荆等观赏树种。1992年，农场成立专业林场，建立苗木基地，占地120亩，共有职工25人，专业从事花木生产。1995年，开始进行银杏苗木培育，同年3月，投资20万元，建立银杏苗圃，发展以出售银杏实生苗和采叶为主的银杏生产基地。当年，种植银杏实生苗10亩，每亩种植8000株，共种植8万株。2000年，在对银杏成苗进行疏散种植的同时，新扦插杨树苗20亩。

2001—2005年，农场以发展精品农业，培育苗木花卉新兴产业为突破口，带动种植结构战略性调整。5年内，苗木生产经营规模由107亩扩大到510亩，培育引进国槐、苦楝、垂柳、合欢等苗木新品种，形成自身优势产品。2004年，种植苗木296亩。到2005年，农场园林苗木发展中心经营土地规模达1500余亩，拥有园林职工40余人，其中专业技术人员20名。主要种植品种有法桐、国槐、合欢、垂柳、黄金柳、紫叶梨、白蜡等20余个品种，速生杨12个品种，育苗面积200余亩。与中国林学院、山东农业大学等科研单位长期合作，成为高等院校和科研单位实验示范基地，形成集示范、生产和绿化工程为一体的综合性苗木园林基地。

2007年，种植绿化苗木396万株。截至2007年底，拥有有用林材（杨树）9万株，绿化苗木3000亩，经济林（果树）1738余亩。2008年，围绕发展绿色苗木高效农业，打造规模大、显示度高、示范辐射带动作用强的绿化苗木基地，相继引进培育大叶女贞、南水梨、酥梨、盘石柿等具有市场潜力的特色品种30余个，苗木基地面积达到4600亩。

2009年，农场继续做大做强园林园艺业，强化资本运作，通过募集职工资金、职工经济林作价入股等形式，吸纳资金600余万元，成立农场控股、职工入股的山东南四湖园林有限公司。推行"绿满农场""林业经济倍增"计划，建立苗木果树基地6800亩。2009年栽植银杏210亩，绿化小苗12亩。2010年，栽植苗木830亩，扦插柳树70亩，培育绿化小苗 13 亩。到 2010 年底，农场苗木生产面积达到 7066 亩，拥有绿化树木 94.8 万株，品种 40 余个，从业人员 390 人，苗木花卉产值达 1632 万元。

2012 年，农场扩大园林园艺业产能，全年育苗面积 2400 余亩，存苗量 300 余万株，增繁柳树、白蜡、紫叶李、栾树、红叶石楠、大叶女贞等小苗 70 余万株，移栽大苗 20 余万株，出圃苗木 6 万株，实现销售收入 150 余万元。同年，在梁山县韩海镇设立林业经营办事处，建成占地 400 亩的枫杨苗木基地，与当地农民签订苗木繁育回收合同。2013 年，按照"标准化、规模化、精品化"高端发展定位，在林果种苗公司新种植园林苗木 1000 余亩，重点培育白蜡、北栾等品种 10 余个，同时发展花卉冠木小苗，为职工新宿舍绿化工程做准备。

2015 年，农场新增国槐、紫荆、枸菊、紫薇等苗木繁育，培育品种达 20 余个，采用先进嫁接技术改良树木品种，用国槐嫁接金枝槐、直柳嫁接垂柳、女贞嫁接丁香等。全年改良苗木 2 万余芽，成活率 90％ 以上，提高了苗木品质和使用价值。

自 2016 年起，改革园艺苗木经营模式，由园林苗木公司经营转变为专业合作社、家庭农场承包经营。2016 年任城区前星种植专业合作社种植面积增加到 918 亩，栽植独杆石楠、德国鸢尾等市场畅销新品种 105 万株，嫁接改造苗木 3 万余芽。南四湖生态农业观光专业合作社、园林家庭农场，全年种植白蜡、柳树、法桐等绿化苗木 12 万株。

2017 年，前星种植专业合作社优化品种组合，采取合理密植，成功改造白蜡 80 亩，嫁接培优直柳 50 亩，培育苦楝苗 2 万株、紫荆 2000 株，全年创收 90 万元；南四湖农园林种植专业合作社利用冬春种植大好时机，春季栽植白蜡、直柳、松柏 7.3 万株，冬季栽植直柳 1 万余株；绿化家庭农场栽植白蜡、柳树、法桐 4 万余株；园林家庭农场在做好本单位 2.8 万余株苗木管理的同时，代管 1600 余亩公管苗木，全年创收 30 余万元。

2018 年，前星种植专业合作社采用国槐嫁接金枝槐、苦楝优选平茬种植、大叶女贞丛生种植等品种改良技术，大幅提高苗木品质和价值；济宁南农园林种植专业合作社完成 408 排灌站苗木补栽、四分场复垦地 100 亩及奥德加气站附近近 47 亩苗木栽植工作；济宁南四湖生态观光专业合作社完成四分场塌陷地 130 余亩内 9700 余株直柳及法桐的移植，种植面积增加到 820 亩。其中白蜡 8 万余株、法桐 1 万株、直柳 1 万余株。

截至 2020 年，农场拥有 7000 余亩苗木生产基地。种植有南水梨、舒梨、盘石柿、大叶女贞、紫叶李、紫薇等 30 多个特色品种。

二、植树造林

1957 年后，农场开始绿化造林，当年植树造林 2 亩，到 1963 年累计造林 300 亩。

1963 年，开始在田坝、道路、沟渠及场部和居住区种植树木。根据不同树种对地势、土壤的要求，合理安排树种。在地势较高的大坝、道路、干渠上种植杨树和刺槐，排沟低洼处种植普通柳树，在场区主干道、住宅区和浴池旁种植国槐、法桐和垂柳。按照国家平原绿化标准，每年坚持植树造林。1973 年，在农场周围种树 9 万株。1977 年，种树 5 万株。1978 年上半年，种树 2.5 万株，成活率 85%。1979 年，更新老树和品种，农场四周补栽树木 1 万株。

1980 年后，农场开始发展经济林木。1992—1995 年，先后建立花木苗圃和银杏苗圃，发展以出售银杏实生苗和采叶为主的银杏生产基地。通过种花植树，处处绿树成荫、花草飘香，农场环境逐步美化，基本达到一年栽树、三年成荫、十年成材的要求。

1996 年后，农场逐步减少杨树、柳树等传统树种的种植，加快发展优质高效经济林木。在场区主要干道、排灌渠道，栽植银杏等。依托农场自身优势，以农场林业苗圃为基地，发展花卉苗木。1998 年 3 月，成立林业队，加强绿化造林和管理。利用农场闲置地块，发动职工义务植树，每年义务植树 3 万余株，仅洸府河堤农场承担的防汛地段，累计种植大小树木 7000 余株，既满足河堤防汛需要，又促进农场林业生产。到 2000 年，全农场形成林网 600 亩，林木覆盖率 4%。

2001 年后，发挥农场资源优势，在加强林业管理的同时，鼓励发展苗木花卉，扩大种植规模，促进资源优势向商品优势转化，培植农场经济新的增长点。2001 年，在农场沟、路、渠、堤等闲置地段，栽种苗木 3.2 万株，截至年底，农场拥有林木 5.3 万株。自 2002 年起，调整林木种植结构，逐步淘汰 69 杨、中林 46 等生长慢、材质差品种，发展三倍体毛白杨，引进扩大国槐、法桐、金丝垂柳、黄金柳、合欢、草坪等苗木的种植。2004 年，种植银杏 2 万株，杨树 7000 株。2001—2005 年，先后成立南阳湖农场园林苗木发展中心，相继出台《植树造林工作意见》《农场林业管理补充规定》，着力实施《13000 亩速生杨树高效开发项目》，累计种植苗木 11 万株，更新树木 5 万余株，形成农场林业生产良性循环。

2006 年后，推行"公司＋基地＋职工"运行模式，发展速生经济林，从中国农学院引进美国 107 抗虫杨等新品种 10 余个，抓住春季植树造林时机，立足"早"，狠抓"活"字，实行领导分工、包片负责、统一部署、分头实施的工作措施，动员职工义务植树。截至2007 年，种植以杨树为主的经济林 15 万株，年创利润 100 余万元，潜在效益 1000 余万元。

2008 年后，开始实施观光休闲农业区建设项目，规划建设绿化苗木区 1500 亩。2008年新栽植苗木 900 余亩、约 13 万株，累计达 85.6 万株，树林覆盖率超过 50%。2009 年底，农场绿化面积达 8210 亩，除建筑、道路外，所有空地全部实施绿化。2010 年，种植行道树 1300 株，杨树 1.5 万株。

三、林木管理

农场高度重视林木管理工作，始终把植树造林当成促进林业生产、造福子孙后代的大事，列入重要工作日程。

（一）建立完善林业生产管理制度，形成领导牵头，上下联动，齐抓共管的林木生产管理体系

总场分管副场长靠上抓，生产科集体抓，各分厂明确 1 名副场长兼管林业生产和管理。每个生产单位全部成立专业造林护林队伍，分片包工负责。自 2006 年起，改革林业管理方式，由原来集体统一管理改为个人承包、增值部分提成、采伐销售后统算的管理办法。在林业管理上推行定人员、定任务、定报酬管理办法。

（二）强化职工教育，教育职工造林护林，养成爱护农场一草一木的美德

坚持开展植树造林活动，每年植树节期间，制定《农场植树造林计划》，广泛发动职工、家属和在校师生，开展义务植树活动。截至 1995 年底，累计种植树木 10 余万株，平均每年用于购买树苗的费用 1 万余元。1993 年，发展花卉苗木一次性投资 4.6 万元。1995 年春，发展银杏生产，购买种苗投资 21.9 万元。

（三）严格管理，奖惩对现

为保护已栽树木，防止乱砍、乱伐和偷盗，农场成立专业护林队伍，在场区周边每间隔 600 米建 1 处护林房，由专人日夜看守。为加强对护林人员管理，调动其工作积极性，实行护林人员奖惩制度，工资与护林成效挂钩。农场与护林人员签订承包责任书，对失职护林人员随时进行撤换。在义务植树期间，为确保成活率，对参与植树的单位、个人实行成活率考核，奖惩对现，并作为评先创优的一项重要指标。

（四）依法管理林木，严格遵守砍伐制度

对 2 年生以上树木，适时进行修剪、施肥、打药和除草，保证农场树木苗壮生长。对农场所有树木的砍伐，必须经过农场党委研究决定，并报当地林业部门批准，由分管场长具体组织实施。农场内每年少量建筑、维修用材，由用材单位提出申请，经分管场长和主管部门批准同意后，方可采伐，有偿使用。对事先不请示乱砍、乱伐者，由农场保卫科查处，依法追究当事人责任，根据情节轻重，给予批评教育和经济处罚。1976 年、1994 年对农场树木进行两次较大更新，采伐木材 6000 余立方米。除满足本场建房维修用材外，对外出售获得收入 120 余万元。

第六节　畜　牧　业

1959 年前，农场畜牧业比重较小。1959 年后，贯彻"农场建立畜产品出口基地"的方针，畜牧业开始发展壮大。1956—1963 年，共生产猪肉 130 吨、禽蛋 70 吨，推广销售雏鸡 12 万只、仔猪 2949 头。仅 1963 年，猪、牛、羊、禽肉总产量 3.37 万斤，上交国家 2.84 万斤。

1964—1970 年，农场畜牧业贯彻"农牧结合、相互支援、为多种经营打下基础"的生产方针，每年拿出 10％左右粮食产量作为精饲料，以发展养猪、奶牛、鸭及大牲畜。1970 年，生产猪肉 12.9 万斤，牛奶 32 万斤，鸭蛋 82 万枚。

党的十一届三中全会后，工作重点转向发展生产，畜牧业得以较快发展。1979 年，生猪饲养量 2954 头，出栏肥猪 1252 头，产肉 26.1 万斤；养鸭 8690 只，产蛋 43.3 万个，畜牧总收入 25.7 万元。1992 年畜牧业产值 244 万元，同比增长 57％。

2000 年后，在搞好传统养殖的同时，扩大职工家畜养殖，逐步向特色养殖业方向发展。自 2010 年起，发挥自身林地面积大、天然饲草资源丰富等优势，开始发展百日鸡、芦花鸡、百子鹅、莱芜黑猪等林下散养业，创造了可观的经济、社会和生态效益。2012 年，农场林下散养规模突破 1000 亩，其中百日鸡和芦花鸡等林下养殖面积 550 亩、百子鹅 300 亩、莱芜黑猪 150 亩；年销售林下散养鸡 1.5 万余只、蛋 300 余万枚、鹅 6000 余只、黑猪 1000 余头，年创销售收入 700 余万元。探索林下种养新模式，逐年扩大林下种养规模和品种。2014 年林下种养面积拓展至 2000 亩，林下养殖品种新增 5 个，种植品种新增 6 个，每亩林地实现年增收 1.68 万元。2014 年农场销售无公害仔猪、生猪 1.9 万余头，创造销售收入 2500 余万元。

2015 年后，发展畜牧观光产业，建立畜牧观光园。在做好百日鸡、芦花鸡、青山羊等动物散养的同时，在原设施蔬菜基地和一分场池塘新增散养鹅 6000 只。2015 年，实现销售林下散养羊 400 余只、鸡鹅 7 万余只、禽蛋 50 万余枚，销售收入 200 余万元。

截至 2020 年，农场拥有种猪场、标准化养猪场及林下畜牧散养场，散养规模达到 1000 亩，养殖黑猪、百日鸡、芦花鸡、鹅、青山羊等，年创销售收入 5000 余万元。

一、牲畜饲养

（一）大牲畜

1956 年农场建立后，在机械化程度不高的情况下，为满足农业播种、生产、运输需要，开始饲养马、牛、驴、骡等，主要用于农事劳役。1956年引进马6匹，牛11头，驴3头，骡子1匹。1963年大牲畜发展到73头（匹），其中牛33头，马35匹。1974年，大牲畜饲养量达到顶峰，年末存栏量达到108头（匹）。随着农场机械化程度的不断提高，大牲畜饲养量逐年减少。

到1980年，农场仅有马、骡共8匹，水牛7头，黄牛10头。1982年后，停止饲养大牲畜。

（二）羊

1959年，农场开始养羊，年末存栏41只，其中绵羊22只。1960年，扩大养殖规模，年末存栏量达到162只，其中绵羊144只。1961年，减少养殖数量，年末存栏量仅6只。1962年后，停止养殖羊。

2010年，农场投资151万元，实施畜牧观光园建设。先后引进济宁青山基础种羊100只，新建羊舍、饲料加工车间及工具房、围网、药浴池等设施，购置切草机、粉碎机等设备。推广应用青山羊圈养、饲料搭配、饲养种植与加工、羊病防治等技术，年饲养量达1500只，年实现经济收入160余万元。截至2012年，畜牧观光园林下小尾寒羊、青山羊、红山羊、蒙山黑山羊、波尔肉山羊等数量增至450余只，仅2014年销售林下散养羊400余只。2016年养羊600只。2017年养羊400只。

（三）奶牛

1960年，农场开始饲养奶牛，当年购进2头。1962年，饲养量扩大到20头，全年生产牛奶2.5万斤。1963年，牛奶产量增加到3.3万斤。1964年，牛奶产量达到12万斤。1965年，奶牛饲养量减少至7头。1966年后，停止饲养奶牛。

1987年，农场投资79万元，恢复扩大奶牛养殖。利用现有的全套奶牛饲养设施（建筑面积2500平方米、牛舍840平方米），通过修缮和扩建，形成640头的养殖规模。

1993年初，农业部确定在南阳湖农场实施奶牛综合开发项目建设，以此为龙头，带动周边农场经济发展，打造济宁市乃至鲁西南地区奶牛产业基地。建设奶牛养殖场，饲养成乳牛1000头，后备乳牛600头；奶牛养殖户600户，饲养成乳牛300头，后备乳牛1900头。后因资金问题项目搁置。

二、生猪饲养

自1957年起，农场开始饲养生猪。1957年，计划繁殖仔猪229头，实际繁殖仔猪207头；年计划完成育肥猪12头，实际完成2头，计划出售肉量1500公斤，实际出肉数量 78.5 公斤，计划平均体重 125 公斤，实际平均体重 38.2 公斤。当年 7 月份遭遇特大洪水，猪舍倒塌，饲料不足，年终成年猪仅剩 4 头，其中 1 头种猪、3 头基本母猪，其他成年猪和仔猪都调入县农场。

1958 年，农场开始注重饲养及防疫工作，生猪长势良好，成年猪发展到 440 头，其中能繁殖的母猪 65 头，共生育猪仔 207 头。1966 年养猪规模扩大到 573 头。

1967—1978 年，生猪养殖规模在 400～1800 头，年出栏肥猪 200～960 头。1978 年，出栏肥猪 960 头，生产猪肉 19.7 万斤（表 2-3-2）。

表 2-3-2　1956—1978 年生猪饲养情况统计表

年度	年末存栏（头）	当年出栏肥猪	
		数量（头）	重量（万斤）
1956	65	22	0.28
1957	4	—	—
1958	440	110	1.43
1959	635	106	1.8
1960	721	356	8.23
1961	752	355	7.57
1962	550	216	3.13
1963	395	166	2.39
1964	413	87	1.29
1965	537	25	0.5
1966	573	196	3.21
1967	435	218	3.74
1968	467	207	3.96
1969	419	188	3.10
1970	743	178	3.56
1971	782	126	2.4
1972	947	312	5.69
1973	779	330	5.94
1974	443	362	6.66
1975	503	199	4.30
1976	869	202	4.44
1977	1604	420	8.93
1978	1807	960	19.70

1979 年后，农场养殖规模逐年扩大。1980 年，养猪 3467 头，产仔猪 1540 头，出栏 1100 头，供应猪肉 22 万斤。

1988—1990 年，农场新建养猪场。到 2005 年底，存栏生猪 4000 头，其中能繁母猪

330头。

2006年初，农场重新启动种猪场，建设面积5.52万平方米。在种猪饲养过程中，重点落实科学饲养、疾病防治、标准化管理等措施，实现种猪生产良性发展。2006年底，圈养种猪存栏量1000头。2007年，充分利用国家有关政策，积极争取生猪良种和能繁母猪补贴。针对养殖产业较好形势，农场增加投资180万元，对猪舍更新改造扩大饲养规模。当年引进优良种猪80头，生猪340头。2007年11月，实施生态环保清洁养猪项目，投资36万元，对农场养猪场进行改造，建设生态养猪场，改造面积672平方米。同时申报实施无公害生猪养殖示范区项目，建设规模年存栏3600头、出栏6000头，项目总投资1100万元。养殖示范区设在农场三分场，办公区、生产区分设，场区大门、生产区门口、猪舍前设置消毒设施，严格进行消毒；设有展览室，供外来人员参观；采用生物发酵零排放养猪技术，利用作物秸秆作垫料，不用抗生素药物防治疾病，确保生猪生产无公害。2006—2007年，农场累计投资471万元，建成种猪场1处。占地70亩，拥有总资产1020万元，办公综合区1400平方米，综合实验室260平方米，饲料加工车间420平方米，标准化猪舍7000米，存栏母猪512头，年出栏肥猪1万头，基本形成技术示范推广和生产经营于一体的现代化生猪养殖基地。2007年，种猪存栏200头，育肥猪600头。2008年，种生猪存栏量400头，育肥猪4000头。

2009年，种猪场实施生猪扩繁项目建设，计划建设分娩后备猪舍、育成猪舍、保育猪舍，规划面积2439平方米。当年实际完成2836平方米，购置设备仪器24台（套），总投资35.35万元。同时推进生猪标准化规模养殖场扩建项目，总投资136.19万元，其中财政资金80万元，农场自筹56.19万元，扩建标准化猪舍1处、建筑面积100平方米，路面硬化1000平方米，铺设供水管道200米；购置搅拌机1台，全自动消毒柜3套，干湿喂料器200台，保育床100套。形成年出栏生猪7500头养殖规模，年实现销售收入900万元，利润256.41万元。2009年，拥有标准化猪舍1.2万平方米，能繁母猪600头，后备母猪200头，全年销售无公害生猪9600头，实现销售收入820万元。

为确保猪肉符合无公害食品标准，养殖生产中积极推行从日本引进的自然养猪新方法，在猪舍内铺垫玉米秸秆、稻壳、锯末，利用接种活性土著微生物形成发酵床，猪的排泄物被有机垫料里微生物分解，不需要对猪的排泄物进行人工清理；生猪喂养采用农场自制的营养饲料和林下牧草，确保肉质更加纯正、鲜美，实现种植业与养殖业的良性循环。农场引进现代化生猪屠宰加工流水生产线1套，确保猪肉加工符合无公害食品标准。2010年1月，通过农业部无公害生猪产品认证（证书编号WGH-10-09505），2010年4月申报创建生猪标准化示范场及国家级畜禽养殖标准化示范场。截至2010年底，拥有能繁母猪 530 头，后备母猪 230 头，年生猪、仔猪存栏量近 2 万头，出栏总量达到 1.7 万余头，全年实现销售收入 1600 余万元。

2011 年后，农场推行生态养殖，引进三元猪、莱芜黑猪新品种，开始发展林下散养业。2012 年，莱芜黑猪散养占地 150 亩，年销售林下黑猪 1000 余头，年创销售收入 200 余万元。同时辐射带动周边乡镇新发展林下经济 2.5 万亩，林下散养的黑猪因其绿色生态性而备受消费者青睐。2012 年，农场能繁母猪存有量 1000 头，全场 3 处养殖场年出栏无公害生猪 2 万余头，实现销售收入 2300 余万元。2014 年，种猪场、畜牧养殖有限公司销售无公害仔猪、生猪 1.8 万头，创造销售收入 2000 余万元。2016 年，种猪家庭农场将炭烧锅炉改为天然气锅炉，更新产床 13 组、保育圈 40 个，全年销售无公害仔猪、生猪 1.2 万头，实现销售收入 700 余万元；畜牧养殖有限公司新建 56 米×12 米猪舍 6 间，引进自动喂料系统 6 套，全年销售无公害生猪 3800 余头，实现销售收入 786 万元。2017 年，种猪家庭农场新建化粪池、粪污输送管道等环保设施，配合全国"煤改电、煤改气"行动，引进安装地热泵，为母猪生产提供可靠保证，全年销售无公害仔猪、生猪 1.25 万头，实现销售收入 846 万元；畜牧养殖公司投资 40 余万元，实施新场区环保提升工程，进一步优化饲养技术，肥猪出栏期提前 7～10 天，全年销售无公害生猪 9600 头，实现销售收入 1668 万元。2018 年，生态养殖公司引进美系杜洛克、长白种猪品种，完成 1500 米水暖管道改造更新工程，全年总产活仔 1.4 万头，达标仔猪出栏 1.2 万头。山东南阳湖畜牧养殖有限公司创新生产理念，严控猪瘟疫情，降低生猪死亡率，全年出栏肥猪 1 万余头，实现销售收入 1543 万元。

截至 2020 年，农场拥有种猪场、标准化养猪场、黑猪散养场，建有标准化猪舍 3.2 万平方米，年存栏生猪 1.3 万余头、出栏无公害生猪及特产黑猪 2 万余头，年创销售收入 4000 多万元。

三、家禽饲养

南阳湖农场主要饲养鸡、鸭、鹅等家禽。1957—1983 年，农场以养鸭为主，除自养产蛋外，还向社会供应雏鸭。1983 年后，逐步扩大鸡、鹅养殖规模，为社会提供更多的蛋品和肉食。

1957 年，农场开始饲养北京鸭，当年引进 1350 只，由于温度和饲料喂养控制不当，夜间管理落后，北京鸭成活率只有 47％。1958 年，通过总结经验教训，家禽生产有了较大发展。当年养殖 3650 只鸭，部分老鸭生蛋 1800 枚，繁育的北京白鸭最重者达 8 斤多。

1959 年，根据"发展畜牧业为主、大搞鱼鸭养殖"的工作思路，在 1958 年母鸭基础上自繁鸭蛋 17.94 万枚，其中受精鸭蛋 14.11 万枚。新建暖房 2 处，共孵出小鸭 7.04 万只，其中秋鸭 9718 只。除农场自养外，出售 3.66 万只，有效支援了兄弟场社。

1966 年，农场养鸭 5413 只。1969 年，养鸭 3410 只。1973 年，养鸭 4463 只，产蛋 44.5 万枚。1977 年，养鸭 4120 只，产蛋 36 万枚。1978 年，产蛋 31 万枚。

1980 年 8 月，农场向地区科委、县科委申请科研资金 10 万元，实施微山湖麻鸭养育项目，对养鸭品种进行优化。1980 年，养鸭 1.04 万只，其中基本母鸭 1 万只，产蛋 81 万枚。

1983 年，农场投资 16.5 万元，对原畜牧厂 6 间旧房进行维修，加装隔栏设备，同时铺设道路，扩大养鸡规模，1984 年，养鸡达到 6000 只。

1989 年，存养蛋鸡 6000 只，鸭 5240 只。全年生产鸡蛋 8.5 万斤，鸭蛋 110 万枚，松花蛋 60 万枚。1990 年，养鸡场从北京原种场引进巴布考可 4000 只，优化鸡品种，产蛋量比上年增加 9000 多斤。1991 年，全年平均养蛋鸡 7857 只，产蛋 117 万枚，孵化雏鸡 25 万余只。1992 年，扩建养鸡场和养鸭场，年蛋鸡存养量由 1.5 万只扩大到 8 万只，蛋鸭存养量由 2000 只扩大到 8 万只。1993 年，蛋鸡存养量 10.5 万只，生产鸡蛋 260.54 万枚，总产值 96.14 万元。

2010 年后，农场发挥自身林地面积大、天然饲草资源丰富等优势，回归传统放养方式，引进现代养殖技术，开始发展百日鸡、芦花鸡、百子鹅等林下散养业。

2011 年，农场投资 29 万元，建成养鸭场 1 处，建设钢架结构鸭棚，引进优良品种金腚鸭。2012 年，投入资金 160 多万元，建成占地 300 亩的林下鸡鹅养殖场 1 处，建鸡舍 5 排 50 间、鹅圈 3 排 30 间。利用 300 亩林地，种植白三叶、黑麦草、紫花苜蓿等牧草。牧草作为鸡、鹅粗粮，白菜叶、萝卜叶作为鸡的青饲料。鸡、鹅在林下可自由觅食，降低饲养成本，年节省饲料成本近 3 万元。养殖场养有芦花鸡 2 万只、百子鹅 3.5 万只，全年芦花鸡、百子鹅可获销售纯利 220 万元。2014 年，在原设施蔬菜基地和废旧池塘新增散养鹅 6000 只。2015 年采用鱼鹅混养模式，在鱼池养鹅 2700 余只。2016 年畜牧观光家庭农场针对区域土地塌陷的实际，适当压缩养殖规模，养殖保有量为鸡 1 万只、鹅 6000 只，全年销售禽蛋 36 万余枚。2017 年养殖规模缩小，养殖保有量鸡 9000 只，鹅 3000 只。

截至 2020 年，散养规模达到 1000 亩，其中百日鸡、芦花鸡等林下养殖面积 550 亩，百子鹅林下养殖面积 300 亩，年销售林下散养鸡 1.5 万余只、蛋 300 余万枚、鹅 6000 余只，年创销售收入 500 余万元。

四、特色畜牧业

南阳湖农场积极调结构、转方式，大力发展畜牧旅游产业，于 2010 年 10 月建成占地 300 亩畜牧观光园，集"观光牧场、动物认领、餐饮住宿、动物表演、现场品尝、科普教育、品种展示"等多种旅游项目于一体。园区内拥有林下鸡鹅猪羊多个观光牧场；有梅花鹿、黑天鹅、黄鸭、翘鼻麻鸭、孤顶鸭、鸵鸟、白孔雀、骆驼等珍稀动物观赏项目；有骆驼骑乘体验，斗羊、斗鸡、鱼鹰捕鱼等动物表演；有芦花鸡、青山羊动物认领单元；有烤全羊、羊肉汤、爆炒黑猪肉等特色美食；有生态别墅居住体验以及芦花鸡、大蒲莲猪等地方特色畜禽品种展示，成为济宁市唯一一处国有管理的农业生态园区。截至 2012 年，畜牧观光园林下芦花鸡、百日鸡、百子鸡、鸭等放养量达到 5 万余只，小尾寒羊、青山羊、红山羊、蒙山黑山羊、波尔肉山羊等数量增至 450 余只。同时建有占地 200 亩的黑猪林下养殖场，引进了莱芜黑猪等优良品种，进行林下放养，现代生态农业焕发无限生机。2013 年 7 月，济宁南阳湖农场被省畜牧兽医局和山东省旅游局授予"山东省畜牧旅游示范区"称号。

第七节　渔　　业

南阳湖农场地势低洼，光照充足，无霜期长，气候及资源条件有利于渔业生产。建场修建排灌沟渠、垫场时开挖的沟坑较多，为发展养鱼、水生植物养殖等创造了有利条件。

一、内陆养殖

建场之初，农场可养殖水面 500 余亩，但 80％以上水面属生长苇、蒲、莲藕的浅水塘，水位仅能保持 50～60 厘米，旱季更浅，甚至干枯。正式用作养鱼的水面只有 100 亩左右，占总水面 20％。1958 年开始小面积放养鱼苗，当年投放鲤鱼苗 2 万条。1959 年，按照中央"工农业生产并举，农林牧副渔全面发展"的指示精神，农场先后建立渔业生产组织，组织干部去济宁、济南学习养鱼技术。在农场 319 亩沟坑内放养鱼苗，当年投放鲤鱼 2.6 万尾，鲫鱼 3.64 万尾，黑鱼 330.9 万尾，南方鱼苗 2 万尾，全年捕捞各种鱼类 3 万余斤。当年开挖大小孵化池 96 个，总面积 3.18 亩，开挖土方 1059.18 立方米，各孵化池的水深均有半米以上。对喂养亲鱼施行人工授精和湖河捕捞鱼苗采卵孵化，全年喂养亲鱼 300 尾（雌鱼 100 尾、雄鱼 200 尾），捕捞鱼苗 369.9 万尾，采卵 1000 万粒，孵化各种鱼苗 800 万尾。同时建立温池，进行冬季孵化。1960 年，养鱼水面 100 亩，放养鱼苗 50 万尾，当年捕鱼 10 万斤，其中出口 8000 斤。

1961—1980 年，渔业养殖面积一直维持在 100 亩左右，渔业生产由农场畜牧队管理，饲养上粗养粗放，甚至只放不养，养殖品种单一，产量低、效益差。1961 年，放养鲤鱼苗 500 万尾，捕鱼 11.6 万斤。1973 年，养鱼 100 亩，捕鱼 5.39 万斤。

1981 年，养殖水面 155.8 亩，投放鱼苗 20 万尾，年内捕鱼 2.5 万斤。

1985 年后，农场开始重视渔业生产，建立渔业生产领导班子，相继购买挖塘机 6 部、挖掘机 1 部，对旧鱼池进行更新改造，新建高产精养鱼塘。1985 年 9 月，投资 108 万元，实施开发水产养殖一期工程，1986 年底建成。开发靠湖的 7 个条田（即 305 条田、306 条田、307 条田、405 条田、406 条田、407 条田、408 条田）共 3377 亩，发展水产养殖业，扩大养殖规模。1987 年，投资 58.25 万元，开挖鱼池 250 亩。1988 年，形成净养成鱼 300 亩，种鱼 50 亩的养殖规模。当年销售鱼 6.5 万斤，实现利润 10.4 万元，比上年增长 73.3％。1989 年，农场开始实施池塘网箱养鱼，由传统养殖逐步向现代集约化养殖过渡。采取多层混养，定时、定点、定量、精心喂养，成鱼亩产量由 300 斤提高至 800 斤，全年生产成鱼 16.1 万斤。

1990 年，水产养殖面积达到 350 亩，养鱼品种除花鲢外，逐步增加草鱼、鲤鱼、团头鲂、银鲫、罗非等鱼种的养殖。1991 年，农场总水面 500 亩，池塘 47 个，养殖面积 220 亩，当年鱼虾产量 13.98 万斤，实现产值 57.22 万元。1992—2000 年，养殖面积基本维持在 220 亩左右，随着集约化养殖比例的增大，水产品产量逐年提高。2000 年，实现水产品产量 24 万斤，创造产值 96 万元。

2001 年，在搞好传统养殖的同时，扩大养殖规模，向特色养殖业和垂钓餐饮经营一体化方向发展。2004 年养殖水面 500 亩，主要养殖鲤鱼、花鲢、白鲢、鲂鱼、鲫鱼、草鱼等品种的成鱼和鱼苗，实现年产量 40 余万斤。

2004 年 7 月，农场与北京客商达成承包协议，将农场 308 条田南半部分鱼池及台田承包给北京客商。总面积 260 亩，承包期 30 年，自 2005 年 1 月 1 日起，至 2034 年 12 月 31 日止。承包费每亩每年 300 元，每 5 年递增 1 次，递增率 20％。合同签订后，预付承包费 10 万元。主要发展观光旅游、特色养殖、休闲度假等观光农业项目。

自 2007 年起，饲养方式从散料饲养改为颗粒饲养、青贮料投放，定期进行消毒，提高了鱼池产量。成鱼池亩产量达到 1000 斤，鱼苗池亩产量达到 800 斤。同年农场申报实施无公害水产品（草鱼）养殖示范区项目建设，投资 210 万元建设规模 300 亩，混养草鱼、鲤鱼、鲫鱼等，年可创利润 35 万元。

2008 年，农场实施精养渔业项目。养殖规模 240 亩，在农场四分场建成 20 亩标准化精养鱼池 2 个，在农场 308 条田建成连片鱼池 200 亩。以养殖花鲢、武昌鱼、鲫鱼、鲤鱼为主，形成年产成鱼 25 万斤的规模，年实现产值 200 余万元。

2011 年，农场投资 5 万元，建成水产养殖场 1 处，水面 13.34 万平方米，引进鲤鱼、草鱼、花鲢、白鲢等品种，当年鱼产量达到 2.6 万斤。2012 年利用一分场和三分场、四分场采煤塌陷地形成的近 4000 亩水面，发展现代渔业生产，深水放养"青、草、鲢、鳙"等四大家鱼 20 余万尾，网箱放养优质鱼苗 100 万尾，年创销售收入 3000 余万元。

2014 年，农场投资 200 余万元，在二分场中心路西部建设国家级水产良种场一期工程，建成土塘 27 个、精养鱼塘 8 个，形成生产水面 250 余亩，成为水产养殖场、渔业观光园基地。水产养殖场、渔业观光园等水产养殖单位，采用池塘精养、网箱饲养和大水面散养等方式，规模化、标准化喂养"四大家鱼"及香鲫等鱼种，重点发展水面立体养殖、网箱养鱼、大水面散养、水生植物养殖及观赏、水上垂钓等多个经营服务项目，举办了渔业文化节。2014 年，销售各类鱼 180 万斤。

2015 年，水产良种场、水产养殖场采用水下养鱼、水上养鹅，鹅粪喂鱼的综合养殖方法，年节约鱼料 20％，形成鹅鱼养殖优势互补模式。2016 年，水产养殖家庭农场采用沼液、猪粪肥水技术，养殖花鲢、白鲢等淡水鱼种，全年销售各类鱼产品 20 万斤；水产良种家庭农场实施基础设施提升工程，硬化生产区道路 1200 平方米，科学喂养，严格管理，做好鱼病防治，降低了养殖死亡率，为无公害水产品生产奠定了基础；休闲渔业家庭农场结合生产实际，新建 4 米×10 米彩钢库房、4 米×4 米工具储物间各 1 处，铺设水泥路面 360 平方米，加高码头 1.5 米，安装高 8 米、臂长 7 米的捕鱼设施 1 套，进一步完善养殖设备设施，全年捕捞销售草鱼、花鲢、白鲢、鲂鱼等近 30 万斤，实现销售收入 90 万元。

2017 年，水产养殖家庭农场在搞好传统淡水鱼种的同时，引进青鱼、鳜鱼、翘嘴红鲌等肉食性鱼类，全年销售各类鱼 16 余万斤，创收 68 万元；水产良种农场通过政府招标方式，承担了太白湖新区、任城区、泗水县、曲阜市、金乡县、嘉祥县、汶上县的渔业增殖放流供苗任务，向各县市区提供鲢鱼、鳙鱼、草（鲂）鱼、鲤鱼等各类优质鱼种 1000 余万尾，创造较好经济效益；休闲渔业家庭农场积极探索虾蟹养殖，实施水芹净水实验，为丰富水产品种做准备，全年销售各类水产品 68 万斤，实现销售收入 240 万元。

2018 年，济宁市辰阳渔业养殖农民合作社养殖花鲢、白鲢等淡水品种，同时放养少量鳜鱼、翘嘴红鲌等食肉鱼类，全年销售鱼类产品 22 万斤；济宁祥瑞渔业养殖有限公司专业合作社全年投放鱼苗 190 万尾、南白对虾 100 万尾、蟹苗 100 万尾，养殖总产量达到 100 万斤。水产养殖家庭农场投放花鲢、草鱼、中科 3 号银鲫共计 5000 万尾，草鱼夏花、微山湖野生鲤鱼夏花 500 万尾，浦江 2 号鲂鱼 60 万尾，总产量达到 40 余万斤。

2019 年，山东济宁南阳湖农场有限公司实施生态高效农业流水槽养鱼项目，系市农业局局和市财政局联合下达的"第一书记和联建农产品基地"财政资金扶持项目，总投资 35 万元，建设生态高效农业流水槽养鱼系统。

截至 2020 年，农场建成水产养殖基地 5000 亩，主要饲养青鱼、草鱼、鲢鱼、鲫鱼、鲤鱼等鱼种，年销售各类无公害鱼产品 500 余万斤。同时，与北湖风景区交相呼应，辐射带动周边的任城区石桥、接庄镇形成 100 余家特色渔家餐馆、生态园，吸引 100 余家投资者，引进外资超亿元，解决劳动力就业 3000 余人，带动形成近 2 万亩范围独具特色的都市生态休闲渔业圈，为推动全市乃至全省休闲渔业发展发挥较好示范带动作用，成为农业部水产健康养殖示范场。

二、内陆捕捞

1956 年后，随着养鱼规模的扩大，农场成鱼捕捞工作逐步展开。为加强渔业生产，农场先后成立渔业队，购置木船、渔网等捕鱼工具，采用传统捕鱼方式，乘船在湖面进行捕捞作业。由于捕捞设备落后，年产量不大，1958 年仅捕鱼 1.2 万斤。

1960 年后，加大渔业投入，先后购置渔轮、渔用捕捞机帆船等机械化捕鱼设备，截至 1963 年底拥有 34 吨渔轮 2 艘（120 马力），34 吨渔用捕捞机帆船 2 艘（120 马力），渔用捕捞木帆船及木船 15 艘（49 吨）。1966 年，捕鱼 8.13 万斤。1967 年，捕鱼 3.96 万斤。

1971 年 4 月，为实施湖上捕鱼，农场购置尼龙网箔 3 具，捕鱼工具增加到尼龙网箔 3 具、竹箔 3 具，提高了湖上捕鱼产量。同时为满足湖上捕鱼生产和交通运输需要，购置载重量 5 吨汽船 1 只，载重量 30 吨木船 4 只。1972 年，捕鱼 2.75 万斤，1973 年，捕鱼 5.14 万斤，1980 年，捕鱼 2.5 万斤。1987 年，鱼总产量 6 万斤，亩产 110 斤。1988 年，总产量 11.68 万斤，其中商品鱼 7.6 万斤，鱼种 4.03 万斤，平均亩产 486 斤。1989 年，总产量 14.5 万斤，其中商品鱼 12.3 万斤，鱼种 2.2 万斤，平均亩产 732.3 斤。1990 年，总产量 16.97 万斤，平均亩产 771.4 斤。

1990—2020 年，捕鱼作业逐步实现机械化。每年捕鱼持续十五天时间，每天捕鱼 15 万斤左右，年捕捞成鱼 225 余万斤。

第八节　农林牧渔服务业

一、农业机械化

南阳湖农场建立后，为实现农业生产机械化，自 1956 年起，先后购置拖拉机、联合收割机、汽车等动力机械。到 1965 年，发展到拥有农用拖拉机 14 台、联合收割机 8 台、载重汽车 1 辆，总动力 830 马力。

1970—1972 年，农场投资 44.66 万元，购置机具设备。购置联合收割机 2 台，联合收割机台数达到 10 台。购买复式脱粒机 1 台，红旗 100 型号拖拉机 5 台，水稻插秧机 20 台，柴油机 8 台，机动车辆 37 辆。

1973 年，农场农业机械总动力达 3.28 万马力。其中，耕作机械动力 952.5 马力，排灌机械动力 1208.7 马力，运输机械动力 565 马力，收获机械动力 555 马力。机引机械：拥有机引犁 16 部、机引耙 19 部、机引播种机 12 部；耕作机械：拥有农用拖拉机 24 台，总动力 849 马力，手扶拖拉机 1 台，动力 12 马力；动力机械：拥有水稻播种机 24 部，总动力 97.5 马力；排灌机械：拥有柴油机 15 台，总动力 170 马力，电动机 12 台，总动力 999.6 马力，汽油机 5 台，总动力 17.5 马力，农用水泵 18 台；收获机械：拥有联合收割机 10 台，总动力 435 马力，机动脱粒机 3 台，总动力 120 马力；运输机械：拥有汽车 7 辆，总动力 565 马力，机动运输船 1 艘，总动力 60 马力；植物保护机械：拥有机动喷雾器 4 部，总动力 6 马力；半机械农具：拥有人力脱粒机 19 部，胶轮大车 15 辆，胶轮地排车 269 辆，胶轮手推车 4 辆，人力喷雾器 120 部，扬场机 8 部。

1974 年，农场购置水稻插秧机 20 台，手扶拖拉机 1 台。1980 年，农场拥有拖拉机 30 余台，联合收割机 10 台，载重汽车 9 辆。

1987—1990 年，为适应精种高产、提高复种指数要求，农场利用农场自筹资金和更新改造资金先后投资 130 多万元，新购进挖掘机 1 台，大马力联合收割机 2 台，东方红 802 拖拉机 4 台，施耕耙 9 台，24 行播种机 8 台及喷灌机等，保证作业质量，提高工作效率。1990 年底主要机器设备有拖拉机 36 台，收割机 15 台，载重汽车 4 辆，机床 9 台。

1991 年 5 月，农场自行设计制造 4.4 千瓦（6 马力）多功能手扶拖拉机。1994 年，投资 15 万元，购置大豆收割机、秸秆粉碎机、V 形开沟机、大豆脱粒机、小型挖掘机等。1991—1995 年，在原有农机设备基础上，农场新增大中型农机具 28 台（套），总投资 140.2 万元。

到 2000 年底，拥有大、中、小型拖拉机 32 台，耕、耙、播农机具 28 台套，大型联合收割机 14 台，汽车 10 部，农业机械总动力 4210 千瓦，基本实现耕、耙、播、收、运机械化，机械化率达到 90％以上。

二、农业服务业

南阳湖农场重视农业服务工作，在农业技术、良种培育、农田水利、政策支持等方面，为农场承包者和社会提供产前、产中、产后服务。

（一）推广农业技术

南阳湖农场的农技推广工作一直由总场农业科负责。1988 年种植西瓜时，场里专门从潍坊和菏泽聘请了技术员做全程指导，同时供销科有偿供应农药、种子和化肥，协助销售西瓜等产品。1996 年土地个人承包后，职工可以到农场的农资服务部门购买农资，也可以到农村或城市自主购买农资。1999 年实施小麦良种繁育工程后，由农场良种中心考察适应市场需求的品种，负责引进小麦良种。农业科进行技术指导，农技人员在整个生产管理中，深入田间地头调查研究，做好病虫害的预测预报和生产指导工作。在生产管理的各个环节及时发放技术管理明白纸，指导推广测土配方施肥、土壤封闭处理、茎叶处理、化学除草、节水灌溉、秸秆生物反应堆等配套新技术，并在农闲时节举办农业职工技术培训班，提高职工科学种植水平。1987 年后，农场推广配方施肥技术，根据土壤肥力测定和作物需求量，做到施肥科学合理。推广地膜覆盖、化学除草和大豆苗期施肥新技术。小麦、水稻、大豆、西瓜全部实行化学除草，面积达 2.3 万亩次；大豆苗期施肥 1.1 万亩。通过增加农业投入和科技推广应用等措施，1989 年，农业盈利达到 151 万元，占全场总利润的 84.3％。2000 年后，投资 360 多万元，在农业生产中大力示范推广滴灌、微灌、自然养猪法，秸秆生物反应堆，大中型沼气站及秸秆综合利用等多项现代农业新技术。

（二）提供优质粮种

严把种子质量关，贯穿于"七统一"管理措施中，从田间去杂、机械收割、场间晾晒、种子运输到入库贮存，严格把关，全程监管，落实措施，确保生产的标准化和规范化。每年向社会提供良种 1200 万斤以上，辐射周边 4 省 30 多个县市区，信誉良好。新《中华人民共和国种子法》颁布实施后，农场充分发挥种子生产优势，加大种子生产、繁育推广力度，积累种子生产的宝贵经验。农场拥有经省级农业主管部门考核合格的种子检验人员 4 名，专业种子生产人员 88 名，其中高级农艺师 12 名、农艺师 33 名、助理农艺师 2 名，种子加工技术人员 2 名，专业仓储保管人员 2 名。拥有种子仓库 35 个，仓容面积 1386.24 平方米；水泥晒场 35000 平方米，土晒场近 5000 平方米。具有合格种子检验室 1 套，建筑面积 90 平方米；种子检验制度健全，水、电、控温设施齐全，检验仪器能满足种子水分、净度、发芽率、纯度等主要检验项目要求。

（三）强化水利设施建设

累计投入资金 3760 多万元，农业基础设施建设水平显著提升。投资 2600 多万元，扩建总公司 308 排灌站、408 排灌站，增加机械动力 320 千瓦，排水总动力达到 1400 千瓦，排水能力达到 17 立方米/秒。2000—2003 年，新打 50 米深水机井 100 眼，新建混凝土生产路面 5600 米；农田沟渠清淤 2.7 万米，新挖沟渠 5800 米；新建涵管桥 36 座，维修涵闸 291 处。投资 800 多万元，推广种子输送机、大棚卷帘机、秸秆打捆机、农用粉碎机、马铃薯播种机等农用机械 326 台（套），农业机械化综合水平达到 92%。2004 年后，国家加大农田水利改造力度，每年给南阳湖农场拨款 50 万元，用于疏浚排水沟、维修桥涵闸、打机井，保障农业生产需要，增强农业抵御自然灾害的能力。

（四）提供农机服务

1996 年前，农场实行集体承包，4 个分场都配有机务队，实行承包制，按照农田机械作业系数提取作业费，年底统一结算，自负盈亏。在农机作业上，实行统一使用、统一调配，确保不误农时。推行定人员、定任务、定质量管理办法，为农户提供优质、标准化服务。为照顾本场机务队，一般不用外来机械，但由于机械数量有限，造成田间作业时间长，延误农时，影响粮食产量。1996 年后，有积蓄的家庭农场开始购买农机具，除自己使用外，还可以给其他家庭农场提供有偿服务。随着农村经济发展，农场周边部分农户开始购买拖拉机、播种机、大型联合收割机等农机具，在满足自己使用的同时，向社会提供农机服务，业务波及农场种植户，分场机务队面临巨大市场竞争挑战。由于分场机务队机械老化，到 2000 年，4 个机务队除 1 个维持运作外，其余 3 个亏损严重，被迫解散。农场机务队解散后，农场农机服务业务主要由农村和农场的私人机械承担，基本满足农场需要。小麦收割完成时间由原来 10 余天缩短为 3 天。农村剩余劳动力也为家庭农场用工提供便利，农机具服务市场和劳动力市场构建起完备的社会化服务体系。

（五）争取政策支持

积极争取各级各部门各类扶持政策，用足用活农业产业化升级发展政策。在市级农业产业化重点龙头企业基础上，积极争取上级部门产业化升级发展政策，2010 年 6 月，成功升级为省级农业产业化重点龙头企业，为推进农业产业化进程奠定坚实基础。用足用活国家产业扶持政策，2008 年争取到山东省生物质能源产业提升工程政策，2009 年农场争取到中央扩大内需政策，先后争取国家、省、市农垦企业农业产业化发展研究扶持资金

340 万元。南阳湖农场作为国有农垦企业，有资格享受种植直补、粮种补贴、综合补贴、农机补贴等国家强农惠农政策。积极争取到国家强农惠农政策资金 698 万元，全部发放到职工农户（职工家庭农场）手中，调动职工农户产业化生产经营的积极性。同时，农场还争取国家渔业观光基金、生猪扩繁建设项目资金等。

三、畜牧服务业

农场在搞好畜牧养殖的同时，注重畜牧服务业发展，为周边农村乃至全市畜牧业提供饲料供应、良种繁育、技术指导等服务。

饲料供应：农场建有年产 6 万吨的饲料加工厂，能够按照畜牧养殖业要求提供优质混合饲料。

良种繁育：农场建有种猪场、家禽孵化场等，在满足本场养殖需要的同时，为社会提供畜牧良种。

技术指导：农场配备畜牧专业技术人员，在畜牧养殖、饲养管理、繁殖技术、疾病防治等方面提供全方位服务。先后推广人工授精、雌雄鉴别等技术。

四、渔业服务业

（一）提供优质鱼种

农场建有水产良种场，每年生产一批优良鱼种，除满足自养需求外，还能向社会提供优质鱼种。先后承担太白湖新区、任城区、泗水县、曲阜市、金乡县、嘉祥县、汶上县的渔业增殖放流供苗任务，每年向各县市区提供鲢鱼、鳙鱼、草（鲂）鱼、鲤鱼等各类优质鱼种 1000 余万尾，创造经济效益 100 余万元。

（二）提供养鱼饲料

农场建有饲料加工厂，能够按照鱼的品种、规格、食性及营养需求等，科学配置、加工生产各种类型的颗粒饲料，满足客户不同需求。农场每年向社会提供鱼饲料 200 万斤，为济宁渔业生产提供饲料支撑。

（三）提供养殖技术

依托科研站和渔业养殖场，总结研究积累了池塘养殖成鱼经验。在清塘消毒、放养规格、立体养殖、饲料混配、鱼病防治、水体保护等方面为养殖户提供技术服务。

（四）提供休闲服务

1994 年 3 月，农场投资 30 万元建设老年钓鱼娱乐场，集疗养、锻炼、旅游、垂钓于一体，活跃老干部生活，为济宁老干部提供服务。2010 年 8 月，济宁市南阳湖农场休闲渔业示范基地建成，占地面积 1000 亩。建有观光栈桥 1 处，游钓码头 2 处，及水上游乐园、水上综合馆等。拥有游钓鱼船 10 艘，垂钓区 200 亩，精养鱼塘 400 亩，观赏鱼网箱 3000 平方米，是一个集生态养殖、垂钓体验、休闲娱乐、商务餐饮、观光购物等多种功能于一体的休闲渔业园，不仅有垂钓体验、渔家乐、渔家餐饮等优势主导产业，还建设了 300 米的文化长廊，设置有儿童摸鱼体验区以及鱼鹰捕鱼观赏项目；在池塘生态养殖区和湖泊养殖区开展以池塘、网箱喂鱼、拉网捕捞、划船等体验为主的"做一天渔民"活动。2012 年被省农业厅命名为全省现代休闲渔业园区。2013 年 2 月，被授予"全国休闲渔业示范基地"称号，成为山东省 5 家获此荣誉的单位之一。截至 2020 年，休闲渔业示范基地年游客流量达到 10.8 万人次，实现休闲渔业经营性总收入 1100 多万元，利润 300 多万元。

第四章　第二产业

第一节　工业概况

1958 年 6 月，为响应积肥运动，解决农田肥料不足的问题，农场成立了国营南阳湖农场附设肥料厂，农场工业开始起步。本着就地取材、就地制造的原则，设土肥、颗粒肥、细苗肥 3 个车间，生产过磷酸钙、颗粒肥料、细苗肥料、尿素等。当年生产过磷酸钙 80 万斤，颗粒肥料 80 万斤，细苗肥料 15.5 万斤，尿素 4.93 万斤。

1970—1972 年，为解决农场机械修理问题，发展农副产品深加工项目，农场相继成立了南阳湖农场修造厂、面粉加工厂、造纸厂、造酒厂。1975 年 12 月以农场修造厂为基础，组建南阳湖农场修理厂。

1980 年，农场对农场造纸厂、农场造酒厂进行扩建。1981 年，改扩建面粉加工厂，新建挂面厂、饼干厂、酿酒厂、酱油厂、水泥厂、饲料加工厂；1983 年，筹建饲料加工厂。1985 年 10 月，农场水泥厂年生产能力达到 1000 吨。1987 年 11 月，组建南阳湖农场食品厂。1988 年后，除对农场修理厂、水泥厂、米面加工厂、饲料厂部分设备进行更新改造外，1989 年 7 月成立南阳湖农场机械加工厂。1992 年，实现工业总产值 1000 余万元，实现利税 100 余万元。

1995 年 5 月，根据济宁市政府的要求和国营南阳湖农场的经济状况，农场决定改造扩建济宁修理厂。1996 年 8 月，山东济宁南阳湖农场调料厂成立，注册资本 15 万元人民币，主要经营生产销售调料。

1999 年，针对厂办工业规模小、产品技术含量低、竞争力差等实际情况，农场实行集体承包、租赁经营等方式，扩大厂办工业自主权，增强工业企业活力。2001 年，农场实现工业总产值 101 万元。由于经营不善等诸多原因，2002 年后，农场部分工业企业先后停产。

2008 年 7 月 24 日，为促进农场更好更快地发展，经党政联席会议研究，决定恢复启动机械加工厂、饲料厂、面粉厂，新组建生态养殖有限公司、节能材料有限公司、秸秆加工厂。同年，农场为生态养殖有限公司、节能材料有限公司募集职工资金 617.7 万元，为股份制公司发展提供资金支持。

2009年，农场按照"全党抓经济，全民抓创业，重点抓项目，突出抓工业"要求，围绕"工农结合、转型强场"战略定位，培植强化工副产业项目，突出秸秆加工厂、节能建材公司、面粉加工厂、饲料加工厂、机械修理厂的建设发展，农场在资金投入、创业指导、技术创新、发展环境等方面加大扶持力度，提升工副业项目市场竞争力，年创产值1161万元。

2010年后，农场相继成立山东济宁南阳湖农场肉联厂、济宁赛德丽节能科技有限公司、山东南阳湖新材料有限公司、济宁南阳湖工贸有限公司、济宁南阳湖农场秸秆加工厂、济宁南阳湖农场农产品加工厂等企业。大力弘扬工匠精神，全面落实工业强场战略，工副业产品档次与质量逐步提升，市场占有率不断扩大。2017年，相继开发实木门、复合门、窗扇等新产品5个，完成香油、咸鸭蛋、卤肉制品的SC认证，农场获得山东老字号企业称号，工副业经营收入3700万元。

截至2020年，农场拥有节能建材股份有限公司、秸秆加工厂、机械加工厂、面粉厂、饲料厂等企业，年实现产值4000余万元。

第二节　工业制造

农场工业制造业涉及面粉加工、饲料加工、秸秆加工、食品加工、机械加工、果蔬加工等产业，其产值占农场工业的80%以上，在农场发展的不同时期，工业生产作为农场经济的重要补充，为支撑农业经济发展做出了重要贡献。

一、面粉加工

1971年3月，农场成立面粉加工厂。购置磨面机4台，小型组合清理机1台，进行面粉加工生产，班产（8小时）面粉6000斤。同年4月，购置洗磨机1台、拉丝床1台，提高了面粉质量。1972年，投资2.94万元，扩建面粉加工厂，生产能力扩大为每班产面粉6000～7000斤。1980年投资5万元，增加加工设备，实施精粉加工项目，形成加工精粉200万斤、标粉400万斤的生产能力，同时加工挂面、烧饼等。1987年，投资20万元，对仓库进行改造、整修、扩大，新增挂面、饼干生产线，年实现利润10万元，同时解决农场待业青年100人就业问题。1995年10月，投资70万元，新上面粉加工成套设备，扩建厂房、配套电器设备，形成日加工原粮8万斤的生产能力，开始生产高标准特一、特二粉。1999 年，实施租赁经营，企业效益逐年提高。到 2000 年，企业发展到占地面积 6000平方米，建筑面积 3500 平方米，拥有固定资产 1800 万元，年加工销售各类绿色面粉 900万斤，实现产值 816 万元。2002 年停止生产。

2008 年 7 月，农场恢复启动面粉加工厂。启动时企业拥有面粉加工车间 1300 平方米，加工机械完好，加工工艺先进，产品检测仪器完备，配套设施齐全、日生产能力 15万斤，具备规范化生产的条件。为强化农场"菱荷"牌产品质量安全保障，按照"生产可纪录、信息可查询、流向可追踪、责任可追溯"的要求，严格源头监管，确保小麦标准化生产，建立面粉生产技术档案，推行全程动态监管体系，运用食品生产、加工、储运、包装等安全技术，真正让老百姓吃上放心食品。2009 年 3 月，筹备农垦农产品质量追溯系统建设项目，同年 6 月，根据国家农垦农产品质量追溯系统建设要求，申请实施农垦农产品质量追溯系统建设项目，成为山东省农垦系统首家实行农产品质量追溯系统建设单位。该项目总投资 341.95 万元，其中利用国家财政资金 310.35 万元，农场自筹 31.6 万元。从小麦种植、仓储到面粉加工均实行实名责任制，生产过程中不添加任何添加剂，以保证产品的质量。2009 年"菱荷"牌无添加一级、二级面粉获得 QS 证书。2010 年，改进生产工艺，加大新产品研发力度，农场生产的"菱荷"牌无添加特一级、二级面粉顺利通过国家绿色食品认证，当年生产绿色面粉 30 万斤，实现销售收入 118.7 万元。2011 年，生产销售绿色面粉 100 万斤，实现销售收入 150 万元。积极开拓销售市场，2014 年，生产销售各类面粉 48 余万斤，实现销售收入 100 余万元。

二、饲料加工

1983 年，农场筹建饲料加工厂。本着节约精神，利用农场原有 6 间旧房（120 平方米），作为加工用房和饲料库，对原旧粉碎机进行改装。投资 7.5 万元，新增搅拌机 1 台，电机 3 台。1992 年。投资 21.76 万元，扩建厂房 13 间，更换饲料搅拌机 1 台。2000 年后停止生产。

2008 年 7 月，围绕延伸完善农业产业链，促进农产品增值转化，农场决定恢复启动饲料加工厂。注册资金 1000 万元，注册商标"南阳湖"牌。2008 年 8 月开工建设，2009年建成投产。企业占地 9000 平方米，拥有国内先进的混合饲料生产线，化验、检测仪器配套齐全，年生产能力达到 400 万斤。除满足本场日常所需外，"南阳湖"牌复合饲料销往济宁周边各大养殖场。2010 年，投资 37 万元，新上全价饲料生产流水线 1 套，生产能力日产优质全价饲料 1.6 万斤，全年加工全价饲料 686 余万斤，实现销售收入 873.5 万元。2011年，加大畜禽全价饲料、复合预混料生产规模，在保证本场饲养需求的同时，不断开辟周边市场，全年生产销售各类饲料740万斤，实现销售收入1150万元。2014年，实施饲料厂改造提升工程，颗粒饲料生产设备投入运营，生产效益明显提高，全年生产猪、鸡、鱼等各类饲料600余万斤，实现销售收入1200万元。2016年，为确保畜牧养殖家庭饲料需求，农场6条喂料系统正常运行，饲料厂增设家庭农场改装料线系统，加装刮板机，购置料车，生产的全价料直接进入料车罐，操作简便，运行平稳，节约了生产成本。各生产线布局合理，技术趋于成熟，产品质量和生产效益显著提高。全年生产各类饲料800余万斤，实现销售收入1000万元。2017年，调整饲料原料，改进配方工艺，进一步提高饲料品质，全年生产销售猪料、禽料、羊料等920万斤，实现销售收入1200万元。

三、秸秆加工

1972年1月，为解决副产稻草、麦秸1000余万斤的处理问题，农场投资120万元新建南阳湖农场造纸厂，生产规模为日造纸1万斤。

2008年7月，立足发展生态经济、循环经济，充分利用农场及周边乡村秸秆资源，农场成立南阳湖农场秸秆加工厂，开始建设秸秆（固化）成型燃料示范项目。建设生产加工车间800平方米，成品仓库2700平方米；购置成型压块机6套，揉搓机6台，粉碎机6台。项目投资463.5万元，其中补助资金150万元，农场自筹313万元。项目建设时间1年，项目建成后，可利用农场农作物秸秆1440万斤，年生产燃料秸秆煤1200万斤，年收入300万元。

2009年，农场利用北京建科创新技术中心秸秆板加工技术、设备，将农场农作物变废为宝，生产加工聚合人造门、聚合环保板材、防火板、玻镁板、菱镁建材、秸秆瓦、镁质瓦、彩瓦等秸秆板系列产品。工艺技术达到国内生产领先水平，产品符合JC688-2006国家行业标准，为国家推广的建筑绿色环保材料。2009年，生产加工秸秆板系列产品260万平方米，实现销售收入2080万元，利润270万元，就地消化农作物秸秆300万斤，为农场职工家庭增收45万元。同时带动运输、机械加工等产业发展，减少秸秆焚烧对大气的污染。2009年12月，农场秸秆加工技术申报市农业产业化扶持项目。2010年，加工装饰板2万余平方米，彩瓦4600余块，实现销售收入49.5万元。2011年，投资22万元，新建钢架结构车间846平方米，生产规模进一步扩大。全年加工生产各类建材产品54.3万平方米，实现产值90万元，实现销售收入43.7万元。

2013年4月，农场与济南盛新材料有限公司合作，联合注资2000万元，在农场秸秆加工厂基础上共同组建济宁南阳湖新材料有限公司，生产防火门芯板、防火保温板等新型建材，设计规模为年产新型建材 1 万平方米。同年 7 月建成试生产，新型建材投放市场后受到建筑单位和业主客户好评，当年实现销售收入 300 万元。

四、食品加工

20 世纪 60 年代初期，农场成立食品加工车间，开始食品加工和季节性生产。当时仅有加工房 3 间，设备简陋，年加工食品 3 万余斤。后移至原松花加工室，加工房屋增加到 6 间。1965 年，组成专业班子，聘请技术老师，坚持常年生产，年产量达到 15 万斤。先后投资 7730 元，架设高压线 1550 米，安装自来水管 210 米，在保障食品生产供电用水问题的同时，解决酒厂、酱油厂、榨油房用电供水问题。1973 年，生产松花蛋 29.16 万个，面粉加工 160 万斤，碾米 120 万斤，制酒 3.3 万斤，生产酱油、食醋 4.1 万斤，实现农副业产值 12.57 万元。1978 年，加工松花蛋 5.2 万个。

1987 年 11 月，农场组建南阳湖农场食品厂，在继续做好咸鸭蛋、松花蛋、豆芽、豆腐、石磨面条、石磨香油、麻酱、肉制品等农副产品生产加工的同时，研发特色风味水饺、肉腌制品等产品，深受消费者喜爱，全年实现销售收入 420 余万元。1993 年停产，其人员分流安置到其他单位。

1996 年 8 月，南阳湖农场酱菜调料厂成立，注册资金 15 万元，主要经营生产销售酱油、黄酱、食醋等调料。酱菜调料厂建设项目为济宁市农委确定的经营一体化示范项目，工程建设分两期进行，第一期投资 47 万元，其中政府拨款 25 万元。1996 年 6 月开始兴建，同年 8 月建成投产，形成年产 60 吨生产能力。1997 年年初，投资 50 万元，扩大黄酱生产规模，年生产规模达到 500 吨。1997 年，生产销售豆瓣酱 62 吨，黄酱 125 吨，食醋、酱油、套油等 250 吨，豆腐乳 10 吨，咸菜 117 吨，实现销售收入 61 万元，实现利税 23 万元。2000 年，生产酱油、豆瓣酱等 35 吨。2001 年后，停止生产。

2012 年，农场恢复农副产品加工业，投资 100 余万元，新上小磨香油、石磨面粉、真空咸鸭蛋、风干鸭、食用肉丸生产线，试运行效果良好，累计创收 150 余万元。

2015 年 4 月，济宁南阳湖农场农产品加工厂注册成立，主要经营蔬菜销售；风干鸡、鸭、鱼禽蛋加工销售；石磨面粉、挂面、杂粮、香油的加工销售。2015 年，加工厂顺利完成香油 QS 认证，中国商品条码认证及香油坊升级改造工作。2016 年，农产品加工业实行家庭农场经营模式，推行标准化生产。农副产品加工家庭农场新建加工车间 1216 平方米，完成部分产品设备的搬迁工作；风干鸭家庭农场新建生产车间 480 平方米，于当年 5

月建成投产，主要产品有风干鸭、风干鸡、腊肉、香肠、扒鸡、醋辣鱼等。除供应专卖店外，还开辟网上销售渠道，全年实现销售收入37万元。2017年，开足马力生产，全年生产小磨香油1万千克，真空咸鸭蛋10万余枚，松花蛋3万余枚，顺利完成香油、咸鸭蛋、卤肉制品的食品生产许可（CS）认证。

2010年3月，农场投资59万元，新建南阳湖农场肉联厂，开始经营生猪屠宰，年加工能力生猪6万头，形成生猪繁育、饲养、屠宰、销售一条龙生产经营格局。2011年11月，新上猪下水熟食生产线和猪肉水饺加工生产线各1条，延长了产业链条。2012年，屠宰加工生猪2300余头，实现毛利46余万元。2015年，肉联厂屠宰加工无公害猪肉产品15.4万千克，实现创收350万元。2016年，屠宰加工无公害生猪产品12万千克，实现创收300余万元。2017年，保持平稳运行，全年屠宰加工生猪1300头，实现销售收入200余万元，创造经营利润30余万元。

五、机械加工

1956年，农场成立维修车间，负责农场内部农机具的维护维修。随着计划经济向市场经济的转变，服务范围由以内维修为主逐步扩大为对外加工维修。1975年12月，组建南阳湖农场机械厂。1993年，与山推总厂联营建立油缸生产线，当年生产油缸600只，产品合格率90％以上，创造产值24万元。机械厂实施定额承包，调动职工积极性，自行研发制造行磨机4台，新增外磨机1台，生产太阳能热水器45台，外协生产平行磨800只，实现产值49.3万元，实现利润1万元。1995年5月，投资16万元，改造扩建农场机械厂。购置车床1台、圆磨床1台，扩大了油缸生产规模。通过技术培训和质量管理，农场生产的油缸被列为A级产品，合格率达到99.2％。1995年7月，根据生产和发展需要，农场将原设在济宁的汽车修理厂迁至场区机械厂。截至1995年年底，厂区占地9600平方米，建筑面积3000平方米，固定资产原值230万元，职工180人，其中工程技术人员13人，拥有主要机械加工设备26台（套），与山推总厂、小松山推合资公司配套产品涉及3个系列、13类40余种，年实现加工产值230万元，全年企业实现利税16万元。1998年，农场从基础管理入手狠抓现场管理，各车间工卡量具实行定点存放，改变车间脏、乱、差局面。成立民主管理小组，企业重大决策须经民主管理小组讨论通过，调动职工参与决策、民主管理的积极性，确保了企业管理提升和效益提高。1998年，完成工业产值110万元，实现销售收入66万元，上缴税金11万元。1999年农场在与山推总厂搞好技术合作的同时，依托自身技术、设备优势，多方筹措资金，扩大生产规模和产量，当年生产各种型号油缸 2000 只，实现工业产值 110 万元，实现利润 17 万元。2003 年，在企业内部推行"一人牵头、集体承包、独立核算、自负盈亏、按月上缴利润"的管理办法，实行计件工资制，极大地调动了职工积极性，工作效率提高 40％以上；狠抓工艺和质量管理，原材料消耗大幅降低，产品质量稳步提高，交货正品率和计划完成率均达 100％。全年生产油缸 4000 只，完成产值 165 万元，实现销售收入 136 万元，实现利税 18.7 万元。截至2004 年，拥有职工 22 人，主要生产 154－30、1141、16Y－40－11140、175－30－24222、10Y－40－12300 等型号推土机油缸，为山推总厂协作单位，年创产值 200 余万元。2005年后，停止生产。

2008 年 7 月，农场恢复启动机械加工厂。依托原机械修理厂生产油缸、修理农用机械的条件，重新整合生产设备和专业人才，对农场新上工业、设施农业、园区建设项目的机械材料加工施工等进行承揽和运作。在降低农场项目建设成本的同时，提升了农场整体效益，当年实现产值 36.2 万元。2014 年，机械加工厂优化重组为工贸公司，主要业务由机械材料加工施工转向建筑建材行业。

六、果蔬加工

2010 年 9 月，农场新建果蔬加工厂。农场蔬菜基地所产各类蔬菜经果蔬加工厂精选、加工、包装，由农场配送中心配送到济宁市区各农场专卖店和批发市场进行销售。

第三节　建　筑　业

农场建筑业主要涉及建材生产、建筑工程、园林绿化工程承建等，1985 年开始起步，到 2020 年，先后建立南阳湖农场水泥厂、济宁赛德丽节能科技有限公司、山东南阳湖新材料有限公司、济宁南阳湖工贸有限公司、山东南阳湖农场工程建筑队、山东南阳湖市政园林有限公司，主要生产经营水泥、水泥预制品、圆钢、节能砖、铝合金门窗、新型建筑涂料等。

一、建材

（一）水泥

1978 年，农场成立水泥车间，当年生产水泥 268 吨。1981 年 6 月，组建南阳湖农场水泥厂，年生产能力 1000 吨，产值 10 万元，职工 10 人，仅有 1 米×3.5 米球磨机 1 台，破石机与立窑不配套，不能连续生产。1985 年 6 月，经省农垦局同意扩建水泥厂，总投资 10 万元，新建厂房、晒场，新增 1.2 米×4.5 米磨石机 2 台、400 毫米×600 毫米磨石机 1 台，同年 10 月建成日产 30 吨水泥生产线，形成年产 2000～2500 吨水泥生产规模。1993 年，水泥厂与市农业局合资兴建轧钢厂，同年 4 月动工兴建，7 月建成投产，形成年产圆钢 3000 吨的生产能力。固定资产投资 50 万元，占地 5 亩，总建筑面积 450 平方米，干部职工 30 人。当年生产圆钢 400 吨，实现产值 120 万元，实现利润 45 万元。1994 年，投资 80 万元，实施轧钢二期工程，增加线材生产设备及检测仪器，扩建生产车间，新建检测化验室。同年 5 月竣工投产，年生产规模由 3000 吨扩大到 8000 吨。1998 年 6 月，农场考虑到水泥厂停产多年，厂房摇摇欲坠，存在重大安全隐患，为盘活资产充分利用闲置土地，决定拆除水泥厂厂房设备，改建种子加工厂。总投资 400 万元，建筑面积 7601 平方米，其中生产车间 384 平方米，仓库 495 平方米，附属建筑物 1722 平方米。

（二）节能砖

2008 年 7 月，山东济宁南阳湖节能建材有限公司成立，向农场职工公开募集资金，按照正场级 5 万元、副场级 4 万元、正科级 3 万元、副科级 2 万元、一般职工 1 万元的出资限额自愿缴纳。同年 9 月公司注册，注册资金 500 万元。投资 500 万元，筹建年产 3000 万块空心砖生产项目，引进具有先进技术的生产设备，利用煤渣、煤矸石、水泥等原料，加工黏土砖升级换代环保产品，10 月投产。2009 年，投资 70 万元，新建生产线 1 条，形成 2 条生产线的生产规模，可生产空心砖、标砖、行道砖、路面彩砖、植草砖、护坡板等环保建筑材料。当年实现产值 300 万元，实现利润 30 万元。2011 年生产的空心砖、植草砖、护坡板等建材产品，在满足农场观光农业园、畜牧观光园、果蔬基地等重大建设项目的基础上，积极开拓市场，取得较好经济效益。全年生产各类环保建材产品 890 余万块，实现销售收入 260 余万元。2012 年，在搞好原有产品生产同时，新上 U 型槽生产线 1 条，全年生产各类建材 200 余万块、U 型槽 4000 余米，实现销售收入 200 余万元。2015 年，为配合复垦工作，节能建材公司顺利搬迁至三分场，完成新厂房建设及设备购置安装并进行试运行。2016 年，加快新产品研发，先后研发生产路沿石、20 厘米×10 厘米面砖、八字砖、曲面砖、空心砖等新产品，较好满足市场需求，全年实现销售收入 120 余万元。2017 年，在搞好建材产品生产同时，积极承揽有关工程，先后承揽种猪场家庭农场路面硬化、畜牧养殖公司铺沟护渠、观光园附着物丈量等工程，确保了年度收支平衡。

（三）保温板

2012 年 12 月，济宁赛德丽节能科技有限公司成立，注册于梁山县韩垓镇开河南村南

600 米路西，注册资金 1000 万元。由山东赛德丽漆业有限公司、山东济宁南阳湖农场合资兴建。其中山东赛德丽漆业有限公司占股 51%，山东济宁南阳湖农场占股 49%。双方联合出资 2000 万元，企业占地 50 亩，设计规模为年产建筑一体化保温板 200 万平方米。2013 年 9 月，完成土地、环评、工商、税务、施工设计等前期手续，同年 10 月，完成 1.3 万平方米厂房建设和设备引进组装工作，年底进行试运行。2014—2015 年，先后开发研制保温一体化装饰板、保温挤塑板、聚合物砂浆等产品，在满足职工新宿舍楼建设需要的同时，进一步拓展产品市场，特别是保温一体化装饰板以其集装饰、保温于一体的特性深受市场青睐，全年生产各类节能材料 16.8 万平方米，创造销售收入 3500 万元。2016 年，积极推动产品转型，对原保温一体化生产线进行改造，转产实木门、复合门、窗扇等新产品。新产品具有不变形、不开裂、坚固耐用、保温性能好等优势，受到消费者青睐，市场前景十分广阔。2017 年，面向市场，积极推动产品转型，对原生产线进行升级改造，开始生产保温模板新产品，并顺利通过环评、质检和产品认证。截至评估基准日 2020 年 5 月 31 日，企业总资产：账面价值 1343.82 万元，评估价值 1507.97 万元；企业总负债：账面价值 1116.94 万元，评估价值 572.29 万元；净资产：账面价值 226.88 万元，评估价值 935.68 万元。2020 年 8 月，山东济宁南阳湖农场有限公司挂牌转让其 49% 的股权，转让底价 458.48 万元，保证金 50.00 万元，挂牌日期：2020 年 8 月 19 日至 2020 年 9 月 15 日。

二、建筑

（一）建筑工程

1985 年 5 月，农场建筑公司成立。拥有固定资产 12 万元，技术人员 9 人，职工 50 余人。先后承建蒋林小区 11 号楼、禽肉罐头厂 100 吨水塔等，建筑面积达 2 万平方米。1989 年，农场建筑公司由社会化经营转向农场内部施工，名称变更为农场建筑队。2008 年 6 月，山东济宁南阳湖农场建筑工程队成立，注册资金 600 万元，主要从事房屋建筑工程施工。

2013 年 8 月，山东济宁南阳湖工贸有限公司注册成立，主要从事节能砖生产技术研发，铝合金门窗组装销售，安装销售门窗、饲料、水果、建筑材料（不含木材）、农机配件、农业生产资料（仅限于农场本系统内部销售）、水泥、水泥预制件、苗木、花卉，水产及畜牧养殖技术推广服务等业务。自 2014 年起，围绕职工水运雅居生活区建设工程，积极开展门窗加工安装配套服务，生产中严格按照加工、安装工艺流程操作，确保了职工新宿舍建设质量，全年生产加工各类门窗 1 万余平方米，实现创收 488 万元。2015 年，先后完成节能建材公司、畜牧养殖公司的新厂房和都市农业体验园农副产品加工车间的建设任务，年创收 400 余万元。2016 年，除承接水运雅居小区职工宿舍百叶窗安装等配套工程外，还完成菏泽单县泰信花园小区窗户安装工程，实现经营收入 710 万元。2017 年，积极承揽各类工程，先后承揽水运雅居小区门球场与自行车车位、种子公司钢结构选种车间、农场 500 平方米钢结构外跨车间、旅游观光船铝合金门窗、济宁实验中学艺体楼2500 平方米断桥铝热合金门窗等工程，保质保量按时完成。2018 年，承揽济宁实验中学艺体楼窗纱纱扇与玻璃安装，水运雅居小区地下管道安装，14 栋宿舍楼屋顶威卢克斯窗改造及所有楼层防火门安装改造，四分场智能温室铝合金门窗安装等工程。

（二）园林工程

2008 年 8 月，农场组建南阳湖农场园林绿化工程公司，在搞好农场内部绿化工程的同时，向外承揽绿化工程。先后承揽任城园林局绿化、鸿顺运河城绿化和北湖湿地养护等10 余个园林绿化工程。2015 年，园林绿化工程公司绿化资质由 3 级升为 2 级，相继承接鸿顺观邸一期、高新区西浦路、人民医院东院区、任城区苇子河绿化等工程，全年实现经营收入 750 万元。2017 年，先后承接农场沼气输送管道铺设、场区路面硬化、场景观绿化、太白楼花箱安置、红星路绿化补植、人民医院西院区等工程 12 个，工程金额 110 余万元。

2018 年 11 月，农场撤销南阳湖农场园林绿化工程公司，注册成立山东南阳湖市政园林有限公司，注册资金 1116 万元，主要从事市政工程、园林绿化工程施工与养护等。先后承接鸿顺观邸二期、人民医院西院区、水运雅居景观绿化、农场四分场土地复垦等工程，工程金额 2600 余万元。

（三）水利工程

2008 年 6 月，山东济宁南阳湖农场水利工程队成立。围绕现代农业基础设施建设搞好配套服务，承揽农场复垦前期准备工程、农田水利整修工程、道路修建等工程，年实现创收 400 余万元。

第五章　第三产业

第一节　道路运输

　　1958 年之后，国营南阳湖农场为减少国家开支、维持生产、解决饲料等，组织马车运输队对外运输，基本解决了牲畜饲料及人员工资的开支。1958 年 11—12 月，为配合钢铁生产，运输队全部投入运输矿石工作。1961 年，购置汽车 1 辆。1972 年，购置汽车 2 辆，救护车 1 辆，拖车 11 辆，拖船 2 只。在满足农场生产运输的同时，为周边农村提供运输支援，1957—1978 年运输机械购置配备情况见表 2－5－1。

表 2－5－1　1957—1978 年运输机械购置配备情况

年度	汽车（辆/马力）		挂车（辆）
	数量（辆）	马力	
1957	0		1
1958	0		2
1959	0		2
1960	0		3
1961	1	75	3
1962	1	75	4
1963	1	75	4
1964	2	165	5
1965	4	330	6
1966	4	330	0
1967	4	330	0
1968	4	330	0
1969	4	330	0
1970	4	330	0
1971	6	455	0
1972	7	530	0
1973	8	620	1
1974	10	770	1
1975	10	770	5
1976	10	770	5
1977	10	770	5
1978	10	770	5

1979 年以后，随着市场经济的推进和承包责任制、家庭农场制的实施，农场国有运输机械逐步退出历史舞台。

第二节　批发零售

1978 年之前，农场农产品由国家统收统销。党的十一届三中全会后，随着改革开放的推进，农场零售业逐步起步。1979 年，山东省政府决定在南阳湖农场试办农工商联合公司。1980 年，农场在济宁市区开办商业门市部，开始筹建农副产品综合服务楼。同年 5 月，与市粮食局达成征地协议，征用兖济公路市粮食局前 5.3 亩坑地（东宽 67.5 米、靠小学，西宽 15 米、靠巨野转运站，北长 100 米、靠公路，南长 72 米、靠铁路宿舍），征地费用 70 万元。计划建设 10 层、建筑面积 8000 平方米服务楼，工程造价 600 万元。经营餐饮、住宿、洗浴及产品销售等。1981 年，在济宁市区开设 3 处南阳湖饭店，在济宁火车站建商业店铺，占地面积 1669.32 平方米，建筑面积 777.85 平方米，房屋数量 25 间，开辟了农副产品深加工，产、供、销一条龙新局面。1995 年，在农场汽车修理厂（济宁市车站西路 14 号）原址，拟建农工商综合贸易商城，投资规模 900～1000 万元，建筑面积 6400 平方米，主楼高 13 层，群楼高 3 层。其中：一层为农贸批发市场，主营农副产品、禽蛋肉及水产品，二层为乳制品、工业品、日用百货商场，三层餐饮，四层办公，五至十三层为会议、娱乐、住宿场所。1995 年年底动工，计划 1998 年 7 月底竣工使用。后因资金问题，建设项目搁置。2001 年 4 月，农场建筑队职工融资 98.3 万元，建成沿街三层商贸楼，营业面积 886.9 平方米。2001 年 4 月 1 日至 2007 年 9 月 30 日，该商贸楼由出资人实施租赁经营，所得租金视为南阳湖农场建设商贸楼投资，房地产权属南阳湖农场所有；2007 年 10 月 1 日起，商贸楼租赁经营由南阳湖农场办公室负责。截至 2007 年 10 月租赁经营情况：一楼门面房 9 间、门厅 1 间，租赁户 8 家，每户每月交租金 1200 元；二楼库房 10 间，每间每月交租金 150～180 元；三楼库房 3 间、办公室 2 间，每间每月交租金 100 元；院内有经营户 2 家，每年交租金 1.2 万元。每年租赁收入 16 万余元。

2010 年后，农场顺应市场需求，本着"生态、健康、诚信"的理念，瞄准产品定位，紧跟市场变化，积极推行"产品设计—原材料采购—生产—订单处理—加工仓储—物流配送—批发零售"的全产业链营销模式。为扩大批发零售业务，成立南阳湖农场生态农副产品销售管理办公室，在确保农产品质量的同时，努力探索农产品加工销售新途径新模式。

一、加工配送

农场拥有自己的生产基地，产品包装加工厂，物流配送中心，产品销售专卖店，既能保证产品获得稳定的原料来源和加工质量，又能建立畅通的市场销售网络，塑造自己的市场品牌。2010年6月，农产品配送中心建成，建筑面积2200平方米，配备3层托盘货架堆高车3台、配送车2辆、无线手持终端设备15台等现代物流配送设施，拥有先进仓储管理系统，成为国家"万村千户市场工程"承包企业。截至2020年，农产品配送中心与16家直营店、90余家加盟店形成长期的农产品配送业务关系，配送率达55％，年实现销售收入8324万元。

二、产品直营

2010年后，针对全市企事业单位的工会福利、食堂、幼儿园等市场开发对象，南阳湖农场组建专门的营销团队，在济宁城区繁华路段及高档社区开设"南阳湖农场专卖店""济宁礼飨专卖店"。在火车站、汽车站、大型超市等客源密集区设有"济宁礼飨"品牌专柜。第一年农场投入100余万元，因管理问题当年亏损了几十万元。第二年，实行各店面自负盈亏的经营模式，成本得到控制，当年收回成本。第三年，管理得到进一步加强，当年盈利30多万元。通过强化绩效考核，狠抓内部管理，创建文明窗口等措施，专卖店服务水平明显提升。自2016年起，农场专卖店采用公开竞租方式全部承包给职工经营，并相继转为专卖店家庭农场，所有专卖店家庭农场由农场统一进行监管，店内农产品均由农产品配送家庭农场统一配送，采用日清日结的结算方式。2017年，相继开发食用油、黑粮礼盒、功能性挂面、烤鸭蛋等新产品，2018年，新增石磨面粉、红薯粉条，丰富了专卖店产品种类。农场在济宁城区开设的专卖店，统一Logo设计、统一商标使用、统一门头样式、统一店内装修、统一店员服装、统一产品包装、统一员工行为规范，较好地塑造了农产品品牌和市场优势，成为农场实施农副产品市场品牌化窗口，搭建了农场与消费者沟通的桥梁。农场专卖店的设立，为城区市民吃上"南阳湖"牌无公害猪肉、绿色蔬菜、有机韭菜、绿色面粉、石磨香油、松花蛋、散养禽（蛋）等农副产品提供保障。

截至2020年年底，农场在济宁城区共开设南阳湖农场专卖店16家，同时将无公害猪肉、绿色蔬菜、有机韭菜、绿色面粉等特色农产品打入济宁银座、贵和、爱客多等多处大型商场，成功塑造"南阳湖"这一知名品牌，被济宁市食品工业协会命名为"济宁市名优特食品连锁店"，实现年销售收入 1100 余万元，农场专卖店在济宁城区分布情况见表 2-5-2。

表 2-5-2 南阳湖农场专卖店在济宁城区分布情况

专卖店名称	地　　址	成立时间	主营业务
山东济宁南阳湖农场红星东路专卖店	济宁市任城区红星东路 50 号	2014 年 4 月 24 日	禽蛋、冷鲜肉、面粉、小杂粮、水果、蔬菜等
山东济宁南阳湖农场红星西路专卖店	济宁市任城区红星中路 121 号	2012 年 3 月 9 日	同上
山东济宁南阳湖农场绿景园农产品专卖店	任城区绿景园小区 5 号楼东 4 户一层	2011 年 9 月 27 日	同上
山东济宁南阳湖农场冠亚星城农产品专卖店	冠亚星城 C21 商铺楼一层 60 号房	2011 年 11 月 25 日	同上
济宁市南阳农场都市农产品专卖店	任城区供销路东任城武装部南沿街综合楼	2015 年 11 月 30 日	同上
山东济宁南阳湖农场新世纪农产品专卖店	济宁吴泰闸路（科苑市场西邻）	2010 年 2 月 24 日	同上
山东济宁南阳湖农场洸河花园农产品专卖店	济宁市任城区河花园东门商贸楼 1 号楼	2011 年 11 月 1 日	同上
山东济宁南阳湖农场舜泰园农产品专卖店	济宁高新区舜泰园小区大门北侧东一号房	2013 年 8 月 26 日	同上
山东济宁南阳湖农场济东新村农产品专卖店	济宁市任城区济东新村农贸市场东头	2011 年 9 月 5 日	同上
山东济宁南阳湖农场琵琶山路专卖店	济宁市任城区红星东路南侧陵园路路西侧	2013 年 7 月 29 日	同上
山东济宁南阳湖农场半截阁路专卖店	济宁市任城区半截阁路	2013 年 7 月 29 日	同上
山东济宁南阳湖农场共青团路 1 号店	济宁市任城区共青团路 50-7 号	2012 年 3 月 9 日	同上
山东济宁南阳湖农场共青团路 2 号店	济宁市任城区市政府第一宿舍小区南排	2012 年 3 月 4 日	同上
济宁南阳湖农场专卖店（济阳大街）	济宁市任城区济阳大街	2012 年 1 月 12 日	同上
山东济宁南阳湖农场济东新村农产品专卖店	济宁市任城区济东新村农贸市场东头	2011 年 9 月 5 日	同上
南阳湖农场龙行路专卖店	济宁市任城区龙行路 16 号	2012 年 4 月 27 日	同上

三、网上营销

2014 年，农场组建南阳湖网络营销有限公司，建设动态网站，探索电子商务平台这一新型商务服务管理模式。积极参加大型相关会议，先后参加 2014 年第一期现代农业企业市场营销与物流管理培训班、第十二届中国国际农产品交易会、2014 年农业信息化高峰论坛第三届风险管理与农业发展研讨会等，通过学习交流，农场电子商务平台顺利建成并成功运行。利用电子商务新模式和新业态，农场创建线上商城——孔孟济宁，借助微信商城、淘宝商城等网络推广营销方式，融通农产品线上营销渠道，依托电商平台和线下实体门店资源，实现线下贴心服务与线上销售便捷渠道相辅相成，构建全新营销模式，大幅提升"南阳湖"牌农产品知名度。2014 年，专卖店、营销中心等窗口全年完成销售收入 1768 万元。自 2015 年起，按照"融通线上，广拓线下"发展原则，通过与知名 IT 科技公司合作，着力开发社区 O2O 市场，使用智能快递等新兴业态，解决产品从田间到餐桌最后一公里问题。同时，充分发挥网络平台宣传作用，通过使用"阿里云 OSS 信息管理系统"提高官网访问速度，方便顾客体验访问，坚持每月推送微信原创文章，引导消费者绿色生活新理念。在济宁市区南池小区开设线下体验店，店内设有中央厨房，将农场特色农产品与周边县市区地理标志产品整合，研发了营养套餐和保健汤，使消费者更直观、近距离地感受到"新奇特"农产品的魅力，为推动农产品营销搭建了更加广阔的平台。2015年，农场率先试水生鲜品上线，开通微信平台、官网商城，将农场的绿色蔬菜、新鲜肉蛋搬上网，以"蔬菜套餐制"缓解冷链配送的高成本。农场网上销售平台主要经营绿色蔬菜、无公害猪肉、农副产品三大类，有茄子、豆角、咸鸭蛋等 10 多种产品。客户挑选好商品后，只需点击购买、填写地址并付款，配送人员便会送菜到家，方便快捷。"蔬菜套餐制"分为单人、双人等套餐，采取包月或包年模式，选定套餐后配送人员将每周定时按量上门配送。套餐制推行后，降低了配送成本，选购费用也更实惠。以双人套餐为例，根据时令蔬菜费用不同，包月费约在 200～300 元之间，每周由配送人员定时配送 5 斤绿色蔬菜和1斤芦花鸡蛋。顾客不用再频繁选购，只要在家等着蔬菜上门即可。2016 年后，农场网上销售平台陆续推出儿童套餐、母婴套餐、老年套餐等特色套餐，针对不同人群搭配不同蔬菜、禽蛋和肉制品，除让"网上买菜"更加便利之外，搭配也更科学营养。

四、质量保证

自 2011 年起，农场实施农业部农垦局蔬菜质量追溯项目，加强蔬菜从生产资料投入品、收获、加工、配送、销售等环节的有效管理。成立蔬菜质量追溯工作领导小组并下设办公室，制定了《山东济宁南阳湖农场蔬菜产品质量追溯工作制度》《山东济宁南阳湖农场蔬菜质量追溯系统运行及设备维护制度》《山东济宁南阳湖农场蔬菜产品质量控制方案》和《山东济宁南阳湖农场蔬菜质量安全突发事件应急预案》等，有效落实生产加工销售等环节的质量安全责任，形成"生产有记录、流向可追踪、信息可查询、质量可追溯"的农产品质量监督管理新模式，为实现"从农田到餐桌"全程食品安全管理走出了一条新路子。在生产环节，针对基地水、土、大气等环境状况进行生产布局，对农业投入品、病虫害等关键控制点进行严格控制，每项活动都及时、真实、规范地做好记录，具有可追溯性；加工环节上，严格按照卫生要求，履行加工车间职责，把批次、包装规格、标识等作为果蔬加工质量安全的控制点，严加监控；运输环节上，把运输工具、车号、运输日期、起止地点、出库量等相关信息作为监控内容，做到记录详尽准确。所有记录全部输入相应数据库，以备查询追溯。在农场专卖店销售的蔬菜，消费者可通过网络、手机短信等平台，语音查询追溯产品质量安全信息，满足消费者的知情权和监督权。2011 年 10 月，农产品质量追溯系统建设项目验收，蔬菜产品追溯规模 1000 亩，生猪追溯规模 2 万头，提高了农场蔬菜和猪肉产品市场竞争力和品牌影响力。同时，为确保农产品质量安全，大力推进"三品一证"认证工作，顺利完成番茄、黄瓜、辣椒、面粉等绿色食品认证工作，韭菜有机食品续展认证工作。在 2012 年第十届中国国际农产品交易会上，南阳湖农场作为山东省农垦唯一代表，选送了一批优质、安全、特色农副产品进行布展，向社会各界集中展示农场优质农副产品，展现了南阳湖农场诚信经营、接受社会监督的诚意。2018 年 2 月，农场印发《南阳湖农场 2018 年蔬菜产品质量控制方案》《南阳湖农场 2018 年猪肉产品质量控制方案》，进一步完善农产品质量追溯体系建设，有效确保农产品质量安全，杜绝重大农产品质量安全事故发生。

五、品牌建设

农场始终注重"南阳湖"品牌建设，特别是 2010 年后，品牌建设纳入重要议事日程。在搞好宣传推介的同时，积极参与和承办全国、全省重大农产品有关活动。2016 年，农场先后参加中国农垦安徽名优特产品推介会、全国科普日（济宁主场）、鲁西（济宁）名优特农产品博览会等活动，推动企业贴近市场，让更多人了解"南阳湖"这一品牌。2016 年，"南阳湖"牌黄瓜、辣椒、韭菜成功入选"2015 年度全国名特优新农产品目录"。2017 年，先后参与"智汇齐鲁"科企对接、首届中华老字号（山东）博览会、2017 年全国科普日（济宁主场）、第十五届中国国际农产品交易会、中国品牌中华行（南昌站、南京站、武汉站）等大型商贸交易活动。农场先后获得山东省第四批老字号企业、山东省第二批知名农产品品牌企业等荣誉称号，"南阳湖"品牌知名度和品牌价值进一步提升。2017 年 9 月，农场生产的面粉、蔬菜、猪肉系列产品被纳入山东省农产品品牌目录。2018 年，积极运营"济宁礼飨"品牌宣传、线上线下融合营销等工作，在不断扩大济宁市区专营店的基础上，在北京开设"济宁礼飨"儒宴体验店 1 处，同时与北京味道电子商务有限公司合作，利用高铁媒体资源和本来味道扶贫社交电商平台，开展线上线下推广活动。先后参加首届"济宁礼飨"优质农产品展销会、第十六届中国国际农产品交易会、济宁市（杭州）乡村振兴产业项目推介会、济宁市第二届创新创业成果交流暨鲁西南名特优新商品博览会等活动，提升了"济宁礼飨"品牌知名度、影响力和品牌价值。

第三节　住宿和餐饮业

一、住宿业

2018年5月14日，南阳湖农场有限责任公司与华住酒店管理集团通过谈判，就汉庭酒店京杭路店达成加盟协议，成立济宁南阳湖商务酒店管理有限公司，将水运雅居小区物业管理用房改造成集餐饮、住宿、会议于一体的多功能经济型连锁酒店，装饰工程由山东圣大建设集团承建，2019年7月工程完成。

2020年6月，汉庭酒店京杭路店建成开业。酒店总面积4525平方米，设有各类客房79间，床位106张；酒店自助餐厅、会议室、停车场一应俱全，是济宁太白湖新区第一家现代化商务型、快捷型汉庭酒店。截至2020年12月，一切运营正常，入住率达75%以上。

二、餐饮业

1981年，农场在济宁市区开设3处南阳湖饭店，拉开农场涉足餐饮业的序幕。同年7月，国营南阳湖农场与济宁郊区三里营大队签订联合经营饮食业协议，利用三里营大队独院1处，合作经营饮食业。后停止经营。

2010年后，随着农场休闲农业观光园的开放和游客数量的不断增加，为开展餐饮服务业务提供了条件，农场先后建设农家院20余处，开始开展特色餐饮经营活动。每处农家院配有可供1～3个家庭使用的住宿房间和生活用品，配备完备的厨具，游客既可以自己动手烧地锅、炖鱼、烧菜，也可请园区厨师帮助做餐，闲暇时可在河边立杆野钓，在房间娱乐，也可在园区购物、采摘、赏景，体验"住在水边、食有水鲜、观有美景"的观光、娱乐、垂钓、采摘、餐饮、品尝、购物等多种田园乐趣。园区农家院运营后，所有房间提前一周就预订一空，深受游客欢迎。农场积极开发建设生态餐饮场所，满足游客就餐需求，到2012年，农业观光园建有半亩园渔家餐馆、南阳湖生态餐厅、五福源土菜馆、建元美食城、百盛园餐馆等10余家特色餐馆，可容纳1000余人同时就餐，所有餐馆均达到相关卫生标准，房间布置各具特色，环境优雅，服务人员统一着装，规范服务。园区生态餐饮服务，让游客品尝到南阳湖全鱼宴、有机蔬菜、地锅鹅、炒芦花鸡等特色美食。2012年4月，整合农业观光园生态餐厅与农家园服务资源，成立农场观光园餐饮服务中心，在原农家院、生态美食等特色经营项目上，新建高档别墅1栋，开发了黑椒牛仔骨、黄油焗鱼头、酱秋葵、剁椒鱼头、噘嘴鲢鱼、软煎白鱼、红烧猪蹄、油淋黑鱼片等特色美食，获得游客一致好评。

2014年，农场实施湖上公园建设开发项目。2015年，投资近600万元，开展船上房屋（餐饮、住宿）建造工作，建成船上房屋29排。2016年，投资2315.25万元，建成住宿船47条、餐饮船2条。2018年，完成1艘大型餐饮船和5艘小型餐饮船装修，装修面积1500平方米，可提供60桌600人的餐位，为开展船上餐饮业务奠定了基础。

第四节　房地产业

一、房产开发

农场多数房屋建筑年限在50年以上，房屋建筑简易，设施不全，年久失修，房屋破损不堪，存在很多安全隐患，已属城市棚户区改造范畴。加之农场地处兖矿集团采煤塌陷区，在原址不能进行住房改造，需异地进行住房建设。根据《关于编报城市和国有工矿区年度改造计划的通知》（鲁建房字〔2010〕43号）文件要求，为使农场职工居住区及棚户区群众的居住条件得到改善，决定实施异地棚户区改造工程项目。2009年3月6日，由山东济宁南阳湖农场出资1000万元，成立山东济宁南阳湖置业有限公司，公司成员65人，其中专业技术人员18人，主要负责山东济宁南阳湖农场棚户区改造项目的前期资料准备、手续报备、工程建设及后期服务等。

山东济宁南阳湖农场棚户区改造项目（以下简称水运雅居）位于知音路（后改为奥体路）北，礼贤路（现改为京杭路）南，农场路（后改为廉庄路）东，陵园东路（后改为会通路）西。项目采用框架剪力墙结构，一期、二期总用地面积11.15万平方米，其中规划建设用地面积10.72万平方米，城市道路用地面积4300平方米；规划总建筑面积34.40万平方米，其中规划地上总建筑面积26.81万平方米（住宅建筑面积25.48万平方米，公用建筑面积1.33万平方米）。规划地下总建筑面积7.59万平方米（住宅地下建筑面积7.06万平方米，公建地下建筑面积5248平方米）。

2012年12月28日，水运雅居小区职工住宅楼开始动工。2016年5月6日，第一批职工开始搬迁。建好后的职工住房为17＋1层、29＋1层、32＋1层的楼房共15栋，容积率2.5，地下车位1830个，地上车位140个，共能容纳住户1958户，解决了南阳湖农场897户在职职工、退休职工、职工遗属的住房问题，同时解决职工子女的教育问题（南临山东师范大学附属实验小学、西临济宁学院附属中学太白湖校区），提升了小区职工幸福指数。截至 2020 年 10 月 1 日，除南阳湖农场职工购置住房外，对外销售 953 套楼房，为农场创造效益 4000 万元。建成后的公建部分，分为幼儿园楼、会所楼、物业管理楼。其中幼儿园楼房系地上 2 层框架结构，无装修，总建筑面积 1785.2 平方米，室外活动场地 1766.77 平方米。2016 年 9 月 6 日，与济宁高新区哈佛摇篮幼儿园签订租赁协议，前 5 年租金每年 60 万元，自第 6 年开始每年租金按 3% 递增。会所楼系地上 5 层、地下 1 层框架结构，一般装修，总建筑面积 7275 平方米（地上建筑面积 5935 平方米，地下建筑面积 1340 平方米）。其中北湖管委会水运雅居社区服务中心使用会所楼 759.71 平方米作为办公场所，山东济宁南阳湖雅居物业有限公司使用会所楼 5 间办公室，山东济宁南阳湖置业有限公司使用会所楼 7 间办公室，山东济宁南阳湖农场有限公司使用会所楼 34 间办公室，剩余办公室对外出租。物业管理楼系地上 4 层、地下 1 层框架结构，精装修，总建筑面积 9230 平方米（地上建筑面积 5622 平方米，地下建筑面积 3908 平方米）。

二、物业管理

2013 年，农场注资 50 万元，成立南阳湖物业管理有限公司，为入住新宿舍楼职工提供物业服务。2018 年 7 月，该物业公司更名为济宁市南阳湖雅居物业服务有限公司，主要承担水运雅居小区物业管理服务、保洁服务、家政服务、房屋中介服务、房地产租赁服务、园林绿化施工养护。根据《济宁市住宅物业行业规范》《济宁市住宅物业服务职业规则》《济宁市物业服务行业诚信自律宣言》等文件，2019 年后，物业公司先后制定了《办公室综合岗位工作职责》《环境主岗工作职责》《保安主岗工作职责》《前台接待员职责》《物业服务四星级标准公示栏》《住宅物业收费标准》，进一步规范物业管理行为。按照底层每平方米 1.2 元，其他层每平方米 1.3 元的收费标准收取物业费，为小区住户提供物业服务。

中国农垦农场志

第三编

管　理

中国农垦农场志丛

第一章　管理机构

第一节　行政机构沿革

1955年12月，经山东省人民委员会批准，国营南阳湖农场成立。

1960年1月，经山东省委批准，国营南阳湖农场与周边的石桥、接庄两个人民公社，共同组建场社合一型南阳湖人民公社，隶属济宁地委和济宁市委（原市中区区委）双重领导。

1961年2月，南阳湖人民公社取消，国营南阳湖农场恢复，归属山东省农业厅农场管理处领导。

1965年，根据山东省委、省人委关于精简编制的指示，省农业厅对省直26处国有农场采取撤、并、交、改、放、减等措施进行整顿，国营南阳湖农场下放，由济宁专署接管。

1970年4月，根据中央全民皆兵和备战备荒为人民的指示精神，国营南阳湖农场改为山东生产建设兵团三师十一团，隶属原济南军区。

1975年1月，建设兵团撤销恢复为国营南阳湖农场，先后隶属省农业厅农垦局、济宁地区农委、济宁市农业局、济宁市农业委员会。

2001年9月，国营南阳湖农场更名为山东济宁南阳湖农场。

2018年9月，国企改制，山东济宁南阳湖农场更名为山东济宁南阳湖农场有限公司，正式移交济宁市国资委监管。

2019年6月，山东济宁南阳湖农场有限公司划归济宁孔子文化旅游集团管理，成为集团直属企业之一。

第二节　内设机构调整

农场高度重视机构设置调整工作，深刻认识到机构调整和改革是建立和完善市场经济的迫切要求，也是构建企业管理体制、建立高素质队伍的有效举措。自建场以来，历届农场领导班子始终秉承"服务于生产、方便于管理、有利于调动职工积极性"的改革宗旨，坚持"精干、效能、小科室、大服务"的原则，通过科室调整，解决人浮于事、办事效率低等问题。

1956年农场建立之初，配备场部办公室主任、成本会计、计划统计员、保管员，为农场最早的管理组织。下设第一生产队、第二生产队、第三生产队、第四生产队、畜牧组。

1960年1月，南阳湖农场成立厂部管理委员会，下设办公室、生产计划室、财务会计室、经营管理室、交通运输室、多种经营室，配备武装公安、民政、人事专职干部。下设4个农业生产队和畜牧队。

1964—1970年，场部设场长办公室、生产计划室、供销室、会计室、科研小组及党、团、工会组织。下设4个农业生产队和畜牧队。1966年下半年，根据地区、县安排，地处南阳湖区的渔民队交由南阳湖农场代管。

1970—1975年，山东生产建设兵团三师十一团设司令部、政治处、后勤处。司令部下设生产股、管理股、军务股、作训股，政治处下设组织股、宣传股、保卫股、秘书，后勤处下设供销股、财供股、装备股、仓库、卫生队。1970年4月山东生产建设兵团三师十一团成立时，一并将渔民队移交兵团代管，1972年8月移交地方管理。

1975年1月12日，经中共济宁地委批准成立中共南阳湖农场核心领导小组，场部设政治处、办公室、生产科、财供科等4个科室，下设4个农业生产队及畜牧队、水产队、农机修理厂、排灌站等单位。同年，财供分设，撤销财供科，成立财务科和供销科。

1981年8月，经济宁地区农委批准，成立南阳湖农、工、商联合企业公司。原工副业科改为供销分公司，改扩建面粉加工厂，新建挂面厂、饼干厂、酿酒厂、酱油厂、水泥厂、饲料加工厂，在济宁市区开设了3处南阳湖饭店，并在济宁火车站建商业店铺。

1989年年底，管理机构设"五办一会"及两大科室（即党办、场办、农办、工办、多办、工会、财务科、供销科），下设4个农业分厂和养鸡场、养鸭场、水产队、修理厂、水泥厂、食品厂、饲料加工厂、米面加工厂、建筑工程队、机械施工队、汽车队、服务社等生产单位16个（其中独立核算单位12个），建有场办学校1处，卫生所1处。

1994年，按照"精干、效能相统一"的原则，场部管理科室由九科、三办、一部、一会，精简为七科、二办、一会、一室，设置农业科、机务科、工业科、纪检监察室、多经科、财务科、劳动人事科、武保科、党办、场办、工会。生产经营单位设置农业四个分场、济宁汽车修理厂、机械修理厂、养鸡场、养鱼场、养鸭场、松花蛋加工厂、食品加工厂、粮食加工厂、科研站、商店、理发店、澡堂、苗圃、农工商公司、机械工程开发公司、建筑公司。场属事业单位设置卫生所、职工子弟学校、粮食仓库、排灌站、托儿所、机关食堂。

1995 年 4 月，按照"精干、效能、小机关、大服务"的原则，改变原来单一服务型管理机构，根据经济管理需要，将场部科室分为职能管理型、经济服务型两种类型。职能管理型科室由原来的七科、二办、一会、一室调整为三办、二科，即党政办公室、工会办公室、企业管理办公室、财务科、武保科。经济服务型单位，新组建农业公司（下辖四个农业分场、苗圃、科研站、排灌站、施工队、零件库、油库），工业公司（下辖济宁汽车修理厂、农场机械修理厂、水泥厂、面粉厂、代管轧钢厂），生产畜牧公司（下辖养鸡场、水产养殖场）。

1996 年，农场实行企业体制改革，将南阳湖农场建成山东济宁农工商总公司，下设五大分公司，即农业分公司、工业分公司、水产分公司、畜牧分公司、商贸分公司。

2005 年，农场实施职工家庭农场改革，为农场历年来改革力度最大，涉及面最广的改革。以调整科室、精简管理人员为突破口，本着"一人多用、减人不减工作"的原则，对职能科室能合并的合并，该撤销的撤销，人员该调整的调整。通过改革，精简科室 4 个，减少管理人员 30 余人。

2008 年 3 月 17 日，经场党政联席会议研究，农场决定成立政策研究室、资产管理科、农业科、水利工程公司、林业科、一分场园林场、二分场园林场、三分场园林场、四分场园林场；将水电站、通讯站合并为水电通讯站，新设机构为正科级单位。

2009 年 9 月 9 日，山东济宁南阳湖农场农业一分场与农业二分场合并为农业一、二分场；农业三分场与农业四分场合并为农业三、四分场；新组建大型沼气管理站、有机蔬菜基地管理办公室。

2010 年 1 月，为发展第三产业，拓展农副产品销售渠道，农场决定在济宁城区设立农副产品销售超市。为加强对超市的管理，成立南阳湖农场生态农副产品销售管理办公室。同年 3 月组建生态农业科。同年 9 月生态农业科更名为农业园艺科，从主要从事农业技术管理扩大至农业和园艺技术管理，并承担农副产品贸易宏观管理的基础性工作。

2011 年 9 月，监察科与审计科合并为监察审计科；成立安全生产监督科，原安全生产办公室不再保留；成立果蔬基地办公室。

2012 年 2 月，按照责权利统一和精简效能原则，农场调整组建部分机构。农副产品加工厂与农副产品配送中心合并，组建农副产品仓储加工配送中心；园林一分场与园林二、三分场合并，组建园林三分场；增设企业管理办公室；成立市民农园管理办公室；组建家禽孵化公司。同年9月成立林果种苗公司和休闲渔业观光园。同年12月成立水产良种场、湖上公园管理办公室，在原沼气站基础上，组建沼气站有机肥厂；将农副产品仓储加工配送中心分别组建为农副产品加工厂、农副产品配送中心。

2014年，农场先后成立绿色有机蔬菜公司、设施园艺公司和园艺种苗科技公司；组建南阳湖农场网络营销有限公司；成立监察室。

2015年11月，为促进林业发展，细化园林发展，农场将园林场分设为园林一分场、园林二分场。

2016年年初，根据中共中央、国务院关于农垦改革文件精神，按照"垦区集团化、农场企业化、股权多元化"的农垦改革路径，农场全力推动国有农场企业化改革试点工作，制定通过《山东济宁南阳湖农场关于全面深化体制机制改革的意见》（南农场字〔2016〕6号）、《山东济宁南阳湖农场改革发展方案》（南农场字〔2016〕46号），改革试点工作正式实施，将全场60个二级生产经营单位全部进行公司化改造，建立健全现代企业制度。2016年2月，根据工作需要，经场党政联席会议研究决定，农场成立山东济宁南阳湖农场资金管理中心、政策研究室及招商引资办公室、督导及企业管理办公室。结合农场改革发展实际，经党政联席会议研究，决定撤销农业观光园、山东济宁南阳湖种子有限公司、绿化管理办公室、蔬菜产业园筹备处、市民农园、农业观光餐饮服务中心、农业观光接待服务中心、园林场一分场、园林场二分场、种猪场、饲料厂、面粉厂、设施园艺公司、果蔬基地管理办公室、绿色有机蔬菜公司、园艺种苗科技公司、水产养殖场、水产良种场、休闲渔业观光园、林木营销中心、林果种苗公司、农副产品加工厂、农副产品配送中心、农副产品营销中心、网络营销公司、肉联厂、山东济宁南阳湖园林有限公司、山东济宁南阳湖物业管理服务有限公司、山东济宁南阳湖工贸公司、农副产品超市管理办公室、露地蔬菜基地管理办公室、设施蔬菜基地管理办公室、水利工程公司。同年5月，为进一步深化改革，整合精简机构人员，便于工作协调和配合，经场党政联席会议研究决定，农场将原党委办公室、工会办公室、档案室、蔬菜质量追溯办公室合并为综合科；将原资产管理科、建筑公司、水电通迅站合并为资产管理中心。

2017年，进一步加大改革试点力度，60个二级生产经营单位重组整合成为8大子公司。即山东济宁南阳湖置业有限公司、山东济宁南阳湖畜牧养殖有限公司、山东南阳湖市政园林有限公司、山东济宁南阳湖电子商务有限责任公司、山东济宁南阳湖种子有限公司、兴牧研究中心、山东济宁南阳湖工贸有限公司、农丰垂钓专业合作社，子公司再设二级单位，即家庭农场、股份制公司、专业合作社等共44个二级单位。

2018 年，农场贯彻落实《中共中央国务院关于进一步推进农垦改革发展的意见》（中发〔2015〕33 号）、《中共山东省委山东省人民政府关于进一步推进农垦改革发展的实施意见》（鲁发〔2017〕3 号）精神，积极推进国有农场企业化改革和公司化改造工作，将山东济宁南阳湖农场有限公司下属生产经营单位重组整合成为 9 大子公司，同时子公司下设二级单位，实行三级管理。

2018 年 6 月，根据改革实施方案，调整单位设置。注册变更单位：种猪家庭农场变更为济宁南阳湖生态养殖有限公司，苗木营销家庭农场变更为济宁南阳湖苗木种植农民专业合作社，市民农园家庭农场变更为济宁祥农种植农民专业合作社，绿色有机蔬菜家庭农场变更为济宁南阳湖绿色蔬菜种植农民专业合作社，园林家庭农场变更为济宁南农园林种植农民专业合作社，水产养殖家庭农场变更为济宁辰阳渔业养殖农民专业合作社，休闲渔业家庭农场变更为济宁祥瑞渔业养殖农民专业合作社，果蔬家庭农场变更为济宁晟农羊肚菌农民专业合作社，畜牧观光家庭农场变更为济宁农丰渔业农民专业合作社。运营主体变更注册单位：山东济宁南阳湖电子商务有限责任公司变更为济宁南农商贸有限公司，山东济宁南阳湖物业管理服务有限公司变更为济宁市南阳湖雅居物业服务有限公司，山东济宁兴牧地方畜牧研究开发中心变更为济宁农得利农业科技有限公司。撤销单位及资产承包租赁经营方式变更单位：撤销饲料厂、孵化厂家庭农场、沼气站，其资产、人员、债权债务整建制移交山东济宁南阳湖畜牧养殖有限公司，由其进行资产租赁承包经营，并组建相关单位开展生产经营和服务等运营业务；撤销农机家庭农场、绿化管理家庭农场、油库，其资产、人员、债权债务整建制移交山东南阳湖市政园林有限公司，由其进行资产承包租赁经营，并组建相关单位开展生产经营和服务等运营业务；撤销农副产品加工厂家庭农场、风干鸭家庭农场、石磨面粉家庭农场，其资产、人员、债权债务整建制移交济宁农得利科技有限公司，由其进行资产承包租赁经营，并组建相关单位开展生产经营和服务等运营业务；撤销农产品配送家庭农场、农产品营销家庭农场、专卖店、肉联厂家庭农场，其资产、人员、债权债务整建制移交济宁南农商贸有限公司，由其进行资产承包租赁经营，并组建相关单位开展生产经营和服务等运营业务；撤销资产、资金管理中心，其资产、人员、债权债务整建制移交山东济宁农垦资产运营管理有限公司；撤销生态餐厅家庭农场，其资产、人员、债权债务整建制移交济宁南阳湖商务酒店管理有限公司，由其进行资产承包租赁经营，并组建相关单位开展生产经营和服务等运营业务；撤销设施园艺家庭农场、智能农业家庭农场、冷库、梨园家庭农场、农丰垂钓专业合作社。农场场属及其控股参股单位：山东济宁南阳湖农工商总公司，山东济宁农垦资产运营管理有限公司，济宁市现代农业投资股份有限公司，山东济宁南阳湖畜牧养殖有限公司，山东南阳湖市政园林有限公司，济宁南农商贸有限公司，济宁南阳湖商务酒店管理有限公司，济宁农得利农业科技有限公司，山东济宁南阳湖种子有限公司，山东济宁南阳湖置业有限公司，山东济宁南阳湖航空服务有限公司，山东济宁南阳湖工贸有限公司，山东济宁蓝城南阳湖现代农业发展有限公司，中垦融资租赁股份有限公司，中垦融资物流股份有限公司。

2018年9月，为适应新时代、新常态、新农场、新发展，建立现代企业制度，更好地履行担当与责任、服务与发展，促进三产业融合发展，在乡村振兴战略中发挥国有农场的示范引领作用，经农场党政联席会议研究决定：场长办公室变更为行政管理服务办公室；综合科变更为党群宣传及项目验收科；财务科变更为财务管理及理财科；人力资源科变更为人事及绩效考核科；监审科变更为监察及审计科；政策研究室变更为政策项目及产业技术研究室；督导及企业管理办公室变更为管理督导及质量追溯科；招商引资办公室变更为工农关系及招商引资科；保卫科变更为安保及维稳科。

2019年5月，为加强对蔬菜基地的建设和管理，经党政联席会议研究决定，农场成立蔬菜基地管理办公室。

第三节　场办社会职能移交

南阳湖农场同全国国有农场一样，具有社会性、企业性、农村性和区域性的特点，既要着力发展农场经济，又要努力改善和提高人民生活水准；既要维护社会公共秩序，又要为农场社会成员提供公共设施和公益事业。为实现这些公共需要，农场结合自身实际，1960年后先后建立文化、教育、医疗等方面的职能部门，并充分发挥它们在功能运行中的管理服务作用，提供和满足农场区域内的社会公共需要。农场建有学校、幼儿园、卫生所等社会职能管理部门。2003年职工从业人数28人，经费开支24.8万元，其中农场负担14.8万元，财政补贴10万元。自2004年，按照有关规定，农场逐步开展场办社会职能的移交工作。

一、学校

农场职工子弟学校建于1963年年初，建校后认真贯彻执行党的教育方针，加大学校投入，加强教师队伍和基础设施建设，累计投资500万元，学校规模不断扩大，教学水平稳步提高，到20世纪70年代末，教职工达到50余人，小学到初中教学班16个，在校学生800余人。除本场职工子女就地入学外，还承担微山县鲁桥镇渔民新村、任城区石桥镇黑土店村、山东省水稻研究所等单位适龄学生的教学任务，为社会培养大批人才。随着教育体制改革的深入，加之农场结构变化等原因，农场子弟学校生源逐步减少，农场自身已无独立办学的能力和条件。到 2003 年发展到拥有教舍、办公设施 26 间，面积 390 平方米，设有小学班级 5 个，在校学生 148 人，教职工 9 人。农场对学校推行定岗、定经费、定职责的管理办法，业务归属济宁市任城区教育局指导，承担农场子弟学校的小学教育任务。2003 年学校年度包干经费 9 万元，包括办公费、职工工资等，超支不补，节余留用；实际经费开支 9 万元，其中教师职工工资 8 万元，折旧费 0.34 万元，电费 0.29 万元，办公费 0.37 万元。2005 年根据中央、省市有关精神，农场向市农业局申请报告，要求将农场子弟学校整体移交教育部门管理未果。2006 年子弟小学有教职工 10 人，在校学生 120 人，全年工资及福利费 13 万元。从建校到 2006 年年底，农场累计投资 500 余万元，随着在校生的减少，农场已无能力再承担学校费用。2007 年 3 月，农场再次向市农业局请示，要求尽快解决学校移交属地教育部门管理问题。2008 年 10 月，在多方协调下，职工子弟学校顺利移交到任城区。

二、幼儿园

农场幼儿园建于 20 世纪 70 年代，承担农场幼儿教育、托管的责任，设定人员编制 2 人。推行农场补贴经费，社会创收办园的管理办法。2003 年农场幼儿园补贴 1.3 万元，对入园儿童每月收取幼托费 15 元，所收幼托费全部归幼儿园支配使用。2004 年后并入职工子弟学校，2008 年 10 月随职工子弟学校移交到任城区。

三、卫生所

农场卫生所建于 1958 年，为农场职工群众患者提供医疗服务。到 2003 年发展到拥有医疗设施（含病房）23 间，医师、药剂师、护士 9 人。农场对卫生所推行定人员、定费用的管理体制。2003 年经费包干 5.5 万元，包括职工工资和维修费，专款专用，超支不补，节余留用。实际开支 5.5 万元，其中职工工资 5 万元，维修费 0.5 万元。自 2016 年起，在省农业厅农垦局、市农业局（2018 年 9 月前为南阳湖农场主管部门）等上级有关部门指导帮助下，依据《中共中央、国务院关于进一步推进农垦改革发展的意见》（中发〔2015〕33 号）《农业部、财政部、教育部、国家卫生和计划生育委员会、民政部、中国人民银行关于印发农垦国有农场办社会职能改革实施方案的通知》（农垦发〔2016〕1

号)、《中共山东省委、山东省人民政府关于进一步推进农垦改革发展的实施意见》(鲁发〔2017〕3 号)等文件精神,农场积极向上汇报,努力推进国有农场办社会职能改革。2016 年 3 月 7 日,农场向济宁太白湖新区管理委员会呈报了《山东济宁南阳湖农场关于申请剥离国有农场基本医疗和公共卫生等办社会职能的报告》(南农场字〔2016〕17 号)。2017 年 4 月 13 日,农场向市农业局呈报《关于请求市政府解决南阳湖农场办社会职能(基本医疗)改革问题的报告》(南农场字〔2017〕34 号)。2018 年 12 月 5 日,农场向济宁太白湖新区管理委员会呈报《关于加快推进南阳湖农场卫生所移交太白湖新区管理的函》(南农函字〔2018〕22 号)。2018 年 12 月 25 日,农场向市农业局呈报《关于请求解决南阳湖农场办社会职能改革问题的报告》(南农场字〔2018〕92 号),得到济宁市各级各部门的大力支持。2018 年 7 月 13 日,市农业局联合市直有关部门,建立由市农业局、市编办、市总工会、市发展改革委、市经济和信息化委、市科技局、市民政局、市财政局、市人力资源社会保障局、市国土资源局、市住房和城乡建设局、市卫生计生委、市国资委、市工商局等有关部门单位组成的联席会议制度,协调解决农垦改革发展中的困难问题。2018 年 7 月 17 日,济宁市政府主持召开了南阳湖农场办社会职能改革专题会议,市编办、市人力资源社会保障局、市农业局、市卫生计生委、太白湖新区管委会、南阳湖农场等单位有关同志出席会议,形成《专题会议纪要》(2018 年第 43 期)。会议确定按现状将南阳湖农场卫生所整建制整体移交太白湖新区管理(在职职工 9 人、退休人员 9 人),并入济宁市北湖卫生院。2018 年 7 月底前完成全部移交工作,主要涉及机构、职能、人员、资产、经营权等,由市农业局与太白湖新区签订移交协议。专题会议召开后,南阳湖农场积极行动,于 2018 年 8 月 1 日就卫生所整建制整体移交太白湖新区管理的资产移交清单(卫生所占地 2745 平方米,有卫生类国有土地证书,编号济中国用〔2004〕第 0802040620 号,房舍 3 排共计 44 间,建筑面积约 800 平方米)、人员移交名单(在职 9 人)、债权债务移交清单(卫生所债务 55.24 万元)等情况进行公示,公示期 7 天。2018 年 10 月 25 日,省农业农村厅农垦局派人员,专程到南阳湖农场督查改革情况。2018 年 12 月 26 日,市农业局与济宁太白湖新区管委会签订《山东济宁南阳湖农场卫生所移交济宁市太白湖新区管委会管理的协议》,随后,农场与济宁太白湖新区管委会签订《山东济宁南阳湖农场卫生所土地移交济宁市太白湖新区管委会管理的协议》,济宁太白湖新区管委会向农场出具《关于接受南阳湖农场卫生所人员的函》。2019 年在省农业农村厅督导下,农场卫生所整建制移交到太白湖新区管理,并成功并入济宁北湖卫生院,公司办社会职能改革顺利完成。

四、社会保障服务

根据国有企业深化改革精神和建立现代企业制度的要求，为减轻企业负担，企业不再承担社会职能，应剥离企业的社会职能，由属地政府进行承担。同时因采煤塌陷原南阳湖农场居住人员已于2016年整体搬迁至太白湖新区许庄街道水运雅居社区居住，户籍迁至许庄派出所。2019年11月，水运雅居社区居委会成立，选举配齐了干部。2019年12月，根据相关要求，为进一步理顺社会管理服务职能，妥善落实农场职工家属的社会保障服务问题，经企业申请、主管部门协调，将原农场管理的职工家属低保、困难救助、高龄补贴、残疾人两项补贴、新农合养老保险、新农合医疗保险等相关社会保障管理服务工作全部移交至太白湖新区许庄街道。

第二章 改 革

　　农场各项改革的向前推进，涉及农场全局利益的调整，触及深层次矛盾和问题，在改革中解决各种矛盾和问题，也是在逐步推进农场经济和社会事业健康、持续、和谐发展。党的十一届三中全会以后，农场认真贯彻落实中央的各项方针政策，在企业内部改革，转换经营机制，推进农场企业化，实施集团发展战略等方面，进行探索和实践，并取得一定成效。特别是 2010 年后，农场顺应社会主义市场经济发展要求，坚持以发展引领改革，以改革促进发展，以发展保持稳定，通过深化体制改革，优化产业结构，创新发展机制，加快改革开放，农场经济保持较快发展，各项事业得到有效改善，主要经济指标位居全省农垦前列。

第一节　垦区集团化、农场企业化改革

　　2016 年年初，根据中央关于农垦改革文件精神，农场着手推动实施股份制公司改革。2 月 1 日和 6 月 3 日，分别召开农场第七届职工代表大会第七次联席会议和农场第七届职工代表大会第六次全体会议，审议通过《山东济宁南阳湖农场关于全面深化体制机制改革的意见》（南农场字〔2016〕6 号）、《山东济宁南阳湖农场改革发展方案》（南农场字〔2016〕46 号），改革发展试点工作正式实施。深化经营单位体制机制改革，遵照"程序合规，稳步推进"的原则，农场将全场 60 个二级单位改造为 35 个承包租赁型家庭农场、6 个股份制家庭农场、12 个股份制公司、5 个全资公司、2 个专业合作社。农场以固定资产以及"南阳湖"品牌、"南阳湖"商标等无形资产进行入股，以股东身份参与 60 个二级单位的决策与管理。在 60 个二级单位内部建立由股东大会、董事会（理事会）、监事会、经理层构成的相互依赖又相互制衡的治理机构，理顺产权关系，建立产权清晰、责权明确的新型企业制度。其中对农场控股的，由农场委派董事长（理事长）；农场不控股的，由公司股东大会选举董事会、监事会、董事长（理事长）、监事长。动员干部职工入股二级单位。每个二级单位的管理层人员必须持股，根据管理层人员的持股份额分配应得收益。实行职工自愿持股，职工股份参与分配，让职工变成股东，成为 60 个二级单位的主人，

增强职工的主人翁意识和责任心。打破原有的平均分配机制，按照多劳多得的原则，充分调动起职工的劳动积极性。在农场宏观调控下，按年盈利额的10％～20％发放绩效工资，并根据《公司法》相关规定，按年净利润10％计提法定盈余公积金，剩余部分由股东大会决定分配。严格财务资金管理，改制后的60个二级单位，严格执行"收支两条线"等相关财务管理制度，农场派专人进行监管。农场成立资金管理中心，将农场与60个二级单位的资金存入资金管理中心，对富余资金进行理财投资。存入管理中心资金按月息3‰计息，借出资金按月息9‰计息，具体运作采用银行常用的方法。2017年，农场建立健全现代管理制度，打破生产单位原有经营机制，将全场60个二级单位，按照产业类别进行优化重组，组建8大子公司，即山东南阳湖置业有限公司、山东济宁南阳湖畜牧养殖有限公司、山东南阳湖市政园林有限公司、山东济宁南阳湖电子商务有限公司、山东济宁南阳湖种子有限公司、兴牧研究中心、山东济宁南阳湖工贸有限公司、农丰垂钓专业合作社。子公司下设二级单位，包括各类股份有限公司、家庭农场、专业合作社等44个单位。子公司及其二级单位全部建立健全了由股东大会、董事会（理事会）、监事会、经理层构成的法人治理结构，相互依赖、相互制衡，提高了企业内生动力和发展活力。

2019年，农场有序推进公司制改革。按照《济宁国资委关于加快推进市属国有企业公司制改制的通知》（济国资〔2018〕57号）精神，山东南阳湖农场更名为山东济宁南阳湖农场有限公司，从全民所有制企业转变为国有独资型有限责任公司，将农场承担无限责任转变为公司承担有限责任，将党委、场管委对农场领导转变为"三会一层"对农场有限公司的领导，公司制工作取得阶段性成果。积极推进集团公司组建，参照安徽农垦集团、枣庄矿业集团做法，做好国有土地作价出资工作，同时对公司兴唐大厦写字间、水运雅居物管楼、会所楼、幼儿园等场所进行评估，提高公司净资产总额，助推集团公司顺利组建。截至2020年10月30日，公司股东大会（即济宁孔子文化旅游集团有限公司）、董事会、经理层均已建立，开始推行现代企业制度。推进聚焦主业发展，实施非主业资产清理组合三年行动计划（2020—2022），对18个全资或控股公司逐一进行清理核查，2020年8月27日农场出台《关于非主业清理工作方案》，相继启动9家非主业公司3年清理工作。截至2020年年底，山东济宁南阳湖电子商务有限公司、山东恒大肥业有限公司、济宁赛德丽节能科技有限公司、济宁南阳苗木销售农民合作社等已完成企业清理。

第二节　农业经营管理体制改革

农场土地面积2万亩，其中耕地面积1.5万亩，以种植业为主，农业收入占总收入

90％以上，农业发展好坏直接关系农场整体经济效益。基于这种认识，农场历届领导班子始终把农业发展作为经济工作的重中之重，通过农业经济体制改革，努力探索一条适合农场农业生产的可持续发展之路。

1979年之前，南阳湖农场一直是国营单位，实行统收统支制度。农场吃国家"大锅饭"，职工吃农场"大锅饭"，无论农场效益如何，农场职工领取固定的工资作为生活费用。据有关统计：从1956年建场到党的十一届三中全会前的23年中，共有17年亏损，仅有6年盈利，盈亏相抵后净亏462.2万元。

1978年党的十一届三中全会拉开了中国改革开放的序幕，根据中央改革精神，农场开始内部改革。1979年实行财务包干制度。1980年2月制定《南阳湖农场贯彻执行农垦经营管理十一条的意见》，扩大经营自主权。同年4月推广农田一队《推行岗位责任制，执行包定奖办法》的经营管理创新经验。借鉴农村家庭联产承包责任制形式，在农场内部推行分场职工承包土地，总场垫付费用（生产资料），核定上缴指标，在一定程度上调动了职工积极性。试行1年后，这种承包形式"负盈不负亏"的弊端逐步显现，职工"盈了进腰包，亏了打欠条"现象相当普遍，农业经营的"两个风险"全部落在农场身上。受农业生产周期长、风险大、成本高的制约，虚弱了农场资金积累和投资发展能力。1981年农场推行联产计酬及四、二、四分成奖惩办法。1984年全面推行经济承包责任制，各项改革不断配套和完善，调动了职工积极性，促进了农场经济的发展。1979—1983年，农场实现工农业总产值、利润分别为1457.4万元和175万元，产值接近前23年之和，利润为23年之和的5.7倍。在保证粮食生产的前提下，贯彻农工商综合经营、农林牧副渔全面发展的方针，在原有农机修理、米面加工等工业项目的基础上，瞄准市场需求，大力发展畜禽饲养和水产养殖业。同时改造和新建水泥厂、饲料加工厂等工业生产项目，兴办饭店等第三产业，农牧副渔各业协调发展，农工商综合经营初具规模。

1984—1987年，农场采用以大组为家庭农场的土地承包责任制，实行盈亏自负的小集体生产，农业生产开始有所发展，逐渐扭亏为盈。1984年夏天，南阳湖农场组织干部职工到江苏东辛农场学习兴办家庭农场的经验，回来后，全面实行以职工自愿结合的小集体家庭农场承包责任制，承包职工共有300余人，10余名职工组成1个大组，每个大组有机务工人、农田工人、会计等自由组合，把机械平均分配给各个大组。一个大组就是一个家庭农场，每个大组承包400～500亩土地，每亩土地上缴一定的粮食，每个分场有6～8个大组，自负盈亏，自主经营。当时家庭农场的积蓄很少，生产和生活费用由农场借钱给职工，化肥农药缺乏，水利设施差，职工的种植水平低，科技服务跟不上，农业生产技术也不成熟。职工从"大锅饭"转为"小锅饭"，生产积极性得以提高，粮食产量逐渐增加，收入有所提高。这是农场第一次实行大规模家庭农场承包，但并未承包到户，只是比原来的承包单位更小，未达到"两费自理"和"四个到户"要求。

1988年农场实行场长负责制，同时实行场长任期目标责任制，把激励、约束、风险机制引入承包经营和管理，建立健全以岗位责任制为中心的各项管理制度。根据场长任期目标，把企业对国家承包的各项经济指标和生产建设任务分解到各个生产单位和职能部门。生产单位将场部下达的任务分解到班组和职工承包户，即农场对国家承包，生产单位对农场承包，内部实行层层承包的经济责任制。通过层层分解，各项生产任务和经济指标落到实处。承包形式采取分场集体承包与职工个人承包相结合，经济田由职工单户承包，承包面积不超过15亩，少数粮田由职工单户承包，承包面积不超过25亩，绝大部分农田由分场集体承包。对产品实行统收统销，价格实行双规制，承包内的按合同价收购，超出部分按议价收购。建立生产储备金形式和危险金制度，解决"盈得起，赔不起"问题，从盈利部分提取20％存入银行，以丰补歉。同时把激励机制引入承包经营，不断完善配套奖惩制度，对四个农业分场采取定人员、定工资总额、定产量、定利润、定费用、定思想政治工作指标，年终综合考核，根据每人所承担的责任和风险档次进行奖惩。

20世纪90年代初期，在全国农垦企业推行集团化、公司化改革的大趋势下，农场成立四大公司，农业公司是其中之一。总场进行宏观调控，在生产经营上实行产供销一条龙，生产经营、物质供应和技术指导服务一步到位。分场集体承包则实行"一人牵头，核定基数，逐年递增，确保上缴，总场垫付两费，产品全统，超产奖励"的办法。同样存在总场出资、临时工种田、承包者吃"二锅饭"问题，依旧存在负盈不负亏现象。

20世纪90年代后期，农场和大多数垦区农场一样，处在农产品市场低迷、经营亏损和体制转型的特殊时期，经济运行十分困难，加快改革势在必行。到1996年，因为农场债务太重，走投无路，无力再进行集体集约化耕种。1997年农场屏除原来"统分"结合，以统为主的农业经营体制，按照兴利除弊、扬长避短的原则，加大农业经营体制改革，全面推行职工家庭农场承包，采取"两费"自理、"四到户"管理办法，即生产、生活费自理和土地、责任、核算、盈亏到户，签订耕地经营责任书。通过土地承包，使家庭农场真正成为生产、经营、核算和盈亏主体，极大地调动了职工积极性，农业生产实现较快发展，农场经济状况逐渐好转。1999年9月29日，国营南阳湖农场三届四次职代会第一次联席会议通过了《2000—2002年经济承包责任制方案》。2009年农场调整产业结构，划出一部分耕地种植蔬菜，采取集体承包经营的方式，3个单位3年合计亏损550万元，集体承包模式以失败告终。2013年后，改变原有经营模式，在蔬菜种植上采取个人承包大棚（或土地）的办法；其他农业生产单位由原来的亏损罚款改为亏损自负的办法。在总场统一指导下，自主经营、自负盈亏、严格考核，依据考核结果年终兑现奖惩，充分调动了农场职工积极性、主动性、创造性。

自 2015 年始，农场深入推进体制机制改革。将全场 56 个生产经营单位改制为承包租赁型家庭农场、股份合作制家庭农场、股份制公司、全资公司、私有公司、专业合社等 6 种类型，彻底打破"大锅饭"分配体制。对外，通过农场土地租赁、作价出资（入股）、资产租赁等方式，积极吸引社会资本投入现代农业建设，同时充分利用土地、资产、资金、品牌、技术等一切资源要素，积极开展国有资本投融资运营。

第三节　工业经济机制改革

农场以农为主，工业成为短板。针对工业规模小、产品技术含量低、缺乏市场竞争力的实际情况，农场坚持"立足当前、瞄准市场、强化管理、挖掘潜力、开拓创新"的方针，着力进行工业经济体制改革。

20 世纪 80 年代，场办工业建有轧钢厂、饼干厂，在计划经济条件下作为总场二级单位进行统一管理，分级核算。1985 年随着经营承包责任制的实施和完善，农场对工业生产单位采取定额上缴，超利润部分由过去的分成奖励，改为分段分成奖励办法。各工业生产企业根据年初下达的指标，结合单位实际，制定本单位管理办法和奖惩措施，承包方式由过去个人承包改为班组承包和车间承包。

进入 20 世纪 90 年代后，农场建有面粉厂、机械厂、调料厂，先后实施联合经营、承包经营、租赁经营、经济承包等经营形式，多层次进行生产经营活动。在完善工业承包经营责任制方面，先后实行一人牵头，集体承包，逐年递增，确保上缴；固定资产评估，核定流动资金，按月上缴承包费，一年一结算；一人牵头，集体承包，全员风险抵押，流动资金无偿使用，定期进行审计；自主核算，自负盈亏，签订承包经营合同书等承包模式，调动了场办工业企业的积极性，激发了创业动力。如 2000 年机械厂实现产值 110 万元，实现销售收入 75 万元，税金 8 万元，上缴总场费用 7.5 万元。2001 年后，农场推行职工个人竞标承包、对外租赁经营等形式，促进了农场工业较快发展。在全国农垦实行农工商综合经营模式的大背景下，建立工业公司，成为独立自主、自负盈亏、自我发展、自我约束的二级法人实体。农场统管场办工业生产，形成"公司搞创收，企业靠挖潜"的多元化利益格局。

2010 年后，农场深入推进产权改革，大力发展以非农场资本控股的混合所有制经济，先后组建济宁赛德丽节能科技有限公司、恒大有机肥厂、济宁奥德南阳湖能源有限公司、济宁南阳湖新材料有限公司 4 个股份制公司，积极探索招商引资（智）、资源共享、共同发展、合作共赢的企业经营道路。

第四节 商业经济体制改革

1978 年改革开放后，农场建立了职工合作社，为农场职工供应日用生活用品，发挥保障农场职工日常所需主渠道作用。随着农场经济发展，根据产业结构调整要求，农场着力发展第三产业。成立供销公司，面向农场、社会两个市场，开展全方位系列化服务，为农场和社会提供农药、化肥等农业生产资料。供销公司撤销后，面向市场组建了费用自理、自主经营、单独核算、自负盈亏的经济实体，如种子公司、农资经营部、工贸经营部等单位，为农业生产提供产前、产中、产后服务，收到较好效果。2005 年后，农场制定有关政策，鼓励和引导职工兴办三产实体，初步形成生产资料、生活用品、五金交电等商业经营网点，年实现销售收入 180 万元。2010 年深化工资制度改革，农场专卖店和营销中心打破固定工资制，实施经营绩效与工资挂钩办法。

第五节 农场配套改革

一、卫生医疗制度改革

建场之初，农场建有自己的卫生医疗机构，职工门诊和住院全部由农场报销，这种体制延续到 20 世纪 80 年代初期。1982 年全场医疗费近 10 万元，超出按工资总额 5% 应提医疗费两倍多。为解决医疗费使用不当问题，1985 年 1 月经场长办公会讨论决定，农场对卫生所实行承包，每年经费包干 4.7 万元，同时对医疗费管理使用办法进行改革。具体规定：卫生所定员 10 人，工资总额 8000 元，办公费、夜班费、小型医疗器械购置费 1800 元；职工门诊医疗费 1.4 万元，工龄 10 年以下职工每人每年 10 元，工龄 11 年以上不满 20 年的职工每人每年 15 元，工龄 20 年以上或年满 50 岁职工每人每年 20 元，超支收费减半，节约可转下年累计使用，1949 年之前参加工作的老职工可酌情照顾；危重病号外出就医费 1.4 万元，外出就医须经卫生所医生会诊写出病例，再经外出医院检查需要住院治疗者方可外出就医，医院限制在济宁第一、二、三人民医院，济宁传染病医院，济宁精神病医院等。同年 3 月为加强医药卫生管理，经场办公会研究，从 4 月 1 日起，凡到卫生所就诊者一律实行 0.5 元挂号费；场干部职工因病就医者，首先到本场卫生所就诊治疗，须到外就医治疗的，须经卫生所医生批准并开具外出就诊单，医疗费用凭单据经卫生所医生签字报销，否则，一切费用自理；同时对户口在本场的职工家属（含子女），户口不在本场的职工家属（含子女），干部职工出差在外因病就医费用报销问题作出明确规定，进一步规范医疗报销行为。

1992年7月，农场制定《就诊医疗费管理办法》，经第二届职代会讨论通过。1994年3月，根据《济宁市公费医疗管理办法改革方案》，农场制定下发《就诊医疗管理办法修改意见》，进一步规范农场职工和退休人员医疗行为，引导职工合理使用医疗费，防止医疗浪费。该意见明确医疗费实行个人适当承担的办法，个人承担比例分别为：门诊医疗费：工龄10年以下个人负担40％；工龄11～20年个人负担30％；工龄21～30年个人负担20％；工龄满30年以上个人负担10％（含退休人员）；离休人员报销100％，个人不负担。住院医疗费：工龄30年以下在本场住院的个人负担10％，场外住院的个人负担20％；工龄满30年以上在本场住院的个人负担20％，场外住院的个人负担16％。高新仪器检查治疗费：工龄30年以下的个人负担20％；工龄30年以上的（含退休人员）个人负担16％；离休人员报销100％，个人不负担；家属医疗费每人每年12元包干使用。工伤、烈性传染病、癌症、精神病人的医疗费实报实销。同时规定外出就诊医院范围：济宁市第一人民医院、第二人民医院、骨伤医院、传染病医院、口腔医院、滕县王开医院、岱庄精神病院等8家医院。出外医院检查就诊的须经场卫生所同意，到指定医院诊断治疗，不需住院者，检查确诊后带病历回场取药，所需药物由卫生所提供，卫生所没有时，由卫生所出具证明到指定医院购药。未经卫生所同意私自购药者，不予报销。因酗酒闹事或打架斗殴造成伤残者、轻生喝药寻短见造成伤亡者，一切费用由个人负担。

1995年8月，农场贯彻落实农场二届二次职代会通过的《就诊医疗管理办法》精神，解决职工关心的1994年4月1日—1995年8月31日期间职工医疗费报销问题。出台印发了《关于职工报销医疗费有关问题的通知》，明确：承包户欠缴利费者医疗费不予报销；职工未上缴风险金者，医疗费不予报销；在指定医院就诊医疗费超过200元以上者，须带病历方可报销；凡欠公款者，报销医疗费同时扣回欠款，住院借款者一次性结清；对在医疗费报销中弄虚作假者，医疗费不予报销，情节严重者给予严肃处理；未经批准的非指定医院，医疗费不予报销；因公出差、探亲患病者，经所在单位出具证明，持当地医院病历、发票报销。

1997年12月23日，根据"中共中央国务院关于改革城镇职工医疗保障制度，建立社会统筹与个人账户相结合的医疗保险制度"精神，国营南阳湖农场三届二次职代会第三次联席会议通过了公费医疗管理办法。自1998年1月1日起，农场内部建立了职工医疗基金统筹制度，实行门诊医疗费和住院费分别管理，即门诊医疗费按年龄段确定费用标准，包干到人，随工资发放，节余归己，超支自付；住院医疗费根据费用多少，分档按比例报销，2 万元封顶。对重大病患者，年内住院医疗费超出 2 万元以上部分，根据本人申请，场领导研究，给予困难救济。同时，改革卫生所的管理办法，由事业型管理机构改为社会性医疗机构，进行经营性管理，实行自收自支；医务人员打破工资制，个人收入与工作量和医疗成果挂钩。通过改革调动医务人员积极性，通过精简人员，节约医疗开支，年节约 20 余万元。2002 年年底，为进一步保障职工基本医疗需求，全场职工参加济宁市基本医疗保险，全部纳入社会医疗统筹。自 2003 年 1 月 1 日起，职工就医、购药、医疗费结算由济宁市医疗保险机构支付，减轻了农场职工患者负担。

2010 年，按照有关规定，农场将 412 名符合参保条件的职工家属（遗属），统一纳入城镇居民医疗保险，解除他们患病医疗的后顾之忧。2012 年 10 月，在职职工参加大病互助保险。按照市总工会《关于继续开展职工大病互助保障计划的通知》精神，本着自愿原则，农场职工凡自愿参加者，个人每年交 30 元，农场补助 30 元。

二、住房制度改革

1995 年前，农场一直实行福利性住房制度，职工无房找单位要，房屋出现问题找单位修，造成农场房屋老化，维修费逐年提高，成为农场沉重负担。随着社会主义市场经济的逐步完善，农场推行的福利住房制度，已成为企业经济发展的羁绊和职工关心的热点难点问题。

1995 年 8 月，按照《中共中央关于建立市场经济问题的若干决议》精神，农场改革旧的住房体制、运行体制和分配体制，根据职工承受能力，逐步实现住房商品化，实行售、租、建并举，全面推行住房公积金制度，把住房公积金纳入市场经济轨道。加大住房管理力度，成立住房改革领导小组，制定《南阳湖农场住房制度改革意见》。1999 年 4 月 29 日，农场三届四次职代会讨论通过了《南阳湖农场住房制度改革意见》。根据市房改精神，借鉴兄弟农场改革经验，将农场住房划分为 5 等 10 级，对全场 500 户职工一次性出售公有住房使用权面积 2.78 万平方米，售房资金 80 余万元。售房资金实行专户储存、专款专用，主要用于新建住房和改善职工住房条件。2002 年年底，经农场四届三次职代会第三次会议审核通过，农场修改了《职工住房管理办法》，对未享受原房改的职工申请建房时，实行自建公助的办法鼓励职工建房，农场按照单职工 5000 元、双职工 7000 元标准，给予职工建房补贴；在此基础上，对有职称人员再进行一定补贴。建房实行统一规划，统一标准，统一验收的办法，产权归农场所有，土地无偿使用，不得对外出售、出租。加快职工住房建设，改善职工居住环境，自2007年9月起农场为在职职工办理住房公积金，农场和职工按照上一年档案工资总额的8%分别上缴。职工进行房屋改造和新购住房时，根据住房公积金管理条例，可申请提取住房公积金。

2009年5月制定《南阳湖农场职工住房管理办法》，规定新建职工住房采取农场统一规划，以个人投资为主与现房评估出售相结合的办法。

三、税费改革

2000年后，国家为统筹经济发展，出台了一系列支农惠农政策，农场作为国家农业和农村经济的重要组成部分，享受国家支持农业发展的诸多优惠政策。为切实减轻农场职工负担，2006年山东省人民政府办公厅下发《关于印发山东省深化国有农场税费改革实施方案的通知》（鲁政办发〔2016〕95号），根据通知精神，农场成立了由场长任组长，分管农业副场长、总会计师任副组长的税费改革领导小组，加强与上级部门工作协调。制定农场税费改革方案，经职代会审议通过后，上报市农村税费改革领导小组办公室、省农垦局。自2006年起，农场农业税全部免除。同时2006年度省财政厅拨付的转移支付资金115万元，全部发放到种地职工手中，发放数额张榜公布，接受职工监督。2007年发放良种补贴每亩耕地10元，小麦直补14元，综合补贴30.5元，减负资金95.8元，承包职工每亩耕地得到政府各项补贴150.3元，大大减轻了职工负担。

四、公务用车制度改革

2018年12月，根据《济宁市市属企业公务用车制度改革实施方案》（济车改组字〔2018〕2号），结合企业实际，农场研究制定了《山东济宁南阳湖农场公务用车制度改革》，并呈报市国资委。2019年1月21日，经市国资委研究，就《山东济宁南阳湖农场公务用车制度改革实施方案》，提出如下审批意见：原则同意农场本部保留2辆公务用车，取消5辆公务用车。其中，保留一般公务用车1辆、业务保障用车（商务车）1辆。改革后经批准保留的公务用车数量，在一定时期内应保持稳定，未经许可不得新增公务用车。原则同意司勤人员安置意见，留用司勤人员2名，采取转岗方式安置司勤人员3名，未经许可不得新增司勤人员岗位和数量。同意企业确定的参改人员范围。根据市车改领导小组关于市属企业车改方案批复精神，中型以上子企业的参改人员公务交通补贴发放标准，按照自愿领取车补的正职负责人不超过960元/月、副职负责人不超过800元/月执行。公务交通补贴属于履职待遇事项，为税前收入。坚决避免违规配备和使用公务用车现象，领取补贴人员，普通公务出行不得使用公务用车。加强企业公务用车费用及公务交通补贴预算管理，严格控制公务用车开支范围和标准，每年编制公务用车专项预算方案并严格执行。合理设置会计明细科目，实现单车成本费用核算。在切实保障企业的正常生产经营及对外业务开展的基础上，确保改革后公务用车费用及发放的交通补贴明显低于改革前的公务用车费用。方案批复后，参改人员名单及补贴金额要按照有关规定进行公示。2019年1月31日前，完成集中封存停驶待取消车辆，并从2019年2月起按月发放参改人员公务交通补贴。严格落实公务用车纪律，严禁公车私用，任何人不得因私使用公务用车；不得变相超编制、超标准配备公务用车；不得以任何方式换用、借用、占用权属子单位或其他单位和个人的车辆及转嫁公务用车购置、租赁资金和运行费用；不得向其他单位和个人提供车辆；不得以各种名义占用经营及业务保障用车或长期租用车辆变相作为个人固定用车；不得既领取公务交通补贴、又违规乘坐公务用车；不得为中层及以下管理人员等配备公务用车，防范实行变相的公务交通补贴全员福利化；不得为退休、离休、离任的原企业负责人发放交通补贴或报销应由个人承担的交通费用。建立健全保留车辆的使用和租用管理制度，严格按照规定用途使用，做到规范用车、合理用车。加强监督检查，确保公务用车使用管理严谨、节约、高效。

第六节　新型劳动用工制度的构建

20世纪90年代，随着国家、省市劳动、人事改革政策的贯彻和落实，农场开始实施劳动、人事制度改革，通过改革在农场内部逐步构建起新型劳动用工制度。

一、人事劳动制度改革

人是生产力的第一要素，人的聪明才智调动得好，企业就有生命和活力，反之就面临被淘汰的危险。在计划经济时期，单位负责人和单位人员配备，由场党组织直接任命或安置，农场职工坐的是"铁交椅"，干好、干坏一个样，工作没压力，缺少危机感。1990年后引入竞争机制，科室负责人和生产经营单位承包者的产生，由农场党组织研究，场长推荐，在全场范围内实行竞争上岗，对科室和单位负责人产生振动，让他们感到危机感和压力感。1995年5月农场出台《关于试行全员劳动合同制的实施意见》（南农场字〔1995〕

21号），决定在农场试行全员劳动合同制。提出以"深入贯彻执行《劳动法》转换企业经营机制，解放和发展生产力，保障职工合法权益，在企业内部打破干部与职工界限、固定工与临时工界限，形成干部能上能下、职工能进能出、收入能高能低，竞争靠岗位、报酬靠贡献的竞争机制，在劳动人事、工资分配、社会保险等方面进行综合配套改革，使企业成为依法自主经营、自负盈亏、自我发展、自我约束的经营者，成为独立享受民事权利和承担民事义务的企业法人"的指导思想，明确改革劳动人事制度、工资分配制度、劳动保险制度的具体内容、工作措施和方法步骤。1995年6月制定了《南阳湖农场改革与经营发展规划（1995—2000）》，在农场内部打破干部和职工、固定工和合同工的界限，实行全员劳动合同制。农场的干部、固定工、合同制职工均与单位签订劳动合同，实行统一考核，公平竞争，择优上岗。干部管理实行聘任制，一般职工实行竞争上岗制。劳动合同、聘任合同、聘任期限，根据工作岗位特点确定，短期合同1～3年、中期合同4～10年、长期合同10年以上。全员劳动合同制实施后，农场干部、职工统称农场职工（原身份档案保留）。劳动合同的签订依法确立了职工与农场的劳动关系，明确职工与农场的利益关系，增强职工责任感、事业心和危机感，形成"干部能上能下，职工能进能出，收入能高能低，岗位靠竞争，报酬靠贡献"的竞争机制。2000年后农场加大干部人事制度改革力度，按照"四化"要求，严格民主推荐、组织考察、场长聘任程序，实行能者上、平者让、庸者下的聘任制度，建立企业与职工双向选择用人机制，将有文化、懂专业、会管理的年轻干部充实到农场各级领导岗位，发挥其聪明才智。2002—2007年，有6名年轻干部充实到场级领导岗位，有29名年轻干部走向中层干部岗位，优化了职工队伍年龄、文化结构，提高了领导水平和办事效率。2016年，按照"能者上、平者让、庸者下"的原则，坚持公开透明、公平竞争、优胜劣汰，全面深化干部任用制度改革。全年提拔中层干部12人，调整8人，降级4人，处分2人。2020年1月，根据中央、省、市干部管理和考核的指示精神，按照市国资委要求，着眼于从严管理干部，加强干部的培养和教育，调动干部工作的积极性，农场出台《2019年度中层干部考核工作意见》，发挥考核在干部管理中的导向、评价和监督作用。

二、分配制度改革

计划经济时期，职工吃的是"大锅饭"，拿的是"轻松钱"，职工收入差距不大。1982年8月，农场按照"多劳多得、按劳取酬"的社会主义分配原则，兼顾国家、集体、个人三者利益，改革奖励制度，从1980年起，开始实行"三定一奖"（定产量、定利润、定费用，超费用部分按四、二、四分成奖励）的办法。超利润部分 40％交国家，20％留作集体福利，40％奖励职工。自 1996 年始，按照"各尽所能，按劳分配"原则，以劳动要素评价为基础，制定了企业内部自主分配制度，并经农场职工代表大会审核通过，报市劳动局批准后实施。农场在全场范围内打破等级工资制，实行岗位工资制，计时计件定额工资制，联制联产计酬一场多制的工资分配形式，合理拉开不同岗位的工资差距。岗位工资制度的推行，明确了企业内部各类人员工资关系，拉开了工资差距。岗位工资最低 84 元，最高 144 元，后调整为最低 182 元，最高 318 元。通过向脏、苦、累、险岗位待遇倾斜，稳定一线职工，扭转职工向责任轻、环境好岗位流动现象，克服平均主义"大锅饭"、干与不干一个样的弊端，激励职工钻研业务技术，提高劳动生产率。

2015 年，农场进一步深化工资制度改革，按照"多劳多得"的社会主义分配原则，坚持"奖勤罚懒、优胜劣汰、责权利相统一"的改革精神，进一步落实改革措施。自 2015 年 1 月 1 日起，农场各单位在岗人员工资，分成 80％的基本工资和 20％的绩效工资。基本工资按月发放，绩效工资与本人考核结果和所在单位经营效益挂钩，增强干部职工从业危机感和工作责任心。

2018 年 3 月，根据《中共济宁市委、济宁市人民政府〈关于济宁市市管企业负责人薪酬制度改革实施方案〉的通知》（济发〔2015〕28 号）精神，进一步深化市管企业负责人薪酬制度改革，国企负责人推行年薪制。经农场党政联席会议研究、第八届职工代表大会第三次联席会议通过，决定自 2017 年 9 月 1 日起，场领导班子成员试行年薪制。在《山东济宁南阳湖农场负责人薪酬改革方案》批复前，暂发放过渡性薪酬。基本年薪从场财务列支，绩效年薪从原渠道列支。基本年薪基数定为上年度全场在职领取工资人员平均工资的 2 倍，绩效年薪暂定为基本年薪的 1 倍，基本年薪按月发放，班子成员副职基本年薪暂按正职基本年薪的 0.7 倍确定；待《山东济宁南阳湖农场负责人薪酬改革方案》审批后，再按该方案兑现，多退少补。截至 2018 年 3 月，《山东济宁南阳湖农场负责人薪酬制度改革方案》《山东济宁南阳湖农场领导班子和领导人员综合考核评价办法》《山东济宁南阳湖农场负责人经营业绩考核办法》《山东济宁南阳湖农场领导班子副职绩效管理考核办法》等有关农场负责人薪酬改革文件材料，经市深化国有企业负责人薪酬制度改革工作领导小组办公室初步审核认可，上报市农业局，待批复后，再按方案执行。

第七节　国有资产监管

2008 年 3 月，农场成立资产管理科，加强对国有资产的监督和管理。自 2013 年起，加强资产管理系统建设，针对农场管理状况，强化资产基础管理，把国有资产管理贯穿于保值、经营、增值的全过程，形成管人管事管财相互平衡、相互协调、相互制约的运行机制，增强企业资源配置能力和监控能力。在具体实施过程中，制定出台了《加强资产管理系统建设的意见》，建立起资产管理科购置，建筑公司使用（建设），审计监察科质监的管理体系和运行机制。为确保国有资产保值增值，按照资源有偿使用、有利职工安置就业的原则，自2015年起，林果种苗公司、水产良种场、休闲渔业观光园、园林场和园林工程公司5个生产经营单位，开始交纳土地（或水面）承包费。

2016年，为加强国有资产管理，农场当年2月成立资产管理中心，负责大宗物资采购、工程监管等方面工作，监督生产经营单位，严格执行《物资出入库制度》等资产管理制度，防止国有资产流失。2018年继续推进资金与资产管理制度改革，撤销了资金管理中心和资产管理中心，合并成立山东济宁农垦资产运营管理有限公司。通过农场土地租赁、作价出资（入股）、资产租赁等方式，吸引社会资本投入现代农业建设，同时利用土地、资产、资金、品牌、技术等一切资源要素，积极开展国有资本投融资运营，进一步放大国有资金增值效能，提高国有资产利用效率，确保国有资产保值增值。

自2020年起，农场充分利用决定投资回报的市场杠杆（销售净利润率）、管理杠杆（资产周转率）、财务杠杆（权益乘数），确保国有资产投资保值增值。在搞好公司对内投资的18个子公司经营活动，规避决策风险、经营风险和财务风险，力争取得较好投资回报的同时，做好闲散资产的处置利用。启动资产处置程序，对三、四分场湖上公园、湖堤边未利用春秋棚等资产，进行利用和处置。

2002年7月，按照《国有出资企业产权登记管理暂行办法》（国务院国有资产监督管理委员会令第29号）及济宁市国资委《关于做好企业国有产权登记工作的通知》（济国资产权〔2020〕2号）要求及规定，农场对山东济宁南阳湖农场有限公司拥有的济宁农得利农业科技有限公司80％国有产权、济宁儒耕生态农业科技有限公司51％国有产权、山东济宁南阳湖航空服务有限公司51％国有产权、济宁奥德南阳湖能源有限公司49％国有产权、山东济宁金农生物科技有限公司49％国有产权、济宁赛德丽节能科技有限公司49％国有产权、济宁五彩南阳湖游乐有限公司49％国有产权、济宁市现代农业投资股份有限公司48.45％国有产权、济宁南阳湖新材料有限公司49％国有产权、济宁蓝城南阳湖现代农业发展有限公司35％国有产权、中融资租赁股份有限公司0.5％国有产权、济宁市南农商贸有限公司83.61％国有产权，依法进行了国有资产产权登记。

第三章　计划财务管理

第一节　计划管理

1956 年，农场设计划统计员，负责农场计划工作。1960 年 1 月成立生产计划室，承担计划管理任务。1970—1975 年兵团司令部设生产股，1975 年 1 月兵团撤销恢复农场建制，厂部设生产科。

计划经济时期，农场计划管理部门根据上级指示和下达的计划，编制农场各种计划，协助和督促执行单位落实计划任务和组织实施，确保计划按时完成。利用各种生产统计信息和其他方法，检查计划执行情况，并对计划完成情况进行考核，据此评定生产经营成果。在计划执行过程中环境条件发生变化时，及时对原计划进行调整，使计划仍具有指导和组织生产经营活动的作用。农场计划涉及年度计划和远景规划。年度计划主要有固定资产投资计划、维修计划、农业综合开发规划等，内容涵盖生产、经营、管理、科技等方面。根据"统一领导，归口管理"的原则，农场各分部门对计划进行管理，计划管理部门监督检查计划执行情况。

第二节　统计管理

1958 年，农场设计划统计员 1 人，直接归总场管理，负责全场的统计工作。1964 年总场成立计划财务室，配备计划统计员 1 人。农场制定了统计人员职责和统计管理办法，统计内容包括生产进度、机械作业、开荒面积、作物产量、劳动生产率等，做到当日统计、当日上报，当日汇总。1970 年建设兵团成立后，统计工作归口生产股管理。1975 年建设兵团撤销，恢复南阳湖农场建制，统计工作归口生产科管理。

1956 年后，统计工作按照计划经济统计模式，上对主管部门编报月报、季报、国民经济基本情况统计年报，按时完成上级主管部门安排的国家统计调查。依据综合统计数字，为农场财务预算和领导决策提供可靠数据；下对农场基层统计人员进行培训和指导。基层统计工作主要任务，涉及人口、职工、机车、耕地、畜牧、水产等台账，报告农情情况和播种面积、产量、灾情调查报告，编制月报、季报、以及国民经济统计年报等。2001年农场统计人员参加培训并通过考试，取得上岗资格，实现全员持证上岗。2006年《中华人民共和国统计法》颁布后，统计工作严格按照统计法要求，不虚报、瞒报、漏报统计资料，确保资料真实。同时加强统计人员培训，每年不定期对统计人员进行培训，围绕统计基础知识和统计法内容进行培训，提高统计人员业务水平和法律意识。

第三节　财务管理

1960年，场部管理委员会设财务会计室，编制6人。1964年，场部设会计室。1970—1975年，兵团后勤处下设财供股。1975年1月建设兵团撤销，恢复南阳湖农场建制后成立财供科。同年财供分设后，成立财务科。农场财务部门按照财务管理规定，逐步建立健全原始记录、凭证、统计报表和工作台账，为指导和预测生产经营情况，搞好定额管理提供服务。1960年3月起，实行统一领导、分级管理办法，将工分、产量、财务实行"三包一奖"，一次包到承包单位，各承包单位对小队实行定产量、定质量、定肥料、定工分、定技术措施。1979年农场开始实行财务包干制度，即盈亏包干、结余留用，超亏不补，基层经营成果与物质利益挂钩，形成不同层次的利益机制，摆脱了"大锅饭"，激发了职工生产经营积极性。1993年7月1日，国家实施新的财务制度，改革成本核算办法，规范费用处理原则。要求企业按照统一会计原则，真实反映财务状况和经营成果，制约了弄虚作假、盈亏不实的行为。同年，农场出台《南阳湖农场财务管理制度》，在农场内部实行分级管理，分级核算办法。1994年农场建立四大公司，为农场的二级核算单位，形成"总场—公司—分场—职工"分级管理、分级核算模式。对核算单位逐级进行承包、租赁，对机关单位实行经费包干，使二级单位成为自主经营、自负盈亏、自我发展、自我约束的经济实体。1997年改革农场体制，撤销四大公司，推行职工家庭农场承包。分场仅负有管理职能，总场对职工实行一级核算。1998年制定下发《关于加强财务管理工作的通知》和《财务管理办法》，进一步规范农场财务行为。2005年后，农场先后出台《南阳湖农场年度包干实施意见》，对交通费、办公电话费、水电费、排灌费、学校经费、幼儿园经费、卫生所经费、招待费等，制定年度包干费用，严格财务费用开支管理。

2013年后，加强财务管理系统建设。按照财务年度预算，严格落实财务制度，做到日事日毕，月清月结。单位之间来往账次月划转，各项开支事前口头报告或书面报告，按程序签字后方可进行，否则追究相关人员责任。做好年度财务预算和决算，严格控制非生产性开支。加强财务人员业务培训。2013年10月农场邀请济宁长恒信会计师事务所注册会计师，举办 2013 年度财务管理培训班，农场会计和各单位中层干部 200 余人参加培训。2015 年改变工程结算方式，凡场外施工单位承揽农场建设工程，实行"施工单位先垫付资金，工程竣工半年后付款"的工程结算方式，有效缓解资金支付压力，确保工程施工进度和质量。2016 年深化资金管理制度改革，年初成立资金管理中心，将农场与各生产经营单位资金存入资金管理中心，资金管理中心对资金统一管理，通过理财、入股、融资等经济手段，提高资金收益。

第四节　审计管理

1991 年，农场成立审计科，配备人员 1 人，为内审专门机构。2011 年 9 月，监察科与审计科合并为监察审计科。审计管理部门在分管领导的领导下，依据国家法律、法规、政策及农场规章制度，对农场及其所属部门、单位财务收支情况及其有关经济活动，依法实施内部审计监督。审计内容涉及财务计划或预算的执行和决算，各预算资金的管理和使用，与财务收支有关的经济活动；国有资产的管理和使用，基建、维修工程的概算和预决算；国家财经法规和上级部门、农场财经规章制度的执行，内部控制制度的建立和执行；农场有关管理部门主要行政负责人的经济责任，农场的招投标工作，场领导及上级审计机关交办的其他审计事项。对有关事项进行审签：农场预算和财务收支计划执行情况及决算的上报，各专项经费结算和决算的上报，自筹基建经费的来源和使用；农场下属经济单位资产、负债、损益报表，关、停、并、转时的清算报告；经济社会改革与发展中的各类合同。

2015 年后，农场规范基建投资，严格审计，提高企业综合管理水平。强化约束监督机制，发挥内审职能作用，对大宗物资采购、项目建设施工、固定资产投资、办公用品购置等重大项目建设实行事前、事中、事后审计，保证投资合理规范，防止国有资产流失。

2018 年 6 月，为加强和规范农场内部审计工作，提高内部审计质量，加强现代企业制度建设，维护投资者的合法权益，依据《中华人民共和国公司法》和《中华人民共和国审计法》及有关法律、法规、规范性文件的规定，结合农场实际，农场制定出台了《山东济宁南阳湖农场内部审计管理制度》，涉及内部审计机构及审计人员、内部审计基本原则、审计对象范围、内部审计职责、审计部门权限、内审工作程序、审计监督管理等内容。

第四章 人力资源和劳动保障管理

第一节 人事管理

1958年建场之初，农场没有专门人事管理部门，场部办公室主任兼管人事工作。1960年1月，场长办公室设专职人事干部1人。1970年兵团政治处设组织股，配备人员5人，负责组织、人事等工作。2008年12月，农场劳动人事科更名为人力资源科，加强对人力资源和劳动保障的管理。

人事管理部门主要职责：贯彻执行国家人力资源的政策法规，全面做好全场的人力资源管理工作，制定和落实农场人力资源方面的政策、规章。负责职工的社会保险工作，依法办理职工的养老、医疗、工伤、失业、生育保险手续及相关业务。负责劳动合同管理，依法办理劳动合同的签订与解除，参与劳动人事争议的应诉与起诉。根据工作需要科学合理调配人力资源，做好人才招聘与引进的基础工作，办理职工场内外调入、调出和新员工的录用、分配手续。做好安全生产的日常工作，配合有关部门，进行安全事故调查，加强职业危害的防范和劳动卫生保护。做好住房公积金法规的宣传落实工作，办理职工住房公积金的相关业务。依据《企业职工档案管理规定》，做好职工的人事档案管理工作。负责办理职工离退休手续，配合劳动部门，做好离退休职工的社会化管理与服务工作。做好全场职工的工资管理，负责办理职工工资的核定、转正定级、调整、晋升并审核场部人员工资发放表。会同有关部门，参与干部的考察、考核和职务任免工作。负责专业技术人员职称评审的申报，参与专业技术人员的考核与聘任工作。根据农场意见，负责拟定招工政策，做好人才引进和新员工招收的具体工作，搞好员工岗位职业培训。监督检查农场各单位的人力资源政策、法规的执行情况，纠正违法行为，参与对职工的奖惩工作。配合市医保处，做好职工家属的医疗保险工作。按市劳动保险事业处要求，办理离退休职工遗属生活补助金社会发放的相关业务。

第二节 劳动社会保障管理

1957年，农场根据国家、省实行劳动保险的指示精神，经济宁市总工会批准，实行劳动保险并备案。1958 年初，农场 30 余名职工经主管部门批准实行了劳动保险。1964 年下半年，经请示批准后全场 450 余名职工全部实行劳动保险，享受保险待遇，减轻了职工生活负担。同年农场出台《国营南阳湖农场关于生产人员劳动保护用品的规定》，对工作服、棉大衣、围裙、袖头、护脚布、毛巾、肥皂、口罩、手套、防护镜、胶鞋、雨衣等劳保用品的发放范围、发放标准进行明确规定，规范劳动用品的发放和使用，保障了职工身体健康。1988 年，农场根据鲁劳险字〔1988〕第 317 号文件规定，对 1987 年年底前办理离退休手续人员，自 1988 年 1 月起每人每月发放生活补贴费 5 元；1988 年 1 月后办理离退休手续的人员，自领取离退休金之月起每月发放生活补贴费 5 元。1991 年，农场执行鲁劳险字〔1990〕第 600 号文件规定，农场职工因病或因工死亡后，其供养直系亲属，除按照鲁劳险字〔1998〕第 397 号文件规定，享受定期生活补贴外，仍可按《劳动保险条例》及其实施细则规定的条件和标准，享受一次性救助金。供养直系亲属 1 人的，发放逝者本人 6 个月的标准工资；供养直系亲属 3 人或 3 人以上者发放逝者本人 12 个月的标准工资。农场职工不论因公或非因公死亡，其丧葬费均按 400 元发放。1994 年 1 月，农场固定工参加济宁市养老保险统筹。合同制职工自进厂工作之日参加社会养老保险。1995 年 5 月，农场出台《关于试行劳动合同制的实施意见》。2009 年 12 月，成立劳动关系协调（调解）办公室，及时化解劳动争议问题。2019 年 7 月，按照《关于做好 2019 年度市直社会保险缴纳基数网上申报集中稽核工作的通知》精神，上调农场职工社会保险缴费基数，职工绩效工资和住房补贴纳入 2019 年度职工社会保险缴费基数。

第五章　安全生产管理

自建场以来，农场始终把安全工作列入重要议事日程。贯彻落实中共中央、国务院、省、市、区等各级安全生产工作会议精神，全面落实安全生产责任制，定期开展安全生产大排查，对干部职工进行安全生产知识宣教培训，强化安全生产基础工作，确保农场安全稳定。

第一节　安全教育

根据省市安委会安排和部署，结合农场实际，农场定期开展《安全生产法》等法规、制度的宣传教育以及安全生产知识和技能的培训活动，配合"安全生产月"活动的开展，利用农场广播、电视等媒体，把安全知识传播给每一个干部职工，增强职工安全意识。聘请有关安全专家，对电工、锅炉工、驾驶员等重要岗位人员，定期进行培训。同时加强对新上岗人员的安全培训教育工作，全面落实持证上岗制度和复查复训制度。

2000年后，农场更加重视安全教育工作，每年开展安全生产系列教育活动。将6月16日定为农场安全生产教育警示教育日，在干部职工中实施安全生产承诺制度。2017年，开展全民安全素质提升行动，向全场各单位印发《山东济宁南阳湖农场实施"素质固安"工程开展全民安全素质提升行动实施方案》，对"素质固安"工作做出全面部署。利用车间墙壁、厂区宣传栏等张贴安全生产宣传图画96处，在农场宣传栏中设立安全生产专栏，在场区内及办公楼前张贴安全生产挂图9张。自2017年起，农场先后安排相关人员参加太白湖新区、石桥镇安全生产培训6次，参训100余人次。2017年9月，邀请区安监局领导来场开展安全生产专题培训，场领导班子成员、场长助理、各生产单位负责人共计70余人参加培训。加强特殊岗位、特殊工程的技能培训，年内先后培训电工6名、锅炉工2名，做到懂技术、安全操作、持证上岗。

第二节　安全管理

20世纪60年代后，针对农场生产中存在的安全问题，农场定期召开安全生产会议，制定出台安全生产有关文件，落实安全生产具体措施。

1971年，按照中共中央《关于加强安全生产的通知》和山东生产建设兵团《关于认真贯彻落实执行中共中央关于加强安全生产的通知》精神，山东生产建设兵团三师十一团党委认真研究，提出贯彻意见，制定下发安全生产措施，召开团机关干部、各连队班、排长以上人员会议，对安全工作进行安排部署。同年9月，制定出台了《关于加强安全生产有关规定》，从提高认识、组织建设、安全生产、战备保卫、设备武器管理等方面提出要求和措施。1972年4月，兵团成立安全工作委员会，设主任1名，副主任2名，委员11名。定期召开会议，研究、部署、检查、总结安全工作，严格事故责任追究。1972年5月，兵团汽车司机载着兵团战士、家属等32人，行至赵村南约300米处，因操作不当发生翻车事故，造成死亡1人、重伤3人、轻伤6人的重大事故。对此，农场高度重视，对事故责任司机进行严肃处理。同年11月，制定出台《关于安全生产预防事故的措施》，对机动车辆、机具设备使用和维修，马车、地排车，水上作业，牲畜（猪、马、牛）饲养，医疗卫生，农药保管、使用，安全用电，日常生活，房屋、建筑、码头、道路、桥梁、训练等工作，提出安全工作措施。

2000年后，根据人员变动和职能分工，农场及时调整安全生产委员会，全面落实安全生产责任制，定期进行安全生产大检查，适时举办干部职工安全教育培训班，对查出的安全隐患，及时进行处置。按照市安委会安排部署，每年开展"安全生产月活动"，组织干部职工观看安全教育警示片，提高大家的安全意识。加强社会治安管理工作，2011年9月，成立安全生产监督科，加强对农场安全生产工作的监督检查。2013年投资3.5万元，在种猪场、畜牧观光园、生态餐厅、畜牧养殖场等主要路段和重要生产经营场所安装监控设施，确保农场秩序安定。2015年，根据工作需要，农场调整了安全生产管理委员会。2016年投资400万元，在农场各交通路口、重点单位安装高清摄像头300个；投资32万元，在农场出口分别建设门卫室及大门，禁止外来车辆通行，确保农场生产安全有序。加大安全投入，对重点部位、重点场所配备消防器械，设立警示标志牌。

2017年农场安全设施投入35万元，配备灭火器166个，设立警示标志牌232块；先后召开安全生产会议29次，安全生产培训1000余人次；开展应急救援演练5次，组织安全生产大排查6次，为全场安全生产提供了可靠保障。2017年3月，农场荣获2016年度太白湖新区安全生产工作先进单位称号。完善治安综合治理，制定各类应急处置预案，增派保卫力量，加强日常治安巡逻，做好陌生车辆、来访人员登记，维护正常办公生产秩序。

2018年4月，按照中央、省、市委要求，农场成立农场网络安全工作领导小组，顺应网络发展安全需要。同年6月，根据省政府办公厅《关于建立完善风险管控和隐患排查治理双重预防机制的通知》（鲁政办字〔2016〕36号）和省政府安委会办公室《加快推进风险分级管控与隐患排查治理两个体系建设工作方案》（鲁安办发〔2016〕11号）、济宁市安委会《济宁市安全生产风险分级管控与隐患排查治理两个体系建设实施方案》（济安字〔2016〕14号）要求，为推进安全生产风险分级管控和隐患排查治理双重预防体系建设，成立"双重预防体系建设"工作领导小组，制定印发《山东济宁南阳湖农场安全生产风险分级管控与隐患排查治理双重预防体系建设实施方案》（南农字〔2018〕33号），对工作进行全面组织、指导和检查，在农场内部构建安全风险分级管控和隐患排查治理双重预防体系。

2019年，山东济宁南阳湖农场有限责任公司成立后，按照国家、省市关于加强安全工作安排部署，大力弘扬"生命至上、安全发展"主题，完善安全生产责任制，农场成立由公司主要负责人牵头的安全生产委员会。严格按照"党政同责，一岗双责"要求，完善生产责任体系，将责任落实到单位和具体责任人，做到安全生产工作有人抓，保障安全生产落到实处。认真开展安全生产月活动。对照公司内部安全风险辨识评估、安全风险评估、安全风险告知、隐患排查治理、安全规章制度和操作规程对标梳理等情况，定期开展安全教育培训。在主要位置悬挂安全横幅，张贴安全标识，危险地段设立安全标识，发放安全生产宣传材料，提高职工安全意识。强化安全生产排查，坚持"安全第一、预防为主、综合治理"方针，公司安全生产委员会定期对重点行业、重点区域、重点岗位，开展拉网式排查。根据排查情况，建立台账，下达问题整改清单，限期进行整改，切实消除安全隐患。制定各类应急处理预案，全力做好"两会"和重大节庆期间的安保工作，确保企业稳定发展。2020年4月，根据公司领导分工和人员调整情况，农场调整农场安全生产委员会、安全生产委员会办公室组成人员，印发《山东济宁南阳湖农场有限公司安全生产管理制度》，涉及管理机构和责任、安全生产管理、劳动安全卫生管理、事故查处、奖惩等内容，进一步规范安全行为，强化安全管理工作。

第六章　土地管理

1956年南阳湖农场筹建之初，土地规划面积2万亩。具体方位：北邻接庄镇的黄楼、古柳村；东、南两面靠石桥乡的李庙、道口、黑土店、高庄、朱庄、辛店等村；西邻洸府河堤。据档案资料记载，农场占用的土地原是一片涝洼、缓征地，坐落在原凫山、嘉祥、济宁、微山4县的土地上。农场土地由周围乡村无偿支援，任何单位都未付款。1964年至1965年春，农场大搞水利建设，同时对场界进行整修，在北、东、南三面修筑了围场大路，路外的沟（属农场所有）将农场土地与周围乡村的土地隔开，以沟为界。1994年，经测算，农场共有土地2万亩。其中农业生产用地1.5万亩。1994年8月，经任城区土地评估所评估，总地价35855万元。

第一节　土地利用与治理

一、土地改造利用

农场土地原为发育在古老的河湖静水沉积物上的砂浆黑土，地下水位高、易渍易涝，土质黏重，难耕难种，春秋缺水，种植农作物产量低而不稳，必须进行综合改造利用。农场改造利用土地过程，大体经历三个阶段。

第一阶段（1956—1964年），土地保持原样，基本未进行水利建设，仅有小型排灌站1座，以排地表水为主，土地开发面积仅占总面积的40%～45%，根据地块高低，选择性种植农作物，在地势较高地块种植小麦、豌豆和高粱等作物，在离水源较近地块少量种植水稻。小麦收割后伏耕晒垄，作为恢复地力的根本措施，产量低而不稳，土地利用率低。在这期间，粮食平均耕亩单产103斤，总产量165万斤。

第二阶段（1965—1978年），农场通过兴修水利，建设排灌设施，逐步建成交通方便、沟渠相连、土地成方、树木成行、灌溉自如的旱涝保收农田，改变过去"夏季一汪水，冬季一片冰"的农场土地面貌，地下水位得到有效控制。作物种植由1年1作，改为2年3作或1年2作，即春稻—小麦—夏稻或小麦—夏稻，种稻面积逐年扩大，一般年份 6000～8000 亩，最高年份达 1.2 万亩，占耕地面积的 80%。利用夏闲和冬春闲期间，大面积种植田菁、苕子等绿肥作物，以恢复和培养地力，粮食产量大幅提高。在这期间，平均耕亩单产 557 斤，总产量 828 万斤，与第一阶段相比分别增加 4.4 倍和 4 倍。

第三阶段（1979—1988 年），由于天气干旱，雨水稀少，造成河湖水少且污染严重。在保持原有湖水排灌设施的基础上，挖掘地下水资源，发展井灌，实行湖水、井水灌溉相结合，调整作物种植结构，压缩水稻种植面积，每年稳定在 2000～3000 亩，以旱作为主，实行麦茬 1 年 2 作，粮食作物和经济作物轮作。除麦豆秸秆还田外，还通过种植西瓜、蔬菜等经济作物，大量施用优质有机肥，增施磷肥、微肥等提高土壤肥力，粮食产量稳定增长。在这期间，粮食平均耕亩单产 629 斤，总产量 867 万斤，与第二阶段相比，分别增加 11.3% 和 4.7%。

二、土地复垦治理

自 2003 年起，随着兖矿集团 2 号井、3 号井的连续开采，导致南阳湖农场每年以 2000 亩的速度塌陷，最大塌陷深度达 3.5 米。针对农场土地不断塌陷的严峻形势，农场领导班子高度重视，把加强土地资产管理，保护职工合法权益，保障农场经济持续健康发展作为头等大事。农场组成专门机构，按照国家有关政策，积极与兖矿集团沟通协调，尽力争取有关政策，突出抓好塌陷地复垦治理项目。

2009 年 5 月，农场开始实施农场东南部采煤塌陷地复垦治理（第一期）项目，该项目为济宁市国土资源局下达的重点项目，项目规划设计方案、预算编制，历经 3 次评审，2010 年 8 月形成评审报告。2011 年 1 月在济宁市招投标中心公开招标，确定第一期土方工程施工单位 13 家，2011 年 2 月开工建设，2011 年 6 月项目完工。总投资 4685.99 万元，治理塌陷地 4640 亩，新增耕地 2334 亩和大型池塘 2500 亩。2011 年 8 月，农场向任城区国土资源局申请项目验收，同年 12 月，该项目顺利通过国土部门竣工验收。

2014 年，农场实施一、二分场采煤塌陷地复垦项目。2014 年 1 月 24 日，市国土资源局印发《关于同意济宁南阳湖农场一二分场采煤塌陷地复垦项目立项的批复》（济国土资字〔2014〕11 号）文件，同意项目立项。2014 年 8 月，成立南阳湖农场土地复垦治理指挥部，加强土地复垦工作的组织领导。2015 年 3 月 2 日，市国土资源局印发《关于山东济宁南阳湖农场一二分场采煤塌陷地复垦项目变更规划设计的批复》（济国土资字〔2015〕18 号）文件，同意实施该项目。项目规模 511.52 公顷，投资预算 1.32 亿元，治理塌陷地 7671 亩，新增耕地 5270 亩和大型池塘 2080 亩。主要建设内容包括土地平整、农田水利、田间道路等工程，其中：田间道路 1.36 万米，生产路 1.22 万米，沟渠 1.18 万米，桥涵 162 个，混凝土护坡 12.86 万平方米，预制板护坡 6 万平方米。挖土方量 891.97 亿立方米，剥离覆盖表土 140.53 万立方米，恢复有效耕地 5270 亩，新增耕地率达到 68.7%；形成池塘水面 2080 亩。2015 年 3 月 28 日，项目在济宁市公共资源交易中心进行公开招标，确定 19 个施工企业和 4 个监理单位。2015 年 4 月 24 日项目动工，同年 12 月 10 日土地复垦建设工程完工，形成可用耕地 4186 亩，占应完成耕地的 77.7%。根据国土资源部《土地整治项目验收规程》（TD/T 1013—2013）和相关文件精神，2015 年 12 月 15 日农场组织有关人员对项目工程完成情况进行自验。听取复垦工程施工企业和监理单位关于该项目建设情况的汇报，实地查验土地平整工程，审阅施工企业和监理单位的技术档案和建设资金会计账目。自验小组认为，项目已完成市国土资源局太白湖新区分局要求的工程建设任务，各项管理措施基本落实，已具备初步验收的条件。2016 年 3 月，采煤塌陷地复垦项目工程全面完工，向济宁市国土资源局太白湖新区分局提出项目验收。2017 年 10 月 17 日，市国土资源局关于《济宁市国土资源局北湖分局关于济宁南阳湖农场一二分场采煤塌陷地复垦项目的验收意见》（济国土资字〔2017〕149 号）明确：2017 年 7 月 20 日，市国土资源局组织农业、水利、环保等方面专家，对该项目进行验收评审，并顺利通过验收。

2018 年 5 月，农场对农场四分场西片区实施临时性土地治理。采用挖深垫浅模式，填高塌陷较浅的台面，划离耕作层 40 厘米，由南向北充填 0.3～3.6 米后，再复回耕作层形成可耕种的土地。治理面积 610 亩，新增耕地 431 亩、水塘 187 亩。

2020 年 12 月，农场根据《关于印发山东省采煤塌陷地综合治理工作方案的通知》（鲁政办字〔2015〕180 号）精神，受兖州煤业股份有限公司下属的济宁二号煤矿、济宁三号煤矿委托，山东济宁南阳湖农场有限公司在三、四分场实施山东济宁南阳湖农场有限公司采煤塌陷地综合治理项目（三期）。总投资 9749.62 万元，大部分资金由济宁二号煤矿和济宁三号煤矿提供，少部分资金由山东济宁南阳湖农场有限公司自筹，项目治理规模 334.28 公顷，亩均投资 1.94 万元，重点开展土地平整工程、灌溉与排水工程、田间道路工程、农田防护与生态保持工程和其他工程等建设内容。项目实施后，可恢复耕地 173.29 公顷，在缓解人地紧张关系、营造良好农田小气候、促进生态环境良性循环的同时，每年实现经济收益 544.46 万元。

三、土地综合利用

2018 年 7 月 30 日，山东济宁南阳湖农场有限公司与蓝城房产建设管理集团签订《战略合作协议》，计划 5 年内完成建设投资 100 亿元，共同实施济宁蓝城南阳湖田园综合体项目，将 1 万亩项目区打造成集"高效生态农业、水体大世界、养生养老（教育、医院）、文化旅游、娱乐、'互联网＋农业'"于一体的田园综合体。2019 年 5 月，由于缺少建设用地指标、项目区因采煤塌陷尚未稳沉等原因，济宁蓝城南阳湖田园综合体项目暂停实施。2010 年任城区在土地规划利用总体规划时，将农场 1999.86 亩土地规划为基本农田，其中 552.28 亩建设用地指标全部调走，导致农场无建设用地指标，一些重大项目无法落地实施。为改变这一现状，自 2020 年起，农场围绕投资 100 亿元的济宁蓝城南阳湖田园综合体项目、一期投资 5 亿元的济宁孔子大运河产业带基金公司办公楼和种子仓库重新建设等项目建设，抓住《济宁市国土空间规划（2020—2035 年）》编制契机，主动对接市、区自然资源与规划部门，积极争取 1000～3000 亩建设用地指标，为公司下一步发展打下坚实的国土保障基础。

第二节　土地权属管理

一、土地登记

1989 年，根据国务院文件，按照济宁郊区政府的安排部署，农场开展土地资源评估和土地确权工作。确权期间，与农场相邻的个别村庄产生向农场要地的念头，在场、村边界确权签证时，提出场、村分界线应以围场路中心为界，以此方式与农场争地，致使场界确权问题悬而未决。石桥乡辛店村为向农场要地，指派 4 名代表，经常到农场上访，要求农场退还该村土地 4370 亩，提出如不退还，待麦收后强行耕种农场四区的土地。对此，场领导多次做工作，并以国家土地管理局《关于确定土地权属问题的若干意见》有关政策进行解释。在要地无果情况下，辛店村提出让农场支付 100～200 万元土地补偿款要求，因无政策依据，农场无法答复。1990 年 5 月，南阳湖农场将《关于石桥乡辛店村向农场索要土地问题的请示报告》上报济宁郊区区委、区政府，希望政府协调解决。5 月 23 日区政府副区长主持召开由南阳湖农场、区土管局、区信访办公室、石桥乡政府、石桥乡派出所等参加的座谈会，提出具体处理意见。会议强调："南阳湖农场土地所有权归国家所有，使用权归南阳湖农场，关于土地确权问题由郊区土管局负责实施；关于经济补偿问题，鉴于时隔太长，属于历史遗留问题，不再给予任何补偿；石桥乡政府要做好思想工作，讲明政策，维护好农场三夏生产秩序，把矛盾化解在基层，防止越级上访；凡影响南阳湖农场生产办公秩序者，要依法严惩。"会后，在郊区区委、区政府的协调下，场村土地纠纷问题圆满解决，南阳湖农场与辛店村达成土地边界协议。

1995 年 3 月，农场向济宁市土地管理局申请办理国有土地使用证，提交相关文字资料，即省人委关于建设国营南阳湖农场的批准文件、主管部门市农业局证明、与周边邻村的协议、界址调查表等，1995 年 6 月，市国土局派人对农场地界进行测量，完成权属调查。同年 10 月，市国土局为农场颁发国有土地使用证。后因管理不善，造成国有土地证丢失。2003 年 8 月，农场向市国土部门申请，要求补发农场土地使用证。2003 年 10 月 15 日，济宁市国土资源局登记核发《中华人民共和国国有土地使用证》1 个，农场地籍图宗地划拨农业用地总面积 19990.86 亩（包括山东省水稻研究所使用土地 263.95 亩）。

2004 年 10 月，根据土地使用实际情况，经市政府同意及市国土部门核准，农场将土地使用证分割为住宅、养殖、仓储等 39 宗土地。其中：住宅用地证书 8 个，划拨住宅用地面积 276.81 亩；工业用地证书 7 个，划拨工业用地面积 79.27 亩；仓储用地证书 8 个，划拨仓储用地面积 178.57 亩；商业用地证书 1 个，划拨商业用地面积 1.11 亩；卫生用地证书 1 个，划拨卫生用地面积 4.12 亩；教育用地证书 1 个，划拨教育用地面积 12.39 亩；养殖水面用地证书 11 个，划拨养殖水面用地面积 999.58 亩；畜禽饲养地证书 2 个，划拨畜禽饲养地面积 64.53 亩。总计划拨工业、仓储、商业、教育和卫生等建设用地 552.28 亩；划拨养殖用地 1064.12 亩。

由于 2003 年 10 月登记的农场土地面积未包含山东省水稻研究所西侧土地面积，2007 年 12 月，农场按照国办发〔2001〕8 号文件规定，向市国土部门申请更正。2007 年 12 月 24 日，山东省水稻研究所使用土地 263.95 亩，从农场地籍图宗地总面积中分割出去。2010 年 6 月，农场一分场至四分场 5 个生活区住宅用地和一、四分场 2 个机修厂工业用地 134.67 亩指标转济宁北湖省级旅游度假区，作为水运雅居小区建设农场压煤搬迁职工住房新址用地。截至 2016 年 5 月，农场使用国有土地总面积 19726.91 亩，其中：划拨工业、仓储、商业、教育和卫生等建设用地 417.60 亩，占总面积的 2.12％；划拨养殖用地 1064.11 亩，占总面积的 5.39％；划拨农业用地 18245.19 亩，占总面积的 92.49％。农场实际农业用地 19309.31 亩，占总面积的 97.88％。其中：耕地面积 9691.81 亩，占总面积的 49.13％；水库鱼藕塘面积 5132.65 亩，占总面积的 26.02％；未利用地（济宁三号煤矿没有复垦治理的采煤塌陷涝洼荒地）面积 4484.85 亩，占总面积的 22.73％。

二、指标置换

2009年，为保证农场压煤搬迁异地安置（水运雅居住宅小区）项目实施，北湖国土资源局依据《山东省关于城镇建设用地增加与农村建设用地减少挂钩工作管理办法》及市政府〔2009〕22号精神，经与农场协商，决定采取农场建设用地指标挂钩置换办法，解决农场压煤搬迁建设用地问题。明确安置区土地采取有偿出让，建设用地指标归南阳湖农场所有，北湖区对所置换的建设用地指标，按照上级有关增减挂钩奖励政策执行。2010年6月，北湖建设用地增减挂钩与济宁南阳湖农场场区整理项目，经山东省人民政府文件（鲁政土字〔2010〕34号）批准实施，项目建设用地增减挂钩指标183.6亩。

三、权益争取

2007年3月，济宁南四湖东堤工程开工建设。2009年11月项目完工，该工程占用农场土地80.62亩。2015年10月，按照国土资源部、农业部《关于加强国有农场土地使用管理意见》（国土资发〔2008〕202号）精神，农场向市水利局提出申请，要求对南四湖东堤工程占用农场土地进行补偿。

2010年9月，根据市农委文件（济农发〔2010〕12号）精神及市政府对土地补偿批复意见，农场向国土资源局申请，要求拨付农场塌陷地土地补偿金1500万元。

2011年9月，依据国发〔2010〕47号、济政办发〔2011〕85号文件精神，农场向北湖新区管委会申请返还农场新增建设用地有偿使用费3672万元。同年，南水北调济宁市截污导流南阳湖农场蓄水区工程，占用农场土地2836.57亩，争取土地补偿金3304.45万元。

2012年，南二环工程项目占用农场土地321.86亩，争取土地补偿款1902.56万元。

2013年5月，济宁市东外环南延工程南阳湖农场段，征用农场土地249.95亩，涉及沟路渠桥涵闸、职工和外包户所承包的鱼塘、麦地、经济林和看护房等地面附着物，造成农场36名职工因失地而失业，给农场生产经营和种地职工收入带来影响。依据《国土资源部、农业部关于加强国有农场土地使用管理的意见》（国土资发〔2008〕202号）、《国土资源部办公厅、农业部办公厅关于收回国有农场农用地有关补偿问题的复函》（国土资厅函〔2009〕850号）精神，为全力支持市东外环南延工程建设，农场暂缓申请拨付工程土地征用费1432.38万元，请求市政府先拨付市东外环南延工程南阳湖农场段地面附着物补偿款 220.95 万元。

2014 年 2 月，农场就洸府河人工湿地工程占用农场一分场东北部土地 10 亩问题，向任城区环保局提出申请，要求对占用土地按照国家土地政策进行补偿，依法维护土地权益。

2015 年，因洸府河人工湿地工程施工，共清理农场地上青苗 47.83 亩，一季小麦良种损失 5.26 万元；人工湿地排水沟常年占用农场土地 71.55 亩，每年土地经营损失 15.74 万元。2016 年 1 月，根据省物价局、财政厅、国土资源厅《关于济南等三市调整征地地面附着物和青苗补偿标准的批复》（鲁价费发〔2008〕178 号）文件及济宁市征地年产值补偿标准，农场向市农业局申请，要求一次性拨付洸府河入湖口人工湿地工程新开挖排水沟工程建设费用和青苗补偿费用 45.12 万元；排水沟占用土地按征地年产值每年拨付补偿费用 15.74 万元。

2017 年 8 月，根据《济宁市人民政府关于任城区辖区内采煤塌陷地补偿标准的批复》（济政土字〔2008〕101 号）文件精神，农场致函兖州煤业股份有限公司济宁二号煤矿，要求支付 2010 年至 2013 年青苗补偿满 4 年的 2697.43 亩采煤塌陷地一次性补偿费用 7013.32 万元。

2020 年 6 月，山东济宁南阳湖农场有限公司致函济宁三号煤矿，要求提高青苗补偿标准。按照《山东省国土资源厅、山东省财政厅关于济宁市征地地上附着物和青苗补偿标准的批复》（鲁国土资字〔2017〕394 号）文件规定：一季作物小麦、玉米、水稻、大豆等青苗产值补偿 1200 元/亩，煤矿采煤塌陷地青苗补偿按年产值 2400 元/亩执行。提出自 2018 年 1 月起，对公司采煤塌陷地（绝产）青苗补偿标准按 2400 元/亩执行。

第三节　土地管理与创新

农场积极探索土地经营机制改革，从强化农业基础地位、切实保护国有土地资源、实现科学可持续发展的角度出发，农场在搞好土地管理的同时，不断创新土地经营方式，通过土地租赁、作价出资（入股）、资产租赁等方式，吸引工商资本投入农场现代化建设。

一、土地管理

1987 年 3 月，针对农场职工乱占乱建现象，依法维护农场土地权益，依据中华人民共和国土地管理法，农场出台《关于加强土地管理的规定》，进一步明确：凡在场区内沟渠路旁、鱼池藕塘及其他公共场所开垦种菜者，一律收回由农场统一管理，否则，以非法占地从严处理；任何人未经批准，不得在场区内建设私房和进行其他土木建筑，如有发现强行拆除，并给予经济罚款；对原建私房由场土地管理领导小组统一进行清理，对不影响统一规划和公共设施及场容场貌的建筑物，经批准可暂时保留，按时缴纳土地占用费1元/月平方米，否则强行拆除；利用乱建私房进行买卖出租或非法转让者，给予罚款和行政处分；对外单位在农场辖区占地和建房者，一旦发现强行制止，并加倍罚款。

二、对外承包

1994年6月，根据市政府关于微山县鲁桥镇口门村问题协调会议纪要精神，农场与微山县政府签订《土地承包合同》，将农场664.5亩土地承包给微山县鲁桥镇口门村种植，承包期10年，自1994年6月起到2004年6月止。承包费前5年每年每亩180元，后5年每年每亩200元。其中微山县政府负担1/3，于每年6月前支付。因微山县政府拖欠承包费，2000年10月，农场向济宁市政府报告，提出终止土地承包合同。2004年6月21日，市政府召开会议，专题研究微山县口门村继续承包南阳湖农场土地问题。会议确定：微山县鲁桥镇口门村承包南阳湖农场土地面积不变，承包期后延5年，从2004年6月15日起至2009年6月16日止。延包期内土地承包费标准，由200元/亩年提高到400元/亩年，承包费由市、县、村各承担1/3。市里承担部分由市财政局、环保局各承担1/2，于2004年6月30日前，一次性拨付给南阳湖农场；口门村承担部分，由口门村村委会分年度支付，2004年6月1日前支付承包费1/5，以后每年6月30日前分别支付承包费的1/5。土地承包合同由微山县政府和南阳湖农场协商签订。2009年6月，承包合同到期，农场依法收回承包土地。

三、租赁经营

2013年，农场引入合作共赢机制，通过土地租赁经营形式外包土地300亩，在农场休闲观光园内建设婚庆主体文化园工程。工程建设分为中式园区、西式园区两部分，2013年11月，园区主体工程基本完成。2014年5月，向市民开放。

2015年，农场将复垦治理后的3000余亩土地对外出租经营，引入民间资本发展现代农业。按照农场整体规划，统一布局，先后建成优质果树、园林苗木、特色花卉、中药材、奶牛饲养生态园等多个功能园区。通过土地经营机制改革，在促进现代农业园区建设的同时，实现土地经营收入360余万元。

第七章 政务管理

第一节 办公综合管理

农场场长办公室、党委办公室为农场机关窗口单位，负责办公综合管理，涉及文秘、接待、督办、保密、档案等工作，为农场机关行政运行提供支撑。

一、文秘工作

农场文秘工作肩负来文办理、组织传阅、文件管理和催办、文件归档和清销。

（一）来文办理

收文后及时进行登录，提出拟办意见，报主要领导、分管领导批示，再组织传阅。办理文件做到及时、准确、保密，确保件件有结果。急件随到随办，不得积压。办理结果做好简要记录，以便查阅。

（二）组织传阅

传阅原则为急用先看。一般传阅顺序是：主要领导、主管领导、主管部门阅后，再送其他部门领导审阅。随时掌握文件去向，避免漏传、误传和延误、丢失。文件传阅的运转由党办负责，阅毕签署姓名和时间，或写明处理意见后送还党办，由党办再传送他人。

（三）文件管理和催办

借阅者不经党办同意，不得擅自将文件交与他人或私自留用。因公借阅文件，必须向党办办理借阅手续后在办公室阅读，借阅时间不得超过 2 天。因公需要复印文件必须在不违反保密原则的前提下，由党办登记和复印，严格执行有关保密制度。对文件承办人进行催办，并对承办结果进行督促落实。

（四）文件的归档和清销

凡是重要文件，必须收集整理，按档案立卷要求，分类成卷，归档保存。同时，按照有关规定，做好文件清销工作。

二、接待工作

为进一步加强内部管理，降低非生产性开支，提高企业综合效益，农场结合工作实际，本着有利于公务又勤俭节约的原则，于2008年制定了农场接待制度。制度明确：农场下属各单位场内工作业务招待全部纳入场长办公室统一管理，招待费用从原渠道列支。各单位因工作业务需要招待的，事前须向分管领导汇报，说明事由、来客单位及人数。由分管领导通知场办后，招待单位方可到场办领取招待通知单，经分管领导签字批准，持通知单到机关食堂就餐。招待标准根据来客人数进行安排，由场办填写定额，不得突破。否则，不予划转。招待单位陪客人员（限2～3人），不得饮酒过量，以免影响工作。招待完毕，经办人核对招待数额后当场在招待通知单上签字。私自在食堂安排公务招待或在家招待的，弄虚作假、借公行私进行吃喝浪费的，一律不予划转报销。场内人员工作调动，不允许摆宴设席进行接送。确因工作需要，各单位加班用餐费用支出由原渠道列支，工作餐标准为5元/人以下，用餐者持场办发放的工作餐券到食堂就餐。场内业务招待和工作餐费用，每月一结算，由场办按财务管理规定进行划转。各单位因工作需要在场外进行招待的，事前须向场长或书记汇报，经批准后方可招待。否则，不予报销。原则上不接待外来关系单位来场钓鱼，如遇特殊情况，接待单位须经场长或书记批准后，由水产养殖场按季度划转报账。否则，不予划转报账。原则上在机关食堂安排招待就餐，如遇特殊情况，需在其他地方就餐的，需经场长或书记批准。

2020年1月，农场为贯彻落实中央"八项规定"精神，规范公司接待管理，降低非生产性开支，提高企业综合效益，本着有利于公务又勤俭节约的原则，依据《济宁孔子文化旅游集团直属单位公务支出管理办法》，制定印发《山东济宁南阳湖农场有限公司公务接待管理规定》。规定明确：公司各部门、各单位公务接待对口管理，按照本公务接待管理规定执行，接待费由本单位列支。公务接待实行公函制度。来访业务单位应发出公函，告知业务活动的内容、时间、行程、人员等，对无公函的业务活动和来访人员原则上不予接待。公务接待采用先申请审批后接待的办法，接待前填写《山东济宁南阳湖农场有限公司公务接待审批单》。接待清单或接待方案等注明接待事由和就餐人数，经分管领导申请、主要领导审批同意后，由行政管理服务办公室核定标准，安排就餐地点。因特殊原因未能及时办理接待通知单但需接待的，申请单位应电话请示批准，事后按以上审批程序补办《山东济宁南阳湖农场有限公司公务接待审批单》等程序。严格控制接待用餐标准。菜金最多不超过60元/人，公务接待，中午一律不准饮酒，不准上香烟、高档菜肴。因招商引资等接待需饮酒的必须适量，不得因酒误事或损害公司形象。因工作需要申请工作餐的科室，需经分管领导批准，办理加班餐审批单后方可用餐。工作餐标准每人每餐 20～30 元。严格控制陪同用餐人数。接待对象在 10 人以内的陪餐人数不得超过 3 人；超过 10 人的，陪餐人数不得超过接待对象人数的 1/3。行政管理服务办公室填写定额，接待完毕，经办人核对接待数额后在接待清单上签字确认。与公司有经济业务关系，且从农场获得经济利益的单位和个人，农场一概不得接待。凡没有申请公司接待审批单而私自签字产生的接待费，由个人承担。行政管理服务办公室要严格按照本规定安排，未经批准而超出的接待费由接待申请人负责。公司外部发生的接待，接待审批单要报公司主要领导批准。公务接待费报销时，要求审批手续规范，单据要齐全，报销凭证要有公务活动公函、接待审批单、发票、公务接待清单费用明细单等。重要活动要有接待方案，然后交行政办公室，由行政办公室、财务科按本规定进行审核结算，未经批准、手续不完备或填写有缺项的接待费用一律不得报销。

三、督办工作

督办工作制度化、规范化、程序化，是改进工作作风，增强干部职工责任意识，提高办事效率，确保各项工作任务全面完成的重要举措。

（一）督办内容

上级机关重要文件、重要工作部署和领导重要指示的贯彻落实情况；上级有关部门要求农场办理、报送且涉及考核、评比、通报事项的落实情况；农场领导批示、交办的重要事项的落实情况；久拖不办或逾期未办理（上报）的重要事项。

（二）督办要求

坚持领导负责制，讲求实际，注重实效，防止和克服形式主义。注重时限。所有列入督办范围事项，都要及时办理，按时完成，不得相互推诿和拖拉延误；对督办检查事项的办理，凡明确规定办结时限的，要按照要求的内容和时限及时办结和报告；对领导批示需要查办落实的事项，未规定时限的一般应在 5 天内办结；对有特殊要求的事项，要特事特办，及时报告查办结果；情况特殊需要延长办理时间的，须提前向办公室报告办理进展情况、说明延长原因。

（三）督办程序

责任分解：办公室根据场长办公会、场务会、专业会议以及场领导确定的督办事项，按职责范围分解任务，涉及多个部门的由办公室指定牵头部门。承办部门按照领导批示和要求及时办理。督办检查：根据办理时限要求，对久拖未办、逾期未报的，办公室采取当面催办、电话催办、书面督办通知、会议督办、通报督办等方式进行督办检查。协调落实：对分解的承办事项，办理落实确有困难需要协调的，涉及农场内部事项由办公室负责协调，涉及场外事项由承办部门分管场长协调；重大事项可报请农场主要领导出面协调。反馈回复：承办单位、机关科室必须将督查事项办理结果按时限要求实事求是回复办公室。办公室根据落实情况，向场领导报告或定期统一通报。立卷归档：督办检查事项办结后，承办单位、机关科室应将查办工程中来往文件、领导批示、书面报告等材料交办公室归档。结果运用：督办检查情况列入对工作人员年度考核的重要依据。凡因对布置的重要工作久拖不办、逾期未报，多次被行使督办手段的单位、机关科室和相关责任人，农场将予以通报批评；造成严重不良后果的，将依据有关法规予以行政处分或经济处罚。

四、保密工作

农场各届领导班子对国企保密工作十分重视，把国企保密作为一项重要任务来抓，与生产工作同计划、同部署、同检查、同总结，扎实做好保密各项工作。自 2015 年起，按照市委保密委员会、市国家保密局、市农业局等上级部门安排部署，及时建立领导组织，制定完善保密制度，全面落实保密责任，实现农场国企保密工作规范化和制度化，根本杜绝涉泄密事故发生。

（一）落实国企保密工作领导责任制

2015 年建立了农场国企保密工作领导小组，专门负责全场的国企保密工作。场长、书记任小组组长，纪委书记任副组长，小组成员由场领导班子成员和重点保密部门负责人组成。日常保密工作分管领导负责抓，保密工作人员具体抓。国企保密工作主要负责人，定期组织召开保密工作会议，研究解决国企保密工作中的重大问题，及时掌握保密工作情况，全力支持保密工作的开展；分管保密工作负责人，及时组织研究解决保密工作的具体问题；分管业务工作的负责人，及时部署分管业务工作中的保密工作，并进行督促、指导和检查。

（二）建立完善国企保密规章制度

农场不断加强国企保密制度建设，健全国企保密各项规章制度，确保保密制度可操作性。制定具体的保密责任追究和奖惩措施，紧密结合农场发展变化，及时修订完善保密制度。截至 2020 年，农场先后建立健全《保密工作责任制》《定密管理制度》《涉密人员管理制度》《山东济宁南阳湖农场保密工作规定》等各项保密制度，做到以制度管人，按程序办事，确保国企保密工作顺利进行。

（三）开展国企保密宣传教育培训

在国企保密宣传教育中，农场采取张贴标语、宣传条幅、印发明白纸等形式，充分利用各种平台在全场干部、职工中经常性地开展国企保密宣传教育。如，利用农场各级干部会议，传达学习有关国企保密工作文件、资料，让职工了解国企保密工作的情况和上级要求；积极组织农场干部参加《保密法》知识竞赛活动等。同时做好保密普法工作，制定切实可行的保密普法实施方案，认真落到实处。保密宣传活动的开展，使干部职工进一步增强了保密观念，为做好全场国企保密工作奠定了坚实的群众基础。

（四）加强涉密人员管理

为加强涉密人员管理，农场健全了涉密人员管理制度，将涉密人员分为核心涉密人员、重要涉密人员、一般涉密人员，实行分类管理。明确规定：凡经保密审查、审核批准进入涉密岗位的涉密人员，必须接受保密教育和培训，掌握保密知识技能，签订保密承诺书，承担相应保密责任；涉及因私出国等事项，严格履行相关审批手续；离岗离职，进行严格的脱密期管理。

（五）搞好定密管理

定密管理是农场国企保密工作的重点内容，在定密管理方面，农场细化措施、落实责任，力保"四个到位"。一是定密意识到位。加强定密工作的宣传、教育和培训，增强全场干部职工对定密工作重要性的认识；二是定密责任到位。明确各保密环节分工及相关责任，要求各环节实施人员履行相应职责，切实承担起各自责任；三是定密依据到位。制定保密事项范围，以增强定密工作规范性和准确性，保证定密工作最小化、精准化，严格落到实处；四是定密流程到位。有完整的审核审批手续，细化从定密程序启动到定密生效的内容、程序和要求。此外，信息发布严格履行保密审查程序，从而规范定密管理、推动定密精准化。

（六）强化国家秘密载体管理

对于国家秘密载体，在其制作、收发、传递、复制、使用、保存、维修、销毁等方面，严格按照《关于国家秘密载体保密管理的规定》执行。根据本场工作实际，农场确定国家秘密事项的知悉范围，同时对知悉机密级以上国家秘密人员，进行书面登记，便于强化管理。

（七）做好计算机网络和办公自动化设备管理

对于涉密网络，农场选择具有相应涉密信息系统集成资质单位进行建设，并与其签订保密协议，采取保密措施。在使用中采取持续有效，符合国家保密规定和标准要求的身份鉴定、接入管控等安全保密措施。对于涉密计算机，采取符合国家保密标准的安全保密措施，不安装使用具有无线功能的模块和外围设备。对于涉密网络和计算机的维护，选择具有保密资质的单位上门维修或送修，并对其资质和人员进行保密审查。同时，建立健全计算机和移动存储介质登记台账，采用粘贴密级标识、明确责任人等方式管理，严禁移动存储介质在涉密计算机与非涉密计算机交叉使用，严禁擅自在计算机信息系统中存储、处理、传输上级文件，此外在办公自动化设备使用上，严格按照国企保密规定执行。

（八）严格保密要害部门管理

为真正做到"保守机密慎之又慎"工作标准，农场结合工作实际，确定场办、党办、人力资源科、财务科、档案室、打印室等为保密重点部门，列入要害部位管理。采取人防、物防、技防等防护措施，对于进入涉密场所和保密重点部门人员，采取相应保密措施，切实加强防范。

（九）重视涉外保密工作管理

作为国有企业，农场尤其注重涉外工作保密管理，对外提供文件、资料、物品等，均按规定进行保密审查审批，涉及国家秘密的，与外方签订保密协议；针对出国团组，农场指定专人负责保密工作，并进行行前保密教育，落实好各项保密措施。

五、档案工作

2012年，农场设档案室，配备专职档案管理员1名，归口农场党委办公室管理。档案管理员负责将分散在各个部门和个人手中的文件、资料收集起来，经过整理、立卷、归档保存，编制目录、卡片、索引等。建立完善《南阳湖农场档案管理制度》，规范文件收集、整理、归纳、保存、借阅等工作程序，保证文件有效管理和充分利用。2015年，档案室共收集、整理文件158卷（盒），保存归档各类文件和项目材料4968份。其中：2014—2015年农场红头文件122份，上级文件32份，复垦工程监理、施工等文件214份，经济合同41份；农场辖区内济宁临河公路、截污导流工程、湖东堤文字资料69份，设计、施工图纸836张；创建文明单位文件22卷，2013—2014年精神文明、廉政建设、环境建设、资金投入等文件、资料494份。对每份文件分门别类编制档案文件目录，按年度、月份、文件内容分别存放，装盒保存。截至2020年，农场有档案库房1间，建筑面积80平方米，档案室共有1955—2020年各类档案400余卷，保存各类文件、合同协议、项目材料等1万余份，设计、施工图纸1000余张。配备空调、电脑、打字复印等办公设施，符合档案存放要求。

第二节　应急管理

2013年6月，农业部《关于进一步加强农业应急管理工作的意见》印发后，农场应急管理工作被摆上重要日程。按照"抓基层、打基础，抓落实、求发展"的工作要求，从维护人民群众利益的高度出发，加强组织协调，完善机构网络和预案体系，做好统筹规划，提高应对突发公共事件的能力，最大限度地减少突发公共事件造成的危害，保障人民群众生命财产安全，促进农场经济稳定发展。

一、领导重视，加强应急预案体系建设

针对各类突发公共事件特点，认真研究各类突发公共事件的发生和发展规律，注意吸取以往处置突发公共事件的经验教训，广泛听取专家、管理部门意见，不断提高预案的合理性和可操作性，农场先后成立以农场党政主要领导为责任人的工作领导小组。如：综合治理及维护稳定工作领导小组、防汛抗旱工作领导小组、安全生产工作领导小组、普法领导小组、劳动关系协调领导小组。建立健全了《信访领导接待日制度》《办事公开承诺制度》，建立和完善各项安全应急预案和应急处理办法，并切实开展预案演练、评估工作。进一步充实基层应急管理队伍的力量，增强了战斗力。将应急工作责任，层层分解，落实到人，增强工作实效。

二、加强宣传，学习贯彻落实各项规章管理制度

农场积极开展应急管理宣传教育，定期开展应急知识宣传活动，做到警钟长鸣。着力抓好各项规章管理制度的学习宣传和贯彻实施，进一步提高依法开展应急管理的水平，牢牢掌握应对主动权，最大限度地预防和减少突发事件及其造成的损失。结合实际情况，制定具体工作方案，有计划、有步骤、有重点地组织实施。采取群众喜闻乐见、寓教于乐的方式，利用网站、广播、宣传栏、远程教育等载体，主动开展应急管理宣传教育工作。

三、注重疏导，强化各类矛盾纠纷调处

发现问题，及时处理，防止事态蔓延扩大，杜绝民间纠纷转为刑事案件和群体性事

件。深化平安创建活动，为构建和谐农场奠定良好基础。在每年"两会"及重要节日期间，认真落实值班和信息反馈报告制度。每年汛期，场党委高度重视，成立防汛抢险领导小组，安排专人每日24小时轮流值班，及时统计汛情、灾情最新情况，确保安全度汛。针对工作中引发的拆迁、离婚、弱势群体等各类矛盾纠纷，重点进行排查调处，截至2020年，农场没有发生1例"民"转"刑"案件，确保了各项重点工程顺利实施，为农场发展奠定良好稳定基础。

四、提高认识，加强应急事件处置

建立预警机制，特别在突发公共事件有可能发生的重要敏感时期，加强重点防范，积极果断处置，防止事态恶化。突发公共事件一旦发生，立即起动应急预案，第一时间组织力量，深入现场调查处置。坚持统一领导、统一指挥，分管领导靠前指挥，部门密切配合。根据突发公共事件发生程度，及时制定处置方案，确保相关工作有序展开，使事件得到及时有效控制和逐步化解。

第三节　场务公开

农场场务公开，始终坚持以毛泽东思想、邓小平理论、"三个代表"重要思想、科学发展观、习近平新时代中国特色社会主义思想为指导；以落实党全心全意依靠工人阶级、推进企业民主政治建设和党风廉政建设为宗旨；以公开企业办事制度，深化民主管理为手段；以充分调动生产管理者和广大职工群众积极性，增强企业凝聚力为目的，建立健全场务公开、民主管理工作制度，促进企业管理水平和经济效益的提高，不断推动农场各项事业发展。

一、基本原则

坚持"突出重点、实事求是、注重效果、持之以恒、推动发展"五大原则。

突出重点。突出涉及职工群众切身利益，职工群众最关心的热点问题；职工群众反映强烈，容易引发矛盾、滋生腐败的焦点问题；生产经营重点问题。

实事求是。遵循国家法律、法规和党的方针政策，坚持从农场实际出发，公开的内容，真实全面，不回避热点、难点、焦点问题，不避重就轻，不弄虚作假。

注重效果。公开的内容有针对性、实效性、不走过场，不搞形式主义；公开的形式和程序要规范、公开时间要及时，不能拖延，确保职工群众满意。

持之以恒。把场务公开作为企业一种基本的管理制度常抓不懈，作为加强企业民主政治建设、干部队伍建设和党风廉政建设的一项长期性工作认真抓好，做到年年有部署、有检查、有考核、有总结，使这项工作不断完善、巩固和提高。

推动发展。场务公开是一种让职工知情的手段，其目的是发动和组织职工群众参与企业民主决策、民主管理和民主监督，促使企业不断加强管理、深化改革，推动企业持续健康快速发展。

二、组织机构

农场成立场务公开领导小组，组长由农场主要负责人担任。设立场务公开办公室，办公室设在工会，由工会主席任办公室主任。建立场务公开监督检查领导小组，组长由场纪检委员担任。

三、公开内容

公开内容主要包括以下四个方面。

农场重大决策方面：中长期发展规划，生产经营重大决策；改革、改制方案，改组改制的资产重组方案，重大技术改造方案；职工轮岗、裁员、分流、安置方案；国有产权转让方案。

生产经营管理方面：年度生产经营指标及完成情况；重要规章管理制度的制定与实施；安全生产责任制执行落实情况；基建、各种工程项目的招投标；上级部门对本场财务审计和评价情况。

物资采购方面：凡是超过50万元的物资采购，必须集中采购或招投标，实行购前购后规范公开。机械设备方面，包括汽车、选种机、皮带机等；办公设备方面，包括电脑、空调等；直接涉及职工切身利益，职工普遍关注的问题，集体合同、专项集体合同的签订履行情况；职工提薪晋级、工资、奖金分配、奖罚与福利；职工的养老、医疗、工伤、生育保险、住房公积金等缴纳情况；职工招聘、征兵、专业技术职称的评聘，评先评优的条件和结果；职工培训计划、劳动争议调解与处理情况；职工承包租赁土地、鱼塘等；房改、福利分房、租赁公房等；职工麦种的结算价；工会经费支出、扶贫济困财物发放、退休职工补贴、抚恤金、独生子女补贴等。

党风廉政建设方面：领导班子和领导干部的述职述廉、领导干部廉洁自律规定执行情况；每年的民主评议领导干部、民主生活会情况；重要岗位的人员聘用、党员的发展；业务招待费、出国出境费用支出情况；领导干部的离任审计情况。

四、场务公开形式

职工代表大会是场务公开的基本形式和主要载体，每年的3—4月召开一次职代会。凡经职代会审议通过的公开事项，职代会闭幕后7日内公开。

职工代表联席会：在职代会闭会期间，审议属于职工代表大会职权范围内的一些重要问题。

场情发布会：每年年底举行，向职工通报生产经营及有关场务公开内容。

场务公开栏和场务公开信息等：每月定期公开，遇重要事项随时公开。

五、场务公开程序

场务公开程序包括提出、审查、公开、反馈、整改、监督及归档。

提出：由场务公开办公室按场务公开的规定要求，提出公开内容及具体方案。

审查：场务公开领导小组对公开内容和具体方案进行审查，确定公开的具体内容和形式。

公开：由场务公开办公室按具体要求进行公开。

反馈：场务公开办公室要及时收集、整理职工群众的意见和建议，提出处置方案，并将情况反馈到场务公开领导小组。

整改：需要整改的项目，场务公开领导小组进行认真整改或督促整改，整改情况及时公开。

监督：场务公开监督检查小组，充分发挥监督考核作用。

归档：场务公开办公室将公开情况、处理意见、办理结果等材料统一归档，保存备查。

第四编

党群组织

中国农垦农场志丛

第一章　农场党组织

第一节　农场党组织和党员

一、农场党组织和党员

1955年12月5日，国营南阳湖农场经山东省人民委员会〔鲁计密甲（55）第3409号文件〕批准正式成立。1956年4月建立中共国营南阳湖农场支部委员会，直接隶属于中共济宁地区委员会领导。有党员16名，候补党员2名，组建了徐敏山、刘中元、黄海清3人组成的支部委员会，徐敏山同志任党支部书记。1957年年底徐敏山调离后，刘中元接任党支部书记。20世纪60年代，国营南阳湖农场成立南郊人民公社。"场社合一"时期，共有党支部13个，其中南郊人民公社1个；党员总数123人，其中南郊人民公社13人；党员中男110人，女13人。20世纪70年代山东生产建设兵团时期，共有党支部9个，其中连队党支部7个，团直机关党支部1个，渔民队党支部1个；党员总数85人，其中团直机关党员24人。20世纪80年代是农场生产建设最红火的时期，也是党组织及党员发展最快的时期。共有党支部17个，其中基层一线支部11个，机关及服务单位支部5个，离退休支部1个；党员总数159人，其中在职党员147人，离退休党员12人。20世纪90年代共有党支部13个，其中基层一线支部8个，机关及服务单位支部3个，离退休支部2个；党员总数164人，其中在职党员113人，离退休党员51人。进入2000年后，党支部发展到12个，其中基层一线支部6个，机关及服务单位支部4个，离退休支部2个；党员总数183人，其中在职党员107人，离退休党员76人。2010年共有党支部14个，其中基层一线支部8个，机关及服务单位支部3个，离退休支部3个；党员总数233人，其中在职党员130人，离退休党员103人。截至2019年，山东济宁南阳湖农场有党支部7个，其中基层一线支部4个，机关支部2个，离退休支部1个；党员总数120人，其中在职党员113人，离退休党员7人。

2019年6月，顺应时代发展要求，以山东济宁南阳湖农场离退休党员为主，成立中共济宁北湖省级旅游度假区许庄街道水运雅居社区委员会，将离退休党员由农场党委划归社区党委管理。设有社区党支部 3 个，离退休党员 97 人。原南阳湖农场党委委员、纪委书记蔡松恒任社区党委书记。

二、农场党代表大会

国营南阳湖农场仅在生产建设兵团时期召开过一次党代表大会。1971 年 4 月 7 日至 9 日，中共济南军区山东生产建设兵团第三师第十一团首届党代表大会在南阳湖农场召开。出席代表大会代表 104 人，其中正式代表 66 人，列席代表 38 人。正式代表中，女职工党员代表 1 人，军队代表 26 人，团干部代表 6 人，职工代表 30 人，渔民队代表 3 人。列席代表中，活学活用毛主席著作积极分子 15 人，女职工 1 人，女战士 10 人，职工 8 人，五好战士 4 人。杨金秀代表十一团党委向大会做工作报告。大会选举杨金秀为十一团党委书记，王春玉为十一团党委副书记。"文化大革命"结束各级党组织恢复正常后，按照上级党组织属地管理的原则，国营南阳湖农场没再召开过党代表大会。农场党委书记、场长作为党代表先后参加过市中区、任城区以及济宁市的党代表大会。

2020 年山东济宁南阳湖农场有限公司党员基本情况见表 4-1-1；1993—2020 年南阳湖农场党组织机构党员情况见表 4-1-2。

表 4-1-1 2020 年山东济宁南阳湖农场有限公司党员基本情况统计表

党支部	人数	男	女	学历				年龄			
				研究生	大学	大专	高中、中专及以下	56 岁以上	46 岁～55 岁	36 岁～45 岁	26 岁～35 岁
党群支部	18	14	4	2	8	4	4	9	4	3	2
行政支部	14	11	3		6	3	5	2	6	1	5
林牧支部	14	13	1	1	5	3	5	3	6	4	1
置业支部	10	6	4		6	1	3	3	5		2
营销支部	14	12	2	2	4	4	4	4	4	6	
农业支部	36	29	7	6	10	7	13	6	16	7	7
合计	106	85	21	11	39	22	34	27	41	21	17

表 4-1-2　1993—2020 年南阳湖农场党组织机构党员情况统计表

支部	1993年 书记	党员数	1994年 书记	党员数	1995年 书记	党员数	1996年 书记	党员数	1997年 书记	党员数	1998年 书记	党员数	1999年 书记	党员数	2000年 书记	党员数	2001年 书记	党员数
党政办公室			蔡松恒	26	任广怀	23	任广怀	23	任广怀	25								
党委办公室	蔡松恒	11																
工会办公室	任广怀	8																
场长办公室	于华跃	10																
一分场	秦佑国	11	秦佑国	10	秦佑国	10	秦佑国	10	秦佑国	11	秦佑国	9	秦佑国	9	常孝忠	10	尹允龙	11
二分场	丁士荣	9	丁士荣	8	岳宪春	8	岳宪春	7	岳宪春	8	岳宪春	9	岳宪春	11	陈伦	11	陈伦	13
三分场	任兆法	7	任兆法	7	刘兆庆	7	刘兆庆	7	刘兆庆	7	刘兆庆	7	刘兆庆	11	刘兆庆	11	刘兆庆	10
四分场	冯振甲	8	冯振甲	8	魏成明	10	魏成明	7	魏成明	8	魏成明	10	魏成明	10	魏成明	12	魏成明	15
农业机务	贾存修	12	贾存修	14	贾存修	15	贾存修	13	贾存修	13	贾存修	14	贾存修	14	任兆法	14	王新华	19
鸡场	许厚营	10	许厚营	10														
水产队	邓绪顶	10	邓绪顶	10														
水泥厂	郭庆友	6	郭庆友	6														
农工商	高丕吉	13																
供销公司					江启福	8	江启福	5	江启福	6	江启福	10	江启福	10				
农资																	岳宪荣	14
工副业 工业	周长仁	11			郭庆友	10	郭庆友	14	郭庆友	10	郭庆友	10	郭庆友	10	贾存修	12		
园林	王玫灿	2	王玫灿	6														
畜牧水产					邓绪顶	6	蔡松恒	11	蔡松恒	11	常孝忠	6	常孝忠	6	岳宪荣	6	常孝忠	6
机关一											任广怀	12	任广怀	13	任广怀	13	任广怀	15
机关二											惠明照	11	惠明照	11	惠明照	10	惠明照	10
机关三					丁士荣	7	丁士荣	12	丁士荣	9	丁士荣	9	丁士荣	8	丁士荣	7	丁士荣	6
武保财务	郝立杰	10	郝立杰	10														
子弟学校	李兆英	6	李兆英	10	李兆英	10	李兆英	7	李兆英	8	李兆英	6	李兆英	6	李兆英	4		
文教卫生																		
离退休干部一	王长志	12	李卓亚	20	李卓亚	31	李卓亚	26	李卓亚	29	李卓亚	32	李卓亚	32	李卓亚	32	李卓亚	35
离退休干部二	王继臣	24	王继臣	24	王继臣	20	王继臣	19	王继臣	20	王继臣	21	王继臣	22	王继臣	24	王继臣	27
合计	17	159	14	162	13	165	13	161	13	165	14	166	14	173	13	162	12	181

（续）

支部	2002年		2003年		2004年		2005年		2006年		2007年		2008年		2009年		2010年	
	书记	党员数	书记	党员数	书记	党员数	书记	党员数	书记	党员数	书记	党员数	书记	党员数	书记	党员数	书记	党员数
一分场	尹允龙	9	尹允龙	10	尹允龙	10	尹允龙	9	尹允龙	10	尹允龙	11	陈伦	11	王凤明	10	赵勇	14
二分场	陈伦	13	陈伦	14	陈伦	15	陈伦	16	陈伦	15	陈伦	15	邹继军	14	郭秋菊	14	赵希瑞	14
三分场	刘兆庆	10	刘兆庆	13	邹继军	13	邹继军	14	邹继军	14	邹继军	11	尹允龙	10	尹允龙	11		
四分场	魏成明	14	魏成明	14	赵希瑞	14	赵希瑞	13	赵希瑞	14	赵希瑞	13	张兆友	14	张兆友	13		
农业机务	王新华	11	王新华	14	王新华	13	王新华	19										
农业一									王新华	10	孟立明	9	孟立明	9	孟立明	9	孟立明	9
农业二									孟立明	12	张沛柱	10	张沛柱	10	张沛柱	10	张沛柱	10
农业分场																	张兆友	9
农业观光园																		
专卖店																		
蔬菜基地																		
工副业一	常孝忠	12	常孝忠	13	常孝忠	12	常孝忠	18	杨柳福	18	杨柳福	15	杨柳福	15	赵明诚	15	赵明诚	12
工副业二															杨柳福	14	杨柳福	11
工业													赵希瑞	12				
园林	王汝灿	6																
畜牧水产											李宏强	12	李宏强	14	李宏强	11	李宏强	13
机关一	惠明照	11	惠明照	11	惠明照	11	惠明照	11	惠明照	13	惠明照	13	朱紫霞	14	朱紫霞	13	朱紫霞	13
机关二	任广怀	13	任广怀	13	任广怀	13	任广怀	12	任广怀	11	任广怀	12	张贞华	11	张贞华	11	张贞华	12
机关三													任广怀	6	任广怀	6	任广怀	6
离退休干部一	郝立杰	23	郝立杰	23	郝立杰	24	郝立杰	23	朱紫霞	24	朱紫霞	20	惠明照	22	惠明照	22	惠明照	24
离退休干部二	丁士荣	22	丁士荣	22	丁士荣	24	丁士荣	21	朱志燕	36	朱志燕	22	朱志燕	23	朱志燕	23	刘强	24
离退休干部三	岳宪荣	10	岳宪荣	12	岳宪荣	11	岳宪荣	12	赵德华	24	刘强	12	刘强	12	刘强	12	徐亚军	12
离退休干部四	赵德华	20	赵德华	21	赵德华	20	赵德华	21	秦佑国	20	赵德华	18	宗丽萍	14	宗丽萍	16	宗丽萍	20
离退休干部五																	尹允龙	23
合计	15	174	14	180	14	180	14	189	14	221	14	193	16	211	16	210	16	226

（续）

支部	2011年 书记	党员数	2012年 书记	党员数	2013年 书记	党员数	2014年 书记	党员数	2015年 书记	党员数	2016年 书记	党员数	2017年 书记	党员数	2018年 书记	党员数	2019年 书记	党员数	2020年 书记	党员数
农丰垂钓																				
兴牧研究中心																				
种子公司													门栋	7	门栋	7	门栋	11	门栋	10
电子商务													孟立明	8	孟立明	7	孟立明	35	孟立明	36
农业																				
农业分场	尹允龙	7	尹允龙	10																
农业观光园	孟立明	14	孟立明	12																
农科	谢孝忠	9	谢孝忠	9	赵勇	10	赵勇	10	邹继军	15	邹继军	19								
蔬菜基地	张兆友	9	张兆友	9	赵希瑞	11	赵希瑞	12	田洪磊	13	田洪磊	14								
水产																				
工副业一	任广怀	13	任广怀	11	赵崇魁	16	赵崇魁	16	赵崇魁	11			李宏强	14	李宏强	13				
工副业二	赵明诚	15	赵明诚	13																
农副产品	朱志燕	10	朱志燕	10	刘汉良	19	邹继军	18	邓国荣	11	邓国荣	10								
园林	李宏强	13	李宏强	13	张兆友	14	张兆友	14	张兆友	24	张兆友	11	王新华	5	王新华	12	王新华	16	王新华	14
畜牧																				
养殖业					杨柳福	11	杨柳福	11	杨柳福	13	杨柳福	17	任广怀	9	任广怀	9				
畜牧养殖													朱志燕	5	朱志燕	4	朱志燕	14	朱志燕	14
置业工贸																				
营销					刘强	12	刘强	12	刘强	10	刘强	9								
置业公司					刘志伟	15	刘志伟	13	刘志伟	16	刘志伟	12								
企业管理											尹明军	20	尹明军	38	尹明军	39				
市政园林													秦士义	8						
资产管理																				
机关一	朱紫霞	11	朱紫霞	13	吴利英	15	吴利英	15	吴利英	14	吴利英	11								
机关二	赵德华	13	赵德华	8	常真真	8	常真真	8												
机关三	张贞华	10	张贞华	10									张贞华	8	张贞华	10	张贞华	15	张贞华	14
党群																				
行政													赵德华	19	赵德华	18	赵德华	22	赵德华	18
离退休干部一	惠明照	24	惠明照	36	赵希瑞	37	赵希瑞	37	马祝伟	36	马祝伟	35	马祝伟	32	马祝伟	34	刘志伟	7		
离退休干部二	刘强	24	刘强	24	刘强	38	刘强	38	常真真	33	邓国荣	35	邓国荣	35	邓国荣	32				
离退休干部三	徐亚军	11	徐亚军	21	赵崇魁	30	赵崇魁	33	何庆娴	37	赵崇魁	41	赵崇魁	40	刘志伟	38				
离退休干部四	宗丽洋	20	宗丽洋	22																
离退休干部五	尹允龙	22																		
合计	16	225	15	221	13	236	13	237	12	233	12	234	13	228	12	223	7	120	6	106

第二节　农场党组织机构

一、农场领导机构

南阳湖农场建场之初，中共党组织就已建立并开展活动。农场建设发展 60 多年的历史充分说明，农场的开拓创业，发展进步，都离不开党的领导，是党正确领导的结果。建场初期，农场在徐敏山、刘中元等为首的场党支部带领下，充分发挥党员的模范带头作用，战天斗地，开拓进取，战胜各种困难，在地无一垅、房无一间、路无一尺的荒草湖泊的涝洼地上，建成了当时比较先进的农场，取得建场、改造、生产、发展的巨大成绩。人民公社和兵团时期，党组织加强领导，抵制"文化大革命"的干扰和破坏，保证农田水利等工作的正常进行，使"以农为主，农林牧副渔多种经营"的重大战略措施，在实际工作中得到较好落实。改革开放后，场党委根据新形势和新任务的要求，与时俱进，深化改革，发展经济，农场工作取得新进展。特别是 2010 年后，场党委和场管委认真学习贯彻习近平新时代中国特色社会主义思想，不忘初心，牢记使命，砥砺前行，创造性地开展工作，农场呈现出经济发展、生态文明、政通人和的良好局面。

1955 年，经山东省人民委员会〔鲁计密甲（55）第 3409 号〕批准，济宁地委正式成立国营南阳湖农场，隶属于山东省农业厅农场管理处领导。南阳湖农场积极响应号召加快投入生产，克服困难改造和利用湖洼地，建成部分住宅和生产设施。1959 年 3 月，农场响应国家号召，经济宁地区批准搞向全民所有制过渡试验，周围所在村庄归属南阳湖农场管理。1960 年 1 月，经山东省委批准，以国营南阳湖农场为基础，成立场社合一型南阳湖人民公社，隶属于济宁市地委和济宁市委（原市中区委）双重领导。1961 年 5 月，南阳湖人民公社取消，恢复国营南阳湖农场，重新划归山东省农业厅农场管理处领导。1970 年 4 月，根据中央全民皆兵和备战备荒为人民的指示精神，国营南阳湖农场改编为山东生产建设兵团第三师第十一团，隶属于中国人民解放军原济南军区。1975 年 1 月，山东生产建设兵团三师十一团撤销，恢复国营南阳湖农场，先后隶属于济宁地区农委、济宁市农委、济宁市农业局领导，由山东省农业厅农垦局业务指导。2001 年 9 月，根据生产经营的需要，原"国营南阳湖农场"更名为山东济宁南阳湖农场，隶属于济宁市农业局直接领导，山东省农业厅农垦局进行业务指导。农场成立管理委员会，实行场长负责制，场长对农场生产经营活动实施组织指导决策权，整体运行采用以经营承包责任制为主要形式的双层经营管理体制。2019 年 1 月，山东济宁南阳湖农场更名为山东济宁南阳湖农场有限公司，隶属于济宁孔子文化旅游集团有限公司领导，业务上仍由山东省农业厅农垦局具体指导。

1955 年 10 月—2020 年 12 月农场历任负责人情况

国营南阳湖农场

场　　长：徐敏山 1955.10—1957.4

副场长：刘中元（曾用名刘子善）1956.5—1960.5

　　　　李少宽 1959.3—1962.11

南阳湖人民公社（场社合一）

社　　长：刘中元（兼）1960.5—1961.2

副社长：吕少奇（别名吕奇）1960.3—1961.2

　　　　赵干臣 1960.5—1961.2

　　　　夏贞（女）1960.3—1961.2

　　　　陈志荣（女）1960.5—1961.2

国营南阳湖农场

场　　长：刘中元 1961.3—1966.6

　　　　王力生 1966.6—1970.10

副场长：刘秀河 1962.8—1970.10

国营南阳湖农场革命委员会

第一副主任：陈兆经 1968.5—1970.1

主　　任：刘中元 1970.1—1970.10

副主任：马兴常 1968.5—1970.1

　　　　孙玉 1968.5—1970.1

　　　　翁德新 1970.1—1970.10

　　　　姜波 1970.1—1970.10

山东生产建设兵团三师十一团

团　　长：杨金秀 1970.4—1974.12

政　　委：王春玉 1970.8—1974.12

副团长：张升荣 1973.1—1974.12

副政委：杨万祥 1970.6—1974.12

　　　　商涛 1973.3—1974.12

国营南阳湖农场与三师十一团交接小组

组　　长：商涛 1975.1—1975.7

副组长：张体伍 1975.1—1975.7

姜波 1975.1—1975.7

组　　员：李玉任 1975.1—1975.7

国营南阳湖农场

场　　长：商涛 1975.7—1978.8

王熙玉 1978.11—1984.4

李学贵 1984.4—1985.7

李卓亚 1985.7—1987.5

夏恒常 1987.5—1993.7

徐庆海 1993.7—2001.8

副场长：张体伍 1975.7—1976.12

李玉任 1975.7—1995.4

李卓亚 1975.7—1985.7

骆继文 1975.7—1978.2

第一副场长：刘广春 1976.6—1978.11

（主持工作时间 1978.8—1978.11）

副场长：刘广春 1978.11—1984.4

卢尚文 1981.1—1984.4

隋守民 1982.3—1984.4

卢叙启 1988.10—1995.4

卢叙启（常务副场长）1985.7—1988.10

于华跃 1988.9—1996.4

徐庆海 1991.12—1993.7

高丕吉 1992.4—1999.6

高丕吉（常务副场长）1999.6—2001.8

张清远 1994.12—2001.9

许厚营 1995.4—2001.8

李取贤 1995.4—2001.9

王海存 2001.8—2001.9

山东济宁市南阳湖农场

场　　长：许厚营 2001.8—2007.5

王海存 2007.5—2019.1

副场长：张清远 2001.9—2013.12

李取贤 2001.9—2013.3

王海存 2001.9—2007.5

暴海峰 2008.6—2009.6（挂职）

黄福建 2008.6—2009.6（挂职）

李宏强 2013.6—2019.1

任广怀 2013.6—2019.1

孟立明 2013.6—2019.1

朱志燕 2013.6—2019.1

山东济宁市南阳湖农场有限公司

董事长：王海存 2019.1—2019.3

樊培涛 2019.11—2020.12

公司法人：许厚营 2019.3—2019.11

副总经理：李宏强 2019.1—2019.5

任广怀 2019.1—2019.12

孟立明 2019.1—2020.12

朱志燕 2019.1—2020.10

门栋 2020.10—2020.12

财务总监：何庆娴 2020.10—2020.12

总经理助理：赵崇魁 2019.1—2020.12

马祝伟 2019.1—2020.12

总农艺师：龙文光 1992.4—1995.4

王新华 2004.7—2020.10

总工程师：周连泗 1992.4—1995.4

总会计师：李昕 1992.4—1994.12

赵书俭 1998.5—2013.8

何庆娴 2016.2—2020.10

工会主席：石正义 1961.4—1966.6

王庆和 1966.6—1968.5

邓炳章 1976.7—1984.4

卢尚文 1984.4—1985.8

刘广春 1985.8—1988.8

袁恒兴 1988.8—1996.3

于华跃 1996.3—2001.10

高丕吉 2001.10—2004.4

蔡松恒 2004.4—2012.4

赵德华 2012.4—2020.10

朱志燕 2020.10—2020.12

调研员：王熙玉 1984.4—1989.5

隋守民 1985.8—1995.4

卢尚文 1985.8—1992.12

李卓亚 1987.5—1994.12

李玉任 1995.4—1995.8

龙文光 1995.4—1995.10

周连泗 1995.4—1997.2

胡耀光 1995.4—1996.3

二、农场党组织机构

国营南阳湖农场自 1956 年 4 月建立中共国营南阳湖农场支部委员会，1960 年 5 月 26 日场社合一，以南阳湖农场为主导，以周边村为基础，以场职工为主体，成立中共南阳湖人民公社委员会，隶属于中共济宁市委员会（原中共济宁市中区委员会）。1961 年 2 月场社分开，成立中共国营南阳湖农场总支部委员会，隶属于中共济宁市委员会（原济宁市中区委员会）。1966 年 5 月 14 日成立中共国营南阳湖农场委员会，隶属于中共济宁地区委员会。1970 年 1 月 26 日成立中共国营南阳湖农场核心小组，隶属于中共济宁地区农委核心小组。1970 年 4 月成立中共山东生产建设兵团三师十一团委员会，隶属于中共济南军区山东生产建设兵团三师委员会，1974 年 12 月山东生产建设兵团三师十一团撤销，1975 年 1 月恢复中共国营南阳湖农场核心小组，1978 年 8 月成立中共国营南阳湖农场委员会，隶属于中共济宁地区委员会，1985 年 10 月隶属于中共济宁市农业局委员会。2001 年 9 月成立中共山东济宁南阳湖农场委员会，隶属于中共济宁市农业局委员会，2019 年 1 月成立中共山东济宁南阳湖农场有限公司委员会，隶属于中共济宁孔子文化旅游集团有限公司委员会。为加强南阳湖农场党的领导，1987 年 9 月中共国营南阳湖农场纪律检查委员会成立，加强农场党风廉政建设和反腐败工作。自 1966 年 5 月国营南阳湖农场党委成立以来，农场就成立了党委办公室和场长办公室，分别负责协助场党委和场领导做好农场党政各项工作。1995 年 6 月随着改革的不断深入，顺应形势发展的需要，原农场党委办公室、场长办公室合并为农场党政办公室。1997 年党的十五大召开，要求进一步加强党的基层组织建设和党员队伍建设，是年 4 月农场恢复党委办公室，协助场党委抓好农场党的组织、宣传、纪检、政法和统战等多项党务工作。2019 年山东济宁南阳湖农场党的建设工作领导小组和意识形态工作领导小组成立，因新时代、新形势的需要，同时分别成立党群办公室和行政办公室，形成责任明确、领导有力、运转有序、保障到位的党建工作和行政工作领导体制和运行机制。加强场党委对各支部意识形态工作的领导、检查和考核，推进农场宣传思想文化建设及社会主义核心价值观阵地建设，加强舆论引导和正面宣传，加强突发事件和敏感舆情的风险排查及应急处置。

1956 年 4 月—2020 年 12 月农场党委负责人情况。

中共国营南阳湖农场支部委员会

书　　记：徐敏山 1956.4—1957.12

　　　　　刘中元（曾用名刘子善）1958.1—1960.5

中共南阳湖人民公社委员会

第一书记：石德忠 1960.10—1961.2

副书记：刘中元 1960.5—1961.3

　　　　王汝寅 1960.2—1961.2

　　　　李彦彬 1960.10—1961.2

中共国营南阳湖农场总支部委员会

书　　记：刘中元 1961.3—1966.6

中共国营南阳湖农场委员会

副书记：刘中元 1966.6—1970.1

中共国营南阳湖农场核心小组

组　　长：刘中元 1970.1—1970.10

副组长：姜波 1970.1—1970.10

中共山东生产建设兵团三师十一团委员会

书　　记：杨金秀 1970.4—1974.12

副书记：王春玉 1970.8—1974.12

中共国营南阳湖农场核心小组

组　　长：商涛 1975.1—1978.8

副组长：张体伍 1975.1—1976.12

　　　　姜　波 1975.1—1977.1

　　　　骆继文 1975.7—1978.2

第一副组长：刘广春 1976.6—1978.11

中共国营南阳湖农场委员会

书　　记：孙宪君 1978.8—1984.4

　　　　隋守民 1984.4—1985.7

　　　　李学贵 1985.7—1994.8

　　　　徐庆海 1994.8—2001.9

副书记：刘广春 1978.11—1985.8

　　　　王熙玉 1978.11—1984.4

　　　　夏恒常 1987.5—1994.1

　　　　徐庆海 1993.7—1994.8

纪委书记：刘广春 1987.9—1994.8 副书记兼任纪委书记（复任）1994.12—2001.8

中共山东济宁南阳湖农场委员会

书　　记：刘广春 2001.9—2007.5

　　　　许厚营 2007.5—2019.1

副书记：许厚营 2001.8—2007.5

　　　　王海存 2007.5—2019.1

纪委书记：高丕吉 2001.8—2004.6

　　　　　蔡松恒 2004.6—2018.9

纪委副书记：许西河 2016.9—2019.1

中共山东济宁南阳湖农场有限公司委员会

书　　记：许厚营 2019.1—2020.10

　　　　　樊培涛 2020.10—2020.12

副书记：王海存 2019.1—2019.3

纪委书记：朱志燕 2020.10—2020.12

纪委副书记：许西河 2019.1—2019.5

　　　　　赵希瑞 2019.5—2020.12

第三节　农场党务工作

一、农场组织工作

南阳湖农场历届党组织始终高度重视加强党的建设，围绕农场不同时期的中心工作和改革发展需要，切实抓好党的政治建设、思想建设、组织建设、作风建设、制度建设和纪律建设，落实民主生活会制度，定期过好组织生活，开展丰富多彩的组织活动，做好党员发展工作和评选表彰先进工作，加强党的基层组织建设和党员队伍建设，增强党员的政治意识、大局意识、核心意识、看齐意识，提高党建工作管理水平，提升农场党组织的凝聚力、战斗力、领导力和号召力。

农场是农业企业，以农业生产为主，人员居住分散，生产季节性强，职工文化层次较工业企业偏低，给党的活动和建设造成一定影响。农场党组织坚持毛泽东同志"支部建在连上"的思想，在分场、大的生产单位均建立起党支部，根据不同情况能设专职支部书记的设专职，不具备条件设专职的则设兼职。针对农场人员流动大，新老交替快的特点，坚持按照党章有关规定对党支部进行调整充实，坚持做到不缺员、不缺编，保证每个支部都是健全党支部，为发挥党支部战斗堡垒作用奠定坚实的组织基础。到2020年农场设有党群、行政、农业、林牧、营销和置业公司党支部6个，党小组13个；6个党支部中，设在生产单位4个，设在机关2个。农场共有党员106名，其中：男91名，女15名。56岁以上27名，46～55岁41名，36～45岁21名，26～35岁17名。具有研究生学历11名，大学学历39名，大专学历22名，高中、中专及以下学历34名。

农场党组织在抓好生产建设的同时，始终坚持把党建工作列入议事日程抓紧抓好。每年召开专门会议，围绕农场中心工作研究部署党建工作。为加强农场领导班子建设，先后制定《党委工作十三项制度》《关于强化党员干部主动担当的意见》《关于加强领导班子建设的意见》等，为适应改革发展需要，2020年印发《公司重大决策事项党委前置研究讨论的实施意见》。坚持党委成员联系点制度，每到农忙季节场党委一班人深入到田间地头，帮助职工解决生产生活中的困难，了解职工群众思想动向，把矛盾和问题尽量解决在基层。开展党员联系职工活动，《联系群众手册》每个党员人手一册，让党员与职工交心、谈心，征求职工对农场工作的意见建议。注重抓活动促党建，连年开展"争先创优"活动，即"争创先进党支部，争做优秀共产党员"活动，各支部、全体党员踊跃参加活动，积极投身到农场改革和生产中去，在思想上、学习上不断用先进理论武装头脑，在工作中、生活上处处为职工做表率。各党支部和广大党员在生产、建设等各方面发挥战斗堡垒作用和先锋模范作用。自1998年起22年"争先创优"活动中，农场共涌现出先进党支部44个，优秀共产党员264人次。按照上级党委要求，结合农场党建工作实际，大力开展"党员素质工程"教育活动，"两学一做"教育活动，以及"不忘初心、牢记使命"主题教育等系列活动，促进了农场党建工作水平不断提高。

在发展党员工作中，农场党组织严格按照中组部颁发的《发展党员条例》要求，进一步规范党员发展工作。按照总量控制、优化结构、提升质量、发挥作用的总体要求，坚持党章规定的党员标准，始终把政治标准放在首位，坚持慎重发展、均衡发展，有领导有计划地进行。坚持入党自愿原则和个别吸收原则，从确定入党积极分子到确定发展对象，到预备党员审批，严格按照组织发展程序办理，较好地坚持了成熟一个发展一个、严把入口关的原则。自1998年起23年间，共发展新党员139名，其中35岁以下106人，占发展党员总数的76%，在职工群众中普遍反映良好，进一步壮大了农场党员队伍。

二、农场宣传工作

宣传思想工作是党的一项极其重要的工作，是党建工作的喉舌。农场党组织历来高度重视宣传思想工作，始终坚持正确的政治方向，加强对宣传思想工作的领导。坚持在基础性、战略性工作上下功夫，在关键处、要害处下功夫，自觉承担起举旗帜、聚民心、育新人、兴文化、展形象的使命任务，在农场生产建设和改革发展中发挥了宣传思想工作的舆论推动、精神激励和文化支持作用。

农场党组织强化理论中心组学习。用先进理论武装头脑，场党组织依据不同时期农场的中心任务和不同阶段的学习要求，始终坚持以党员主题教育活动为抓手，以开展专题党课、下发理论学习材料、制作宣传展板、自学与集中学习相结合等形式，组织党员领导干部和广大党员学习领会毛主席著作、邓小平理论、"三个代表"重要思想、科学发展观和习近平新时代中国特色社会主义思想，学习领会改革开放以来党的路线方针政策，做到集体学习有记录，个人学习有笔记。在不同时期不同阶段，场党组织都教育引导全体党员坚持用党的最新理论成果武装头脑，指导实践、推动工作。为提高理论学习时效，在全农场党员和职工中开展社会主义教育、整风运动、冬季整训和干部轮训等学习教育活动。1990年4月召开党建思想政治工作经验交流会，1998年农场成立宣传报道站，进一步加强宣传思想工作。随着改革发展的不断深入，相继开展了解放思想大讨论，"三学三创"（即学习先进地区先进单位的创业精神、干事胆识、科学态度，创新观念、创新机制、创新环境）活动，"五讲四到"（即讲诚信、讲责任、讲担当、讲奉献、讲尊严，想到、说到、做到、奖罚到）活动，"祖国在我心中"演讲比赛，"慈善一日捐"献爱心活动和"抗击疫情、爱心捐款"活动，组织全体党员赴金乡羊山战役纪念馆参观，加强爱国主义和党性教育。通过开展活动，在宣传党的方针政策、农场改革发展成果、培育农场文化、提升农场影响、展现农场风采等方面均取得显著成绩，打造了一支素质高、敢担当、能力强、作风硬、形象好的党员干部职工队伍。

在抓好农场生产建设和改革发展的同时，农场党组织坚持"两手抓、两手硬"的方针，大力加强精神文明建设的力度，以社会主义核心价值体系建设为根本，坚持贴近农场、贴近实际、贴近生活，着眼于有用有效，不断提升农场党员职工的文明素质和农场整体文明程度。1998年7月以党委书记为组长、分管领导为副组长、相关科室负责人为成员的领导小组成立，并成立精神文明建设办公室。把精神文明建设与农业生产建设、工副业建设发展一起抓。开展《公民道德建设实施纲要》、"八荣八耻"和党的群众路线教育学习实践活动，在农场上下广泛开展了讲文明、树新风活动，"争创文明职工、文明家庭"活动等。根据市文明办要求，为促进城区南阳湖农场专卖店的科学发展，在南阳湖农场专卖店开展了"文明服务窗口"创建活动，倡树规范服务、优质服务和微笑服务，提高服务质量。为丰富精神文明创建活动，农场还广泛开展群众性节日民俗、文化娱乐、体育健身、爱国卫生和科普宣传活动，引导广大干部职工群众进一步了解传统节日、认同传统节日、喜爱传统节日、过好传统节日。在春节、清明、端午、中秋、七夕、重阳等传统节日里，组织开展中华经典诵读、祭奠革命先烈、关爱退休职工、民俗表演等形式多样的活动。使干部职工群众增进情感、增加相互交流，树立起文明、和谐、喜庆、节俭的现代节日理念，营造文明和谐的良好氛围。

三、农场纪检工作

加强纪检监察工作是加强党的执政能力建设的必然要求，是深入开展党风廉政建设和反腐败工作的迫切需要。农场党组织结合农场生产建设和改革发展的实际，以场党委党风廉政"两个责任"任务分工清单为抓手，切实担负起党委主体责任和纪委的监督责任，全面落实从严治党领导责任和党风廉政建设责任制。班子成员全面落实"一岗双责"，抓好农场党风廉政建设各项工作，提高党员领导干部和关键岗位工作人员廉洁从业的思想认识和拒腐防变能力，为农场各项任务的完成提供有力保证。

农场党组织坚持"标本兼治、惩防并举、预防为主"的方针，以农场生产建设和改革发展为目标，加强党员领导干部的党风廉政教育、党性修养和道德教育，组织党员领导干部学习《中国共产党党员领导干部廉洁从政若干准则》《中国共产党党员权利保障条例》《中国共产党纪律处分条例》《国有企业领导人廉洁从业若干规定》等有关廉政建设的文件，结合实际制定了《国营南阳湖农场工作人员廉洁勤政十条规定》《关于加强党风廉政建设和反腐败工作的意见》《党员公开承诺制度实施意见》《关于加强廉政建设的规定》等。坚持民主集中制原则，坚决做到重大决策、重要人事任免、重大项目安排和大额度资金使用，必须经集体研究决定。农场重大问题的决策，严格按照规定程序运作，确保党的路线、方针、政策和上级党委的决策部署在农场贯彻执行。建立党风廉政建设"两个责任"任务分工清单责任体系，对农场党风廉政建设党委主体责任和纪委监督责任进行分解，形成集体责任、主要领导责任和党委成员责任任务分工清单，对重点工作任务，实施项目化分解，明确责任主体、职责内容、履职要求和问责措施，把党委统一领导、党政齐抓共管、职能部门各负其责落到实处。组织党员和职工深入开展"作风建设教育促进月""遵纪守纪大教育""廉政文化进农场"和"思想境界大提升、纪律作风大整治、服务环境大优化"等党风党纪教育活动，提高农场党员干部和职工群众的政治理论素质，增强遵纪守法、廉洁从业的思想认识和行为操守，营造农场"风清气正、人和场兴"积极向上的和谐风尚。

农场党委完善约束监督体制，加强对党员领导干部的日常管理监督。1990 年 10 月以党委书记为组长，党委副书记、场长为副组长，党委成员、副场长为领导小组成员的纠正行业不正之风领导小组成立，标本兼治，纠建并举，坚决维护职工群众的切身利益。认真落实党员领导干部述职述责、廉洁承诺和重大事项报告等制度。对领导班子廉洁从业和党风廉政建设执行情况进行年度评议，保障职工群众参与农场民主管理的知情权和监督权。成立场务公开民主管理领导小组及办公室，聘任群众威信高的职工担任监督员。坚持每年对农场中层以上干部进行民主测评，促进了干部自律意识和敬业意识的提高。农场重大项目招投标、费用支出、职工劳保福利、人事调整等重要事项，召开党政联席会议进行集体研究讨论，民主决定，并邀请农场部分职工列席参加，对农场各项重大决定进行监督。严管严查"四风"问题，下大力气查纠各种慵懒散和不担当不作为现象，严肃处理各级班子成员外出不报告、会议缺席不请假等自由散漫、无视组织纪律的行为。自 2001 年起，农场各级班子成员共 34 名干部签订了个人廉政从业责任书，各级领导干部实施廉洁承诺 62人次，领导干部开展述职述廉 12 人次，各级干部任职谈话 36 人次。纪委和监察科处理违反场纪场规案件 9 起，处分 13 人。其中通报批评 6 人，党内警告 2 人，行政记过 4 人，留用察看 1 人。

四、农场政法工作

政法工作是党行使领导权和执政权的重要形式，是维护和发展党长期执政和国家长治久安的锐利武器。1970 年后，在"一打三反"和"四清"运动期间，农场出现过会计室被盗，丢失粮票 18 万多斤等事件。由于当时形势混乱，农场经常出现偷盗、打架斗殴等事件，造成农场年均损失 2 万~3 万元。为保证农场农业生产顺利进行，维护好国家资产及设备设施，确保国有资产万无一失，农场党组织加大政法工作力度，申请设置公安派出所 1 处，并成立农场武装民兵营。自加强管理巡访巡查以来，农场偷摸事件没有了，邻里纠纷、打架斗殴等事件也大大减少。搞好信访工作，做到"四无"，即无越级集体上访，无进京上访，无信访老户和积案，无漏报瞒报旧信访问题。农场没有出现过一例越级上访事件，无一人参与邪教组织，无一人发生重大安全事故和重大刑事案件。进入改革开放新时期后，农场党委认真学习中央政法工作会议精神，加强领导干部、经营管理人员及职工的全员普法工作。对领导干部，着重做好法律意识的加强以及法律风险的防范与控制工作；对于具体岗位人员，着重进行专业法律知识的学习辅导，用法律理论知识结合纠纷案件典型案例分析，组织合同法、物权法、劳动法等的学习。完善管理机制，进一步加强有关政法工作的制度建设，先后制定完善社会治安综合治理工作制度、财务管理制度、值班制度、车辆管理制度、公共财产管理制度、调解治保制度以及岗位职责等各项管理制度。由保卫科牵头联合其他相关职能科室，定期或在夏秋农忙季节等重要节点时期，对各分场、生产单位及科室的水、电及电器设备、消防设施等进行安全检查，发现安全隐患及时排除。为提高工作效率和工作执行力，严明法纪，检查督导场纪场规的落实，加大对违纪违规的巡访查处力度，2014 年农场成立农场督导检察室，建立农场矛盾纠纷集中排查台账，进一步加大对矛盾纠纷的排查调处力度，及时化解职工、家庭、邻里之间的矛盾，坚持抓早抓小，尽早把矛盾纠纷消除在萌芽状态。

五、农场统战工作

统一战线工作是党凝聚人心、汇聚力量的政治优势和战略方针，是团结一切可以团结的力量取得革命、建设和改革事业胜利的重要法宝。农场党委始终坚持把统一战线工作作为党委的一项重要工作，按照上级党委对统一战线工作的部署，把抓认识、建机构、摸底子、出实效作为搞好统一战线工作的主要抓手，发挥统一战线工作在农场生产、改革、发展、稳定中的重要作用。进入新时期以来，农场党委结合农业生产建设和改革发展的实际，提高政治站位，进一步加强农场的统一战线工作。明确由农场党委副书记主抓统一战线工作，党政办公室为统一战线工作的承办部门，摸排建册，定期梳理更新农场党外知识分子、少数民族职工、信教职工等统一战线人员花名册。围绕农场中心工作，发挥统一战线工作在农场生产建设和改革发展中的作用。农场总部及各分场、各生产及服务单位的管理委员会，均有1/3的职工代表参加，建立《职工民主管理工作活动制度》。每年职工代表大会闭会期间召开的党政联席会议，均明确要邀请部分职工代表参加会议，参与讨论事关农场改革发展和职工切身利益的有关事项，确保职工群众的知情权、参与权和监督权。及时公开农场的人事任免、评先评奖、财务收支、物资设备采购、集体合同履行、民主评议领导干部、职工购房及子女就业等职工群众普遍关心的重要事项落实情况，增强农场管理的透明度、公开化和公信力。发挥统战工作化解矛盾、凝聚人心、增强活力的优势，为农场改革发展创造一个稳定和谐的良好环境。

第二章　群众团体

第一节　农场工会

一、农场职工代表大会

1989年4月10日至11日，南阳湖农场召开第一届职工代表大会，该届大会选举代表104名，其中行政干部代表27名，科技人员代表33名，工人代表44名，妇女代表9名，青年代表13名。大会听取并审议场长夏恒常的工作报告，副场长于华跃《国营南阳湖农场关于恢复建立农场规章制度的说明》，财务科副科长赵书俭的财务工作报告，工会主席袁恒兴的工会工作报告。审议通过了《国营南阳湖农场关于加强劳动管理的规定》《国营南阳湖农场职工代表大会和工会工作细则》《国营南阳湖农场职工、家属宿舍申请、分配、调整管理办法》。大会选举袁恒兴为第四届工会委员会主席。为加强工会工作，加强民主管理和民主监督，职工代表大会成立了5个工作小组，龙文光为生产经营小组组长，赵书俭为副组长；胡耀先为规章制度小组组长，高绍舟为副组长；蔡松恒为监督评议干部小组组长，何传恩为副组长；惠明照为生活福利小组组长，王兴明为副组长；李宗云为妇女工作小组组长，刘敬美为副组长。1989年8月29日农场召开第一届职工代表大会第二次会议，会议听取并审议场长夏恒常的工作报告，财务科长李昕的财务工作报告，工会主席袁恒兴的工会工作报告。建立健全工会组织，成立基层工会12个，工会小组47个，发展工会新会员225名。1990年4月20日至21日农场召开第一届职工代表大会第三次会议，会议听取并审议场长夏恒常的工作报告，财务科长李昕的财务工作报告，工会主席袁恒兴的工会工作报告。补选场管理委员会委员，选举产生国营南阳湖农场爱国卫生委员会和国营南阳湖农场安全生产委员会。1991年8月22日至24日农场召开第一届职工代表大会第四次会议，会议听取并审议场长夏恒常作的第一轮承包总结和第二轮承包设想意见的报告，财务科长李昕的财务工作报告，工会主席袁恒兴的工会工作报告，副场长于华跃的管理制度执行情况和补充、修改意见的报告，审议通过《国营南阳湖农场职工代表大会工作细则》，补选场管委会、女工委员会委员，选举成立场科技协会委员会、财务审查监督委员会，民主测评中层以上领导干部。

1992年7月23日至24日，南阳湖农场召开第二届职工代表大会第一次会议，该届大会选举代表98人，其中职工代表49人，行政干部代表15人，科技人员代表34人，女职工代表9人，青年代表13人。大会听取并审议场长夏恒常的工作报告，总会计师李昕的财务工作报告，工会主席袁恒兴的工会工作报告。审议通过《第二轮承包合同》《1992年承包经营实施方案》《财务工作报告》《关于工业发展和管理若干问题规定》《关于医疗制度修改意见》《关于职工安排的暂行办法》。大会选举袁恒兴为第五届工会委员会主席。高绍舟为生产经营小组（经济监督小组）组长，赵书俭为规章制度小组组长，蔡松恒为评议监督干部小组（职工代表审查小组）组长，王兴明为生活福利小组组长，李宗云为女工工作小组组长，任文焕为民主管理监督小组（内部分配小组）组长。1994年3月22日至23日，农场召开第二届职工代表大会第二次会议，会议听取并审议场长徐庆海的工作报告，副场长卢叙启关于深化改革的意见，工会主席袁恒兴的工会工作报告和二届一次职代会闭会期间召开联席会议情况汇报。会议审议通过《南阳湖农场关于深化改革的意见》，民主测评机关副科级以上干部。1995年4月27日，农场召开第二届职工代表大会第三次会议，会议听取并审议场长徐庆海作的题为《深化改革、转换机制、促进发展》的工作报告，工会主席袁恒兴的工会工作报告。1995年5月24日第二届第三次职代会闭会期间召开的第一次联席会议，审议通过《实行全员劳动合同制方案》，1995年9月12日召开的第二次联席会议，审议通过《住房制度改革意见》，1995年11月3日召开的第三次联席会议审议通过《1994年度效益工资晋升方案》。

1996年3月21日至22日，南阳湖农场召开第三届职工代表大会第一次会议，该届大会选举代表108人，其中正式代表77人，列席代表31人。职工代表32人，干部代表20人，科技人员代表25人，女职工代表8人，青年职工代表12人。大会听取并审议场长徐庆海作的题为《坚持改革、转换机制、再创佳绩》的工作报告，财务科长赵书俭的财务工作报告，工会主席袁恒兴的工会工作报告。大会选举于华跃为第六届工会委员会主席，刘西让为工会经费审查委员会主任，朱志燕为工会女职工工作委员会主任。赵书俭为规章制度小组组长，郝立杰为干部监督评议小组兼提案审查和代表资格审查小组组长，赵德华为生活福利小组组长，尹明军为民主管理小组兼内部分配小组组长。1997年4月29日至30日，农场召开第三届职工代表大会第二次会议，会议听取并审议场长徐庆海的工作报告，财务科长赵书俭的财务工作报告，工会主席于华跃作的题为《全心全意依靠职工，在两个文明建设中发挥工会作用》的工会工作报告和三届一次职代会闭会期间联席会议情况汇报，并公布了《集体合同书》。副场长张清运宣读第三届二次职工代表大会全体代表《关于开展精神文明建设，争当文明职工、创建文明家庭倡议书》。第三届二次职工代表大会闭会期间召开的第三次联席会议，先后审议通过《职工增加工资方案》《深化改革，转换经营机制方案》《公费医疗管理办法》和《种子工程建设意见》。1998年4月28日至29日，农场召开第三届职工代表大会第三次会议，会议听取并审议场长徐庆海的工作报告，财务科长赵书俭的财务工作报告及业务招待费开支情况说明，场党委副书记刘广春宣读了农场规章制度征求意见稿，工会主席于华跃作了工会工作报告及职代会闭会期间联席会议情况说明。审议通过《南阳湖农场财务管理办法》等17项规章制度。1999年4月28日至29日，农场召开第三届职工代表大会第四次会议，会议听取并审议场长徐庆海的工作报告，财务科长尹明军的财务工作报告，总会计师赵书俭关于住房制度改革意见的说明，工会主席于华跃的工会工作报告。审议通过《住房制度改革意见》，民主评议农场中层以上干部。

2000年3月29日至30日，南阳湖农场召开第四届职工代表大会第一次会议。该届大会选举代表90人，其中正式代表75人，列席代表12人，特邀代表3人。职工代表31人，干部代表20人，科技人员代表24人，女职工代表9人，青年代表11人。大会听取并审议场长徐庆海的工作报告，财务科长尹明军的财务工作报告，工会主席于华跃作的题为《贯彻方针，突出维护，动员组织职工为振兴农场努力奋斗》的工会工作报告及职代会闭会期间联席会议情况说明。大会选举于华跃为第七届工会委员会主席，选举产生17名组成的第七届工会委员会。审议通过《国营南阳湖农场、国营南阳湖农场工会集体合同》。2001年3月28日至29日，农场召开第四届职工代表大会第二次会议，会议听取并审议场长徐庆海的工作报告，财务科长尹明军的财务工作报告，工会主席于华跃的工会工作报告、工会经费收支情况说明及职代会闭会期间联席会议情况说明，工会副主席蔡松恒的场务公开工作报告。民主评议中层以上领导干部。联席会议审议通过农场《公费医疗管理办法》修改意见，依据"工资与效益挂钩"的原则，审议通过调整工资发放的标准。2002年4月18日，农场召开第四届职工代表大会第三次会议，会议听取并审议场长许厚营的工作报告，总会计师赵书俭的财务工作报告，工会主席高丕吉的工会工作报告、工会经费收支情况说明及职代会闭会期间联席会议情况说明，工会副主席蔡松恒的场务公开情况报告，民主评议中层以上领导干部。2003年3月27日至28日，农场召开第四届职工代表大会第四次会议，会议听取并审议场长许厚营的工作报告，总会计师赵书俭的财务工作报告和业务招待费开支情况说明，工会主席高丕吉的工会工作报告、工会经费收支情况说明及职代会闭会期间联席会议情况说明，工会副主席蔡松恒的场务公开工作报告。通报了山东济宁南阳湖农场管理委员会成员建议名单，民主评议中层以上领导干部。2003

年 12 月 11 日召开的四届四次职代会闭会期间联席会议，讨论通过了 2004 年农场职工工资调整方案。

2004 年 4 月 8 日至 9 日，南阳湖农场召开第五届职工代表大会第一次会议。该届大会选举代表 75 人，其中正式代表 61 人，列席代表 10 人，特邀代表 4 人。干部代表 18 人，职工代表 25 人，科技人员代表 18 人，女职工代表 10 人，青年职工代表 9 人。大会听取并审议场长许厚营的工作报告，总会计师赵书俭的财务工作报告和业务招待费开支情况说明，工会主席高丕吉的工会工作报告、工会经费收支情况说明及职代会闭会期间联席会议情况说明，工会副主席蔡松恒宣读了《国营南阳湖农场、国营南阳湖农场工会集体合同》，向大会作了场务公开民主管理工作报告。大会选举蔡松恒为第八届工会委员会主席，选举产生 13 名组成的第八届工会委员会。2005 年 3 月 29 日至 30 日，农场召开第五届职工代表大会第二次会议，会议听取并审议场长许厚营的工作报告，总会计师赵书俭的财务工作报告和业务招待费开支情况说明，工会主席蔡松恒的工会工作报告和场务公开民主管理工作报告。第五届二次职代会闭会期间召开 3 次联席会议，审议通过《2000—2008 年各业承包方案的规定》《女职工特殊权益保护专项集体合同》《职工工资调整方案》。2006 年 4 月 13 日至 14 日，农场召开第五届职工代表大会第三次会议，会议听取并审议场长许厚营的工作报告，财务科长许西河的财务工作报告，工会主席蔡松恒的工会工作报告和场务公开民主管理工作报告。第五届三次职代会闭会期间，召开 3 次联席会议，先后讨论通过《关于调整产业结构的实施方案》《职工工资调整方案》和《农场税费改革实施方案》。

2007 年 4 月 29 日至 30 日，南阳湖农场召开第六届职工代表大会第一次会议。该届大会选举代表 72 人，其中正式代表 63 人，列席代表 3 人，特邀代表 6 人。干部代表 19 人，职工代表 26 人，科技人员代表 18 人，女职工代表 9 人，青年职工代表 10 人。大会听取并审议场长许厚营的工作报告，财务科长许西河的财务工作报告和业务招待费开支情况说明，工会主席蔡松恒的工会工作报告、场务公开民主管理工作报告及工会经费收支情况说明、职代会闭会期间联席会议情况说明，副场长李取贤宣读《南阳湖农场、南阳湖农场工会集体合同》及《女职工特殊权益保护专项集体合同》。大会选举蔡松恒为第九届工会委员会主席，尹明军为经费审查委员会主任，朱志燕为女职工委员会主任，选举产生 13 名组成的第九届工会委员会。2007 年 9 月 7 日，农场召开第六届职工代表大会第二次会议，会议听取并审议《南阳湖农场招收职工子女就业工作有关规定》和《关于为职工办理住房公积金方案》，投票表决通过该规定和方案。向各单位下发了《关于进一步做好未就业青年登记的意见》。2008 年 4 月 10 日至 11 日，农场召开第六届职工代表大会第三次会议。

会议听取并审议场长王海存的工作报告，财务科长许西河的财务工作报告及业务招待费开支情况说明，工会主席蔡松恒的工会工作报告、工会经费收支情况说明及场务公开民主管理工作报告、联席会议情况汇报。审议通过《南阳湖农场职工子女就业招收办法》，民主评议中层以上干部。2008年5月30日，农场召开第六届职工代表大会第四次会议，听取并审议场长王海存作的题为《解放思想，强抓机遇，学苏北精神，促农场跨越》的工作报告，审议通过《南阳湖农场启动机械厂、面粉厂、饲料加工厂的意见》《南阳湖农场新建秸秆加工厂的意见》《关于成立南阳湖农场生态养殖有限公司的意见》和《关于成立南阳湖农场节能建材有限公司的意见》，投票表决通过以上意见。2009年3月19日至20日，农场召开第六届职工代表大会第五次会议。会议听取并审议场长王海存的工作报告，财务科长何庆娴的财务工作报告及业务招待费开支情况说明，工会主席蔡松恒的工会工作报告、工会经费收支情况说明及场务公开民主管理工作报告，审议通过《关于园林股份公司职工入股的实施意见》，修订农场规章制度，民主评议中层以上干部。2010年2月28日，农场召开第六届职工代表大会第六次会议，听取并审议《南阳湖农场经济田地上附着物补偿办法》，并投票表决通过该补偿办法。2010年4月15日至16日，农场召开第六届职工代表大会第七次会议。会议听取并审议场长王海存的工作报告，财务科长何庆娴的财务工作报告及业务招待费开支情况说明，工会主席蔡松恒的工会工作报告、场务公开民主管理工作报告和工会经费收支情况说明及职代会闭会期间联席会议情况汇报。审议通过《关于保持农场生产、生活秩序稳定的规定》，民主评议中层以上领导干部。2011年4月28日至29日，农场召开第六届职工代表大会第八次会议。会议听取审议场长王海存的工作报告，财务科长何庆娴的财务工作报告及业务招待费开支情况说明，工会主席蔡松恒的工会工作报告、场务公开民主管理工作报告及工会经费收支情况说明、职代会闭会期间联席会议情况说明。审议通过《南阳湖农场职工子女就业意见》，民主评议中层以上领导干部。

2012年4月26日至27日，南阳湖农场召开第七届职工代表大会第一次会议。该届大会选举代表88人，其中正式代表66人，列席代表18人，特邀代表4人。干部代表22人，职工代表26人，科技人员代表18人，女职工代表9人，青年职工代表10人。大会听取并审议场长王海存的工作报告，财务科长何庆娴的财务工作报告及业务招待费开支情况说明，工会主席蔡松恒的工会工作报告、场务公开民主管理工作报告、工会经费收支情况说明及职代会闭会期间联席会议情况汇报。审议通过《南阳湖农场集体合同和女职工专项合同》《南阳湖农场职工安置选购房方案》，举行集体合同、女职工专项集体合同签订仪式。大会选举赵德华为第十届工会委员会主席，陈伦为经费审查委员会主任，朱志燕为女职工委员会主任。健全工会组织，以代表团为单位组建党群、行政一团、行政二团、观光农业、园林、工副业、畜牧业、蔬菜基地、农副产品营销、农业 10 个分会，配齐各分会组成人员。2013 年 5 月 9 日至 10 日，农场召开第七届职工代表大会第二次会议。会议听取并审议场长王海存的工作报告，财务科长何庆娴的财务工作报告及业务招待费开支情况说明，工会主席赵德华的工会工作报告、工会经费开支情况说明及职代会闭会期间联席会议情况说明，民主评议中层以上干部。审议通过《南阳湖农场住房选购意见》《2012 年三夏三秋补助费发放办法》。2013 年 7 月 16 日，农场召开第七届职工代表大会第三次会议。会议听取并审议场长王海存就农场总体规划进行的解读，工会主席赵德华作的题为《增强服务意识，发挥纽带作用，为推动农场科学发展、和谐发展做出新贡献》的工会工作报告。审议通过《山东济宁南阳湖农场总体规划（2011—2025）》《职工非在岗期间工资福利及社保费用缴纳的规定》。会议选举新一届女职工委员会委员，常真真当选为主任。2014 年 4 月 10 日至 11 日，农场召开第七届职工代表大会第四次会议。会议听取并审议场长王海存的工作报告，财务科长何庆娴的财务工作报告，工会主席赵德华作的题为《融入中心工作，服务发展大局，引领广大职工为农场科学发展而努力奉献》的工会工作报告。审议通过《职工考勤和休假工资待遇规定》，民主评议中层以上干部。梳理汇总职工代表在改革发展、人事劳资、职工培训、生产经营、生活福利等 6 个方面的提案 42 件，移交相关部门办理。2015 年 4 月 17 日至 18 日，农场召开第七届职工代表大会第五次会议。会议听取并审议场长王海存的工作报告，财务科长何庆娴的财务工作报告，工会主席赵德华作的题为《履行工会职责，服务发展大局，积极引领广大职工为农场和谐发展建功立业》的工会工作报告。审议通过《南阳湖农场绩效考核工资发放暂行办法》和《山东济宁南阳湖农场职工奖惩办法》，民主评议中层以上干部。2016 年 6 月 2 日至 3 日，农场召开第七届职工代表大会第六次会议。会议听取并审议场长王海存的工作报告，总会计师何庆娴的财务工作报告，工会主席赵德华作的题为《围绕中心工作，全面履行职能，在农场改革创新发展中充分发挥工会组织作用》的工会工作报告，审议通过《山东济宁南阳湖农场改革发展方案》和《山东济宁南阳湖农场投资计划》，民主评议中层以上干部。

2017 年 3 月 30 日至 31 日，南阳湖农场召开第八届职工代表大会第一次会议。该届大会选举代表 88 人，其中正式代表 66 人，列席代表 19 人，特邀代表 3 人。干部代表 19 人，职工代表 28 人，科技人员代表 19 人，女职工代表 8 人，青年职工代表 10 人。大会听取并审议场长王海存的工作报告，总会计师何庆娴的财务工作报告及业务招待费开支情况说明，工会主席赵德华作的题为《践行新理念，谱写新篇章，引领广大职工为农场和谐稳定发展而奋斗》的工会工作报告及工会经费收支情况说明。审议通过实施《山东济宁南阳湖农场、山东济宁南阳湖农场工会集体合同》，选举产生 13 名第十一届工会委员会委员，赵德华当选为第十一届工会委员会主席，许西河为经费审查委员会主任，常真真为女职工委员会主任，吴利英为副主任。常真真为评议监督干部小组组长，尹明军为生产经营管理小组组长，刘强为规章制度小组组长，吴利英为民主管理监督小组组长。民主评议中层以上干部，并举行《集体合同》签字仪式。2018 年 3 月 22 日至 23 日，农场召开第八届职工代表大会第二次会议。会议听取并审议场长王海存的工作报告，总会计师何庆娴的财务工作报告，工会主席赵德华作的题为《走进新时代，展现新作为，全力推动农场工会工作再上新台阶》的工会工作报告及工会经费收支情况说明。提请确认《山东济宁南阳湖农场负责人薪酬改革方案》批复前暂发放过渡性薪酬的意见，民主评议中层以上干部。为充分调动职工参与企业民主管理的积极性，该次职代会下发《关于做好职代会提案征集工作的通知》，职代会各工作组对职工代表提出的 123 件提案进行梳理汇总，形成改革发展、生产经营、人事劳资、规章制度、民主管理、生活福利、职工教育等 7 个方面的 67 件提案，交由有关部门办理。2019 年 1 月 4 日，农场召开第八届职工代表大会第三次会议。会议审议通过《山东济宁南阳湖农场改制方案》和《山东济宁南阳湖农场职工安置方案》，选举山东济宁南阳湖农场有限公司职工监事。2019 年 3 月 6 日至 7 日，农场召开南阳湖农场有限公司第八届职工代表大会第四次会议。会议听取并审议董事长王海存的工作报告，总会计师何庆娴的财务工作报告，工会主席赵德华作的题为《与时俱进求创新，担当作为抓落实，团结引领员工谱写公司改革发展新篇章》的工会工作报告及工会经费收支情况说明。审议通过《关于进一步补充完善〈山东济宁南阳湖农场改革发展方案〉的意见》。民主评议中层以上干部。2020 年 3 月 30 日至 31 日，农场召开南阳湖农场有限公司第八届职工代表大会第五次会议。会议听取并审议公司主要负责人樊培涛的工作报告，总会计师何庆娴的财务工作报告，工会主席赵德华作的题为《践行初心担使命，凝心聚力抓落实，团结动员广大职工为推进公司和谐稳定发展而共同奋斗》的工会工作报告及工会经费收支情况说明。民主评议中层以上领导干部。

附：国营南阳湖农场第一至第八届职工代表大会主席团、秘书长及各代表团代表名单

（一）第一届职工代表大会

大会主席团：夏恒常、李学贵、袁恒兴、于华跃、刘广春、卢叙启、李玉任、隋守民、李卓亚、蔡松恒、高丕吉、许厚营、李宗云、周长仁、高朝仁、程宪娥、于泉水

主　　任：夏恒常

副主任：李学贵、袁恒兴

秘书组：于华跃、袁恒兴、解庆云、龙文光、蔡松恒

秘书长：于华跃

副秘书长：袁恒兴、解庆云

国营南阳湖农场首届职工代表大会代表资格审查情况：

全场在职职工728名，其中女职工126人，本次大会代表104名，占总职工人数的14.2%，符合企业法规定。其中：行政干部27名，占代表总数的26%；科技人员33名（技术人员19人，会计10人，教师3人，医生1人），占代表总数的32%；工人44人，占代表总数的42%；妇女9人，占代表总数的8.6%；青年13人，占代表总数的12.5%。

代表名额分布情况：一分场7名，二分场10名，三分场9名，四分场11名，农业办公室8名，工业办公室18名，多种经营办公室15名，行政办公室7名，政工办公室5名，工会（学校，卫生所）7名，财务供销7名。

职工代表分组名单：

一分场：高丕吉（组长）、马玉河、于贵忠、李传高、齐德恕、朱玉顺、秦佑国

二分场：岳宪春（组长）、张风启、刘兆庆、常孝忠、王衍义、陈宗信、刘广德、宗风义、李保清、齐方玉

三分场：郝立杰（组长）、李广芩、艾春山、裴诗强、刘广田、朱振泉、王兴雨、边宜友、乔松云（回族）

四分场：王成现（组长）、李定珠、魏成明、刘兆平、董瑞吉、魏树贵、李学忠、陈计生、高潮仁、李广月、冯振甲

农业办公室：龙文光（组长）、卢叙启、高庆坤、范福田、张慧君、辛春湘、李福海

工业办公室：周长仁（组长）、李玉任、田彪、刘永亮、于泉水、蔡忠俭、张代喜、田圣起、高会存、宗本立、王尚权、吴爱莲、张兆友、周光兰、路智、陆来木、赵炳玉、贾存修

多种经营办公室：许厚营（组长）、李卓亚、赵宗礼、薛长海、常传敏、李继荣、韩宝然、侯书振、邓贵江、杨士忠、郭守臣、侯景钦、程宪娥、朱守娥、李庆月

行政办公室：胡耀先（组长）、于华跃、高绍舟、刘玉金、丁士荣、夏恒常、解庆云

政工办公室：蔡恒松（组长）、隋守民、刘广春、李宗云、李学贵

工会（学校，卫生所）：王长志（组长）、袁恒兴、任文焕、郭金泉、郭守平、刘广友、周广洪

财务供销：张思义（组长）、赵书俭、王兴明、刘敬美、李广成、魏树真、李欣

（二）第二届职工代表大会

大会主席团：于华跃、卢叙启、卢尚文、龙文光、刘广春、李学贵、李玉任、李卓亚、李欣、李宗云、周连泗、胡耀先、夏恒常、袁恒兴、徐庆海、高丕吉、隋守民、董瑞吉、蔡松恒

秘书组：于华跃、邓国荣、汤岩、赵德华、袁恒兴、韩应伦、蔡松恒

秘书长：袁恒兴

副秘书长：于华跃、蔡松恒

生产经营小组组长：高绍舟，成员：王靖环、龙文光、周长仁、高绍舟、顾士平

大会规章制度小组组长：赵书俭，成员：李欣、赵书俭、胡耀先、郝立杰、韩应伦

大会评议监督干部小组组长：蔡松恒，成员：邓国荣、孙玉群、何传恩、孟祥延、蔡松恒（本小组兼职职工代表审查、提案审查及大会临时性工作）。

大会生活福利小组组长：王兴明，成员：王兴明、任广怀、葛贞银、惠明照、薛长海

大会女工工作小组组长：李宗云，成员：朱志燕、朱紫霞、李宗云、辛春湘、程宪娥

大会民主管理监督小组组长：任文焕，成员：尹明军、任文焕、汤岩、赵厚田、高庆坤（本小组兼职内部分配小组工作）。

职工代表分团名单：

一分场代表团（7人）：丁士荣（团长）、赵崇魁、马玉合、张玉启、李广喜、王克尧、林风合

二分场代表团（9人）：王汝灿（团长）、李广苓、常孝忠、郭显芳、齐方玉、孟庆海、陈忠培、宋风义、姜元雷

三分场代表团（9人）：任兆法（团长）、陆衍合、艾春山、王兴雨、裴诗强、刘玉合、王凤苓、乔松云、陈伦

四分场代表团（9人）：魏成明、冯振甲、李定珠、邓绪奎、董端吉、陈计生、李学忠、李广月、高朝仁

畜牧水产养殖场代表团（12人）：许厚营（团长）、于华跃、程宪娥、张海健、刘忠义、董业伯、郭守臣、杨士忠、谢士龙、仲伟霞、韩瑞顺、隋守民

工业系统代表团（12人）：周长仁（团长）、张庆丰、国爱菊、陈善清、高成、于军、高绍舟、李玉任、王尚泉、宗立本、卢尚文、周广兰

农业系统代表（8人）：周连泗（团长）、卢叙启、龙文光、高庆坤、韩宝然、李福海、魏兆兰、李卓亚

财供代表团（9人）：高丕吉（团长）、王兴明、任广明、方庆云、陆来木、李昕、顾

士平、尹明军、魏树真

场办代表团（16人）：郝立杰（团长）、夏恒常、徐庆海、胡耀先、王靖环、赵德华、何传恩、葛贞银、刘玉金、王兴奎、宗丽萍、李兆英、赵明诚、郑素英、惠明照、孔德扬

党办代表团（7人）：蔡松恒（团长）、李学贵、刘广春、李宗云、袁恒兴、任广怀、汤岩

列席代表（11人）：秦佑国、刘兆庆、李庆月、李继荣、田盛奇、郭庆友、张忠义、王长志、赵书俭、岳宪春、任文焕

（三）第三届职工代表大会

大会主席团：于华跃、刘广春、卢叙启、张清远、许厚营、朱志燕、朱紫霞、李取贤、徐庆海、高丕吉、袁恒兴、谢效忠、董瑞古、蔡松恒

秘书长：袁恒兴

职工代表分团名单：

一分场代表团：团长：秦佑国，副团长：任绍歧，成员：尹允龙、刘宪生、窦道俊

二分场代表团：团长：李广苓，副团长：谢效忠，成员：孟庆海、郭显芳、杨建民、张玉河、姜元雷，列席代表：岳宪春

三分场代表团：团长：任兆法，副团长：裴计忠，成员：王凤苓、李书金、李贵营、裹诗强、刘兴合，列席代表：刘兆庆、刘玉河

四分场代表团：团长：魏成明，副团长：陈伦，成员：孟立明、郭继昌、董端古、李学忠、高朝仁、邓绪奎

农业公司、科研站、排灌站、园林场、挖掘队、零件库代表团：

团长：贾存修，副团长：李定珠，成员：卢叙启、李取贤、孔良、张培柱、邬继军、张玉华、孙玉梅，列席代表：韩宝然、赵崇魁、汤岩、高庆坤

工业公司、机械厂、修理厂、水泥厂、面粉厂、建筑公司代表团：

团长：张兆友，副团长：张学才，成员：张清远、马玉河、刘学武、朱连美、刘永丽、刘存来、冯兴场，列席代表：张庆丰、周长仁、樊庆章、徐亚军、吴建一、郭庆友、田盛齐

水产畜牧公司、鸡场、水产养殖场代表团：团长：蔡松恒，副团长：许西河，成员：许厚营、岳现荣、吴亚平、郭守臣、董端信，列席代表：常孝忠、邓桂江、谢士龙

机关二支部、供销公司、粮食仓库代表团：团长：丁士荣，副团长：江启福，成员：高丕吉、赵书俭、顾士平、尹明军、刘西让、任光明，列席代表：郑汝国、范继峰、李兴堂、王兴明

党政办公室代表团：团长：郝立杰，副团长：赵德华，成员：徐庆海、刘广春、于华跃、任广怀、何传恩、孙玉群、朱紫霞，列席代表：胡耀先、邓国荣、李卓亚、李宗云、王继臣

工会、学校、卫生所代表团：团长：惠明照，副团长：张传文，成员：宗丽萍、朱志燕、刘强、李会玲、杨柳福、齐文兰，列席代表：袁恒兴、孔德扬、徐振祥、程宪娥、郭金泉

本届职代会正式代表77人　列席代表31人，总计108人。

（四）第四届职工代表大会

大会主席团：于华跃、王海存、王新华、刘广春、李取贤、许厚营、朱志燕、朱紫霞、陈士来、杨建民、张清远、赵书俭、徐庆海、高丕吉、蔡松恒（按姓氏笔划为序）

秘书长：蔡松恒

职工代表分团名单

第一代表团：团长：常孝忠，副团长：尹允龙，正式代表（7人）：常孝忠、尹允龙、刘宪生、李为场、任绍岐、王克尧、李为荣

第二代表团：团长：陈伦，副团长：谢效忠，正式代表（8人）：陈伦、谢效忠、杨建民、张君祥、刘兆春、刘福场、李取忠、吴业萍

第三代表团：团长：刘兆庆，副团长：徐启景，（正式代表8人）：刘兆庆、徐启景、裹诗强、李贵营、周长香、李定印、刘石刚、孔良

第四代表团：团长：魏成明，副团长：赵希瑞，正式代表（8人）：魏成明、赵希瑞、郭继昌、李学忠、韩继红、张爱华、刘超、邓绪奎

第五代表团：团长：王新华，副团长：孟立明，正式代表（6人）：李取贤、王新华、孟立明、李洪强、邬继军、张培柱，列席代表（4人）：秦佑国、任兆法、赵崇魁、范继峰

第六代表团：团长：岳现荣，副团长：冯兴场，正式代表（9人）：张清远、许厚营、岳现荣、王凤林、冯兴场、秦士义、郭继常、刘宪信、陈士来，列席代表（4人）：韩宝然、程桂勤、张振林、高成，特约代表（1人）：王继臣

第七代表团：团长：任广怀，副团长：郝立杰，正式代表（9人）：徐庆海、刘广春、任广怀、郝立杰、赵德华、张贞华、孙玉群、门栋、郭秋菊，列席代表（1人）：何传恩，特邀代表（1人）：李卓亚

第八代表团：团长：任光明，副团长：薛长海，正式代表（8人）：高丕吉：王海存、赵书俭、尹明军、任光明、薛长海、刘永丽、陆衍河

第九代表团：团长：丁士荣，副团长：杨柳福，正式代表（11人）：于华跃、蔡松恒、惠明照、丁士荣、朱紫霞、朱志燕、宗丽萍、刘强、杨柳福、郭守萍、孙西银，列席代表（3人）：马钦连、张传文、赵明诚，特邀代表（1人）：袁恒兴

本届正式代表75人，列席代表12人，特邀代表3人，共计90人。

（五）第五届职工代表大会

大会主席团：王海存、王新华、刘广春、许厚营、李取贤、朱紫霞、朱志燕、李取忠、张清远、何庆娴、杨建民、赵书俭、高丕吉、曹月荣、蔡松恒

秘书长：蔡松恒

职工代表分团名单：

一分场代表团：团长：尹允龙，副团长：孙玉群，成员：刘宪生、王克尧、张爱华

二分场代表团：团长：陈伦，副团长：宗丽萍，成员：张宗凤、杨建民、周登群、孙建山

三分场代表团：团长：邬继军，副团长：刘西让，成员：李贵营、顾士民、周爱香，列席代表：刘兆庆

四分场代表团：团长：赵希瑞，副团长：张兆友，成员：李学忠、韩计红、杨传红，列席代表：魏成明

党群代表团：团长：朱志燕，副团长：朱紫霞，成员：刘广春、高丕吉、蔡松恒、惠明照、王凤明、刘强、李兆珍，列席代表：丁士荣、张传文，特邀代表：袁恒兴 于华跃

行政代表团：团长：任广怀，副团长：赵德华，成员：许厚营、赵书俭、尹明军、李延河、张贞华、门栋、张正、高俊、何庆娴，列席代表：郝立杰、许西河，特邀代表：李卓亚

农业代表团：团长：孟立明，副团长：谢效忠，成员：李取贤、刘西环、张培柱、赵明诚、赵勇、王新华，列席代表：秦佑国、赵崇魁、李宏强

工副业代表团：团长：常孝忠，副团长：冯兴场，成员：张清远、高成、秦士义、曹月荣、岳宪荣、姜义森，列席代表：程桂琴，特邀代表：王继臣

园林代表团：团长：薛长海，副团长：姚士忠，成员：王海存、李取忠

本届正式代表61人，列席代表10人，特邀代表4人，共计75人。

（六）第六届职工代表大会

大会主席团：王海存、王新华、许厚营、李取贤、朱志燕、朱紫霞、张清远、杨建民、周国倩、赵书俭、赵明诚、曹月荣、蔡松恒

秘书长：蔡松恒

职工代表分团名单：

一分场代表团：团长：孙玉群，副团长：尹允龙，成员：刘宪生、任跃军、齐允河、王恕花

二分场代表团：团长：陈伦，副团长：马晓明，成员：杨建民、周登群、孙建山、张宗凤、刘宪信

三分场代表团：团长：邬继军，副团长：孟庆海，成员：李为场、李贵营、汤岩、周爱香

四分场代表团：团长：赵希瑞，副团长：张兆友，成员：李学忠、陈红梅、裴计钟、邢亮

党群代表团：团长：朱志燕，副团长：朱紫霞，成员：蔡松恒、惠明照、高成、姚玉平、张传文、刘强，列席代表：王凤明，特邀代表：袁恒兴、于华跃、刘广春

行政代表团：团长：赵德华，副团长：邓国荣，成员：许厚营、赵书俭、任广怀、门栋、曹月荣、尹明军、张贞华、许西河、张正、高俊，特邀代表：高丕吉

农业代表团：团长：孟立明，副团长：李宏强，成员：李取贤、王新华、赵崇魁、谢效忠、任绍岐、刘汉良，列席代表：张培柱，特邀代表：李卓亚

工业代表团：团长：宗丽萍，副团长：赵明诚，成员：张清远、李延河、秦士义、姜开芹，列席代表：杨柳复，特邀代表：王继臣

园林代表团：团长：常孝忠，副团长：姚士忠，成员：王海存、周国倩

本次大会正式代表63人，列席代表3人，特邀代表6人，共计72人。

（七）第七届职工代表大会

大会主席团：王海存、王新华、朱志燕、许西河、许厚营、李取贤、张清远、赵书俭、赵德华、姚红发、常真真、蔡松恒、裴成祥

秘书长：赵德华

职工代表分团名单：

党群代表团：团长：门栋，副团长：赵希瑞，成员：许厚营、蔡松恒、孙玉群、陈伦，列席代表：尹明军、吴利英，特邀代表：刘广春、袁恒兴、于华跃

行政代表一团：团长：赵德华，副团长：何庆娴，成员：王海存、赵书俭、马祝伟、常真真，列席代表：常孝忠、李延河

行政代表二团：团长：张贞华，副团长：邓国荣，成员：张清远、赵明成、郭秋菊、高俊，列席代表：刘强，特邀代表：高丕吉

观光农业代表团：团长：孟立明，副团长：张培柱，成员：李取贤、王新华、赵勇、

汤同运、任思英、杨建民，列席代表：邬继军、宗丽萍、谢效忠、任绍岐

园林代表团：团长：李宏强，副团长：田洪磊，成员：周国倩、裴成祥、刘晓华，列席代表：张兆友、秦士义

工副业代表团：团长：任广怀，副团长：赵德民，成员：赵崇魁、刘志伟、张正、刘善辉、赵艳群、张新美、陈红梅、张健，列席代表：高成、王凤岭、冯兴场、刘海生

畜牧代表团：团长：杨柳复，副团长：许西河，成员：李会武、贾正文、韩福长，列席代表：许亚军

蔬菜基地代表团：团长：曾祥全，副团长：刘汉良，成员：冯凡刚、王孟、刘秀清、李祥玲，列席代表：任广明

农副产品营销代表团：团长：朱志燕，副团长：李连成，成员：高东平、夏竹君、李凯、李向东，列席代表：马晓明

农业分场代表团：团长：尹允龙，副团长：王凤明，成员：齐允河、董学锋、姚红发、许振生、李鲁新、赵爱莲

本次代表大会共 10 个代表团，正式代表 66 人，列席代表 18 人，特邀代表 4 人
总计 88 人。

（八）第八届职工代表大会

大会主席团：门栋、马祝伟、王海存、王新华、任广怀、朱志燕（女）、许厚营、何庆娴、张贞华、李宏强、孟立明、赵崇魁、赵德华、常真真（女）、蔡松恒

秘书长：赵德华

职工代表分团名单：

党群代表团：团长：吴利英，副团长：尹明军，成员：许厚营、蔡松恒、赵德华、常真真、张广林、魏大鹏、贾南，列席代表：许西河、孙玉群，特邀代表：于华跃、高丕吉、李取贤

行政代表团：团长：刘强，副团长：邓国荣，成员：王海存、张贞华、何庆娴、汤同运、马祝伟、李凯、徐曾、李瑞国，列席代表：邬继军、张正、夏竹君、朱彦红

工业代表团：团长：田洪磊、副团长：曹保忠，成员：李宏强、赵崇魁、赵希瑞、王庆文、何燕华、宋锋、汤侃、周明菊、姜开镇，列席代表：刘志伟、高增义、冯兴场、王景格、李凡水

养殖业代表团：团长：李会武，副团长：潘守柱，成员：任广怀、魏忠明、郝凤祥、王恒、冯昌震、王潇文、齐振雷、王庆厚、寻川川，列席代表：李爽

农副产品代表团：团长：李连成，副团长：于洋，成员：朱志燕、门栋、王孟、高东

平、周黎明、李向东、刘国丰、王漫漫、于清清、赵艳群、陈鹏，列席代表：马晓明、伦学进、倪兵

农林业代表团：团长：张兆友，副团长：裴计忠，成员：王新华、孟立明、赵勇、岳文革、张晓文、张金虎、杨建民、任思英、齐允合、姚红发，列席代表：秦士义、裴成祥、侯胜和、任广明

本次大会分 6 个代表团，正式代表 66 人，列席代表 19 人，特邀代表 3 人，合计88 人。

二、农场工会组织机构

1956 年建场初期，随着党政组织的建立，国营南阳湖农场开始筹建工会组织，由党支部书记刘中元任筹委会主任。1956 年 9 月，经山东省工会农林水筹备委员会批准，中国农业水利工会国营南阳湖农场委员会成立。全场职工 84 人，工会会员 80 人，占 95.2％。

1962 年 12 月，国营南阳湖农场组建工会组织，工会主席由农场场级领导兼任，工会设专职干部 1 名，隶属于济宁专区总工会领导。1963 年 4 月 4 日，国营南阳湖农场第一次职工代表大会召开。大会选举正式代表 38 名，家属代表 2 名，特邀代表 2 名。国务院农办、山东省农业厅工作组派员参加会议。这次会议是建场 7 年来真正依靠职工、充分发扬民主、认真研究生产的一次重要会议。1964 年 3 月 5 日，国营南阳湖农场工作委员会出台《工会工作意见》，明确工会组织开展"五好职工"（政治思想好、完成任务好、遵守纪律好、经常学习好、团结互助好）、"五好班组"（政治工作好、完成任务好、班组管理好、经常学习好、团结互助好）活动，做好职工福利、职工文娱活动等工作。选举产生基层工会组织，发挥工会组织参与民主管理、维护职工权益、搞好走访慰问的职能。"文化大革命"期间工会组织遭到破坏，陷于瘫痪状态。1976 年 7 月，经中共国营南阳湖农场核心小组研究同意，国营南阳湖农场建立工人委员会。选举产生 11 名同志组成的工人委员会，由邓炳章任主任，王成宪任副主任。1979 年 5 月，农场召开工人代表大会，选举产生 13名同志组成的工人委员会，工会主任邓炳章任工会主席，杜立忠、李德香任工会副主席。党的十三届三中全会和全国总工会十一大以后，随着场长负责制的实施，1988 年 8 月农场正式恢复工会组织，开展建立健全工会组织及职工代表大会、代表职工参政议政、为职工办福利、进行职工教育等工作。场党委、场领导对加强工会组织建设高度重视，于1988 年 8 月召开国营南阳湖农场第四届工会会员代表大会，选举袁恒兴同志为第四届工

会委员会主席。选举产生 12 个基层工会委员会，一分场工会主席秦佑国，二分场工会主席刘兆庆，三分场工会主席李广玲，四分场工会主席李定珠，水产队工会主席邓桂江，场长办公室工会主席胡耀先，农业办公室工会主席周连泗，供销财务科工会主席刘敬美，工业办公室工会主席张文彬，政工办公室工会主席李宗云，工会（学校、卫生所）工会主席郭金泉，多种经营办公室工会主席常传敏。1976 年 7 月，经中共南阳湖农场核心小组研究同意，国营南阳湖农场建立 11 名同志组成的妇女联合会，由赵树华任主任，葛玉慧、王传英任副主任。为加强妇女工作，保障女职工的合法权益，使妇联组织更好地发挥作用，国营南阳湖农场在妇女联合会的基础上，自 1989 年起在职工代表大会、工会会员代表大会上，成立女工工作小组，李宗云任组长。在 1996 年职工代表大会、工会会员代表大会上，成立 7 至 9 人组成的女职工工作委员会，朱志燕任主任。2017 年，女职工工作委员会由常真真任主任，吴利英任副主任。自 1989 年 4 月农场第一届职工代表大会、第四届工会会员代表大会始，每届大会均成立 3 至 5 人的生产经营小组、规章制度小组、监督评议小组、生活福利小组、妇女工作小组。随着时代和形势的发展，后调整为工会经费审查委员会、女职工委员会和生产经营管理小组、规章制度小组、评议监督干部小组、民主管理监督小组，发挥了工会组织参与民主管理，维护职工合法权益，评议监督干部的职能作用。依据《工会法》的明确规定，抓好建立平等协商集体合同制度和职工代表大会制度的落实，确保职工群众的知情权、审议权、通过权、决定权和评议监督权。国营南阳湖农场 2001 年 6 月 1 日更名为山东济宁南阳湖农场，工会组织随之更名为山东济宁南阳湖农场工会委员会。为加强工会日常工作，2001 年成立工会办公室，惠明照、刘强、赵希瑞、赵明诚、常真真、吴利英等先后任工会办公室主任。2016 年，工会办公室合并到农场综合科。2019 年 1 月，经济宁市总工会批准，山东济宁南阳湖农场工会委员会更名为山东济宁南阳湖农场有限公司工会委员会。

附：国营南阳湖农场第一届至第十一届工会委员会

第一届工会委员会委员

主　　席：石正义（1961.4—1966.6）

　　　　　王庆和（1966.3—1968.5）

委　　员：张大志、马怀荣、吴忠荣

第二届工会委员会委员

主　　席：邓炳章（1976.7—1984.4）

副主席：王成宪、杜立松、李德香（女）

第三届工会委员会委员

主　席：卢尚文（1984.4—1985.8）

　　　　刘广春（1985.8—1988.8）

委　员：龙文光、胡耀先、高绍舟、解庆云、李维荣、赵淑华、王继臣、张文斌、李兴堂、侯家顺

第四届工会委员会委员

主　席：袁恒兴（1988.8—1992.7）

委　员：岳宪春、王成现、郝立杰、龙文光、周长仁、王长志、任广怀、刘广友、王兴明、李宗云（女）、程宪娥（女）

第五届工会委员会委员

主　席：袁恒兴（1992.7—1996.3）

委　员：李宗云（女）、程宪娥（女）王兴明、周长仁、胡耀光、高庆坤、郭金泉、张庆福、马玉合、李广玲、刘玉合、董端古、汤岩、任广怀

第六届工会委员会委员

主　席：于华跃（1996.3—2000.3）

委　员：贾存修、杨柳复、惠明照、朱志燕（女）、赵德华、任兆法、丁志荣、李广玲、陈伦、冯兴场、张兆友、岳现荣（女）、任绍屹、江启福

第七届工会委员会委员

主　席：于华跃（2000.3—2001.10）

　　　　高丕吉（2001.10—2004.4）

委　员：惠明照、蔡松恒、赵德华、朱志燕（女）、魏成明、常孝忠、宗丽萍（女）、杨柳福、刘兆庆、王新华、冯兴场、刘永丽（女）、陈伦、岳现荣（女）、郭秋菊（女）、刘西让、张兆友

第八届工会委员会委员

主　席：蔡松恒（2004.4—2007.4）

委　员：惠明照、朱志燕（女）、赵德华、谢晓忠、冯兴场、姚士忠、岳现荣（女）、刘强、尹允龙、宗丽萍（女）、刘西让、张兆友

第九届工会委员会委员

主　席：蔡松恒（2007.4—2012.4）

委　员：惠明照、朱志燕（女）、赵德华、谢晓忠、姚士忠、刘强、尹允龙、宗丽萍（女）、张兆友、马晓明、孟庆海、李宏强

第十届工会委员会委员

主　　席：赵德华（2012.4—2017.3）

委　　员：朱志燕（女）、赵希瑞、孙玉群、常真真（女）、邓国荣、尹允龙、王孟、杨建民、韩福长、周国倩、刘志伟、刘善辉、高东平（女）

第十一届工会委员会委员

主　　席：赵德华（2017.3—2020.11）

委　　员：马祝伟、于洋、邓国荣、任思英（女）、吴利英（女）、赵希瑞、高东平（女）、常真真（女）、曹保忠、裴计钟、潘守柱、魏忠明

三、农场工会职能作用

国营南阳湖农场工会发挥维护职工合法权益的职能作用，新《工会法》明确规定："中华全国总工会及其各工会组织代表职工的利益，依法维护职工的合法权益。""维护职工合法权益是工会的基本职责。工会在维护全国人民总体利益的同时，代表和维护职工的合法权益。"农场工会贯彻新《工会法》精神，代表农场职工的利益，维护农场职工的合法权益。保障工会组织切实发挥作用，保护、调动广大农场职工的积极性。

（一）维护职能

农场工会维护职工群众的合法权益和民主权利。最大限度地把广大职工组织到工会组织中来，最大限度地维护广大农场职工的合法权益，最大限度地保护、调动和发挥职工的积极性、创造性，在改革、发展和稳定的大局中更好地发挥工人阶级的主力军作用。宣传贯彻《妇女权益保障法》《女职工劳动保护规定》等法律法规，依法维护女职工的合法权益和特殊利益，同歧视、虐待、摧残、迫害女职工的现象作坚决斗争。密切联系群众，关心职工生活，听取和收集各方面的反映意见，及时向场党委、场管委反映职工的合理要求、意见和困难，并积极配合农场帮助解决。工会履行维护职能是全面履行职能的前提。

（二）建设职能

工会吸引职工群众参与农场生产建设和改革，努力完成经济和社会发展任务。工会在广泛了解职工意愿的基础上，按照场党委、场管委的要求，结合农场实际拟定年度工作计划和总结初稿，对重大工作制定专项规划。下发至各工会分会征求工会会员和职工的意见，提交农场工会讨论；然后征求行政意见，提交场党委讨论审定、上报下发。组织职工开展劳动竞赛、合理化建议、技术革新和技术协作活动，及时总结推广生产一线的先进经验和典型，做好先进生产（工作）者和劳动模范的评选、表彰、培养和管理工作。工会履

行建设职能是全面履行职能的基础。

（三）参与职能

工会代表和组织职工依照法律规定，通过职工代表大会和其他形式，参与农场民主管理和民主监督。参与协调劳动关系和调解劳动争议，与农场建立协商制度，协商解决涉及职工切身利益的问题。帮助和指导职工与农场签订劳动合同，代表职工与农场签订集体合同或其他协议并监督执行。组织开展多种形式的"四自"（自尊、自信、自主、自强）教育活动，提高女职工综合素质，组织女职工积极参与农场的民主管理，通过多种渠道参政议政。组织职工代表检查、监督农场履行国家法律法规中有关劳动关系、工资分配、安全生产、休息休假等涉及职工切身利益重要事项情况，检查、监督国家、省、市地方劳动法律法规以及相关政策在农场落实情况，发现问题，及时通报，督促解决。工会履行参与职能是全面履行职能的途径。

（四）教育职能

工会帮助农场职工不断提高思想政治觉悟和文化技术素质，成为职工群众在实践中学习共产主义的学校。组织全场职工学习马列主义、毛泽东思想、邓小平理论和习近平新时代中国特色社会主义思想，贯彻执行改革开放以来党的路线、方针、政策，坚持四项基本原则，紧紧围绕场党委中心工作，落实场党委的决议决定，当好党委的助手和参谋；有计划地组织工会干部和职工学习政治理论、业务知识和文化科学知识，教育职工严格遵守国家政策、法令和农场的各项规章制度，建设起一支有理想、有道德、有文化、有纪律的农场职工队伍。工会履行教育职能是全面履行职能的保证。

四、农场工会组织活动

国营南阳湖农场工会自建立以来，在场党委领导下，围绕农场各阶段中心工作，动员和组织农场广大职工积极参加社会主义教育和社会主义劳动竞赛，参加农场的改革和发展，代表和组织职工参与农场民主管理，维护职工合法权益。动员教育职工不断提高思想道德素质和科学文化素质，开展创建职工之家和争创文明职工活动，组织职工积极开展丰富多彩的文化体育活动，坚持走访慰问离退休职工和帮助救济困难职工制度，发挥工会参与民主管理、维护职工权益、融洽干群关系、抓好送温暖工程、开展职工教育、丰富文体生活的积极作用。

（一）组织动员职工，参加农场建设和发展

建场初期，场工会按照场党委的要求，配合场部组织动员农场职工投身农场建设，开

展以"六个三"为中心内容的社会主义劳动竞赛和先进生产者运动。"六个三"即"三好、三净、三比、三及时、三准确、三合理"。"三好"是：对国家财务保管爱护好，遵守纪律制度好，团结好；"三净"是：收割净，锄草净，打场净；"三比"是：比思想，比干劲，比先进；"三及时"是：耕种及时，锄收及时，防治虫害及时；"三准确"是：耕种锄地深浅准确，播种量下地准确，灌溉时间准确；"三合理"是：合理施肥，合理灌溉，合理使用人力、土地和工具。随着社会主义生产建设运动的兴起，开展"五好职工"（政治思想好、完成任务好、遵守纪律好、经常学习好、团结互助好）和"五好班组"（政治工作好、完成任务好、班组管理好、经常学习好、团结互助好）活动，掀起生产建设新高潮。改革开放以来，结合时代和形势发展需要，围绕生产经营任务开展比质量、比速度、比效益、赛风格的"三比一赛"活动，围绕增收节支开展比工作、比效率、比节约、赛创新的"三比一赛"活动。深入开展群众性精神文明创建活动。结合农场实际，在全场职工中深入开展"技术学习、技术练兵、技术比武"三技活动，管理效益年活动以及爱国主义教育、学雷锋树新风、爱国卫生运动等一系列活动，深入开展以"工作好、纪律好、人品好、家庭好"为主要内容的争创文明职工活动。以精神文明创建活动为抓手，突出抓好职工思想道德建设。

（二）参与民主管理，维护职工合法权益

农场制定《职工代表大会工作细则》《职工民主管理工作活动制度》，建立起场工会、基层分会、工会小组三级工会及职工民主管理组织和各工作机构。建立起由1/3职工代表参加的各级管理委员会，女职工工作委员会，职工技协委员会，经费审查委员会。每年至少召开一次工会会员代表大会（与职工代表大会合一），每季度召开一次工会委员会会议。制定工会档案管理和财经管理制度，工会干部管理人员、工会积极分子、会员代表培训等各项制度，使工会民主管理工作科学化、制度化、规范化。职工代表在职代会上对农场各项报告认真讨论，组织代表提出合理化建议，着重抓好会前民主参与，会中民主决策，会后民主监督三个环节。在每年一次的职代会上，组织职工代表在德、能、勤、绩四个方面对中层以上领导干部进行打分测评，加强对干部的监督与管理，使职工民主管理权利得到保障和落实。在承包方案实施后，工会及时通过联席会议就职工的意见和要求提出修改意见，就职工关心的住房问题，参加社会医疗保养等热点、难点问题，及时向场领导反映解决。通过职工住房管理办法，职工全员参加了社会医疗保险。在转换经营机制过程中，积极参与涉及职工切身利益的相关制度和规定，经职代会或联席会议，先后出台职工安排暂行办法、工资晋升方案、职工医疗制度、住房分配及购置制度等。在坚持抓好集体合同制度的同时，2005年12月在农场五届二次职代会审议通过了《女职工特殊利益保护专项集体合同》，由此，济宁市第一份《女职工特殊利益保护专项集体合同》在南阳湖农场诞生。《中国妇女报》《齐鲁晚报》等国家和省级新闻媒体分别对此事进行报道。2012 年后，场工会针对农场困难家属多、家庭人均收入处于城镇最低生活保障线以下、困难群体大的实际，向任城区民政局申请低保救助，5 年内共计 300 多人次享受到低保救助，累计领取低保金 150 多万元。抓好低保人员待遇落实，解决困难职工的生活保障，维护农场的稳定。

（三）推行阳光场务，提高管理水平

为更好发挥财务公开民主管理在农场民主监督的重要作用，调动全场职工的积极性，结合实际，农场制定了场务公开民主管理制度，使农场财务公开民主管理工作走上"阳光场务"之路。2000 年，农场四届一次职工代表大会讨论通过《场务公开办法》，明确场务公开的目的任务、公开原则、公开内容、公开形式与方法等。成立由纪委书记、工会主席、党办、工会办、场办、审计科、监察科负责人等组成的场务公开民主管理领导小组和领导小组办公室。把职工关心的热点、难点问题作为主要公开内容，主要公开企业生产经营、重大决策、制度建立、重大工程招投标、良种销售价格、职代会职工意见建议落实情况、农场财务预决算、业务招待费、改革措施方案、领导班子廉洁自律情况等，把场务活动置于广大职工群众监督之下。领导小组办公室每季度第一个月 10 日前，出刊 1 期《场务公开信息》，向职工代表及时通报场务活动情况。各生产经营单位设立场务公开信息员。根据基层单位实行经费包干、自主经营自负盈亏管理办法的不同，在园林场、机械厂两个单位建立"场务公开民主管理小组"，其小组长吸收为总场场务公开民主管理领导小组成员。在坚持职工代表大会这一基本制度同时，各基层单位建立场务公开栏，设置场务公开民主管理职工信箱，还利用管理人员会、场情通报会、公示告示等形式，以及职代会闭会期间的联席会议，积极参政议政，增强农场行政工作的透明度，形成上下联动的场务公开民主管理网络，促进农场管理水平的提高。

（四）深入开展送温暖活动，凝聚人心创和谐

对农场职工开展送温暖活动，坚持开展职工"婚、伤、病、丧、难"五必访活动，把孤寡老人、伤残军人、烈军属、特困职工时刻放在心上。每年中秋、春节两节送去慰问品，发放慰问金，融洽干群关系，加强与职工的密切联系。关心女职工身体健康，工会女工委每年组织女职工进行健康查体，为育龄妇女办理生育卡，组织女职工学习《女职工劳动保护法》和《妇女权益保障法》。工会针对农场遗属多、困难群体大的特点，把重点放到患大病或因生产受伤、生产生活困难的职工身上，积极主动向市总工会困难职工救助中心申请，为困难职工争取救助金达 27 万元，救助困难职工 180 余人次。汶川大地震、玉

树大地震、舟曲特大泥石流重大自然灾害发生后，工会向全场职工发出倡议书，共 2500 余人次参加，捐款 20 余万元，捐棉衣棉服 1000 余件，展示了农垦人的爱心，得到市红十字会、市慈善总会的表扬。组织开展"手拉手献爱心"活动，为患病职工子女、遭遇车祸职工分别捐款 1.78 万元、2.75 万元，使职工切身感受到农场大家庭的温暖和农场对职工的关心关怀。

（五）抓好职工教育培训，提高政治业务素质

结合场部年度中心工作，工会每年年初制定职工培训计划，对职工进行政治、业务技术和使用技术等方面的培训。抓好职工政治学习。组织职工学习马列主义、毛泽东思想，学习邓小平理论、"三个代表"重要思想、科学发展观，学习习近平新时代中国特色社会主义思想和党改革开放以来的一系列路线方针政策和场党委的决议决定。抓好爱国主义、集体主义、社会公德、职业道德教育，提高职工的社会公德和公民道德水平。配合行政部门抓好农业、工业、园林业、养殖业、工商经营职工的专业技术培训，提高职工的业务水平和能力，鼓励职工自学成才。组织职工参加农场相关部门组织的活动，提高政治和业务素质。场工会、女工委、团委联合开展"学雷锋、学李咏服务月"活动，会同党政办、妇联、团委开展"争先创优"和"争创文明家庭"活动，以活动促生产、促效益、促各项工作开展，促进场风和社会风气的好转。开展打造创造型组织，争做知识型职工创争活动。场工会按照上级要求，开展"三教双学""忆十年话改革""学雷锋、学铁人、讲奉献、树新风""双增双节""为质量、品种、效益年做贡献活动""职工素质工程""女职工巾帼建功""我为节约做贡献""学振超、练绝活，强素质、创一流"等一系列创争活动，树立学先进、赶先进、讲奉献的观念，增强职工主人翁责任感，培育企业精神，争做"四有"新人，全面提升农场职工思想政治业务素质。

（六）抓好提案征集处理，鼓励职工参政议政

职工代表提案是职工代表大会的一项十分重要的内容。农场职代会明确要求提案内容为农场职权范围和职代会职权范围内的对经营管理、行政管理、生活服务、改革发展、职工福利、四个文明建设等方面的意见和建议。职工代表提案必须符合党和国家的政策、法律法规，力求切合农场实际，能客观地反映广大职工的意愿。对职工代表提案的形成与要求是，代表提案由代表本人填写提案表。提案内容分两大类：一是关系农场改革与发展、管理和职工重大切身利益，且符合提案内容和条件，可作为提案提出；二是属于对农场其他工作或部门工作所提出的意见、建议和批评，一般不作为提案提出，可作为意见、建议、批评提出。代表提案征集、处理的组织形式：职代会每次大会的提案征集工作由职代会提案工作委员会具体负责，在大会召开前 1 个月左右开始进行。征集提案前，提案工作委员会发出通知并印制好表格，召集各代表团团长或联络员会议具体部署，讲清大会议题、提案目的、意义和要求，提案的截止日期等事项。代表提案由各代表团负责收齐交提案工作委员会分类处理。提案工作委员会将提案征集和立案情况向职工代表大会报告。做好职工代表提案的立案、处理和核实。审核：分析收到的提案是否符合要求。主要看是否属于农场和职代会的职权范围，是否符合党和国家的方针、政策和法律法规，是否符合提案条件和技术规范。符合上述三点要求的，方可视为审核合格。不合格的提案，可退还提案人并说明情况，交换意见后，由提案人收回或修改提案内容后重新提出。立案：对审核合格的提案，再分析研究哪些可以立案。对符合党和国家政策、法律法规，农场有条件办理，又确实需要办理的提案，应当给予立案；对提出的问题正确，但一时没有条件解决的，可向提案人作出解释，暂不立案；对一些不符合立案要求但有参考价值的提案，可作为"意见和建议"，转送有关部门并由部门直接答复提案人。正式立案的提案要整理分类，登记造册。属代表一人提出的意见、建议、批评类，由提案工作委员会分类转交有关部门处理并按时答复提案人。凡作为大会议案的，应由大会主席团讨论决定。落实：职代会闭会后，提案工作委员会会同农场党政工领导，协商决定立案后的提案由哪个部门负责落实。将提案表一份移交实施部门，并督促该部门制定实施计划和措施，做到定计划、定人员、定进度，按要求向提案工作委员会反馈落实情况。复审和反馈：提案在实施过程中，提案工作委员会要进行一次提案处理情况调度，对处理不力或重视不够的部门或单位给予督办通知。对在实施过程中遇到困难，落实提案有阻力的，提案工作委员会认真调查研究，作出判断，属于条件变化，不能按原计划执行的，允许说明情况，取得一致意见后，暂缓或停止执行。但要及时给提案人作出满意的解释。对立案的提案，无论是已落实的还是未予落实的，均要在规定时间内向代表汇报或张榜公布，并征求提案人对处理结果的意见。

（七）强化场务公开，深化民主管理和监督

场务公开工作是实行民主管理的重要途径之一，是职工参政议政、提高参政议政能力的重要举措。农场推行场务公开民主管理工作，以落实党的全心全意依靠工人阶级的指导方针、推进农场民主政治建设和党风廉政建设为宗旨，以公开农场办事制度、深化民主管理为手段，以充分调动生产管理者和农场职工群众两个积极性、增强农场的凝聚力为目的，建立健全比较规范的场务公开民主管理工作制度，促进农场管理水平和经济效益的提高，推动农场各项事业跨越式发展。场务公开民主管理工作坚持"突出重点、实事求是、注重效果，持之以恒、推动发展"五大原则。突出重点：涉及职工群众切身利益，职工群众最关心的热点问题；职工群众反映强烈，容易引发矛盾、滋生腐败的焦点问题；有关生产经营的重点问题等。实事求是：遵循国家法律、法规和党的方针政策，坚持从农场实际出发，凡公开的内容，都真实全面，不回避热点、难点、焦点问题，不避重就轻，不弄虚作假。注重效果：公开的内容有针对性、实效性，不走过场，不搞形式主义；公开形式和程序规范、公开时间及时，不拖延，确保职工群众满意。持之以恒：把场务公开作为农场一种基本的管理制度常抓不懈，作为加强农场民主政治建设、干部队伍建设和党风廉政建设的一项长期性工作认真抓好，做到年年有部署、有检查、有考核、有总结，使场务公开民主管理工作不断完善、巩固、提高。推动发展：场务公开是让职工知情的手段，目的是发动和组织职工群众参与农场的民主决策、民主管理和民主监督。促使农场不断加强管理、深化改革，推动农场持续健康快速发展。场务公开组织机构设置，成立场务公开领导小组，设立场务公开办公室，办公室设在农场工会，建立场务公开监督检查领导小组，组长由农场纪检委员担任。场务公开主要内容：一是农场重大决策方面，中长期发展规划，生产经营重大决策；改革、改制方案，改组改造的资产重组方案，重大技术改造方案；职工轮岗、裁员、分流、安置方案；国有或集体产权转让方案。二是农场生产经营管理方面：年度生产经营指标及完成情况；重要规章管理制度的制订与实施；安全生产责任制执行落实情况；基建、各种工程项目的招投标；上级部门对农场财务审计和评价情况。三是农场物资采购方面情况：价值较高或数量较多的物资采购必须集中采购或招投标，实行购前购后全部规范公开。包括机械设备方面：汽车、选种机、皮带机等；办公设备方面：电脑、空调等；其他需要公开的项目。四是直接涉及职工切身利益、职工普遍关注的问题：涉及集体合同、专项集体合同的签订履行情况；职工的提薪晋级、工资、奖金分配、奖罚与福利；职工的养老、医疗、工伤、生育保险、住房公积金等缴纳情况；职工的招聘、征兵、专业技术职称的评聘、评先评优的条件和结果；职工培训计划、劳动争议的调解与处理情况；职工承包租赁土地、鱼塘等；房改、福利分房、租赁公房等；职工麦种的结算价；农场拨付给场工会的经费支出、扶贫济困的财物发放、退休职工补贴、抚恤金、独生子女补贴等。五是党风廉政建设情况：领导班子和领导干部的述职述廉、领导干部廉洁自律规定执行情况；每年的民主评议领导干部、民主生活会情况；重要岗位的人员聘用、党员的发展情况；业务招待费、出国出境费用支出情况；领导干部的离任审计情况。场务公开形式及时间。一是职工代表大会：职工代表大会是场务公开的基本形式和主要载体，每年的3—4月召开一次职代会。凡经职代会审议通过的公开事项，职代会闭幕后7日内公开。二是职工代表联席会：在职代会闭会期间审议属于职工代表大会职权范围内的一些重要问题。三是场情发布会：每年年底举行，向职工通报生产经营及有关场务公开内容。四是场务公开栏和场务公开信息：每月10日定期公开，遇有重要事项随时公开。场务公开的具体程序。场务公开的提出：由场务公开办公室按场务公开的规定要求，提出公开内容及具体方案。内容审查：场务公开领导小组对公开内容和具体方案进行审查，确定公开的具体内容和形式。公开事项：由场务公开办公室按具体要求进行公开。情况反馈：场务公开办公室要及时收集、整理职工群众的意见和建议，提出处置方案，并将情况反馈到场务公开领导小组。整改落实：需要整改的项目，场务公开领导小组进行认真整改或督促整改，并把整改情况及时公开。检查监督：场务公开监督检查小组充分发挥监督考核作用。材料归档：场务公开办公室将公开情况、处理意见、办理结果等材料统一归档、保存备查。

（八）开展丰富多彩文体活动，丰富职工业余生活

为职工学文化、学技术、通信息、受教育提供方便，丰富职工文化生活。在场党委大力支持下，农场整建了职工学校、图书馆、广播室、宣传栏等，开展丰富多彩、形式多样的文体活动，组建职工篮球队、兵乓球队、中国象棋队、老年门球队等。培训舞蹈教师，举办"引导养生功"培训班等，充分利用"三八""五一""七一"、国庆、老人节、元旦、春节等节日，组织职工举行拔河、跳绳、钓瓶、托球跑、"同心协力""背媳妇跑"、中国象棋、乒乓球、羽毛球、篮球、老年门球等多项比赛活动，开展职工趣味运动会，活动人数每次100余人次。结合七一、国庆、元旦、春节等节日，适时举办职工书画展、诗歌散文大赛、文艺晚会、红色歌曲大家唱等活动。举办"南阳湖杯"职工歌手大奖赛，组织职工象棋队、乒乓球队、篮球队、田径队、老年门球队等，参加市直机关运动会和市属单位组织的友谊赛、邀请赛，丰富职工业余文化生活，陶冶职工情操，树立农场积极向上的良好形象。

第二节　农场共青团

一、农场共青团组织机构

1961年10月，共青团南阳湖公社委员会成立，设团委书记1人，副书记1人。副书记兼组织、宣传委员，共青团工作开始起步。为加强共青团工作，农场出台《关于加强团的组织建设工作意见》，以三秋工作为中心，在青年团员中开展"听党的话执行党的政策好""劳动态度好""克服困难突击作用好""维护集体利益好""团结社员尊重老农学习技术好"的"五好青年"活动。1962年2月，组建共青团国营南阳湖农场委员会。由全场团员选举产生11人组成的团委会，王正芝当选为团委书记，吸收30余名先进青年加入中国共青团，并向党组织输送 10 名优秀共青团员。共青团组织活动正常，全场共设 4 个团支部，每月召开 1 次支部大会，2 次团小组会议，2 次支部委员会，及时对青年团员进行社会主义教育、阶级斗争教育及团课教育，在全场青年和团员中，深入开展学雷锋教育活动和学习毛泽东选集活动。1976 年 4 月 24 日，经中共国营南阳湖农场核心小组研究决定，农场召开全场团员大会。大会选举产生 11 名同志组成的团委会，李学贵任团委书记，刘芳、代天安任团委副书记，共青团工作逐步恢复正常状态。1989 年 5 月，蔡松恒任团委书记，尹明军、辛春湘任团委副书记。农场团委下设机关、学校、工副业、农业 4 个团支部。南阳湖农场共青团的工作在场党委的坚强领导下，紧紧围绕农场"三夏""三秋"等重点工作，团结带领全场团员青年积极参与农场改革，大力开展技术革新和改造，为推动农场经济发展做出突出贡献。1996 年 5 月 16 日，南阳湖农场团委召开换届大会。大会选举朱紫霞任团委副书记并主持工作，朱紫霞、赵明诚、杨柳复、孟立明、刘志伟为新一届共青团国营南阳湖农场委员会委员。1999 年 12 月，朱紫霞任团委书记。2012 年，人事科副科长常真真兼任团委书记。

二、农场团员代表大会

1962 年 3 月 29 日，农场召开共青团国营南阳湖农场第一届代表大会。大会向青年团员进行形势、任务、党的方针政策和艰苦奋斗教育，结合整党整风运动，整顿了农场团组织，号召农场各级团组织和青年团员积极投身到以技术革命为中心的群众性增产节约运动中去，为农场建设的大发展、大跃进做出新贡献。1963 年 3 月 29 日，农场召开共青团国营南阳湖农场第二届代表大会，会议通过关于在全场青少年中开展"学习雷锋"教育活动的意见。1964 年 3 月 30 日，农场召开共青团国营南阳湖农场第三届代表大会，会议总结开展大学毛泽东著作、大学解放军、大学大庆"三大运动"经验，号召全场各级团组织和青年团员开展创建"四好支部"和"五好青年"活动。1971 年 9 月 29 日，中国共产主义青年团中国人民解放军济南军区山东建设兵团第三师第十一团第一次代表大会召开。1973 年 4 月，中国共产主义青年团中国人民解放军济南军区山东建设兵团第三师第十一团第二次代表大会召开，会议正式代表 76 人，特邀立功代表 9 人，吸收青年积极分子代表 17 人，选举新一届共青团工作委员会 17 人，出席省团代会代表 1 人，出席兵团团代会代表 12 人，会议通过了《关于深入开展向雷锋同志学习和加强团的建设的决议》。

三、农场团组织活动

共青团组织在场党委领导下，坚持以党的十九大精神和团的十八大精神为指导，紧紧围绕场党委中心工作，按照"服从大局、服务农场、教育青年"的原则，大力加强团的思想建设和组织建设，引领广大团员青年在农业生产上发挥积极作用，战天斗地、不畏困难，与全场职工一道共同努力，战胜了水、旱、虫等严重自然灾害，超额完成各项工作任务。农场青年团员在各自的岗位上发挥先锋模范作用，以发愤图强的精神，在机务、畜牧生产、水产养殖、工副业生产、绿化造林等方面，发挥了青年团员奋发争先、勇当先进的作用。自 1961 年农场团委成立后，农场组织团员青年积极参加社会主义教育和增产节约运动，开展大学毛主席著作、大学解放军、大学大庆"三大运动"，争创政治思想好，三好（身体好、学习好、工作好）活动好，组织生活健全好，联系群众作风好的"四好支部"活动和争当思想好、劳动好、学习好、团结好、节约好的"五好青年"活动。2009 年 5 月，农场组织农场青年赴羊山革命烈士陵园，开展"承先烈遗志、树文明新风"活动，参观羊山革命纪念碑，引导团员青年树立正确的人生观、价值观、世界观。深入开展"向雷锋同志学习"活动，在南阳湖农场修筑了一条"雷锋路"。抓典型，树标兵，在团员青年中培养了一批能学习、能吃苦、埋头苦干、无私奉献的学习毛主席著作、学习雷锋精神的积极分子和先进标兵，带动全场青年职工共同进步与提高。

组织团员青年开展岗位竞赛，为农场经济建设做贡献。农场团委响应场党委号召，主动承担"三夏""三秋"农忙时节突击队任务，组织带领团员青年进行以赛收割进度、赛收割效果、赛播种进度，比高产、比效益为主要内容的岗位竞赛活动。夜间突击入库小麦、大豆，抢收晒粮入仓，以及为水产队开挖果树坑，为三分场突击开挖最困难地段干渠，为子弟学校义务铺垫操场等。1993 年，农场遭遇历史罕见的洪涝灾害，团员青年带头坚守最困难、最艰苦、最需要的岗位，冲锋在前，勇当先锋，培养新一代农场青年敬业爱岗、勇于奉献的可贵品质，敢于担当、勇于作为的精神面貌，艰苦奋斗、吃苦耐劳的农垦精神。由于农场一批批老职工逐渐离退休，青年职工越来越发挥着重要作用。团员青年在不同岗位、不同行业逐渐成长为骨干力量。到 1996 年，农场副科级以上岗位的青年团员有 25 人，占全场副科级以上人数的 40%，在会计、保管岗位上的青年团员有 15 人，从事农业技术管理的青年团员有 70 人，从事技术操作的青年团员有 14 人，他们在各自不同的岗位上发挥先锋模范作用，对农场经济发展起着举足轻重的作用。

以科学理论武装青年团员，增强参与农场改革发展的自觉性。农场组织青年团员认真学习邓小平理论、"三个代表"重要思想，科学发展观和习近平新时代中国特色社会主义思想，学习党改革开放以来的路线方针政策，贯彻落实《公民道德建设实施纲要》和社会主义核心价值观。引导农场青年团员解放思想、转变观念，正确处理好改革发展与自身利益关系。围绕农场改革发展实际，组织青年团员对新形势新时代下改革的热点难点问题进行研讨，统一思想认识，支持改革、参与改革，积极投身农场改革。坚持正确的舆论导向，树立先进典型，组织青年团员学习雷锋、焦裕禄、张海迪、孔繁森等先进模范人物事迹，树立一批敬业爱岗、吃苦耐劳、勇于奉献的先进典型，在全场青年团员面前树立一面旗帜。同时，结合农场实际，团委多形式、多渠道组织开展社会主义思想教育、青年普法专题学习班、"场兴我荣、场衰我耻"团情演讲会、"农场就是我的家"演讲会等系列活动，培养提升青年团员投身农场经济建设的紧迫感和责任感。

加强团组织建设，增强团组织的战斗力和向心力。根据工作需要，农场及时充实调整团委和各团支部，配备专职团干部。优化团支部结构，结合人员流动，各团支部变动大，注意充实年轻青年团员担任基层团干部，为基层团支部建设注入新的活力。农场加强对团干部的集中和分散教育培训工作，共举办培训班20余次，参加培训1200人次，外出参加培训8人次，收到良好效果。有组织有计划地发展新团员，自1989年起，共吸收来自农场各条战线的青年团员321人，其中学生团员112人，壮大了农场团员队伍。场团委十分注重培养青年积极分子和推荐团员入党工作，按照党员规定的标准，加强对优秀青年积极分子和推荐团员的教育、培养和考察，自1989年起，共有15名优秀青年团员被吸收为中国共产党党员，另有近20名青年团员作为入党积极分子考察对象。场团委建立团费管理明细账簿，规范团费使用，完善团内制度，加强团组织管理考核力度。

积极开展文体活动，丰富青年团员业余生活。为活跃农场文化，丰富青年职工的业余生活，农场团委会同工会等部门开展丰富多彩、形式多样的文体活动。每年"五四"青年节，均举办篮球、乒乓球、羽毛球、台球、长短跑、拔河、钓瓶、象棋、扑克、自行车慢跑、接力赛跑、托球跑等体育运动项目，强身健体，陶冶情操。在元旦、春节、清明、"七一"、国庆等重大节庆日，开展多项文娱活动。开展"我与祖国共奋进""承先烈遗志树文明新风""红色歌曲大家唱"等主题教育实践活动，以及舞蹈、歌曲、小品、相声、快板、二胡、口琴、笛子、文艺晚会等丰富多彩的节目。1993年，场团委代表队在市农业局团委举办的农业知识竞赛中荣获二等奖，场团委还经常配合场工会等有关部门，参加市直机关运动会、篮球比赛等活动。这些活动的深入开展，丰富了农场文化，活跃了青年职工的文体文娱生活，扩大了农场知名度，促进了农场精神文明建设。

第三章　农场治安机构

第一节　农场民兵组织

一、农场保卫组织与民兵建设

1976 年 1 月 24 日，经中共济宁地委农林水办公室核心领导小组批准，国营南阳湖农场设立保卫科，人员由农场调配，并可建立不脱产、精干的基干民兵组织。根据上级指示，国营南阳湖农场为加强治安保卫工作，维护国家资产安全，成立保卫科。胡耀先任保卫科科长。

1979 年 7 月，南阳湖农场占地总面积 2 万亩，有职工干部及家属 1700 余人，是济宁市唯一的国有中型农垦企业。为维护农场国营资产设施设备，加强治安保卫工作，加快农场农业发展步伐，经报请济宁地区行署批准，济宁县公安局在南阳湖农场设置公安派出所 1 处。同年，南阳湖农场党委根据建场 20 多年来农场在生产、建设、设备等方面的发展实际，为确保农场农业生产顺利进行，确保国家资产万无一失，发挥民兵组织武装保卫作用，经请示济宁军分区党委，成立农场武装民兵营。由农场武装部部长兼任民兵营营长。1984 年，农场建立武装部，对农场职工开展国防教育、军事宣传活动，组织民兵战士搞好抗洪、防洪工作，圆满完成济宁市郊区武装部下达的各项任务。1997 年后，南阳湖农场生产规模由小变大，工农业生产得到较快发展，年均实现工农业生产值1250 万元，年利率达 200 万元。农场职工居住分散，人员流动性大，周边环境复杂，生产区域大，行业多，偷盗、哄抢国家财产的现象时有发生，刑事案件、治安案件难以及时处理。为确保农场有一个良好的社会和生产生活环境，经报请任城区公安局批准，南阳湖农场设立警备区，进一步强化治安管理，构建群防群治新型治安管理体系，确保农场和社会的稳定和发展。农场保卫组织与民兵建设具体情况见表 4 - 3 - 1、表 4 - 3 - 2、表 4 - 3 - 3、表 4 - 3 - 4。

表 4-3-1 国营南阳湖农场历任保卫科科长、武装部部长情况表

姓名	职务	任职时间
胡耀先	保卫科科长	1976.7—1979.7
郝立杰	保卫科副科长	1979.7—1992.3
丁士荣	武装保卫科副科长	1988.10—1997.4
李兴堂	武装保卫科副科长、武装部副部长	1988.12—1992.3
郝立杰	武装保卫科科长	1992.3—1997.4
李兴堂	武装保卫科副科长、武装部副部长	1992.3—1997.4
丁士荣	保卫科科长	1997.4—2006.8
李兴堂	保卫科副科长、武装部部长	1997.4—1999.12
蔡松恒	党委办公室主任、武装部部长	1999.12—2004.5
王凤明	保卫科科长（至2008.7）武装部部长	2004.5—2009.8
孙玉群	保卫科科长	2008.7—2020.1
孙玉群	武装部部长	2009.8—2020.1

表 4-3-2 基干民兵营编组情况一览表

单位	编组人数（人）
营部	8
通讯班	8
民兵一连	90
民兵二连	71
民兵三连	54
民兵四连	65
民兵五连	43
民兵六连	43
民兵七连	36
水稻所	24
卫生队	5
合计	447

表 4-3-3 基干民兵营战时编组情况一览表

单位	编组人员数（人）		
	男	女	合计
战时第一连	98	25	123
战时第二连	96	25	121
战时第三连	102	24	126
团部	15	2	17
各连干部	11	1	12
合计	322	77	399

表 4-3-4　基干民兵营参加班、排长集训人员统计表

单位	第一期			第二期		
	排	班	合计	排	班	合计
一连	5	18	23	3	20	23
二连	1	13	14	4	11	15
三连	2	11	13	1	15	16
四连	7	12	19	3	7	10
五连	4	9	13	1	7	8
六连	1	2	3	1	1	2
七连	4	11	15	4	7	11
机关	1	7	8		11	11
合计	25	83	108	17	79	96

二、农场民兵训练基地

自 1976 年南阳湖农场成立民兵营以来，民兵干部和基干民兵的训练，由农场武装部组织实施。根据训练大纲要求，民兵干部训练时间为 30 天，一般在 1 年内完成；民兵训练时间为 15 天，一次完成。通过训练，民兵干部具备相应的军事技能和组织指挥能力，民兵学会使用手中武器装备，掌握基本军事技能，保卫农场安全。主要进行队训、射击、投弹、爆破的战术训练。对高炮、地炮、工兵、防化、通信、侦察和打坦克、打飞机、打空降等专业技术和专业战术进行训练。把从严管理、提高质量，作为抓好民兵训练的支撑点，实现民兵训练的规范化。坚持把民兵军事训练纳入议事日程，定期召开场党委会议，分析训练形式、明确组训任务、调整组训力量、落实训保投入、促进训练落实。

第二节　农场军民共建

一、农场国防教育

国营南阳湖农场高度重视国防教育，以农场政治处、保卫科和武装部为主，着重抓好日常国防教育工作。通过国防教育，使农场广大职工和青少年掌握基本国防知识，学习必要的军事技能，激发爱国热情，进一步增强国防观念。在抓好基干民兵基本理论、军事技能训练的同时，农场对农场职工和青少年学生进行队列、射击、投弹以及防原子弹、防化学武器、防生物武器和个人防护器材使用训练。理论层面，主要进行现代战争的基本特

点，战时动员对国民要求，民兵、预备役部队主要职责任务，国防科普知识等的学习。这些活动的深入开展，相互联系、相互渗透、相互促进，激发职工爱国热情，较好地发挥了激励士气、鼓舞精神、催人奋进的作用。

二、农场军民共建

农场党委十分重视军民共建和双拥（拥军优属、拥政爱民）工作，每年八一建军节期间，农场都与济宁军分区及济宁空军地勤基地等驻军单位开展军民共建活动。将共建工作纳入农场工作的总体规划中，狠抓任务落实。围绕"同呼吸、共命运、心连心"的总体要求，以着眼提高农场职工素质和部队精神文明建设为目标，农场和共建驻军确立了"以创建保共建，以共建促发展"的工作机制，开展"军民一家亲""帮扶结对子""民兵训练""美化环境、共建家园"等活动。军民一家亲活动，使农场干部职工有机会学习部队的好作风。每逢节假日，农场都会组织工会、团委人员去看望慰问安置农场的退役老兵。农场每年1次的民兵集中训练，部队为农场提供教官和专门的训练场地，相互学习，增进感情。定期邀请部队官兵，到农场为职工讲解国防、安全、法制等知识，开展军训演练、地震水灾逃生演练等活动。组织农场青年团员和子弟学校学生，开展为军烈属送温暖、做好事、进行文艺演出等活动，提高农场职工的国防意识和拥军意识，在全场形成军民相互支持、携手共建、爱军拥军学军的良好社会风气。

第五编

社会事业

中国农垦农场志丛

第一章　文化品牌建设

南阳湖农场文化品牌建设，包括加强农场产品质量管理认证工作，提高农场企业产品质量标准；支持企业技术创新，提升农场产品档次，塑造品牌核心价值；鼓励企业创建诚信体系，提升服务质量，打造企业文化；以农场产业化龙头企业为主，打造一批具有现代视野、极具时代创新力的优秀企业品牌。

第一节　质量管理认证

农场企业文化在品牌创建过程中，不断加强质量管理体系、环境体系认证工作，提高农场企业产品质量标准，提高农场自主品牌经营主体标准化生产的意识，推进标准化生产基地建设，全面推进农副产品和生态养殖产品质量提升工作，为农场文化品牌做大做强夯实质量基础。

农场还通过不断改良生产工艺，优化包装设计，提升产品档次，释放潜在品牌创建能力。在生产加工技术方面，加强农副产品生产、加工环节技术改造和设备引进，优化传统生产加工工艺，发展精深加工，拓展价值链。在管理技术方面，农场采用科学的管理制度和方法，提高农场文化品牌经营管理水平，建立物联网农副产品质量安全追溯平台，对农副产品的生产、加工、储存、运输、销售环节进行全过程监管；搭建现代化的仓储物流平台，优化农副产品和生态养殖产品供应链。

第二节　诚信经营品牌

农场文化品牌将诚信经营作为企业文化的一部分，树立可靠、可信赖的品牌形象，提高企业品牌的公信力，同时推进农副产品和生态养殖产品质量诚信体系的建立，搭建以组织机构代码实名制为基础、以物品编码管理为追溯手段的农副产品质量信用信息平台，定期对农副产品和生态养殖产品的质量信息进行统计和发布；完善农场文化品牌经营主体的质量信用档案和农副产品质量信用信息记录，建立质量信用评价体系，对出现农副产品和生态养殖产品质量问题的经营主体进行曝光和惩戒。

为使农场文化品牌走出去，打得响，用农场企业文化品牌引领并形成产业集群，农场注重运用好税收、公共财政投入、补贴和金融信贷等支农政策，重点向把握市场需求准、产品技术含量高、预期经济效益好、示范带动作用强的企业倾斜；搭建品牌宣传推介的渠道，鼓励、支持企业通过加强品牌宣传、渠道开拓和产品促销提高品牌的知名度、美誉度和客户忠诚度。以龙头产品为基础，带动上下游产业的融合发展，打造出一批具有现代视野、极具时代创新力的优秀企业品牌，并发挥龙头产品的引领示范作用，带动农场文化品牌的发展壮大。

第三节 打造生态健康有机循环农业

南阳湖农场文化品牌建设，结合农场得天独厚的自然资源优势和历史文化底蕴，在深入推进农业供给侧结构性改革上下功夫，在农副产品质量提升、文化旅游产品打造、产品销售等多个环节上实现创新，培养了一批品牌建设人才，打造独具特色的品牌文化，叫响农场知名度，从而扩大农场影响力和市场占有率，获得可观的经济效益。截至 2020 年 12 月，在济宁市区有 14 家南阳湖农场专卖店。打造产业多元化融合发展的品牌建设体系，以良种繁育、生态养殖、观光农业和旅游文化为基础，不断扩大农场产品项目，鼓励创新创业，南阳湖农场文化品牌在省内外得以宣传扩大。

一、培育优势，在农产品品牌建设上下功夫

依托农场区位优势和土地资源丰富、水草鲜美的地理环境，农场利用水清、气爽、土肥等优势，积极培育壮大优势主导产业，推进小麦良种产业化进程，引进丹麦具有世界先进生产水平的种子加工生产线，建成先进的种子加工厂，形成良种引进、繁育、加工、销售一体化的经营服务格局，确保了"南阳湖"牌小麦良种质量。农场以优良的质量赢得了市场，树立了良好信誉，产品主要销往鲁南、鲁西南及河南、江苏、安徽、河北等省，年创社会经济效益1.2亿元。

二、拓展功能，在旅游文化品牌建设上下功夫

依托"曲径幽廊走钓台，叶舟采莲唱渔歌"这一美誉，着力打造养生休闲南阳湖，拓展"养生、休闲、观光"等功能，打造了特色采摘、农事体验、观赏与餐饮、休闲与健身

三大区域占地面积 3000 亩的农业观光园，包含有农家小院、采摘园、市民农园、垂钓园、绿色长廊、人造沙滩、露天浴场、儿童摸鱼池、环岛水域、林下放养、特色餐饮等 40 多个景点，是集观光、娱乐、休闲、餐饮、住宿为一体的生态观光农业园，有较强的观赏性、参与性、娱乐性、趣味性，让农场旅游文化事业大放异彩。

三、质量升级，在夯实品牌基础上下功夫

南阳湖农场完成了 1.5 万亩有机种植基地认证工作，实现了绿色食品原料标准化生产基地、无公害产地全面积认证，建立了质量环境双体系管理体系。在发挥上述优势的基础上，南阳湖农场把具有南阳湖特色的绿色优质小麦品牌和生态养殖产品、有机蔬菜推向市场。

四、精心设计，在实施品牌战略上下功夫

农场成立品牌建设工作领导小组，进行集中研讨商议，制定切实可行的品牌战略方案。实施"品牌战略"，将"南阳湖"牌小麦、"南阳湖"有机蔬菜、"南阳湖"咸鸭蛋、"南阳湖"熏鱼等多个优质农副产品品牌，挂上销售平台进行销售，在省内省外各类展会上予以洽谈和参展。

五、重视推介，在品牌营销上下功夫

农场成立农副产品电子商务中心，建立农副产品电子商务平台，全面推进"互联网＋营销"，组建营销团队，实现"互联网＋现代农业"的有效衔接，实行线上线下联动。在建设高产优质、高效农业基础上，以生态农业为依托，以有机产品为目标、以开辟市场为导向，以风土人情为特色，以餐饮娱乐为载体，积极打造"农游合一"综合经营农业模式，开辟了绿色有机生态健康农副产品销售高端市场。

六、直观感受，在农副产品观摩上下功夫

农场依托现代化大农业发展优势，以建设高标准生态观光旅游示范区为纽带，把南阳湖农场 2 万亩土地规划为服务与管理、农事休闲、会议与培训、果林疗养、观光农业、生

活住宅 6 大功能区，全面打造现代农业、效益农业、观光农业，将农业高新技术呈现在人们眼前。更加直观地将新产品的种植、产出等过程立体呈现，便于赢得市场销路。

七、多元发展，在旅游文化品牌打造上下功夫

农场在加强农产品品牌建设的同时，注重文化品牌融合发展。农场依托得天独厚的资源优势，加快游客服务中心基础设施建设，完善旅游功能要素，加快整合资源。以"生态、健康、休闲"为主题，突出生态观光旅游的载体建设，集中打造生态观光旅游示范区，形成"点、线、面"有机结合的发展格局。把南阳湖农场打造成一个产业结构合理、生态环境优越、可持续发展的循环经济和休闲农业新亮点，努力创建宜居、宜业、宜游的养生福地，提升农场品牌影响力。

南阳湖农场立足当前、放眼长远，从职工增收、企业增效的角度出发，在品牌建设上求实效，在产品销售上出真招，依托企业优势，打造特色产品品牌，做好农业品牌的培育、营销等方面工作，力争打造一批叫得响、过得硬、有影响力的农业品牌，彰显农场文化品牌整体价值。

第二章 教　　育

南阳湖农场子弟学校自建校以来，克服诸多困难和不便，从无到有，从小到大，学校历届领导班子在农场党委和上级教育主管部门的正确领导下，带领全校教职员工全面贯彻党的教育方针，积极实施教育教学改革，稳步推进素质教育，加强教师队伍建设，提高教师的师德素质和教育教学水平，完善各项制度，强化内部管理，狠抓教研、教书育人，辛勤工作，为加快农场发展建设，促进义务教育、职工教育发展发挥了积极作用。

第一节　学前与小学教育

农场建立之初，由于职工子女少，农场没有专门的教育机构。1962 年春，农场发展到有家属 100 余户，职工子弟逐渐增多。由于农场地处偏僻，为不使适龄入学儿童失学，农场自办附属小学，暂设 1 个班，有学生 30 余人。采取复式教学，设有一、二年级两个年级，自聘老师任教。1962 年 8 月，经济宁市人民委员会批准，农场小学正式命名为"国营南阳湖农场附属小学"，并增设 1 个班级，参与当地中心校活动。

1962 年后，为方便农场职工子女和周边村庄学生就近入学，农场建立农场子弟学校。先后开设小学 1—5 年级。1977 年建设教室 200 平方米，扩大了教学规模。1978—1987 年，小学 1—5 年级全部都是甲乙双班。1981 年，在学校本部无法满足适龄儿童入学的情况下，在农场二分场建立小学 1 所，开设 1—3 年级各 1 个班。1989 年因学生减少，二分场小学撤销。1993 年 7 月，农场对小学教室进行维修。学校鼎盛时期，教职工达 60 余人，其中：高级职称 2 人，中级职称 10 余人，初级职称 40 余人。1993 年年底，子弟小学共有教职工 31 人，在校学生 263 人。1994 年 12 月，学校业务归口任城区石桥教委管理。2008 年 11 月，农场将职工子弟学校移交到任城区。

1970 年后，农场建立幼儿园，共有幼儿教师 10 余人，在园幼儿 100 余人。设有大、中、小班，开设语文、数学、音乐、美术等课程。后与子弟学校合并，随学校移交当地政府教育部门。

第二节　初中教育

1962 年农场子弟学校建立后，增设了初中 1—3 年级。1965 年至 1968 年，第一届初中生毕业。1977 年子弟学校扩建，扩大了教育规模，1961—1978 年子弟学校发展情况见表 5-2-1。1978 年至 1987 年，从小学到初中都是甲乙双班。1989 年，从抓教育入手，调整职工子弟学校领导班子，整顿教师队伍，深入开展教育教学改革，组织学校干部、教师，到济宁十七中、济宁七中学习教改经验。根据农场实际，学校制定校长负责制、全员聘任制和结构工资制实施办法，把每学期教学工作计划、每周工作要点印发所有教师，人手一册。每个教师制定各自的学期工作计划和教学计划，组织教师听课和观摩教学。注重利用校会大力表彰刻苦学习的学生，教育教学成绩连年提高，同时鼓励学生努力学习，农场对考取大专以上的学生每人奖励 200 元，考取中专的学生每人奖励 100 元。1990 年 5 月，农场为改善办学条件，提高教学质量，扭转职工子弟学校脏乱差局面，场党委借济宁城区校舍改造的大好时机，筹集 50 万元资金改造学校面貌，新建 1 栋 1540 平方米的 3 层教学楼，并配备部分实验器材、教具、体育器材等基本教学设备设施，1981—2008 年农场职工子弟学校负责人见表 5-2-2。

表 5-2-1　1961—1978 年子弟学校发展情况表

年 度	教职工人数		在校学生人数	
	小学	中学	小学	中学
1961	1	—	10	—
1962	2	—	25	—
1963	3	—	40	—
1964	4	—	60	—
1965	4	—	70	—
1966	6	—	90	—
1967	6	—	105	—
1968	7	—	110	—
1969	7	2	120	20
1970	7	3	130	30
1971	14	4	180	60
1972	13	5	285	75
1973	13	5	300	80
1974	14	5	300	80
1975	12	5	300	90
1976	14	5	310	90
1977	13	7	320	120
1978	15	8	355	125

表 5 - 2 - 2　1981—2008 年农场职工子弟学校负责人一览表

年度	校长	副校长
1981	赵子平	展桂美、孔凡珍
1986	赵子平	邓绪顶（支部副书记）、郭金泉
1988	任文焕	郭金泉、李兆英
1992	李兆英	郭金泉、徐振祥
1997	张传文	徐振祥
2008	张传文	徐振祥

2008 年 11 月，依据市政府指示精神，按照义务教育办学归行政辖区所在地管理原则，将南阳湖农场子弟学校人员、资产整建制移交任城区政府管理。移交在编在岗教职工 12 人，退休教职工 12 人，共 24 人，享受任城区同等人员待遇。

第三节　中等教育

1965 年 5 月，农场根据山东省第二教育厅《关于建立半工半读中等农业技术学校的批复》（二教办计字〔1965〕22 号），建立了南阳湖农场半农半读农业学校，招生规模 240 人，学制 3 年，专业为农作物。随中等学校统一面向社会招收初中毕业生，学生待遇按照中专标准，费用由农场供给。1965 年计划招生 80 人，实际招生 2 个班、81 人，学生主要来自济宁、鱼台、微山 3 县，兼顾嘉祥、汶上、邹县、金乡等县。1965 年 9 月 1 日开学，1968 年 7 月毕业，颁发毕业证书。"文化大革命"开始后，学校因动乱停办。

第四节　职工教育

农场自建立以来，从培养"四有职工队伍"入手，根据不同时期学习要求，制定学习计划、建立学习制度，活化学习形式，认真组织实施工作计划。1958 年下半年，根据济宁县委安排，按照"大忙不学、小忙少学、不忙多学"的原则，开展文化业余学习，举办了农业初中班、高小班、初小班、扫盲班以及儿童班，所有农工、家属及适龄儿童均可入学，初中、高小班除学习语文、数学外，还学习农业技术、农田水利及机具常识。各种班次均以复式教学为主，并以此作为创办农场子弟学校的基础。1964 年 2 月，农场制定下发了《关于开展职工文化学习和学习毛泽东著作的意见》，对学习形式、学习内容作出具体要求，进一步推动社会主义教育活动的开展。1980 年后，通过自学、夜大、函大、职大等业余学习平台，农场加强了职工文化教育和技术培训，适时开展系列学习活动，进行爱国主义、集体主义、艰苦奋斗等方面教育，培养职工的共产主义理想，社会主义核心价值观和道德观念。同时鼓励职工自学，职工自考电大、夜大、函大，获得毕业证书者，学习期间学费、交通费一律报销。2007年农场出台《在职职工培训规定》，规定明确：按照有关部门要求或工作需要，经批准参加业务培训，培训费由农场据实报销，差旅费按照有关规定执行；经批准参加园林、园艺、水产、畜牧、建筑、水利等农场发展需要专业进修，完成学业取得毕业证书者，学费、交通费报销80％；参加自学考试，取得毕业证书者，报名费、考务费、学费全额报销。2010年，鼓励安排23名职工参加本科、研究生等高层次在职培训，对全场120名管理人员实施《100％员工成长计划》教育培训。

截至2020年，除职工教育外，没有场办学校、幼教等教育机构。

第三章 卫　　生

农场卫生工作是农场生产建设管理的基石，是农场始终坚持的日检工作。在上级卫生行政部门的领导下，在农场党委和管委会的大力支持下，坚持预防为主，不断健全完善公共卫生体制建设，提高预防重大疾病和应对突发公共卫生事件能力。坚持以人为本，实现人人享有基本医疗卫生服务。本着为职工健康和生命安全高度负责的精神，不断整顿和规范医疗卫生服务秩序。强化农场医疗卫生监督管理，在卫生防疫、传染病及职业病防控、医疗护理、妇幼保健等方面，为职工及家庭做好全面的服务，全面提高了医疗卫生服务质量。2019年新型冠状病毒性肺炎疫情发生后，农场党委和管委会高度重视，迅速反应，把疫情防控工作作为压倒一切的头等大事。做好防控预案，周密落实防控措施，细化强化工作责任，确保新形势下疫情防控精准有力，各项工作开展安全有序。

第一节　卫生防疫

农场高度重视卫生防疫工作，农场场长作为卫生防疫工作的第一责任人，亲自挂帅，组织、落实、检查各项卫生防疫工作。坚持预防为主的原则，大力加强卫生防疫，有效预防和控制传染性疾病、食源性疾病、人畜禽共患病及中毒等卫生事件，建立了《农场卫生工作条例》，划分卫生包干区，责任落实到人，采取定期与不定期检查的方式，每月至少2次，做到奖优罚劣，有检查有记录。配备齐全卫生设施，建立深井水塔、蓄水池，确保农场职工饮用水卫生，每年至少清洗1次。生产生活垃圾要求集中地点放置，日产日清。有计划地实施污水粪便处理工程，逐步做到达标排放，污水处理做到专人专管。畜牧公司、养鸡场、水产养殖场，依据各自实际，及时清理卫生死角，根除蚊蝇孳生地。按规定投放鼠药、鼠夹、灭蝇等药物。鸡、鸭、鹅舍四周无污水、杂草、杂物，道路整洁。杜绝传播源，切断传染途径，避免疫情发生。

一、传染病防治

农场建场初期，农场生产生活用地地势低洼、人烟荒芜、杂草丛生，蚊蝇、老鼠遍地，自然环境恶劣，卫生环境很差，农场高度重视传染病防治工作，组织全场职工苦干实干、大干快干，硬是在荒无人烟的土地上开垦出一片片良田，建造出职工工作和生活的区域。动员干部职工响应中共中央国务院关于除四害、讲卫生的指示号召，坚决灭除蟑螂、苍蝇、蚊子、老鼠等四害虫害。随着工作和生活环境卫生条件的改善，农场传染病防治工作逐步形成科学化、专业化、制度化。依照国家对传染病防治实行预防为主的方针，做到防治结合、分类管理，依靠科学，依靠职工群众，制定了《国营南阳湖农场传染病防治工作办法》，把预防工作放在首位，采取各种有效防治措施，确保传染病不发生，不流行。农场卫生队（所）按照场部要求，做到管理传染源、切断传播途径、保护易感人群，无病防病，有病治病，立足于防。对已诊断传染病的职工或家庭及早隔离，送医院就医；对带有病原体的分泌物或其他接触物均作消毒处理；对隐形感染者和携带者则进行临床观察，对被感染的牛羊、鸡鸭等能治疗的尽量医治，无法治愈的宰杀后进行消毒处理，确保不出现瘟疫疫情。在做好防治工作的同时，向干部职工和家属普及传染疾病防治知识，了解传染病传播方式，有效防治痢疾、蛔虫病、腮腺炎、肺结核、伤寒等常见传染病。注重做好儿童、孕妇、病人、老年人等易感人群的预防和保护工作。

二、职业病防治

在做好传染病防治工作的同时，农场高度重视农场职工的职业病防治工作。由于农场职工经常下地劳作，常年在田间地头或水产养殖地池塘作业，颈椎病、胃病、关节病以及经常与农药打交道引发的慢性中毒等，是农场职工常见的职业病。农场按照《国家职业病防治法》的规章，建立健全职业病防治工作责任制，加强对职业病防治的管理。按规定要求，做好生产场地及工厂车间卫生防护工作。为农场职工配备符合国家标准的劳动防护用品，建立完善农场职工卫生防治管理措施。指定专职安全员为职工卫生管理人员，制定《职业病防治计划与实施方案》，建立健全职业病管理制度和操作规程，建立健全职工卫生档案和农场职工健康监护档案，建立职业病危害事故应急救急预案，坚持做到及时购买必需劳保用品，及时发放给职工，人手一套。农场每月对各分厂、生产单位及服务单位药箱进行点检，确保药箱内药物安全。每年对职工进行安全培训及职业卫生健康培训，每年上半年和下半年，分两次利用宣传栏、标语等宣传职业病危害及防治措施。每年对职工进行职业健康体检，及时清除职业病危害，改善劳动条件和作业环境。利用有效的个人防护用品，搞好工作场所环境卫生，坚决防止有害物质二次传染。组织职工学习有关职业病防治的政策和法规、职业病危害及防护知识，把每个职工的身体状况与职业结合起来，使职业性侵害早发现、早治疗，保证每个职工的身体健康。

三、新冠疫情防控工作

2019 年 12 月底新冠疫情发生后，为做好农场新冠疫情防控工作，南阳湖农场公司党委和董事会高度重视，坚持以党中央、国务院新型冠状病毒性感染肺炎疫情防控工作部署为指导，坚持以职工群众为中心，深入贯彻济宁市委、市政府和济宁孔子文化旅游集团疫情防治工作部署，成立以公司党委书记董事长为组长、党委成员为副组长的领导小组，深入研究部署防控工作，切实落实各项工作责任。制定了农场新冠疫情防治工作方案和工作预案。各部门、各单位科室紧密协作，及时互通情况，做到正确认识、科学防控、突出重点、压实责任。建立领导小组例会制度和报告制度，健全传染病预防和控制工作管理制度，健全各项卫生工作责任制，完善考核制度，明确责任分工和工作职责，及时掌握、检查农场新冠疫情防控措施落实情况。做好新冠疫情防控物资储备，购置 84 消毒液、体温测试仪、消毒泡腾片、口罩等防控物资。积极开展各种形式的健康宣传教育，普及新冠疫情防控知识，要求工作人员上班期间及去公共场所时必须佩戴口罩，做好自我防护。倡导保持环境卫生、科学洗手等卫生行为，提高农场职工和家庭对新冠疫情防控的正确认识和自我防护能力。坚决做到"四早"，即早发现、早报告、早隔离、早治疗。外防输入，内防扩散，建立新冠疫情"日报告""零报告"制度，定期对农场办公场所、生产和生活场所进行消毒，注意通风，确保空气流通。切断新冠疫情等传染病的传播途径，杜绝新冠疫情等各类传染病的发生，保证了预防新冠疫情防治工作顺利开展。

第二节　医疗与护理

一、医疗

建场初期，农场没有卫生机构。1957 年，为方便职工及家属就医，农场成立卫生队。1959 年投资 890 元，建设医务室 35 平方米。次年又投资 3570 元，建设医务室 90 平方米，总面积达到 125 平方米。1966—1970 年占用水稻研究所房屋 20 间，作为医疗办公场所。1971 年 3 月，兵团建立爱国卫生运动委员会，由 7 人组成，设主任 1 名，副主任 3 名，委员 4 名。办公室设在后勤处卫生队。1972 年，经山东生产建设兵团后勤部同意，农场为卫生队配备救护车 1 辆，病房床位 30 张，购置无影灯 1 台、离子交换纯水器 1 套、超声波治疗机 1 台，医护人员达到 26 人，提高了卫生队医疗救护能力，1957—1978 年南阳湖农场卫生机构发展情况见表 5-3-1。1988 年随着农场规模扩大，为更好满足农场职工及家属、子女的医疗服务要求，农场将卫生队改建为卫生所，加强常见病、多发病、儿童计划免疫、妇女及老年人保健等工作。

表 5-3-1 1957—1978 年南阳湖农场卫生机构发展情况

年度	医务人员	病房床位
1957	1	—
1958	1	—
1959	2	—
1960	3	—
1961	3	—
1962	4	—
1963	4	—
1964	5	—
1965	5	—
1966	5	—
1967	5	—
1968	5	—
1969	5	—
1970	5	—
1971	24	—
1972	26	30
1973	27	30
1974	28	30
1975	24	30
1976	16	30
1977	16	30
1978	14	30

截至 2003 年，农场卫生所发展到拥有医疗设施（含病房）23 间，医师、药剂师、护士 9 人。2018 年 8 月，济宁市农业局与济宁市太白湖新区签订移交协议，将山东济宁南阳湖农场卫生所整体移交太白湖新区管理，从此，场办卫生机构撤销。2016 年 3 月，山东济宁南阳湖农场开发建设的水运雅居小区建成交房，为更好地为以南阳湖农场职工、退

休人员及家属为主的社区居民提供快捷优质的医疗卫生服务，经农场研究决定，在南阳湖农场卫生所基础上，按照城市社区卫生服务站标准，农场在水运雅居小区物业管理用房一楼西侧，高标准建设1处面积50余平方米的社区医疗服务站，1988年以来南阳湖农场卫生机构负责人见表5-3-2。

表5-3-2　1988年以来南阳湖农场卫生机构负责人

年度	卫生所所长	卫生所副所长
1988.12	惠明照	
1989.8		张庆来、周广洪
1992.3	惠明照	孔德场
1997.4	孔德场	刘强
2006.8	刘强	
2010.2	徐亚军	
2012.2		张广林、许娜

二、护理

农场自建立卫生队以来，始终把提高农场职工的卫生健康水平，作为卫生护理的服务宗旨，以预防疾病、促进健康为主要工作目标。通过一系列预防途径，如卫生防疫、传染病职业病防控、意外事故防范、健康教育等，达到促进卫生防疫水平提高、维护健康的目的。农场卫生护理工作，始终坚持以农场职工为主体，经过农场党委积极争取，实现了农场职工人人享有基本医疗服务。卫生队（所）以农场职工、家庭及家属为服务对象，以职工、妇女、儿童、老年人、慢性病人、残疾人等为服务重点，有序开展健康教育、预防、保健、康复和一般常见病、多发病的卫生护理服务。及时收集和整理农场职工、家庭及家属常见病、慢性病人的健康信息基本情况，对主要健康问题及存在的危险因素，做出健康评价。有针对性地对慢性病人，如高血压病人、糖尿病人、职业病人等进行健康指导，对发现的危险因素及时进行干预和控制，对比较严重的病患建议入院对症治疗。同时，卫生队（所）定期在农场开展学龄前儿童体检、65岁以上老人体检、科技人员等体检工作。在医护工作中，严格遵守安全给药原则，熟练掌握各项护理操作技能，合理使用药物，掌握正确给药方法，确保用药安全有效。落实消毒灭菌管理措施，加强无菌观念，严格监测消毒灭菌效果，定期进行环境、物品消毒灭菌工作。熟练掌握外伤包扎、换药基本操作规程，确保室内清洁，预防交叉感染。注意做好卫生队（所）注射室、治疗室、病房的日常清洁、消毒、灭菌，对特殊污染地面及空间，及时用化学消毒剂喷洒。严格执行消毒隔离及无菌技术操作规程，做到注射1人1针1管1使用，换药1人1份1用1消毒，病床旁1桌1巾1日1清洁。

为化解一直困扰农场的"老工伤"问题，解决工伤人员及工伤人员供养亲属生活中的实际困难，根据济宁市人社局《关于将"老工伤人员"纳入工伤保险统筹管理的通知》精神，农场认真做好"老工伤"人员纳入工伤保险统筹工作，对符合条件的"老工伤"人员登记注册，建立档案，纳入工伤保险统筹管理；对未经市劳动部门鉴定的人员，报市劳动能力鉴定委员会进行伤残等级鉴定，鉴定后按照相应伤残等级享受工伤保险待遇。一系列措施维护了"老工伤"人员的切身利益，减轻了农场负担，维护了农场稳定，"老工伤"问题得到一次性解决。

第三节　妇幼保健

一、妇幼保健

1957年农场卫生队成立后，农场十分重视妇女职工及家属的卫生保健工作。安排场级领导任分管领导，并熟悉妇幼卫生保健工作，设有专职妇幼保健人员。结合实际，农场制定了农场妇幼保健健康教育发展规划，大力开展妇幼保健健康教育。针对农场妇女主要保健健康问题，实施干预措施，一是在条件成熟时在农场全面启动适龄妇女妇科病检查，重点规范技术操作，严格质量控制，确保被检查妇女职工及家属的健康权益。二是做好农场妇女保健健康相关信息收集与管理。孕前与孕产期保健管理与指导，妇女多发病的防治与管理，避孕节育咨询与指导等妇女保健工作。开展妇女保健门诊，实行首诊负责制。三是及时掌握农场人口、已婚妇女、育龄妇女、孕产妇、人口出生等基本情况，开展孕产妇死亡、围产儿死亡、出生缺陷检测工作。加大宣传力度，提倡自然分娩，加强指导检查，逐步降低剖宫产率。四是加强生殖健康教育，提高育龄人群自我保护意识，逐步降低人工流产率，减少性病、艾滋病的传播。重点抓好宣传发动、知情告知，增加适龄妇女参与的主动性，确保该查应查如期完成，确保妇幼资料完整，确保检查质量提高，确保患病妇女得到有效治疗。农场妇女早孕建卡率达到90％以上，孕产妇管理覆盖率由原来的不足50％上升到90％以上，高危孕妇管理率达到100％。对筛选查出的高危孕妇均及时跟踪、随访，按规定及时向市、区二、三级医院转诊。组织农场卫生所医务人员分期分批参加继续医学教育，更新知识，提高妇幼保健理论水平和专业技术服务能力。同时，聘请济宁市妇女儿童医院妇保科专家到农场为全场女职工讲解妇科疾病的成因、预防和日常护理，讲解不同年龄女性及儿童健康饮食保健；还聘请济宁医学院附属医院的妇女保健专家来农场为广大女职工专题作乳腺癌、宫颈癌"两癌"筛查与预防报告，受到农场女职工及家庭的欢迎。

二、幼儿保健

在重视和抓好妇女保健工作的同时，农场也重视抓好幼儿卫生保健工作。认真做好幼儿保健各项常规工作，建立农场 0～6 岁幼儿健康档案，0～6 岁幼儿管理覆盖率达到 100％。卫生队（所）负责新生儿的访视工作，掌握农场幼儿健康状况，进行动态管理。宣传母乳喂养及幼儿常见病、多发病的防治等卫生科普知识，做好幼儿园和学校卫生保健工作，定期对农场幼儿园和学校卫生保健人员进行幼儿及儿童保健知识的培训，提高幼儿园和学校卫生保健人员的幼儿及儿童保健水平。加强对幼儿园和儿童疾病的防治、膳食营养、食堂卫生、消毒及安全等方面的指导，开展幼儿园卫生健康教育，并逐步推广入园幼儿、入学儿童的卫生保健评估工作。定期净化教室环境，保持空气清新。教室每天定时开窗，适度通风，保持空气流通。抓好幼儿特别是入园幼儿、入学儿童的晨检工作。对精神状况不佳的幼儿，及时进行密切观察，一旦发现问题，及时送卫生所采取相关治疗措施。对班中缺席幼儿或儿童，及早查明原因。如幼儿或儿童在家庭中接触传染病人，家长要及时告知学校或幼儿园；如幼儿或儿童因患传染病请假，需及时上报处理，并对所在班级教室进行消毒处理，及时提醒家长为孩子做好相应年龄段的预防接种。如接种乙肝疫苗、卡介苗、脊髓灰质炎疫苗、百白破疫苗、麻疹疫苗、水痘疫苗、手足口病疫苗、肺炎链球菌疫苗、流感疫苗、流脑疫苗、乙脑疫苗等。对幼儿和儿童，利用教学宣传橱窗等多种形式进行健康教育。鼓励幼儿、儿童讲究个人卫生，教育培养儿童养成勤洗手、喝开水不喝生水、吃熟食、常剪指甲、勤换衣服被褥等良好卫生习惯。在幼儿园和学校开展丰富多彩的户外体育活动，增强幼儿和儿童体质提高幼儿园和学校卫生保健水平。

第四节　公共卫生

在场党委、场管委的正确领导下，在市、区爱委会的指导支持下，本着为农场职工及家属改善公共生活条件、办实事办好事的原则，农场动员全场上下多方面力量，扎实开展公共卫生整治、除四害、健康教育、饮用水卫生、食品卫生和实施初级卫生保健等工作，农场公共卫生得到彻底改善。大力实施初级卫生保健工作，农场职工的健康水平大幅度提高，促进了农场生产建设发展。

一、饮水卫生

农场加强生活饮用水管理，保障农场职工及家属的身体健康。农场主要用水来自洸府河，自20世纪90年代后期到21世纪初，由于工业污染，洸府河水逐渐由清变浊，水质污染严重，农场职工的生活用水和农田灌溉受到侵害，污水产生的有毒气体威胁着职工及家属生命安全。南阳湖农场及时向市农业局报告，请求解决南阳湖农场水质污染及生产、生活用水问题。由市财政拨付资金，在南阳湖农场新打水井5眼，从加强管理、排除隐患、堵塞漏洞入手，从严做好生产、生活用水的管理及卫生防病工作。2002年7—8月、2008年8月，市卫生防疫站两批次对南阳湖农场职工吃水井进行检测，除部分分场的细菌总数和大肠杆菌总数略有超标外，其他31项检测指标全部正常。农场通过多种形式，向农场职工公布水质检测结果，为农场建立饮水卫生安全监督长效机制打下良好基础。农场严格按照卫生管理消毒制度、水质检测制度的有关要求，每季度自测一次，采取饮用水消毒措施，加强对按标准自打水井的监督检查。饮水过程中的输水、蓄水和配水等设施及时密封，定期清洗消毒，彻底消除饮用水井周边的污染源，确保南阳湖农场生产生活用水的安全。

二、食品卫生

食品卫生安全，是人民消费安全、生活安全、生命安全的前提和基础。南阳湖农场十分重视农场食品卫生安全，树立"从农场到餐桌，食品安全人人有责"的观念，积极探索食品安全监管长效机制。农场要求，各种植户、承包人、零售商、专卖店等均承担起各自责任，明确职责任务，提升食品安全保障水平。扎实开展食品卫生监管工作，对农场范围内食品餐饮从业人员健康管理及着装、设备设施清洗消毒、餐饮操作间环境卫生、食品原料材料采购及进货台账、食品添加剂使用及食品管理等，均要求按照食品卫生安全工作的相关规定，严格规范操作流程，定时、定期对农场内食品餐饮摊点进行巡访巡查。重大节假日期间，对食品餐饮摊点进行针对性专业检查。农场对养殖场进行摸底排查，建立台账，坚决防范细菌性、食源性疾病和水源性腹泻病的发生。把食品卫生安全的各项措施落到实处，确保农场职工及家属、子女的食品卫生安全。截至2020年，遍布济宁城区的14

个南阳湖农场专卖店，以绿色低碳环保的蔬菜水果及肉食水产品，赢得了济宁人民的喜爱和欢迎，为城区人民群众提供方便快捷的全方位服务。

三、初级卫生保健

在公共卫生工作中，南阳湖农场首先从最基本的卫生保健工作，即初级卫生保健工作做起，明确初级卫生保健工作以农场卫生所及后期的水运雅居卫生站为主，工会、妇联等密切配合，齐抓共管。重点抓好健康促进、预防保健、合理治疗和社区康复4个方面的工作。健康促进方面，注重农场职工及家属、子女在健康教育、保护环境、合理营养、饮用安全卫生水、改善卫生设施、开展体育锻炼、促进心理卫生、养成良好生活方式等方面加强指导。预防保健方面，采取积极有效措施，预防和防范多种疾病特别是传染性疾病的发生、发展和流行，加强农场职工的预防保健工作。合理医疗方面，农场发挥卫生所作用，为农场职工及家属子女及时提供医疗服务和有效药品，及早发现病情，避免疾病的发展与恶化，防止带菌（虫）和向慢性病发展。社会康复方面，农场以社区卫生站为依托，对丧失正常功能或功能上有缺陷的患者，通过医学、教育、职业和社会化综合措施，尽量恢复患者功能，使之重新获得生活、学习及参加社区活动的能力。社区卫生站对逐步威胁人民健康和生命，特别是老年人慢性呼吸系统疾病、心脑血管系统疾病和肿瘤等非传染性疾病，做到积极预防，尽早控制和消除致病源，采取综合措施，做到早发现、早诊断、早治疗。

第五节　爱国卫生运动

南阳湖农场贯彻实施爱国卫生运动工作的相关要求，结合南阳湖农场实际，上下动员，全员参与，大力开展爱国卫生运动。成立场级领导任组长的领导小组，党政领导亲自参加、亲自指导，以表率作用影响和带动全场职工及家属投入到爱国卫生运动中。以整治农场卫生环境为重点，集中抓好环境卫生整治、春季灭鼠、改水改厕、食品卫生监督管理、健康教育、创造卫生城市等活动，推动农场环境卫生、场容面貌不断改善。

一、爱国卫生运动组织

1971年3月南阳湖农场处在生产建设兵团时期。兵团三师十一团下发《关于建立健全爱国卫生运动委员会的通知》，成立爱国卫生运动委员会。主任委员由十一团副政委担任，副主任委员由十一团团级领导担任，委员由各连队副连长、副队长及机关业务人员共13人组成，连队和机关后勤建立了爱委会领导小组。主要任务是：向职工及家属宣传爱国卫生运动的意义，教育职工讲究卫生，预防疾病。爱委会工作：坚持经常性和突击性相结合，做到生产不忘讲卫生，每年夏季农忙季节或重大节日前夕，突击搞好环境卫生，清运垃圾，组织开展以除"四害"讲卫生为主要内容的爱国卫生运动。各连队、各单位统一要求、统一行动、统一检查讨论，共开展大评比9次，大检查验收3次，基本实现兵团规定的"卫生标准化"，评选出卫生红旗6面，卫生先进单位4个，卫生积极分子132人，全场基本达到无鼠、无蝇、无尘、无腐败标准。

"文化大革命"时期，爱委会工作受到冲击。党的十一届三中全会后，爱委会工作重新开展起来。南阳湖农场恢复爱委会组织，以"五讲四美"为主要内容，加强农场卫生建设。领导重视，组织落实，治理农场脏乱差环境，1990年4月农场爱委会组织换届，主任委员由时任副场长担任。爱委会认真贯彻执行《全国卫生工作防疫条例》，利用宣传栏、广播站及图片展示，宣传教育职工。坚持每季度开展一次全农场爱国卫生运动。每年在"五一""七一""十一"、元旦及春节前，进行一次卫生大检查。2015年济宁市开展创建全国卫生城市工作，在全市开展爱国卫生运动、争创卫生城市活动。制定了《南阳湖农场创建国家卫生城市工作实施方案》，对市、区布置的创卫工作实行目标管理，定期检查落实，大力开展群众性创建活动。做到具体工作有计划方案、有检查落实、有经费保障、有活动记录、有规范档案、有健全制度、有长效管理机制。组织全场广大干部职工积极投身到创建国家卫生城市活动中去，形成了农场上下重视、通力协作、人人有责的创卫工作格局，调动了农场上下深入开展爱国卫生运动的积极性，南阳湖农场连续多年被评为市、区爱国卫生运动先进单位。2019年南阳湖农场改制后，农场爱委会组织机构调整，组建由南阳湖农场副总经理为主任，公司分管负责同志以及党政办负责同志为成员的南阳湖农场爱国卫生运动委员会。动员组织全场上下以实际行动深入开展爱国卫生运动，建立干净、整洁、有序的农场新环境、新气象，营造一个文明、卫生、和谐、美丽的绿色低碳生态新农场。

二、环境卫生整治

为净化、美化农场环境卫生面貌，有效改善农场卫生环境"脏乱差"现状，1983—2001年，农场党委和管委下大决心，下大功夫，压实责任，压实担子。农场由农场爱委会牵头，积极组织各分场、各单位对辖区内的建筑垃圾、乱堆乱放生活垃圾、草丛杂物、河沟及排水渠淤泥等展开清理。农场居民点建设，做到院墙统一规划、统一粉刷，房前屋后严禁乱堆乱放垃圾、粪土和杂草。统一堆放毒饵，消灭老鼠。在公厕喷洒敌敌畏，消毒灭菌灭蝇，统一集中清运垃圾。2013—2020年，随着济宁市创建全国卫生城市和创建全国文明城市活动的相继开展，农场党委、管委加大工作力度，成立创建工作领导小组，调整充实农场爱委会组织，组织开展大范围、大规模的爱国卫生运动。各分场、各单位把环境卫生整治工作和生活垃圾分类治理工作摆上重要议事日程，广泛宣传环境卫生整治和生活垃圾分类的重要意义，引导促进农场职工和家属转变传统思想观念，从源头上防止垃圾污染。农场组织农场职工及家庭对路边、河边、桥边、田边等及屋前院后积存垃圾，进行大扫除、大清理、大清运，做到不留死角，不留隐患，彻底清除可视范围内的垃圾。农场在各分场、各单位设置生活垃圾集中倾倒点，对生活垃圾定时定点清理，形成了"户分类收集、分场单位转运、农场集中处理"的模式，提升了农场内部生活垃圾分类和处理的水平。同时，重点解决各分场、各单位存在的车辆乱停乱放、乱悬乱挂，不经允许随意经营等问题。落实承包户、商户门前三包，专卖店窗口服务规范，场区卫生保洁，治安巡查。出重拳清理掉队户、顽固户，对迟迟未落实整改的商户予以查封。

2013年，济宁市开展创建卫生城市活动以来，农场加大投入，在比较困难的情况下拨付专项资金，配备专门保洁人员，签订保洁协议书，配备垃圾清运车、垃圾桶，增加垃圾清运次数，基本做到垃圾日产日清。通过创建全国卫生城市和创建全国文明城市，农场环境卫生得到集中整治，进一步增强了农场职工卫生意识、文明意识和环境意识，做到整治1处、清洁1处、靓丽1处，有效保障了农场职工群众的生产生活环境，得到农场广大职工群众的积极响应和大力支持。

三、改水改厕

农场党委、管委坚持全面规划、分步实施、抓点带面、整体推进的工作思路，根据农场范围大、居住分散、水污染严重的实际情况，制定规划，强化领导，农场改水改厕工作取得新进展、大改观。农场生产生活用水，主要依赖农场东部的洸府河水。20世纪90年代之后，随着济宁市工业经济的快速发展，洸府河水受到严重污染，对农场、农田灌溉和农业生产造成严重威胁，农场职工群众生活用水质量恶化。自2002年夏季起，洸府河水污染日益严重，加之天气高温持续干旱，农场职工为抗旱保苗，只能用污染严重的洸府河水灌田，曾发生多起农场职工严重中毒、威胁生命安全的事件。南阳湖农场及时向济宁市农业局打报告，解决水质量重污染和生产生活用水问题，济宁市政府和市农业局高度重视，拨付专项资金1200万元，解决农场职工生产生活用水和水污染严重问题，职工生活用水打深水井8眼，农田灌溉打机井375眼，同时配套架设高低压线路计80余千米，架设变压器32台。2010年南水北调济宁市截污导流工程涉及南阳湖农场，农场积极行动，主动作为，按照市里要求，保证了截污导流工程永久蓄存水体的正常使用和管理，确保南水北调截污导流工程南阳湖农场段的正常运行。

为保证产煤塌陷区的水质净化和生态修复，2015年在南阳湖农场的积极争取下，南阳湖农场人工湿地水质净化及生态修复工程，经济宁市发展和改革委员会批复立项，被列入山东省政府《南四湖生态环境保护试点总体实施方案》的重点工程项目，为加快实施南阳湖农场人工湿地工程建设打下坚实基础。在改厕工作中，坚持农场主导，分场、单位及职工为主体，向职工及家庭宣传改厕工作，改善生活环境，讲究卫生，减少疾病的意义，农场结合实际，合理确立改厕模式，对农场砖混结构旱厕采用就地改造，增强粪便及时清运及污水处理一体化功能，同时增加新建水冲式公厕12处。对职工住户采用室内洗澡间装配坐便器，室外装配化粪池的方式做好改厕工作，受到农场职工的欢迎和拥护。为确保改厕工作实施到位，农场统一施工标准，统一采购正规厂家器具。通过招投标，分四个标段统一施工，统一监管，发现施工和质量问题，立即整改。统一验收，由农场组成的工作组，严把验收标准，对不合格的通过整改符合要求后再予以验收。农场共完成改厕任务513户，装配符合标准的化粪池8个，农场卫生环境有了显著改观，职工群众的思想和精神面貌发生了可喜变化。

四、创建国家卫生城市活动

2015年是济宁市创建国家卫生城市迈出实质性进展步伐的一年。自2015年起，在市委、市政府的正确领导下，农场党委和管委紧扣创建国家卫生城市的安排部署，以改善农场人居环境为突破口，以爱国卫生、健康教育、场容场貌、公共卫生、食品卫生安全、传染病防治和病毒生物防治等为核心，扎实开展创建卫生城市活动，着重开展了基础设施建设、环境卫生整治、长效机制建设等工作。健全组织，加强领导，成立由场党委书记任组长，场党委班子成员任副组长，各分场、各单位及机关相关部门负责人为成员的创卫工作领导小组，制定下发了《南阳湖农场创建国家卫生城市实施方案》，召开动员大会，传达市、区创卫工作，推进会议精神落实。合理分解工作任务，明确各自任务与职责，签订《南阳湖农场创建国家卫生城市工作责任书》，进行指标分解，明确责任，明确任务，明确完成时限，确保各项指标落到实处。加快农场环境整治和生产建设步伐，加大投入，启动保护农田建设和塌陷湖洼整治工作，整修农田，清除淤泥，疏通沟渠，铲除杂草，整治农场卫生死角。在创建国家卫生城市期间，南阳湖农场累计清运处理垃圾 400 余吨，直接投入资金 176 万元，出动 1 万人次，运输车辆 10 余台次，疏通沟渠 30 余千米，清理乱堆乱放杂物 20 余吨，清除小广告 260 余条，拆除乱挂横幅帐篷 20 余条（个）。建成人畜饮水工程 2 个，农场职工活动室 6 个，绿化工程 2000 亩，完成各分场、各单位道路硬化、绿化基础设施建设，加快生态农场、绿色农场建设步伐。建立绿色生态观光园 1 个、水牧养殖渔业园 24 个、绿色环保农业园 6 个。经过农场上下努力，一个绿色低碳环保的新农场展现在大家面前，环境卫生状况发生了翻天覆地变化。

第四章　文化事业

农场的文化建设，为农场的生产建设和改革发展提供了重要精神支柱，提升了农场各项改革制度的科学性和执行力，丰富了农场职工群众文化生活。南阳湖农场党委在抓好农场生产建设工作的同时，十分重视农场的文化建设。大力兴办文化事业，通过丰富多彩的文化生活，进一步弘扬历代农垦人顽强拼搏、不懈奋斗、风雨同舟、患难共济的创业、奉献精神，把农场领导、干部和职工的心紧密连在一起，为农场的经济发展和社会进步投入最大的热情，尽最大的努力，促进农场各项工作长足发展和进步。

第一节　群众文化

1956年建场初期，农场主要是开展群众性文化活动。农场相继成立文艺组、墙板组、舞蹈组、乐器组和广播组，文艺队员们活跃在田间地头、工地、食堂等，丰富农场职工的文化生活，增添农场职工战天斗地的干劲和决心。随着农场规模的不断扩大，职工和家属人员增多，为贯彻党的文艺方针，鼓舞职工斗志，大力学习英雄模范和弘扬新人新事，农场组织建立了自己的文艺团队，结合农场社会主义生产建设中涌现出的新人新事新气象，集体创作、自编自导、形式多样、短小精悍的文娱节目，有合唱、快书、说唱、数来宝、快板、舞蹈等。农场上下涌现出处处有歌声、天天有广播、周末有演出、节假日有活动的文化氛围。至1965年"文化大革命"前夕，全场职工普遍学会了10～14首革命歌曲，各分场（队）和单位在开会、上课、听报告、点名前均要先唱革命歌曲，分场与分场、队与队之间拉歌赛歌成为风气。1964年10月农场业余宣传队成立，共创作了10多个节目，演出20余场，观众达3000余人次，既配合当年开展的社会主义教育活动，又活跃了春节气氛。同年，全场掀起了大学毛主席著作的热潮。毛主席著作单行本人手1册，大唱"毛主席著作学得好"等革命歌曲，农场总部及各分场、各单位大量制作"毛主席语录牌""学习毛主席著作心得栏"和"学习毛选积极分子红旗展板"等，农场处处都有毛主席语录，到处张贴以毛泽东思想为内容的红色标语。

"文化大革命"时期，职工群众的文化活动主要是观看"毛泽东思想宣传队"的演出，学唱毛主席语录歌，跳"忠字舞"，演出"8个样板戏"。读的是毛主席的"红宝书"，跳的是"忠字舞"，演出的是"千万不要忘记阶级斗争"，即"天天说、天天唱、天天跳、早请示、晚汇报"。其他形式的娱乐活动均被列入"封资修文艺黑线"，原来的老电影几乎全部封存禁演。

"文化大革命"结束后，拨乱反正，适应农场发展的群众文化活动蓬勃兴起。农场业余宣传队重新组建起来，农场群众性文体活动得以正常开展。1985—2001年，农场每年都组织一次文艺汇演，举办综合性的文艺活动。有文艺演出、歌唱比赛、棋牌比赛、书画展、板报展、花灯展、舞蹈比赛等，还有篮球赛、拔河赛、长跑比赛等。一般情况下，这种大型综合系列活动会放在春节期间，使职工及家属假日里每天都沉浸在欢声笑语之中。

进入20世纪90年代，随着农场生产建设和经济的快速发展，职工群众对业余文化娱乐活动有了新的渴望和追求。农场工会、妇联、团委加大群众性文娱体育活动力度，开展更多丰富多彩、形式多样的群众性文化活动。1995年，为迎接第四届世界妇女大会，进一步丰富农场职工的业余文化生活，农场工会在全场范围内举办了书画、诗歌、散文大赛，以爱国、爱场、和平、发展为主题，农场职工、家属踊跃参加，既有水彩画、水墨画、素描等绘画作品，也有毛笔字、钢笔字等书法作品，还有内容健康、积极向上的诗歌、散文作品，多方位、多角度地描绘了农场在新时代的发展前景。农场对活动中评选出的优秀作品给予奖励，优秀作品以板报、广播的形式在农场刊出和播出。工会、团委还相继在"五一""五四"期间，先后举办大型文艺演出、舞蹈培训班、健身娱乐活动、"祖国在我心中"红色歌曲大家唱、"南阳湖杯"职工歌手大奖赛、建党建国大型文艺晚会等系列文化娱乐活动。来自农场各个岗位的干部职工近1000余人次观看各类活动和比赛，增进了职工之间的沟通和交流，培养了团队的协作精神，积极挖掘和培养一批农场文艺优秀人才，加强农场企业文化建设，展示新一代农场职工崭新的精神风貌。

2006年9月，南阳湖农场隆重庆祝建场50周年，举行一系列大型活动。专门成立农场场长任组长的场庆工作领导小组，领导小组下设办公室，具体负责制定场庆计划，筹划整体活动，协调日常工作。为保证场庆活动的顺利进行，场庆办公室分设宣传组、会务组和后勤保障组，全面推进场庆活动的开展。特别邀请建场元老、有关单位领导和部分职工代表出席庆典大会，并出席场庆座谈会。专门邀请济宁日报社、济宁电视台等新闻媒体，对南阳湖农场建场50周年庆典活动进行宣传报道。在农场内，各单位广泛制作展示办场成果的宣传栏；在新闻媒体上，宣传农场在党的领导下，从无到有、从小到大、从弱变强、历经沧桑的50年不平凡的光辉历程。农场还制作宣传资料，在一年一度的孔子文化节上发放。时任农场党委副书记、场长在庆典大会上发表了热情洋溢的讲话，回顾几代农垦人克难攻坚、艰苦奋斗、奋发图强的历程，缅怀老一代农垦人为农场建设做出的丰功伟绩，激励农场职工牢记农场发展史，艰苦奋斗，勤俭建场，砥砺前行。对内增进团结、凝聚人心、鼓舞士气、再谋发展，对外提升形象、扩大影响、广交朋友、赢得共识。庆典大会后，参加会议的嘉宾和干部职工观看了农场精心设计、精心准备的大型文艺演出。

第二节　图书资料室

建场初期，农场以基本建设和选育良种、增产增收为主要工作内容，除当时隶属于农场的山东省水稻研究所拥有一些专门研究农业和水稻的图书外，其他各单位和农场总部均不具备建立图书资料室条件。1978年改革开放后，随着经济发展和社会进步，农场文化建设被摆上了重要日程。为丰富职工的业余文化生活，满足职工文化需求，提高职工综合素质，农场1980年建立图书资料室，图书藏书量，由最初的180余册增加到后期的1万余册，内容涵盖政治、农业、养殖业、水产业、工业以及文化、历史、文学、小说等各个方面。农场多措并举、多方投入、整合各类资源，调动各方面力量筹措图书和报刊。购置图书资料室必备的书刊资料、书柜和桌椅，保证图书集藏量。图书室实行图书借阅制度，提高图书借阅率。农场积极发展特色农场文化，丰富职工业余文化生活，营造学习型农场文化氛围，促进农业文化建设，形成"爱读书、多读书、读好书"的文化潮流，把农场图书资料室打造成内聚人气、外树形象的农场职工之家，更好地满足农场职工日益增长的精神文化需求。

围绕农场职工之家建设和图书资料室建设，农场工会、团委和妇联开展了一系列活动，积极动员农场职工特别是青年职工学习科学技术知识、经营管理知识，不断提高职工的技术、文化素质。农场工会、团委还在农场职工中，开展了"读好一本书、当一项工作主办人、提一条合理化建议、献一份爱心、坚持一项健身活动"的"五个一"活动，提高农场职工的综合素质。农场采取边活动、边建设、边充实的方法，逐步推进图书资料室建设。建章立制，规范管理，修订和完善图书资料室管理制度和借阅制度，做到事事有章可循、有据可查。按照配备要求，图书室配备专职管理人员，明确管理员的工作职责和考核要求：对图书资料室新购置图书、资料，编制书目索引，登记、盖收藏章、打分类号、归类、存放。整理图书，按次序上架，保证图书排放整齐、正确、整洁。对图书进行定期除尘，做好防火、防虫、防潮等工作；办理图书借还活动；审查归还图书有无残损、污染，审查借阅者身份，维护图书借阅室秩序，防止丢书、偷书等不良行为；图书资料室的桌椅及时进行清理，报纸杂志、图书及时归档。一系列举措获得职工群众的称赞，提高了农场图书资料室的管理水平和档次。

2001 年后随着南阳湖农场的改制，图书资料室停办。

第三节　广播、电视、电影和音像

随着时代发展和社会的进步，农场党委和管委为进一步凝聚人心、鼓舞士气、增强干劲，更好地满足农场干部职工群众听广播、看电视、看电影的需求，通过合理规划、积极争取、精心组织、科学实施，不断扩大广播、电影、电视覆盖面，提高农场职工群众的思想道德、科学文化素质，促进精神文明建设和生产建设及经济的全面发展，构建起南阳湖农场广播影视公共服务体系。

一、广播

1956—1970 年，南阳湖农场的宣传报道，除墙报外主要是广播。农场各生产队（连队、分场）都是通过喇叭，积极开展广播读文件、读报到田间地头活动。早期广播播放，由各队（连队）的文化教员负责。部分连队设有广播站，安排专人负责，每天早、中、晚时段在田间、工地、饭场进行广播，内容主要是播报报刊文章，报道农场生产建设中涌现出的好人好事和劳动成果。1964 年，为适应活学活用毛主席著作和深入开展社会主义教育运动的需要，农场建立广播站，配备 1 台 50 瓦扩音机，可装接 5 瓦和 8 瓦喇叭。其中场总部安装 4 只，各队（分场）分别安装广播，利用电话线路传送到各队（分场）。广播时间：每天上下班时间广播 3 次，每次播放大约 1 个多小时。广播节目：主要转播中央人民广播电台、省广播电台节目及农场自办节目。播放革命歌曲，提振农场职工士气。"文化大革命"期间，广播内容主要是《人民日报》《红旗》杂志及《解放军报》的社论和评论文章，为职工播放"8 个样板戏""社会主义好"等革命歌曲。

20 世纪 80 年代到 90 年代，农场广播站发展迅速，广播设备拥有 500 瓦电子管扩音机 1 套，增音机 1 台及电唱机 1 台。各分场和生产单位、农场子弟学校配备 150 瓦扩音机和提携式收录机。广播站配设专职广播员，及时报道农场生产建设的最新成果和好人好事。各分场、各生产及服务单位，由宣传干事兼任广播站的采编，把各自单位生产建设的最新战绩、新成绩和涌现出的好人好事挖掘报道出来，在广播上广泛宣传，各分场、生产单位及服务单位均能收听到农场广播。2000 年，农场投资近 3 万元，安装无线电调频广播发射机，辐射半径 15 千米；农场设置 8 个接收点，安装 16 个高音喇叭，实现了国家"场场通广播"要求。广播时间每天早中晚 3 次，与上下班时间同步，每次播音 1 个多小时。配备专职广播员 1 人，用普通话播音。广播内容为中央人民广播电台、山东广播电台和农场自办节目。自办节目包括本场新闻、天气预报、法制宣法、健康生活、知识博览、感情生活、报刊文摘等栏目，进一步丰富了农场职工业余文化生活，满足广大职工群众日益增长的文化需求。

二、电视

20 世纪 70 年代末期，为更好地丰富农场职工群众的文化生活，农场工会购置 1 台 12 寸的黑白电视机，成为农场的第一台电视机。由于农场地处偏僻，虽然接收电视信号不清晰，但同样吸引很多职工和家属到农场活动室收看电视。后来能收看中央电视台第一套节目和山东电视台节目。1984 年，随着电视机的逐步普及，农场职工开始购买黑白电视机和彩电，至 1986 年，从场部到分场及生产服务单位电视天线杆林立，电视机普及率达到 70%。1987 年，在场党委的支持下，农场工会购置 1 套投影设备，在农闲时节、晚间为职工播放录像。此后，各分场、各生产及服务单位均逐步配置电视机、录音机和音响设备，进一步丰富了职工业余文化生活。工会、团委和妇联，充分利用新进娱乐设备，在"三八""五一""五四""十一"及元旦、春节等重大节假日，举办联欢会、歌咏比赛、歌手大奖赛等系列活动。

1995 年，南阳湖农场的电视机普及率达到 90% 以上，但仅能收看中央电视台第一套、山东电视台一套、济宁电视台等为数不多的几套节目，农场职工群众要求安装有线电视愿望强烈。为满足职工群众的文化需求，搞好有线电视安装工作，1996 年 11 月 5 日，南阳湖农场三届一次职代会第四次联席会议通过《国营南阳湖农场关于有线电视安装及管理意见》。农场成立专门班子，由 2 名场级领导分工负责，党政办公室负责实施，具体负责安装各环节的组织、协调、服务工作。场电工班的全体同志全力配合施工单位，保证施工质量，加快施工进度。有线电视系统主要设备选用美国 PBI3000 型产品，卫星接收机选用美国 PBI801，线路及用户器材均选用进口、国产优质部件产品，接受系统采用 300MH 邻频传输系统，可容纳 28 个电视频道和 11 个调频广播频点。有线电视安装后，农场可收看中央一套、中央二套、中央四套、山东台、济宁台、广东台、浙江台、河南台、四川台、新疆台、西藏台和邹城台 12 个电视台的节目，有线电视安装后凡通过卫星传送的节目可随时增加。截至 1996 年，农场 300 多户职工家庭安装了有线电视，入户率达到 92%。到

2001 年年底，农场共架设有线电视干线总长度 20 千米，拥有用户 600 余户，有线电视覆盖全农场。

三、电影及音像

1960—1970 年，农场为更好地学习老一代革命前辈艰苦奋斗、顽强拼搏精神，鼓舞农场干部职工斗志，定期邀请济宁市人民电影院、济宁市工人文化宫专业放映员到农场放映电影，丰富职工群众的业余文化生活。1971—1975 年兵团时期，团部定期邀请十一师师部政治处电影放映队深入南阳湖农场，把最新电影带给职工群众。在此期间，电影放映队经常下连队，放映中央新闻纪录制片厂拍摄的新闻简报、宣传好人好事幻灯片、故事片等，受到农场战士和职工的欢迎。

随着时代的发展，进入改革开放新时代后，为丰富职工文化生活，南阳湖农场于 1982 年 2 月向济宁电影管理站申请，购进红旗 16 毫米电影放映设备 1 台，配备电影放映员 1 人，定期为农场职工及家属放映电影。电影放映工作成为宣传工作的重要方面，由农场党委办公室主管，场工会具体管理。农场通讯站的同志及时把农场生产建设中涌现出的好人好事编制成幻灯片，与电影片一起在场总部、各分厂、养殖场、水产队、工副业公司等地放映，放映的电影主要有《三八作风》《雷锋》《少林寺》《闪闪的红星》《瞧这一家子》《南征北战》《庐山恋》《他们在相爱》《牧马人》《骆驼祥子》《红牡丹》《小花》等一大批经典力作，陶冶了农场干部职工的情操，满足了广大职工群众对文化生活的需求。

1990 年后电视机在农场普及，由于电影放映工作困难较大，观众锐减，维持了一段时间之后，1995 年电影放映工作慢慢退出农场历史舞台。1995 年农场建立通讯站，设有站长 1 人、采编 2 人、值班播音 1 人、外线维修 2 人，购置 M9000 摄影机 1 台、录像机 1 台，采编录制反映农场改革开放后的政治动态、农业发展、经济建设、好人好事等宣传片，宣传反映农场在改革开放中取得的崭新成绩。

第五章 体 育

南阳湖农场始终十分重视推动群众体育运动发展，先后投入资金建设篮球场、排球场、羽毛球场、老年门球场各 1 处，以及 2 个功能齐全的社区体育活动室。农场采取"工会搭台，协会唱戏"的办法，鼓励篮球、排球、乒乓球、台球、羽毛球、键球、门球等体育项目爱好者，自发成立协会组织，并常年开展活动。工会对开展活动好、影响面大，并在市区以上比赛中取得良好成绩的协会，给予资金补助和运动器材补助。此举极大地调动了农场各类体育爱好者的积极性，有效促进了南阳湖农场的多种体育运动开展，使体育爱好者的运动竞技水平得到大幅度提高。农场各项体育运动开展得红红火火，在市区举办的各项体育赛事中多次取得优异成绩。

第一节 群众体育

南阳湖农场始终把群众体育工作，作为一项重要工作来抓。通过建设体育设施、强化组织机构、开展特色运动，不断完善农场群众体育服务体系，使广大干部职工"乐在其中、享在其中、健在其中"，人人参与体育，人人享受体育。群众体育活动的开展，增强了农场凝聚力，推进了农场群众性体育活动蓬勃发展，推动了农场文化建设，培养了广大干部职工爱农场、美家园、促和谐的新风尚。

一、学生体育

农场自 1962 年成立附属小学以来。学校就十分重视加强体育工作，在课余时间因陋就简，在学生和老师中开展拔河、100 米跑、400 米跑、跳远、跳高、跳绳、掷手榴弹等体育项目，锻炼学生身体，增强学生体质。在课程设置上，1—2 年级每周 4 节体育课，3—5 年级及初中部学生，每周两节体育课。每天上午，安排 20 分钟的课间操；每天下午，安排 20 分钟的眼保健操和大课间操。大课间体育活动以广播体操和中距离跑步为主，开展乒乓球、跳绳、篮球、排球等多种特色活动。通过开展活动，激发学生的运动兴趣，让学生有选择地参与、学习、享受体育运动带来的快乐。1980 年以后，学校每年春季举办一次中小学生田径运动会，主要运动项目有拔河、100 米跑、400 米跑、跳高、跳远、铅球、接力赛跑等项目，对运动会获奖的小运动员们颁发红领巾、毛巾、跨栏背心以及各种文具等。同时，农场进一步丰富学生课间体育的内容和形式，低年级学生的快乐健身和谐游戏活动，主要有跳绳、跳皮筋、老鹰抓小鸡、踢毽子，丢沙包等；高年级学生的体育健身活动，主要有乒乓球、羽毛球、仰卧起坐、引体向上、篮球、排球、足球等。挑战类体育活动主要有：乒乓球颠球计时，足球颠球计时、踢毽子计时、俯卧撑、引体向上、跳绳（一分钟计时、花样）等。在体育活动项目比赛中取得优异成绩的学生，学校组队参加农场职工运动会少年组的比赛，以及市区组织的中小学生田径运动会。让每个学生在体育活动中感受到运动的快乐，从而丰富校园生活，促进中小学生身心健康和谐发展。

二、职工体育

1970 年前，南阳湖农场由于体育设施少且差，体育活动主要是打篮球、排球、乒乓球。每个生产队在场部前划出一块场地，竖立两个简单的篮球架，喜欢打球的青年职工在一起练习投篮，或者随时招呼一伙打球的小青年赛赛球，节假日组织篮球赛。20 世纪 70 年代兵团时期，每逢过节，各连队组织篮球、投弹、拔河、长跑比赛。1988 年 5 月，农场工会重新建立以后，设立职工活动室，在多方努力下为职工购置了一台乒乓球案，职工们打球、下棋、打扑克、打麻将有了固定的集体活动场所，业余时间经常有职工在一起打乒乓球、篮球，也有的聚在一起打打扑克或麻将。每逢节假日，工会组织举行一定规模的职工体育项目比赛，受到全场职工特别是青年职工的欢迎，自 1989 年起，农场每年组织一次职工运动会，广泛组织农场职工参加。职工运动会共设 9 个项目，有篮球赛、排球赛、拔河、中青年组百米赛跑、中青年组 1000 米长跑、象棋、乒乓球、自行车慢骑、4×100 米接力赛等，赛程 4 天，约有 300 人次参加比赛。在每年举办的运动会中，运动项目随时调整增加，为更加贴近职工生活，增强趣味性，运动会增添了定点投篮、男子掰手腕儿、两人三足同心协力等职工喜欢、趣味性更强的运动项目。场工会和团委除联合举办职工篮球比赛外，还以南阳湖农场的名义多次举办邀请赛，邀请部分市区厂矿企业单位职工篮球队到农场进行比赛，切磋球艺，增进友谊，为职工提供了一个交流、锻炼、团结的平台，增强了农场职工的向心力和凝聚力，活跃农场文化气氛，展现农场职工奋发向上、不畏艰难的精神风采，推动群众体育运动蓬勃开展。

三、老年人体育

南阳湖农场是 1956 年建场的老农场，随着农场的不断发展，农场职工最多达 1000 多人，退休职工占在职职工的 30％以上。农场在抓好群众性体育活动的同时，高度重视退休职工体育工作。特别是 1988 年农场工会恢复正常工作以后，按照场党委、场管委要求，在搞好职工文体活动的同时，不断完善老年体育活动场所、场地建设。先后建成 1 个老年活动中心，修建了 1 个老年门球场、4 个乒乓球室、8 个综合活动室，组建了老年乒乓球、太极拳（剑）、秧歌、老年门球等 8 个协会，2017 年以南阳湖农场职工为主体的太白湖区许庄街道水运雅居小区建成后，社区党委、居委在小区内建成 4 个健身广场，安装各类健身器材 80 余套；建设 1 个综合活动室，配备有乒乓球桌、棋牌桌、台球桌、书画桌、图书室等一系列文体设施；组建 2 个广场舞队。专门在小区西侧，修建 1 个老年门球场，便于退休老职工开展各类文体活动。

农场工会和社区党委、居委，定期组织和聘请市老体协、市门球协会等老年体育工作者、社会体育工作者和健身辅导员等专业人士，到农场和社区传播健康理念，义务指导老年职工开展乒乓球、太极拳（剑）广场舞、老年门球以及棋牌等丰富多彩的科学健身运动，倡导健康生活方式。农场 1988 年建起老年门球场后，农场老年门球队积极训练，30 多年来主动参加济宁市门球协会以及兄弟友好单位组织的门球比赛和邀请赛。老年门球队还曾多次邀请市、区 10 多支老年门球队，到农场参加"南阳湖杯"门球邀请赛，曾 6 次获得市、区门球比赛及农场邀请赛的冠军，展现了农场老一代职工雄心不减当年、老当益壮、奋发有为的精神面貌。每天清晨和傍晚，农场职工所在的水运雅居社区，老年活动中心和健身广场等处，都能看到老年人锻炼的身影，越来越多的农场退休职工参与体育健身运动。

第二节　竞技体育

南阳湖农场为丰富职工群众文化体育生活，凝聚农场发展的强大精神动力，弘扬艰苦创业、知难而上、克难攻坚的农垦精神，在全体干部职工群众中深入开展竞技体育运动。自 1964 年农场组建乒乓球队、篮球队后，每年农场在农闲时节都要组织 1～2 次乒乓球、拔河、篮球比赛。20 世纪 70 年代兵团时期，每个连队和服务单位，都建有乒乓球台和篮球场。各连队之间也经常举办乒乓球、篮球比赛，胜出球队参加总场组织的比赛。20 世纪 80 年代后期，农场建立了篮球场。每年赛事活动更加频繁，加强了单位之间的交流与合作，增进了农场各单位之间友谊。农场篮球比赛，一般设在场部办公大院的篮球场。比赛时间为秋收后农闲时节，一般在每年 10 月下旬，由农场各分场及机关组成的代表队分组进行比赛，每次比赛都要评出冠、亚军队和得分王、篮板王。南阳湖农场曾主办过几届"南阳湖农场杯"篮球比赛，市直机关、市总工会、市农业系统有关单位及兄弟单位的篮球队参加了比赛。同样，南阳湖农场职工篮球队也经常应邀参加市直机关及兄弟友好单位组织的比赛。20 世纪 90 年代，在原济宁市（后为市中区）组织的全市职工篮球比赛中农场篮球队成绩突出。1992 年，南阳湖农场篮球队荣获市直机关第六届"建设杯"篮球比赛第一名。2011 年，在济宁市第 13 届运动会上，南阳湖农场代表队荣获行业系统金牌第一名的荣誉称号。

第三节　体育赛事

在搞好农场职工体育活动基础上，为促进南阳湖农场发展和振兴，农场工会在场党委、场管委领导下，在团委、妇联等组织大力支持下，以积极向上、团结奋进、运动健康为主题，积极组织乒乓球、篮球、老年门球以及钓鱼等体育赛事活动。自 20 世纪 60 年代中期起，农场为丰富和活跃职工业余文体生活，就经常组织各队（兵团时期是各连队）、农场各分场、机关及服务单位开展拔河比赛、乒乓球比赛以及职工篮球赛，并对在比赛中取得优异成绩的前三名代表队以及特别突出的队员予以表彰奖励，使全场职工深受鼓舞。1988 年，农场工会恢复正常活动后，更加注重体育活动的开展和体育赛事的策划和组织。基本上每年都要组织一次"南阳湖农场杯"或"南阳湖杯"乒乓球比赛、职工篮球赛。1990—2000 年，南阳湖农场每 3～4 年组织一次乒乓球或篮球邀请赛，邀请市直机关、市总工会、市直农业系统以及毗邻的石桥镇和兄弟友好单位的代表队，到南阳湖农场参加比赛，参观南阳湖农场绿色生态观光园。2012 年后，随着休闲农业，渔业的发展，农场举办过几届"南阳湖农场杯"济宁垂钓大赛，全市许多垂钓爱好者参加了钓鱼比赛。同时，农场还进行绿色农、渔产品展示活动，每年吸引游客达 5 万～6 万人次，带动农场职工群众人均增收 500 多元。这些活动的举行，既丰富了职工业余生活，也受到参加赛事活动者的一致好评。2016 年，南阳湖农场被中国钓鱼运动协会授予山东会员垂钓基地。

中国农垦农场志

第六编

人民生活

中国农垦农场志

第一章　人　　口

第一节　总量变化

1955 年南阳湖农场经山东省人民政府委员会批准成立，筹建之初，工作人员由多方调入，决定了其人口来源及构成广泛。主体人口由领导干部、社会招工、职工家属子女迁入组成。随着时间推移和农场体制发展变化，农场人口数量时增时减，变化较大。

1956 年后，从济宁地区行政专属机关调入管理干部和技术人员 15 名，社会招工 34 人，从滋阳农场、宁阳农场、白马河农场、广北农场调入 20 人，随职工迁入 5 户计 9 人落户农场。截至 1956 年底，全场总人口 97 人，其中正式职工 84 人。

1957 年经济宁县人委批准招聘 300 人，作为农场临时工。1958 年新招收固定工、长期合同工 151 人，学徒工 21 人，其中农业工人 72 人、畜牧工人 30 人、拖拉机驾驶员 4 人、医护 1 人。

1959 年长期合同工转为正式职工 275 名，至 1959 年年底全场职工 363 人。1959 年济宁市委（原市中区）按照全省农场工作会议精神，于 1959 年 1 月 16 日决定以南阳湖农场为主、吸收农场周边 27 个村庄，组建南阳湖人民公社。截至 1959 年年底农场总户数 3500户，人口 1.58 万人，土地 8 万亩。1960 年户数发展到 5811 户，总人口 25353 人，拥有托儿所 26 个、敬老院 8 个。1963 年南阳湖人民公社与南阳湖农场分离。恢复国营南阳湖农场，保留在农场的总人数为 818 人，其中职工人数 567 人（含女性 17 人、临时工 183 人、监督劳动或受其他处分 53 人）。

1961—1970 年，农场共迁入落户职工家属 123 户，人口 434 人。

1970 年 3 月，中国人民解放军济南军区生产建设兵团成立，南阳湖农场组建为山东建设兵团三师十一团。1970—1975 年兵团时期，农场分别从济南、菏泽、单县、济宁、枣庄、滕县招收兵团战士 1680 余人，多系初、高中毕业生，年龄多数在 18 岁左右，年龄最小 14 岁，最大 23 岁，招收职工家属子女 169 人。其中：1970 年招收 409 人，1971 年606 人，1972 年招收 555 人，1974 年招收 42 人，1975 年招收 68 人。累计出生 232 人，死亡 16 人，自然增长 216 人，自然增长率 17.4‰。累计迁出 1132 人。截至 1975 年兵团

撒销，农场总户数 249 户，总人数 2861 人。1977 年迁入 179 户、577 人，1978 年迁入
200 户、818 人，共计 379 户、1395 人；20 年以上工龄职工享受子女户口迁入农场政策，
累计迁入 34 人，兵团时期人口分布见表 6-1-1。

表 6-1-1 1970—1974 年兵团时期人口分布

年度	人口总数	兵团战士	现役干部	管理人员	固定工人	家属子女
1970	3530	1690	60	61	690	1029
1971	2940	1075	52	65	658	1090
1972	3316	1630	60	50	602	982
1973	3178	1469	61	55	591	1002
1974	3062	1360	58	52	587	1003

1956—1977 年，农场共出生人口 677 人。通过上山下乡、分配工作、应征入伍、病
伤死亡等，减少家属及子女 133 人。

1982 年，农场参与第三次全国人口普查，摸清了农场人口状况（表 6-1-2）。
1983—2020 年，农场人口处于相对稳定时期。截至 2020 年年底，农场总户数 397 户，总
人口 1588 人，1990—2020 年人口自然变动情况见表 6-1-3。

表 6-1-2 1982 年人口普查统计从业人员户口人员分布

队别	总户数	总人口	男	女	本地户口常驻本地	本地户口常驻外地
一队	56	296	159	137	284	11
二队	57	300	158	142	298	2
三队	45	265	156	109	261	4
四队	57	323	182	141	319	4
畜牧场	9	66	32	34	64	2
修理厂	21	113	68	45	110	3
水产	36	194	102	92	183	11
综合厂	31	168	88	80	163	5
服务社	26	88	44	44	87	1
加工厂	25	101	44	57	57	0
联合公司	18	107	61	46	90	17
机关	26	88	49	39	74	14

表 6-1-3 1990—2020 年人口自然变动情况表

年份	人口总数	出生		死亡		自然增长率‰
		人口	出生率‰	人口	死亡率‰	
1990	2074	7	3.38	3	1.45	1.93
1991	1940	4	2.06	2	1.03	1.03
1992	1857	1	0.54	2	1.08	−0.54

（续）

年份	人口总数	出生		死亡		自然增长率‰
		人口	出生率‰	人口	死亡率‰	
1993	1728	2	1.16	4	2.31	−1.16
1994	1748	2	1.14	8	4.58	−3.43
1995	1732	10	5.77	13	7.51	−1.73
1996	1745	4	2.29	1	0.57	1.72
1997	1808	11	6.08	1	0.55	5.53
1998	1982	7	3.53	3	1.51	2.02
1999	2100	3	1.43	2	0.95	0.48
2000	1657	3	1.81	3	1.81	0.00
2001	1660	4	2.41	3	1.81	0.60
2002	1659	26	15.67	5	3.01	12.66
2003	1658	21	12.67	6	3.62	9.05
2004	1656	4	2.42	4	2.42	0.00
2005	1653	2	1.21	3	1.81	−0.60
2006	1652	1	0.61	6	3.63	−3.03
2007	1650	2	1.21	4	2.42	−1.21
2008	1649	1	0.61	5	3.03	−2.43
2009	1649	15	9.10	5	3.03	6.06
2010	1648	17	10.32	7	4.25	6.07
2011	1632	14	8.58	8	4.90	3.68
2012	1618	2	1.24	16	9.89	−8.65
2013	1608	4	2.49	15	9.33	−6.84
2014	1606	6	3.74	9	5.60	−1.87
2015	1610	7	4.35	25	15.53	−11.18
2016	1620	6	3.70	24	14.81	−11.11
2017	1606	6	3.74	24	14.94	−11.21
2018	1587	5	3.15	21	13.23	−10.08
2019	1560	6	3.85	27	17.31	−13.46
2020	1588	5	3.15	21	13.22	−10.08

第二节　文化构成

建场初期，南阳湖农场人口文化水平偏低。1962年职工总数456人，其中高中以上30人，初中10人，初小50人，文盲、半文盲270人。随着人员流动变化，特别是知识青年的大批调入，农场人口文化结构发生较大变化。特别是进入1990年以后，农场注重科研人才培养引进，人口文化层次得以提升。1997年农场拥有各类科技人员132人，其中农业技术人员74人，高级职称11人，中级职称42人。2000年农场总人口中，大学专科以上文化程度占1.9%，中专高中文化程度占11.7%，初中文化程度36.0%，小学以下文化程度和文盲占50.4%；全场拥有各类科技人员148人，其中高级职称14人、中级职称

58 人，2006 年农业技术人员 40 余人，其中高级农艺师 3 名、农艺师 8 名。2007 年农场引进农业、园艺、畜牧、经济等专业人才 6 名，均具有本科以上学历。2010 年年底农场拥有各类技术人才 132 人，其中农业技术人员 74 人，高级职称 17 人，中级职称 42 人，所需专业齐全，为农场工农业快速发展和科技进步提供可靠技术支撑。截至 2020 年，农场总人口中大学专科以上 160 人，占 10%，中专、高中文化程度 476 人，占 30%，小学以下文化程度 953 人，占 60%（表 6－1－4）。

表 6－1－4　农场人口主要年份文化结构表

年份	人口数	大学本科以上	专科学历	中专高中	初中	小学	文盲
1962	462	0	0	30	10	50	270
1972	3316	0	5	237	1432	640	1002
1980	2109	0	7	78	824	560	640
1990	2074	19	23	98	598	634	702
2000	1657	23	87	238	428	623	258
2020	1588	59	101	476	233	597	122

第三节　职业构成

建场初期，农场经济以农业为主，职工主要分布在第一产业，部分从事第三产业，根据工作安排，从事农业生产、技术、管理等工作。1956 年全场从业职工 84 人，其中第一产业 66 人，第三产业 18 人。

1970 年后，随着农场工业的发展壮大，职工从业构成随之发生变化。1972 年共有从业人员 2312 人，其中第一产业 2202 人，第二产业 10 人，第三产业 110 人。

1978—2020 年，随着农场经济结构调整和农、林、牧、副、渔业的全面发展，职工从业从主要集中在第一产业，逐步向第一、第二、第三产业合理分布过渡。截至 2020 年年底，农场共有从业人员 464 人，其中第一产业 261 人，第二产业 80 人，第三产业 123 人，1956—2020 年职工从业人员情况见表 6－1－5。

表 6－1－5　1956—2020 年职工从业人员情况表

年度	合计	第一产业				第二产业		第三产业			
		农业	林业	牧业	渔业	工业	建筑	文教卫生	商业	服务	管理
1956	84	66	—	—	—	—	—	—	—	—	18
1957	55	44	—	—	—	—	—	—	—	—	11
1958	167	158	—	—	—	—	—	—	—	—	9
1959	363	345	—	—	—	—	—	—	—	—	18

（续）

年度	合计	第一产业				第二产业		第三产业			
		农业	林业	牧业	渔业	工业	建筑	文教卫生	商业	服务	管理
1960	552	532	—	—	—	—	—	—	—	—	20
1961	468	439	—	—	—	—	—	—	—	—	29
1962	436	398	—	—	—	—	—	—	—	—	38
1963	461	434	—	—	—	—	—	—	—	—	27
1964	417	392	—	—	—	—	—	—	—	—	25
1965	413	387	—	—	—	—	—	—	—	—	26
1966	415	389	—	—	—	—	—	—	—	—	26
1967	528	502	—	—	—	—	—	—	—	—	26
1968	528	499	—	—	—	—	—	—	—	—	29
1969	512	478	—	—	—	—	—	—	—	—	34
1970	1145	1030									115
1971	2043	1925	—	—	—	—	—	—	—	—	118
1972	2312	2202				10					110
1973	2117	1999	—	—	—	10		—	—	—	118
1974	2001	1949				10					42
1975	733	681	—	—	—	12		—			40
1976	721	672				12					37
1977	717	631				10					36
1978	675	548	—	—	—	36	—	—	—	—	91
1979	680	517	—	—	—	36	—	36	—	—	91
1980	680	519	—	—	—	36	—	36	—	—	89
1981	682	519	—	—	—	36	—	36	—	—	91
1982	690	526	—	—	—	35	—	38	—	—	91
1983	887	702	—	—	—	35	—	38	—	—	112
1984	880	687	—	—	—	40	—	38	—	—	115
1985	850	657	—	—	—	40	—	38	—	—	115
1986	790	598	—	—	—	39	—	37	—	—	116
1987	748	554	—	—	—	39	—	37	—	—	118
1988	723	528	—	—	—	38	—	38	—	—	119
1989	724	529	—	—	—	38	—	38	—	—	119
1990	676	418	—	—	—	39	—	37	—	—	119
1991	690	495	—	—	—	38	—	37	—	—	120
1992	705	522	—	—	—	40	—	39	—	—	104
1993	694	506	—	—	—	40	—	39	—	—	109
1994	686	502	—	—	—	39	—	39	—	—	106
1995	645	434	—	—	30	39	—	38	—	—	104
1996	617	402	—	—	30	39	—	38	—	—	108
1997	654	423	—	—	32	39	—	38	—	—	122

（续）

年度	合计	第一产业				第二产业		第三产业			
		农业	林业	牧业	渔业	工业	建筑	文教卫生	商业	服务	管理
1998	671	456	—	—	4	60	—	39	—	—	112
1999	693	377	—	4	30	65	—	40	75	—	102
2000	677	312	38	29	13	74	18	15	76	—	102
2001	607	233	73	65	15	79	18	11	21	—	92
2002	594	240	70	40	30	75	18	11	12	—	98
2003	554	248	20	30	60	73	18	11	15	—	79
2004	530	225	20	30	55	78	17	11	16	—	78
2005	508	217	20	30	50	64	17	13	17	—	80
2006	598	307	20	30	50	63	18	12	18	—	80
2007	489	218	12	8	40	78	18	15	18	—	82
2008	458	170	18	16	50	69	17	16	18	—	84
2009	546	258	20	18	45	70	17	17	20	—	81
2010	554	258	39	19	36	65	19	18	21	—	79
2011	578	233	73	65	15	79	21	3	78	—	81
2012	560	209	38	29	26	79	28	3	68	—	80
2013	613	266	50	25	26	76	22	3	65	—	80
2014	553	190	49	25	26	75	22	8	79	—	79
2015	603	221	—	58	19	74	19	8	76	—	80
2016	543	285	33	29	6	46	22	8	34	—	80
2017	525	344	29	29	6	15	10	8	34	—	80
2018	518	308	29	29	6	15	10	8	34	—	79
2019	483	275	26	29	6	15	10	8	34	—	80
2020	464	200	26	29	6	70	10	8	34	—	81

第四节　民　　族

　　农场人口以汉族为主，其他少数民族占少数。2000 年统计总人口中，少数民族（回族）2 户、8 人。2010 年总人口中少数民族 2 户、6 人。2020 年统计的农场总人口中回族 2 户、5 人。

第二章 婚姻家庭

第一节 婚 姻

1956 年后，农场按照 1950 年国家颁布的《婚姻法》，严格执行"女年满 18 周岁、男年满 20 周岁结婚，严禁直系血亲和三代以内旁系血亲结婚"的政策。

1960—1970 年，国家倡导鼓励青年晚婚晚育，但遵循自愿的原则。1986 年《婚姻法》修改后，农场大力提倡晚婚，结婚年龄有所推迟。1990 年，第四次全国人口普查，全场总户数 510 户，人口数 1713 人，0～5 岁 165 人、15 岁以上 819 人。其中未婚 102 人，占 15 岁以上人口 12%；离婚 3 人，占 15 岁以上人口 0.36%；全场婚姻家庭关系相对稳定。

2000 年第五次全国人口普查，全场总户数 341 户，总人口数 1600 人。0～5 岁 138 人，15 岁以上 580 人。其中未婚 89 人，占 15 岁以上人口 15.3%；离婚 4 人，占 15 岁以上人口 0.69%；有配偶 462 人，占 15 岁以上人口 79.6%；丧偶 38 人，占 15 岁以上人口 6.5%（表 6 - 2 - 1）。

表 6 - 2 - 1 2020 年南阳湖农场人口性别、年龄构成情况表

年龄（岁）	人口数（人）			占总人数（%）			性别比（%）
	合计	男	女	小计	男	女	
总计	1588	781	807	100	49.1	50.9	96.78
0～5	50	28	22	3.1	1.76	1.38	127.27
6～9	52	28	24	3.2	1.76	1.51	116.67
10～14	66	33	33	4.1	2.05	2.05	100.00
15～19	77	40	37	4.8	2.52	2.64	108.11
20～24	86	44	42	5.4	2.77	2.63	104.76
25～29	98	51	47	6.2	3.21	3.19	108.51
30～34	168	80	88	10.6	5.04	5.56	90.91
35～39	189	89	100	11.9	5.60	6.30	89.00
40～44	70	36	34	4.4	2.27	2.14	105.88
45～49	89	42	47	5.82	2.63	3.19	89.36
50～54	93	43	50	5.8	2.76	3.04	86.00
55～59	97	45	52	5.1	2.83	3.27	86.54

（续）

年龄（岁）	人口数（人）			占总人数（%）			性别比（%）
	合计	男	女	小计	男	女	
60～64	134	65	69	8.4	4.09	4.34	94.20
65～69	132	62	70	8.4	3.90	4.3	88.57
70～74	113	58	55	8.3	3.46	3.46	105.45
75～79	55	27	28	3.46	1.70	1.76	96.43
80～84	13	6	7	0.8	0.38	0.42	85.71
85～89	4	2	2	0.25	0.12	0.12	100.00
90～94	2	2	0	0.25	0.12	0	

第二节　家　　庭

建场初期，单代、单身家庭户占多数。20 世纪 80 年代后，家庭构成发生变化，形成以两代户为主的家庭趋势。

1980 年，全场人口 1966 人，平均每户 5.65 人。1990 年全场人口 2074 人，平均每户 5.0 人。2000 年全场总人口 1657 人，总户数 341 户，每户平均 4.86 人。2020 年农场总人口 1588 人，总户数 397 户，平均每户 4.0 人（表 6-2-2）。

表 6-2-2　1990—2020 年农场家庭状况表

年度	总户数	总人口			性别比（%）	户均人数
		合计	男	女		
1990	413	2074	1002	1072	93.47	5.0
1991	411	1940	943	997	94.58	4.7
1992	510	1857	918	939	97.76	3.6
1993	462	1728	853	875	97.49	3.7
1994	443	1748	871	877	99.32	3.9
1995	439	1732	863	869	99.31	3.9
1996	428	1745	865	880	98.30	4.1
1997	428	1808	896	912	98.25	4.2
1998	432	1982	956	1026	93.18	4.6
1999	456	2100	1026	1074	95.53	4.6
2000	341	1657	814	786	103.5	4.9
2001	448	1660	831	829	100.24	3.7
2002	431	1659	831	828	100.36	3.8
2003	414	1658	832	826	100.73	4.0
2004	410	1656	830	826	100.48	4.0
2005	410	1653	832	821	101.34	4.0
2006	398	1652	829	823	100.73	4.2

（续）

年度	总户数	总人口			比例（%）	户均人数
		合计	男	女		
2007	397	1650	828	822	100.73	4.2
2008	395	1649	829	820	101.10	4.2
2009	398	1649	829	820	101.10	4.1
2010	399	1648	826	822	100.49	4.1
2011	412	1632	821	811	101.23	4.0
2012	411	1618	813	805	100.99	3.9
2013	397	1608	806	802	100.50	4.1
2014	396	1606	808	798	101.25	4.1
2015	393	1610	807	803	100.50	4.1
2016	395	1620	816	804	101.49	4.1
2017	396	1606	819	787	104.07	4.1
2018	397	1587	801	786	101.91	4.0
2019	396	1560	792	768	103.13	3.9
2020	397	1588	807	781	103.33	4.0

第三章　居　　民

　　农场居民成分比较复杂，在农场居住的既有职工又有职工家属、遗属等，80％以上人员文化素质不高。除部分人员在农场外部企业工作外，大多数职工从事农田劳作和农场提供的二、三产业工作。农垦职工家属也是开垦土地的一支重要力量，主要依靠农场提供的临时性工作维持生活。大部分职工父母和家属子女原系农业户口未纳入社会养老和医疗保险，2000年前农场在职职工1人工作需要养活1个大家庭。

　　南阳湖农场居民主要由职工家属子女迁入、农场青年职工结婚组建家庭、职工父母投靠子女来农场落户的老年人在农场社区购置住房落户的其他人员组成。

第一节　姓　　氏

　　南阳湖农场居住人口不同于古老村镇，家族聚住姓氏集中，人口从四面八方迁入，因此姓氏多而杂。2020年年底农场总人口1588人中共有姓氏103个。分别为：顾、刘、姚、王、范、武、张、杨、崔、岳、赵、周、冯、贾、郭、孙、朱、关、齐、梁、吕、董、叶、林、任、高、韩、祁、江、于、庄、李、邢、柳、马、胡、皮、许、魏、邹、姜、邓、杜、陈、孟、关、秦、龙、何、惠、金、郝、宋、葛、唐、纪、任、侯、黄、仲、田、国、焦、尤、石、孔、曹、裴、丁、牛、蒋、袁、边、曾、丛、屈、薄、尹、蔡、彭、骆、邬、师、陆、谢、薛、荆、解、武、房、程、史、查、卢、常、阴、展、曹、卞、宗、门、樊、蔺。

第二节　生活水平

　　1956—1978年计划经济时代，农场职工主要收入来源为工资收入，且大多数农场家庭人口多、负担重。一家几代生活在一起，一个人工资收入要养活一大家人，生活水平明显低于当地城镇居民。1978年改革开放后，农场经济快速发展和综合实力显著增强，农场居民生活水平显著提高。居民收入持续快速增长，收入来源明显多元化，消费质量明显改善，食品支出比重持续下降，居住面积提高显著。特别是在 2012 年以后，农场居民收入继续快速增长，消费结构继续改善，生活质量继续提高。1992—2000 年农场居民生活总体达到了小康水平。

一、居民消费结构

食品支出比重（恩格尔系数）是国际通用衡量一个国家或地区人民生活水平高低的重要指标。自 1978 年改革开放以来，农场居民恩格尔系数逐年下降，2020 年农场的恩格尔系数 25%，比 1978 年的 70% 下降了 45 个百分点，并且低于城镇的 28.6%。

1978 年以前，农场居民膳食结构单一，以主食（小麦、玉米、大米）为主，随着农场居民收入水平的提高，食品种类丰富，居民饮食更加注重营养，主食消费明显减少，膳食结构更趋合理。食品消费品质不断提高，居民人均粮食消费量逐年下降，肉禽蛋奶等动物性食品消费显著增加。改革开放前，农场居民在外饮食次数少、品次低，随着收入提高和生活观念改变，农场人在外饮食支出明显增多。

二、居民收入与支出

1978 年前，农场职工收入较低，1956 年职工人均年收入 325 元。1978 年改革开放后，农场居民收入逐步攀升，消费水平稳步提高。1978 年农场实行家庭联产承包责任制，大大提高了农场职工家庭的生产积极性。居民人均年可支配收入从 1978 年的 300 多元增加到 1991 年 1700 多元，消费水平显著增加。

1992 年，全国改革整体推进、市场经济体制不断完善，为商品流通特别是农副产品的交换提供了便利条件，农副产品价格得以提高。进入 21 世纪，国家先后出台减免农业税，实行粮食直接补贴等一系列国家惠农政策，为农场职工家庭增收带来了实惠。随着农场第二、第三产业的启动，大量的职工家属子女实现就业，为农场居民增收提供帮助，人均可支配收入逐年增加，人均消费支出从 2001 年的 0.5 万余元增加到 2020 年 2.44 万余元。

三、耐用消费品消费

1978 年改革开放前，手表、自行车和缝纫机收录机（三转一响）成为部分居民家庭婚嫁必备的"三大件",子女就业上班要配置自行车和手表,20世纪80年代初期,电视机还属于稀缺产品,农场家庭黑白电视拥有量不到10%。20世纪90年代以后,随着改革的深入推进,家庭耐用消费品开始向电气化迈进,农场居民家庭青睐的三大件变成彩电、冰箱、洗衣机,1989年农场职工家庭冰箱拥有率70%以上。20世纪90年代末,农场居民交通出行方式实现多种选择,从自行车、摩托车进入电动车阶段。

进入高科技迅速发展的21世纪,家庭消费也随之向现代化、科技化迈进,移动电话、计算机、汽车走入寻常百姓家。2020年农场家庭汽车占有率达80%。

四、居民服装消费

1978年前,农场居民对衣着的需求较为简单,主要是保暖御寒,显著的特点是"一衣多季",主要是自制或裁缝制衣。1978年以后,农场居民对衣着要求发生三个转变,即从保暖御寒向美观舒适转变,从"一衣多季"向"一季多衣"转变,从做衣向购衣转变。居民穿着更加注重服装的质地、款式和色彩的搭配,名牌化、时装化和个性化成为人们的共同追求。衣着消费支出大幅增加,2020年农场人均衣着支出1500余元。

五、居住条件

改革开放之前,绝大多数农场职工租住农场提供的宿舍,且人口多,住房面积少。三代同居一室是当时住房较为普遍的现象。改革开放以后,农场高度重视改善居民的居住条件。加大职工住宅建设的投资力度,特别是2010年后农场想方设法解决居民住房难问题,随着棚户区改造和压煤搬迁项目的推进,农场绝大多数家庭告别了低矮、破旧、设施简陋的住房,迁入宽敞、明亮、设施齐全的楼房,居住条件明显改善,2020年农场人均住房建筑面积达到40平方米以上。

六、通信和文化娱乐消费

建场初期,农场居民通信方式相对单一,通信方式主要依靠邮政传递,服务档次低,居民通信支出少。改革开放以后,通信行业发展迅速,居民通信支出逐年增加。

改革初期,居民文化娱乐生活较为单调,相应支出较少。改革开放后,随着物质生活水平的提高和居民休闲时间的增多,农场居民对教育、文化娱乐等发展性消费的投入不断加大。2017 年人均教育文化娱乐支出 2847 元。1979—2017 年，年均增长 13.1%，人均教育文化娱乐支出占比为 11.6%，比 1978 年提高 4.2 个百分点。农场居民获得的教育服务水平明显提高，适龄儿童入幼儿园或学前班达 100%。

七、医疗保健

建场初始，农场医疗条件有限，医疗保障缺乏，大病小治、小病不治现象普遍，居民医疗保健支出较少。1978 年后，医疗条件得到改善，居民医疗保障水平不断提高，尤其是随着基本医保和大病保险保障水平的提高和城镇居民合作医疗制度在全国推行，居民看病就医较以前更加便利，得到政府更多补助，居民医疗保健支出明显增加。2017 年农场居民人均医疗保健支出 1777 元，1979—2017 年，年均增长 16.7%，人均医疗保健支出占比为 7.3%，比 1978 年提高 5.9 个百分点。党的十八大以来，随着城乡医保并轨政策的深入推进，健康中国战略全面实施，居民享有的医疗公共服务水平逐步提高。

第三节　居民自治组织

2008 年水运雅居居民委员会和社区党群服务中心成立，承担日常服务和配套设施建设，推进政府职能进社区，架起小区居民与政府沟通的桥梁。

第四章　民　　俗

第一节　社会生活民俗

一、婚嫁

订婚：20 世纪 80 年代初，农场提倡自由恋爱，部分青年仍需媒人介绍，双方满意后基本定下。然后，男方买些礼品如衣料、手表、自行车、缝纫机或金银首饰等作为订婚之仪。订婚之后，逢年过节双方相互看望。2000 年以后订婚，男方要给与女方定亲彩礼。一般是 1 万元至 10 万元不等，多则达 10 余万元。婚姻登记部门颁发结婚证后，即具有法律效力。

定婚期：结婚前一个月男方选定两个吉日，让媒人交女方选定作为婚礼的日期，或由男女当事人协商。一般选在农历的三、六、九日，选在"五一"节或国庆节前后者居多。

婚前礼仪：男方准备新房、被褥（内装少许蚕丝、艾叶，取意相思相爱）、贴对联、下请柬，男方贴"囍"、女方贴"禧"，结婚前一天男方将装有猪肉、山药、鱼、苇席、公鸡、酒、葱等礼物的礼盒送至女方，并告知次日迎娶的具体时间和行进路线。女方则回以母鸡、鱼等，下午新郎由同族长辈带领，鼓乐同行拜祭祖坟。并拜叩本族各家及左右邻居，称"演街礼"。订婚后女方要准备嫁妆，20 世纪 80 年代前多为桌、椅、箱、柜、梳妆用具。90 年代，陪送自行车、收录机、手表、冰箱、洗衣机、彩电。女方亲戚则送衣料、背面、钱款等，俗称添箱。2000 年后富裕人家会陪送轿车、钱款 10 万～20 万元，甚至更多。

婚礼：传统婚礼富裕人家广请宾客大摆宴席。轿车代替了过去的马车、拖拉机，扩音喇叭替代了唢呐。一般都由专门的礼仪公司筹办。旅行结婚、集体婚礼的也渐渐多了起来。宴席期间，主办方父母和新人要分别给来宾敬酒，客人说些祝福的话，宴席结束。20世纪 90 年代中期，农场第二代或第三代人结婚不像父辈们婚礼那样简朴。房子除少数经济条件差的家庭除外，一般的家庭都要买楼房，而且还要装修。家居均购置现成的，家用电器、彩电一般要大尺寸的，音响、冰箱、洗衣机、电脑更是必备之物。结婚照一般都要在风景区找一些专门摄影机构，花上几千元照一套结婚照。婚庆礼仪越来越时尚，由在家里操办变成到饭店操办，而且聘请专门的婚庆公司乐队和摄影师。司仪主持给婚庆增添不少色彩，实行司仪乐队、摄影、车队一条龙服务。除乐队奏乐，还要"三拜四讲"（拜父母、拜来宾、夫妻对拜，主婚人、证婚人、新郎、新娘讲话），讲话内容包含祝贺道喜、夫妻恩爱、孝敬老人等。车辆，20世纪60年代一般是马车，现在一般都是6台以上名牌轿车，挂上气球，披上彩带彩花。新郎到新娘家后，一般都要在门口表示"衷心"唱歌等，否则新娘不给开门。到家后要与娘家人合影，岳父岳母要给"改口钱"，一般都为10001元（万里挑一），然后带着陪嫁和礼品抱着新娘上车。到男方家以后再举行婚礼仪式，在司仪的主持下进行三拜，再由男方父母给新娘子"改口钱"。举行完烦琐的礼仪后，宾朋举杯同庆，席间主持人和新郎新娘逐桌向来宾敬酒，来宾则说些祝福的话，晚上由年轻人再闹洞房。

二、丧葬

20世纪70年代后由土葬转为火化，死者临死前亲邻把事先准备好的鞋帽、衣服等与其穿戴整齐。人死后口内放金属制小鱼或铜钱，手握棉花团，袖中放面饼。子女给死者整容拭目后脸上盖白纸，尸前放供桌，摆长明灯、倒头饭，全家放声痛哭。一般要在家或医院停放1～3天瞻视供奉，然后由孝子或派人到重要亲戚朋友家报丧。母死应由儿子或长孙亲自到死者娘家磕头报丧，至亲得信后立即前去吊唁，死者的女儿须一路哭着赴婆家讨孝。人死后在停尸的屋门前搭一棚子，棚内置桌，桌上放写有死之人名字的灵牌和贡品，桌旁放纸桶。老人去世，晚辈要穿戴孝衣、孝帽，其他亲友则根据与死者的关系，分别穿戴不同的孝衣、孝帽。

出殡：是安葬死者最隆重的礼仪。吊唁者分批进入灵棚，向死者行叩拜礼，孝子恸哭不断向吊唁者致礼。起灵时，由第一继承人将好好的一个盆或钵摔碎，意思是痛不欲生，重整家业。盆是陶瓷制作，葬前用来烧纸，表示遗产由摔盆人继承。沿途都要撒圆边方心纸钱，买通看桥把口"警司"大开绿灯，畅行无阻。到达墓地后，男孝子绕墓穴一周，并不断向坑内撒土，众人掩埋筑坟，坟顶插招魂幡，纸扎在墓地焚烧。

丧后：葬后第二天早晨，晚辈去坟地将坟头筑大，俗称"园坟"。每过七日家人去坟地烧纸致祭，直至七期为止。去世百日和一、二、三周年都要到坟前祭奠，其中"五七"和三周年最为隆重。家有老人去世，百日内不剃头，三年内晚辈不办喜事，过年不贴对联儿，不放鞭炮，过年不得串门拜年。

三、喜庆

吃喜面：婴儿出生三天，主家煮红鸡蛋首先向产妇娘家报喜，生男孩用单数，生女孩用双数，红鸡蛋一、三、五个或二、四个，可多可少。吃喜面的日子男孩一般定在出生后第九天，女孩定在第十二天。到时亲朋带着礼物或婴儿所需的衣物、被褥、首饰、见面礼等前来祝贺，主家设宴款待。喜筵必备面条，另包红包一般20元替代红鸡蛋作为回礼。

过生日：对生日的祝贺，最隆重的有66岁、73岁和80岁时共3次。一般家庭老年人过生日多由子女至亲送些可口的食品，改善一下生活即可。有"六十六要吃女儿一刀肉，七十三要吃鲤鱼窜一窜"之说，一方面体现儿女孝顺，另一方面祝福老人健康长寿，并准备好定做的生日蛋糕，供亲朋好友一块分享。

乔迁：迁入新居，亲友、成家的兄弟姐妹都要带些礼品前去祝贺，称"温锅"。主人一般在新居或饭店备宴待客。

四、家庭、社交

家庭：家事多由夫妻或全家协商，男女平等，孩子取名一般二字，单字渐少。
父不入子媳房，兄不进弟媳卧室，对子、弟、侄媳不嬉笑取闹。

五、友聚

南阳湖农场人非常好客，愿与人和谐相处。不仅亲属之间来往频繁，一般的同学、战友、同事、朋友之间往来也非常密切，特别是随着时代的变迁，人们生活水平进一步提高，友聚的档次和水平逐年提高。过去在家里，现在都到饭店。像同学聚会、战友聚会都要讲究程序。如同学聚会有毕业十年，二十年的聚会，组织筹委会，提前拿出计划安排程序。在正式聚会时要有主持人主持，回顾过去、抚今思旧、话友情、师生情，聚后聚餐合影。也有中间穿插文艺节目的，一般到歌厅欢歌一曲。

六、节日

农场的人口来自四面八方，虽然习俗不一，但随着时代的发展，节日的欢度方式也丰富起来。

传统节日有春节、元宵节、端午节、清明节、中秋节等。

春节：农历正月初一，俗称过年，是中国人民最隆重的传统节日。从过去的节前蒸馒头、包肉包、豆包、包饺子，已变为节前购置一些新鲜蔬菜、各种鱼、肉，还有的人家买回现成的饺子准备着，贴对联是必不可少的。从腊月二十九到年三十，人们开始贴对联，挂灯笼。除夕之夜，一般家庭都是全家男女老少欢聚一堂、吃年夜饭。个别的也有人家在饭店订餐的。观看中央电视台的春节晚会是除夕夜一项重要内容。除夕之夜，除了相互拜年祝福外，长辈仍然有给晚辈（尤其是小孩子）压岁钱的习惯。春节这天，人们早起洗漱、穿新衣，先祭祖先再拜长辈，燃放鞭炮、吃水饺及各种丰盛的饭菜。然后串门拜年，先本族后四邻，互道"新年好，恭喜发财"等吉语。春节期间的庆祝活动丰富多彩，有艺人表演说唱、杂技，有舞狮、耍龙跑旱船等。节日期间更是各种生意人的活跃时期，各种传统小吃应有尽有，小孩喜欢玩的套圈和电动玩具也随处可见。20世纪60年代，日子清苦，总盼着过年，没有电视，没有手机的春节是60年代人记忆最深的春节。那时的春节虽然有些苦，但却是最无可替代的时光。过年穿的新衣服都是家人一针一线缝出来的，充满了爱的味道。那个年代商品需要凭票购买。大人们一大早就去排队买年货，买回一样就觉得离过年更近了一些。过年前几个月，要将家里的油和白面攒着，留到过年时吃。年夜饭可以吃到平时吃不上的饺子。虽然肉不多，但一家人聚在一起吃着都觉得幸福极了。配上炒青菜、炖白菜等，也觉得香喷喷的。白天，孩子们补好觉，年夜饭后，和小伙伴儿拿着自制的玻璃罐头瓶里装着蜡烛的简易灯笼到外面放鞭炮。虽然有鞭炮放，但是大家都不舍得一口气放完，都是拆成一个一个的，时不时放一个，放完了才心满意足地回家睡觉。在没有手机、电脑、电视的年代，收音机是人们过年最常用的娱乐设备。从20世纪70年代开始，吃饱基本上已经不再是难事，可是吃肉还是件奢侈事，所以孩子们期盼着过年那天能吃上一年中最丰盛的饭菜。那个年代农场知识青年大都在农场过年。20世纪80年代，黑白电视机的出现，让"春晚"走进了人们的视野中，吃完年夜饭，一家人围在火炉旁边，嗑着瓜子，看着"春晚"，大年初一带着自家准备的花生、瓜子、糖块挨家挨户去拜年。"三十晚上上火，十五晚上的灯"，除夕的晚上，家里一片亮堂，所有的灯都要开着，做馒头、豆包、酥肉是春节农场大部分家庭要做的一件事。大年初二亲戚间互相走访串门拜年。彩电、冰箱、洗衣机、录音机当时的四大件开始走进农场人家。20世纪90年代除夕夜饭桌上的菜肴很丰富，但是年味似乎已经淡了许多，对于年夜饭也没有太多的稀奇。90年代后的农场孩子大都是独生子女，但小时候的玩伴却不少。在农场喊一声，左邻右舍全都出来了。农场那时高楼也不多，也没有禁止放鞭炮的规定。大家春节过得都很开心。进入2000年，中国进入千禧年后，经济飞速发展。大家开始用手机短信拜年，俏皮的拜年短信满天飞。年夜饭也不再需要自己动手，很多农场家庭会选择一大家子在饭店吃。如今一幢幢高楼拔地而起，农场也都由原来的老旧宿舍区转到现在配套设施齐全、干净卫生的居区小区——水运雅居。"打个电话发条短信拜个年，欢天喜地大团圆""包饺子贴窗花，快乐在农家""看焰火放鞭炮，市郊真热闹""春节不在家，假日列车游天下"是现在春节的一大特色。从2016年开始支付宝、微信红包成了大家过年必须要做的事，手机红包替代了传统红包。

春节国家法定假日3天，一般加上4个周末连起来共7天，号称春节长假。农场除保留优秀的传统民俗外，增加慰问离退休干部，走访农场困难职工等活动。

春节过后开始走亲访友，正月初二夫妻要去岳母家拜年，带着丰盛礼品，岳母家设宴款待。

元宵节：农历正月十五日称元宵节，又称上元节、元夜、灯节。元宵节前后几天，街头巷尾家家张灯。农场办公楼、宿舍大门悬挂花灯、电动彩灯，燃放礼花、烟火，一片欢乐景象。中午一般吃水饺，晚上吃元宵或汤圆，象征团团圆圆。

中和节：农历二月初二日，称中和节，俗称龙抬头。与惊蛰节气有关，这天男人理发的特别多。家家用盐或糖炒黄豆、花生，称炒"料豆"，寓意吃了料豆可一年不生病害。

清明节：二十四节气之一，家家门上插柳枝。节前后去坟地烧纸，修整坟墓。农场清明节前祭扫烈士墓，敬献花圈。缅怀先烈，进行革命传统和爱国主义教育，现在国家规定清明节放假1天。

端午节：农历五月初五日称端午节，家家户户吃粽子、炸糖糕，门前插艾叶，以示祛邪避毒。

六月六：农历六月初六日，正值炎热季节，人们多在这天晒棉衣被褥，谓"晒龙衣"。家家"炒炒面"可以健脾胃、防腹泻。

七夕节：农历七月初七夜，称七夕节，又称"少女节""乞巧节"，传说牛郎织女此夜鹊桥相会。现在人称中国的"情人节"，七夕前后几天常有降雨，人称"相思雨"，传说为牛郎织女相会时的伤心泪。

中秋节：农历八月十五日称中秋节，又称"团圆节"。外出的人大多在此日前赶回家团圆，天高月圆，象征家庭美满团圆。节前家家买月饼，亲友之间相互馈赠。节日中午吃水饺，晚上赏月、吃月饼、西瓜、石榴等，合家团圆。每逢中秋，农场都要慰问离退休干部职工，走访困难职工家庭。国家规定中秋节放假1天。

重阳节：老人节，农历九月初九日为重阳节。此时秋高气爽，景色宜人，正是登高望远，观光旅游的好时光。1987年，山东省委、省政府规定农历九月初九为老人节。农场这天组织老年人活动。

十月一：农历十月初一日为祭祖先的日子。人们在此日前后三、四天内到祖坟墓烧纸祭，寄托哀思。

腊八节：农历腊月初八日俗称"腊八"，早饭多用五谷杂粮、花生、桂圆、红枣等熬成稀饭，俗称"腊八粥"，全家共餐。

祭灶节：农历腊月二十三日称祭灶节，又称"过小年"。外出的人一般都要在此日前返回家准备过年，全家吃饺子，要大扫除、洗衣服、洗床单被罩，干干净净地迈进新年。

第二节　物质生活民俗

农场物质生活民俗涉及农业生产民俗、居民生活民俗。

一、农业生产民俗

农业生产民俗是伴随着中国古代农业经济生活而产生的文化现象。它具有农业生产的季节性和周期性特点，是农民在长期的观察和生产实践中逐步形成的文化产物，既是生产经验的总结，又是指导生产的手段，具有明显的传承性。主要包括：农业耕作的时序、占天象、测农事的习俗、卜农事丰歉、祈福、禳灾的习俗、农业禁忌等方面。大部分以农谚的形式存活在现实生活中，农场流传农业民俗主要有：

二十四节气歌：一月小寒接大寒，二月立春雨水连；惊蛰春分在三月，清明谷雨四月天；五月立夏和小满，六月芒种夏至连；七月大暑和小暑，立秋处暑八月间；九月白露接秋分，寒露霜降十月全；春雨惊春清谷天，夏满芒夏暑相连。秋处露秋寒霜降，冬雪雪冬小大寒。不懂二十四节气，不会管园种田地。一月小寒接大寒，薯窖保温防腐烂；清明玉米谷雨花，谷子抢种至立夏。人不勤奋不能富，马无夜草不能肥。燕子来在谷雨前，放下生意去种田。牛粪凉来马粪热，羊粪啥地都不错。四月清明和谷雨，种瓜点豆又种棉。人治水来水利人，人不治水水害人。立秋处暑八月天，防止病虫管好棉。芒种夏至六月天，防草防雹麦开镰。豌豆大蒜不出九，种蒜出九长独头。三分种来七分管，十分收成才保险。地尽其用田不荒，合理密植多打粮。底肥不足苗不长，追肥不足苗不旺。七月十五红枣园，八月十五枣打了。有钱难买五月旱，六月连阴吃饱饭。五月立春到小满，查苗补苗浇麦田。白露早来寒露迟，秋分种麦正当时。立春雨水二月间，丁凌压麦种大蒜。杨柳梢老杏花开，白菜萝卜一齐栽。秋耕田地地发墒，冬雪渗下不易干。三月惊蛰又春分，整地保墒拍关键。碱地施层砂，强如把肥加。地靠人来养，苗靠肥来长。秋风镰刀响，寒露割高粱。蜻蜓成群绕天空，但是三日雨蒙蒙。蛇过道，大雨到。蛇上树，有大雨。天上钩钩云，地上雨淋。月着蓑衣，天要下雨。日落西山满天红，不是雨来就是风。雷打立春节，惊蛰雨不歇。雷打惊蛰后，低地好种豆。水库是个宝，防旱又防涝。三年不送种，增产要落空。只要功夫深，土里出黄金。肥田长稻，瘦田长草。

二、居民生活民俗

饮食：建场初期，第一代农场人家庭生活相对比较艰苦，改革开放后，随着经济的发展和职工就业面提高，农场职工家庭经济状况稳步改善。农场人那种馒头、土豆、白菜的老三样已被各种新鲜蔬菜和猪、羊、牛肉鱼所代替。以米面为主发展到红小豆、绿豆、玉米面、小米等杂粮为主。酒水也从散装发展到瓶装和罐装。来客由在自家招待，改为在饭店招待，讲究吃的人多了起来，人们已从温饱型逐步转向口味儿型、营养型、养生型。

服饰：20世纪50年代，中山服国防服较为普遍，蓝黑色为主，女青年穿列宁服者居多。"文化大革命"初期，青年中间盛行草绿军装。70年代化纤品逐渐取代棉纺织品，西服开始在女青年中流行。80年代后，夹克衫、西服、面包服、羽绒服、尼大衣、牛仔服等广为流传。90年代各式大衣、人造革、各式皮衣、新式童装、学生服较为流行。由于经济条件的改善和生活质量的提高，穿着服饰不再满足于经济适用的基本要求，而不断向时尚化发展，以注意追求个性化和品牌化。一些年轻女性，特别是一些中年妇女，更加讲究服装的质感和款式。服装的更换周期加快，一般一年一季就更换一个新品种。夏天的短裙，秋天的高档羊毛衫，冬天的羽绒服和各种保温内衣占主导地位。稍好一点的服饰在200～300元之间，而较高档的则在1000～2000元，也有些富裕户穿着上万元到几万元的裘皮大衣。

鞋帽：20世纪60年代解放鞋塑料凉鞋普及。70年代塑料泡沫凉鞋、各式拖鞋、皮鞋、弹力尼龙袜颇受青年欢迎。80年代后盛行塑料底皮鞋、人造革凉鞋、旅游鞋和三节头皮鞋。90年代后农场人穿鞋也比较讲究，有休闲鞋、皮鞋、旅游鞋款式多样。女士鞋更讲究，以休闲鞋、高跟鞋、高筒皮靴为主。50年代男子多戴解放帽，妇女流行方头巾，"文化大革命"初期男女青年盛行军帽。80年代以后，流行各式编织帽、太阳帽、鸭舌帽。

佩饰：20世纪50年代，男青年以佩戴钢笔为时尚，女青年则喜配各式发卡。"文化大革命"时期，青年人多佩戴毛主席纪念章挎语录包。70年代出现手表热，青年盛行有色眼镜和变色镜。80年代后女青年多戴金银质耳环、戒指、项链，并以携带各种式样的小挎包为时尚。

发型：20世纪50年代，男留分头、背头者居多，老者留须者渐少，未婚女子梳一根长辫子，已婚者盘髻。60年代女青年多梳两根短辫或剪短发。70年代青年女性时兴烫发，老年妇女剪发较多。80年代后，人们更加注重讲究生活时尚，特别是太白湖生态开发区建立以后农场人美容养生的多了起来，女士在原来烫发的基础上又发展到开始美容、美甲、染发，女性描眉、文眉、整容、抹口红、染指甲。

出行：20世纪70年，自行车成为主要的代步工具。80年代，外出活动仍以骑自行车为主。步行者已极少见。进入90年代，机动三轮车，拖拉机和汽车等除做运输外兼做旅行之用。坐公共汽车、火车外出活动者大增。2000年以后，各式各样的电动车已代替了自行车。80％的农场家庭都购买了家庭轿车。手机已非常普及，除成为人们日常联系的通信工具外，还成为人们消费支付的主要手段，并兼有了解国内外重大新闻的工具之一。

家具家电：20世纪70—80年代，家具主要有大衣橱、沙发、折叠椅、席梦思床、钢丝床、组合柜、写字台、圆桌等，90年代以后洗衣机、电冰箱、彩色电视机、电话、空调、电脑逐渐走进农场家庭。

炊具：20世纪70—80年代，以铝制锅、盆、箅等炊具代替了过去的铁锅。烧饭以蜂窝煤炉、煤油炉、地锅烧柴为主，90年代后，逐步被洁净干净无污染的沼气和管道天然气取代。

茶具：20世纪60年代，保温瓶、玻璃杯、陶瓷杯、细瓷杯、盖杯逐渐普及，80年代以后，气压保温瓶、凉水杯具等陆续进入普通家庭。90年代后电热壶开始被广泛使用。

照明：日光灯、节能灯和装饰灯逐步代替电灯泡。

第三节 精神生活民俗

农场弘扬传统文化，秉承儒家思想，先后建造"农神后稷"雕像和"二十四"孝文化广场。

一、"农神后稷"雕像

"农神后稷"雕像，2008年建造，坐落在南阳湖农业生态园内。系花岗岩制作。"农神后稷"雕像，身高6米，宏伟高大，栩栩如生，素衣便袍，怜悯于表。

"农神后稷"的传说，很久很久以前，有一个叫姜的女子，她很想有一个孩子。有一天，她来到郊外，向天神祷告，希望天神赐给她一个儿子。她走着走着，忽然看见路上有一个巨人的脚印，她心里好高兴，就想用自己的脚去踩那巨大的脚印，比量一下大小。哪知道刚把脚踏到巨人的脚印上，就有一股力量振动了她的身体。姜回去以后，对大家讲了这件事。一位老人说，这是件好事，或许是天神安排的奇迹呢。果然，姜踩了大脚印以后，生了一个儿子。很多人议论纷纷，认为这是件怪事，一定不吉利，他们就把这孩子抱走，丢在了山坡的窄路上。说来也奇怪，一群群牛羊经过这里，都小心地躲开了，不去践踏孩子。那些人又把孩子抱回来，抛弃到结了冰的河上。这时，忽然飞来一只大鸟，用它毛茸茸的翅膀盖在孩子的身上，给孩子带来了温暖。姜循着孩子的哭声找到了自己的孩子，把他带回来抚养。人们就给这个曾经被抛弃过的孩子起名叫"弃"。弃渐渐长大了，他喜爱劳动，做游戏的时候，喜欢学着种植麻呀、豆呀、谷子呀这些农作物。古人把谷子一类的东西叫"稷（jì）"，姜就给儿子取了个名字叫"后稷"。春天，后稷把种子撒播在松软的土地里，秋天，他从土地里收获了许许多多的瓜果谷物。人们很惊讶，都学着他的样子耕地种庄稼。帝尧知道了，非常尊敬他，推举他做了"农师"。从此，后稷辛勤地教导人民耕田、种地，发展农业，家家户户都有了丰盛的收获，日子越过越好了。后稷死后，人们世世代代祭祀他，都尊敬地称他为"农神"。

二、"二十四孝"文化广场

中国古代二十四个孝子的故事，流传甚广。2008 年，农场投资建造了"二十四孝"文化广场，雕塑了孝感动天、戏彩娱亲、鹿乳奉亲、百里负米、啮指痛心、芦衣顺母、亲尝汤药、拾葚异器、埋儿奉母、卖身葬父、刻木事亲、涌泉跃鲤、怀橘遗亲、扇枕温衾、行佣供母、闻雷泣墓、哭竹生笋、卧冰求鲤、扼虎救父、恣蚊饱血、尝粪忧心、乳姑不怠、涤亲溺器、弃官寻母等 24 座雕像，传承孝文化，成为青少年儿童教育、弘扬中华民族传统美德的基地。

三、游艺民俗

农场流行的游艺民俗主要有游戏：踢毽子、跳绳、抽陀螺、捉迷藏、打弹弓、老鹰捉小鸡、拍手歌、跳橡皮筋、剪纸、钓鱼、摆积木、拔河、荡秋千、放风筝、行酒令、掰手腕、摔跤、象棋、围棋、麻将、推牌九、自行车快慢赛、篮球、乒乓球、羽毛球、老年门球、台球、争上游、够级、斗地主、升级、百分等。社火类主要有"扭秧歌"、农场"夕阳红"舞等。

第五章　社会保障

第一节　社会保险

一、养老保险

1957年，农场根据上级实行劳动保险的指示精神，经原济宁市总工会批准，实行劳动保险并备案，执行《劳动保险条例》政策。保险金按职工工资额3％提取，劳动保险包括职工伤、残、病、公、生育待遇以及供养直系亲属的补助救济待遇。

1965年，根据山东省总工会、山东省劳动厅《关于"贯彻全国总工会关于改革劳动保险和疗养管理的暂行规定"的通知》，为全场职工470名、家属150余人办理了劳动保险，职工家属医疗报销50％。1993年，根据劳动部劳办险字〔1992〕15号、鲁政发〔1993〕35号、济社险字〔1993〕3号文，关于使用《职工养老保险手册》和鲁政发〔1993〕6号、济劳险〔1993〕1号文《全市实行企业职工个人缴纳基本养老保险费》的通知精神，结合农场的实际情况，制定缴费范围、时间、标准、办法。全场固定职工自1993年1月起缴纳基本养老保险费，标准为固定工个人月工资收入的2％；以后每两年递增一个百分点，直至达到8％。合同工从参加工作之日起按本人工资额的3％缴纳。由单位发工资时代为扣缴。承包土地、自谋职业、停薪留职、无职业的自由人员，必须在每个季度首月10日前，自动到财务科按档案加各种补贴之和的2％缴纳现款，凭财务科收据，由劳资科到保险处办理投保手续。企业和职工的缴费年限和职工工龄的计算按照济劳险〔1993〕1号文规定执行。由于农场高度重视社会保险工作，企业上缴养老金和失业金从未出现过拖欠现象，职工参保率也确保历年都是百分之百。1995年，根据鲁劳发〔1992〕24号文规定，实行全员劳动合同制后，原合同制职工的17％工资性补贴不再执行，改按全场职工工资总额的5％提取工资性补贴，计入成本，用于代为职工缴纳2％的养老基金和1％的待业保险金，原合同制职工供养直系亲属与原固定工享受同等医疗待遇。对男年满58周岁，女满48周岁的老、弱、病、残，经鉴定不能正常工作的职工，经企业批准，可实行场内退养，直到办理退休手续。企业职工因病或非因公负伤，医疗期间按照劳部发〔1994〕479号文件规定执行。医疗期满由单位安排承包土地或力所能及的工作，不服从安排或不上班者，解除劳动合同。职工病、伤、残、亡及孕、产、哺乳期的各项待遇，按国家或企业的有关规定执行。企业职工在合同期限内调动工作单位时，按原身份办理调动手续。终止解除劳动合同的职工，按有关规定到当地待业保险机构领取待业救济金。企业和职工发生劳动争议，调解不成时，按国家和山东省劳动争议处理规定执行。企业职工被除名、开除、劳动教养以及被判刑的，劳动合同自行解除。职工因病或非因工死亡的待遇，按照《劳保条例》的规定及省财局鲁财行字〔1978〕第191号文件精神，结合农场实际情况，经场管理委员会和工会委员会研究讨论，对职工因病和非因工死亡丧葬费开支标准和供养直系亲属生活补助费标准做以下规定：丧葬费的开支标准按《劳保条例》规定，职工非因工死亡后，丧葬费为本单位2个月的平均工资（农场两个月平均基本工资为160元），开支项目包括服装、整容、遗体运送、尸体存放、火化、乘运车辆、招待、骨灰盒及其存放费用等。为减轻职工家属的经济负担，决定从1991年1月1日起，按每人500元包干使用，节约归己、不足部分自理。供养直系亲属领取生活费的标准：领取一次性救济费按劳总险字〔1979〕29号、鲁老险字第〔1989〕077号文执行。在职职工供养直系亲属1人的60元，2人的90元，3人以上的120元；退休职工供养直系亲属1人111元、2人165.50元、3人以上222元。领取定期生活费，在上级没有新规定之前，仍按劳险字〔1988〕第397号文执行。非农业户口供养直系亲属每人每月30元；农业户口供养直系亲属每人每月21元；孤独1人的可在上述标准上另加5元。

2002年以后，社保系统实行了垂直管理。五个险种确定为一个缴费基数。农场为职工陆续办理五险一金，全部纳入当地保险事业统筹管理，实行市级统筹、属地管理的运行机制。根据国家规定，将职工养老保险纳入了市保险统筹，2008年将200余名农场离退休职工的遗属生活补助金纳入了社会统筹。2016年农场出台的2016年改革方案规定自2016年2月起，凡距退休年限3年之内的干部职工，可自愿申请办理退岗手续，农场为其缴纳五险一金，无工资、房补、奖金、取暖补贴、高温津贴、福利等。改革后，未能在各生产经营单位就业的职工，也可自主创业，五险一金由个人全部承担，还可由农场安排其他渠道解决本人就业问题。2018年9月30日，根据《济宁市国资委关于进一步深化市管企业劳动用工和收入分配制度改革的指导意见》（济国资〔2017〕11号）等有关精神和要求，经场党政联席会议研究决定，将《山东济宁南阳湖农场改革发展方案》（南农场字〔2016〕46号）中的第十部分内部改革发展方案（一）基本原则中的第17条内容（自2016年2月起，凡距退休年限3年之内的干部职工，可自愿申请办理退岗手续，农场为其缴纳五险一金，无工资、房补、奖金、取暖补贴、高温津贴、福利等）修订为："凡自愿委托场代种代收的干部职工，场只为其缴纳五险，无工资、住房公积金、房补、奖金、取暖补贴、高温津贴、福利等，也可于 2018 年 10 月 31 日前，自己承包种植 7 亩粮食田或 1 个蔬菜大棚，还可在场各生产经营单位通过双向选择方式进行就业"。同时决定，自 2018 年 11 月 1 日起，取消距退休年限 3 年内的干部职工退岗政策。2019 年 6 月 13 日，经公司第八届职工代表大会第七次联席会议通过，按照济宁市社会保险事业中心印发的《关于做好 2019 年度市直社会保险缴费基数网上申报集中稽核工作的通知》要求，为了规范社保缴费，兼顾职工的长远利益，经公司领导班子扩大会议研究决定，报经市文旅集团同意，从 2019 年 1 月 1 日起，将职工的绩效工资和房补均纳入 2019 年度职工社会保险缴费基数。同时，为妥善落实农场职工家属的社会保障服务问题，将原农场管理的职工家属低保、困难救助、高龄补贴、残疾人两项补贴、新农合养老保险、新农合医疗保险等相关各项社会保障管理服务工作全部移交至太白湖新区许庄街道。

二、医疗保险

建场初期，农场建有自己的卫生医疗机构，职工门诊和住院医疗全部由农场报销，这种体制延续到 20 世纪 90 年代末期。2002 年年底，为进一步保障职工基本医疗需求，减轻患病职工负担，全场 900 多人（包括在职、退休人员）参加济宁市基本医疗保险，全部纳入社会医疗统筹。农场上交职工医疗保险占工资总额 6％，职工个人缴纳医疗保险占工资总额 2％，大额医疗费农场为职工缴纳，每年每人 60 元。自 2003 年 1 月 1 日起，职工就医、购药、医疗费结算，由济宁市医疗保险机构支付，大大减轻了农场和职工患者负担，使职工患者就医有了坚实保障。2008 年农场为全场 420 名职工家属办理了城镇居民基本医疗保险。2020 年年底农场为全场 1300 多人包括家属、遗属、离退休人员办理了医疗保险。

三、失业保险

1993 年农场为全部在职职工办理失业保险，保险金按职工工资全额 1％缴纳，并纳入社会统筹。

四、生育保险

1980 年前，农场职工生育时享受产假 1 个月，1980 年后实行独生子女补贴，每孩每月 5 元，产假 56 天。1995 年独生子女补贴增至 10 元，直至 14 周岁为止。2008 年农场根据国家规定出台了相关管理办法，明确农场职工婚假、产假生育保险等待遇按国家规定执行。2009 年 8 月农场执行《济宁市企业职工生育保险办法实施细则》，按职工工资总额 1‰缴纳，实行统一参保，统一征缴。

五、公伤保险

农场规定，凡因公伤残者，其诊疗费、医药费、住院费、膳食费全部由农场负担。医疗终结后被确定为丧失工作能力者，按规定办理退休手续，享受退休待遇。2010 年 8 月，将农场老工伤人员纳入济宁市工伤保险统筹管理。

六、其他保险

2011 年，按照《关于解决城镇未参加集体企业退休人员基本养老保障等遗留问题实施方案》（济人社字〔2011〕80 号），农场为 287 名符合条件的职工家属（或遗属），统一办理城镇居民养老保险，并按其所选缴纳基本养老保险费总额的 20‰给予一次性补助。同时，将 100 名家属全部纳入社会保险统筹，解决了未参保退休人员基本养老遗留问题。

第二节　社会救助

一、困难职工救助

农场是 1956 年建的老企业，职工家庭经济基础薄弱、家底不厚，一遇到点事就容易造成生活困难。农场职工家庭人数多，困难群体大，家庭抵御风险能力差。因病伤、其他自然灾害及突发事件等造成生活困难的职工家庭，农场主要采取向市总工会申请困难职工补助；组织全场干部职工开展"手拉手献爱心"捐助活动；积极配合市区民政部门，对符合条件的职工家属办理低保待遇、申请高龄补贴、农场帮扶等形式，帮助他们渡过难关，缓解其生活困难和经济压力。

二、最低生活保障

农场困难家庭人均收入处于城镇最低生活保险线以下，协助民政部门办理低保。2005年为60户、70人办理低保，2008—2012年，共300人享受低保待遇，缓解了其生活困难，维护了农场稳定。截至2020年年底，农场低保人员83人。

三、特困人员供养

1997年，农场为三名特困职工申请市总工会生活救助金1.75万元，向秋季受灾的职工发放救济款1.5万元。2008年，农场孤身一人的老职工丁某某，家中无妻子儿女，身边无至亲。在该人病重期间和病故后，农场领导多次去敬老院、三下韩庄协助丁某某看病，并料理其后事。2019年为7名低保老人申办居家养老服务，为2名残疾人申办生活补贴。同时为60余名60～79岁的低保人员申请办理高龄补贴，每人每月增加100元。2020年年底农场特困人员186人，其中社保局管理142人，农场供养44人。

四、受灾人员救助

1999年二分场职工齐某某患癌去世，同年6月份其家属服毒身亡，孩子无依无靠。农场组织"讲友谊、献爱心"活动，向全场职工发出捐款倡议书，经五天时间捐款2200多元。年底又向市总工会申请救助款500元，帮助其渡过难关。2003年8月23日至9月4日，连续降雨，农场受灾面积1200亩，绝大部分绝产，390亩鱼塘漫溢，550亩苗木被淹，受灾损失460万元，给农场职工生产生活造成很大困难。农场向市总工会困难群众救助中心申请，争取救助资金3.1万元，救助困难职工180人。2017年春节，针对农场秋季作物受灾职工，向市总工会申请1.5万元，对农场121名职工进行了救助。并申请0.5万元中央拨付资金，对10名特困职工进行救助。

五、医疗救助

2005年7月26日至8月3日，农场组织开展了"手拉手献爱心"捐助活动，为三分厂职工黄某某、窦某某夫妇需要肾移植手术的独生儿子进行了捐款。广大党员干部职工积极参加捐助活动，共捐款1万多元。2008年农场职工秦某某的女儿，因患病高烧不退，走遍济宁、邹城、济南、北京等地医院治疗，几个月花光家里所有积蓄，还欠下不少债务。农场于2008年7月27日在全场开展"手拉手献爱心"活动，全场500余人参加，共捐款1.78万元，帮助秦某某缓解暂时生活困难。2009年4月5日下午，农场职工李某某在农场建材厂东200米处被一辆农用三轮车撞成重伤，肇事车辆逃逸，李某某被送至人民医院救治。由于伤势严重，虽脱离生命危险，但仍处于重伤阶段。突如其来的灾祸给李某某和这个家庭带来的伤害和经济损失是巨大的。在花费自家和亲属筹集的近7万余元手术费后，这个家庭再无力承担此后医疗费用。农场领导得知这一情况后，决定在职工中组织捐款捐助，短短几天就筹得善款2.75万元。同时场工会将其情况向市总工会帮扶中心做了汇报，申请帮扶资金1500元。2008—2012年，为11名患大病职工争取了大病救助款6万元，其中，最多的7000元，最少的500元。

六、教育救助

1989年农场出台鼓励学生学习和职工业余学习奖励政策：对考取本科的学生发放鼓励奖300元、大专的200元、中专100元。职工通过自学、电大、夜大、函大学习取得毕业证书，报销学费、书籍费，并按学历享受浮动工资待遇。2010年，在市总工会、女工委的支持下，为农场7名困难学童每人发放助学金500元，在市总工会开展的金秋助学活动中，为1名家庭困难、新升入大学的大学生争取到"金秋助学金"3000元。2017年为8名职工申请子女教育补助每人500元。2018年为6名职工子女发放升学奖励金1200元。2019年为8名农场职工子女发放奖学金1800元。同时农场鼓励干部职工学习，出台有关补助措施。自2001年始，对推荐选派干部、技术人员学习的据实费用全额报销；参加职业对口学习进修，学员毕业后学费和交通费报销80%；参加自学考试，学员报名费、考务费、学费全额报销；特殊情况下的培训进修，由场班子会议决定培训费用报销办法。

七、住房补助

农场过去一直实行福利型住房制度，职工无房找单位要、房漏找单位修，但农场房屋逐渐老化，维护费逐年提高，成为农场沉重的负担。1995年7月，农场为全场在职职工办理住房公积金。农场和职工月上交上年档案工资总额5%，一并交到济宁市住房资金管理中心，存款利率按人民银行规定执行，本金利息均归个人所有。并填入职工个人住房公积金手册，职工需要建房、改造或申请购房时，根据《住房公积金管理条例》，可申请取款或贷款购置房屋。达到"无房的分房、危房该改造的彻底改造"要求，并规定可以有偿使用农场职工结存公积金。1998 年农场本着"落实政策迅速进行，防止国有资产流失"的原则，加大了住房管理力度，制定了住房制度改革意见，成立了改革领导小组。将住房划分为五等十级，对全场 500 名职工一次性出售公有住房使用面积 2.78 万平方米。售出住房资金 80 多万元，专项使用以改造职工住房条件。农场规定：免收老红军新增房租，抗日战争时期参加革命工作人员减免新增房租 65%，解放战争时期参加革命工作人员减免新增房租 50%，退休职工及遗属减免新增房租 20%，享受国家定期抚恤孤老优抚社会救济户免收新增租金。2002 年年底经农场四届三次职代会第三次联席会议审议通过，农场修改了《职工住房管理办法》，对未享受原房改的职工，申请建房时实行自建公助的办法鼓励职工建房，场给予单职工建房补贴 5000 元，双职工 7000 元，在此基础上，给予有职称人员再进行一定补贴 1000 元。建房时统一规划、统一标准、统一验收，产权归农场，土地无偿占用，不得对外出售出租。经过两年建设，职工投资 1000 多万元，按照农场规划设计，新建职工宿舍面积 7.2 万平方米，改善了职工住宿条件。2007 年农场上调住房公积金额度，由开始 5% 调到 8%。2009 年农场为全场在职职工、离退休职工办理了住房补贴，每月按职工月工资总额 5% 计算随工资发放，并一次性拿出 331 万元，补齐了农场职工 1997 年 7 月至 2007 年住房补贴。2011 年兖矿集团二、三号煤矿连续采煤，危及部分职工住房安全。加之农场职工住房大都是 20 世纪 60 年代左右建造而成，存在不同程度的安全隐患，农场积极与兖矿集团协商，加快了职工住宅区搬迁进度。6 月底完成四个分场和南鱼池 582 户职工住房搬迁任务，并及时发放过渡期房租，妥善解决职工住房问题。同时，快速启动职工新住房建设工作，积极争取了城市棚户区改造扶持政策，加快推进职工新居（水运雅居）建设。根据《山东济宁南阳湖农场居住区搬迁住房购房方案》（南农场字〔2012〕22）精神，职工个人应得建房搬迁补偿款平均每户 30.6 万元。鉴于离退休人员及遗属搬迁较早，建筑工程并未收尾，给搬迁后的离退休人员及遗属带来一系列的生活不便，加大生活成本。场决定给予每位离退休人员及遗属增发搬迁住房补贴 500 元。

八、就业救助

20 世纪 70 年代以前，大批农场职工家属和子女落户农场。农场职工家属也是开垦土地的一支重要力量，就业主要依靠农场提供临时工。1968 年农场成立"五七"工厂，相继安置 85 名职工家属在农场"五七"工厂就业。1980 年后随着大批农场家属子女搬迁至农场，按照国家政策，对符合条件的职工家属子女全部办理"农转非"手续，同时职工子女上学、招工、就业纳入城镇家庭体系。1956—1979 年，前往农场的职工家庭共 276 户、884 人。1969—1979 年，农场职工子女安排在地区、市、县工厂就业的达 268 人。在 1979 年以前，凡 16 周岁以上男女青年，除在校学生外，均安排在地区、市、县的企事业单位就业。1980 年以后，农场子女就业压力逐年增加。南阳湖农场大批的家属子女随职工迁入农场，每年都有 70～80 名待业青年需要安置就业。截至 1985 年农场有待业青年 331 名，其中大龄青年 23 名。考虑农场离城市较远、位置偏僻等情况，农场结合自身特点新建食品厂，不断增加花色品种，提高产品的产量和附加值，以期安置更多待业青年。同时，在农场的其他生产部门，采取"借地栽花、借场养人"等方式安置部分青年工作。由于文化层次较低综合素质不高，就业压力很大，为了管理、帮助这些人就业，农场在 1986 年成立了劳动服务公司。首先在春、秋举办文化补习班，学期各 3 个月共达 137 人，集中力量提高青年素质，增强劳务市场竞争力。1987 年向全民集体企业输送 157 人，占应安置青年的 50％。另外，对 100 多名素质较差青年组织文化补习，集中培训 6 个月，提高文化素质和思想素质为以后全民集体企业输送合格人才，得到更多就业机会。组织开发更多力所能及的生产加工项目或探索横向联合的路子，开辟更多的生产门路，扩大就业岗位。截至 1989 年年底累计共安排农场职工家属子女 400 多人就业，安置农场子女达 96％，缓解了农场的就业压力。1992 年农场为解决富余劳动力就业问题，对面粉加工车间进行扩建，形成日产 40 吨面粉加工厂，增加就业岗位 25 个。

进入 21 世纪，随着农场经济的好转农场调整了产业结构，增加和恢复了部分二、三产业，职工子女就业有所改善，但这始终是个很大的矛盾。2007 年农场成立了职工子女就业领导小组及职工子女就业办公室，并作为农场的常设机构，全面负责职工子女就业的日常工作，制定职工子女就业招收办法及相关规定。2009 年农场招收 90 名职工子女进场工作，缓解了职工子女就业压力。由于兖矿集团济宁二、三号煤矿生产采煤区塌陷，加之南水北调市截污导流蓄水区、临菏公路济宁段、市东外环南延工程等重点市政建设工程前后占用农场土地，致使农场 100 余名职工因失地而失业。为妥善安置农场失业职工再就业，更好履行国有企业的社会责任，盘活社会闲置资产，带动当地群众致富增收，2016 年农场与梁山县、汶上县两家私营粮食收储企业合作，共同成立两家国有控股的混合型企业（两家混合型企业农场均控股 51％），提供就业岗位 22 个。2017 年，按照《关于下达济宁市 2015—2016 年油价补贴政策调整省级财政一般转移支付项目申报指南的通知》（济渔〔2017〕20 号）精神，为进一步发挥市直国有企业、省农业产业化重点龙头企业在推动全市渔业建设中的引领示范作用，更多安置农场职工再就业，2017 年，农场申报实施济宁市 2015—2016 年油价补贴一般转移支付山东济宁南阳湖农场休闲渔业公园项目。农场休闲渔业每年可实现增收 400 万元，提供劳动就业岗位 150 多个。

第三节　福利服务

2012 年南阳湖农场投资 515.27 万元实施养老服务项目，主要整合利用农场已有的养老服务资源，配备必要的养老设施设备，重点对农场原食堂、招待所、老年人活动大院、医院、农家小院、晒场等六处建筑物开展改造扩建工程，使之成为养老服务公寓。总场养老服务项目占地 1.073 万平方米（约 16.1 亩）总建筑面积 6958.28 平方米。主要包括安康居住中心、文体活动中心、卫生护理中心、农家体验中心、田园体验中心，可以同时容纳 26 户、152 名离退休老人生活居住，使他们老有所养，老有所乐，老有所学，老有所为，过上幸福安康的晚年生活。

第六章　社会主义精神文明建设

南阳湖农场的精神文明建设始终与社会发展相协调，与农场生产经营与改革发展结合在一起。不同历史时期，精神文明建设的形式和内容有所不同，逐渐形成南湖农场自己的特色。

1956—1970 年，农场精神文明建设的主要内容是：与开展增产节约、社会主义劳动竞赛和先进评比结合在一起，树立铁人红心的硬骨头四组先进单位和一批劳动模范、"五好"职工、学雷锋做好事先进典型。1964 年农场成立职工俱乐部 1 个，包含报刊、图书、黑板报、乐器、篮球、羽毛球、乒乓球、广播器材等，有图书 400 余册，订报纸杂志 46 份，丰富职工业余生活。

1970—1975 年兵团时期，农场涌现了舍己救人、见义勇为、立场坚定、旗帜鲜明、明辨是非、勇斗歹徒、荣立三等功兵团战士典型。1980 年后，农场增加先进党支部、优秀共产党员、优秀团员、先进职工、文明家庭的评选和崇尚科学、团结互助、扶贫救困、见义勇为、爱岗敬业等活动内容的精神文明建设。1990 年农场组建自己的篮球队、乒乓球队、象棋队，培训了农场自己的交谊舞老师。建立了农场职工活动室、电影放映室，购置了电视机、卡拉 OK 音箱、台球、羽毛球等文体器材，丰富了职工业余文化生活。

2000 年以后，农场增设"见义勇为"特别奖。涌现出一批见义勇为、舍己救人的先进典型。每年"三八"妇女节、"五四"青年节、"七一"建党节、"八一"建军节、"十一"国庆节、元旦、春节等重点节日和重大历史事件纪念日，农场都要举办多种形式、丰富多彩的庆祝活动，以增强农场职工对祖国、对农场、对自然、对生活的热爱。

2010—2020 年，农场常年坚持送温暖活动，每逢元旦、春节、"七一"，农场党、政、工、团负责人带着慰问品或慰问金，对农场孤寡老人、烈军属、工伤遗属、转业军人、困难人员、老党员登门走访，使他们感受到组织的温暖。日常坚持"五访"活动，是南阳湖农场精神文明建设又一特点。农场职工因病住院、结婚嫁娶、家中丧事和职工家庭出现重大困难或意外灾祸，农场都会安排相关人员亲自走访慰问，帮助职工解决困难，渡过难关。每逢职工生日，农场给职工发放慰问品或生日蛋糕，并送上生日祝福。坚持每年 1 次老干部和女职工健康查体（老干部定在 7 月份，女职工查体定在 3 月 8 日前后），对查出的妇科疾病治疗费，提高报销比例，不分门诊、住院一律报销80%。同时，分期聘请济宁市妇科保健专家举办妇女保健知识讲座，提高农场女职工、女家属自我保健常识，促进其身心健康。农场工会设女工委员会，并配备专职干部，负责农场女工维权、女工健康和日常管理工作。

第一节　精神文明机构

1998年7月，农场成立精神文明办公室，全面负责农场的精神文明建设活动。坚持机构、人员、任务三落实。由党委宣传委员分管，党委办公室牵头，由工会、共青团、女工委等有关人员组成工作班子，制订精神文明建设工作计划和实施办法，确保精神文明建设工作扎实有效、富有成果。虽然场领导班子人员多次变动，机关多次改革精简，但农场精神文明建设机构和成员始终不断调整和加强，书记、场长为第一责任人。1999年农场成立宣传报道站（设在党委办公室），场属经营单位设立宣传报道员，创办了《政工动态》《工作简报》《场务公开信息》《农业科技简讯》等内部刊物，及时宣传报道农场生产经营和改革等方面信息。

第二节　精神文明活动

场党委、管委始终把精神文明建设工作列入议事日程，常抓不懈。坚持两手抓，两手硬，把精神文明建设同物质文明建设紧密联系起来，深入开展精神文明创建活动。

自1956年始，农场以开展社会主义劳动竞赛作为推动工作、完成任务的动力。以群众自我教育为主，开展月中评比、年终互评，树立农场先进单位和先模人物。1958年开展"学先进、比先进"生产运动，开展"红旗竞赛"，当年评选先进单位3个，先进生产者95名；组织职工家属参加生产劳动，评出五好家属4名，四好家属5名。通过社会主义教育运动和学雷锋活动，家属素质有所提高，小偷小摸、占公家便宜现象减少。对生活困难职工，经调查了解、群众评议、领导审批后实施救济。1963—1964年全场救济5人，救济金额100元、30元、20元不等。

1961年农场开展"增产节约运动"，1963年开展社会主义教育和学雷锋教育活动。1964年农场建立职工俱乐部1处，包含报刊、图书、黑板报、乐器、篮球、羽毛球、乒乓球、广播器材等，创作农场自己改编的话剧《三月三》，颇受群众欢迎。创办农业初中班、高小班、初小班、扫盲班以及儿童班。所有农工家属及适龄儿童均做到入学初、中、高小班，除学习语文、数学外，并学习农业技术、农田水利及机具常识，坚持不忙多学，大忙少学原则，采取做什么学什么的方法，举办技术讲座。如针对夏季积肥举办肥料讲座，围绕稻改举办了水稻管理、治虫、收获讲座。1965年农场开展学习毛主席著作、学习解放军、学大寨、学大庆，广泛开展群众性的科学试验。树立科学树田的思想，培训"六员""四手"工人。即技术员、秋田管理员、查虫员、看水员、播种员、施肥员、插秧手及拔秧手、挠秧手、选种手，并建立科学试验小组。试验田15亩，在密植品种施肥栽培等不同方面的试验项目12个，通过对比实验，掌握了农场科学种田的宝贵资料数据。

1970—1980年，农场重点开展农业学大寨运动，争创粮食"过长江"创千斤粮活动，同时开展向雷锋学习活动，掀起比、学、赶、帮、超热潮。当时提出口号："学大寨干昔阳，甩去千把汗，换来万担粮，为了今年过长江，打好水利这一仗"。1970—1973年12个排、21个班、193名人员得到团嘉奖。46名知识青年入党，750名入团，147名升学，26名参军，85名提干。开展"法制教育活动"，结合"二五"普法教育，进行《企业法》《新工会法》《中华人民共和国妇女权益保护法》及场规场法的宣传教育，增强职工法治观念，促进农场法制建设。

1981—1990年，农场开展丰富多彩的政教活动，先后开展忆十年话改革、学雷锋学铁人讲奉献树新风、质量品种效益年、双增双节、社会主义思想教育等活动。结合农场实际，举办西瓜栽培技术、棉花栽培技术、农机使用与保养技术等培训班，职工精神面貌和业务素质大大提高。

1990年后，农场配合迎港澳回归，举办知识竞赛、编排文艺节目，进行爱国、爱党、爱社会主义的教育活动。共编演文艺节目6次，组织体育活动6次，参加人数达1200人次。1999年7月参加市农业局组织的庆"七一"迎"国庆"文艺汇演。9月底参加山东省农业厅组织的庆祝新中国成立五十周年文艺汇演，组织农场庆祝新中国成立五十周年的文艺演出。开展"手拉手献爱心"活动，为1名患病职工子女和1名遭车祸职工，分别捐款1.78万元和2.75万元。1990年春季，济宁市泗水县发生水灾，山区群众口粮不足，生活困难。农场支援泗水县50万斤平价小麦和5.8万斤优质绿豆种。同年11月份，济宁市动员12万民工，开赴梁济运河引黄补南水利工程工地。农场组织慰问团，携带绿豆、松花蛋、鸭蛋、鲤鱼等价值1.5万元的慰问品去工地慰问。1992年农场先后开展了篮球、乒乓球、排球、网球、羽毛球、台球、长短跑、拔河、吊瓶、象棋、扑克等活动。举办大小文体活动49次，参加人数达2.4万人次。1992年荣获市直职工第六届建设杯篮球赛第一名。开展舞蹈、唱歌、相声、快板、话剧等文娱活动36次。1993年场歌"飘香的农场"获农业部全国农垦系统场歌大赛"金杯奖"。2005年举办农场建场50周年场庆活动，缅怀老一辈职工艰苦奋斗、勇于奉献的创业历程，教育职工抓住机遇、发挥优势，再创农场辉煌业绩。开展保持党员先进性教育活动，用"三个代表"重要思想武装党员干部头脑，提高党员的理论水平和思想素质。开展丰富多彩的文体活动，组织职工群众开展拔河、象棋、够级比赛等活动。参加任城区举办的篮球友谊赛活动，丰富职工精神生活，提高职工文明素质。对职工进行《公民道德建设实施纲要》宣传教育，组织职工学习舍己救人、勇于救火、保护集体财产等先进事迹。广泛开展"慈善一日捐""献爱心手拉手"等活动，分别筹得善款 8970 元、17800 元，及时送到受助人手中。

2008 年年初，中国南方出现了历史罕见的雪灾，四川汶川、云南玉树大地震、舟曲特大泥石流灾害，农场向全场职工发出倡议书，号召全场职工家属伸出援助之手，奉献一片爱心，捐款捐物。三次捐款活动共有 2500 人次参加，捐得善款 20 余万元、棉衣棉被1000 余件。其中 1 名职工一次捐出月工资 1600 元，2 名待业青年分别捐款 1030 元、500元，成为献爱心先进典型。在 6 月 20 日全体党员缴纳特别党费中，农场一退休 77 岁老党员一次捐款 1000 元，部分入党积极分子也参与捐款活动。

2009 年举办新中国成立 60 周年系列活动，在职工中开展爱国主义教育，动员职工看爱国主义书籍、影视作品，听爱国主义故事。组织新中国成立 60 周年演讲比赛及大型文艺演出，130 多名演员参加，近 400 名观众现场观看。创作庆祝新中国成立 60 周年作品40 余幅，其中 6 幅获优秀作品奖。在迎国庆 60 周年全市职工红色歌曲大家唱比赛中，农场歌手获优秀歌手奖，农场获优秀组织奖。同年举办职工趣味运动会、秋季篮球比赛等，丰富职工精神文化生活。制作农场宣传彩页和网站，展示农场新形象，提高农场知名度。

2010 年农场对 120 名管理人员实施《100％员工成长计划》教育培训，举办"南阳湖"杯职工歌手大奖赛、南阳湖农场职工秋季篮球赛。组织农场与鲁抗舍里乐公司的中国象棋赛、乒乓球赛、篮球友谊赛，建立企业之间的友谊。组织优秀党员和先进生产者赴台儿庄革命老区开展学党史、感党恩、跟党走活动，举办建党 90 周年文艺演出等活动。

2011 年举办建党 90 周年诗歌朗诵比赛。同年，建设门球场 1 处，组织了老年门球比赛活动。

2012 年先后与《中国农垦》编辑部联合举办全国首届科学发展场长论坛，积极配合省农垦局成功举办农业部农垦局现代农业发展座谈会、2012 年度农垦工作会议等，进一步提升南阳湖农场社会知名度。2012 年农场荣获中国休闲农业创新奖、山东省省级现代渔业园区、全国休闲渔业示范基地、全国青少年儿童食品安全科技创新学院示范基地、全国休闲农业与乡村旅游示范点、全国休闲农业与乡村农业四星级企业。

2013 年 4 月，参加全国《女职工劳动保护特别规定》知识竞赛，农场选手荣获中华全国总工会女职工优秀个人奖。组织职工参加市总工会举办的"建设美丽济宁，展示巾帼风采"全市女职工才艺大赛，并荣获市优秀奖和组织奖。同年9月份举办重阳节老年门球赛，组织退休职工参加市老年门球协会友谊赛，荣获三等奖。

2014年成功举办"南阳湖之春"运河音乐会、职工春季运动会、职工秋季篮球赛，组织市老年门球邀请赛，丰富职工精神文化生活。配合中央电视台7频道《农广天地》栏目组，拍摄"从农田到餐桌——走进南阳湖农场"节目，配合济宁市电视台录制《闫虹访谈节目》，扩大农场休闲观光品牌的知名度。

2015年，农场先后成功举办"庆五一"职工健身活动、职工趣味运动会、济宁市休闲垂钓系列赛、南阳湖农场与济宁日报社篮球友谊赛等大型活动，丰富干部职工精神文化生活。2016年组织职工先后参与市羽毛球比赛、市老年门球比赛等活动。完成市级文明单位的复查工作。新建阅览室1处，张贴文明标语50处，更换科室门牌30个。通过人民日报、农民日报、济宁电视台、济宁日报、济宁晚报等新闻媒体报道，宣传农场的改革发展新成果、新面貌、新气象。

2017年，参与全市创城行动，先后投资30余万元。沿农场公交线路的重要位置安装了公交站牌15个。在全场显著位置布置社会主义核心价值观、中国梦、讲文明、树新风公益广告宣传展板。落实"路长制"，完成火炬路南段道路包保任务。组织干部职工先后举办春季运动会、篮球比赛、市老年门球赛等活动，增强干部职工凝聚力。

2018年，农场成功举办农场职工趣味运动会，同时，参加市总工会组织的"中国梦，劳动美——学习贯彻习近平新时代中国特色社会主义思想和党的十九大精神"职工演讲比赛；市国资委组织的乒乓球比赛；市总工会组织的书画摄影比赛。

2020年年初，湖北武汉突发新冠肺炎传染病，并迅速弥荡全国，给广大人民群众身体健康和社会稳定带来了很大不利影响。农场上下高度重视，认真贯彻落实中央、省市等各级决策部署。于1月27日成立了农场疫情防控领导小组，疫情防控领导小组下设办公室，办公室设在行政管理服务办公室并公布联系电话。制定"济宁南阳湖农场有限公司新型冠状病毒肺炎疫情防控实施方案"和"山东济宁南阳湖农场有限公司关于新冠肺炎疫情防控和复工复产工作方案"。开展"疫情无情人有情，同心协力抗疫情"爱心捐款活动。提高政治站位，发扬"一方有难、八方支援"的优良传统，2020年2月12日按照市文旅集团有关决策部署，捐款总额约为50万元，（包括公司捐款和个人捐款，其中个人捐款坚持自愿捐助的原则）依法有序支持疫情防控工作。全面推行疫情联防联控机制，做好公司辖区疫情防输出防扩散工作。面向广大职工和水运雅居小区业主多次进行疫情防控知识宣传，共计发放疫情明白纸20000余份。机关科室配合小区防疫工作，确保了职工队伍安全稳定。对公司职工和小区居民进行拉网式排查，网络化、地毯式管理，群防群控，稳防稳控，有效落实综合性控制措施，做到"早发现、早报告、早隔离、早诊断、早治疗"防止疫情输入、蔓延、输出，控制疾病传播。水运雅居小区居委会和小区物业负责每天向太白湖新区有关部门报告小区居民疫情数据，行政管理服务办公室负责每天向济宁文旅集团报告农场有限公司疫情数据，疫情报告的数据必须及时精准。

2020年农场举办"梦想起航，共赢未来"新年联欢会和2020年度职工趣味运动会。春节期间，走访慰问10名困难党员、8名困难职工，为7名退休老职工申办居家养老服务，为2名残疾人申办生活补贴。组织开展"不忘初心、牢记使命"的主题教育活动，制定实施方案，完成市国资委系统企业基层党支部评星定级工作。经验收考核确认，农场有五星党支部3个、四星党支部2个、三星支部1个。并在农场办公大楼新建党建宣传栏1处、文化墙6处、红帆驿站1处。根据市委组织部统一部署，开展"民情书记"团队"双帮双促"常态化走访、慰问困难党员等系列活动，全年走访624户。2020年，农场在济宁市慈善总会、济宁市国资委、济宁日报社联合组织开展的"爱心企业，爱心企业家"展评活动中，被评为"济宁市爱心企业"，农场董事长被授予"济宁市爱心企业家"荣誉称号。2020年7月19日上午，农场承办"南阳湖农场杯"全市游泳健身活动，以此纪念毛泽东主席畅游长江（7月16日是毛泽东主席畅游长江纪念日，也是毛泽东主席留给中国游泳运动独特的文化遗产，国家体育总局游泳管理中心、中国游泳协会决定每年7月16日这一周定为"全民游泳健身周"），探索农场＋体育＋旅游＋研究＋康养模式，打造具有济宁特色的全民健身品牌活动，推动济宁旅游多模块、多元化发展。

第三节 精神文明创建

自2002年起，农场开展以弘扬传统美德、倡树时代新风、争做文明市民为主题的文明单位、文明家庭、文明职工创建活动，成立农场创建领导班子，出台了实施方案，制定了文明单位、文明职工、文明家庭的条件。出台了"十要十不要"文明公约，即：一要遵纪守法，不要赌博、酗酒闹事；二要讲究卫生，不要乱堆柴草、垃圾；三要爱护公物，不要损公肥私；四要尊老爱幼，不要打老骂少；五要礼貌待人，不要恶言脏语伤人；六要勤俭节约，不要铺张浪费；七要团结友爱，不要拉帮结伙；八要大公无私，不要假公济私；九要维护公共秩序，不要建房、乱种植；十要见义勇为，不要见危不救。号召职工文明礼貌、乐于助人、见义勇为，日常生活讲究卫生、爱护公物、保护环境。倡导做好婆婆、好媳妇、好儿女、贤内助，教育子女道德风尚好，文明程度高。

文明单位条件：领导班子团结协调，坚持"一个中心，两个基本点"，坚持改革，勇于开拓，认真贯彻党的路线、方针、政策，"青工系统政治轮训""社教"任务完成好；积极完成场承包的各项生产计划，生产工作措施有力，勇于克服困难，生产任务完成得好，超额完成各项生产指标，产值、利润、职工收入明显提高，经济效益在本系统名列前茅；职工团结，遵守国家法律、法令，未发生违法乱纪行为、被盗事件和责任事故，认真贯彻执行法规制度；职工民主管理活动搞得好，关心职工生活，生活区、办公区、食堂卫生整洁；顾全大局，以全场利益为重，人力、物力服从总场调动，协作支援好，各项工作较出色。

文明职工条件：热爱党、热爱社会主义，拥护党的路线、方针、政策，自觉与党中央保持一致；认真学习政治和文化知识，努力钻研技术，自身政治素质、业务素质提高较快；积极参加、支持"青工政治轮训和社会主义思想教育"活动；工作认真负责，积极主动完成各项任务，工作成绩显著；思想觉悟高、道德品质好、爱场如家，能正确处理三者利益；遵纪守法，作风正派，勇于开展批评与自我批评，遵守各种规章制度，未发生任何责任事故。

文明家庭条件：道德风尚好，家庭成员遵守社会公德，风格高尚，文明程度高，讲文明、讲卫生、讲科学，生活情趣高，移风易俗、教育子女好；团结和睦、尊老爱幼、孝敬父母、邻里团结、乐于助人、帮困扶贫；家庭成员遵守法纪，没有违规、违法行为，不参与邪教活动，不乱放草垛，不乱开荒种地；正确处理三者关系（即国家、集体、个人），积极完成生产工作任务。

强化创建措施，成立党办、场办、工会、企管等组成的环境治理小组，对农场环境进行综合治理。清理柴草垛、垃圾堆、违章建筑及制止乱开荒、乱种植现象。领导分工、包片治理、限期完成。对主要街道路面、办公区、生活区进行美化。栽植花草树木，美化农场环境。先后开展"三讲三爱护"（即讲社会公德、讲文明、讲科学、爱护环境卫生、爱护公共设施、爱护花草树木）及"四提倡，四反对"（即提倡民主法制、反对违法乱纪；提倡科学、反对封建迷信；提倡喜事简办、反对大操大办；提倡文明生活、反对陈规陋习）活动。自2017年起，积极参与全市创城行动。先后投资30余万元，在农场公交线路重要位置安装公交站牌15个，在农场显著位置布置社会主义核心价值观、中国梦、讲文明、树新风公益广告。认真落实"路长制"，顺利完成火炬路南段道路包保任务。举办春季运动会、篮球比赛、市老年门球比赛等活动，丰富职工文化生活。

2017年，开展创建省文明单位工作，根据山东省文明办关于开展精神文明建设活动的要求，农场成立创建省级文明单位领导小组及办公室。书记、场长任组长，成员由场纪委书记、场党委委员、总农艺师、工会主席、副场长、场长助理组成。制定了《南阳湖农场创建省级文明单位实施方案》，明确责任、分工、要求和完成时限，确保省级文明单位创建工作有序进行。

第四节 精神文明建设成就

自 1998 年起，农场实施创建文明单位、文明家庭、文明职工活动，取得显著成绩。1998—2020 年农场累计评选出文明单位 99 个、文明家庭 594 户、文明职工 990 人次、先进文明单位 99 个，累计获市级以上荣誉 165 人次。2015 年被市委、市政府授予"市级文明单位"称号。农场精神文明创建评选情况见表 6 - 6 - 1。

表 6 - 6 - 1 2000—2020 年农场精神文明创建评选情况

年度	先进党支部（个）	文明单位（个）	先进团支部（个）	优秀党员（个）	文明职工（个）	文明家庭（户）
2000	2	3	1	13	23	17
2001	2	3	1	15	30	18
2002	1	2	1	10	35	18
2003	1	4	1	14	30	18
2004	1	4	1	13	33	18
2005	1	4	2	14	34	18
2006	1	4	1	16	32	19
2007	1	4	1	16	34	19
2008	1	5	1	16	41	18
2009	1	4	1	14	46	18
2010	1	5	1	16	36	18
2011	1	5	1	17	36	13
2012	1	5	1	18	36	12
2013	1	5	1	12	36	12
2014	1	5	1	12	36	12
2015	1	5	1	12	36	12
2016	1	5	1	12	36	12
2017	1	5	1	12	36	12
2018	1	5	1	12	36	12
2019	1	5	1	12	36	12
2020	1	5	1	12	36	12

第五节 企业文化

农场建场以来，经过多年精神文明建设，形成了南阳湖农场独有的文化特色。

场徽：该标志以湖水和水鸟的结合为主造型，飞翔的水鸟表现出南阳湖农场人积极进取、意气风发的精神。整体造型为圆形，象征着南阳湖农场人美满幸福的生活。圆形形体如玉佩，寓意南阳湖农场人生活的精致、和谐与圆满。

流畅动感的线条如同荡漾的湖水。水，注满了南阳湖农场人的性格，也荡漾着南阳湖农场人温情如帆，和谐如水的精神。这些都是南阳湖农场人精神的绝佳写照。

湖水、鱼、水鸟、稻谷，南阳湖农场独特的自然景观和鲜明的地方特产展示了南阳湖农场自然与生态的和谐之美。体现了南阳湖农场以高效的现代化农场、高水平运作的生态观光于一体的发展方向。南阳湖农场必将成为一个向人们展示人文农场、生态农场、和谐农场的窗口。

场歌："飘香的农场"。

责任：面对当前土地重金属含量超标、农副产品药物残留严重、食品不安全因素俱增、各种传染性疾病暴发等威胁人类生命健康的种种矛盾，南阳湖农场人以全球化视野，服务民众健康生活，因地制宜，整合资源，充分发挥农业的生态功能和景观功能，探索新商业模式，创建中国现代生态循环农业示范区。南阳湖农场既要对国家利益负责，诚信经营、依法纳税、创造利润，还应承担起对员工、对社会、对环境的社会责任，其中包括遵守商业道德、安全生产、职业健康、人文价值、保护劳动者合法权益、节约创造资源等，促使人与自然、社会三方统一、有机、和谐，促进、带动"三农经济"可持续发展。一切都来源于土地，南阳湖农场人像善待自己一样善待土地。保护生态环境，生产有机农副产品，体验观光农业，推广科普教育，全力打造生态、健康、低碳、有机、循环的中国农业品牌。

使命：服务民众健康生活，承担社会责任，做中国现代生态循环农业示范区。

远景：保护生态环境、生产有机农产品，体验观光农业、推广科普教育。

目标：打造中国生态、健康、有机、循环的农业品牌。

精神：执着、领先、开拓、奉献。

理念：生态、健康、诚信。

定位：农产品质量安全示范区、观光休闲农业示范区、现代农业高新技术产业示范区、生态循环农业示范区。

第七章 生态文明建设

1956 年初始，由山东省农业厅、山东省水利厅、山东省治淮指挥部分别以农场字〔1955〕第 1190 号、水计字〔1955〕第 756 号、鲁淮设字〔1955〕第 1136 号联合下文《南阳湖农场建场计划任务书批复》。全场土地规划：全场土地面积 25000 亩，其中大田 18000 亩，饲料田 1500 亩、蔬菜园 500 亩、蓄水塘 2300 亩、防风林带 200 亩、场地及道路沟渠 2500 亩。

南阳湖农场始建于 1956 年 3 月，至 2020 年，经过几代人的共同努力，把昔日"天上野鸭叫，地上茅草道，蝗虫堆成堆，蛤蟆哇哇叫，汛期白茫茫，村庄成孤岛，吃的草种子，穿的破棉袄"，建成现在的土地平整、条田成方、旱涝保收，地成片、路成线、渠成行、林成网，山东省产业化重点龙头企业、国家级休闲渔业示范基地、全国青少年儿童食品安全科技创新基地、济宁市良种繁育基地、济宁市农产品质量安全示范区、济宁市引进国外智力成果示范推广基地、济宁市林业龙头企业、全国休闲农业示范点、山东省逍遥游示范点、山东省绿化模范单位、2012 年中国休闲创新奖、山东省农垦系统先进单位、全国思想政治工作先进基层单位等多项殊荣的国有综合性农场。农场也完成了由商品粮生产基地到优质良种繁育基地再到生态高效旅游观光休闲"农游合一"的高科技生态农业和旅游业综合经营模式的转化。

第一节 生态环境保护与修复

一、生态环境的保护

植树造林 农场重视环境保护工作，通过植树造林优化农场环境。利用沟、路、渠、堤等闲置土地，抓住春季造林有利时机，实行领导分工、包片负责、统一部署，做到计划、任务、人员三落实，每年义务植树尽责率 100%，成活率 98% 以上。1959 年栽植杨树 2.82 万棵、洋槐 1.05 万棵、白蜡 1.8 万棵、核桃树 1000 棵、葡萄 100 棵、桃杏树 200棵等。截至 2000 年，基本达到"主渠顶上栽满树、支沟两旁白腊墩，河岸两旁垂杨柳、公路两旁树成荫、场部以内葡萄架、场部周围绿茵茵、场部以内花草满、骡马成群摇树荫，花草芳香气味芬、绿化香化一片新"的绿化目标。2009年在原农场园林分场、林业科的基础上，组建了园林股份有限公司。把职工承包种植的经济林纳入农场园林基地产业体系。2010年3月12日，济宁市市直机关植树活动在农场成功举办，为农场林业生产、绿化环境、改善气候创造了条件。1998年农场被山东省林业厅评为绿化先进单位。截至2020年农场植树造林绿化面积7000亩，绿化覆盖率39.3%，绿地率31.5%。对农场的生态环境起到很大的保护作用。

节水灌溉　1997—2004年农场推广1.5万亩农业田节水灌溉工程，打水井40眼，投资40余万元。投资226万元，购置奥地利产75－250PX型喷灌机2台。既解决农田灌溉引用洸府河污染水问题，又净化农场排水渠内循环水、增加农场空气湿度、减少空气粉尘污染，水利用率达70%以上、节水60%，农作物增产20%。

秸秆利用　2007年按照济宁市秸秆禁烧和综合利用一系列文件，拿出100亩土地对农场的秸秆集中存放，并出台《南阳湖农场秸秆禁烧方案》，明确全场范围内禁烧秸秆的目标任务和奖惩措施，确保禁烧工作的顺利完成。减少由此造成的空气污染，保护了农场空气环境。2008年年底农场投资100多万元兴建了秸秆加工厂，引进国外领先的秸秆固化成型技术，利用玉米、大豆、小麦等农作物秸秆，生产彩钢装饰板等新型环保建筑材料，充分挖掘了农场农林生物资源潜能，使过去作为废物的农作物秸秆得到充分利用，减少因焚烧秸秆造成的大气污染，改善农场的生态环境。2009年农场启动大型沼气工程项目，可就近消耗大量秸秆，不但避免了秸秆焚烧所造成的资源浪费和环境污染，同时还可年产沼气23.4万立方米，供职工生活用气，为打造自然环境优美、职工满意、畜禽业兴旺、经济发达的现代化生态养殖示范区提供有力支撑。

环保技术　1964年在鱼塘上推广使用"蓝光灯诱引飞蛾落水喂鱼"技术，实现消灭害虫、减少鱼饲料投入，控制农药使用对环境的污染。此办法，在全省植保工作会议上被介绍和推广。2008年始，先后实施适当晚播、种子包衣、精良播种、配方施肥、化学除草、病虫害防治、节水喷灌、自然养猪法、秸秆生物反应堆、沼气工程等农业生产养殖技术，实现农业的生态循环，保护农场生态环境。2008年8月，农场抓住全市农业标准化实施示范项目良好机遇，大搞农业标准化示范农场建设，以农业标准化生产、农业投入品监管、生产环境和农产品质量跟踪监测三个关键环节为重点，实施"无公害食品行动计划"，对农业污染进行综合治理。通过严禁高毒、高残留农药使用，推广平衡施肥技术，实行畜禽粪便无害化处理等一系列措施，化肥、农药施用量逐年降低，畜禽粪便综合利用率达100%。2009年年初农场引进秸秆生物反应堆技术，应用在果树、大棚蔬菜和田间大豆的生产种植上。以秸秆代替化肥、植物疫苗替代农药，减少化学物质的投入，减少污染排放。既提高自然资源综合利用率，实现有机改良土壤、生物防治病虫害等，又促进生态改良、环境保护和农作物优质、高产、无公害生产，实现蔬菜增产30%，蔬菜产品全部达到绿色食品标准。2012年推广应用小麦田ETS微生物菌肥。ETS微生物菌肥是将农作物秸秆和畜禽粪便，在ETS微生物菌种的作用下均衡配合高品质的有机蛋白源，在厌氧性菌群的活动下，完成第一次发酵；在厌氧状态下，使菌群以自然生态变化，完成第二次发酵；附加土壤有效菌和腐殖物生成酵母、氮素固定菌等，通过生物化学有机肥料制造法生产的有机肥料。以剩余秸秆、农业排弃物、食品加工副产品以及养殖业废弃物（如鸡粪、牛粪、猪粪等）为原料，用现代微生物科学技术变废为宝，实现资源的有效转化，替代能源和化学肥料，摆脱大量使用农药和化肥的现状。截至2016年农场现有农业种植面积8500余亩，承包土地职工255人。主要种植小麦良种、大豆、玉米、地瓜、蔬菜、瓜果、花卉和林果种苗等作物。肥料用无污染的沼渣、沼液等有机肥料；病虫害防治采用高效低毒、低残留无污染的农药，为市场提供绿色良种、大豆、玉米、地瓜、蔬菜、瓜果等农产品，农场不存在农业种植面污染问题。2019年，实施《济宁市农业农村局和市财政局"第一书记和联建农产品基地"财政资金扶持项目》，建设生态高效农业流水槽养鱼项目，2018年12月24日，财政扶持拨付资金20万元。项目计划总投资35万元，其中农场自筹资金22万元。主要建设流水养鱼槽系统（养鱼流水槽、漂浮装置、拦鱼网、前后和侧墙走道及拉紧）；废弃物沉淀收集系统（废弃物沉淀收集池和自动吸污排污系统）；配套设施系统（推水系统、底增氧系统及智能配电系统）。2019年11月中旬，项目顺利竣工。11月21日，农场组织相关部门对项目进行初步验收，达到预期建设效果。

二、生态环境的修复

2016年南阳湖农场承担实施的人工湿地水质净化及生态修复工程，系山东省南四湖生态环境保护试点总体实施方案中重点工程之一，也是济宁市"十二五"期间的重点污水治理工程之一。该工程建设地点设在农场的一、二分场，总投资为1552.93万元，其中中央投资733.21万元，农场自筹819.72万元。采用"生物滞留塘＋三级表面流人工湿地＋生物滞留塘"组合工艺，建设规模3000亩，包括岸坡护砌工程、岸坡生态修复工程、水生植物栽植工程、检测及管理房建设工程、控制闸工程以及湖上景观工程等建设内容。2017年5月验收竣工，水质达到环保要求，彻底消除了因养殖带来的水质污染。

第二节　节能减排与资源的循环利用

一、节能减排

1997—1999 年，南阳湖农场先后分二期实施了节水灌溉工程（第一期投资 88 万元完成 4000 亩，第二期投资 210 万元完成 1 万余亩）的改造项目，并引进奥地利喷灌设备，改造 1.5 万亩的耕地灌溉工程，使水的利用率达到 70%，节水 60%，农作物增产 20%。既减少了因引用洸府河水灌溉带来的污染，又达到节水降尘、保护农场生态环境和增产的效果。

二、资源循环利用

生态农业注重资源的多级循环利用和农业清洁生产，发展生态循环农业是提高资源利用保护环境的必然要求，是提高农副产品质量、提升生活水平的迫切需要。农场每年产出的作物秸秆 1.2 万吨、畜禽粪便 3000 吨及蔬菜加工后的碎菜叶，可生产沼液 72000 吨、沼渣 12000 吨。按照减量化、再利用、资源优化原则，实现废弃物综合利用。农场是市属经营性国有企业，也是省农业产业化重点龙头企业，现拥有土地总面积 2 万亩。农场认真落实科学发展观，积极推动循环农业发展，充分利用秸秆资源量大、面广、利用价值高的优势，先后引进了"大型沼气站""自然养猪法""生物反应堆"等多项生态循环农业技术。先后发展了以秸秆为基料的自然养猪产业，积极推广了"秸秆（垫料）＋畜牧养殖＋圈肥利用（生物肥）＋绿色农产品生产（粮、菜、林、果）"的循环经济产业；在秸秆肥料化、能源化利用方面，推广了"秸秆（铺垫）＋辅助菌种植物菌苗＋绿色农产品生产（粮、菜、林、果）""秸秆＋动物粪便（填料）＋大型沼气站＋沼气利用（生活燃料）＋沼渣沼液利用（温室大棚、生物肥）＋绿色农产品生产（粮、菜、林、果、鱼）"等循环经济产业链，加快了秸秆生物反应堆技术的推广应用；将秸秆饲料化开发利用与发展畜牧产业相结合，大力推广了"秸秆＋饲料＋动物养殖＋有机肥＋绿色农产品生产（肉、粮、菜、林、果）"农业循环经济产业链，提高了秸秆综合利用率，丰富和发展了循环经济发展模式。农场严格遵守《中华人民共和国循环经济促进法》等法律法规，管理体系完善，技术研发和改造投入大，社会形象良好，可为同类型单位发展循环经济提供有益借鉴，符合《关于开展生态循环农业示范基地创建活动的通知》（济农字〔2018〕183 号）相关要求，成为市级生态循环农业示范企业。

2008 年，农场投资 1092 万元改造新建了种猪场、畜牧养殖场各 1 处。2008 年成立了秸秆加工厂，2009 年投资 377 万元建成了 1000 平方米的大型沼气站工程。通过实施自然养猪法、秸秆反应堆、大型沼气站、环保建材等多项生态循环技术，结合小麦良种、畜禽养殖、蔬菜种植、水产养殖、园林园艺、工副业、休闲观光等产业的生产实际，创造发展独具特色的生态循环农业生产模式，实现农业资源的循环利用，提高秸秆和牲畜粪便综合利用率，实现农场资源的循环利用。

秸秆（垫料）＋畜牧养殖＋圈肥利用（生物肥）＋绿色农产品生产（粮、菜、林、果）模式。该模式的核心技术：主要采用"自然养猪法"既以秸秆为垫料，在猪舍内铺垫，猪粪尿经过 2～3 年的处理后形成优质的生物肥，直接施用于粮食蔬菜基地和林果基地，实现种植业与养殖业的良性循环，又消除环境污染，变废为宝，彻底解决农场养殖给环境造成的污染。

秸秆＋动物粪便（填料）＋大型沼气站＋沼气利用（生活燃料）＋沼渣沼液利用（温室大棚、生物肥）＋绿色农产品（粮、菜、林、果、渔）模式。核心技术是采用大型沼气站秸秆循环技术，以秸秆和动物粪便为填料，投入大型沼气站发酵处理，产生的沼气供职工家庭、食堂、发电、猪场加温、大棚沼气灯加温使用。沼液、沼渣等生物肥使用到粮食基地、蔬菜基地、苗木基地和水产基地，家禽养殖推行林、草、牧、水边放养，达到生态循环养殖方式。

秸秆（原料）＋氧化镁等矿石原料＋环保建材模式。主要采用秸秆环保建材工艺，以秸秆为原料通过纳米合成技术，辅以氧化镁等矿石原料加工生产秸秆板材（人造聚合木门、防火板、玻镁板等）达到秸秆资源的再利用。

秸秆（铺垫）＋辅助菌种植物菌苗＋绿色农产品生产（粮、菜、林、果）模式。核心技术生物反应堆即以秸秆为原料拌菌种辅料在粮食基地、林果基地、蔬菜基地推广使用。该技术是依据植物的光合作用和植物饥饿理论、叶片主被动吸收理论、秸秆矿物质元素可循环再利用理论，让秸秆在微生物菌种、净化剂等作用下，定向转化成植物生产所需要的二氧化碳、热量、抗病孢子、酶、有机和无机养料供植物吸收利用的最新生物技术。其特点是以秸秆代替化肥，植物疫苗替代农药，不但提高自然资源的综合利用率，实现有机改良土壤、生物防治病虫害等，而且促进生态改良、环境保护与农作物高产、优质、无公害生产。2009 年初农场对三分场 1200 棵南水梨果树进行技术应用，取得初步成效后，又陆续对大棚蔬菜、大田大豆进行了广泛推广实施。

秸秆生物反应堆技术。2009 年初南阳湖农场与山东秸秆生物工程研究中心联合，在农场大面积推广生物反应堆技术：该项目技术主要利用秸秆生物反应堆和植物疫苗技术为植物提供充足的二氧化碳、热量、矿物质元素及抗病孢子来满足作物生长所需的能源，其方法是利用秸秆打捆后洒菌种，适当覆土，随大豆种植后喷透水即可。该技术操作简单、释放的二氧化碳充足，随着气温地温提高，会大量繁殖有益微生物，生成抗病孢子。秸秆腐熟后产生大量的有机无机养分，促进作物健壮生长，增强抗病能力。同时降低生产成本提高农产品质量，可节省化肥 50%，节约农药 70%，农作物增产每亩 100 斤。

自然养猪技术。引自于日本和韩国，其做法是在猪舍内铺垫玉米秸秆和稻壳、锯末，利用接种土著微生物形成发酵床，猪从小到大都生活在发酵床上，猪的排泄物被有机垫料里的微生物分解，不需要对猪的排泄物进行人工清理，猪舍干净无异味。垫料 2～3 年更换一次，更换后的垫料可成为很好的有机肥料，达到猪场粪污零排放。实现了粪污循环利用，既有效的保护生态环境，又提高养殖效益。

第三节　田园综合体建设

2018 年 4 月，济宁市政府与蓝城集团在杭州初步达成该项目招商合作意向。2018 年 7 月 30 日，在济宁市委书记等有关市领导见证下，蓝城集团与济宁市南阳湖农场签约——济宁南阳湖农场田园综合体项目《战略合作协议》。2018 年 9 月 29 日，在儒商大会上，农场与蓝城集团签订了《项目合作协议》。2018 年 11 月 26 日，成立南阳湖农场田园综合体项目建设领导小组，2018 年 12 月 30 日，列入省政府重点督导项目之列。2019 年 3 月中旬，蓝城集团完成了项目总规编制。2019 年 5 月 9 日，依据省新旧动能转换综合实验区办公室通知要求，项目进入省可视化督导服务平台系统，正式接受省、市两级监督和调度。项目总投资估算 100 亿元，建设期限 5 年（2019—2024 年），建设地点定在南阳湖农场辖区内部（一、二、三、四分场），建设规模 1 万亩，计划将 1 万亩项目区建设成为集"高效生态农业、水体世界、养生养老（教育、医院）、文化旅游、娱乐、互联网＋农业"于一体的的田园综合体，项目建成后可带动 1～3 万人实现就业，实现年创利税 10 亿元的发展目标。依据项目总规划的设计要求，一期项目建设用地需求不低于 1500 亩，计划分五期建成。其中 2019 年计划投资 20 亿元，占地 400 亩，实施项目第一期（启动区）建设。2020 年济宁市《政府工作报告》明确指出："南阳湖农场要大力发展田园综合体等重点文旅项目"，为南阳湖农场发展指明了方向。按照市委、市政府确定的"一核引领、两环支撑、三带协同，四城驱动"发展战略，借助济宁市乡村振兴的优惠政策，全力推动田园综合体等一批重点文旅项目的建设，将田园综合体项目（米果果小镇项目）打造成集

"高效生态农业、花卉苗木产业园、水体世界、文化旅游、互联网＋农业"于一体的田园综合体。由于缺乏建设用地指标，项目搁置。

第四节　美丽农场建设

南阳湖农场地处南阳湖北端，洸府河畔。独特的地理环境造就了这里的自然生态之美，一年四季花常开，一年四季果常有，为美丽农场建设奠定了基础。

一、组织领导

农场建有社区管理委员会、劳动关系协调小组、爱国卫生委员会，作为农场常设机构负责协调职工和谐、厂区环境卫生及美丽家园建设。2002年成立由党办、场办、工会、企管、保卫等部门人员组成的环境治理小组，重点对农场乱堆柴草垛、乱放垃圾、违章建筑、乱开荒、乱种植的问题集中治理。实行领导分工，包片治理，采取定期检查、限期整改等措施，确保了农场环境秩序井然有序。2010年农场出台了《关于保持农场生产生活秩序稳定的规定》，规范职工行为，保证职工生产、工作环境和谐稳定，推进美好家园建设。为加强场网格化管理工作的组织领导，维护农场生产生活秩序的稳定，2018年12月10日，成立了安全生产及维稳工作领导小组。

二、环境美化

2000年开始对农场办公楼、二级单位办公区、职工生活区、场内主要道路、沟路渠堤等进行美化。按照美丽乡村建设要求，制定整体规划，实施整体形象工程，设计绿化方案。总投资740万元，基础设施建设570万元，主要用于场区主干道路、清洁能源示范点、职工排水工程、办公楼扩建装修、安全卫生公共厕所等建设，其中投资198万元，完成4个硬化主干路5400米、实施职工住房排水工程2200米、铺设职工住区道路1600米；投资56万元，先后建设四个分场、总厂，生产单位供水工程5处，解决生产职工生活饮水安全问题；投资316万元实施沼气工程，为农场职工家庭开通沼气，职工家庭全部用上清洁新能源。在办公区、生产经营单位等周边栽植绿化草坪3.99万平方米，在道路两侧、沟路渠堤栽植绿化树木12万株，种植各种名贵花草5800余株，铺设地面砖2万块，建设亭台楼阁、石桌凳60余处，改厕改圈32处。在农场主要部门和交通要道安装高清摄像头，设置路标路牌。为 300 名无房职工划出建设用地，采取农场规划设计，职工自建自住，房产归属农场所有的办法，改造和新建职工宿舍 3.5 万平方米，改善职工群众的居住条件。通过推广使用"自然养猪法""秸秆生物反应堆技术"等，农场工业污染达标排放率 100％，农作物秸秆综合利用率 100％，病死畜禽无害化处理率 100％，畜禽粪便综合利用率 100％，生活垃圾无害化处理率 85％以上，生活污水处理覆盖率 70％以上，清洁能源使用家庭 100％，林草覆盖率 39％以上。

三、住房改善

农场作为济宁市唯一的中型国有农垦企业，立足高起点，2008 年出台了《南阳湖农场城镇化建设发展方案》，明确住房建设标准、建设指标体系。确定在总场场部开始进行示范类建设，然后在 4 个分场进行全面铺开建设。在建设方式上，采取由农场统一规划、职工自建的方法，截至 2010 年职工共投资 1000 多万元，新建住房 7.2 万平方米。

四、社区和谐

2008 年为全场 392 名职工家属办理了城镇居民医疗保险，招收了 90 名职工子女就业。开展文明创建、文体娱乐和慈善一日捐、爱心手拉手捐助等活动。职工群众为工户、职工患病子女分别捐献 8970 元、17800 元，构建和谐幸福家园。2016 年农场承担实施 2016 年美丽乡村生态循环农业示范区项目，总投资为 40 万元，其中财政资金 30 万元，农场自筹 10 万元，主要建设内容包括：安装沼液输送管道 7170 米，购置沼液运输车 1 辆，购置安装杀虫板 2.3 万张，组织技术培训 40 人次。农场按期完成美丽乡村生态循环农业示范区项目建设任务。

第八章　社会治安综合治理

　　农场地处滨湖地区，南濒南四湖，西临洸府河，地形环境比较特殊。加之农场是开垦荒地建场，造成耕地与当地群众耕地毗邻而种，1980 年以前农场人员复杂，有劳改刑满就业人员，有"八六"海战的战俘，有 1962 年省公安厅安排就业的美蒋特务分子，工人群众反映"南阳湖是藏狼卧虎之地"。1975 年会计室被盗窃粮票价值 18 万多斤。农场物资财产不断被盗，每年损失约在二万元左右。1978 年临近农场石桥公社的朱庄、守庄、高庄、马庄、黑土店五个村庄的个别村民，大量偷割农场麦苗达 3000 亩，其中最为严重的 1000 亩约减产 30%，其余 2000 亩减产 10%，并且盗窃树木 1 万余株，被农场保卫人员捕获 6 名。20 世纪 80 年代，农村实行生产责任制，当地农民来场开荒占地，侵占农场地、厂房、树木，欺负农场职工的现象时有发生，造成土地纠纷。20 世纪 90 年代，农场治安形势严峻，仅 1991 年 6 至 7 月份，农场就出现恶性打架事件 5 起，办公室撬门别锁盗窃现金 2 起，被盗现金分别为 956.4 元，2389.7 元。

第一节　管理机构

　　南阳湖农场保卫科是农场社会治安综合治理的常设机构，成立于 1976 年 1 月，几经调整不断加强，至 2020 年有职工 13 人，配置警车 1 辆、电动巡逻车 2 辆，主要职责是维护农场经济社会秩序的安全，负责全场社会治安、职工户口管理、流动人员管理、消防交通安全等工作。2016 年农场成立场维稳工作领导小组，由党委书记任组长，纪委书记、工会主席任副组长，人力资源科、综合科、保卫科负责人任成员，及时处理改革过程中的信访问题，维护好全场稳定，打造和谐的办公、生产秩序。农场成立包保网格化管理工作领导小组。2016 年农场成立应急救援领导小组和应急救援办公室，针对一、二分场采煤塌陷地复垦工程项目土地特别是湖心岛地面滑坡制定了《复垦土地滑坡应急预案》，该预案共 9 条，分为编制目的、应急处置的基本原则、事故类型和危害程度分析、组织机构及职责、应急准备、信息上报、应急处置、应急保障和附则。2017 年南阳湖农场实施"素质固安"工程，开展全民安全素质提升行动，成立农场"素质固安"工程领导小组。2018

年农场成立由书记场长任组长，相关科室职工任成员，农场安全生产及维稳工作领导小组，假期期间实行 24 小时值班制度，场行政管理服务办公室负责排好《山东济宁南阳湖农场安全生产及维稳值班表》，值班人员要确保 24 小时通信联络畅通，发现安全生产及维稳问题要及时汇报并妥善处理，并且规定汇报问题一律采用口头、电话、电子邮件等方式，不准通过微信、互联网等开放的公众平台汇报。

第二节　治安管理

1998 年，农场成立以保卫科、公安科、保安队员三位一体安全防范体系，组织治安巡逻队，及时制止和处理不良行为和违法违纪事件。特别在三夏三秋生产中，坚持 24 小时巡逻查访，排除隐患，避免火灾，维护农场和职工利益。

2008 年农场成立了 8 人的治安队，24 小时进行全方位巡防，维护农场经济社会发展秩序。2008 年 6 月农场出台《南湖农场流入人口管理规定》，流动人员管理成为场保卫科工作重点，承担起流动人口的登记和暂住证的管理工作。农场将法制宣传教育、社会治安综合治理工作列入重要议事日程。加大投入购置设备设施，在农场各交通路口，重点单位安装了摄像头；建立保卫科牵头，专职巡防巡逻队等群防群治、组织协同配合的巡逻体制，提高对违法犯罪的发现、控制能力；有效遏制婚丧喜庆大操大办、偷盗抢砸等违纪行为和社会治安、刑事案件发生，做到了全年安全生产零事故，场内不存在"黄赌毒"等社会丑恶现象及邪教活动，确保农场环境和谐稳定。2010 年农场出台并实施了《关于保持场生产生活秩序稳定的规定》，规范农场生产、生活秩序，确保和谐稳定。2017 年农场投资 400 万元，在农场各交通路口、重点单位安装高清摄像头 300 个，投资 32 万元在农场 4 个分场建门卫室及大门，禁止外车辆通行，确保了农场生产安定有序。

第三节　青少年教育

2008 年后，农场建成占地面积 3000 亩的农业观光园 1 处，在建设和发展过程中始终把青少年农业科普工作作为社会主义物质文明和精神文明建设的重要内容和提高全民素质的重要举措，多途径多形式开展科普活动，大力普及农业科技知识，形成爱科学、懂科学、重科学、用科学的良好风尚，科普工作取得显著成效，先后被命名为中国少年报小记者素质教育体验基地、济宁市科普教育基地等称号。成立科普组织，健全工作制度。为更好地开展青少年农业科普工作，成立了以农业园艺科科长为组长的科普工作领导小组，下设办公室，4 名专职科普人员负责科普教育工作。制定了《科普员工作职责》《科普周工作制度》《科普日工作制度》，工作小组负责科普工作的处理、协调和信息收集，做到了科普工作有制度可循，科普工作有人办事，科普工作有钱办事。随着对科普工作认识层次的加深，农场对科普设施投入逐年加大。农场科普教育示范基地占地 150 亩，以 66.7 平方米为一个单位分格建设农业生产实践基地 1350 个，其中济宁市育才中学分校、建行济宁分行等单位在农场建立了"劳动实践基地"，1320 名城镇居民有了自己的"农事体验基地"；投资 12.1 万元建成高标准科普文化宣传栏 12 个，展示了农业新品种、新设施、新技术，为普及农业科学知识、推广科技适用技术做出了一定贡献；投资 19.8 万元建成科普活动室 232 平方米，投资 9.5 万元配备投影仪、音箱、电脑等科技培训设备，并成立专门机构认真开展了农业科技文化宣传、教育、培训、实践活动，提高了参与人员的科普意识和科技素养。截至 2020 年开展技术培训 18 次，开展科普讲座 9 次，发放科普资料 5000余册，开展科普周和科普日 12 次，成为中国少年报小记者素质教育基地。为搞好青少年科普示范基地建设，在百米绿色长廊下镶嵌着我国历史上和当代对农业发展做出贡献的历史人物后稷，以雕像和文字形式分别介绍我国历史上的几个分期和中国农史之最，使青少年深刻了解农史知识，具有很好的教育意义。2018—2020 年共有 5000 多名青少年免费参观，让广大青少年接受科普教育，收到良好效果。

农耕文化陈列馆：中国传统农业延续时间十分长久，大约在战国、秦汉之际已逐渐形成一套以精耕细作为特点的传统农业技术。在其发展过程中，生产工具和生产技术有很大的改进和提高，中国传统农业技术的精华，对世界农业的发展有过积极影响。数典忘本，不能忘记我们广大人民群众给我们留下的智慧结晶，经多年收集，共收集传统的农业用具和家庭传统用具 100 多件，从中挑选了 50 件具有代表性的传统农具用于陈列，陈列馆以实物、图片、文字多种陈列形式，让青少年了解我国传统农业的相关知识。同时可以让他们亲自操作体验，以获得更多快乐和教育。

孝文化广场：以元代郭居敬辑录古代二十四孝子的不同环境、不同遭遇而履行孝道的故事，配以实物、实景的艺术形式再现二十四孝的全景，展示给观众，广场占地 300 平方米，二十四个故事分别展览，故事中各个人物都用仿真制作，并附之文字说明。孝文化是我们中华民族最重要的传统美德，在全面建设小康社会的今天，弘扬传统德孝文化，让每个人特别是青少年都不忘父母的养育之恩，尽心尽力赡养老人，使我们的家庭更幸福，生活更甜美，社会更和谐，意义重大。

生态农业观光园：汉白玉精雕的伟人塑像在鲜花环抱中巍峨挺拔，笑意盈盈，使人油然起敬。大理石镂刻的二十四孝图鬼斧神工，形态各异。花岗岩制作的"农神"后稷雕像，身高 6 米，素衣便袍，怜悯于表。观光园里有济宁市育才中学分校教育实践基地 2.5 亩，并在这里开办了露天生物大讲堂。学校推行的"四维互动阳光大课堂"教学模式在基地得以拓展。每逢国庆节"黄金周"和各种假期期间，难以计数的家长带着年幼的子女来到这里在毛泽东主席雕像前，诵读"好好学习，天天向上"，儿童们团结起来学习做新中国的新主人的教导，讲述革命先辈为建立新中国立下的丰功伟绩，合影留念。在二十四孝图塑像前，家长循循善诱向孩子们宣讲中华民族敬老爱老，扶贫济弱，孝贤美德。在"农神"后稷石像前让缺乏农业知识的城市孩子感受到"锄禾日当午，汗滴禾下土，谁知盘中餐，粒粒皆辛苦"的真正含义和农业劳作的艰辛。

第九章　人　　物

第一节　人　物　传

徐敏山

徐敏山，1905—1966，山东省沂南县岸堤村人，1939 年加入中国共产党，1945 年任沂南县副县长，1955 年任国营南阳湖农场场长，1957 年任济宁专署副专员，1963 年任山东省南四湖工程局党委副书记，1966 年 2 月离休。

徐敏山出身雇农，10 岁开始当长工。1939 年担任村主任。1940 年后，先后担任沂南县岸堤区区长、中共官庄分区区委书记、沂南县县大队队长。1941 年 11 月，日军大举"扫荡"沂蒙山区，徐敏山带领民兵与敌作战 72 次，打死打伤日伪军 20 多名，并及时处决了怙恶不悛的塘子村伪村长张学聪，被鲁中区党委、鲁中军区授予"战斗英雄"称号。1945 年 2 月，徐敏山任沂南县副县长。1947 年 6 月，徐敏山带领民兵在蒙山、汪沟一带拔除了几个国民党乡公所，后又长途奔袭临沂双湖，狠狠打击地主还乡团，荣立特等功。1947 年 11 月后，徐敏山先后任五莲县县长、中共凫山县委书记、济宁白马河农场场长、滕县专署建设科科长、济宁专署拖拉机站站长、济宁南阳湖农场场长。1955—1957 年，任南阳湖农场场长期间，他淌着淤泥河水，亲自丈量圈定了农场的 2 万亩土地，跑遍了农场的每一个角落，使初期的南阳湖农场迅速走上正轨。1957 年 4 月，任济宁地区行署副专员。7 月，济宁地区连降暴雨，白马河等河水暴涨，他冲破各种阻力，果断决定在济宁县长沟破堤泄洪，将洪水导入京杭大运河，避免了洪水泛滥，保障了济宁及附近几个县的安全。在抗洪斗争中，他亲自跳进齐腰深的水中，和群众一起打桩护堤。在 1958 年的"大跃进"和"人民公社化"运动中，徐敏山坚决抵制以高指标、瞎指挥和浮夸风为标志的"左"倾思潮，1960 年 2 月，被定为"犯有右倾机会主义错误"而撤销职务。1961 年 12 月，撤销处分并恢复原职务。1963 年 10 月，调任山东省南四湖工程局党委副书记。翌年春天，他带领 11 名人员，步行 25 天，行程 150

多千米，走遍了南四湖的每一个村庄，搜集了大量第一手资料，为根治南四湖提供了可靠依据。

徐敏山一向艰苦朴素，外出检查工作，短途步行，长途坐班车，无特殊情况从来不坐小汽车。到水利工地检查指导工作时，和民工同吃同住。下乡工作，天黑了便就近在一个村庄住下。后因病住进省立医院，在病床上他写出3000多字的治理南四湖意见，提供地委参考。弥留之际，嘱托妻子孔宪玉："我是放牛娃出身，死后只做一身劳动布衣服就行了，不要给国家添麻烦。"1966年11月病逝。

王力生

王力生，曾用名王柏，1918—2000，山东省平邑县东下村人，高中文化程度。1936年入党，同年参加工作。

1933年9月至1936年7月，在费县师范读书，1936年8月至1937年10月，以教员身份作掩护进行地下工作。1938年2—5月，在中共费县工作委员会任宣传委员。1938年6—12月，在山东省军政干校政治部学习后留校，任组织干事。1941年1月，调入中共费县县委，任敌工部费县敌工站站长，与敌人开展艰苦卓绝的地下斗争。1944年10月，进鲁南区委党校学习，1945年3月分配至鲁南中学（青干校），任指导员。1945年10月，调入中共临城县委，任组宣部部长。1948年5月，调入鲁南区五地委党校，任副主任。1949年6月，跟随第二野战军云南支队南下行军。1950年3月，任中共云南嵩山县委书记；1950年10月，任云南玉溪地委党校副校长；1951年7月，调任中共云南通海县委书记。1952年11月，调入中华全国总工会，先后任全总刘宁一办公室秘书、全总国际联络部办公室主任、中国农林工会（全委）秘书长。1961年1月，调入吉林省梨树农场，任副场长。1966年5月始，调入山东济宁地区工作，先后任济宁地区科委副主任、济宁地区行政公署副专员。1984年，任济宁市政协副主席。

在长期的革命斗争和社会主义建设中，王力生一贯忠于党、忠于人民，无论是在顺境和逆境中，始终保持革命信念，做到了一个共产党员的高风亮节。在1966—1970年，兼任国营南阳湖农场场长期间，带领全场职工顶住"左"倾思潮和"文化大革命"的干扰破坏，始终坚持农业生产，尽管发展有些缓慢，但仍然保证了全场职工的基本生活，并且每年向国家交售大批余粮，成为济宁地区的农业支柱企业。

杨金秀

　　杨金秀，1919.9—2007.9，河南省濮阳县梁村乡人，1939年3月参加革命，1945年2月入党。历任班长、副排长、副队长、排长、副连长。1946年10月始，任八纵队十二旅八连连长。1947年7月始，任八纵队22师65团一营营长。1950年6月，为中南军政大学总校学员；1950年9月，任中南军政大学五分校四大队十九队队长。1950年12月，为第一高级步兵学校军教大队学员。1951年6月，任第二十四步兵学校十九队队长；1952年5月，任第二十四步兵学校训练部军教室副主任；1954年4月，任军委俄文专科学校训练部军教室主任；1957年3月，任洛阳步兵学校训练部特科教研室主任；1959年2月，为第三十三速成中学学员；1960年1月始，任洛阳步兵学校训练部特科教研室主任；1963年9月始，任山东省金乡县人武部部长；1970年8月至1975年4月，任原济南军区山东生产建设兵团第三师十一团团长；1975年4月始，任山东省汶上县人武部部长；1976年8月离职休养，原行政十四级，后为副师职待遇。

　　杨金秀在抗日战争艰苦岁月中，开始投身革命，英勇不屈，曾参加百团大战。在解放战争中，奋勇杀敌，曾先后参加东北冬季攻势、锦州战役、辽宁大战、天津战役、衡宝战役和进攻广西战役。在社会主义革命和社会主义建设时期，继续为国防建设做贡献。在1970—1975年，任原济南军区山东建设兵团第三师十一团团长期间，一方面抓好部队官兵教育，为当地的稳定做出较大贡献，一方面落实"备战、备荒、为人民"的战略方针，在国营南阳湖农场带领全团官民抓农业生产，确保了农场连年粮食大丰收。

　　杨金秀一贯忠于党、忠于祖国、忠于人民，努力学习马列主义、毛泽东思想，模范执行党的路线、方针、政策，联系群众，生活简朴，严格要求亲属子女。离休后，仍然关心党和国家大事，积极参加政治学习和各项活动，充分体现了共产党员的高尚情操和革命风格。1953年3月，荣立三等功；1958年7月受嘉奖。获三级独立自由勋章、三级解放勋章、独立功勋荣誉章、抗日战争胜利60周年纪念章。

张体伍

　　张体伍，1920.6—2002.4，山东省金乡县张集村人，中学文化程度，1937年入团，1938年10月参加革命工作，1938年12月入党。

　　1938年10月，在苏鲁豫皖区党委任印刷股股长，1939年10月，回家务农。1940年

3—11 月，在中共鱼台县委宣传部工作，任干事。1940 年 12 月，任鱼台一区区委书记。1942 年 1 月至 1944 年 12 月，组织开展对顽军、敌伪地下斗争，打垮了敌人的嚣张气焰。1945 年 1 月，调入鱼台县委工作，先后任中共鱼台县委秘书，鱼台县武台区区委书记、鱼台县委办公室主任、鱼台县城关区委书记。1950 年 9 月，调入中共金乡县委宣传部任部长；1952 年 4 月始，任金乡县委副书记；1955 年 6 月始，任金乡县委书记；1958 年，受到错误批判，下放至金乡魏庄劳动。1960 年，调入南阳湖农场劳动改造，最初在农田队工作，1964 年 1 月始，任农田队队长；1965 年 1 月始，任南阳湖农场计划室主任；1975 年 1 月，任中共南阳湖农场核心小组副组长，同时任国营南阳湖农场与山东生产建设兵团三师十一团交接小组副组长；1975 年 7 月始，任国营南阳湖农场副场长；1976 年 12 月离职。1982 年 12 月，中共济宁地委组织部发文，同意张体伍每年增发一个半月本人离休前标准工资。

张体伍在长期的对敌斗争和社会主义建设中，始终以一个共产党员的标准要求自己。在艰苦的对敌顽军、伪军的斗争中，不怕牺牲，英勇顽强，消灭了敌人，保存了自己。任中共金乡县委书记期间，带领全县人民顶住"左"的干扰，狠抓农田水利建设，使农业稳定生产。在受到错误批判，下放劳动期间，保持革命信念，以一个普通工人的身份，积极参加集体劳动，从最基层的农田队干起，到后来的农田队队长，无论在哪一个工作岗位，都以饱满的政治热情投入，受到了广大职工的尊敬。

刘中元

刘中元，曾用名刘子善，1920.10—1999.11，山东平邑县郑城村人，初中文化程度，1940 年 8 月入党，1943 年参加革命工作。

1940—1943 年，在本村务农，任党支部书记。1943—1945 年，在平邑县第八区邮电局工作，任交通站站长，曾对党做过一些有益的工作。1945—1946 年，任平邑县第八区区长，协助区委书记坚持地下斗争。1947 年，在本区打游击时，坚守阵地，受到上级表扬。1947 年 10 月至 1949 年 4 月，先后任平邑县民政科副科长、平邑县卫生院院长。1949 年 4 月至 1950 年 6 月，任尼山专署第四医院院长。1950 年 6 月至 1950 年 12 月，任曲阜县城区区委副书记；1950 年 12 月至 1952 年 9 月，任曲阜县工委书记；1952 年 9 月至 1953 年 4 月，任曲阜县副县长。1953 年 4 月至 1954 年 6 月，任济宁专署劳动科科长。1954 年 6 月至 1956 年 4 月，任凫山县副县长。1956 年 4 月至 1970 年 10 月，先后任国营南阳湖农场党支部书记、副场长，南阳湖人民公社社长、副书记，南阳湖农场场长、党总支书记，南阳湖农场党委副书记，南阳湖农场党的核心小组组长，南阳湖农场革命委员会主任。1970年10月至1972年3月，任济宁地区气象局局长。1972年3月至1979年，任济宁地区劳动局局长。1983年离休。

在长期的革命斗争和社会主义建设中，始终保持一个共产党员的高尚情怀，无论在哪一个工作岗位，都尽职尽责，做出了显著成绩。1961—1966年，任南阳湖农场场长期间，刘中元亲力亲为，战斗在一线。1957年7月，南阳湖农场遭受特大水灾，住房被淹没在水中，刘中元冒着生命危险转移职工家属，当转移完全部家属后，才想起自己的妻子和孩子还泡在水中，回家后看到的是随时倒塌的房子和在水中浸泡的妻子抱着不满2个月的女儿。在刘中元的带领下，全场职工家属的生命得到了保护，农场的损失降到最低限度。1964—1965年，在山东省农业厅的支持下，组织了南阳湖农场农田水利大会战，从全省国营农场抽调1000多名职工，摆开了向农田水利进军的战场。他和广大职工一起，冒寒风，踏冰雪，不怕苦，不怕累，战天斗地，吃住在工地，基本完成了田间水利配套建设，做到了涝能排，旱能灌，旱涝保收。1966年，粮食总产突破千万斤大关，农业总产值比1965年的93.9万元增加了52.9万元，农业的发展呈现良好势头。1972—1979年，任济宁地区劳动局局长期间，坚持原则，清正廉洁，积极为人民群众解决疑难问题，赢得了人民群众的尊重和赞美，被称为"刘善人"。刘中元在40年的革命生涯中，始终坚持党的宗旨和共产主义信念，严以律己、宽以待人、勤政廉洁、尽职尽责，鞠躬尽瘁、死而后已。

1966年，刘中元在全国农田水利建设表彰大会上，被授予"焦裕禄式的好干部"。

石德忠

石德忠，1920.10—？，山东鄄城县黄店村人，初中文化程度，1940年1月参加工作，1942年3月入党。

1935—1938年，在本村地主家做佃户，受尽剥削压迫。1938—1940年，在本县乡公所当兵，有机会接触了革命队伍，1940年1月，加入赵谭支队，历任战士、班长。1941年1月，在鄄城县公安队工作，历任战士、班长。1942年3月始，在鄄城县公安局工作，任侦查员。1943年6月，调鄄城县四区，任公安助理员，后又到二区、十区，任公安助理员。1946年5—8月，任鄄城县公安局治安股长。1946年8月至1949年1月，任济宁县公安局侦查股长。1948年在济北县（由济宁县析出）公安局工作中，因在敌占区对敌斗争中成绩显著，记功1次。1949年1月，任济宁县公安局副局长。1951年12月至1952年3月，任济宁县公安局局长。1952年3月至1954年3月，任济宁县人民政府县长，

1954 年 3 月至 1955 年 9 月，任中共济宁县委副书记。1955 年 9 月至 1956 年 3 月，在济宁专区干部文化补习学校当学员，学习结束后，继续担任中共济宁县委副书记。1958 年 12 月至 1962 年 9 月，任中共济宁市委书记处书记，1962 年 9 月至 1963 年 10 月，任济宁市委副书记。1963 年 10 月始，任中共泗水县委副书记。

1960 年，国营南阳湖农场、南阳湖人民公社与周边的石桥、接庄 2 个人民公社组建南阳湖人民公社（场社合一），1960 年 10 月至 1961 年 2 月，石德忠兼任中共南阳湖人民公社委员会党委书记。期间，石德忠带领党委一班人顶住"左"倾思潮干扰，确保农业生产正常进行，并于 1961 年 2 月，取消了南阳湖人民公社，顺利恢复国营南阳湖农场，归属山东省农业厅农场管理处领导。石德忠长期在公安战线工作，对敌斗争经验丰富，在担任中共济宁县委和泗水县委副书记期间，坚持党性原则，发挥了一个老共产党员的先锋模范作用。

商　涛

商涛，曾用名商其恒，1922.1—2009.6，山东省莱芜市东车辐村人，高中文化程度，1939 年 7 月参加革命工作，1939 年 10 月入党。

1939 年 7 月至 1941 年 7 月，在莱芜市和庄镇动委会工作，先后任青年救国会团长、党总支教员、青年救国会主任、党总支宣传委员。

1941 年 8 月至 1942 年 12 月，先后在莱东县石马区公所、苗山区公所工作，任文教助理员。1943 年 1 月，调莱东县武工队工作，任指导员。1944 年 1 月，在莱东县鲁村区委，任宣传委员敌工站长，坚持地下革命斗争。1945 年 10 月，调沂蒙地区工作，先后任沂蒙地区工作队中队长、中共沂源县委宣传部通讯干事、沂源县汶坦区委副书记。1948 年 9 月至 1949 年 1 月，在中共鲁中南区党委新闻练讯班学习。1949 年 2 月至 1950 年 6 月，在中共沂蒙地委宣传部新华支社任主任。1950 年 7 月至 1954 年 6 月，在中共沂南县委工作，先后任宣传部部长、县委副书记。1957 年 4 月，调入山东省委农工部办公室工作，先后任秘书、办公室副主任。1955 年 8 月至 1956 年 2 月，在山东省委中级党校学习。1956 年 3 月至 1960 年 3 月，在益都疗养院工作，任支部副书记。1960 年 4 月至 1973 年 3 月，在国营苍山农场工作，先后任农场副场长、党委书记、场长。1973 年 4 月至 1974 年 12 月，在山东生产建设兵团三师十一团工作，任副政委。1975 年 1 月至 1978 年 9 月，先后任中共国营南阳湖农场核心小组组长、国营南阳湖农场与三师十一团交接小组组长、国营南阳湖农场场长。1978 年 10 月，调济宁地区水产局工作，任副局长，1980 年离休。

商涛在长期的革命工作中，一贯忠于党、忠于人民。在抗日战争和解放战争中，坚持敌后工作、不怕牺牲。新中国成立后，长期在国营农场工作，为山东的农垦事业做出了显著成绩。特别是在山东生产建设兵团三师十一团和国营南阳湖农场工作期间，倾注了大量心血。在三师十一团工作时，"文化大革命"还没有结束，当时人员比较复杂，商涛任副政委，主抓思想工作，为兵团的稳定投入了大量精力。1975 年 1 月，任国营南阳湖农场与三师十一团交接小组组长，坚持原则，大公无私，排除一切干扰，确保交接工作顺利完成。1975—1978 年，任南阳湖农场场长，带领全场职工积极投入生产，确保粮食连年丰收。特别是 1977 年后，农场建设进入新的发展历史时期，农场农工商综合经营，农林牧副渔全面发展，南阳湖农场驶入了发展的快车道。

王春玉

王春玉，1922.3—2019.11，山东菏泽市七区人。1939 年 3 月入伍，1940 年 1 月入党，高小文化程度。1955 年 12 月晋升大尉，1963 年晋升少校。

1939 年 3—6 月，在冀鲁豫支队二中队，任卫生员、勤务员。1941 年 3 月至 1944 年 6 月，在冀鲁豫支队教导二旅一七团任警卫员。1944 年 6 月至 1946 年 3 月，为冀鲁豫整风大队十四队学员。1946 年 3 月至 1949 年 5 月，任冀鲁豫供给处商店出纳会计。1949 年 5 月至 1950 年 10 月，任鲁西南分区直属队会计。1950 年 10 月至 1951 年 9 月，任鲁西南分区独立营供给员。1951 年 9 月至 1952 年 5 月，任鲁西南分区后勤科科员。1952 年 5 月至 1955 年 3 月，在菏泽公安大队任会计。1955 年 3—8 月，任山东省公安总队新兵团后勤处副主任。1955 年 8—11 月，任山东省公安厅民勤处军需科副科长。1955 年 11 月至 1957 年 5 月，任山东省公安厅直属民勤大队副教导员。1957 年 5 月至 1963 年 9 月，任山东省公安厅菏泽民勤大队副教导员。1963 年 9 月至 1967 年 6 月，任山东省菏泽专区公安大队政委。1967 年 6 月至 1969 年 4 月，任山东省曹县人民武装部第二政委兼任曹县革委会常委。1969 年 4—12 月，任山东省巨野县人民武装部政委兼任巨野县革委会主任。1970 年 8 月至 1975 年 4 月，在原济南军区山东生产建设兵团第三师十一团（国营南阳湖农场），任团党委副书记、政委。1975 年 4 月至 1978 年 6 月，任山东省菏泽市人民武装部政委。1978 年 6 月离职休养，1985 年 3 月，原济南军区政治部批准按副师职待遇。

1948 年 10 月，在鲁西南分区工作期间，因工作积极，立一等功；1951 年，在菏泽军分区工作期间，立二等功。1988 年 7 月，由原济南军区政治部授予中国人民解放军独立功勋荣誉章。王春玉任山东生产建设兵团三师十一团（国营南阳湖农场）政委期间，正值

"文化大革命"后期,当时的一些规章制度被废止,农业生产遭到破坏。他上任后,主抓政治思想工作,带领广大干部战士,落实"备战、备荒、为人民"的指示精神,为打仗打好基础,为国家提供财富,给群众做好榜样。兵团的各项建设虽然受到文化大革命的干扰破坏,但由于兵团广大干部战士的抵制和积极劳动,粮食生产和养殖业都得到较快发展。

王春玉一贯忠于党、忠于人民,无论在环境恶劣的战争年代,还是在社会建设时期,革命信念坚定。不论在任何工作岗位,干一行爱一行,坚持原则,以党和人民的利益为重。离职休养后,仍服从领导,生活简朴,以身作则,对家属子女严格要求,保持了革命晚节。

王熙玉

王熙玉,1928—1989.5,山东文登市口子村人,1945年5月参加革命工作,1947年3月加入中国共产党。历任东北野战军第九纵队留守处通讯员,第九兵团留守处二大队会计,第二坦克预备学校物资处军需助理员,第一机械化师独立工兵营后勤股长,黑龙江省军区独立一师二团后勤处长,黑龙江省军区一师农场场长。先后被原沈阳军区授予中尉、上尉、大尉等军衔。1978年转业后,任国营南阳湖农场场长、党委副书记,1984年4月至1988年,任调研员。套改前行政十五级,后企业行政六级。离休后享受厅局级乘车医疗待遇。

王熙玉参加革命工作44年,为党为人民的事业做出了积极贡献。在抗日战争和解放战争时期,努力学习马列主义、毛泽东思想,为中华民族的解放事业艰苦奋斗,努力工作。新中国成立后,以一个军人应有的姿态,积极地投身到社会主义革命和社会主义建设事业中,认真贯彻执行党的路线方针政策,勤奋工作,艰苦创业。在困难面前不动摇,不退缩,以极大的工作热忱对待本职工作,坚持原则,秉公办事,不徇私情。"文化大革命"时期,王熙玉担负着三支两军工作,他深入农村连队和群众打成一片,坚守工作岗位。1978—1984年,任国营南阳湖农场场长期间,他率领全场广大职工贯彻执行党的路线方针政策,农场先后实行财务包干、联产计酬、分成奖惩、经济承包责任制,完善改革配套措施,促进了各项生产、经营活动较快发展;在发展家禽饲养和水产养殖业的同时,兴办第三产业,南阳湖农场上了一个大台阶。在担任调研员期间,还时时关心农场的生产和建设,表现出对党的事业高度负责的精神。

王熙玉对党忠诚、廉洁奉公、作风正派、办事公道,严于律己、宽以待人、生活艰苦朴素;服从组织分配,密切联系群众,敢于开展批评与自我批评。

隋守民

隋守民，曾用名隋守明，1935.12—2017.10，山东金乡县城东罗屯村人，汉族，初中文化程度，1955 年 3 月入伍，1959 年 2 月入党。

1955 年 3 月，选入海军青岛训练基地机要训练队学员，因成绩优良，1955 年 12 月，被分配到北海舰队机要处任译电员。1957 年 12 月，任海军潜艇一支队国防 21 号潜艇译电员（干部职务）。1960 年 1 月在中央机要局学习，1964 年 4 月，任海军潜艇第 22 支队司令部译电员。1965 年 4 月，任海军潜艇第 22 支队司令部机要科参谋；1965 年 4 月至 1970 年 12 月，任海军潜艇第 22 支队司令部机要科参谋、副科长、党支部副书记。1970 年年底，参加组建东海舰队潜艇 42 支队，任第 42 支队司令部机要科副科长。1982 年，由东海舰队转业，1982 年 3 月至 1984 年 4 月，任南阳湖农场副场长；1984 年 5 月至 1985 年 8 月，任济宁市农业局党委委员、南阳湖农场党委书记；1985 年 8 月至 1995 年 4 月，任南阳湖农场调研员、济宁市农业局党委委员。

隋守民长期在保密工作岗位，立场坚定，原则性强，严守国家机密，是忠诚的中国共产党党员。转业后，长期在南阳湖农场工作，他不怕苦，不怕累，任劳任怨，与广大职工战斗在第一线。在担任南阳湖农场党委书记期间，支持场长搞改革，为农场的改革出谋划策，表现出一个共产党员的高风亮节。他一贯忠于党、忠于人民，严格要求自己，廉洁奉公，作风正派，办事公道，严以律己，宽以待人，生活简朴。他担任调研员 10 年，从不向组织伸手，仍然勤勤恳恳，一如既往的关心农场的生产和建设，表现出对党的事业高度负责的精神。

1958 年，获业务竞赛集体第一名；1959 年，被 22 支队评为先进工作者；1963 年，获支队学习雷锋创先进标兵称号；1964 年，全军大比武中获海军一级技术能手；1965 年，被评为支队学习毛主席著作积极分子。1984 年，任农场党委书记期间，土地全部承包，超产大豆 5000 斤以上的职工有 20 多户，人均收入 1300 多元，比上年增加 2 倍。1985—1995 年，任农场调研员期间，分管党委办公室，党委办公室连续 3 年被评为先进党支部；农场 1987—1990 年连续 4 年被山东省农垦系统评为双文明先进单位。

孙宪均

孙宪均，1935—2019，山东省滕州市界河公社前枣村人，1953 年 9 月加入共产党

（12 岁任儿童团团长，曾经去临沂给八路军送过信件，能够申请离休，但未办理）。1953
年 10 月至 1962 年 5 月，在滕县龙山乡、界河公社任文书、秘书；1962 年 5 月，在滕县界
河公社党委任组织委员；1963 年 5 月，任滕县县委组织部组织委员；1965 年 9 月，任滕
县城郊乡党委副书记；1967 年 1 月，任滕县望塚公社革委会主任；1971 年 3 月，任滕县
望塚公社党委书记兼革委会主任；1975 年 6 月，任中共滕县县委常委、望塚公社党委书
记、革委会主任；1978 年 1 月，任曲阜县农委主任兼吴村公社党委书记；1978 年 8 月，
任济宁地区农业局副局长兼山东济宁南阳湖农场党委书记；1984 年 5 月，任济宁市棉花
办公室主任，1995 年 4 月退休。

任滕县望塚公社党委书记期间，被望塚的百姓亲切地称为"我们的老黄牛书记"。事迹
在 1976 年 5 月被人民日报以三个版面刊登。任曲阜县吴村公社党委书记期间，他的女儿到
吴村看望他，见父亲每天天不亮就起床到田地里察看庄稼是否应该浇水排水，庄稼的事情
他都记挂在心，面面俱到。公社的同事们、通讯员都向他女儿说："这样的好干部真是太难
得了！"半年的时间就带领吴村的干部群众种上了山楂树、苹果树，为吴村的发展奠定了基础。

任南阳湖农场党委书记期间，经常下连队与工人们一同劳动，跑遍了农场的田间、地
头，对农田的播种、灌溉了如指掌。有一年麦收（期间），正赶上下雨连阴天，他吃不下饭，
睡不着觉，一心想着农场的小麦不受损失，召开全场职工动员大会，想尽一切办法挽回农场
的经济损失。每逢下暴雨他都往排灌站跑，检查排水情况，避免了洪涝灾害，得到了农场干
部职工的一致好评。他清正廉洁、无私奉献，农场效益好，全场职工拿奖金，他本人一分未
要，为农场办事招待都是把客人请到自家吃饭，到北京农垦局培训学习 6 个月，差旅费从未
报销。从不多吃多占，一生俭朴，一心为公。任济宁市棉花办公室主任期间，经常奔波于济
宁市管辖的贫困县，在泗水、汶上等地搞扶贫，哪里艰苦、哪里需要就到哪里去。

他忠于党、忠于人民、忠于党的事业。始终保持和发扬党的优良传统和作风，服从党
的决定；坚持原则，公道正派，为人宽厚仁慈，具有较高的政治素质。他谦虚谨慎，严于
律己，生活俭朴，对家属子女要求严格。在四十多年的工作生涯中，兢兢业业，忘我工
作，从不计较个人名利得失，深受领导和群众的尊敬和爱戴。他时刻以高度的政治责任感
和旺盛的工作热情，尽职尽责，勤奋工作，为全市农业农村工作做出了积极贡献，退休
后，继续关心农业农村工作，表现出了一名共产党员的高尚情操和崇高品质。

郭传华

郭传华，1969—1992.5，山东省高唐县人。共青团员，国营南阳湖农场水利技术员。

1984年，郭传华在高唐一中读书，1987年9月至1991年6月，在江苏农学院农田水利工程系学习，获工学学士学位。1991年7月，分配到国营南阳湖农场生产科工作。郭传华参加工作后，对工作认真负责，积极主动地向老职工请教，利用工作之余，精心钻研农田水利科学技术。他以场为家，以苦为乐，对工作勤勤恳恳，经常为工作放弃节假日。1991年春节临近时，他还去黑龙江省沈阳农学院和辽宁等科研单位引进小麦、水稻良种。1991年秋季粮食测产工作中，他身患胃病，仍坚持工作。1992年春天，为防涝抗旱提前做好农田水利设施的检修工作。5月27日上午，郭传华同工程师陈兆经检修到208排灌站时，他抢先下到洞内，由于洞内严重缺氧，加之洞内含有大量的硫化氢、一氧化碳等有毒气体，中毒晕倒，后经全力抢救无效，于1992年5月27日12时30分，在济宁市人民医院不幸因公殉职，年仅23岁。

郭传华是位好干部、好团员。他忠于党、忠于人民、忠于革命事业。他一不怕苦、二不怕死，他艰苦朴素、谦虚谨慎、以场为家。1994年9月7日，济宁市任城区人民政府批准郭传华为因公牺牲。

第二节　人物简介

（山东南阳湖农场历任党、政正职人员）

李卓亚

李卓亚，1933年10月出生，山东省鱼台县人，中共党员，中专学历，1959年毕业于济宁农业学校。1959—1975年，在南阳湖农场工作，历任农业技术员、农艺师、生产队长、党支部书记、生产科长。1975年任南阳湖农场副场长；1985年7月，任南阳湖农场场长；1987年任调研员；1994年退休。

1985年，任南阳湖农场场长，正值改革开放初期，在工作中，积极贯彻党中央的方针政策，充分调动广大职工的积极性，在保证生产粮食的前提下，贯彻农工商综合经营，农林牧副渔全面发展，取得了丰富的经验。在当年山东省农垦会会议上做了经验介绍。

李卓亚作为场长，带领全场职工大搞路网改造，把当时的农场进行统一整理，划分成4大块。建设成路成网、树成行、地成方，能灌能排的高产稳产田，为农场得更快、更好发展打下了坚实的基础。

夏恒常

夏恒常，1935 年 12 月生，江苏省盐城市人。中共党员，大学学历，1960 年毕业于山东农学院植保系。1960—1987 年，在济宁市农业局工作。先后任济宁市农业局高级农艺师、山东省水稻研究协会理事、济宁市农学会副理事长、中央农业广播学校济宁分校校长、济宁市农业局副局长。1987 年 5 月至 1993 年 6 月，兼任国营南阳湖农场场长、党委副书记。1993 年 6 月后，调回济宁市农业局继续担任济宁市农业局副局长。1994 年退居二线，1998 年退休。退休后，先后任济宁市农业系统老科技工作协会会长、济宁市老科协副会长、济宁市老科协荣誉副会长。

1987 年 5 月至 1993 年 6 月，在担任国营南阳湖农场场长期间，积极推行完善承包责任制，注重产业结构调整，开展多种经营，实现农林牧副渔全面发展。粮食连年丰产，工农业产值、经营利润、职工收入大幅增长。1987—1990 年，粮食总产较前 4 年增长53.2％，工农业总产值增长 188.8％，纯年利润增长 32 倍，职工年均收入增长 1.7 倍。南阳湖农场连续 5 年被评为全省农垦系统先进单位，被省农业厅授予特级信用企业，被济宁市委、市政府命名为精神文明单位，被评为全国农垦系统政治思想工作先进单位。

1987—1993 年，先后被评为济宁市优秀企业承包经营者、市优秀科技工作者、市科技"双放"先进工作者、市首批专业技术拔尖人才。1992 年，凭借 20 世纪 60 年代初主持探索防治沿湖地区小地老虎的试验研究成果和 1987 年南四湖自然资源调查及综合开发利用研究，获国家科学技术进步三等奖，享受国务院政府特殊津贴。1994 年后，先后被省人事厅、省老干部局和济宁市委组织部、济宁市老龄委多次评为优秀离退休科技工作者、济宁市模范老人。

徐庆海

徐庆海，1943 年 8 月生。山东省滕州人，中共党员，中专学历，农艺师。

1965 年 9 月，被滕县组织部选用为服役制干部，参加济宁县四清工作团二十里铺区四清大队工作队。1966—1976 年，先后在济宁县二十里铺区、公社任副区长、公社党委常委兼二十里铺管区书记、主任；1977—1980 年，任济宁县东邵公社副书记、管委会主任；1981—1984 年，任济宁市郊区南营公社党委书记；1985—1991 年，先后任济宁市郊区农牧渔业局局长、党组书记、中共济宁市郊区区委候补委员；1991—1999 年，先后任济宁南阳湖农场副场长、场长、党委书记，济宁市农业局党委委员、副局长。2000 年退休。

1987—1991 年，在济宁市郊区、任城区工作期间，1987 年记功，1988 年被评为先进工作者，1989 年记功，1990 年被山东省农业厅、济宁市农业局评为先进工作者，1991 年，获农业部丰收奖三等奖。

1991—1999 年，在南阳湖农场工作期间，完善农场承包责任制，坚持抓改革促发展，壮大国有经济，转换经营机制，加大优化调整产业结构力度，增加职工收入。1992 年，战胜特大洪涝灾害恢复生产；1993 年，推行职工家庭农场，实行生产、生活两费自理，工业、服务业、畜牧水产业推行二级法人独立经营，确保上交自负盈亏的新机制。

1991—1999 年，南阳湖农场多次被评为全省先进农垦企业和省农业厅特级信用企业。1996 年，被农业部、财政部授予农垦系统扭亏增盈先进企业，被山东省绿化委员会授予山东绿化银制奖章。

刘广春

刘广春，1945 年 1 月生，山东省东平县城关公社梁村人，高小文化程度，1965 年参加工作，1971 年加入中国共产党。

1965 年 3 月至 1966 年 7 月，在南阳湖农场种子队工作；1966 年 7 月至 1970 年 12 月，在南阳湖农场水稻所工作，为水稻所领导小组成员，负责生产工作。1970 年 12 月，任山东生产建设兵团三师十一团（南阳湖农场）三连三排排长；1973 年 3 月至 1975 年 3 月任三连副连长。1975 年 3 至 10 月，任南阳湖农场三队支部书记兼指导员。1975 年 10 月，在中共济宁地委党校学习。1976 年 6 月至 1978 年 11 月，任中共南阳湖农场核心小组第一副组长，南阳湖农场第一副场长（期间，1976 年进济宁地委党校学习，参加农垦部举办的全国农垦企业场长班，并于 1978 年 8 至 11 月主持农场工作）；1978 年 9 月至 1985 年 8 月，任南阳湖农场党委副书记、农场副场长；1987 年 9 月至 1994 年 12 月，任农场纪委书记，1994 年 12 月至 2000 年 12 月，任南阳湖农场党委副书记兼纪委书记；2001 年 8 月，任南阳湖农场党委书记；2005 年 4 月退休。

自参加工作后，认真学习马列主义、毛泽东思想，1965 年，被评为学习毛主席著作积极分子。工作勤勤恳恳，任劳任怨，多次被评为先进工作者。从最初的生产工人干起，严格要求自己，很快就走上了领导岗位。政治原则性强，长期担任中共南阳湖农场核心小组第一副组长、党委副书记、纪委书记、党委书记职务。团结和带领党委一班人狠抓思想队伍建设，保持党的纯洁性，廉洁自律，从不向组织伸手，不搞特殊，保持了一个共产党员的高尚品格。支持场长大胆放手搞改革，对南阳湖农场的经济和各方面发展，做出了较大贡献。

李学贵

李学贵，1947年10月生，山东梁山县馆驿镇馆驿村人，大学文化，高级农艺师、高级政工师。1966年6月，加入中国共产党，历任山东济宁南阳湖农场场长、党委书记，山东省农业广播学院济宁市分校校长，2007年10月退休。

1962—1964年，在山东省沾化县义和庄中学学习；1964—1970年，任6020部队战士、班长；1970年1月至1973年8月，菏泽农业专科学校学习；1973—1984年，任国营南阳湖农场技术员、党支部副书记、农场政治处干事、团委书记、政治处副主任、政治处主任。1984年4月至1994年8月，任国营南阳湖农场场长、党委书记，济宁市农业局党委委员；1994年9月，任山东省农业广播电视学校济宁分校校长；2007年10月退休。曾当选为济宁市第十届人民代表大会代表，中共济宁市第七届党代会代表。

任团委书记和政治处主任期间，注重对青年的教育培养，团结引导青年较好地发挥了青年主力军作用，发展党员近200名，选拔培养年轻干部50余名。担任农场场长和党委书记期间，积极推行承包责任制，大力进行产业结构调整，在农场首次种植了棉花西瓜等经济作物，产值和效益大幅度上升。实现了粮食连年丰收，工农业总产值、经营利润、职工收入不断提高，1987—1990年，粮食总产较前4年增长53.2%，工农业总产值增长188.8%，年利润较前4年增长32倍，职工年均收入增长1.7倍。

1992年2月，南阳湖农场被农业部授予全国农垦系统思想政治工作先进单位，此后连续5年被评为全省农垦系统先进单位，被省农业厅授予特级信用企业，被济宁市委、市政府命名为文明单位。1987年、1988年、1989年连续3年，李学贵被山东省农业厅评为经济管理先进工作者，1994年，被济宁市委表彰为先进党务工作者，被推荐为全国农垦系统思想政治工作先进个人候选人。

1994年9月，调入山东省农业广播学校济宁市分校任校长，举办了中专、大专、大学本科学历多种专业的函授夜大班，为济宁市培养了10万余名农村农业人才。1996年，被山东省农业厅评为农民教育先进工作者，2000年，被农业部表彰为全国农业电视教育先进工作者，被山东省人事厅、山东省教育厅表彰为全国成人教育先进工作者。

许厚营

许厚营，1960年7月生，山东任城人，研究生学历，1982年参加工作，中共党员。1982年8月至1995年4月，先后任南阳湖农场技术员、畜牧师、水产养殖场场长、养鸡场场长。1995年5月至2001年8月，任高级畜牧师、农场副场长。2001年8月至2007年5月，任农场场长、高级畜牧师，2007年5月至2020年，任南阳湖农场党委书记、高级畜牧师。

在长期的生产和经营中，结合实际生产经验，不断开展畜牧方面的技术研究与推广，2004年的100万头生猪标准化生产技术推广项目，于2011年先后获济宁市科学技术奖励委员会科学技术奖三等奖（第2名完成人）和济宁市农业委员农牧渔业丰收奖二等奖（第6名完成人），2012年获山东省技术市场科技金桥奖奖励委员会金桥奖一等奖（第3名完成人）；奶牛铜锌营养调控技术研究项目，2011年获济宁市科学技术奖励委员会科学技术奖三等奖（第4名完成人）。论文《"自然养猪法"技术的推广与应用》发表于《中国农垦》杂志2013年第7期，《奶牛专用发酵蛋白饲料和益生菌制剂的研制及应用》发表于《奶牛》杂志2012年第5期，撰写的论文《利用数字化信息化技术指导奶牛育种繁殖工作11年》获《现代奶业发展之路2011》优秀论文三等奖。

1995—2019年，许厚营长期担任南阳湖农场的主要领导，特别是2001—2019年，担任南阳湖农场的场长、党委书记近20年，对南阳湖农场的经济和各方面发展，呕心沥血，做出了不可磨灭的贡献。2008年，率先引进"自然养猪法"在农场养殖场大力推行，并结合大型沼气技术，使生猪产品质量安全得到保障，经济效益有了大幅提升，这一技术的成功推广，使农场被授予"山东省引进国外智力成果示范推广基地"称号。在生产管理中发挥敢于探索、大胆创新的开拓精神，结合自身掌握的畜牧产业发展动向，引领探索农场发展的新方向，成功开发畜牧观光旅游业和休闲渔业，将农场打造成为鲁西南地区较为知名的休闲旅游区，先后获"济宁南阳湖省级现代渔业园区""2012中国休闲创新奖""全国休闲渔业示范基地""山东省畜牧旅游示范区"等称号。

许厚营长期担任领导工作，但事事处处严格要求自己，不断加强自身职业修养，多次受到表彰奖励。1993年，被济宁市总工会评为学雷锋学铁人积极分子；1994年，被济宁市总工会授予"八五"建功奖章；2003年，被中共济宁市委宣传部授予"全市文化科技卫生三下乡活动先进个人"；2004年，被中共济宁市委宣传部、济宁市文明办、济宁市总工会、济宁市经贸委联合授予"济宁市职业道德建设标兵"；2006年，被济宁市人民政府授予"济宁市劳动模范"。

王海存

王海存，1970年1月生，中共党员，汉族，研究生学历，1991年7月参加工作，为工程技术应用研究员、南阳湖农场场长、党委副书记。

在工作中，不断加强政治和业务学习，努力提高理论水平和领导艺术，在园林绿化、观光农业、生态农业等方面进行了深入研究与探索，先后发表学术论文26篇，为指导农场现代农业发展提供了科学理论依据；带领农场积极调结构、转方式，大力发展以休闲观光农业为主导、集"休闲观光、作物良种，园林苗木、生态养殖、绿色蔬菜、现代服务、地产开发"等于一体的多元化现代农业产业体系，2012年实现主营业务收入1.08亿元、利润428万元，为推动农场经济持续健康发展做出了突出贡献；积极发展生态循环经济，在农场大力示范推广自然养猪法、秸秆生物反应堆、大中型沼气、秸秆板材等多项生态农业新技术，形成了多种生态循环农业生产模式，先后已有196个国有农场的相关人员参观学习，当年综合利用作物秸秆7000吨、畜禽粪便2500吨，生产利用沼液、沼渣等有机肥33000吨，实现年增收节支550万元，为推动全市生态文明建设做出了突出贡献；加强和创新农场社会管理，先后择优招收100名职工子女和58名高等院校毕业生到场就业，利用城市棚区改造优惠政策投资494亿元为全场干部职工新盖1037套高层宿舍楼，将全员工资提高至人年均3.36万元，每年投入500万元为全场干部职工按时缴纳"五险一金"，为构建社会主义和谐社会做出了突出贡献。

2008—2019年，作为农场场长，始终恪尽职守，攻坚克难，带领农场广大干部职工不断加快体制机制创新，努力推动产业升级转型，逐步将农场20000亩版图建设成为济宁市现代农业高新技术产业示范区、生态循环农业示范区、观光休闲农业示范区、农产品质量安全示范区，并发展成为全国现代农业建设的标杆和典范。先后获得济宁市五一劳动奖章、济宁市知识型职工标兵、济宁市第八届劳动模范、济宁市科协工作先进个人、中国农经产业十大领军人物、山东省劳动模范等荣誉称号。

樊培涛

樊培涛，1973年2月生，中共党员，在职研究生学历。1991年9月至1995年10月，在济宁财校财会专业学习。1995年10月至2019年11月，先后任济宁市任城区廿里铺镇统计站站长，济宁市任城区纪委常委、办公室主任，济宁市任城区长沟镇党委副书记，济宁太白湖新区石桥镇党委副书记、镇长、党委书记。2019 年 11 月至 2020 年 12 月，任济宁孔子文化旅游集团有限公司副总经理，山东济宁南阳湖农场有限公司党委书记、董事长。

任石桥镇党委书记期间，团结带领镇党委、政府一班人，紧紧围绕"突破石桥"战略定位，以建设"宜居宜业宜游宜养、特色鲜明的生态城镇"为目标，抓发展、抓民生、抓稳定，团结奋斗，扎实苦干，较好地完成了各项任务指标，开创了经济社会协调快速发展的良好局面。2019 年，全镇实现一般公共预算收入 6.54 亿元。发展壮大村集体经济，集体收入 3 万元以下的集体经济薄弱村全部消除。全力全速推进乡镇重点项目建设，环湖大道东线工程、张桥片区美丽乡村建设项目、复兴之路文化科技项目、济宁大道东延工程、泗河堤坝路硬化工程、石佛路东延工程、泗河入湖口清障工程等省市重点项目实现全面开工建设。

担任南阳湖农场有限公司党委书记、董事长期间，深入基层生产一线，尽快掌握农场企业生产状况，研究制定符合公司发展的体制机制，带领公司广大干部职工，统筹推进疫情防控和改革发展，各项工作取得显著成效。2020 年，公司实现营业总收入 11789.51 万元，利润 2288.61 万元。公司获文旅集团综合考核一等奖，成功创建国家 AAA 级旅游景区，"南阳湖"品牌入选第二批农垦品牌目录。

樊培涛作为公司主要领导，对"三重一大"等事项一律实行集体决策，不搞"一言堂"，讲大局、讲原则。廉洁从业，守住做人、处事、用权底线，忠诚、干净、担当。2020 年，担任山东省食品质量促进会常务理事，被济宁市慈善总会、济宁市国资委、济宁市日报社联合表彰为爱心企业家。

第三节　先模人物

李取贤

李取贤，1954 年 4 月生，山东嘉祥人，大学文化程度，中共党员，1982 年 7 月参加工作，高级农艺师，南阳湖农场常务副场长。

自参加工作后，不断加强政治和业务学习，努力提高综合素质，大胆探索创新，取得了显著成绩。1995 年 5 月始，任南阳湖农场副场长，2011—2014 年，任南阳湖农场常务副场长，先后分管农业分场、良种加工厂、复垦办、农业园艺科、设施蔬菜基地、露地蔬菜基地、育苗公司、蔬菜营销、青苗补偿办、排灌站等职能部门的工作。为搞好分管工作，经常加班加点，深入一线及时指导生产。为推动良种业大发展，最先提出了小麦良种"七统一"管理办法（即统一品种布局、统一有偿供应良种、统一技术指导、统一质量检验、统一组织入库、统一对外销售、统一进行结算），得到了场领导和职工家庭农场的一致认可并顺利推行，使小麦良种产业迅速发展成为农场支柱产业，每年可向社会提供小麦、大豆、水稻等作物良种800万公斤，创造经济效益350多万元。为加快蔬菜产业大发展，经常深入蔬菜基地指导温度与湿度调节、病虫害防治和杂菌控制等关键技术环节，督促落实蔬菜农产品质量追溯体系建设，发展绿色和有机蔬菜。全场设施蔬菜基地达到300亩、露地蔬菜基地达到700亩、济宁城区南阳湖农场专卖店达到17家，源源不断地将农场所产的无公害猪肉、绿色面粉和蔬菜提供给广大消费者，树立了农场的良好品牌和形象，为产业转型升级和经济社会建设做出了突出贡献。先后获济宁市五一劳动奖章、济宁市职工职业道德标兵、济宁市第九届劳动模范等荣誉称号。

许厚营

许厚营，济宁市劳动模范。曾获全市文化科技卫生三下乡活动先进个人、学雷锋学铁人积极分子、"八五"建功奖章、济宁市职业道德建设标兵。（详见南阳湖农场历任党、政正职人员）。

王海存

王海存，山东省劳动模范。曾获济宁市第八届劳动模范、济宁市第十届十大杰出青年、济宁市五一劳动奖章、济宁市知识型职工标兵、济宁市新长征突击手、济宁市科协工作先进个人、济宁市最高科学技术奖、中国农经产业十大领军人物、济宁市有突出贡献的中青年专家。（详见南阳湖农场历任党、政正职人员）。

马祝伟

马祝伟，山东兖州人，1970年12月生，大学文化程度，中共党员，1995年7月参加工作，农艺师，先后担任南阳湖农场政研室副主任、主任、青补办主任，现任总经理助理。

参加工作后，始终牢记党的宗旨，努力加强职业道德建设，不断解放思想，进取创新、脚踏实地、积极作为，在平凡的工作岗位上默默奉献，用富有成效的工作赢得了各级领导和职工群众的广泛好评。

在政策研究工作中，先后完成各类专题调研报告 25 篇，为场领导班子科学决策提供重要依据；成功申报中央、省、市各级各类项目 40 余个，为场争取项目资金 3000 余万元；先后完成《工作报告》《述职报告》《工作总结》等综合性材料 100 多万字，受到了场领导班子的高度评价；工作之余在各类媒体发表新闻稿件 40 余篇，较好地宣传了农场改革发展的新成就。

在青苗补偿工作中认真学习研究上级压煤补偿政策，积极探索与矿方洽谈压煤补偿工作思路和方案，先后参与压煤补偿谈判 40 余次，为农场争取到位青苗、附着物、道路修复等补偿资金 5000 余万元，较好地维护了农场的合法权益；及时为承包耕地职工办理兑现了采煤塌陷补偿款，受到了职工群众的一致好评。作为一名农场农技人员，认真研究推广农业先进技术，先后发表了《谈农产品质量追溯系统建设》《有机蔬菜生产技术》《加快南阳湖农场产业化发展浅议》等农业技术论文 5 篇，所参与的《秸秆反应堆技术在设施蔬菜生产中的示范与推广》《济宁市玉米病虫害综合防治技术推广》等科研课题，分别获济宁市农牧渔业丰收奖一等奖和二等奖，为推动全市农业增效和农民增收发挥了积极作用。

先后获济宁市职工思想政治工作优秀政研会干部、济宁市知识型职工先进个人、济宁日报社优秀通讯员、济宁市五一劳动奖章、济宁市第九届劳动模范等荣誉称号。

蔡松恒

蔡松恒，1958 年 9 月生，山东省平邑县人。1975 年参加工作，1986 年 8 月加入中国共产党，高级政工师。

1975 年 9 月始，在国营南阳湖农场农田队当工人，1976 年 3 月，在机务队当工人。1976 年 10 月至 1978 年 7 月，在济宁农业学校畜牧兽医专业学习。1978 年 7 月后，先后任南阳湖农场技术员、现金出纳。1981 年 12 月始，任农场农工商公司文书、统计。1984 年 4 月始，任农场武装部副部长。1986 年 5 月始，任农场党委办公室副主任兼团委书记。1995 年 4 月始，任中共南阳湖农场党委委员。1995 年 5 月始，任农场畜牧公司党支部书记、养鸡场场长。1997 年 5 月始，任中共南阳湖农场党委委员、党委办公室主任，武装部长，团委书记，工会副主席。2004 年 5 月始，任中共南阳湖农场党委委员、工会主席；

2006 年 6 月，兼任纪委书记。2012 年 6 月始，任农场纪委书记。2018 年退休。

1986—1995 年，任党委办公室副主任、团委书记期间，举办党员基本知识培训班 6 期，共 600 人次；起草方案、计划、讲话等文件 200 余份，近 100 万字；撰写宣传稿件 1000 余篇；组织青年义务植树 1000 棵，装卸小麦 800 余吨。2004—2012 年，任工会主席期间，关心职工疾苦，职工住院，每次都亲自探视；协助处理职工后事，多方争取救济金、大病救助、低保供养，解决遗属后顾之忧。2012—2018 年，任纪委书记期间，建立健全各种制度，确保不出现任何安全事故。义务协助农场主要领导办理了土地证，节约资金 300 余万元；协助农场主要领导争取棚户区改造资金 3000 余万元，缓解了资金的紧张状况。2018 年退休后，担任太白湖新区许庄街道水运雅居社区党委书记、主任，继续为职工家属、居民服务，受到当地政府和广大职工的支持和拥护。

1985 年 2 月，被济宁市委、市政府，济宁军分区授予“济宁市先进专武干部”称号；1986 年 6 月，被评为济宁市优秀思想政治工作者；2006 年，被济宁市委授予“济宁市优秀共产党员”称号；2007 年，被评为济宁市优秀工会工作者；2008 年，被评为山东省优秀工会积极分子。曾当选为济宁市任城区第十二、十三届人大代表，济宁市工会第十六届工会委员会会议代表。

裴成祥

裴成祥，1960 年 6 月生。山东省济宁任城人，初中学历。1979 年 12 月参加工作。1980 年 1 月至 1983 年 9 月，在南阳湖一分场做木工；1983 年 10 月至 2001 年 9 月，在南阳湖一分场做机务工；2001 年 10 月至 2012 年 9 月，在南阳湖一分场承包土地；2012 年 10—12 月，在园林四分场工作；2013 年 1—2 月，任农副产品加工厂副厂长；2013 年 3 月至 2015 年 10 月，任园林四分场副场长；2015 年 11 月，任南四湖生态农业观光合作社理事长。2020 年 6 月退休。

2005—2009 年，在南阳湖一分场承包土地期间，连续 5 年荣获先进个人。2016 年，全面负责生态农业观光合作社工作，带领职工圆满完成了 800 余亩、九万二千余株苗木的各项生产管理任务，创造了良好的经济效益，个人荣获济宁市五一劳动奖章。2017 年，单位被评为“市级示范社”。2018 年，用 20 多天时间，带领职工圆满完成了 1 万余株直柳、法桐的移栽任务，打破了常规，节约了大量生产成本，得到了场各级领导的认可。2019 年，聘请嫁接能手将 8 千 5 百余株直柳改造成垂柳，经过悉心管理成活率达 97％以上，经济价值成倍增长，个人荣获济宁孔子文化旅游集团有限公司先进工作者。

赵德华

赵德华，1962年7月生，祖籍山东东平，中共党员，政工师。

1980年12月，在南阳湖农场子弟小学担任教师。1988年9月后，先后任南阳湖农场办公室副主任、人事科副科长（正科级）、人事科科长、工会副主席、党委委员、工会主席。2013年6月始，任农场党委委员、工会主席。严于律己，踏实付出，尽职尽责，始终以高度的责任感和使命感，认真履行着自己的职责，同时认真落实党风廉政建设责任制的有关要求，严格要求自己，自觉接受群众监督，同时紧紧围绕农场改革发展这一中心，开展各项工作，在分管的人事、综合、物业、卫生、招商等工作中，尽职尽责，协调配合，所分管的单位和部门每年都能较好的完成工作任务，受到了各级领导和职工群众的一致好评。2017年4月，获济宁市五一劳动奖章。

张贞华

张贞华，1963年5月生，山东邹城人，中共党员，政工师。

1980年12月至1993年7月，先后任南阳湖农场四分场职工、饼干厂职工、办公室办事员；1993年7月至1995年9月，任国营南阳湖农场行政科副科长；1995年9月至2008年7月，任国营南阳湖农场车队队长；2008年7月至2013年6月，任山东济宁南阳湖农场办公室主任（其间：2008年9月至2010年7月在山东农业大学农学专业函授学习）；2013年6月至2018年9月，任山东济宁南阳湖农场党委委员；2018年9月至2020年10月，任山东济宁南阳湖农场有限公司党委委员、行政党支部书记；2020年10月，为山东济宁南阳湖农场有限公司副职待遇（参与分工）、行政党支部书记。

2013年6月，分管行政办公室和资产管理科，全力配合农场领导做好机关行政事务，做到了上传下达高效、综材撰写高标、后勤保障及时；加强资产管理，切实做好材料、低值易耗品验收，固定资产验收、调拨等资产管理工作和农场工程建设工作，并取得了明显成效。

2009年1月，先后被济宁市总工会授予济宁市五一劳动奖章、济宁市职工职业道德十佳标兵；2012年，被济宁市委宣传部等评为2011—2012年度济宁市优秀企业思想政治工作者。

任广怀

任广怀，男，1965 年 8 月生。山东省济宁市任城区人，中共党员，大学学历，政工师。

1982 年 10 月参加工作，先后在南阳湖农场四分场、二分场、建筑公司、车队工作。1988 年 10 月，到农场工会工作，任工会办公室副主任、主任；1995 年 5 月，任农场党政办主任；1997 年 6 月，任农场办公室主任、场长助理；2008 年 8 月至 2013 年 6 月，任场长助理、复垦办主任，主抓采煤塌陷地的复垦治理；2013 年 6 月至 2019 年 11 月，任南阳湖农场副场长。2019 年 12 月，调到济宁市土地发展有限公司。

在农场工作期间，工作积极主动，多次被党组织评为优秀党员、先进个人。1992 年、1993 年，被济宁市总工会授予优秀工会工作者；1993 年，被济宁市农业局评为优秀党员；2006 年，获山东省农垦系统先进个人；2010 年，被中共济宁市委宣传部等 4 部委命名为济宁市第六届职工职业道德十佳标兵，被济宁市总工会颁发济宁市五一劳动奖状、奖章；2011 年、2012 年、2016 年先后被济宁市国土局授予国土资源系统先进个人及济宁市采煤塌陷地治理先进个人。济宁市任城区第十四届人民代表大会代表。

1982—2019 年，在南阳湖农场工作期间，认真贯彻党的一系列对农垦企业的方针政策，落实场党委、管委的各项决议、决定，主动践行自己的职责，协助场管委完善农场各业承包责任制，坚持抓改革促发展，转换经营机制，适时开展采煤塌陷地治理工作。2010 年，对三、四分场东南部 4600 余亩已不能种植的塌陷地进行治理；2015 年，对一、二分场 7600 余亩塌陷不一的土地进行治理。期间都能按照有关规定落实相关环节，实现了当年复垦当年收益的目标，积累了宝贵经验，为农场的持续发展筑牢了资源保障。农场的两期复垦先后得到了省、市国土资源部门表彰及国土部的肯定。

杨柳复

杨柳复，1968 年 11 月生。山东省金乡县人，中共党员，大学学历，政工师。

1991 年 7 月至 2002 年 11 月，在济宁师范专科学校毕业分配到南湖农场子弟学校任教；1995 年 5 月加入中国共产党，任教期间先后担任学校团支部书记，南阳湖农场团委宣传委员，文教分会工会主席等职。多次代表农场、市农委参加市直工委组织的体育赛事，并取了很好的成绩。

2002年11月至2006年5月，任南阳湖农场销售二科副经理，年销售小麦良种500多万斤，销往苏、鲁、豫、皖等地区，为南阳湖牌小麦良种的推广起到了积极作用。2006年5月至2008年9月，任种猪场场长，组织人员把废旧场房修缮改造、引种，开启农场养猪新篇章，并在全市率先实行清洁环保自然养猪法，提高了农场社会效益和经济效益。

2008年9月至2011年11月，任南阳湖农场畜牧养殖有限公司董事长、法人；2011年11月至2016年11月，任南阳湖农场场长助理，分管畜牧业；2006年10月至2016年12月，兼任工副业党支部书记。任职期间，积极协调各级各部门争取了政策扶持资金近千万元，推广科学养殖模式，提升南阳湖品牌，为农场创造效益近千万元。2013年5月，荣获济宁市五一劳动奖章。

朱紫霞

朱紫霞，女，1969年7月生。山东省金乡县人，中共党员，研究生学历，高级政工师。

1991年7月，济宁师范专科学校物理专业毕业，分配至济宁南阳湖农场工作，历任农场子弟学校教师、团委副书记、计生办副主任、团委书记、计生办主任、党办副主任、党办主任等。2011年12月，调动至济宁市第一人民医院工作。1991年7月至1992年7月，为南阳湖农场子弟中学教师；1992年7月至1998年4月，任南阳湖农场团委副书记、计生办副主任；1998年4月至2002年1月，任南阳湖农场团委书记、计生办副主任；2002年1月至2006年8月，任南阳湖农场党办副主任、团委书记；2006年8月至2011年12月，任南阳湖农场党办主任、团委书记。

1991年7月至2011年12月，在济宁市南阳湖农场工作期间，勤勤恳恳，兢兢业业。2002年，获南阳湖农场先进工作者；2003年，获南阳湖农场优秀共产党员；2004年，获南阳湖农场先进工作者；2005年，获优秀共产党员；2008年，获济宁日报社模范通讯员；2009年，获济宁市优秀企业思想政治工作者、济宁市知识型职工先进个人；2011年，获山东省"三农"宣传三等奖、济宁市五一劳动奖章、济宁市知识型职工标兵。

朱志燕

朱志燕，女，1970年3月生。吉林长白人，1990年8月参加工作，1999年12月加入中国共产党，中共山东省委党校在职研究生学历，高级政工师。

1986 年 9 月至 1990 年 7 月，在吉林市农业机械化学校农机专业学习；1990 年 8 月，到济宁南阳湖农场工作。先后任南阳湖农场农机科技术员、工会女工委主任、招商办主任、生态农副产品销售管理办公室主任、场长助理、生态农副产品营销中心主任、山东济宁南阳湖农场副场长、山东济宁南阳湖农场有限公司副总经理、山东济宁南阳湖农场有限公司党委委员、纪委书记、工会主席。

1995 年 5 月至 2012 年 7 月，任工会女工委主任期间。2006 年，被评为济宁市"十佳"女职工工作者；2008 年，被授予济宁市五一巾帼奖章；2009 年，被授予山东省先进女职工工作者；2011 年，被授予济宁市五一巾帼奖章、济宁市五一劳动奖章。

在农场工作 30 多年，始终恪尽职守，努力勤恳，无论组织安排在哪个岗位，都能以党员干部的标准严格要求自己，紧紧围绕农场改革发展大局，立足本职，履职尽责，在工会工作、农场品牌建设、发挥基层党组织战斗堡垒作用等方面做出了突出成绩。

李宏强

李宏强，1970 年 7 月生。山东省金乡县人，中共党员。1992 年 7 月，山东工业大学电气自动化专业毕业，工程师。

1992 年 7 月至 1998 年 12 月，为济宁齿轮厂电气技术员；1999 年 1 月至 2000 年 2 月，为南阳湖农场团委良种加工厂技术员；2000 年 2 月至 2002 年 2 月，任南阳湖农场良种加工厂副厂长；2002 年 2 月至 2004 年 3 月，任南阳湖农场种子仓储加工厂副厂长；2004 年 3 月至 2007 年 7 月，任南阳湖农场种子仓储加工厂厂长；2007 年 7 月至 2009 年 5 月，任南阳湖农场园林工程公司经理；2009 年 5 月至 2013 年 6 月，任南阳湖农场场长助理；2013 年 6 月至 2019 年 5 月，任南阳湖农场副场长兼济宁南阳湖置业公司总经理、董事长。

1992 年 7 月至 2019 年 5 月，在济宁市南阳湖农场工作期间，严格小麦良种加工标准，创建了南阳湖农场园林工程公司、南阳湖门窗厂，全程参与南阳湖置业公司《水运雅居》项目的建设工作。2010 年 4 月，获济宁市五一劳动奖章。

何庆娴

何庆娴，女，1972 年 4 月生。山东省金乡县人，中共党员，1994 年毕业于西安交通大学，经济管理专业，大学学历，高级会计师，高级管理会计师、注册税务师。1994 年，在山东济宁南阳湖农场参加工作，先后任财务科副科长、财务科长、场长助理、总会计师。2020年10月，任济宁孔子文化旅游集团有限公司财务部经理兼农场财务总监。

2003—2006年，连续4年获农场先进工作者，2005年，获济宁市工会财会先进工作者，2006年、2013年两次获济宁市五一巾帼奖章，2008年、2015年、2017年、2018年、2019年获农场优秀共产党员，2014年、2015年连续两年获山东省文明和谐职工家庭。

自工作以来，长期坚持学习，熟练掌握经济法、税法和有关财经法规制度，并能够灵活运用。2008年始，主持财务工作，没有任何纰漏，各级业务关系处理良好。在业务部门中留有良好的口碑。2014—2016年，南阳湖农场连续3年在市国资系统获预决算报表填报先进单位。多次代表山东农垦系统出席全国农垦交流会并书写交流材料。被济宁市审计局抽出审计济宁12县扶贫项目，历经两个月。被济宁农业开发办列入项目专家组参与农业项目评审，系济宁农业系统专家组成员，参加农业局组织的农业项目验收。2006年5月，在中国农垦杂志上发表了《科技兴农良种先行》。2006年6月，在会计师杂志上发表《加强存货管理节约资金》。针对国内外发生的一些会计造假案件，提出建立有效的会计诚信监管机构和机制，提高会计人员地位和业务水平，2006年5月，在经济杂志上发表《会计诚信问题的思考》。

门　栋

门栋，1973年9月生，山东任城人，中共党员，大学本科学历，高级农业经济师。

1991年9月，山东省济宁农校农学（文秘）专业毕业；1996年1月，到山东济宁南阳湖农场工作；1996年9月至1998年7月，在山东省农业管理干部学院企业管理专业学习；2001年3月至2008年3月，任山东济宁南阳湖农场场办副主任；2008年3月至2011年11月，任山东济宁南阳湖农场政研室副主任；2011年3月至2013年1月，在山东省农业管理干部学院国民经济管理专业学习；2011年11月至2013年5月，任山东济宁南阳湖农场党办主任；2013年5月至2020年10月，任山东济宁南阳湖农场有限公司党委委员；2020年11月始，任山东济宁南阳湖农场有限公司党委委员、副总经理。

1999年至2008年，先后被山东济宁南阳湖农场评为先进工作者、优秀共产党员；2011年12月，被济宁市科学技术协会评为科协工作先进个人；2012年1月，被济宁市委宣传部等单位评为知识型职工标兵、被济宁市总工会授予五一劳动奖章；2012年12月被中国农垦经济发展中心评为优秀通讯员。

自参加工作以来，一直在山东济宁南阳湖农场有限公司工作，主要从事综合性文字工作和经济管理工作，先后撰写综合性材料2000余份；参与制定农场改革发展方案和中长期发展规划，修订农场各项规章制度 3 类 69 次；积极做好企业宣传工作，先后在媒体上发表报道文章 90 余篇；编订申报农场各类项目 40 多个，认证产品、申报农场荣誉近 20 个。平时注重自身业务研究，学以致用。2011 年 7 月，申报的"秸秆反应堆技术在设施蔬菜生产中的示范与推广"项目建设获济宁市农牧渔丰收奖特等奖。2011 年 10 月至 2015 年 6 月，在《中国农垦》《现代农业科技》等国家级农业刊物发表专业学术论文 4 篇。

2016 年后，先后分管农场农得利科技有限公司、工贸公司、置业开发公司、物业公司、蔬菜生产产业园等单位，围绕产业转型、提质增效兼经济中心工作，致力于农场有限公司的高质量发展，做出了应有的贡献。

常真真

常真真，女，汉族，1976 年 12 月生。山东省任城人，中共党员，本科学历，初级会计师，中级政工师。

1995 年 9 月至 1998 年 7 月，为济宁商业学校学生；1998 年 7 月参加工作，1998 年 7 月至 2002 年 3 月，在南阳湖农场财务科担任会计工作；2002 年 3 月至 2007 年 2 月，在南阳湖农场销售科工作；2007 年 2 月至 2008 年 7 月，在南阳湖农场园林三分场工作；2008 年 7 月至 2010 年 1 月，任南阳湖农场园林三分场副场长；2010 年 1 月至 2010 年 7 月，任南阳湖农场园林三分场场长；2010 年 7 月至 2012 年 2 月，任南阳湖农场园林二、三分场场长；2012 年 2 月至 2013 年 6 月，任南阳湖农场人力资源科副科长；2013 年 6 月至今，任南阳湖农场有限公司人事及绩效科科长。

2008—2009 年在园林三分场工作期间，被南阳湖农场党委评为"先进工作者"。2009 年 12 月被评为济宁市"五一"巾帼英雄奖章获得者，2011 年 4 月被南阳湖农场党委评为劳动模范。

吴利英

吴利英，女，1980 年 9 月生。山东省兖州人，中共党员，大学学历，高级政工师。

1997—2000 年，在济宁农业学校（中专）农作物专业学习；2002 年，通过自学考试取得山东农业大学农林资源管理与利用专业毕业证书；2001 年 5 月，在南阳湖农场参加工作，2003 年 8 月至 2005 年 12 月，在中共中央党校法律专业函授学习（在职），取得该专业本科学历；2007 年 3 月，调至党委办公室工作；2010 年 1 月，任党委办公室副主任；

2013 年 6 月，任党委办公室主任；2016 年 5 月，任综合科科长；2018 年 9 月，任党群宣传科科长、党群党支部委员、工会委员、机关分会主席。

2009 年 2 月，被济宁市总工会评为济宁市优秀工会积极分子；2011 年 2 月，获山东省农业厅山东省"三农"宣传科普奖三等奖奖励；2017 年 3 月，获济宁市总工会五一巾帼奖章奖励；2017 年 12 月，获济宁市总工会济宁市优秀工会工作者奖励；2008—2013 年，连续 6 年被济宁日报社评为优秀通讯员；2021 年被济宁孔子文化旅游集团评为优秀共产党员。

附　　录

主　要　文　件

山东省人民委员会批复（摘录）

鲁计密甲（55）字第三四〇九号

农场（55）字第一一九〇号、水计（55）字第七五六号、鲁淮设（55）字第一一三六号联合报告暨附件均悉，关于国营南阳湖农场一九五六年至一九五八年建场计划任务书，经研究，除同意在南阳湖缓征地外建场外，同时提出以下意见：

一、济邹公路修复工程不列入此项计划，可与交通厅具体研究列入维修计划，以便配合建场工作。

二、计划利用洼心地，二、三百亩蓄水塘，可与省水产局共同研究相互配合进行设计。

三、关于设立加工厂为水稻碾米加工问题，原则上同意建立，但何年建立应根据建场发展情况决定。

四、必要时利用济宁电力排水问题，因农场距济宁9公里，架设线路及发电设备费用较大，可暂采用锅驼机排水以后取得初步经验后再行确定。

核定建场总投资一百三十五万元，其中建场投资为八十五万元。一九五六年暂先投资十八万元，后取得经验后再继续投资，场外水利一九五六年投资五十万元，一年完成，并同意提出免编水利部分计划任务书及分工的意见，希望立即组织力量成立建场委员会，并在确保工程质量厉行节约的原则下进行设计。

建场名称：国营南阳湖农场。

所在地区：山东省济宁、嘉祥、微山、凫山等县交界处。

位置：东经116°36′北纬35°20′，海拔33.75—34.75公尺。

建场面积：全场25000亩，其中耕地20000亩。

建场后主要业务及发展方向：以生产水稻为主，小麦、大豆为辅的谷物农场，并相应发展畜牧、园艺、加工等部门。

建场设计区划负责单位：山东省农业厅、水利厅、治淮指挥部。

建场设计区划开始日期：1955 年 10 月。

预期完成日期：1955 年 12 月。

建场所需基本建设资金：基本建设投资：850000 元。

场外水利投资：500000 元。

计划建场开始日期：1956 年 2 月，预计 1958 年内建成。

建场后主管机关：山东省农业厅。

建场筹备机构通讯处：山东省嘉祥县石佛村。

距建场基地最近之车站名称：津浦铁路兖州站。距离：40 公里。

1955 年 12 月 14 日

附件：

山东省农业厅、山东省水利厅、山东省
治淮指挥部联合报告

事由：报送南阳湖农场建场计划任务书请核批由

主送机关：省农业厅、省水利厅、省治淮指挥部

抄送机关：农林水办公室，省计委，省财政厅，省建设银行，省交通厅，省水产局，济宁专署

抄报：国家计委，中华人民共和国农业部、水利部

为了扩大我省耕地面积，发展农业生产，支援农业建设，中央颁发的计划指标，要求我省于一九五六年新建国营机械农场两处。经勘察调查，在济宁市东南九公里处的缓征地，总面积为六万余亩，其中有三万余亩因长年积水长期抛荒没有被利用，如能排除积涝适于建立农场。对于能否建场的关键，有关部门曾经多次研究，终于九月十四日由水利厅宋文田厅长、鲁介夫处长；山东治淮指挥部张瑁副处长；农业厅农场管理处赵雨村处长以及有关部门的技术干部等九人，开会讨论如何解决该地排水、灌溉和蓄洪的矛盾等问题，又详细研究建场方针和实施计划，取得以下一致的意见：缓征地蓄洪计划，是泗河二十年一遇洪峰达到一六七〇秒立方公尺以上时的临时措施，治理泗河的基本方针，是在上游修筑水库、蓄洪灌溉、保持水土，以减轻下游负担。洪峰时期约在七、八月之间，如遇放水滞洪年，洪峰过后仍可加强排水，种植一季小麦，保证收获。

1955 年 12 月 14 日

中共山东省委核心领导小组文件

鲁核发〔1970〕第 116 号

中共济南军区委员会　中共山东省革委核心领导小组
关于将部分国营农、林、牧场、劳改工厂、农场划归
生产建设兵团建制的决定

为了贯彻毛主席"备战、备荒、为人民"的伟大战略方针和"要准备打仗"的战斗号令，国务院、中央军委二月十七日批准组建"中国人民解放军济南军区山东生产建设兵团"。

一、将国营胶河农场、齐河"五·七"干校、临邑"五·七"干校、黄河农场、潍坊良种繁育场、洰淀湖农场、清水泊种羊场、南阳湖农场、苍山农场、支脉沟农场、广北农场、昆嵛山林场、徂徕山林场、桑梓店园艺场、泰安果科所及果园等十五个单位，划归生产建设兵团建制。

二、划归兵团建制的单位，其固定资产和流动资金以一九六九年会计决算为依据办理交接手续。生产、财务、基本建设、物资供应等计划，由兵团部统一综合编报，列省计划内。这些企业的产品，仍按国家计划统一分配；产品方向不要随便改变。

三、凡划归兵团建制单位的干部、正式职工，全部作为兵团建制人员，统一由兵团管理供给。

四、根据全面规划、逐步组建的原则，兵团要迅速派出人员，会同所在单位军管委会（组）、军宣队，调查研究，逐步接管。

一九七〇年三月三十一日

关于认定国有资产的批复

国营南阳湖农场：

你场南农场字（94）018 号文收悉，经审查认定你场 94 年 8 月 31 日占用资产为：资产总额 374097399 元，其中：固定资产 363192870 元（含土地资产 358550000 元），流动资产 10818956 元，无形资产 85573 元。国有资产权益为 364120163 元。望进一步强化管理，提高国有资产运营效益。

特此批复。

济宁市国有资产管理局

1994 年 9 月 4 日

国营南阳湖农场文件

南农场字〔2001〕15 号

关于启用"山东济宁南阳湖农场"印鉴的通知

各单位：

根据工商管理部门的要求，原"国营南阳湖农场"章不再使用，自 2001 年 6 月 1 日起，启用"山东济宁南阳湖农场"章。

特此通知

国营南阳湖农场

2001 年 5 月 29 日

济宁市农业局关于南阳湖农场范围面积的证明

　　山东济宁南阳湖农场，始建于 1956 年，由山东省农业厅、水利厅、山东省治淮指挥部三单位负责建场设计。建场规模面积全场 25000 亩，其中耕地 20000 亩。位置：东经 116°36′，北纬 35°20′，海拔 33.75～34.75 公尺。北起石佛村南至辛闸，全长 10 公里，西起府河大堤、东至倪庙村，全长约 4 公里，该场是济宁市唯一的一处国有农场，隶属济宁市农业局管理。

　　特此证明

济宁市农业局

2008 年 11 月 10 日

山东济宁南阳湖农场文件

南农场字〔2016〕2号

山东济宁南阳湖农场关于争做山东垦区
企业化改革试点农场的请示

省农业厅农垦局：

为深入领会和全面贯彻落实《中共中央国务院关于进一步推进农垦改革发展的意见》，我场拟先行先试，争做山东垦区企业化改革试点农场，现将有关情况汇报如下：《中共中央国务院关于进一步推进农垦改革与发展意见》出台后，我场领导班子成员认真研读，同时通过12月下旬的主要负责人培训学习，对意见精神有了更深刻的理解，更加坚定和增强了我场抢抓机遇、勇于担当、进一步深化国有农场企业化改革的信心和动力。近期，我场召开了多次场领导班子扩大会议，形成了进一步推进国有农场企业化改革的初步意见，并拟定了六项具体改革措施。

一是农场专卖店系统实行家庭农场承包经营制。针对农场现有的14个市区专卖店，首先进行逐个清点盘存，依据每个店的盘存资产总额，在全场在职职工（退休年龄不足5年的除外）中进行公开竞标，出价最高者中标，中标者将资产赎买资金交至场财务科方取得店面的经营权，未中标仍愿意经营专卖店的在职职工（退休年龄不足5年的除外），可自行在市区开设新店。无论经营老店或新店的在职职工，其五险一金全部由自己承担。经营专卖店的前两年，不用缴纳任何费用，自第三年开始，每年向场缴纳10000元的品牌使用费和管理费。所有专卖店由农场统一进行监管，店内农场产品须经由配送中心统一配送，相关账务采用日结日清方式结算；对专卖店外购货品，须标注"非农场产品"，否则按违规处理，一经发现，轻则罚款1000元，重则摘牌，直至除名。

二是二级生产经营单位实行股份合作制或家庭农场承包租赁经营制。凡场二级生产经营单位均推行股份合作制或家庭农场承包租赁经营制，由场确定各单位人员编制，未按编制定员的单位，每缺1人须向场缴纳人员安置费2万元。采用股份合作制的单位人员必须持股上岗，设定每股股本 5000 元，入股者必须采用单股整数倍入股，其中正职、副职、一般职工入股本单位的数量分别不低于 12 股（60000 元）、8 股（40000 元）、4 股（20000元）。改制后各单位生产的产品必须达到无公害食品以上标准，优先供应南阳湖农场专卖店，价格按当日市场批发价格上浮 5％～10％，特殊产品（如草莓、韭菜等）由双方协商定价。自 2016 年 1 月起两年内，凡场二级生产经营单位逐步完成股份合作制或家庭农场承包租赁经营制改造。

三是原公司制单位实行股份制。凡场出资设立的独立法人公司或参股的混合型公司均推行股份制，严格按照《中华人民共和国公司法》有关规定，实现股份制公司化运营。场原有资产作价入股，采用股份制的单位职工必须持股上岗，设定每股股本 5000元，入股者必须采用单股整数倍入股，其中正职、副职、一般职工入股本单位的数量分别不低于 12 股（60000 元）、8 股（40000 元）、4 股（20000 元）。首批实行股份制改造的公司为物业公司、种子公司、园林公司、工贸公司，2016 年全部完成股份制改造任务。

四是场部机关管理人员入股办法。场部机关中层以上干部必须到首批实行股份制改造的公司中入股，自愿选择入股对象单位（1 家或多家），场班子领导、场长助理、中层正职、中层副职的入股数量分别不低于 20 股（100000 元）、16 股（80000 元）、10 股（50000 元）、4 股（20000 元），场部机关普通的干部职工自愿入股。

五是成立资金管理中心（农场国有资本投资运营公司）。为充分发挥资金资本的作用，提高回报率，场成立资金管理中心，统一对资金进行管理，对于获取的利润，农场与持股者共同参与分配。采用固定存息、贷息的原则，存入中心的资金按月息 3％计息，贷出的资金按月息 9％计息。如个人贷款，既可用个人房产抵押担保，也可由在场领取工资人员进行担保，每个担保人最高担保额度为 5 万元。如单位贷款，必须将本单位股金汇入资金管理中心统一管理方可贷款，贷款一年为限，一年以内按月息 9％计息，超过一年的加息计算，具体运作参照银行借贷业务方式执行。

六是成立国有农场土地资源资本运营公司。为大力推进国有农场土地资源资产化和资本化运作，让国有农场土地资源成为改革发展的重要元素，创造出最大的价值和效益，场成立土地资源资本运营公司，采用国有农场土地使用权出让、作价入股、使用权抵押、对外出租等多种形式，发挥出国有农场土地资源化、资本化的最大效益。积极吸引场外工商资本进入，通过国资民资强强联合，大力发展国有农场的现代产业，重点建设一批生态农业园区、工业加工园区和物流服务园区，集中培植优质林果、特色花卉、稀有中药材、奶牛生态园、工业产品制造和现代物流配送等多个现代优势产业，实现农场一二三产业的协调可持续发展，拉动农场经济快速增长，创造出更多的土地资本效益。

当否，请批示。

山东济宁南阳湖农场

2016 年 1 月 8 日

山东济宁南阳湖农场文件

南农场字〔2016〕46 号

山东济宁南阳湖农场改革发展方案

（2016 年 6 月 3 日场第七届职工代表大会第六次会议通过）

为深入贯彻落实《中共中央国务院关于进一步推进农垦改革发展的意见》，沿着"垦区集团化、农场企业化、股权多元化"农垦改革路径，遵照《山东济宁南阳湖农场关于全面深化体制机制改革的意见》（南农场字〔2016〕6 号）精神，结合全场实际情况，特制定本方案。

一、改革目的

1. 通过国有农场改革，确保国有资产保值增值，实现农场增效，职工增收，率先进入小康。

2. 通过国有农场改革，充分调动起一切发展因素的积极性，让资产、资金、资源、技术、人才等成为发展元素，共同无形参与生产创造与分配。

3. 通过国有农场改革，彻底打破"大锅饭"分配制度，进一步提高干部职工的积极性。

4. 通过国有农场改革，不断强化土地、资源、资金等资本运作能力，力争获取最大的资本增值效益。

5. 通过国有农场改革，进一步将农场做大做强，争做重要农产品有效供给的国家队、农垦特色生态循环农业示范区、生态高效农业对外合作的排头兵。

二、分配机制

改变原有固定工资稳收入的做法，积极探索新型分配机制。

1. 充分发挥资源优势，让资本、无形资产、资金、技术、人才等参与分配，调动一切可以调动的积极因素，调整收益分配。

2. 充分发挥管理层的引领作用，管理层必须持股，根据管理层的持股份额分配应得收益，这样不仅增加其个人收益，而且可以切实加强管理层的责任。职工自愿持股，职工的股份参与分配，让职工变成股东、单位的主人，切实增强职工的主人翁意识和责任心。

3. 彻底打破平均分配机制，按照多劳多得的原则，充分调动起职工的劳动积极性。在工资定额控制下，可以打破原工资。

4. 在农场宏观调控下，盈利按年盈利额的 10％～20％ 发放绩效工资，并根据《公司法》相关规定，按年净利润 10％ 计提法定盈余公积金，剩余部分由股东大会决定进行分配。

三、公司管理

按照《公司法》的相关规定，切实加强公司内部各项管理，努力推行现代企业管理制度。

1. 农场与公司没有领导与被领导的关系，农场以股东身份参与公司决策与管理。

2. 建立现代企业管理制度，在企业内部建立由股东大会、董事会、监事会、经理层构成的相互依赖又相互制衡的治理结构，理顺产权关系，建立产权清晰、责权明确的新型企业制度。

3. 农场控股的公司，由农场委派董事长，不控股的公司由公司股东大会选举董事会、监事会、董事长、监事长。

4. 根据《公司法》和公司章程，公司拥有决策权、用人权、分配权等。

四、财务管理

1. 改革后生产经营单位包括：承包租赁制家庭农场、股份合作制家庭农场、股份制公司、全资公司、专业合作社。

2. 改革后所有生产经营单位严格执行"收支两条线制度"等相关财务管理制度。

3. 改革后场不再对承包租赁制家庭农场统一进行财务管理，由其自行建账并做好财务管理工作，场只对其进行财务监管。

五、资金使用管理

1. 为充分发挥资金、资本的作用，提高回报率，成立山东济宁南阳湖农场资金管理中心（下称资金管理中心），统一对资金进行管理。

2. 将农场与各生产经营单位的资金存入资金管理中心，对富余资金进行理财投资。

3. 资金采用固定的存息与借息，资金存入资金管理中心按月息 3％ 计息，资金借出资金管理中心按月息 9％ 计息，借款者可用房产抵押担保，也可由在场领工资的人员担保，担保人每人最高担保额度为 5 万元，单位借款的前提是将本单位职工入股的股金全部存入资金管理中心，且存入的股金用完方可借款，借款期限一年，一年以内月息 9%，超过一年加息计算，具体运作采用银行常用的方法。

4. 除作物种植家庭农场外，各生产经营单位的五险一金、房补等支出由资金管理中心统一支付，按月计入各生产经营单位的生产成本。

5. 资金管理中心获得的利润，农场与投资方共同参与分配。

六、资产使用管理

1. 为加强国有资产管理，成立山东济宁南阳湖农场资产管理中心（下称资产管理中心），落实好资产采购、工程建管等工作，确保国有资产保值增值。

2. 为带动职工就业，农场充分利用土地资源和资产，打造职工就业和农场发展的平台。对于农场现有土地、厂房等资产有偿使用，土地按合同收取租金，厂房等资产按计提折旧上交，设备评估入股。

3. 改革后所有生产经营单位严格执行"物资出入库制度"等相关资产管理制度。

七、人员管理

1. 所有单位的管理人员都可以实行竞聘上岗，开展指标考核，同时赋予职工对各级干部的监督权、推荐权和建议罢免权。农场职工实行流动转岗，转岗后的职工应自觉履行农场的各项规定。鼓励职工自主创业。

2. 公司所有人员由公司自行管理，农场人员身份不变，公司人员工资及五险一金等费用，公司以现金或实物变现交场。

八、改革后的农场

（一）体制形式

改革后，国有农场的基本属性不变，采用"一个单位，两套牌子"的方式，在保留农场牌子的同时，注册成立山东济宁农星集团公司，积极吸纳社会化的资金、技术、人才等发展元素，通过股份制、企业化大力发展混合型经济，将农星集团公司进一步做大做强。

（二）发展定位

改革后，进一步培育壮大集"作物良种、园林园艺、绿色蔬菜、生态养殖、农副产品加工、旅游观光、工副业、地产开发"于一体的现代产业体系，以土地资本为纽带，积极发展适度的规模化经营，如代耕代种、联耕联种、病虫害统防统治等专业化规模化服务组织，争做重要农产品有效供给的国家队、农垦特色生态循环农业示范区、生态高效农业对外合作的排头兵。

（三）主要职能

改革后，主要履行管理与服务职能，进一步提升场内各生产经营单位和广大职工服务与管理的水平，通过加大资金投入，不断完善生产道路、景区餐饮、住宿、会议、培训、停车场、旅游安全等配套基础设施，开辟采摘、体验、团购、专卖店、电商等营销渠道，为干部职工搭建创业就业平台，打造良好的生态发展环境。同时采用"农场＋龙头企业＋公司＋合作社＋家庭农场（种养大户）"经营模式，建立利益分享机制，提高农场社会化服务水平。

（四）资本运作（成立国有资本投融资租赁有限公司）

改革中，将进一步强化农星国有资本投融资运营功能，充分利用土地、资产、资金、品牌、技术等一切资源要素，积极开展国有资本投融资运营，注册成立山东济宁南阳湖农场国有资本投融资租赁有限公司，对各生产经营单位、场外生产经营组织等进行资本投融资，同时大力开展招商引资、招财引智工作，积极引导利用银行、工商企业等社会化资本开展资本运作，实现优势互补、合作共赢，从而进一步放大国有资本的金融属性，把农场做成大基地、大产业、大企业。

1. 国有资本投融资租赁有限公司内设机构

主要包括：资金管理中心、资产管理中心、审计监察科、招商引资办公室。

2. 国有资本投融资租赁有限公司主要职能

（1）通过土地租赁，引入社会资金、技术，调整种植结构，发展高效生态农业。

（2）农场土地作价出资（入股），引入工商资金，合作共赢，发展第三产业。

（3）土地抵押贷款，增加流动资金，加快发展。

（4）资产租赁，盘活存量资金，与社会资本共同合作发展。

（5）农场品牌、技术、管理作价入股，与社会资本合作，在农产品生产加工、营销等各环节实现品牌效益。

（6）搞好资金运作，做好投融资工作，整合农场各单位资金，由资金管理中心统一管理，通过理财、入股、融资等经济手段，进一步发挥资金的杠杆撬动作用。

九、对外改革发展方案

（一）加快农场办社会职能的剥离

农场公安、教育等社会职能已先后成功剥离，基本医疗和公共卫生这一社会职能尚未剥离。2016年3月7日，农场向市太白湖新区管委会呈报了《山东济宁南阳湖农场关于申请剥离国有农场基本医疗和公共卫生等社会职能的报告》，要求尽快解决剥离农场基本医疗和公共卫生社会职能的问题，建议两个方案二选其一。第一个方案：农场将卫生所整建制移交至太白湖新区管委会管理，包括卫生所房屋3排（共45间，约675平方米），医疗器械设备1宗，在编在岗卫生所职工17人（临床5人、医技3人、护理9人），退休职工9人（临床4人、医技3人、护理2人）。第二个方案：由农场在水运雅居生活小区内设立卫生服务中心1处，以小区为中心，服务半径约2.5公里，重点为本小区及其周边2～3万人提供基本医疗和公共卫生服务，太白湖新区管委会按照国家相关政策，采用政府购买服务的形式解决农场基本医疗和公共卫生问题。

（二）强化对外合作

充分发挥国有农场土地资源、交通区位等综合优势，从强化农业基础地位、切实保护国有土地资源、实现科学可持续发展的高度出发，积极创新土地经营方式，深化国有农场土地经营机制改革，重点通过农场土地租赁、作价出资（入股）、资产租赁等方式，引导社会化资本投入生态循环农业示范区建设。

1. 加大对外合作基地建设。针对一、二分场复后的土地不宜种植粮食作物的现实情况，通过对外出租土地经营权，加快对外合作基地建设，大力发展现代、生态、高效农业。复垦治理后的土地对外租赁期限一般为30年，引导社会化资金投入现代农业，重点建设优质果树、园林苗木、特色花卉、中药材、奶牛饲养、生态园等功能园区。土地租金第1年为每亩1220元，自第二年起按每亩1000斤小麦的当年市场价收取，每5年每亩增加与100斤小麦等价值的租金，土地租金主要用于补充承包粮食田、蔬菜大棚职工的五险一金等费用。

2. 充分挖掘湖心岛的价值。一、二分场复垦治理和人工湿地工程建设完成后，将形成约150亩的湖心岛，计划以出租岛上土地的方式，引入社会化投资，大力发展生态医养项目或包装休闲娱乐项目。

3. 大力建设高标准跑马场项目。通过招商引资、土地入股的方式，在四分场大水面的临菏公路南侧，建设高标准健身跑马场项目，为全场旅游业再添新内容。

4. 建设婚庆产业园区。通过土地租赁的形式，与济宁皇冠摄影有限公司合作，建成300亩婚庆产业园——皇家庄园。

5. 积极发展现代物流业。充分发挥场区交通优势，计划通过置换建设用地指标或新增建设用地指标的形式，以土地入股开展招商引资工作，在四分场内临菏公路两侧大力发展现代物流业。

6. 搞好对外合作基地建设。在全市范围内大力推动良种基地、苗木基地等优质高效合作基地建设，示范带动周边农户增收致富，增强国有农场对周边区域辐射带动能力。

7. 盘活农场闲置资产。目前场有部分闲置资产，如风干鸭设备、冷库等，通过资产租赁或作价入股的形式，引入场外合作伙伴，盘活闲置资产发展相关产业。

8. 融入中垦三联发展战略。积极融入中垦三联（联合、联盟、联营）发展战略，计划入股中垦流通股份公司、中垦冷链股份公司、中垦融资租赁公司，加入中垦电商联盟，通过三联发展战略实现抱团发展，积极培育山东垦区参与国际竞争的农垦集团公司。

十、内部改革发展方案

（一）基本原则

1. 遵照"程序合规，稳步推进"的原则，按照《山东济宁南阳湖农场关于全面深化体制机制改革的意见》确定的改革时间表，积极推进场内各单位的改革，准备就绪一个改革一个，直至各单位改革任务全部完成，改革中确无现实存在意义的单位一律撤销。

2. 各单位在改革中出现的特殊情况与问题一律交其分管领导处理解决，不能解决的由分管领导向场长、书记汇报，待场领导班子会议另行研究解决。各单位负责人不得越级向场长、书记汇报问题，汇报亦不予处理。

3. 改革前，各生产经营单位须在规定的时间内与场算清债权债务，欠场债务的用资产盘存变现偿还或办理借款手续。

4. 改革前，场财务科根据《南阳湖农场 2013—2015 年度各单位管理意见》（南农场字〔2013〕8 号）、《关于完善南阳湖农场 2013—2015 年度各单位管理的意见》（南农场字〔2014〕4 号）的有关规定，对各生产经营单位进行三年财务通算。凡经营实现持平、盈利且无资产盘存变现任务的单位，兑现其相应 20%、30%、40% 的工资及奖励。凡经营实现持平、盈利但有资产盘存变现任务的单位，待盘存变现后再兑现其相应 20%、30%、40% 的工资及奖励。凡经营出现亏损的单位，用其相应 20%、30%、40% 的工资冲抵经营亏损，如盘存变现不能弥补亏损可办理借款手续。

5. 改革中，凡无理上访的干部职工，场一律与其解除劳动合同。各分管领导承担其所分管单位的信访责任，要全面正确的向干部职工传达解释改革发展方案，及时发现并处理改革中带有苗头性的信访问题，发现问题迟缓或处理问题不及时的要承担相应责任。

6. 改革中，继续推行"能者上、平者让、庸者下"的选人用人机制，各单位正职由分管领导推荐，副职由正职推荐，被推荐者须经民意测评，测评票数须超过单位职工半数以上，再由场研究批准后任命。

7. 改革中，要加强公共财产管理，不允许从单位携带或私自处理任何物品，如蔬菜及下脚料、鸡蛋、猪肉及下脚料、树苗及枝条等归场所有的物品，否则视情节轻重处分单位负责人和相关责任人。如出现被盗现象，视情节轻重处分单位负责人和相关责任人。监守自盗、内外勾结者直接除名。

8. 改革后，各生产经营单位改革方案中所涉及的承包租赁时间原则上定为 5 年（自 2016 年 1 月 1 日至 2020 年 12 月 31 日），个别单位受采煤塌陷等影响，承包租赁时间为 1～2 年或不确定，但均不超过 5 年。

9. 改革后，所有生产经营单位的职工工资、奖金、房补、五险一金、取暖补贴、高温津贴、福利等，场一概不予负担。

10. 改革后，各生产经营单位门卫费自理，因生产经营需要办理证件的一切费用自理。

11. 改革后，凡场核定职工安置人数的生产经营单位，每少安置 1 人，每年向场交费 2 万元。

12. 改革后，原单位负责人自愿留任的，按本单位改革方案执行，欠场债务可办理借款手续，月息 9％。不愿留任的，须将本单位一切债务偿清，场不接收盘存资产。离任后单位负责人的职务空缺在全场干部职工中竞选产生，本单位生产经营活动按改革方案执行。

13. 改革后，因生产周期长不能保证每月有收入的生产经营单位，场可根据资金情况，暂借每名职工 1600 元/月的生活费，本单位其他借款只能用于生产经营活动。

14. 改革后，场内干部职工无人竞选负责人或承包不出去的单位，场将面向社会竞拍承包经营者。

15. 改革后，承包蔬菜棚或土地的职工不得兼职其他场内各生产经营单位的工作。

16. 改革后，只有场管理人员方可兼营南阳湖农场专卖店，其他人员不可兼营南阳湖农场专卖店，特殊情况交由场领导班子会议研究决定。

17. 自 2016 年 2 月起，凡距退休年限 3 年之内的干部职工，可自愿申请办理退岗手续，场为其缴纳五险一金，无工资、房补、奖金、取暖补贴、高温津贴、福利等。

18. 改革后，未能在各生产经营单位就业的职工，也可自主创业，五险一金由个人全部承担，还可由场安排其他渠道解决本人就业问题。

19. 改革后，所有生产经营单位均无采煤塌陷补偿，为避免生产经营损失，场将提前半年向有关单位通知采煤塌陷事宜不能继续生产经营的，场解除与其签订的承包租赁经营合同。

20. 改革后，除不可抗力因素外，连续 2 年完不成场制定的经济与管理指标且管理无新举措的单位，单位负责人降职或免职。凡出现经营管理不善、技术含量低等情况，场可随时解除与其签订的承包租赁经营合同，并引进先进的管理方法、技术工艺、可适用人才。

21. 改革后，所有生产经营单位的会计，在场财务科的统一管理下开展工作，按照《中华人民共和国会计法》等相关法规及场规场纪开展工作，依法依规承担相应的会计责任。

22. 改革后，凡借场资金的生产经营单位收入必须全额交资金管理中心，产品销售款项低于 1000 元时，收款后要及时交资金管理中心，产品销售款项高于 1000 元时，要主动通知资金管理中心财务人员现场收款，否则，按贪污论处。

23. 改革后，作为种植家庭农场职工个人应缴纳五险一金等费用，须半年向场资金管理中心缴纳一次。

24. 改革后，凡承担场有关项目任务的生产经营单位，场采用购买服务的方式向其支付一定的费用。

25. 改革后，凡场工程或场需服务，同等价格下优先交由各生产经营单位实施，场根据工程或服务预算按完成量向其付费。

26. 改革后，凡领用场包装物的生产经营单位，须向场支付包装物制作费用，包装物须包装场相应产品，凡弄虚作假出现问题的，一切责任自负。

27. 改革后，任何生产经营单位使用场设施设备等资产一律提取折旧（作价入股的除外）。

28. 改革后，实行场内市场化运作机制，同质同价产品，优先从场内生产经营单位购买。各生产经营单位所售和自行购买的物品，出现产品质量问题和价格不实的情况，视情节轻重处分单位负责人。各生产经营单位的产品优先保证场内各单位的需要，剩余部分积极对外销售。

29. 改革后，所有的生产经营单位购进原料和产品时，生产厂家和营销人员提供的返利或物品要全部交场，否则，对违反者直接除名。

30. 改革后，上级拨付的政策性扶持资金由场统一调配使用。

31. 改革后，凡在生产经营中违反场财务管理制度和资产管理制度的，一律按制度相关规定严肃处理；涉嫌违法犯罪的移交司法机关处理；除不可抗力因素外，因经营管理不善造成损失或经营亏损的，由单位负责人和相关责任人承担，场有权从其劳动报酬或住房搬迁补偿费中扣除（在场各单位工作的职工，即视为同意本规定）。

32. 改革后，违规违纪处罚，由场纪委牵头，审计监察科、人力资源科、保卫科参与，拟定处理意见报场党政联席会议研究决定。

33. 改革后，专业技术人员的技术职务晋升、聘任，以本单位负责人的意见为主，凡与本单位工作业务无关的技术职务，一律不得晋升和聘任。

34. 改革后，实行"每季度审计考核"制度，由场纪委牵头，审计监察科负责，财务科、人力资源科、综合科、保卫科参与，对各生产经营单位的生产、经营、管理等情况进行考核，场长办公会每季度调度一次。

35. 改革后，所有生产经营单位应加强安全生产工作，因安全事故造成的损失由该单位和个人承担，并视情节轻重追究单位负责人和相关责任人的责任。

（二）单位类型解释

1. 承包租赁制家庭农场。共计 35 个，包括：15 个专卖店家庭农场、梨园家庭农场、生态餐厅家庭农场、农产品配送家庭农场、肉联厂家庭家场、农副产品加工家庭农场、水产养殖家庭农场、水产良种家庭农场、休闲渔业家庭农场、市民农园家庭农场、绿色有机蔬菜家庭农场、设施园艺家庭农场、智能农业家庭农场、农产品营销家庭农场、石磨面粉加工家庭农场、农机家庭农场、苗木营销家庭农场、作物种植家庭农场、果树家庭农场、冷库家庭农场、风干鸭家庭农场。场将原单位的资产竞价出售给职工或场对资产提取折旧，生产经营场所由职工承包经营，承包期 5 年，形成承包租赁制家庭农场。

2. 股份合作制家庭农场。共计 5 个，包括：种猪家庭农场、绿化管理家庭农场、园林家庭农场、饲料厂家庭农场、畜牧观光家庭农场，场以资产、资金入股，干部职工以资金入股，场不一定控股，职工集体承包，场与职工共同组建股份合作制家庭农场，承包期 5 年。

3. 股份制公司。共计 12 个，包括：畜牧养殖有限公司、种子有限公司、节能建材有限公司、市政园林有限公司、物业管理有限公司、工贸有限公司、奥德南阳湖能源有限公司、赛德丽节能科技有限公司、金农生物科技有限公司、新材料有限公司、网络营销公司、五彩南阳湖游乐有限公司。由场投资注册的独立法人公司、二级企业改造而成，场以资产、资金入股，占 51% 以上的股份，干部职工以资金入股，场与原公司共同组建股份制公司，其公司董事长、会计由场委派；或者是对外合作经济混合而成，农场不控股。

4. 全资公司。共计 5 个，包括：种业科技有限公司、南阳湖农工商总公司、兴牧地方畜禽研究开发中心、置业有限公司、国有资本投融资租赁有限公司，资本金全部由农场投入。

5. 专业合作社。共计 2 个，包括：济宁南四湖生态农业观光专业合作社、济宁市任城区前星种植专业合作社。由场投资的二级单位改造而成，场以资产评估作价入股，干部职工以资金入股，租用场的土地缴纳地租，场与职工共同组建专业合作社。

（三）具体方案

1. 承包租赁制家庭农场（共计 35 个）

（1）专卖店改革方案（专卖店家庭农场）

自 2016 年起，对场现有的 15 个市区专卖店，首先进行逐个清点盘存，依据每个店的盘存资产总额，在全场在职职工（退休年龄不足 5 年的除外）中进行公开竞标，出价最高者中标，中标者将资产购买资金交至场资金管理中心方取得店面的经营权，未中标仍愿意经营专卖店的在职职工（退休年龄不足 5 年的除外），可自行在市区开设新店。经营专卖店的前两年，不用缴纳任何费用，自第三年开始，每年向场缴纳 10000 元的品牌使用费和管理费。所有专卖店由场统一进行监管，店内场产品须经农产品配送家庭农场（原配送中心）统一配送，相关账务采用日结日清方式结算；对专卖店外购货品，须标注"非农场产品"，否则按违规处理，一经发现，轻则罚款 1000 元，重则摘牌，直至除名。

（2）农业观光园改革方案（梨园家庭农场）

2016 年 1 月底，完成农业观光园资产清理工作。自 2016 年 2 月 1 起，撤销农业观光园，其原所负责的鱼池由场办统一管理，园区绿化交绿化管理家庭农场（原绿化办）负责，其原管理的 12 亩梨园改为梨园家庭农场，面向职工和社会竞拍承包，承包费底价为每年每亩 600 元，出价最高者中标，承包期至塌陷搬迁止。

（3）餐饮服务接待中心改革方案（生态餐厅家庭农场）

自 2016 年 2 月起，餐饮服务接待中心改为生态餐厅家庭农场；租赁费定为每年 30 万元，承包者须将原单位现有的场低值易耗资产买入，承包期限至塌陷搬迁止。

（4）配送中心改革方案（农产品配送家庭农场）

自 2016 年 2 月起，配送中心改为农产品配送家庭农场，核定职工 3 人，配备正职、副职各 1 人，其他人员自定；其所占用场固定资产提取折旧，厂房交租金；配送费用按品种在市场价基础上设置最高上浮比例，具体比例：菜上浮 10%，鸡蛋 5%，面粉 2%，猪肉 5%，其他包装产品 2%，特殊商品自行商洽。

（5）肉联厂改革方案（肉联厂家庭农场）

自 2016 年起，肉联厂改为肉联厂家庭农场，资产设备提取折旧，供给农产品配送家庭农场（原配送中心）的猪肉价格为毛猪同期市场价除以 0.695；核定职工 5 人，配备正职、副职各 1 人，其他人员自定。

（6）加工厂改革方案（农副产品加工家庭农场）

自 2016 年起，加工厂改为农副产品加工家庭农场，核定职工 4 人，配备正职、副职各 1 人，其他人员自定；所占场固定资产提取折旧。

（7）水产养殖场改革方案（水产养殖家庭农场）

考虑到复垦的影响，按 353 亩水面计算，场一次性补助 62 万元的经营损失；20% 的工资不发，待 2016 年 3 月底之前完成财务清算再发；2016 年 3 月底之前必须完成资产清理和财务清算工作，如盈利按场原政策兑现奖励，如亏损变现资产还场欠款，若仍亏欠场资金办理借款手续。自 2016 年 4 月 1 日起，水产养殖场改为水产养殖家庭农场，配备正职 1 人，副职 2 人，其他人员自定；所占池塘和土地向场缴纳承包费，其中第一年为每亩 1220 元，自第二年起每亩按 1000 斤小麦的当年市场价收取，承包期 5 年。

（8）水产良种场改革方案（水产良种家庭农场）

考虑复垦的影响，按 300 亩水面计算，场一次性补助 1200 元/亩的经营损失；2015 年 20% 的工资不发；2016 年 3 月底之前必须完成财务清算工作，变现资产偿清欠场资金，如仍不足办理借款手续。自 2016 年 4 月 1 日起，水产良种场改为水产良种家庭农场，配备正职 1 人，副职 1 人，其他人员自定；所有水面和土地据实测量，按每年每亩 600 元向场缴纳承包费，包期 5 年。

（9）休闲渔业观光园改革方案（休闲渔业家庭农场）

考虑到土地复垦、造船、决堤跑鱼等因素造成的经营损失场一次性补助 60 万元经营损失费；工资不再发放；2016 年 3 月底之前完成财务清算工作。自 2016 年 4 月起，休闲渔业观光改为休闲渔业家庭农场，配备正职 1 人，副职 1 人，其他人员自定；承包权主要是针对水下养殖方面，水面经营权归场所有，考虑到水上餐饮等经营活动对水下养殖的影响，按每年每亩 300 元向场缴纳承包费，承包面积定为 2000 亩水面，承包期 5 年，通过水上垂钓，每斤鱼所得到的收入其中 4 元归其所有，4 元以上的部分与场五五分成。

（10）市民农园改革方案（市民农园家庭农场）

市民农园改为市民农园家庭农场：自 2016 年起，全面启用新市民农园家庭农场；核定职工 3 人，配备正职 1 人、副职 1 人，场为其提供观光车 1 辆，第一年（2016 年）交场利润底价定为 10 万元，面向全场竞选负责人，交场利润高者当选负责人，第二年交场利润另行制定。

（11）绿色有机蔬菜公司改革方案（绿色有机蔬菜家庭农场）

自 2016 年起，绿色有机蔬菜公司改为绿色有机蔬菜家庭农场，配备正职、副职各 1 人，其他人员自定；每名职工种植 6 亩春秋棚，承包期 5 年。

（12）设施园艺公司改革方案（设施园艺家庭农场）

自 2016 年起，设施园艺公司改为设施园艺家庭农场，配备正职、副职各 1 人，其他人员自定；每名职工种 2 个土棚、五险一金个人全部承担，承包期 5 年、多种的土棚、每棚每年向场交费 10000 元。

（13）园艺种苗科技公司改革方案（智能农业家庭农场）

自 2016 年起，园艺种苗科技公司改为智能农业家庭农场，配备正职 1 人，其他人员自定；承包期 5 年，所占场资产提取折旧，第一年（2016 年）提取 5 万元，以后每年递增 2 万元。

（14）营销中心改革方案（农产品营销家庭农场）

自 2016 年起，营销中心改为农产品营销家庭农场，资产提取折旧，欠场债务办理借款手续。

（15）面粉厂改革方案（石磨面粉加工家庭农场）

将盘存的小麦加工成面粉，尽快完成财务清算工作，盈亏按场原政策兑现奖惩。清算结束后，重新购置生产设备，成立石磨面粉加工家庭农场，场投资的厂房设备提取折旧。

（16）水利工程公司改革方案（农机家庭农场）

自 2016 年起，水利工程公司改为农机家庭农场，配备正职、副职各 1 人，其他人员 3 人，所占场资产提取折旧。

（17）苗木营销公司改革方案（苗木营销家庭农场）

自 2016 年起，苗木营销公司改为苗木营销家庭农场，为承包租赁制家庭农场，配备正职 1 人，其他人员自定；销售场树木所得收入另议分成。

（18）作物种植家庭农场

2016 年 2 月起，职工个人可承包种植粮食田（5 亩或 10 亩）或蔬菜棚（3 亩春秋棚或 1 个土棚），场只承担场应负担的五险一金费用，其余费用个人承担。如本人不亲自种蔬菜棚，场不承担相应的五险一金，蔬菜棚收回交场。

（19）果树家庭农场、冷库家庭农场、风干鸭家庭农场改革指标另行制定。

2. 股份合作制家庭农场（共计 5 个）

（1）种猪场改革方案（种猪家庭农场）

自 2016 年起，种猪场改为种猪家庭农场，股份总额不超过 700 万元，其中场入股 400 万元，其他由全场职工入股，入齐 300 万元止；对其所占场资产提取折旧，每月上交。核定职工 8 人，配备正职 1 人、副职 2 人，其他人员自定。实行一年一核算，种猪群按不变价盘存，毛猪按市场价盘存，所有股东按出资比例承担盈亏，至塌陷搬迁止。

（2）绿化办改革方案（绿化管理家庭农场）

2016年1月底前完成绿化办资产清理工作。自2016年2月起，绿化办改为绿化管理家庭农场，配备正职、副职各1人，其他人员自定；兼有服务和生产经营双重性质，经营范围：农业观光园、办公区、场内部分沟渠路边以及两大湖边等区域绿化养护；拆迁区、部分沟渠路边等区域树木的生产经营；其中绿化养护方面，场将从实际出发，参照市区绿化养护费用标准核定养护费用，购买其服务；生产经营方面，其所占树木面积向场缴纳承包费，其中拆迁区按每年每亩200元缴纳，其他地块按每年每亩600元缴纳，承包期5年。对现有资产进行评估作价入股（现有树木按市场离地价评估），作为场入股的股本，待评估完成后再议入股事宜。

（3）园林一分场改革方案（园林家庭农场）

农场三分场路南305第3条以西的树地全部清理，出售或用于场区、职工宿舍的绿化；饲料厂以南树地划归济宁市任城区前星种植专业合作社（原林果种苗公司）；305-1、2条田腰路南树地、畜牧观光园周边树地划归畜牧观光园用于林下散养；仅保留407-4、408-1、2、3四条树地。自2016年2月起，园林一分场改为园林家庭农场，配备正职、副职各1人，其他人员自定，经营范围为407-408条田共四条树地，对该区域的树木进行评估作价，算作场投资入股，所占土地向场缴纳承包费，按每年每亩600元缴纳，承包期5年。

（4）饲料厂改革方案（饲料厂家庭农场）

饲料厂改为饲料厂家庭农场，核定职工7人，配备正职、副职各1人，其他人员自定，资产提折旧。供应种猪场的饲料转账价格按当月购进原材料价格每斤加费0.06元计算，每月由场相关职能部门予以核价。盈利按盈利额的70％进行奖励，亏损自负。

（5）畜牧观光园改革方案（畜牧观光家庭农场）

畜牧观光园改为畜牧观光家庭农场，核定职工6人，配备正职1人、副职2人，其他人员自定；因塌陷搬迁，不再提取折旧，亏损自负，盈余与场五五分成。

3. 股份制公司（共计12个）

（1）畜牧养殖有限公司改革方案（股份制公司）

配备正职、副职各1人，其他人员自定；新建养殖场所占场土地40亩，每年向场缴纳土地承包费，第一年为每亩1220元，自第二年起按每亩1000斤小麦的当年市场价收取，承包期30年；公司是否扩股以及如何扩股等相关问题由公司股东大会研究决定。

（2）种子有限公司改革方案（股份制公司）

种子有限公司改为股份制公司，配备正职、副职各1人，其他人员自定；盘存资产变现结算后，对其所用场资产进行作价评估，算作场投资入股股本，场占51％的股份；

2016 年第 1 季度尽快办理种子生产经营许可证，办证成功按既定改革方案执行，办证不成功改革方案另行制定。

（3）节能建材有限公司改革方案（股份制公司）

配备正职、副职各 1 人，其他人员自定；所占房屋及土地收取租赁费，公司是否扩股以及如何扩股等相关问题由公司股东大会决定。

（4）市政园林有限公司改革方案（股份制公司）

自 2016 年起，市政园林有限公司改为股份制公司，股份总额定为 1060 万元，场以现有资产作价入股，占 50％以上的股份，其余为吸纳全场职工入股，入满为止，核定职工 12 人，配备正职 1 人、副职 2 人，其他人员自定；为尽快申报公司资质，场为其提供办公场所，如设在总场不收房租，如设在新宿舍区收取房租。

（5）物业管理有限公司改革方案（股份制公司）

自 2016 年起，物业管理有限公司改为股份制公司，股份总额定为 200 万元，场以 102 万元现金入股，占 51％的股份，其余为吸纳全场职工入股，入满为止，核定职工 10 人，配备正职 1 人、副职 2 人，其他人员自定。

（6）工贸有限公司改革方案（股份制公司）

自 2016 年起，工贸有限公司改为股份制公司，其所占厂房提取折旧，场现有设备等资产评估入股，其余吸纳职工入股，核定职工 10 人，配备正职 1 人、副职 2 人，其他人员自定；为扩大生产，场为其扩建厂房，提取折旧。

（7）网络营销公司改革方案（股份制公司）

工资发至 2016 年 1 月，自 2016 年 2 月起，改为股份制公司，配备正职、副职各 1 人，其他人员自定，场以现有资产、设备入股，其余吸纳干部职工资金入股。

（8）五彩南阳湖游乐有限公司改革方案（股份制公司）

农场与济宁五彩万象城游乐有限公司合作，共同出资 498 万元成立济宁五彩南阳湖游乐有限公司，其中农场占 49％的股份，该公司租赁农场三、四分场湖面开展游艇观光、水上自行车等游乐经营项目。

（9）其他 4 个股份公司改革方案

其他 4 个股份公司，包括：奥德南阳湖能源有限公司、赛德丽节能科技有限公司、金农生物科技有限公司、新材料公司等 4 个公司，改革前已完成股份制改造。

5. 专业合作社（共计 2 个）

（1）园林二分场改革方案（济宁南四湖生态农业观光专业合作社）

自 2016 年起，园林二分场改为济宁南四湖生态农业观光专业合作社，配备正职、副职各 1 人，其他人员自定；经营范围为场林下散养区，面积约 760 亩，所占土地向场缴纳承包费，承包费每年每亩 600 元，承包期 5 年；场对散养区域的生产配套、树木种植、圈舍等进行前期建设投入，并将这部分投入作为股份入股；一二分场湖心岛建成后，岛上园林苗木归其管理。

（2）林果种苗公司改革方案（济宁市任城区前星种植专业合作社）

经营面积增加，饲料厂南原园林一分场树地、畜牧观光园东部的 2 条树地、三分场办公楼南树地划归该单位，对该单位所占用的场资产进行评估作价入股，全场干部职工按《农场改革意见》入股，股份总额定为 500 万元。自 2016 年起，林果种苗公司改为济宁市任城区前星种植专业合作社，配备正职、副职各 1 人，其他人员自定；所占土地向场缴纳承包费，承包费每年每亩 600 元，承包期 5 年。

十一、其他事项

1. 成立督导与企管办公室，主要负责各单位改革过程中的督导监察及对外承包单位承包费催缴等企业管理事宜。

2. 成立场维稳工作领导小组，由党委书记任组长，纪委书记、工会主席任副组长，人力资源科、综合科、保卫科负责人任成员，及时处理改革过程中的信访问题，维护好全场稳定和谐的办公、生产秩序。

3. 园林一分场改革后，不再属其的林木仍由其暂时代管，林木管护责任由其承担，其他单位或个人销售这一部分林木，场给其提林木离地销售价 1% 的管理费，供自身销售这一部分林木，场给其林木离地销售价 5% 的提成。

4. 超市管理办公室撤销后，其管理职能划归督导与企管办公室。

5. 卫生所、排灌站、油库等服务型单位暂不改革，服务指标重新核定，置业有限公司未完成工作使命，仍按原方式运营。

6. 本方案未尽事项由场领导班子会议研究决定。

7. 本方案经场职工代表大会审议通过后实施。

8. 过去方案规定与本方案规定不一致的，按本方案执行。

9. 本方案自 2016 年 1 月 1 日起施行。

山东济宁南阳湖农场

2016 年 6 月 2 日

济宁市人民政府

济政字〔2018〕78 号

济宁市人民政府关于公布市属经营性国有资产统一监管及改制清算企业名单的通知

市政府各部门、单位：

为深入贯彻落实中央、省、市深化国有企业改革有关决策部署，进一步推进政企分开、政资分开、所有权与经营权分离，完善国有资产监管体系，调整优化国有资本布局结构，提高国有资产配置效率，促进国有资产保值增值，按照市委、市政府《关于加快推动国有企业改革的十二条实施意见》（济发〔2017〕21 号）精神及市政府《关于印发加快推进市属经营性国有资产统一监管实施方案的通知》（济政字〔2018〕44 号）要求，结合市属经营性国有资产调查核实情况，经市统一监管工作领导小组研究确定，现将市属经营性国有资产统一监管及改制清算企业名单予以公布，请认真贯彻执行。

附件：市属经营性国有资产统一监管及改制清算企业名单

济宁市人民政府

2018 年 8 月 31 日

附件

市属经营性国有资产统一监管及改制清算企业名单

一、国有产权划转市国资委监管的企业（25 户）

（九）济宁市农业局所属企业（1 户）

山东济宁南阳湖农场 100％国有产权

抄送：市委各部门，市人大常委会办公室，市政协办公室，市法院，市检察院，济宁军
分区。

山东济宁南阳湖农场文件

南农场字〔2018〕72 号

关于在济宁市市属国有企业公司
制改制中保持山东济宁南阳湖农场国有农场主体地位的请示

省农业农村厅：

　　山东济宁南阳湖农场于今年 9 月划归济宁市国资委管理，济宁市国资委代表济宁市政府履行国有资本出资人的职责。《济宁市国资委关于加快推进市属国有企业公司制改制的通知》（济宁国资〔2018〕57 号）要求，市属国有企业 2018 年年底前必须完成公司制改制任务，南阳湖农场作为市属国有企业被列入改制名单。据了解，此次改制拟将南阳湖农场改为市管二级企业，这不符合中央和国家关于农垦改革发展的总体要求。2015 年 12 月 14 日，时任国务院副总理汪洋同志在全国农垦改革发展电视电话会议上的讲话中明确要求："农垦改革发展要'守住三条底线'，一是要始终坚持国有属性，完善国有农业经济的实现形式，决不能把国有经济改没了；二是要始终坚持以农为本，建设现代农业的大基地、大企业、大产业，决不能把农业改弱了；三是要始终坚持发挥农垦的规模优势，走规模化发展的道路，决不能把经营规模改小了"。《中共中央国务院关于进一步推进农垦改革发展的意见》（中发〔2015〕33 号）中也明确提出："不得擅自解散、下放、撤销国有农场，国有农场合并、分设、调整等体制变动，须征求上级农垦管理部门意见"。按照中央和国家有关要求，近几年南阳湖农场积极开展了"改组组建农垦国有资本投资运营公司专项试点"，并取得一定成效，为深化国有农垦改革奠定了良好基础。下一步，我们打算成立以南阳湖农场为主体具有国有资本投资运营功能的区域性集团公司，合并重组周边产业特色明显、规模较小的小型农场、专业合作社等涉农单位，组建山东垦区"航母"级区域性集团公司，进一步将国有农场做成大基地、大企业、大产业。为此，恳请省农业农村厅正式函告济宁市政府，在此次济宁市市属国有企业公司制改制中，保持南阳湖农场主体地位不变，列入市管一级企业。

当否，请批复。

山东济宁南阳湖农场

2018 年 11 月 21 日

山东省农业农村厅

鲁农产业字〔2018〕46 号

___

山东省农业农村厅关于在济宁市市属国有企业公司制改制中保持山东济宁南阳湖农场国有农场主体地位的批复

山东济宁南阳湖农场：

你场《关于在济宁市市属国有企业公司制改制中保持山东济宁南阳湖农场主体地位的请示》（南农场字〔2018〕72 号）收悉，依据《中共中央国务院关于进一步推进农垦改革发展的意见》（中发〔2015〕33 号）中："不得擅自解散、下放、撤销国有农场，国有农场合并、分设、调整等体制变动，须征求上级农垦管理部门意见"之要求，现答复如下：

一、按照中央和省委、省政府关于农垦改革有关要求，农垦改革发展要"守住三条底线"，决不能把国有经济改没了，决不能把农业改弱了，决不能把经营规模改小了。同意你场在济宁市市属国有企业改制中保持国有农场的经营主体地位，建议作为市管一级企业。

二、你场要向济宁市政府及相关部门做好汇报，坚决贯彻落实中央和省委、省政府关于农垦改革发展有关文件精神，进一步保持好全省农垦改革发展排头兵的先进荣誉，进一步发挥好示范引领带动作用，为我省农垦改革发展作出新的贡献。

此复。

山东省农业农村厅

2018 年 11 月 27 日

抄送：济宁市政府，济宁市国资委

信息公开选项：依申请公开

山东省农业农村厅办公室　　　　　　　　　　2018 年 11 月 27 日印发

山东济宁南阳湖农场工会委员会文件

南农会字〔2018〕4号

关于《山东济宁南阳湖农场改制方案》的决议

场八届职工、十一届会员代表大会第三次会议听取审议了《山东济宁南阳湖农场改制方案》，会议决定批准这个方案。会议认为，农场改制方案认真落实了《济宁市国资委关于加快推进市属国有企业公司制改制的通知》（济国资〔2018〕57号）要求，完全符合《中共中央国务院关于深化国有企业改革的指导意见》（中发〔2015〕22号）、《中共济宁市委济宁市人民政府关于加快推动国有企业改革的十二条实施意见》（济发〔2017〕21号）等深化国企改革文件精神，从改制企业基本情况、改制指导思想原则和目标、改制的必要性、改制总体思路、改制资产债务处理、新公司法人治理结构设置、职工安置方案、改制程序等八个方面，对农场改制工作进行了科学系统的安排，思路清晰，步骤稳妥，符合实际，具有较强的可操作性。

会议强调，此次农场公司制改制，将农场从全民所有制企业转变为国有独资型的有限责任公司，将农场承担无限责任转变为承担有限责任，将场党委、场管委对农场的领导转变为"三会一层"对农场有限公司的领导，改制后农场有限公司将全面推行现代企业制度，通过"三会一层"这一法人治理结构决策落实一切生产经营活动，这在农场60多年的建设发展史上具有里程碑式的重大意义，开创了农场发展的新纪元。

会议要求，面对农场改革发展的新形势新任务，各单位各部门要认真贯彻落实《山东济宁南阳湖农场改制方案》有关要求，准确把握改制方案的精髓，做农场改制工作的坚定拥护者、积极践行者，为促进农场改制工作发挥示范作用。会议号召，广大干部职工要在农场有限公司党委会、董事会的坚强领导下，以改制方案为指针，进一步解放思想，转变观念，继续深化国有企业改革，全力推进经济社会发展为开启农场有限公司高质量发展的新征程而奋力拼搏。

山东济宁南阳湖农场工会委员会

2018年12月21日

济宁市人民政府文件

济政字〔2018〕132 号

济宁市人民政府关于公布市国资委统一监管 企业重组整合名单的通知

市政府有关部门、各有关企业：

依据市政府《关于印发推进市属经营性国有资产统一监管实施方案的通知》（济政字〔2018〕44 号）要求，按照产业相关、业务协同、优势互补的原则，为实现国有资本合理配置，增强国有资产保值增值能力，做大做强做优市属国有企业，现将市国资委统一监管企业重组整合名单予以公布。

......

四、划入拟组建的济宁市文旅集团 1 户企业：

山东济宁南阳湖农场 100％国有产权

......

济宁人民政府

2018 年 12 月 22 日

（此件公开发布）

抄送：市委各部门，市人大常委会办公室，市政协办公室，市法院，市检察院，济宁军分区。

重要文献

中国人民解放军济南军区山东生产建设兵团第三师
第十一团（通令）对立功和受团嘉奖单位和个人的通令

一九七二年，我团全体干部、战士、职工、家属遵照伟大领袖毛主席"备战、备荒、为人民"的教导，在上级党委的正确领导下，全团同志认真读马列主义和毛主席著作，路线斗争和阶级斗争觉悟越来越高，团结的政治空气更加浓厚，"一不怕苦，二不怕死"的革命精神得到进一步发扬，全团在各方面都取得较好成绩，扭转了财务收支亏损的现象，为国家盈利14747.78元，同时涌现了许多先进单位，好人好事层出不穷。为了表彰先进，宣扬典型，进一步开展向雷锋同志等学习，掀起比、学、赶、帮、超活动，经过审查，同意给姚士远等12名同志立三等功，给4个排7个班和97名同志给予团嘉奖，特此通令。

立功人员：

一连：姚士远、候宝兴

二连：朱爱菊

三连：刘广英、樊德跃

四连：王召民、孙立红、李春芹

七连：杨丹照、姜守财

司令部：邹世宏

一分场：戚兆玉

嘉奖单位：

一连四排，四排十六班；二连六排二十二班；三连七排，养猪班；四连二排，二排八班；五连二排八班，革新班；六连三排八班；七连二排。

嘉奖同志：

一连：于华跃、李兴吉、刘少华、孟祥娣、吴桥、王金萍、孙秋菊、王华军、吴凤柱、彭允生、刘广友、范全心、张华、于显保、姜庆坤、王和平、张霞、候保兴

二连：齐方喜、刘兆春、张学君、刘新中、马淑英、公永玲、张纪萍、秦现恒、王化岭、王世忠、李玉凤、黄美玲、郝立杰、胡玉华

三连：李均恩、刘纪岭、刘广春、孙永安、姜玉芳、翟红展、邹顺河、商艳玲、卢尚

志、段凤芝、苏小英、陈目中、李卓亚、杜守柱、李玉萍、刘文质

四连：李继荣、董端古、贾福河、单成军、汪永卫、董金生、周西现、秦佑果、周广敏、于鲁生、付秀英、刘莲、韩美云、蒋云洪、魏树敏、赵永安、秦佑堂

五连：孟样廷、胡永夫、杨春太、王玉启、刘允锦、苏玉民、杨兴月、任成亮、王鲁华、李万生、于泉水

六连：王文成、尹加德、张代山、于鲁会、朱厚亮、钟玲、钱明启

七连：窦春华、王继富、王沛龙、杨洪义

水稻所：万兆风

卫生队：张素亭、李积庆

家属队：王传英

司令部：马德轩

政治处：赵毅英

后勤：李德香、尹清顺、石正义

希望以上授奖单位和个人，谦虚谨慎，戒骄戒躁，再接再厉，继续前进；全团同志要虚心地向他们学习，以人之长补己之短，在七三年这个新的年度里，让我们携手并肩，团结起来，争取更大胜利。

济南军区山东生产建设兵团三师十一团

一九七三年三月

南阳湖农场农业产业化经营发展"十五"规划

（2001 年 6 月制定）

一、指导思想

党的十四届五中全会指出：农业实现现代化，农民生活实现小康进而达到比较富裕，是整个现代化进程中最艰巨的任务，农业现代化建设的一条重要途径是要大力推进农业产业化经营，按产业化的要求来改造传统农业，实现由传统农业向现代化农业的跨越。

依据上述内容，农场农业产业化经营工作总的指导思想：按照发展市场经济的要求构建新型的农村产业组织，坚持以市场为导向，以效益为中心，以当地资源为依托，围绕主导产业和产品，优化配置多种生产要素，对农业经济实行区域化布局，专业化生产，一体化经营，社会化服务，科学化管理，形成市场牵龙头、龙头带基地、基地联农户的新格局，将种养加、产供销、内外贸、农科教等各个环节紧密联结起来并融为一体，从而解决小生产难以进入市场的难题，构筑符合市场经济体制要求的新型农业生产经营方式。

二、基本原则

推进农场农业产业化进程，实现产业化经营，应当坚持以下基本原则。一要选好主导产业。没有区域性主导产业，没有相应的生产规模，产业化经营就没有基本前提。农场根据近几年鲁南地区作物良种供繁滞后、质量不高、品种相对单一的现状，依托农作物的土地资源和人才技术等方面的优势，充分利用农业部"九五"种子工程项目建设的有利条件，迅速形成了以种子产加销为主导产业的新格局。二要科学布局。产业化经营不能一哄而起，搞低水平的重复建设，应当科学规划，合理布局，集中财力、物力搞几个高起点、大规模、新产品、高效益的项目，以充分发挥辐射带动作用。三要工农商联手，吸引工商企业进入农业领域，把工商企业的人才、技术、设施、营销网络以及开拓市场的优势同农场的资源有机结合起来，形成和造就新的优势。四要互惠互利，龙头项目要和农场职工及周边农村的农民坚持互惠互利，在操作上要变"买断制"为"连利制"，实行合同化、契约化管理，坚持把部分超额利润返给职工和农民，真正形成风险共担、利益共享的利益共同体。五要实事求是、因地制宜。既要避免因循守旧、不思进取，又要防止急于求成、盲目推进。

三、发展规划

以市场为导向，以效益为中心，以农为本，从科技入手，充分发挥技术、人才、资源等方面的优势，依靠先进的农业技术和现代化的技术设施，突出抓好农场的农业科技进步和示范带动作用，走科研、开发、示范、生产、经营一体化的路子，以种子产业为龙头，将农场建设成为全省的农业现代化试验示范基地，实现经济效益、社会效益、生态效益的同步增长。

1. 良种产业化体系建设。发展高产、优质、高效农业，首先必须解决种子、种苗问题。要与山农大等大专院校合作，大力选育、引进优良种子、种苗，通过试验、示范、繁育、推广，扩大辐射带动区城，实现种子、种苗生产专业化、标准化，经营管理规范化。促进种子、种苗的产业化进程，一是引进国内、国际一流的粮食、油料、畜禽和水产品优良品种。在良种的引进上一定要坚持高标准引进，不但要注重高产、优质，更要注重高效，要引进那些适应性好、生产潜力大、经济效益高的名、特、优、新品种。二是建设高标准的良种繁育基地。努力提高农业科技含量，大力发展高科技农业，走高投入、高科技、高效益的路子，搞好农田水利基础设施和配套工程建设，大力推广节水灌溉技术，增强防洪排泄能力，改造低洼区。"十五"规划期间，改造中低高产田 15000 亩，良种播种面积达到 15000 亩，高标准建设粮食、蔬菜、花卉、畜禽和水产品良种繁育基地，采用当代生物技术，采取组培快繁、杂交制种、提纯复壮等技术，培育各种新品种，使农场成为本地优质种子、种苗中心，促进繁育基地的良种化进程，使农场成为鲁西南的良种基地。通过高科技在农业生产中的应用，起到示范带动作用，增强直观感，让农民看到高新技术应用后的增产事实，进而在全市得到大面积推广应用。三是搞好良种的产业化经营。在配备种子精选机、粮食种子专用包衣设施及机械设备，建粮食种子包衣厂房基础上，建设种子低温库，购置实验器材，搞好种子的产业化经营，打响南阳湖良种的品牌。四是搞好科技服务。充分发挥农场的技术优势，开展农业高新技术的引进和试验研究，形成农业高新技术体系，为全市粮油、蔬菜、畜禽、水产等生产基地提供技术依托，带动各农业区的建设，不断提高服务意识，推进农业技术产业化，为农场和周边农民提供农业技术和良种、生产资料等物化技术服务，把物化的农业高科技传授给农民，把整套农业高科技及工程技术迅速地辐射到周边县区，充分发挥现代化农业试验示范基地的辐射带动作用，促进农业增产、农民增收，加速全省农业现代化进程。

2. 菜篮子工程建设。充分利用农场靠近市区的条件，把农场作为济宁市的菜篮子工程建设，使之成为济宁市的蔬菜肉蛋和水产品供应基地。在蔬菜生产上大力发展塑料大棚、自控温室、日光温室生产，引进樱桃、西红柿、太空等优良蔬菜品种，采用无土栽培等配套技术，发展绿色食品。在畜禽养殖上，在抓好原有常规养殖的基础上，发展银狐、蓝孔雀、香猪等珍禽、珍畜养殖，重点发展奶牛饲养业，在周围县区建立若干养牛基地，为农民提供技术指导。在水产品养殖上，采用温室与露养相结合，主要养殖常规鱼类和名贵鱼类，可供应市场，有较高的经济价值。

3. 农产品加工业建设。在建好现在的面粉加工厂、调味品厂的基础上，大力发展粮食、食品和畜产品加工业，主要发展六大系列的产品，即：食品系列，饲料系列，蔬菜速冻、脱水、干制、冷藏系列，果蔬脆片系列，禽肉系列，奶制品系列，重点发展牛奶加工业，在农场建一个现代化、高标准的收奶站，建大型的牛奶加工厂，进行牛奶的深加工，这样不仅能发挥农场的示范作用，而且能带动周围奶牛基地的群众致富。

4. 旅游观光、休闲农业建设。利用农场现有土地、水面，靠近城区和大湖的优势，大力发展观赏鱼类、名贵花卉、稀有畜禽等，把农场建成融科研、示范、生产、观光、游览、休闲和销售于一体的农业"公园"。一是开发鲜切花、盆景、名贵观赏花卉和观赏草皮，既可销售花卉、草皮等，取得较好的经济效益，又可以观赏。二是开展观赏鱼类、珍禽养殖和野生动物驯养，建设全封闭四季垂钓中心和珍禽园，供四季观赏、垂钓。三是建开放式的农产品自选市场，向游客开放花卉、水果、蔬菜、养殖等园区，由游客自己动手采摘、捕捞、选购，可大幅度提高产品效益。四是开辟旅游专线，建设小城镇或田园度假村，开设自采餐馆，完善各类服务设施，为游客提供吃、住、游、乐、购一条龙的服务，带动第三产业的发展，既满足城市居民休闲旅游的需要，又提高了农场自身的效益。

在庆祝南阳湖农场建场 50 周年大会上的讲话

场长　许厚营

各位领导、各位来宾、同志们：

秋天的时节硕果累累，如今的农场蓬勃发展。今天，我们在这里隆重集会，热烈庆祝南阳湖农场建场 50 周年。在此，我代表南阳湖农场全体职工向光临大会的各位领导、各位来宾、同志们表示热烈的欢迎！向多年来关心支持南阳湖农场经济建设和社会发展的各界朋友致以诚挚的感谢！向为农场发展做出贡献的全场职工表示亲切的慰问！

南阳湖农场始建于 1956 年 3 月，是山东省 19 处国有农场建立较早的中型农垦企业之一。农场历经半个世纪，经过几代人的共同努力，把昔日水汪汪的湖洼沼泽，已建设成土地平整，条田成方，树成行，林成网，小麦良种产业化经营，园林、苗木、水产、畜牧养殖共同发展的国有农场。2005 年农场实现国民生产总值 952 万元，实现粮豆总产 7624 吨，实现利润 121 万元，职均收入 11000 元。职工生活质量有了明显提高，有线电视覆盖全场，移动、固定电话广泛使用，小汽车已走进富裕职工家庭。

回顾 50 年的风雨历程，农场走过了曲折而不平凡的道路。1956 年 3 月农场第一批创业者来到这里，建立国营南阳湖农场，老一辈职工发扬"艰苦奋斗、勇于开拓"的农垦精神，战天斗地，以兴修水利为起点，边建设边生产，1960 年 1 月成立了场社合一型的南阳湖人民公社；1961 年 5 月恢复国营南阳湖农场；1970 年 4 月农场改为山东生产建设兵团三师十一团；1975 年 1 月重新恢复国营南阳湖农场；2001 年适应社会主义经济体制改革的形势，改为山东济宁南阳湖农场。农场建场 50 年来，在上级党委政府的正确领导和几代农垦职工的艰苦努力下，起到了农垦企业示范带动作用，为济宁市经济繁荣和社会发展做出了重要贡献。50 年的奋斗和积累，农场取得了一定成绩，获得了一些荣誉。1992 年农场被农业部授予"全国农业系统思想政治工作先进单位"称号；1995 年、1996 年连续 2 年被山东省农业厅评为先进农垦企业；1996 年 8 月被农业部、财政部授予"'八五'期间扭亏增盈先进企业"荣誉称号；1998 年被山东省林业厅评为绿化先进单位；1998 年 12 月被济宁市人民政府确定为济宁市农作物良种繁育基地；2005 年 1 月被评为济宁市农业产业化龙头企业；2004 年、2005 年农场利润指标在全省 19 处农垦企业中分别名列第三、第二位。

建场 50 年来，农场始终坚持以农为主的发展方向，根据农业发展和市场需求，及时更新观念，调整发展思路，尽快适应农业现代化建设和全面建设农垦小康社会的要求。

"种植业是农垦企业的基础产业，发展良种具有独特的优势"，我场把发展农作物良种作为产业结构调整和促进经济发展的关键抓紧抓好。从 1999 年开始确立了以小麦良种为主导产业，1.5 万亩耕地全部变为小麦良种田，8 年来繁育推广了 40 多个适应性强、生产潜力大、经济效益高的名优新品种。加强了良种基地建设，现拥有加工生产配套设备 23 台（套），从丹麦引进了具有世界先进水平的种子加工生产线一条，建设了高起点、高标准的种子加工厂一处，具有 90 平方米合格的检验室一处。为了提高小麦良种的科技含量，加强了小麦良种科研的力度，依托农场科研站 100 多亩科研基地，承担了省中高肥水区域试验和 31 个小麦品种（系）的田间展示任务，为山东省小麦良种推广和审定提供了科学依据。在生产、经营、管理中具体实施"发展农作物'七统一'管理实施细则"，确保了小麦良种繁育的标准化、规范化、制度化。实施了龙头带动战略，加强了生产基地、农户与龙头的联系，小麦良种产业已做大做强，年均加工销售小麦原种 50 多万公斤，良种 500 万公斤。2004 年 3 月我场成功注册"南阳湖"牌农作物种子商标。农场小麦良种靠优良的质量赢得了市场、效益、信誉，已成为农场最具有市场竞争力、发展潜力大的优势产品，知名度较高，产品远销江苏、山西、河南、安徽等省和我省大部分地市（区）。

资源的有效利用，使农场具备了向更高层次迈进的物质基础。按照"结构调优、体制调活"的目标，大力发展林木、园艺产业。充分利用了沟路渠堤等闲置自然资源，每年抓住春季造林的有利时机，动员全场职工义务植树，农场现拥有树木 11 万余株，形成了农场林业生产的良性循环，为改善田间气候、绿化环境创造了条件。依托土地资源优势，培育了绿化苗木花卉新产业，带动了农业结构的战略性调整，园林业生产规模已达到 2000 多亩，种植了法桐、国槐、金丝垂柳、黄金柳等 30 多个苗木新品种。

日趋完善的农业生产条件，使农场具备了可持续发展的有效载体。多年来农场一直把加大农业投入放在工作重要议程，"十五"期间农场农业综合投入达到了 500 万元，主要用于兴修农田水利，兴建种子产业基础配套设施，购置机械加工设备，从而改善了排灌条件，增强了抗灾能力，确保了农业生产特别是良种产业经营的需要。

较好的发展环境，使农场具备了加快发展的环境基础。农场完善的规章制度，强化了各业基础管理，尤其是加强了资金管理，确保了资金发挥最大效益。广大干部人心思上、大干快上、心齐劲足、干事创业的氛围日益浓厚，卫生、教育、社会治安管理等各项事业齐头并进。

回顾农场 50 年的发展历程，我们深深感到农场能取得今天的成就，是农场历届领导和职工艰苦创业的结果，是各级领导和有关部门大力支持的结果。"无边落木萧萧下，不尽长江滚滚来"，随着时代发展的步伐，他们中有许多同志已变成白发苍苍的老人，他们将青春献给了农场，又将终身献给了农场。忆老一辈职工工作当年，他们以苦为荣，以苦为乐，凭着一股革命热情克服了种种困难，在寒冬中开挖沟渠、堆土整地，在酷暑中挥舞镰刀镢头、收获累累硕果，正是他们在这种艰苦条件下披荆斩棘、开荒造田、风餐露宿，才锻炼造就了农场人极为可贵的坚韧不拔、艰苦创业、开拓进取的农垦精神，这种精神在农场创业史上划出了一条充满传奇色彩的轨迹。作为兵团时期的见证者和亲历者的老职工，自然也经受了种种艰苦环境的锻炼与考验，他们开过荒、平过地、筑过路、植过树，春耕夏种秋收冬藏都干过。老一辈职工这种薪火相传、艰苦奋斗、勇于奉献的精神，激励着农场一代代开拓者去奉献、去奋斗。在此，我代表农场党委和全体职工，再次向为农场做出不朽贡献的老领导、老同志致以崇高的敬意！向长期支持农场发展的领导和朋友们表示诚挚的谢意！

50 年来，农场虽然取得了一定成绩，但是面对建设新型农场和农垦小康社会的历史使命，面对市场经济条件下百舸争流、竞相发展的格局，面对农场外部环境日益改善和良好的发展机遇，我们重任在肩。站在新起点，实现新发展，是时代赋予我们的光荣使命和神圣职责，我们有决心有信心抓住采煤塌陷治理、国家南水北调工程启动、光府河水质量改善、大堤道路修建、城郊南部纳入济宁市"十一五"规划优先发展的战略性机遇，以及紧靠北湖省级旅游度假区、济东煤田迅猛发展带来的辐射带动效应，调动方方面面的积极性，树立和落实科学发展观，紧紧围绕建设现代农业、加强示范带动能力建设这一中心。以调整产业结构、转变经济增长方式为核心，以开放搞活、引资引才为动力，进一步增强农场经济实力和市场竞争力，以生态农业为依托，以餐饮、娱乐、健身为载体，实行"农游合一"综合经营模式，把农场建成 2 万亩高效、生态、旅游、观光、休闲农业区，逐渐提高职工群众的生活质量，全面开创农场经济社会发展的新局面。在具体实践中充分利用好区位、资源、科技优势，与时俱进，奋发有为，着重抓好生态观光旅游农业开发、土地复垦综合治理、良种和经济作物产业化经营等工作，实现经济与社会协调发展。我们坚信，在上级党委政府和各级部门的支持帮助下，一定能够抓住机遇，再创佳绩！为济宁的经济发展做出新的更大的贡献！

谢谢大家！

2006 年 9 月 27 日

中共山东济宁南阳湖农场委员会文件

南农党字〔2018〕11 号

中共山东济宁南阳湖农场委员会党委会议事规则

为更好地贯彻党的民主集中制，规范健全党委集体领导的议事和决策机制，提高会议议事质量和效率，保证决策的民主化、科学化和规范化，根据《中国共产党章程》《关于新形势下党内政治生活的若干准则》和《中国共产党工作机关条例（试行）》等规定，制定本规则。

一、议事原则

坚持以马克思列宁主义、毛泽东思想、邓小平理论、"三个代表"重要思想和科学发展观为指导，深入落实习近平总书记系列重要讲话精神和治国理政新理念新思想新战略，坚决贯彻党和国家的路线方针政策和上级指示、决议、决定，确保政令畅通。坚持议大事、抓大事原则；坚持集体领导、民主集中、个别酝酿、会议决定原则；坚持科学决策、民主决策、依法决策原则；坚持解放思想、实事求是原则；坚持党委书记末位表态发言原则。

二、议事范围

1. 传达学习贯彻上级党委、政府和上级业务主管部门的决定、指示和工作部署及领导重要讲话精神；

2. 研究贯彻执行上级党委、政府重大决策部署的具体实施意见，研究解决实施中的重大问题，总结部署阶段性工作；

3. 研究加强党的建设和党风廉政建设工作；

4. 研究向上级党委、政府请示报告的重要事项；

5. 研究农场改革发展中的所有涉及"三重一大"事项及阶段性重点工作；

6. 研究事关农场经济发展全局、上级党委政府高度重视、广大群众高度关注的重大事项；

7. 研究场内部机构的设置及变动，研究场党委管理干部的任免、奖惩、问责、年度考核、责任追究和违纪处理，研究向上级推荐提拔重用干部人选，研究场基层单位班子成员的配备与调整事宜；

8. 研究单项支出在 10 万元及以上的大额资金使用，涉及农场中长期的发展规划及重大项目的申报、安排；

9. 需要党委会决定的其他重大事项。

三、议事程序及要求

（一）会议时间

1. 党委会原则上每月召开一次，如遇特殊情况，可随时召开或推迟召开。

（二）会议准备

2. 提交党委会研究的议题，会前要深入调查研究，拟定初步方案，撰写简要议题材料，提前 2 天送办公室，办公室汇总后，报党委书记审定，列入议程。议题材料提前 1 天送达各位委员和场纪委。

3. 对重大事项的决策，一般应当经过调查研究、酝酿会商、征求意见、专业评估、合法合规性审查和集体讨论决定等程序。

4. 会议主持人和与会人员应做好有关准备工作，包括拟好会议议程、确定汇报人、汇报提纲、发言要点、工作计划草案、决议决定草案等。

5. 办公室提前落实会场，准备好会议所需有关材料，通知与会人员。

（三）会议组织

6. 党委会由党委书记召集并主持；必要时，由书记委托副书记召集并主持。全体委员参加，邀请场纪委人员列席。

7. 党委会须有二分之一以上委员到会方能举行，讨论干部任免问题时须有三分之二以上的委员到会。委员无特殊情况不准请假，因故不能参加会议的向会议主持人请假，并以书面形式提交对议题的意见、建议。会议研究决定的事项，及时向因事未能参加会议的人员进行通报。

8. 议题涉及需要到会的有关科室、单位负责人列席会议，其他需要列席会议的人员由会议主持人确定。议题涉及的列席人员，在其议题讨论完毕后，即可退席。

9. 党委会严格按照议程和程序逐项进行，不得临时动议。在讨论议题时，各位委员应积极酝酿，充分发表意见，会议主持人集中大家的意见，按照少数服从多数的原则，形成党委会决定、决议。如对重大问题有不同意见，主持人可以作出暂缓形成决定的意见，也可以提请会议表决，对决定事项进行表决时，赞成者超过应到会委员的半数为通过。表决可根据讨论事项的不同内容，分别采取投票、举手、口头等方式进行。

10. 综合科负责做好会议记录，可根据实际需要编发会议纪要，报党委书记审核、签发，并按照规定存档备查。会议记录要完整、规范、准确、清晰。会议讨论通过的以党委名义上报或下发的文件，由党委书记签发。查阅党委会原始记录，需经党委书记批准。

11. 党委会决定的事项，属于保密范畴的，与会人员要严格遵守保密纪律。

（四）会议落实

12. 对党委会决定的事项，按照"谁主管、谁负责"的原则，由确定的分管领导协调各方面力量，确保决策顺利实施，贯彻落实的进度及时向党委书记报告。在执行中需要对决策进行调整修正的，由分管领导及时向党委书记提出意见、建议，并经党委会研究重新作出决定。

13. 综合科会同有关科室，对党委会决定事项的落实进行督导检查，确保决定事项按照标准要求和时间节点完成。对因工作不负责任、措施不力、不能按时间节点完成任务的责任单位和责任人提出问责意见、建议，报党委会研究决定。

本议事规则由综合科负责解释，自 2018 年 9 月 1 日起实施。

中共山东济宁南阳湖农场委员会

2018 年 9 月 1 日

中共山东济宁南阳湖农场委员会文件

南农党字〔2020〕5 号

山东济宁南阳湖农场有限公司
重大决策事项党委前置研究讨论的实施意见

为深入贯彻党的十九大精神和全国、全省、全市国有企业党的建设工作会议精神，充分发挥公司党委政治领导核心作用。根据中共济宁市国资委员会《关于印发〈市管企业重大决策事项党委前置研究讨论的指导意见〉的通知》精神，结合公司实际，现就重大决策事项党委前置讨论研究，提出如下实施意见。

一、指导思想

坚持以习近平新时代中国特色社会主义思想为指导，深入学习贯彻党的十九大精神，紧紧围绕新时代党的建设总要求，在推进国资国企改革发展中坚持党的领导、加强党的建设，把党的领导融入公司治理各个环节，落实党委对公司重大事项的前置研究、决策，实现公司党委履职规范化、制度化、科学化，提高决策效能，促进公司持续稳定发展。

二、基本原则

突出政治引领；坚持民主集中制；坚持加强党的领导和完善公司治理有机统一；坚持规范与效率统一。

三、列入公司党委会审议、决策的事项

1. 贯彻执行党的路线方针政策、国家法律法规和上级重大决策、重要工作部署的意见和措施。

2. 研究决定党的组织和制度建设、反腐倡廉工作、精神文明建设、意识形态工作、思想政治工作、企业文化建设、宣传教育的重大问题。

3. 研究决定公司党委领导班子成员分工及公司中层干部以上人员兼职。

4. 研究决定公司管理干部的选拔、任用、考核、奖惩、责任追究等事项，公司人才队伍建设及后备干部的培养和管理，各级党代表、人大代表、政协委员等初步人选候选人推荐。

5. 研究决定公司人才招聘、职工调动工作。

6. 研究决定公司薪酬和奖金分配的原则、公司各级管理人员履职待遇和业务支出的总体方案。

7. 研究决定重大安全责任事故、群访集访等突发事件的处理意见，重大违纪案件、法律诉讼（或仲裁）、经济纠纷及影响公司稳定的重大事件的处理意见。

8. 审议并通过公司改制破产、清算注销、兼并重组过程中的职工分流、安置方案。

9. 研究选举或罢免公司职工董事、职工监事。

10. 审议公司中长期发展规划、改制方案、重大改革措施等重大事项。

11. 审议有关劳动报酬、工作时间、休息放假、劳动安全卫生、保险福利、职工培训、劳动纪律以及劳动定额管理等直接涉及职工切身利益的规章制度或重大事项。

12. 审议职工福利基金使用、企业公益金使用、住房公积金和社会保险费缴纳等事项。

13. 公司的"三重一大"事项均须提交党委会审议决策或前置研究讨论。

14. 研究其他需提交职工代表大会及其联席会审议、决策、选举的事项。

15. 研究其他需要公司党委会集体讨论研究或决定的重大事项。

四、公司党委前置研究讨论主要事项

公司董事会决策事项一般都属重大事项，应提交党委会前置研究讨论；公司经理层决策事项应区分一般事项和重要事项，对重要事项，特别是执行党委和董事会决策的重要工作计划、重要工作方案、执行中需要解决的重要问题、重要节点工作进展、涉及职工利益的重大问题等，应提交党委会研究讨论。具体主要包括：

1. 重大战略类事项。包括贯彻党中央决策部署和落实国家发展战略的重大举措；公司中长期战略规划的制定与执行；根据发展战略分解的公司生产经营方针、业务结构优化措施等意见和措施；董事会、经理层议事规则、工作报告及公司年度风险管理报告等。

2. 重大经营类事项。包括公司重大投融资、贷款担保、资产重组、产权转让、资产处置、资本运作、招投标等重大问题；年度财务预算方案、决算方案及预算调整方案；利润分配方案和弥补亏损方案；增加或减少注册资本、发行债券、基金管理的重大问题。

3. 重大改革类事项。包括公司重要改革方案的制定、修改和实施；企业的合并、分

立、变更、解散方案以及内部管理机构的设置、调整、职责划分；混合所有制改革的谋划、推进和实施等。

4. 重大管理类事项。公司的章程草案和章程修订方案；公司重要规章制度；公司业绩考核、薪酬管理和企业负责人履职待遇、业务支出；公司中高层管理人员的选聘、任用、考核、薪酬、管理和监督等；公司董事会、经理层成员的分工。

5. 职工利益类事项。包括职工集体合同、薪酬分配政策、职工福利、改革改制涉及的职工分流安置方案等需要提交职工代表大会讨论的涉及职工切身利益的重大问题等。

6. 社会责任类事项。公司在开展对外捐赠，社会救助扶贫攻坚、安全生产、环保，促进就业、维护稳定等涉及企业社会责任方面采取的重要措施等。

7. 董事会、经理层与党委会沟通，党委会认为需要前置研究讨论的其他重大问题。

五、党委前置研究讨论的有关要求

公司党委前置研究讨论重大决策事项要谋全局、议大事、抓重点，避免重复决策，大包大揽，防止党委会成为生产经营决策的指挥中心。重点把好政治关、政策关、程序关，对关系公司改革发展稳定的重大问题提出意见和建议，保证公司改革发展的正确方向；支持公司治理各主体依法行使职权，促进科学决策；维护国家、社会公众利益和公司、职工的合法权益，促进公司和谐稳定发展。

1. 党委前置研究讨论重点关注的问题。对董事会决策事项，主要把握：是否符合党的路线方针政策和相关法律法规；是否符合全国全省全市经济发展要求、产业政策、环保安全规定、国资监管规定等；是否符合公司战略规划、企业文化和价值观等；是否存在影响职工利益和公司稳定的重大因素；是否进行了充分研究论证、履行程序、听取有关方面意见等；是否疏漏或者误判了重大风险。对经理层决定事项，主要把握：是否符合党的路线方针政策；是否符合党委会、董事会对该事项的部署要求；是否符合实际及具有较强可操作性；是否存在影响职工利益和企业稳定的重大因素；是否进行了充分研究论证；是否疏漏或者误判了重大风险。

2. 党委前置研究讨论的主要形式和程序。公司党委研究讨论重大问题，应通过召开党委会会议的形式进行，需经过会前沟通、讨论表决、决策纪要等基本环节，不得临时动议；党委书记要带头深入调查研究，召开党委会充分讨论，提出意见建议，严禁以董事会、经理层会议或党政联席会替代党委会；公司召开党委会，对拟决策的重大问题进行研究讨论，提出明确的意见建议，以书面形式向董事会、经理层提出。对存在问题的，党委应当予以否决或提出修改建议，修改议案后党委再行研究；不存在问题的，形成同意意见交相关决策主体，如有相关风险提示，一并提交。党委会要严格落实党委书记末位表态制度，会议记录纪要要清晰规范，表决时有不同意见的要记录在案。

3. 党委前置研究讨论形成意见建议的落实。进入董事会、经理层的党委委员在董事会、经理层决策时，要强化组织观念和纪律观念，坚决执行党委决议，进入董事会的要按照党委会决定在董事会发表意见，向党委会报告落实情况，进入经理层的要带头落实党委决定。对党委会研究讨论后的事项，在董事会、经理层决策时，若发现该事项需进行重大或原则性修改时，需将修改后的方案重新报党委会研究讨论。进入董事会、经理层的党委委员发现拟作出的决策不符合党的路线方针政策和国家法律法规，或者可能损害国家、社会、公司、职工合法权益时，要坚决提出撤销或暂缓该决策事项的意见，会后及时向党委报告。通过党委会形成明确意见向董事会、经理层反馈，如得不到纠正，要及时向上级党委报告，并留档备查。公司重大决策做出后，党委要发动各级党组织和党员、团结带领广大职工保证决策的实施。

中共山东济宁南阳湖农场有限公司委员会

2020 年 5 月 13 日

中共山东济宁南阳湖农场委员会文件

济南农党字〔2020〕19 号

中共山东济宁南阳湖农场有限公司委员会
研究决定、前置研究讨论事项清单

一、党委研究决定事项清单

1. 贯彻执行党的路线方针政策、国家法律法规和上级重大决策、重要工作部署的意见和措施。

2. 研究决定党的组织和制度建设、反腐倡廉工作、精神文明建设、意识形态工作、思想政治工作、企业文化建设、宣传教育的重大问题。

3. 研究决定公司党委领导班子成员分工及公司中层干部以上人员兼职。

4. 研究决定公司管理干部的选拔、任用、考核、奖惩、责任追究等事项，公司人才队伍建设及后备干部的培养和管理，各级党代表、人大代表、政协委员等初步人选候选人推荐。

5. 研究决定公司人才招聘、职工调动工作。

6. 研究决定公司薪酬和奖金分配的原则、公司各级管理人员履职待遇和业务支出的总体方案。

7. 研究决定重大安全责任事故、群访集访等突发事件的处理意见，重大违纪案件、法律诉讼（或仲裁）、经济纠纷及影响公司稳定的重大事件的处理意见。

8. 审议并通过公司改制破产、清算注销、兼并重组过程中的职工分流、安置方案。

9. 研究选举或罢免公司职工董事、职工监事。

10. 审议公司中长期发展规划、改制方案、重大改革措施等重大事项。

11. 审议有关劳动报酬、工作时间、休息放假、劳动安全卫生、保险福利、职工培训、劳动纪律以及劳动定额管理等直接涉及职工切身利益的规章制度或重大事项。

12. 审议职工福利基金使用、企业公益金使用、住房公积金和社会保险费缴纳等事项。

13. 公司的"三重一大"事项均须提交党委会审议决策或前置研究讨论。

14. 研究其他需提交职工代表大会及其联席会审议、决策、选举的事项。

15. 研究其他需要公司党委会集体讨论研究或决定的重大事项。

二、党委前置研究讨论事项清单

1. 重大战略类事项。包括贯彻党中央决策部署和落实国家发展战略的重大举措；公司中长期战略规划的制定与执行；根据发展战略分解的公司生产经营方针、业务结构优化措施等意见和措施；董事会、经理层议事规则、工作报告及公司年度风险管理报告等。

2. 重大经营类事项。包括公司重大投融资、贷款担保、资产重组、产权转让、资产处置、资本运作、招投标等重大问题；年度财务预算方案、决算方案及预算调整方案；利润分配方案和弥补亏损方案；增加或减少注册资本、发行债券、基金管理的重大问题。

3. 重大改革类事项。包括公司重要改革方案的制定、修改和实施；企业的合并、分立、变更、解散方案以及内部管理机构的设置、调整、职责划分；混合所有制改革的谋划、推进和实施等。

4. 重大管理类事项。公司的章程草案和章程修订方案；公司重要规章制度；公司业绩考核、薪酬管理和企业负责人履职待遇、业务支出；公司中高层管理人员的选聘、任用、考核、薪酬、管理和监督等。公司董事会、经理层成员的分工。

5. 职工利益类事项。包括职工集体合同、薪酬分配政策、职工福利、改革改制涉及的职工分流安置方案等需要提交职工代表大会讨论的涉及职工切身利益的重大问题等。

6. 社会责任类事项。公司在开展对外捐赠，社会救助扶贫攻坚、安全生产、环保，促进就业、维护稳定等涉及企业社会责任方面采取的重要措施等。

7. 董事会、经理层与党委会沟通，党委会认为需要前置研究讨论的其他重大问题。

三、国有企业党委前置研究讨论事项负面清单

1. 公司正常工作范围内的方案、意见等议定事项。

2. 公司年度经营计划、财务预算方案的具体实施。

3. 所属单位生产、经营、管理的日常运作制度的执行。

4. 公司及所属单位需要董事会、经理层决定的，认为不需要公司党委会前置研究讨论的事项。

中共山东济宁南阳湖农场有限公司委员会

2020 年 12 月 30 日

农 垦 文 化

捡拾起被淡忘的农耕文化

——山东济宁南阳湖农场农耕文化旅游资源发展模式浅议

张树春

随着经济的发展，旅游业发展迅猛，文化旅游逐渐占据了重要地位，而农耕文化在我国过去农业文化中居主体的地位，对我国文化发展的影响普遍而悠久。农耕文化旅游资源是指可以对旅游者产生吸引力的农耕文化原因，并且可以在整个旅游过程当中产生经济效果与利益、生态效果与利益和社会效果与利益。主要可以分为具体农耕文化旅游资源和抽象农耕文化旅游资源，具体农耕文化旅游资源是比较直观的，可经过视觉感知，包括农具、饮食、农耕景观、特色物品等；抽象农耕文化旅游资源主要为精神层面的资源，包括民间歌舞、岁时节日、农事活动等。

近几年来，山东济宁南阳湖农场结合自身位于济宁市城市规划中的老运河文化区中的第四区（即"旅游、生态的运河"区），南接著名的微山湖北端，西临京杭大运河水网交汇处区位优势，明确定位，将农耕文化融入休闲农业旅游当中去，通过强化领导、科学规划、加大投入、规范管理、开拓市场等多项措施，积极解决国内农耕文化旅游开发面临的文化主题不突出、旅游产品单一雷同、缺乏专业的规划设计、旅游宣传促销意识薄弱等难题，取得了良好的经济、社会、生态效益。

农场自发展农耕文化旅游以来先后被评为全国休闲农业与乡村旅游五星级企业、全国最佳乡村休闲旅游目的地、国家标准化示范园区、全国绿色食品示范企业、全国休闲农业与乡村旅游示范点、现代农业十大标杆企业、国家级休闲渔业示范基地、全国农村科普示范基地、共青团中央小记者素质教育体验基地、全国青少年儿童食品安全科技创新实验示范基地、全国青少年农业科普示范基地、山东省畜牧旅游示范区、山东省三星级科普教育基地、山东省绿化模范单位、山东省自然养猪法示范推广基地。

一、农耕文化旅游资源的开发

人类来自自然，返归自然是潜在人性中的渴求。农耕文化丰富的内涵足以满足人们多种各式的心理必要，无论是物质性农耕文化还是非物质性农耕文化，加以适当开发包装，都将成为文化消费品。注重乡村旅游农耕文化的注入，提升乡村旅游产品文化品位，使游客从钢筋水泥丛林里暂得摆脱，去体验纯真的原始农耕生活，这是一种超脱，更是一种精神文化层次上的享受和熏陶。

在农耕文化旅游资源开发的整个过程中，通过调研发现部分旅游区对原有农耕活动进行夸张性的改造，使其失去了本来自然纯朴的风味，给人便宜做作的印象。所以说，保持原汁原味的农耕文化清新古朴的乡野气息，是其独特的魅力所在。

1. 农耕文化之种植业

小麦良种业：农场自建场以来一直保持着"三夏"忙收忙种的传统农业习惯，每年的6月上旬到7月中旬，是一年的第一个大忙"三夏"（夏收、夏种、夏管），农场全体职工都要投入到"三夏"中去，以确保上年秋季播下的麦子的产量和质量。在工作各个环节要"严"字当头，分工把关，切实保障好小麦良种质量，确保"南阳湖"牌农作物良种品牌在广大客户和农民朋友中的信誉。如果游客在此时来农场游玩就可以看到电视中农民群众一家老小齐上阵抢收小麦的火热场景，当然，游客也可以暂且地放下工作，投身到割麦子、捆麦子、封装包装袋、成品过磅等劳作当中去，体验做一天农民的欢乐，感受"一分耕耘一分收获"的喜悦。

蔬菜种植业：随着人们生活质量水平的不断提高，人们对绿色、健康的食物有了更高的要求。农场为切实解决这一问题，严把蔬菜质量关，果蔬种植采用秸秆生物反应堆技术，原生态种植管理技术，不施化肥，不打农药，人工除草，黄瓜、辣椒、番茄等通过了绿色食品认证，韭菜通过了有机食品认证。来这里休闲度假的游客，在欣赏美景的同时可以亲自采摘油桃、无花果、杏、李子、核桃、苹果、草莓、葡萄、番茄、黄瓜等果蔬产品，品尝绿色新鲜果蔬，农场也可以提供蔬菜礼盒，让游客将亲手采摘下来的果蔬装入礼盒，作为馈赠亲朋好友的佳品，备受游客喜爱。

2. 农耕文化之养殖业

畜牧养殖业：农场按照"因地制宜、突出特色、科学发展"的要求，突出园林业与畜牧业发展有机结合，引进了百子鹅、芦花鸡、百日鸡、小尾寒羊、济宁青山羊、大白猪、长白猪、杜洛克猪等优良畜禽品种，进一步丰富了休闲观光内容。生产上采用农耕文化里"放养山羊""林下牧草鸡鹅""自然养猪法"和"散养黑猪法"相结合的生态循

环模式。散养畜禽活动区域更大，空气也更新鲜，畜禽疾病少、肉结实，没有腥味，味道更香，特别适合城里人的胃口，产品销路十分广阔。游客置身畜牧观光园中，能够感受到"风吹草低见牛羊"的景象，还可亲手捡拾健康、原生态的鸡蛋、鹅蛋，可以体会到意想不到的乐趣。

渔业：农场渔业养殖充分挖掘了生态养殖基地的资源潜力，建成护坡池塘19处，普通池塘6处，重点开展池塘垂钓，配有垂钓平台30余处，可供500人同时进行垂钓、举办正式垂钓比赛，另外园区四周环湖可进行野外垂钓，农场3000亩大水面上可进行木船游钓、网箱喂鱼、拉网捕捞等以体验为主的"做一天渔民"活动。农场垂钓休闲服务产品的开发，让游客放松了身心，尽情体味了垂钓休闲的快乐。基地所产鱼产品，除部分满足

垂钓外，还提供给基地内渔家餐馆，让游客在享受垂钓的同时品尝新鲜的"全鱼宴"。

3. 农耕文化之农副产品加工业

动态体验是农耕文化旅游资源开发的高级阶段，也是我国农耕文化旅游资源开发的模式趋向。2012年，农场重视农耕文化体验项目的开发，投资36万元上马了小磨香油和石磨面粉生产线，所生产的小磨香油、石磨面粉在农场超市均有销售。同时，农场特在小磨香油、石磨面粉生产基地开展体验活动，让游客亲自体验石磨香油、石磨面粉生产的全过程，在游玩的同时了解农业文化知识。

4. 农耕文化之住宿餐饮业

住宿业：农场按当地农村家庭院落风格，建有农家小院11座，共计28间客房，房屋内部包含客厅、餐厅、卧室、厨房、卫生间和棋牌室，家具家电一应俱全，还具备麻将机等娱乐工具；卫生间全天供应冷热水，服务指南、价格表、宾客须知张贴在室内墙壁上；专门的服务人员每天对小院内外进行全面整理，每客或应客要求更换床单、被罩及枕套，保证住宿条件卫生。在这里，游客既可以自己动手烧地锅、炖鱼、烧菜，也可请厨师帮助做餐，闲暇时可在河边立杆野钓，在房间打牌，也可在园区购物、采摘、赏景，体验"住在水边、食有水鲜、观有美景"的乡村乐趣。农家小院自运营以来，所有房间提前一周就预订一空，深受游客欢迎。

餐饮业：建有半亩园渔家餐馆、南阳湖生态餐厅、五福源土菜馆、建元美食城、百盛园餐馆等十余家特色餐馆，可容纳上千人同时就餐，所有餐馆均达到了相关卫生标准，房间布置各具特色，环境优雅，所有服务人员均统一着装，规范服务。南阳湖生态餐厅位于农家小院的中心位置，毗邻游客采摘区，

有6个雅间、1处大厅和1处室外就餐区，装潢美观大方，采光通风好，干净整洁环境好；生态餐厅桌椅、餐具、酒具、茶具等全部配套，用具风格和餐厅总体风格一致；生态

餐厅所有食材全部采用农场自己生产的无公害、绿色食品,生态餐厅特色菜肴有:地锅鸡、乡村农家炖鹅、地锅鱼、红烧黑猪肉、韭菜炒芦花鸡蛋、豆扁花生咸汤、锅饼等,深受广大游客的喜爱。

5. 农耕文化之休闲活动

农事体验:市民农园主要针对广大市民开发的农事体验服务产品,具体由农场观光农园提供土地、种植工具和沼液、沼渣等有机肥料,市民租地种植蔬菜,平时由园区代管,市民可在闲暇之余来体验农业劳动过程和假日农场的乐趣,目前园区已开辟市民农园 200余亩,认租市民客户 2000 余名。

特色活动:

2011 年,农场成功举办了农事体验节,重点开展了以韭菜种植、蔬菜除草、农业知识、休闲钓鱼、土豆收获等为主要内容的竞技活动,吸引了济宁城区和周边县、市、区大批游客前来参观体验。

2012 年,农场立足生态特色、乡村特色,以济宁市"国民休闲汇"启动仪式为契机,以各种丰富多彩的农耕文化旅游活动为载体,全新推出了旅游节庆系列活动,先后举办了全市"国民休闲汇"金秋农业观光游活动启动仪式、农事体验比赛、果蔬采摘比赛、职工农技比赛及文娱表演等活动,进一步增强了休闲农业节庆活动的休闲性、参与性、互动性和娱乐性。

2013 年,举办了采摘节,紧紧围绕"摘果蔬、赛技能、游农园、赏美景"这一主题,精心组织策划实施中学生蔬菜采摘比赛、游客家庭采摘比赛、儿童采摘草莓比赛、吃草莓比赛、职工蔬菜采摘加工比赛、有奖知识问答、文娱表演等各种活动,进一步拓展了农业功能,推动了农产品销售,创造了更多的经济收益。

2013 年 11 月,农场先后配合济宁电视台摄影频道拍摄了 2 次大型真人秀节目"爸爸,我们一起加油吧",孩子们在农场园区内尽情地体验摘菜、拾鸡蛋、磨香油、磨面粉、压面条的乐趣,节目首播 24 期与重播在黄金时段连续播放了 2 个月,较好的宣传了农场的农耕文化旅游休闲观光品牌和改革发展的新成就。

二、农耕文化旅游资源发展展望

随着未来的旅游发展趋势向纵深化挺进和发展,高层次的文化旅游已经成为知识经济时代的新热点和新潮流。农耕文化旅游资源的开发应用也将具有广阔的前景，特别是放在大力发展休闲农业与美丽乡村建设系列活动背景下，加快农耕文化旅游资源的开发是提高经济效益、坚持可持续发展的重要举措，也是加快农场转型发展的有效途径。

2014年，农场将以农业部农村社会事业发展中心全国休闲农业与美丽乡村建设系列活动为契机，大力培植农耕文化旅游服务型产业。一是加快实施湖上公园项目建设。充分利用一二分场复垦后形成的3000亩大水面优势，建设集儿童娱乐、特色餐饮、游艇观光、休闲垂钓、湖边居住等多种功能于一体的水上乐园；二是加快健身型跑马场建设。在四分场大水面临菏公路南侧，新建1处占地面积300亩的健身型跑马场，让人们在锤炼意志和体魄的同时又能欣赏自然美景、呼吸新鲜空气；三是注重农耕生活体验活动的开展，以"走乡间、下农田、学农艺、摘瓜果、看牛羊、捕鱼虾、尝农菜、住农庄"等系列活动为载体，让游客尽享返朴归真、回归自然的乡村乐趣，力争为推进全国农耕文化旅游业的健康发展做出更大的贡献。

（作者单位：山东济宁南阳湖农场）

飘 香 的 农 场

——南阳湖农场放歌

徐君延朋词
徐 君 曲
戴允潇制谱

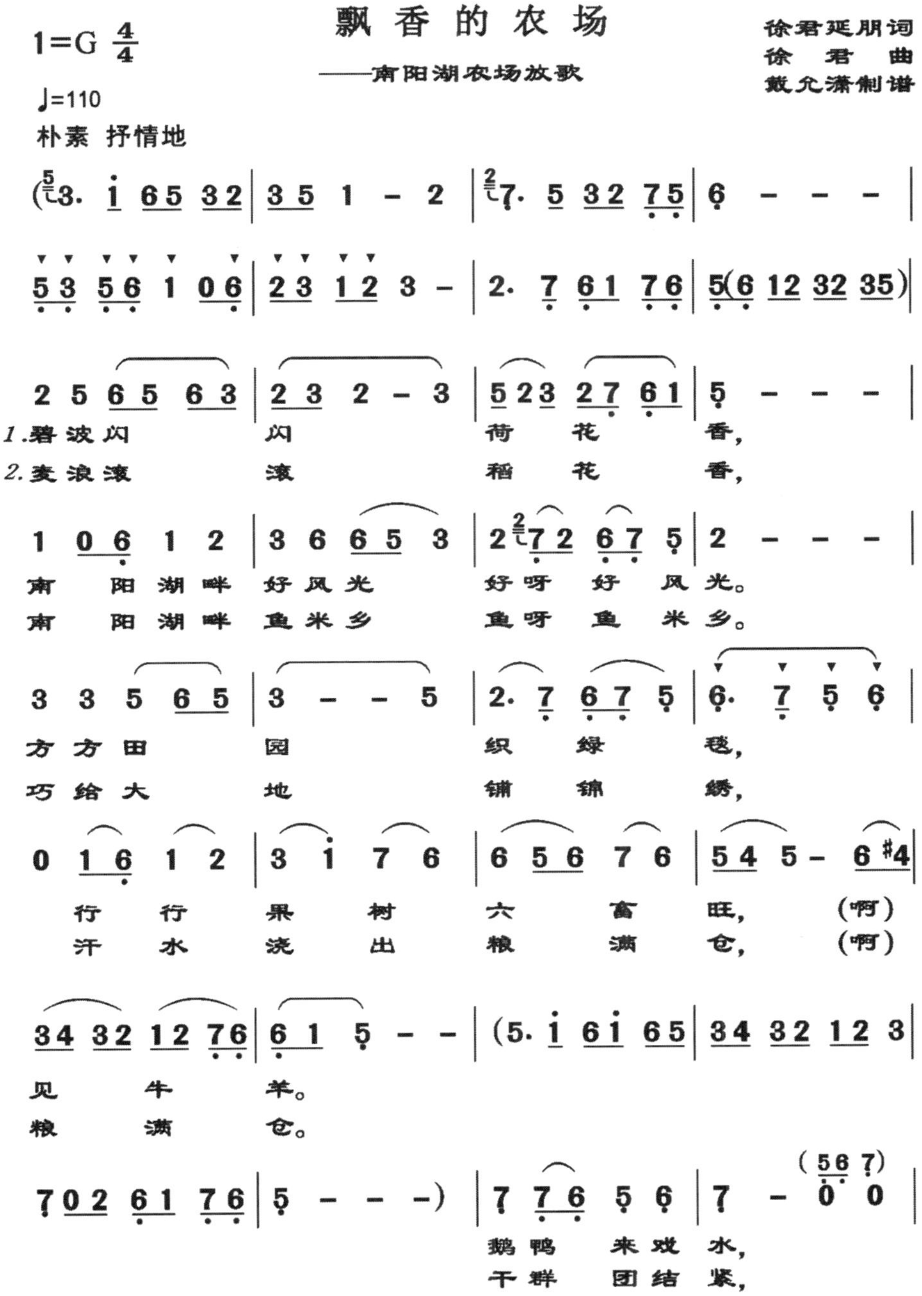

（3 5 6）

$\widehat{7}$ 5 3 2 7 5 | 6 - 0 0 | 1 0 6 1 2 | 3 6 6 #4 3 |

鱼虾 满池塘，　人 欢农机唱（呀）
科技 花芬芳，　众 手展宏图（呀）

2 7 2 7 6 5 6 | 6 1 - - 7 2 | 3 - - 5 | 6 6 1 7 6 5 |

鸟语 伴花香。　啊，　　　步步 脚
阔步 奔康庄。　啊，　　　坚定 不

6 3 - 5 | 6 1 7 6 5 | 6 6 - - | 6 6 3 6 |

印　　金光 闪啊，　　　飘香的
移　　跟党 走啊，　　　

4 4 3 2 3 5 | 0 7 5 3 2 | 5 6 5 6 1 5 3 | 2 0 7 6 1 7 6 |

南阳湖农　场，　飘 香的 南阳湖 农

6 1 5 - 6 | 5 - - - ‖

场。　　　哎！

场址：山东省济宁市

场长：夏恒常

书记：李学贵

规 章 制 度

（2009 年 6 月修订印发）

党务工作制度

一、党委会制度

时间：每季召开一次，特殊情况可临时召开。

主持人：党委书记或副书记。

参加人：党委委员，与会议内容有关的部门负责人列席会议。

会议内容：制定党委年度工作计划；研究决定农场党建、思想政治工作、精神文明建设的规划，措施；研究决定向上级组织提出重要问题的请示及报告；研究农场两级班子建设和干部的培养、考察、选拔的措施，办法和意见；研究解决工会、共青团等群众组织工作中需提请党委讨论决定的重要问题；研究职工代表大会的有关重大问题；研究离退休工作中的重大问题；讨论批准入党及预备党员转正工作；支持场长依法行使职权，听取场长的工作报告，参与农场重大问题的决策；讨论其他需要党委作出决定的重大问题。

会议准备和记录：党委办公室。

督办：会议作出的决定、决议并形成文件，由党办督促协调各职能部门贯彻执行。

二、党委民主生活会制度

时间：每半年召开一次。

主持人：党委书记或副书记。

参加人：党委委员、场级领导，党办、纪监部门负责人列席。

内容：以讲学习、讲政治、讲正气，坚持民主集中制为重点，检查贯彻执行党的路线、方针、政策，执行《准则》、保持廉洁、遵守中纪委及上级的廉洁自律规定情况；检查坚持群众路线，改进工作作风，深入调查研究，密切联系群众的情况；结合自己的思想、工作、学习、生活情况，有针对性地进行对照检查，开展批评与自我批评，沟通思想，消除误会，化解矛盾，增进团结；听取有关部门转达所收集的基层组织和职工群众对场领导班子及成员的意见或建议，并提出整改措施。

会前准备：纪监和组织部门要广泛征求下级组织和党内外职工群众对场领导班子及成员的意见和建议，并向党委主要负责人及每个成员如实反馈；会议议题由主持党委工作的领导根据实际，与场长商定。议题确定后要通知参会人员，参会人员按议题要求事先作好准备。

要求：参加会议的人员不准无故缺席。与会人员都要发言。确因工作及其他特殊原因缺席者，要结合议题写出书面材料交主持人，会后主持人应将会议情况向其转告。

适用范围：党委民主生活会和农场领导班子民主生活会。

会议准备和记录：党委办公室。

三、党委中心组学习制度

为进一步加强我场党委中心组学习的正常化、规范化建设，增强领导干部学习的自觉性，提高理论学习的质量和成效，根据上级的有关要求，结合农场的实际情况，制定南阳湖农场党委中心组学习制度：

实行党委一把手负责制。由党委书记或副书记任中心组组长，党委办公室主任任学习秘书。

有切实可行的学习计划。做到有具体内容，有时间安排，有专人备课，有专题辅导并认真执行。

坚持集中学习研讨交流。做到每季度集中学习不少于一次，每次交流发言安排至于1～2名成员。要求中心组成员中心学习必到、中心发言必讲、集中讨论必谈、个人笔记必做。

严肃纪律。中心组集中学习实行点名考勤。不得无故缺席，每次集中学习的出勤率不得低于90%，特殊情况不能参加学习的，必须向组长请假。

中心组成员每年必须完成2～3篇调研文章或学习心得。

加强对各成员学习的检查和考核。每半年检查一次各成员的学习笔记，每年组织一次对各成员的述学、评学和考学。

建立健全专门的中心学习台账、档案，内容包括中心组学习的有关文件、中心组成员名单、阶段学习计划、学习记录、各成员撰写的学习心得、调研报告、理论文章以及各成员述学、评学、考学情况的汇总材料等。做到按年汇总、建档，专人整理、保管。

四、党委参与农场重大问题决策制度

第一条 党委参与农场重大问题决策的目的是为了保证监督党和国家方针政策在企业

正确贯彻执行，支持和帮助场长实行民主决策、科学决策，避免和减少失误。

第二条　党委参与农场重大问题决策的方法和程序：场长在重大问题决策前，向党委报告需要决策的内容及初步设想。党政主要领导确定决策议题后，应分别听取副职及有关部门的意见，党委召开有关会议对重大问题提出意见和建议，并向场长反馈。场长在充分听取党委对重大问题的决策意见和建议后，通过召开有关会议作出决策，并形成决议文件。

第三条　党委参与农场重大问题决策的内容是：农场中长期发展规划和经营方针。财务预决算，资产重组和资本运作中的重大问题，大额资金的使用问题。重大技术改造、引进，基建投资、自有资金的分配使用。重要改革措施、规章制度的制定和修改。经济责任制的制定和修改，职工利益分配和安居工程中的重大问题。机构的设置和调整，人员编制，职工调进调出。农场领导成员分工、责任制建立，中层干部的任免、奖惩、评聘。多种经营工作中的重大问题。需要提交职代会审议决定的重大事项。

第四条　党委参与农场重大问题决策，是一种组织行为，是全过程的参与，不能以书记个人参与代替组织参与，也不能以书记、场长碰头会代替集体讨论。

第五条　党委参与农场重大问题决策，不能代替行政决策，要依法支持和帮助场长实行民主决策、科学决策，避免和减少失误。

第六条　重大问题决策后，党委要发动党员，带领职工群众，保证决策的实施。

五、民主评议党员制度

时间：每年开展一次

组织领导：在农场党委领导下，以党支部为单位开展评议活动。党办负责制定评议活动计划并组织实施。

主要依据：《中国共产党章程》《关于党内政治生活的若干准则》以及上级文件。

内容：是否具有坚定的共产主义信念，能否坚持四项基本原则；

是否坚决贯彻执行党在社会主义初级阶段的基本路线和各项方针政策，政治上与党中央保持一致，在三个文明建设中发挥先锋模范作用；

是否站在改革的前列，维护改革大局，正确处理国家、集体、个人利益关系；是否切实执行党的决议，遵守党纪政纪和各项规章制度；是否密切联系群众，关心群众疾苦，全心全意为人民服务，艰苦奋斗，廉洁奉公。

评议准备：党支部要对一年来支部党员情况进行分析，作出总的评价，针对存在的问题，明确评议重点，拟定评议计划。

程序：评议活动要坚持按程序办。

（一）学习阶段。有针对性地进行动员，向党员宣讲评议的目的、意义和方法；组织党员学习《党章》《准则》和上级文件；学习方法可采取集中、分散和讨论相结合。

（二）评议阶段。党员个人进行总结、自我评价，表明是合格还是不合格党员，认真填写《登记表》；召开党小组会或支部大会，对党员逐个进行面对面的评议，认真开展批评与自我批评；党支部通过多种形式征求非党群众对党员的意见；党支部对每个党员的评议进行综合分析，根据事实，客观全面地作出评价，并同本人见面；召开支部大会报告评议的情况。

（三）总结处理阶段。民主评议党员与"争先创优"相结合，评选、表彰先进党支部和优秀党员，要写出书面材料；对不合格党员，由所在党支部进行帮助教育，限期改正；拒不改正的，召开党员大会作出处理决定报党委审批；各支部评议结束后，将评议总结、评议材料、先进支部材料、优秀党员材料、不合格党员材料上报党委办公室；党办对全场民主评议党员活动情况汇总后，向党委汇报；召开党委会，听取党办的汇报，对评议结果作出处理决定。

六、"三会一课"制度

健全并严格执行"三会一课"制度，是加强党的思想作风建设，有效地实施党内监督，改进作风，增强团结，保证党的路线、方针、政策和决议有效贯彻执行的重要途径。为使"三会一课"制度化、规范化，依据《中国共产党章程》《国家机关基层组织工作条例》和上级机关工委相关规定，结合本支部的具体情况，制定本规定。

（一）支部党员大会制度。凡属党内重要问题都应提交支部大会讨论决定。党员大会每半年召开一次。如遇有紧迫问题需要讨论，可随时召开。党员大会的主要任务是：传达上级党组织的决定、决议、指示；讨论本支部的工作计划和通报党组织工作情况，对吸收新党员和预备党员的转正作出决议；讨论决定党员的奖励和处分；选举支委会；选举党支部委员会及出席上级党员代表大会的代表，讨论撤换不称职的党支部委员和党员代表，讨论和决定支部委员和党员代表，讨论和决定支部其他重大问题；讨论决定支部的其他重大事项，监督支委会正确执行党的决议。党员大会应有本支部半数以上党员参加才能召开，大会决议必须经应到会正式党员半数以上通过，方能有效。

（二）党支部委员会制度。支委会是领导和处理支部日常工作的重要途径，也是党支部履行职能的主要形式。支委会每季度召开1次。支委会的主要内容：研究制定本支部工作计划，分析党员、群众的思想状况，以及工会、共青团工作中的重要问题；检查开展

"争先创优"活动和实行党建目标管理责任制的落实情况；研究党员教育、管理和发展党员工作；需要支部委员会讨论的其他问题。

（三）党小组会制度。党小组会是党支部教育管理党员、开展党内活动、落实支部决议、完成各项任务的基本途径。党小组会每月召开 2 次。党小组会的主要内容：学习党内文件和上级批示，落实党支部的决议和工作安排；听取和接受党员思想汇报和工作汇报，党员互相交流思想实际，并开展批评与自我批评。讨论改选党小组长，酝酿支委候选人和出席上级党代表大会候选人、研究党员发展对象、评选优秀党员、进行党员鉴定、提出党员奖惩意见。

（四）党课制度。党课是进行党员教育的最经常、最基本的形式。坚持党课制度，组织好党课教育，是党支部的一项重要工作。党课每年不少于 2 次，由支部负责实施，也可组织党员参加大型理论学习讲座。每次党课以集中学习为宜，一般应吸收入党积极分子一起听课。党课教育的主要内容是围绕各个时期的形势和任务，党的中心工作，结合本单位党员状况和工作实际，生动活泼、有针对性、形式多样地进行党的路线、方针、政策，党的基本知识和邓小平理论教育，党员的先锋模范作用教育等。党课教育要抓好三个环节：认真编写教学材料；落实好教员；组织好课后讨论。党员领导干部必须带头讲党课。

七、党风廉政建设制度

为了规范农场党员干部行为规范，始终保持党的先进性和纯洁性，密切同广大职工的血肉联系，保证农场三个文明建设健康协调地向前发展。根据《党章》和中纪委的有关规定，特制定党风廉政建设制度如下：

（一）严格遵守党的纪律，自觉接受广大职工群众的监督。

（二）严格执行党的民主集中制。凡是涉及党的路线、方针、政策的大事以及重大工作任务的部署、干部任免以及职工群众利益方面的重要问题，都要通过集体讨论决定，不得由个人或少数人说了算。

（三）在生产经营、商务活动中，不得收受礼品、礼金、有价证券（包括提货单）和各种回扣，拒绝不了的，要如实登记上缴。

（四）不得以虚报、谎报等手段获取荣誉、奖金、职称等其他利益。

（五）不得用公款接待与公务活动无关的人员，不得进营业性的歌厅、舞厅、夜总会、桑拿浴室和其他高消费的娱乐场所，不得参与赌博。

（六）不得大操大办婚丧事宜和借机敛财，不得利用职权为亲友提供各种方便。

（七）不得在工作日的中午进行非接待性的饮酒，违者，一次进行通报批评；两次或两次以上的给予行政警告或待岗处理；情节严重的，责令辞职。

（八）不得拖欠公款和占用公物，不得利用公款或到下属单位支付应由个人承担的各种费用。

（九）管好配偶、子女及下属人员。党政干部不得利用职务之便，收受为下属及其子女亲属办事而馈赠的钱物。

（十）自觉执行《个人收入申报制度》及《个人重大事项报告制度》，不得用公款装修私人住宅，不准违反规定为自己或他人建房提供优惠条件。

八、党委书记职责

（一）在上级党委和场党委的领导下，负责组织场党委的活动和主持党委日常工作。

（二）认真贯彻党中央、上级党组织和场党委的决议、指示，保证农场改革发展及其他经济政治任务的完成。

（三）支持场长工作，主动协调农场党政领导的关系。

（四）认真贯彻民主集中制原则，重大问题及时提交党委集体讨论决定。

（五）深入实际，调查研究，认真听取各方面的意见，搞好对各级干部的考察工作。

（六）领导制定党委的年度、季度工作计划，并经常检查计划执行情况。

（七）健全党委会制度，定期召开党委民主生活会，开展批评与自我批评，搞好党委一班人的团结。

（八）加强党风廉政建设，以身作则，带头遵守党章和党内政治生活准则。

（九）领导农场的工会、共青团等群众组织开展工作，组织指导开好职工代表大会。

九、纪委书记工作职责

（一）维护党的章程和其他党内规章，切实履行党的纪律检查和行政监察两种职能。协助场党委、场行政加强党风廉政建设，对场内各级党组织和党员贯彻执行党的路线、方针、政策和决议的情况进行监督、检查。了解党员遵纪守法的情况，并定期向党委和上级纪委汇报。

（二）协助党委抓好以反腐倡廉为重要内容的党风建设，经常对农场党风廉政建设状况进行调查研究，及时提出改进的意见和建议，协助党委制定党风廉政建设规划、健全有关制度、检查贯彻落实情况。

（三）检查和处理党的组织和党员违反党的章程和其他党内法规的比较重要或复杂的

案件，按照干部管理权限决定或取消对这些案件中的党员的处分。对党组织和党员违反政纪的案件，与监察、组织、人事等部门密切配合进行查处。在执纪办案中，按照规定程序和要求办事，严格掌握政策界限，提高办案质量。

（四）经常对党员进行遵纪守法的教育，做出关于维护党纪的决定。配合党委有关部门，加强对党员党性、党风、党纪教育，增强党员的党性观念和遵纪守法的自觉性。

（五）保护和支持党员正确行使民主权利，受理党员的申诉和控告，按照管理权限，分级处理做好对受处分党员的考察教育工作，帮助他们提高认识，改正错误。

（六）接待群众来信来访，受理群众对党组织和党员的揭发检举，根据具体情况和分级负责的原则，妥善予以处理。

（七）加强与农场有关部门的联系，互通信息，密切配合，做好检查、监督及执纪办案等方面的协调工作，努力发挥整体监督效能。

（八）领导本场党组织的纪律检查工作。

（九）承办党委和上级纪委交办的有关事项。

十、党委办公室工作职责

党委办公室是农场党委的综合办事机构，主要围绕党委的中心工作，积极发挥参谋助手、督促检查、协调综合作用，不断提高工作质量和效率。主要职责是：

（一）会议组织。负责党委会以及党委主持召开的各种会议的组织安排工作，协助党委领导组织实施会议决定事项。

（二）信息调研。围绕农场经济中心开展工作，深入实际，深入基层，调查研究，及时反映基层干部职工的思想动态，为党委工作出主意、提预案；为农场长远发展和重大改革决策开展调研，提供决策依据，发挥好参谋助手作用。

（三）协调沟通。协调沟通党委决策前后党委各职能部门间的关系以及与农场行政部门间的关系，特别是对综合性工作的协调，明确分工，协调一致，落实责任，提高效率。

（四）宣传报道。负责农场对内、对外的宣传报道工作，负责对农场各个不同时期宣传资料的收集、整理和归档工作。

（五）文件处理。负责起草党委文件、材料和党委领导的重要讲话，审核以党委名义印发的各类文件，把好各种文件关；负责上级来文的登记、传阅、回收、保管等工作和场党委文件的收集、整理、立卷、归档工作。

（六）督办督查。根据党委和领导的指示，对上级党委决策的贯彻落实情况进行督办督查，发现问题及时向党委报告，并提出解决措施和意见，确保上级和农场党委决策的贯彻实施。

（七）信访处理。认真做好信访接待工作，做好农场党委领导批示的重要信访的查办工作。

（八）维护稳定。与相关职能部门密切配合，努力维护农场的稳定，维护正常的工作秩序，讲大局，保稳定。

（九）印章管理。负责党委印章、党委书记签名章的管理和使用，负责党委介绍信的管理工作。

（十）其他事项。完成党委和党委领导交办的其他工作。

十一、纪委会议制度

（一）农场纪委会原则上每月召开一次。如有需要，可以临时召开。会议主要议题是：讨论纪委工作计划、工作总结；违纪党员的立案调查、组织处理；通报讨论与分析农场党风和廉政状况，以及加强党风廉政建设的有关决定；学习党的方针、政策和纪检业务知识。

（二）纪委会议必须有纪委委员半数以上到会方能举行。纪委委员不能出席会议时，对会议的议题如有意见或建议，可在会议召开前提出。

（三）纪委会议每次举行的日期和议题，除临时召集的以外，一般在前一周的活动表上排出，并分发会议内容通知。

（四）纪委会议决定问题时，应当经过充分讨论，对重大问题的决定要按照少数服从多数的原则，必要时可进行表决。

（五）纪委委员要关心农场的纪检工作，认真搞好调查研究，注意了解在进一步改革、开放、加速农场经济建设的新形势下党风、党纪、廉政中出现的新情况新问题，为场纪委会议讨论问题做准备。

（六）纪委会议的内容未经同意传达或公布的，与会人员须严守机密。

（七）纪委会议闭会期间，由纪委书记主持日常工作。纪委书记要加强与委员之间的联系，互通情况，研究纪检工作的有关问题。

十二、纪委书记、监察科长信访举报接待日制度

为保持同职工群众的密切联系，切实转变工作作风，改进工作方法，直接了解和掌握民情民意，倾听群众呼声，以信访工作的实际成果取信于职工群众，特制定本制度。

（一）监察科长在工作日正常接待职工群众来访，侧重接待和处理重大、疑难、久访不息、有可能矛盾激化、集体上访等信访案件。

（二）纪委书记在每周二上午 8：30 至 11：00 接待职工群众来访。

（三）纪委书记对来访者反映的问题，要直接过问，直接督办，秉公办事，依纪依法处理，取信于职工群众。

（四）举报电话 0537 - 2297998　　0537 - 2297986

十三、团委工作职责

（一）根据场党委和上级团委组织的工作要求，制定年度工作计划和贯彻落实共青团的决议等。

（二）组织开展对全场团员的思想教育。加强形势教育，掌握和研究团员青年的基本情况和思想动态，定期向上级团委和场党委汇报。

（三）抓好团的自身建设。建立健全团的各项规章制度，按照《团章》的要求定期进行团的各级组织的换届工作，指定基层团组织开展团的活动，做好团员的按期纳离和组织关系接转手续，整理保管团的工作档案。

（四）积极营建健康向上的农场文化，组织开展丰富多彩的社会实践和农场文体活动。

（五）认真做好团员青年的推优工作。

（六）代表、维护和关心青年的正当权益，负责向有关部门及时反映青年在工作、学习、生产等方面的意见和要求。

（七）搞好团的宣传工作。

（八）做好团的对外接待和联络工作，加强同兄弟单位的交流和联系。

（九）负责团费的收缴、管理和使用，以及活动经费使用的审核等工作，并不断增加团的活动自筹经费的来源。

（十）完成上级交办的其他工作。

行政工作制度

一、南阳湖农场工作规则

（一）场长、党委书记、副场长（党委委员）工作规则

农场实行场长负责制。场长、书记、副场级领导（党委委员）按照工作职责开展工作，副场级领导（党委委员）协助场长或书记工作，并对场长或书记负责。

场长、书记召集和主持场长办公会议或党委会。重大问题或重要事项必须经场长办公

会议或党委会研究决定，一般性工作由分管领导或党委成员按分工职责处理，事后通报。

农场发出的重要文电、文稿、对省市局及相关部门的重要请示和报告、干部任免等文件必须由场长或书记签发。

场长、书记与副场级领导（党委委员）要相互支持、密切配合。工作中的重要情况要及时向场长或书记报告，向场长、书记办公会通报，并提出解决问题的意见或建议。未经批准，其他人员不得直接向场长或书记汇报工作。

场长外出时要及时做好工作安排，由其委托的副场长主持工作，副场级领导（党委委员）外出时要提前向场长或书记请示。场长、书记、副场级领导（党委委员）外出时要将外出的地点、联系电话、活动事项告之办公室。

场级领导班子的政务活动由场长办公室统一安排。

（二）农场下属单位工作职责

根据工作职能，各单位按程序协调好工作关系。

1. 各单位实行主要负责人负责制。主要负责人对场长和分管领导负责，主持本单位全面工作，并按工作职责开展工作。

2. 各单位要及时向分管领导请示汇报工作，未经批准，不得越级请示汇报；对涉及本单位的重大问题要认真组织调查研究，提出对策和建议。

3. 凡涉及全局性的重要工作须经集体讨论确定。本单位起草的文稿经负责人签署意见后报分管领导审核把关，然后交场办按发文程序印发。

4. 各单位要树立全场一盘棋的思想，对出现的新情况新问题力争解决在基层。牵涉单位之间办理事项要主动配合，不得推诿、刁难、阻挠；对难以协商一致的问题报分管领导确定。对不明确属于哪个单位办理的事项，经请示场长同意后，由场办安排相关单位办理。

（三）议事决策规则

1. 场长和书记办公会议在议事决策过程中必须坚持集中制原则，实行集体领导与个人分工相结合的工作机制，以保证各项工作部署事事有人管，件件有着落。

2. 凡属全局性、政策性的重大问题，要在充分酝酿、协商和讨论的基础上，由场长办公会或党委会集体决定。对集体的决定，任何人不得改变，个人或少数人有不同意见允许保留，但必须无条件服从，并在工作中认真贯彻执行。

3. 对农场发展规划、年度目标任务、主要政策出台和上报有关的问题，先由有关单位在认真调查研究的基础上提出初步意见，报分管领导审查同意后，提交场长办公会议或党委会研究议定。

4. 场长办公会和党委会研究决定的事项，各单位要认真落实，在执行和落实过程中遇到的问题，可在各自的职权范围内自行研究决定；如遇重大问题，要及时向领导报告，不得擅自做出决定。

（四）工作要求

所有工作人员都要按照岗位职责认真履行义务，正确行使权力，高质量、高效率的完成各自的工作任务。

1. 认真学习贯彻党和国家的路线、方针、政策和各项法律法规，牢固树立全心全意为人民服务的宗旨，求实创新，发扬"勇于奉献、艰苦奋斗"的农垦精神，为农场再创辉煌做出积极贡献。

2. 坚持以邓小平理论、"三个代表"重要思想和科学发展观为指导，认真学习政治理论和业务知识，不断提高自身素质。密切联系群众，倾听群众意见，接受群众监督，认真转变工作作风，深入实际，调查研究，不断提高工作水平。

3. 加强组织纪律性，认真维护正常工作秩序，自觉遵守场规场纪，做到令行禁止，顾全大局，自觉服从组织安排。坚持按制度和程序办事，任何人不得越级越权处理问题；对遇到的困难和问题要及时向本单位负责人反映，不准越级上访；对于工作不力、纵容上访、酗酒闹事、扰乱办公秩序的，坚决给予处分，绝不姑息迁就；对于受处分的在职职工和离退休职工，不享有农场今后的分房、招工、土地优先承包等优惠政策及其他方面的补助待遇。按时上下班，坚守工作岗位，有事请假。

4. 自觉遵守中央、省、市委及农场廉政建设的一系列规定，从严要求，廉洁自律，自觉抵制各种不正之风和消极腐败现象的侵蚀，坚决与各类社会丑恶现象作斗争，不以权谋私，不滥用职权，公正办事。

5. 严格按保密规定办事，保守国家和工作秘密。对集体决定的事项，在文件未有正式公布之前，与会人员不得泄密，更不能泄露与会人员个人发表的观点；对尚未形成一致意见的问题，任何人不得向外泄密，做到不该说的不说，不该做的不做。

6. 加强同事、单位之间的团结，积极开展批评与自我批评，互相支持，通力合作，坚决反对弄虚作假、欺骗领导和群众、搬弄是非、制造矛盾等不良行为。

7. 除职工辞世或行动不便外，各级领导不接待职工家属反映问题。

二、场长工作职责

农场场长是农场的法定代表人，是农场国有资产、资源经营管理的第一责任人，是农场行政系统的组织指挥者。场长主持管委会的全面工作，依法行使国有资产、资源经营管理的组织指挥权，其主要职责是：

（一）努力学习，认真贯彻执行党的路线、方针、政策，遵守党纪国法，依法治场。

（二）全面主持农场生产、经营、管理工作，维护国家利益，正确处理国家、企业、职工三方利益关系。

（三）制订任期目标和发展方向，提出改革体制、长期规划等重大经济方案，拟定农场年度资产、资源经营管理计划、财务预算管理计划和国有资本投资计划，经场管委、职代会审议后组织实施，推动农场跨越发展。

（四）每年向职代会报告工作，组织实施职代会作出的决定，处理职代会行政方面的提案，接受职代会监督。

（五）协助农场党委书记做好党委工作，支持农场工会独立开展工作，推进农场三个文明协调发展。

（六）拟定农场内部管理机构设置方案和基本管理制度，制定农场行政管理与服务工作规范和要求。

（七）聘任或解聘经组织程序产生或通过的中层（包括中层）以下行政管理人员。

（八）制定富民强场政策与措施，做好安全生产工作和对职工教育工作，关心职工福利事业，改善职工劳动条件，增加职工收入，让职工共享改革发展成果。

三、农业副场长工作职责

根据场管委工作分工，协助场长主持农业方面的生产、经营、管理工作，具体分管复垦办、政研室、青补办、农业分场、良种中心、科研站、排灌站等单位，具体履行以下职责：

（一）努力学习，不断提高政治觉悟、政策理论水平和科学管理水平。

（二）认真贯彻落实党的路线、方针、政策，遵纪守法，依法治场。

（三）根据市场经济和国家产业政策，提出农业产业结构调整方案和措施，报场长审批后组织实施。

（四）负责制订农业生产年度计划和农田水利设施更新维修计划，报场长审批后组织实施。

（五）加强"种子工程"的建设和管理，提高经济效益。

（六）加强农业科技信息收集和调研，广泛利用新技术，提高农产品的科技含量。

（七）协助场长主持对矿关系工作，维护农场和职工生产生活的利益。

（八）接受场长领导、检查、监督，管好所属单位人和事，全面完成各项工作任务及场长交办的其他工作，对场长负责。

（九）带头执行场党委管委的决议、决定和场规场纪。

四、工副业副场长工作职责

根据场管委的工作分工，协助场长主持工业方面的生产经营、管理工作，具体分管机械厂、建筑公司、面粉厂、饲料厂、种猪场、水产养殖场、压煤搬迁办、资产管理科、水电通讯管理站、场长办公室，协助场长做好全场的安全生产工作。具体履行以下职责：

（一）努力学习，不断提高政治觉悟、政策理论水平和科学管理水平。

（二）认真贯彻党的路线、方针、政策，遵纪守法，依法治场。

（三）负责水产、畜牧及工业项目的领导、组织、调研、考察、论证工作。

（四）组织制订水产、畜牧及工业生产的年度计划，组织有关部门编制行政管理、基建工程计划，报场审批后组织实施。

（五）认真贯彻落实国家劳动保护政策、法规和制度，加强安全生产领导和教育，确保安全生产。

（六）负责对分管的经营承包单位的监督管理工作和经营合同的落实。

（七）对场长负责，管好所属单位人和事，完成分管的各项工作及场长交办的其他工作。

（八）带头执行场党委管委的决议、决定和场规场纪。

五、总会计师工作职责

根据场管委的工作分工，协助场长管理全场的财务工作并进行检查、监督，主要分管财务科，具体履行以下职责：

（一）努力学习，不断提高政治觉悟、政策理论水平和科学管理水平。

（二）认真贯彻落实党的路线、方针、政策，遵纪守法，依法治场。

（三）负责对场内各类财务报表进行审核，对违犯财经纪律的行为提出处理意见。

（四）负责新项目的论证、评估、申报等工作。

（五）负责各项支农政策资金的争取、协调、落实工作。

（六）管理全场的财务工作并进行检查、监督。

（七）接受场长领导、检查、监督，管好所属单位人和事，全面完成各项工作任务及场长交办的其他工作，对场长负责。

（八）带头执行场党委管委的决议、决定和场规场纪。

六、总农艺师工作职责

根据场管委的工作分工，协助场长主持林业生产经营管理工作，具体分管林业科、园林分场、园林工程公司、秸秆加工厂，具体履行以下职责：

（一）努力学习，不断提高政治觉悟、政策理论水平和科学管理水平。

（二）认真贯彻党的路线、方针、政策，遵纪守法，依法治场。

（三）负责制订全场林业、园林生产发展规划及年度生产计划，报场长审批后组织实施。

（四）负责林业新项目的领导、组织、调研、考察、论证工作。

（五）负责组织人员进行林木资产评估和销售工作。

（六）加强园林生产技术研究和品种更新，组织所属单位广泛收集信息，做好市场调研，努力拓宽销售渠道。

（七）接受场长领导、检查、监督，管好所属单位人和事，全面完成各项工作任务及场长交办的其他工作，对场长负责。

（八）带头执行场党委管委的决议、决定和场规场纪。

七、场长办公室工作职责

场长办公室负责全场的行政综合性管理工作，其职责是：

（一）组织本室人员认真学习政治理论、政策法规、科学文化、业务知识，提高政治素质和业务水平。

（二）贯彻落实党和国家政策法规，不折不扣、保质保量完成上级部门下达的各项工作任务，认真执行场党委管委的决议、决定、意见和场规场纪。

（三）负责文书的起草、核对、打印、上报下发、归档等工作，做到准确、及时、无误。

（四）负责召集全场性行政、业务工作会议，做好会议的准备、服务、记录等工作。

（五）积极做好信息和调研工作，做到及时、真实、实用，力求具有超前、指导作用。

（六）对上级行政机关交办的事项和场部的决定、决议负责督促、落实和检查，协助场领导处理日常行政事务。

（七）负责场内外招待工作，热情、及时、正确处理场内外的来信来访工作，做好接待职工来信来访工作，解释职工提出的意见或要求，妥善解决问题，调解职工的矛盾，做到不拖压，及时处理。

（八）组织安排农场重大活动，做到周全、合理、无误。

（九）按规定正确使用印鉴，做好文书档案及办公用品的管理和使用工作。

（十）负责场内外已建和全场未建房屋的管理、公共设施的修缮和管理、环境卫生及办公区绿化管理工作。

（十一）做好内外协调工作，对于职责不明、涉及单位较多的工作或其他的问题负责组织协调。

（十二）严格执行保密规定，保守党和国家的机密。

（十三）负责制定本室年度工作计划并组织实施，年终搞好农场总结，并将工作计划和总结向分管领导汇报。

（十四）廉洁自律，秉公办事，及时、热情为基层和职工服务。

（十五）保持办公区内外环境整洁，定期检查卫生包干区。

（十六）完成场长和分管领导交给的其他任务。

八、人力资源科工作职责

（一）贯彻执行国家人力资源的政策法规，全面做好全场的人力资源管理工作，制定和落实农场人力资源方面的政策、规章。

（二）负责职工的社会保险工作，依法办理职工的养老、医疗、工伤、失业、生育保险手续及相关业务。

（三）负责劳动合同管理，依法办理劳动合同的签订与解除，参与劳动人事争议的应诉与起诉。

（四）根据工作需要科学合理调配人力资源，做好人才招聘与引进的基础工作，办理职工场内外调入、调出和新员工的录用、分配手续。

（五）做好安全生产的日常工作，配合有关部门，进行安全事故调查，加强职业危害的防范和劳动卫生保护。

（六）做好住房公积金法规的宣传落实工作，办理职工住房公积金的相关业务。

（七）依据《企业职工档案管理规定》，做好职工的人事档案管理工作。

（八）负责办理职工离退休手续，配合劳动部门，做好离退休职工的社会化管理与服务工作。

（九）做好全场职工的工资管理，负责办理职工工资的核定、转正定级、调整、晋升并审核场部人员工资发放表。

（十）会同有关部门，参与干部的考察、考核和职务任免工作。

（十一）负责专业技术人员职称评审的申报，参与专业技术人员的考核与聘任工作。

（十二）根据场的意见，负责拟定招工政策，做好人才引进和新员工招收的具体工作，搞好员工的岗位职业培训。

（十三）监督检查农场各单位的人力资源政策、法规的执行情况，纠正违法行为，参与对职工的奖惩工作。

（十四）配合市医保处做好职工家属的医疗保险工作。按市劳动保险事业处要求，办理离退休职工遗属生活补助金社会发放的相关业务。

（十五）加强政治和业务学习，提高综合素质，增加干事创业的能力，完成领导交办的各项任务。

九、财务科工作职责

财务科是负责全场经济核算、监督及财务管理的机构，其职责如下：

（一）财务人员要积极学习政治理论，认真贯彻执行党和国家的财经政策法规，按照《中华人民共和国会计法》以及《会计基础工作规范》，做好本职工作。

（二）贯彻落实上级财经政策和法规，认真执行场党委、管委决议、决定、意见和场规场纪。

（三）年初依据历史资料及实际情况，做好下一年度的财务预算，并监督财务计划的具体执行，年终按照财务预算执行情况编制决算表上报。

（四）按时准确的编制会计凭证，及时记账。月末按时对账，年末及时编制上报财务报表。

（五）如实反映财务收支情况，不弄虚作假，坚持一切财务活动纳入计划，严格审批权限，做到资金来源不列入计划的项目，计划没有的项目不予开支，未经批准的超计划开支不予报销。费用报销严格按照现金制度执行，对于不符合报销审批程序的，可以拒收、拒付。

（六）组织筹集和合理使用资金，加强资金的统一安排和调度，加速资金周转，保证生产需要。

（七）负责办理现金收支、银行信贷结算等业务，对债权债务及时进行清理结算。

（八）负责全场固定资产的核算，办理固定资产的增减、调拨、报废、清理等手续，按规定提取固定资产折旧和大修基金。定期组织全场财产物质的清查盘点工作，做到账面相符、账账相符、账实相符。

（九）负责专项基金、专项拨款、专项借款、专项补偿款等专项资金的管理和核算，并坚持先提后用及专款专用的原则，合理使用。

（十）加强各项承包收支管理合理协调资金，搞好成本核算，并对场下属单位财务工作进行指导检查、监督。

（十一）及时向场党委、管委汇报财务工作，并能够从财务角度出发，对生产经营中发现的风险和问题，及时提出对策；研究分析投资项目的可行性，对经济合同的签订以及经营决策的最终形成，做出良性的参考意见。

（十二）谨遵法律法规，严守会计职业道德，为职工做好服务工作。对职工提出的财务咨询应细心明确地解释，如有无理取闹者可视情况不予接待。

（十三）根据会计业务的需要设置会计工作岗位，会计工作岗位实行内部牵制制度，必须做到不相容、职务相分离。

（十四）按规定建立并管理会计档案，适时移交相关部门或按规定销毁。

（十五）组织会计人员按时进行会计继续教育等培训，不断提高会计人员的业务水平；负责会计人员的考核和晋升，做好会计人员信息档案。

十、资产管理科工作职责

资产管理科是全场资产管理职能部门，负责对全场的资产实施统一监督管理，其主要职责是：

（一）认真贯彻执行党和国家对资产管理的有关法律、法规和农场的各项规章制度。

（二）负责制定全场资产管理规章制度和实施办法，并组织实施和监督检查。

（三）负责全场资产的清查、产权登记、产权界定、资产评估、统计报告和日常监督检查。

（四）受理、审核场属各单位呈报的各种大型办公设备、机械设备等固定资产购建申请，编制本年度购建计划。

（五）编制全场沟、路、渠、桥、涵、闸、仓库、厂房等建造与维护计划，并负责具体实施。

（六）协同有关职能部门对全场拟开办的经营项目组织论证，履行资产投入的申报手续，并对投入经营的资产实施投资者进行监督管理。

（七）监督资产的管理，负责在用资产的调剂、转让、报损、报失、报废等报批手续，组织固定资产清查，提高资产利用效益。

（八）参与全场经营性国有资产的收益管理，并对保值增值情况进行考核和监督管理。

（九）参与全场大宗物资的招标采购活动，参与资产购建可行性论证、项目评估及招标工作，合理配置全场资产。

（十）负责全场实物资产明细账日常管理，资产的登记、统计、报表及资产信息发布，做好账、卡、物管理。

（十一）负责对内、对外编报全场相关资产统计报表，建立和完善全场资产管理信息系统。

（十二）会同有关部门协调或解决资产产权纠纷。

（十三）完成场领导交办的其他工作。

十一、审计科工作职责

审计科是在分管领导的领导下，依据国家法律、法规、政策及农场规章制度，对农场及其所属部门、单位财务收支及其有关经济活动的合法和效益依法实施内部审计监督的专门机构。审计科独立行使审计监督权，对分管领导负责并报告工作，其职责是：

（一）对农场及其所属部门、单位的下列事项进行审计：财务计划或预算的执行和决算；各预算资金的管理和使用；与财务收支有关的经济活动；国有资产的管理和使用；基建、维修工程的概算和预决算；国家财经法规和上级部门、农场财经规章制度的执行；内部控制制度的建立和执行；农场有关管理部门主要行政负责人的经济责任；农场的招投标工作；场领导及上级审计机关交办的其他审计事项。

（二）对下列事项进行审签：农场预算和财务收支计划执行情况及决算的上报；各专项经费结算和决算的上报；自筹基建经费的来源和使用；农场下属经济单位资产、负债、损益报表，关、停、并、转时的清算报告；经济社会改革与发展中的各类合同。

（三）完成场长和分管领导交办的其他事项。

十二、监察科工作职责

（一）监察科履行党的纪律检查和行政监察两项职能，完成纪检、监察两项任务，分别对农场党委、行政负责。

（二）对本场党政班子和党员干部执行党的路线、方针、政策及遵守党章党纪党规和其他各项规章制度的情况，实施党章和有关规定范围内的监督检查，支持、保护和促进农场改革发展的顺利进行。

（三）检查农场行政机关及其聘用干部执行国家法律、法规、政策的情况，并在规定的范围内对违纪违规行为进行监察。

（四）检查处理本场党政干部违反党纪、政纪的案件，并在职责范围内提出处分建议或决定处分级别。

（五）受理本场党政干部、职工在纪检监察范围内的检举、控告和对党纪政纪处分不服的申诉，认真做好调查处理工作和信访工作。

（六）保护本场党员按党章规定享有的权利和职工的合法权益，支持党员干部和职工同违法违纪行为和不正之风进行斗争。

（七）协助场党委审计各部门年度预算计划的组织实施情况，根据需要，不定期组织对经济责任审计或重大投资项目的审计工作。

（八）协助党委抓好党风廉政建设。经常对党员和党政干部进行党性党风党纪和勤政教育，增强党员和党政干部拒腐防变的能力；经常对本场的党风党纪和廉政状况进行调查研究，及时提出加强党风廉政建设的建议；协助党委制定规划，督促检查落实情况；参加对党员、党政干部的评议考核和对本场党风廉政建设情况的检查。

（九）承办场党委、行政和上级纪检监察部门交办的有关纪检监察的其他工作。

十三、政策研究室工作职责

（一）认真学习贯彻党的路线、方针、政策和场党委管委的各项决定、决议，围绕农场中心工作，搞好决策服务，当好领导的参谋助手。

（二）对农场改革和发展的课题提供政策性建议，收集、分析、整理和报送农场经济与社会发展中重要综合信息，为领导决策和指导工作提供服务。

（三）起草经济体制改革实施方案、各项规章制度、重要会议的领导讲话、报告等综合性文稿。

（四）组织、协调、参与农场改革与发展的各项调查研究工作。

（五）农场改革与发展项目的考察、调研及有关材料的起草、报送等工作。

（六）承办场长和分管领导交办的其他事项。

十四、保卫科工作职责

保卫科是农场的职能部门，在场党委管委的领导下，在公安机关的指导下开展工作，其职责是：

（一）贯彻执行党和国家各项安全保卫法规，结合农场实际情况制定有关规章制度和安全防范措施，保障农场安全。

（二）掌握农场治安动态，定期进行分析，提出治安保卫工作计划和措施。

（三）领导农场各级治安保卫组织，开展法制宣传，教育职工群众做好防火防盗等工作。

（四）协助公安机关侦破各类案件，对查获的违法犯罪人员，分情况报请处理。

（五）贯彻国家消防条例，经常开展防火教育和检查，及时发现火灾隐患，防止火灾发生。

（六）负责户口管理工作。做好职工调动和学生入学、毕业派遣及出国人员户口的迁入、迁出和注销等工作。

（七）配合农场安委会做好交通安全的宣传教育工作。

（八）按照上级社会治安综合治理部门的要求做好农场内部治安综合治理工作，确保农场良好的生产、生活秩序。

（九）负责场内外来人口的治安管理工作。

（十）完成场领导和公安机关临时交办的其他安全保卫工作。

十五、农业科工作职责

农业科是全场农业生产管理和农产品质量监督的职能管理单位，其职责是：

（一）组织本科人员认真学习政治理论、政策法规、科学文化和业务知识，提高政治素质和业务技术水平。

（二）贯彻落实党和国家的政策法规，认真执行场党委管委的决定，廉洁自律，秉公办事，努力为职工做好服务工作。

（三）搞好全场农业技术服务工作。在农业生产的各个关键时期，全面掌握农业生产状态，及时跟踪技术指导。

（四）做好农产品及加工的质量检验和质量监督工作，提高产品质量，增加品牌信誉。

（五）制定好本科室年度工作计划，认真组织实施，搞好年终总结，积累经验，找出差距，不断提高业务水平。

（六）认真完成场长、分管领导交给的各项任务，协调好各单位的工作关系，为农场的经济建设做出贡献。

十六、林业科岗位责任制

林业科是全场的林业管理职能部门，其职责是：

（一）组织本科人员和直属的护林员认真学习政治理论、政策法规、科学文化、业务知识，提高政治思想素质和政策业务水平。

（二）贯彻落实党和国家的政策、法规，认真执行场党委管委决议、决定、意见和场规场纪。

（三）在分管场长领导下，指导、监督全场林业的工作。

（四）负责全场沟、边、路、渠两边的树木的种植、护理，以及林木的更新工作。

（五）对承包土地种植树木的场外人员进行管理和监督，并负责参与制订合同，催缴承包费的工作。

（六）负责全场公管林木的销售，组织有关科室人员进行定价招标，招标工作要做到公开、公正、透明，保证销售资金足额上缴场财务科。

（七）负责制订本科年度工作计划及组织实施，年终搞好总结，并将计划与总结材料报分管领导。

（八）廉洁自律、秉公办事、热情为职工服务。

（九）协助场做好边界工作，完成场长和分管领导交给的其他工作。

十七、农业分场工作职责

农业分场是总场的派出机构，其职责是：

（一）组织本单位管理人员认真学习政治理论、政策法规、文化、科学知识，提高政治思想素质和政策业务水平。

（二）贯彻落实党和国家的政策、法规，认真执行场党委管委的决议决定和场规场纪。

（三）负责本单位的生产、生活和行政管理，按时、保质、保量地完成总场下达的各项承包经济指标的收交任务。

（四）管好本辖区的沟、路、渠、涵、闸等水利设施和边地，确保库房、办公和生活设施的完好，配合林业科管护本辖区的林木。

（五）坚持对本单位职工和家属进行社会主义职业道德和法制教育；认真落实计划生育政策，保证本单位无超生；配合保卫科做好本单位的治安保卫工作。

（六）为职工做好产前、产中和产后服务，切实为职工排忧解难。

（七）支持场党委管委的中心工作，积极开展工会工作。

（八）廉洁自律、秉公办事，热情为职工服务。

（九）负责制订本单位年度工作计划并组织实施，年终认真搞好总结，并将工作计划和总结材料报分管领导。

（十）完成场长和分管领导交给的其他工作。

十八、园林分场工作职责

（一）组织本单位人员认真学习政治理论、政策法规、文化、科学知识，提高政治思想素质和政策业务水平。

（二）贯彻落实党和国家的政策、法规，认真执行场党委管委的决议决定和场规场纪。

（三）管理教育好本单位员工，爱场如家，坚守岗位，刻苦钻研，努力工作。

（四）园林分场为生产经营单位，要搞好生产做好经营，以经营的手段促进生产的发展，减少浪费，降低成本。

（五）养护、管理好本分场的苗木果树，提高生产技术水平和管理水平，做好示范带头作用。

（六）充分利用土地资源，搞好林下种养业等林间经济。

（七）负责制订实施本分场的园林规划。

（八）积极完成场长和分管领导交给的其他各项工作和任务。

十九、园林工程公司工作职责

（一）组织本单位人员认真学习政治理论、政策法规、文化、科学知识，提高政治思想素质和政策业务水平。

（二）贯彻落实党和国家的政策、法规，认真执行场党委管委的决议决定和场规场纪。

（三）负责本场园林绿化、工程设计施工、养护管理等工作。

（四）积极开展苗木市场行情调研，准确掌握苗木市场规律，为培育苗木提供有价值的参考信息。

（五）适应农场发展需要，积极对外承建园林工程，提高经济效益，维护农场信誉。

（六）积极完成好场长和分管领导安排的其他各项任务，为农场经济社会事业发展尽职尽责。

二十、水利工程公司工作职责

（一）贯彻落实党和国家政策法规，认真执行场党委管委的各项决定决议和场规场纪。

（二）对机械设备严格管理，定期进行维护保养。

（三）施工中严格遵守操作规程，做到有故障及时排除，确保安全生产。

（四）做好施工预算决算，杜绝施工中的浪费行为。

（五）施工中对工程进行质量检查，严格执行工程监理的有关规章制度。

（六）做好施工记录，逐步完善施工措施，确保施工质量和任务如期完成。

（七）完成场长和分管领导交给的其他事项。

二十一、财务管理办法

第一章 总 则

第一条 为了适应社会主义市场经济发展的需要，进一步加强财务管理，规范企业的会计核算，维护财经纪律，真实完整地提供会计信息，根据《中华人民共和国会计法》《企业会计准则》《农业企业会计制度》及国家其他有关法律法规，结合农场实际情况，制定本办法。

第二条 农场内部各部门应依照国家有关法律法规，建立健全企业内部的财务管理办法，做好企业财务的基础工作，保证企业资金的运行顺畅，主动接受企业财务管理部门及财政、税务、审计等部门的监督。

第三条 场新增购置固定资产时，应由使用部门逐级上报，必须经场长批准后购买。无论有无资金来源，不允许场属各单位自行购置固定资产。

第四条 农场实行场长"一支笔"审签制度，严格按照审批程序执行，经相关部门领导签字，场长审批后，由经办人到财务科报销。

第五条 农场财务管理以"制度管理、业务指导、账务监督"为原则，由场财务科直接对下属单位进行业务指导、监督管理和汇总核算。总场及场属各部门实行收支两条线，即各农业承包户上交土地承包金从其上交粮食折价金额中扣除，差额为超交粮款，超交粮款按期返还承包户；各包干单位按经费包干实施意见执行，超支不补，节余留用；场属各部门无权对外转账，支票由场财务科统一管理。

第六条 农场及所属单位在会计核算时应遵循客观性原则、可比性原则、一贯性原则、相关性原则、及时性原则、明晰性原则及权责发生制原则、配比性原则、历史成本原则、划分收益性支出与资本性支出原则、谨慎性原则、重要性原则、实质重于形式原则等十三项会计核算原则。

第二章 流动资金

第七条 货币资金包括库存现金和各类存款，库存现金使用范围：支付给职工的工资津贴，个人劳动报酬，各种资金劳保，福利费用以及国家规定的其他支出，向个人收购农副产品和其他物质的价款，出差人员差旅费，结算起点（1000元）以下的零星开支等。

现金收支应当符合财务管理制度规定，做到及时入账，日清月结。对现金收入超过一个月不入账的，除追回所有款项和利息外，视情节追究其法律责任；对所开出的收（付）

款票据因缺号无法确定其金额的，按所缺号给予不少于100元/张的罚款，并对票据的直接管理人进行处理，对有意拖延现金收入票据不及时入账的进行罚款。现金支出应严格把关，不应使用现金的结算不得使用现金，现金支出单据应合法、合规，所有现金支出必须按照审批程序，由经办人、单位负责人、场级分管领导、审计、总会计师、场长逐级审核签字后，方可付款。

为了及时发现现金收付差错，如实反映现金库存余额，防止贪污挪用等行为的发生，库存现金盘点及保管应采取定期和不定期盘点相结合，出纳人员自查和清查小组监盘的管理办法。发现现金短缺或多余及时找出原因，加以处理，清查中发现用打白条等不符合会计制度的凭证顶替现金时，应按规定处理纠正；根据盘点情况，编制会计分录，现金保管经手人以外的人适时检查手边现金，做好现金、支票簿、存折、印鉴的保管；收入现金确定是否立即存入银行，存入现金时应采取完善的防止危险措施，未存入的现金要有妥善的管理办法。

银行存款的管理：全场资金由场财务科统一调度管理，任何所属单位部门未经总场批准不得擅自在银行或邮局开户，不得将公款私存（即将公款以个人名义开设账户），否则，按有关规定进行严肃处理。所有支票必须连续编号，空白支票应存放在安全处，严格控制，妥善保管。

第八条 应收款项原则上要减少发生，对于以前年度应收款项应采取措施，限期追收。对已形成的坏账，应根据财务管理制度的要求，用应收账款余额百分比法，每年末应按收账款余额的10%～20%计提坏账准备，计入当期费用。

第九条 严格控制个人借款和农业承包户的个人垫资，除出差及公务外，原则上不得向个人借款，个人借款应于三个月内返还。到期未能返还的，应从工资中扣除。对农业承包户的垫资，无论是土地租金还是农资垫付，必须由借款人出示无法还款时同意扣除上交粮食超交款的书面字据，在结算超交粮款时予以扣除垫资部分。

第十条 存贷包括原材料、农用材料、低值易耗品、产品、产成品、库存商品等。

存贷原则上按实际成本计价，农场可根据经济发展情况确定自身的计价方法，但一经确定，不得随意变更。

第十一条 各类存贷每年必须至少进行一次盘点、清查，对发生的存贷盘亏、毁损、报废或其他原因造成的缺少，应及时查明原因，分清责任。属人为造成损失的，依据有关规定追究当事人的经济或其他责任；属正常损失的，应及时上报，经审批后按规定的账务处理程序核销。

第三章　固定资产管理

第十二条　固定资产管理包括固定资产的增减、清理报废、折旧的提取和在建工程等内容。全场所有固定资产由场资产管理科和财务科统一管理，产权归总场，任何单位或个人不准对外转让、租赁和变价处理。

第十三条　已交付使用尚未办理竣工决算手续的工程项目，可自交付之日起，按工程预算或工程实际成本资料，估价转入固定资产并半提折旧，待工程竣工决算后，按决算数调整原估价和计提折旧。

第十四条　固定资产的折旧采用平均年限法，按个别折旧率计提折旧。固定资产的折旧年限，参照农业企业会计制度的年限执行。对未使用、不需用的固定资产，应列出明细报财务科审批后方可不提折旧。

第十五条　各部门建立固定资产管理责任制，健全保管、使用、维护检查等制度，每年度必须全面清查一次。对清查中发现的未使用、不需用和待报废的固定资产，应如实反映，及时提出处理意见，并报场财务科做相关的财务处理。使用过程中如有丢失、毁坏，视情节轻重，由场对固定资产使用部门及当事人作出相关处罚。

第十六条　固定资产维修费用应计当期成本，对维修费用当年应提价折旧额部分的部门，可申请后报财务科分期摊销。对维修费支出数额特别大，延长固定资产的使用寿命，或使产品质量实质性提高，或使产品成本实质性降低，报经场主管领导批准，计入固定资产账面价值，其增计金额不应超过该固定资产的可收回金额。

第四章　专项资金的管理

第十七条　对因国家政策拨付的小麦直补、农业综合补贴等补贴，及时分发给农业承包户，严控资金截留，不得挪作他用，必须专款专用。为确保补贴资金按时发至农业承包户，财务科要做好资金入账，制定分发明细记录上报并备案。

第十八条　对小型农田水利专项资金的支出使用，由生产科提出用款计划，上报场办公会（或场长）审批，由分管领导监督实施，财务科据实支付，做到专款专用。

第五章　成本费用管理

第十九条　各单位应遵循国家有关成本开支范围和费用。正确划分生产成本、待摊费用、管理费用、销售费用、营业外支出成本费用的界限，场属各部门应严格按照财务科年初编制的预算标准执行。

第二十条　待摊费用一般不跨年度，并应按受益期限分摊，确需跨年度的由场财务科进行处理。

第二十一条　场属各部门应严格控制非生产性费用的支出，不得将费用支出巧列名目。财务科应加大内部监控，对违规部门及责任人应及时向场反映，由场做出相关处罚。

第二十二条　凡实行经费包干的单位，必须严格按照包干项目和开支标准报各项开支，超出包干范围的开支，一律不得列支，结余资金结转下年。

第二十三条　凡本场职工享有探亲假。享有探亲假的本场职工，一是必须在本场工作满一年，与配偶不住在一起，又不能在公休假日团聚的，可享受探望配偶的待遇；二是与父亲、母亲不住在一起，又不能在公休假日团聚的，可享受探望父母的待遇。探亲假不包括探望岳父母、公婆和兄弟姐妹，新婚后与配偶分居两地的从第二年开始享受探亲假。此外，学徒、见习生、实习生在学习、见习、实习期间不能享受探亲假。

职工探望配偶，每年给予一方探亲假一次 30 天；未婚职工探望父母，每四年给假一次 20 天，已婚职工探望父母，每年给假一次，假期 20 天。

第六章　会计核算电算的管理

第二十四条　场财务科进行会计电算化操作的会计人员，应取得会计资格证书后方能上机操作，并按时在财务科微机上进行账务处理。

第二十五条　会计人员应节约打印纸张，严格打印耗材的使用。

第二十六条　会计人员应遵守会计电算化软件的操作规程，妥善保管好各自的操作口令，并做好保密工作。上机人员操作各司其职，互相协调，互相监督，保证会计电算化的顺利进行。

第二十七条　不得携带有病毒的磁盘或软件上机操作，以及违规野蛮操作，由此引起计算机硬件和网络遭受严重破坏的，将追究相关当事人责任。

第二十八条　会计电算化操作人员应及时对电子账务进行存盘及备份，保证电子账务的安全及保密。

第二十九条　会计电算化账务处理应与场财务科手工账同步进行，相互参照，确保万无一失。

第七章　职工家庭农场财务管理

第三十条　总场对职工家庭农场实行"自筹资金、自主经营、自负盈亏"的财务管理办法。

第三十一条　职工家庭农场必须按照承包合同规定的利费指标按时足额上缴场财务科，否则，终止承包合同。

第三十二条　场财务科要积极帮助职工家庭农场建立账簿，核算当期收入、成本及利润，并有义务向职工家庭农场提供咨询等服务。

第八章　财务人员的管理

第三十三条　从事会计工作的人员，必须取得会计从业资格证书，具备必要的专业知识、专业技能，熟悉国家有关法律、法规、规章和国家会计制度，遵守职业道德。按照国家有关规定参加会计业务培训，持资格证人员每年参加继续教育不得少于 24 小时。

第三十四条　会计人员要及时提供真实可靠的会计信息，认真贯彻执行和维护国家财经制度，积极参与经营管理，提高经济效益。其主要职责包括：进行会计核算，实行会计监督，拟订本单位办理会计事务的具体办法，参与拟定经济计划、业务计划、考核、分析预算、财务计划的执行情况、办理其他会计事务等。

第三十五条　会计人员的工作岗位要有计划地进行轮岗，会计岗位设置时应与不相容职务相分离，会计机构内容应当建立稽核制度。出纳人员不得兼管稽核会计档案保管和收入、费用、债权账目的登记工作。凡是涉及款项和财务收付、结算及登记的任何一项工作，必须由两人或两人以上分工办理，严格执行钱账分管原则。

第三十六条　会计人员调动工作或离职，必须与接管人员办清交接手续。一般会计人员办理交接手续，由会计机构负责人（会计主管人员）监交；会计机构负责人（会计主管人员）办理交接手续，由会计单位负责人监交，必要时主管单位可派人会同监交。会计人员临时离职或其他原因暂时不能工作时，也应办理会计工作交接；移交人员因病或其他特殊原因不能亲自办理移交手续的，经单位负责人批准可由移交人委托他人代办交接，但委托人应当对移交的会计凭证、会计账簿、账务会计报告和其他相关资料的真实性、完整性承担法律责任。

第九章　会计档案的管理

第三十七条　会计档案包括会计凭证、会计账簿和财务会计报告等会计核算专业材料。会计档案是记录的反映单位经济业务的重要历史材料和证据。应当对会计档案立卷、归档、妥善保管。

第三十八条　单位每年形成的会计档案，必须整理合卷、装订成册，编制会计档案管理清册。当年形成的会计档案，在会计年度终了后，可暂由会计机构保管一年，期满后应由会计机构编制移交清册，移交本单位档案机构统一保管；未设立档案机构的，应当由会计机构内部指定专人保管。出纳人员不得兼管会计档案。移交本单位档案机构保管的会计档案，原则上应当保持原卷册的封装。

第三十九条　会计档案保管期限分为永久、定期两类，定期保管期限为3、5、10、15、25年。

第四十条　会计档案不得借出。如有特殊需要，经场长批准，可以提供查阅或复制，并办理登记手续，查阅或者复制会计档案人员，严禁在会计档案上涂画、拆封和抽换。

第四十一条　会计档案保管期满，需销毁时应由档案机构会同财务科提出销毁意见。编制会计档案销毁清册，列明销毁会计档案的名称、卷号、册卷、起止年度、档案编号、应保管期限、已保管期限、销毁时间等内容。场长在会计档案销毁清册上签署意见。销毁会计档案时，应当由档案机构和场财务科共同派员监督。

第十章　附　　则

第四十二条　本管理办法自下发之日起施行，农场原有关文件规定与本办法相抵触的，按本管理办法规定执行，本办法由南阳湖农场财务科负责解释。

二十二、职工住房、公有住房使用与管理办法

第一条　为加强职工住房和公有住房的管理，加快农场小城镇建设步伐，特制定本管理办法。

第二条　农场正式职工、户口在场的职工遗属（指配偶）在农场均享有居住权。对于2008年8月1日后招入职工的住房问题，待场研究制定出新的办法后施行。

第三条　根据国家有关政策，农场职工通过购买场公有住房或自建住房方式解决场内住房问题。职工住房的所有权归农场，使用权归职工个人。

第四条　农场职工通过购买或自建取得住房后，所属房屋维修费用自理。以后需改建的经场批准后方可进行，费用自理。

第五条　职工需在其院落内建配房的，必须经场批准验线，且与邻里协商一致，绝不能侵犯邻居的合法权益，对公共通道（主要指居住胡同）留有宽度不低于2米，院落前为公共场地的，院落长度按相近住房为准。

第六条　严禁乱搭、乱建、乱占行为，农场职工在其合法居住院落直接连接但超出正常面积以外进行乱搭乱建的房屋，影响交通和农场规划的自行拆除，损失自负；不影响交通和农场规划的可继续使用，但超院落占地建筑的产权归农场，遇有压煤塌陷补偿时补偿

款归农场所有。在主干道两侧不拆除的，每年收取土地占用费 15 元/平方米，在其他公共场所不拆除的，每年收取土地占用费 8 元/平方米。

第七条 职工因工作调出，且直系亲属（配偶、子女）无资格居住的，由场进行评估定价收购该住房，但最高价不超过职工原购房价（或建房价）。如该住房卖与农场有住房职工，该住房记入场公有住房；如卖与无住房职工，该无住房职工记入场有住房职工。

第八条 职工遗属已病故，且直系亲属（子女）无资格居住的，由场进行评估定价收购该住房，但最高价不超过职工原购房价（或建房价）。如子女为场职工且为无住房户的，该住房可直接转移到其子女名下，该职工子女记入场有住房户。

第九条 农场职工绝不能私自将住房出售或租赁给农场以外的人员。否则，农场有权将其住房收回。

第十条 既不影响交通又不影响农场规划、多占整套住房的，该住房职工与无住房户自行协商交于无住房户，场不再解决该无住房户的住房问题，可为其办理过户手续。

第十一条 因场规划需拆除职工住房时，职工必须服从，按照原购房价（或建房价）扣除折旧后由场补偿，原住房自费维修、装修的费用场不予承担；拆除的违章房屋不予任何经济补偿。

第十二条 公有住房及其他公用设施（如下水道）由场办统一管理和维修。公有住房由使用单位提出维修申请，报分管领导批准，经场办及有关单位拟定维修预算，然后进行维修，维修费从场维修费中列支。

第十三条 农场职工及其他外来人员承包经营（或租用）农场院落和房屋的，必须按合同约定条款执行，不按合同规定乱搭、乱建房屋的，按违约处理，并限期拆除恢复场所原貌，不拆除的产权归场，损失自负。

第十四条 凡属乱搭、乱建、乱占行为的职工，根据情节轻重给予处分，今后不享有土地承包优先权、招工等场优惠政策及其他方面的补助待遇。

第十五条 承包耕地职工需在经济田内建看护房的，每名职工看护房面积不超过 40 平方米，承包耕地合同到期时自行拆除，不拆除的无偿归场所有。在承包合同期内，如遇土地塌陷补偿，超过建设面积部分的补偿归场所有。

第十六条 原职工住房、公有住房管理办法与本办法相抵触的，一律以本管理办法为准。

第十七条 本管理办法执行中的有关问题由场办负责解释。

第十八条 本管理办法自公布之日起施行。

二十三、公务车辆使用与管理规定

第一条　为加强公务用车管理，降低非生产性开支，结合农场的实际情况，特制定本管理规定。

第二条　为更好地保障农场业务工作的顺利开展，场公务用车由场办统一管理安排（独立核算、经费包干单位除外）。

第三条　用车单位因工作需用车的，须提前一天由用车单位向分管领导提出申请，分管领导通知场办负责人统一安排。用车时间冲突时，由场办按任务的轻重缓急统一调整安排。除特殊情况，一般不安排临时用车。

第四条　因工作需要同一天到市区办理业务的，原则上合并用车。

第五条　公务用车需租用场外车辆的，由场办出具派车单，用车单位或用车人应在派车单上签名，结算时车主凭场办负责人和分管领导签字的费用转账单结账。租用的场外车辆费用由场办负责人根据情况具体核定，从交通费用中列支。

第六条　场外车辆车主凭费用转账单办理完备报账手续后，每月到场财务科结算一次。无费用转账单的用车费用由个人承担，严防借公行私。

第七条　公务用车不得擅自私用，节假日及下班时间公务用车一律停放在场内，任何人不得将车辆开回家中，否则，出现一切问题自行承担。

第八条　每部车辆由专任司机驾驶，专任司机有事请假需由他人驾驶时，须经场办负责人批准。专任司机应定期检查及保养车辆，以确保行车安全。

第九条　车辆保养、修理直至使用中违反交通法规及事故损害处理等事务，事前须报告场办负责人。

第十条　职工婚丧嫁娶事宜（仅限于1车次）需用场内车辆的，根据情况由场办派车，费用从工会经费中列支。

第十一条　职工因急重症等特殊情况需用场内车辆的，由场办负责人根据实情派车，费用从交通费中列支。

第十二条　场通勤车由场办与公交公司统一协调管理，以方便职工上下班。

第十三条　本规定未涉及的其他事项，由场办按有关规定处理。

第十四条　本规定自下发之日起施行。

二十四、办公用品管理规定

（一）为统一限量、节约开支、减少浪费，特制定办公用品使用管理规定。

（二）办公用品的购置采取集中采购的办法，管理与发放由场办指定专人负责，并做好记录；购买费用按财务管理规定进行报销。

（三）重要的、一次性开支数额较大的办公用品购置（或印制）需由场办提出计划，报分管领导、场长批准后方可进行，入库时应建立台账，写明日期、品名、数量。

（四）对入库的办公用品应经常整理，必要时实行虫害、鼠害等保全措施。

（五）办公用品的发放范围是现属机关科室的编制单位，各单位应本着节约的原则领取、使用办公用品，领取时由单位负责人签发收条并指定专人领取所需用品。

（六）凡属生产性物品（如三夏、三秋工作用品）不列入办公用品费用的开支。

（七）各科室配备的招待用具（暖水瓶等），要注意保管使用，无故损坏不再重配。

（八）各单位未经场办批准购买的办公用品不能报销。

（九）各单位的主要办公用具用品，由场长办公室进行登记，并由单位主要负责人管理使用，如无故损坏照价赔偿，主要负责人因工作调动时办理交接清单方可调出。

（十）各单位办公用具用品领用采取以旧换新的方式，否则不予更换。

二十五、水电管理办法

第一条　为合理利用水电资源，加强供电、水的管理，达到安全、经济、可靠的目的，特制定本办法。

第二条　对全场公用照明和工作用水（经营性单位除外）的电费采取水电通讯站经费包干的管理办法，费用一年一核定，超支不补，节余留用。

第三条　全场生产、生活、工作用电用水由水电通讯站负责，其职责是全权负责生产、生活、工作用水用电的供给与设施维修，按时足额上缴电费，确保安全正常运行。

第四条　水电通讯站人员应熟悉全场用水用电设施运行状态，做到，总线：知位置、管径、全长、技术要求及总表数量、规格型号等。支线：分表数量，其他同上。生产、工作用电用水线路走向，总分电表配备位置、配备数量、精度等级、规格型号。

第五条　所有办公室、集体宿舍照明设施不得超过 150 瓦，未经批准不得使用电暖器、电水壶等大功率电器。

第六条　根据情况实行定时供水，杜绝生活用水浇菜园，撤销公共水管。

第七条　全场用电设备每年至少要进行一次全面安全检查，由水电通讯站制定检修计划，经领导同意后实施。

第八条　各单位及住户发生停电停水时应立即报告水电通讯站，水电通讯站应根据情况进行组织检修。

第九条 任何单位和个人不经水电通讯站同意，不准私自接线或向外转供电，否则追究当事人的责任。

第十条 对私自接线及窃电窃水的，水电通讯站有权处以 400～1000 元罚款，造成损失时由责任人承担全部经济责任。

第十一条 建立各项物资出入库制度，保质保量地完成任务。

二十六、林业管理办法

为了加强林木管理，进一步开发林木资源，提高经济效益，绿化环境，特制定本办法。

第一条 凡是职工及家属都有管理林木的义务。凡发现破坏和偷盗树木者，应当及时制止，属场内人员的给予严肃处理，情节严重的移交司法机关处理。对举报毁林者给予表扬奖励；对于看到不管或知情不报者视情节给予严肃处理。

第二条 看管人员由场林业科统一管理，实行责任承包。对新栽的树木根据苗木的大小、植树的位置合理分配看管任务。工资实行期初付一部分，年终根据损失率、成活率和生长情况，一次性补发。

第三条 看管人员要加强苗木管理，定期进行浇水、培土、补栽、修理、灭病虫害。看管人员要互相协调、加强合作，组成联网小组，加强看护工作。对于擅离职守造成树木受损的，视情况给予经济处罚，直至停工。

第四条 临时工必须服从林业科统一领导、统一安排。

第五条 职工居住区的一切树木归场所有。职工不得随意种植或砍伐。如有树木影响电力、交通等情况，需报林业科批准后方可采伐。否则，对私自砍伐树木者，根据情况给予处罚赔偿。

第六条 树木的更新、采伐、销售由林业科根据实际情况报场领导研究批准，并报上级有关部门同意后方可实施。

第七条 林业科负责全场林业计划的制定与实施。

二十七、仓库管理制度

为加强仓库管理工作，保管好库存物质，做到数量准确、质量完好、确保安全、收发迅速、服务周到、降低费用，特制定本制度。

第一条 良种入库

1. 外购良种入库，保管人员必须根据外购发票或运单的品种、数量，经清点、过磅、验质后方可入库，发现短缺、质量不合格时不予办理入库。

2. 自产良种入库，承包土地职工将收割后的小麦晒干、扬净，按场规定的良种入库标准进行入库。入库水分严格控制在 12.5％ 以内，超标准拒收。杂质超过 1％ 扣现粮 1.5％，超过 3％ 拒收（含入库质量要求的 1％ 在内）。为确保种子的质量，种子入库时监库人员一定要查验"三证"后方可按品种分别入库。

第二条 良种的出库

良种的出库要凭领料单或销售凭证，坚持实行按品种一车一单制，严禁白条领料和白条抵账。

1. 领料单必须由领料单位领料人签章，负责人审查签字，保管人员方可发货及办理转账。

2. 良种销售必须由销售单位开具销售凭证，财务科收款加盖印章后，方可持提货证提货。

3. 出库前，保管人员必须确认提货单据上的品种名称、数量、规格后，方可办理出库。

第三条 良种的仓储管理

1. 仓库应保持通风、干燥，内外环境整洁有序。

2. 做好防鼠、防虫、防盗、防霉变，妥善保管。

3. 要加强仓库设备、电源、火源的管理，严格按照操作规程作业，确保库里安全。对消防设备和器材及时进行检查，保证消防设备始终处于良好状态。

4. 对入库物质根据进货凭证采取验质点数、过磅、化验等方式进行验收，办理入库手续。

5. 对出库物质根据规定的领料凭证和销售凭证办理出库。

6. 努力学习业务技术，熟悉良种的仓储方法，对衡量器具要经常进行检查核对，保持准确。

7. 遵守纪律，坚守岗位，不准利用职权和工作之便谋取私利，不准私自外借和乱用仓储物质。

8. 建立永续盘点和坚持循环自点，年终仓库协同资产管理科、财务科和其他有关单位对库存物质进行全面盘点，编制盘点表，并与账面余额核对。账实不符的要分析原因，查究责任，报有关领导进行严肃处理。

二十八、良种销售科规章制度

本着让客户满意、让农场盈利的经营理念，团结、务实、创新、专业的精神，竭诚为客户服务的宗旨，做好良种销售工作。

（一）组织行为

1. 遵守国家法律法规和场规场纪，维护社会公德。

2. 服从场党委管委的领导与管理，做到令行禁止，对未经明确的事项，要请示主管领导后办理。

3. 爱岗敬业、尽职尽责、勤奋工作、无私奉献、求真务实、勇于创新、坚持原则、自尊自爱。

4. 维护农场利益、公众利益、见义勇为、为人表率。

（二）廉洁行为

1. 在业务范围内，要坚持合法、正当的职业道德。

2. 不得挪用公款，不得利用职务之便为朋友和任何人谋取私利。

3. 在业务往来中，相关单位（客户）酬谢的礼品，应上缴场。

4. 确立"农场第一"的原则，不得做出有损农场利益的事情。

（三）交际行为

1. 仪表整洁、举止端庄、谈吐得当。

2. 工作时间着正式服装，不得穿背心，不许穿短裙短裤。男士不留长发，女士不得浓妆艳抹。

3. 办公场所不大声喧哗，任何时候不发表有损农场形象的议论。

（四）科长、副科长

1. 认真贯彻和领会农场发展战略，按照经营方针政策制定销售计划。

2. 根据每个业务人员的特长，合理安排业务人员的工作岗位，做到量材施用，发挥其潜能。

3. 负责良种信息的收集与分析，对销售前景进行科学的分析，为领导制定价格、布局提供参考。

4. 代表销售科与客户进行联系，完善销售前、中、后服务。

5. 负责领导安排的其他事项。

（五）业务员

1. 熟悉品种情况，多跟同事交流，不断提高自己的业务水平。

2. 服从科长、副科长安排，及时汇报工作，并按时完成交给的任务。

3. 领会并执行场制定的销售方案，及时地去完成并反馈相关信息。

4. 完成场及科交给的其他各项事务。

二十九、农田水利设施管理规定

水利是农业的命脉，农田水利设施的配套完好是保障农业丰产丰收的基础。为加强农田水利设施的管理，确保水利设施最大限度地为农业生产服务，特作如下规定：

（一）场区内的沟渠路桥涵闸等属于农场公共的农田水利设施，任何人不得随意破坏。

（二）总场定期对主沟渠进行清淤、维护和管理。

（三）各分场场长负责本辖区的水利设施的维护，及时向总场反映水利设施损毁情况，并负责追究损坏水利设施者的责任。

（四）任何单位和个人不准在主渠道上直接扒沟引水，违者视情节轻重给予严厉的经济处罚。

（五）任何单位和个人不准在主渠道两旁开荒种地，违者根据开荒面积多少，处以100～500元罚款。

（六）任何单位和个人不准对桥、涵、闸砌石拆扒，有违反者一经发现，查清后除照价赔偿外，再给一定数额的罚款。

（七）条田内排灌渠道，由该条田内土地承包者管理、使用和清淤，不得随意破坏。渠道内侧不准种植任何作物，违者按场规定给予处罚。

（八）生产路两侧不准开荒种地，违者予以清除并罚款。

（九）对（三）～（八）条规定因管理不善造成损失的，追究分场主要负责人的责任。

（十）本规定由资产管理科监督执行。

南阳湖农场荣誉录

荣誉名称	授予部门	授予时间
山东省老科协农业科技项目示范基地	山东省老科学技术工作者协会	2008 年 4 月
济宁市引进国外智力成果示范推广基地（自然养猪法）	济宁市人民政府	2009 年 9 月
2008—2009 年度济宁市思想政治工作十佳企业	济宁市委宣传部、济宁市委组织部、济宁市经济和信息化委员会、济宁市人民政府国有资产监督管理委员会、济宁市总工会	2010 年 3 月
山东省农业产业化重点龙头企业	山东省农业厅、发展和改革委员会、经济和信息化委员会、财政厅、商务厅、供销合作社联合社、海洋与渔业厅、林业局、中国人民银行济南分行	2010 年 6 月
2010 年度企事业科协工作先进单位	济宁市科学技术协会	2010 年 12 月
山东省绿化模范企业	山东省绿化委员会	2010 年 12 月
中国少年报小记者素质教育体验基地	共青团中央、中国少年报、全国小记者教育联盟	2011 年 4 月
中国农经查验发展论坛："2011 现代农业十大标杆企业"	中国农村杂志社	2011 年 11 月
山东省引进国外智力成果示范推广基地（自然养猪法示范推广）	山东省人力资源和社会保障厅	2011 年 12 月
济宁市绿化先进单位	济宁市绿化委员会、济宁市林业局	2012 年 2 月
济宁南阳湖省级现代渔业园区	山东省海洋与渔业厅、山东省发展和改革委员会、山东省财政厅	2012 年 9 月
四星级企业	全国休闲农业与乡村旅游星级企业（园区）评审委员会	2012 年 9 月
"南阳湖"有机韭菜荣获第十届中国国际农产品交易会金奖	第十届中国国际农产品交易会组委会	2012 年 9 月
全国青少年农业科普示范基地	农业部、共青团中央	2012 年 11 月
全国青少年儿童食品安全科技创新实验示范基地	全国青少年儿童食品安全行动领导小组办公室	2012 年 12 月
全国休闲农业与乡村旅游示范点	中华人民共和国农业部、国家旅游局	2012 年 12 月
全国休闲渔业示范点	中华人民共和国农业部	2012 年 12 月
济宁 PMA—2013 年会十大学习型企业	济宁市创业发展联合会北京影响力商学院	2013 年 1 月
全国最佳乡村休闲旅游目的地	中国乡村旅游网办公室	2013 年 7 月
山东省畜牧旅游示范区	山东省畜牧兽医局、山东省旅游局	2013 年 7 月
五星级企业	全国休闲农业与乡村旅游星级企业（园区）评审委员会	2013 年 9 月
全国绿色食品示范企业	中国绿色食品协会	2013 年 11 月
全国农业先进集体	农业部人事劳动司	2013 年 12 月
农业部水产健康养殖示范场（第八批）	农业部办公厅	2013 年 12 月
全国青少年儿童食品安全（山东济宁）科技创新实验示范基地	全国青少年儿童食品安全行动领导小组办公室	2014 年 12 月

（续）

荣誉名称	授予部门	授予时间
全国科普教育基地（2015—2019 年）	中国科学技术协会	2015 年 5 月
山东济宁南阳湖农场休闲农庄评为"2015 年度十佳休闲农庄"	全国休闲农业与乡村旅游星级企业（园区）评审委员会	2015 年 11 月
市级文明单位	中共济宁市委、济宁市人民政府	2015 年 11 月
南阳湖黄瓜入选《2015 年度全国名特优新农产品目录》	农业部优质农产品开发服务中心	2016 年 1 月
南阳湖韭菜入选《2015 年度全国名特优新农产品目录》	农业部优质农产品开发服务中心	2016 年 1 月
南阳湖辣椒入选《2015 年度全国名特优新农产品目录》	农业部优质农产品开发服务中心	2016 年 1 月
中国钓鱼运动协会山东会员垂钓基地	中国钓鱼运动协会	2016 年 3 月
济宁市生态循环农业示范点	济宁市农业局	2016 年 12 月
山东省现代生态循环农业示范点	山东省农业厅	2016 年 12 月
山东省引进国外智力成果示范推广基地（自然养猪法示范推广）	山东省人力资源和社会保障厅	2011 年 12 月
山东济宁南阳湖农场有机韭菜生产基地荣获 2016 年度全省韭菜产品质量安全专项整治行动先进单位	山东省农业厅	2017 年 4 月
南阳湖牌面粉、蔬菜、猪肉系列产品纳入山东农产品知名品牌目录	山东省农业厅、山东省海洋与渔业厅、山东省林业厅、山东省畜牧兽医厅	2017 年 9 月
山东老字号（南阳湖牌商标）	山东省商务厅	2017 年 9 月
南阳湖牌面粉、蔬菜、猪肉系列为山东农产品整体品牌形象标识使用产品	山东省农业厅	2017 年 12 月
山东省省级农业标准化生产基地	山东省农业厅	2017 年 12 月
农业"新六产"A 级示范创建点	济宁市加快农业"新流产"发展领导小组办公室	2018 年 4 月
济宁市生态循环示范基地	济宁市农业局	2018 年 12 月
济宁市爱心企业	济宁市慈善总会、济宁市国资委、济宁日报社	2020 年 11 月

山东南阳湖农场志

SHANDONG NANYANGHU NONGCHANGZHI

后记

《山东南阳湖农场志》（1955—2020）是第一部全面系统记述南阳湖农场65年的历史与现状的场志，真实地反映了农场广大干部职工从最初的艰苦创业到2020年的全面振兴走过的光辉历程，读来可让人了解过去，借鉴经验，裨益未来。《山东南阳湖农场志》历时1年，是编纂委员会、广大编审人员辛勤劳动的成果，是几代南阳湖农场人集体智慧的结晶。2020年5月，农业农村部将南阳湖农场列入开展第一批编写中国农垦农场志的单位，编写过程可分为两个阶段。

第一阶段，南阳湖农场组织本场人员编写阶段。农场接到编写任务通知后，领导高度重视，在第一时间召开会议，迅速制定工作方案，成立了以农场主要领导为主任的编纂委员会，下设办公室，并配备了主编及编写人员。编写班子由3名已退休的老职工（专职）和三名兼职人员组成，聘请济宁市原史志办副主任王培礼为业务指导。最初设想是：2020年6月1日至8月10日，启动编纂工作；8月11日至9月20日，制定编纂实施方案，落实任务责任到人；9月20日至12月10日，对已有资料进行整理，同时进行挖掘补充完善；12月10日至12月21日，进行前段工作总结，保障工作完成措施；2020年12月21日至2021年6月30日，志书初稿编撰阶段；7月1日至9月30日，报审阶段；10月1日至12月31日，定稿报审阶段。此种机制运行至 2020 年 10 月 1 日，由于诸多因素，编纂进度缓慢。

第二阶段，聘请专业编写团队阶段。为保质按时完成农业农村部下达的第一批农垦农场志编纂任务，南阳湖农场领导决定用购买服务的方式聘请专业人员编写。

领导重视，继续发动。为切实加快编纂进程，2020 年 10 月公司重新成立了《山东南阳湖农场志》编纂委员会，由公司党委书记、董事长樊培涛任编委会主任，党委委员、副总经理孟立明，党委委员、纪委书记、工会主席朱志燕，党委委员、副总经理门栋任副主任。下设办公室，总经理助理马祝伟任主任，负责编纂工作中的一些具体事项；聘请专业人员王培礼、孟凡泰、贾长岭、张桂东组成编写团队，公司抽调 2 名人员参与工作，原来参与编写的部分人员仍继续为编纂工作献计献策；印发宣传页，张贴到公司办公楼、宿舍、场区内外，宣传到家喻户晓，动员全场职工人员，广泛征集资料。

争取时间，编写初稿。编写团队于 2020 年 10 月下旬开始工作，为加快进度，采取边查找翻阅档案资料、边编写初稿、边解决业务问题的方式进行。搜集资料和编写初稿的篇目分总序、概述、大事记、专志 6 编、附录五部分，根据编写人员的专长进行分工。在编写初稿的过程中，由于农场的档案资料比较齐全，查找便捷，为编写工作提供了可靠保障。编写人员日夜突击，加班加点，不分上下班时间，不分办公室和在家休息，想的做的都是志稿问题，他们互相切磋，反复推敲，不断完美和修正志稿，于 2021 年 4 月底基本完成了初稿编写任务。

内部座谈，查缺补漏，在编写初稿和最后定稿阶段，编委会领导和编纂办公室先后与老领导、老职工和编写人员召开座谈会，听取他们的意见和建议，完善和丰富志稿的内容，确保不留遗憾。为搞好人物编写，2020 年 12 月，召开了由刘广春、于华跃、袁恒兴、高丕吉、蔡松恒等参加的座谈会，吸收了他们的智慧，确定了人物传和人物简介的收录范围和标准。2021 年 1 月，大事记初稿完成后，2 次召开由许厚营、刘广春、于华跃、袁恒星、高丕吉、蔡松恒等参加的座谈会，并印发了初稿，供他们审阅，共收到补充及修改建议 80 余条，丰富了大事记的内容。2021 年 5 月，编委会召集许厚营、刘广春、于华跃、袁恒星、高丕吉、蔡松恒等参加座谈会，再次征求对初稿的建议意见，尽量减少《山东南阳湖农场志》的纰漏，确保出版精品志书。

2021 年 6 月 3 日，我们将内容审定的志稿（电子版）上报农业农村部。由于时间仓促，纰漏在所难免，敬请批评指正。

编者